STUDIEN
ZUR RELIGION UND KULTUR KLEINASIENS

ZWEITER BAND

ÉTUDES PRÉLIMINAIRES
AUX RELIGIONS ORIENTALES
DANS L'EMPIRE ROMAIN

PUBLIÉES PAR

M. J. VERMASEREN

TOME SOIXANTE-SIXIÈME

STUDIEN
ZUR RELIGION UND KULTUR
KLEINASIENS

ZWEITER BAND

LEIDEN
E. J. BRILL
1978

STUDIEN
ZUR RELIGION UND KULTUR
KLEINASIENS

Festschrift für Friedrich Karl Dörner
zum 65. Geburtstag am 28. Februar 1976

HERAUSGEGEBEN VON

SENCER ŞAHIN · ELMAR SCHWERTHEIM · JÖRG WAGNER

ZWEITER BAND

Mit Tafeln CXXXIX—CCXXVII und 39 Textabbildungen

LEIDEN
E. J. BRILL
1978

ISBN 90 04 05679 3
       90 04 05681 5

INHALTSVERZEICHNIS

ZWEITER BAND

ERSTER BAND

ERNST KIRSTEN

ARTEMIS VON EPHESOS UND ELEUTHERA VON MYRA

MIT SEITENBLICKEN AUF ST. NICOLAUS UND AUF KOMMAGENE

Als Schüler von Josef Keil schon in Greifswald und dann in seiner Tätigkeit bei der Kleinasiatischen Kommission der Österreichischen Akademie der Wissenschaften in Wien hat der durch diesen Band Geehrte im Vergleich[1] mit den Methoden der althistorischen, epigraphischen und archäologischen Forschung in Deutschland die Besonderheit der österreichischen Methode kennengelernt, antiquarische und stilarchäologische Betrachtung von Kunstwerken, topographische Würdigung von Ausgrabungsbefunden und inhaltliche, philologische wie religionswissenschaftliche oder soziologische Deutung von Einzelmonumenten in einer Synopse zu vereinigen und so die Einheit der Altertumswissenschaft darzutun. Das Feld dieser Bewährung heißt für den Wiener Altertumsforscher, soweit er griechische Geschichte, Altertumskunde und Epigraphik behandelt, in fruchtbarer Spannung zur Altertumskunde der lateinisch sprechenden Provinzen, erst recht des Raumes des heutigen Österreichs und früher der weiten Doppelmonarchie, in erster Linie Asia minor. Die Voraussetzungen dieser Methode wurde für beide Sprachgebiete des Römerreiches mit der Fachbezeichnung des ,,Archäologisch-Epigraphischen Seminars'' formuliert, das am 1. Oktober 1876 ins Leben trat. F. K. Dörner hat in Bithynien und Kommagene der österreichischen archäologisch-topographischen Forschung und der Inschriftensammlung Neuland erschlossen. Aber auch die alten Hauptgebiete der Wiener griechischen Epigraphik und Feldarchäologie in Kleinasien sind nicht abgestorben. So darf

---

[1] E. Kirsten, OLZ 1939, 486ff.; idem, *Neue Aufgaben der historischen Landeskunde im Südostraum*, Geistige Arbeit 8, Heft 7 (1941) 5ff.; idem, *Der Mittelmeerraum, 100 Jahre Arbeitsgebiet . . .*, Bonner Universitätsblätter 1967, 17ff.; idem, *H. Nissen, 1839-1912*, in: *Bonner Gelehrte, Geschichtswissenschaften*, Bonn 1968, 190ff.; idem, *Diokaisareia und Sebaste. Zwei Städtegründungen der frühen Kaiserzeit im kilikischen Arbeitsgebiet der Akademie*, AnzWien 110 (1973) 347ff.

auf derselben Basis deutscher und österreichischer Methode, doch
unter Auslassung von Lydien, der Arbeits- ,Provinz' unseres gemeinsamen Lehrers J. Keil, wenigstens aus Ephesos und Lykien,
dem Raum der ersten Bände der Wiener ,,Tituli Asiae Minoris,''
hier ein Specimen dargebracht werden.

Dabei trifft es sich besonders gut, daß gerade vor kurzem (mit
dem Erscheinungsjahr 1973) für die Wiener altertumswissenschaft-
liche Betrachtung archäologischer Fundobjekte unter Heranziehung
von epigraphischem und numismatischem Material ein bedeut-
sames Beispiel vorgelegt wurde [2]: die Habilitationsschrift von Robert
Fleischer ,,Artemis von Ephesos und verwandte Kultstatuen aus
Anatolien und Syrien''.

Ziel dieser Arbeit war es, die bei den österreichischen Grabungen
in Ephesos 1955-56 von F. Miltner neugefundenen eindrucksvollen
und auch in der Wiedergabe der Details aussagekräftigen Statuen
der Artemis Ephesia in einen größeren ikonographischen Zusammenhang einzuordnen. Dazu dienen zunächst sorgfältig gearbeitete
Kataloge der jeweils bekannt gewordenen Stücke in Anknüpfung an
Arbeiten von H. Thiersch und an eine ungedruckte Tübinger Dissertation aus der Schule von B. Schweitzer (von E. Lichtenecker). So
wird auch in ihrer Qualität die aus der Apostelgeschichte (c. 19,
13ff.) bekannte Souvenir-Industrie der Pforte Kleinasiens deutlich, deren Träger sich gegen die idolfeindliche Predigt des Paulos
wandten. Die Kartierung verwandter Bildtypen (Karte II) lehrt
zugleich, wie sehr diese Ephesia auch für die Darstellung verwandter,
ebenfalls vorgriechisch-altkleinasiatischer Gottheiten innerhalb der
Grenzen der römischen Provinz Asia vorbildlich wurde (außerhalb
nur in Neapolis, dem flavischen Ersatz für Sichem in Palästina).
Während die erhaltenen Plastiken jedoch i.a. nur annähernd in die

---

[2] R. Fleischer gibt selbst in diesem Band 324ff. Ergänzungen zu seinen
Katalogen und bildet Taf. CXV Abb. 12 einen wichtigen Beleg auch für die
folgenden Ausführungen ab; in deren Kenntnis trägt er nun zu Myra auch
die Hinweise von G. Anrich (*Hagios Nikolaos*, 2 Bde., Leipzig 1913/1917,
ND Hildesheim 1965 — im folgenden: Anrich) nach, die er bereits aus L.
Robert, *Hellenica* X, Paris 1955, 197ff. hätte kennen können; S. Jameson
(RE Suppl. XIII [1973] 291ff. s.v. *Lykia*) zitiert sie offenbar auch nur nach
V. Schultze, *Altchristliche Städte und Landschaften*. II 2. *Kleinasien*, Güters-
loh 1926, 192f. Zur Ephesia seither E. Heinzel, *Zum Kult der Artemis von
Ephesos*, ÖJh. 50 (1972/73) 243ff. und s. den Nachtrag S. 980f.

römische Kaiserzeit, besonders das 2. und 3. Jahrhundert, datiert
werden können (frühere Datierungen werden m.R. ausgeschlossen),
hilft die Heranziehung der Darstellung von Kultstatuen auf datierbaren Münzen — wiederum in Anknüpfung an ein Corpus
(Lacroix, Reproduction des statues, Lüttich 1949) — zu einer
Differenzierung nach Entwicklungsphasen. Die charakterisierenden
Details in Tracht, Schmuck, auch sonstigen Attributen und Bei-
figuren [3] treten in einzelnen Perioden auf, wobei das antiquarische
Interesse auch dort zunimmt, wo der Prägestil sich verschlechtert;
für manchen Zug geben überhaupt erst jene Neufunde die Erklärung.
Ein deutlicher Einschnitt liegt in den Münzbelegen zwischen dem
Späthellenismus und dem 2. Jahrhundert n. Chr. — in diesem ist
die Aufgabe des Münzbildes „die getreue Abbildung des Kultbildes
in der Garderobe der Kaiserzeit" (S. 215), vorher die Erinnerung an
ein Kunstwerk, von dem man nur die Altertümlichkeit kannte.
Der Rückblick auf wenige frühe Zeugnisse von Götterbildern (Holz-
statuetten von Samos) wie auf ihre literarischen Beschreibungen
läßt erkennen, daß jedes alte Kultbild einen leicht abnehmbaren
Schmuck besaß, der zunächst nicht interessierte. Hier würde systematische Heranziehung von Tempelinventaren, von Votiven in
Ton oder Bronze und die Sammlung der Erwähnung solcher Weihgeschenke in Literatur und Epigraphik den Hintergrund auch etwa
für das griechische Mutterland noch aufhellen können.

Der Verfasser bleibt jedoch nicht bei der Ephesia stehen, sondern sucht die bei ihr noch verbleibenden Unklarheiten (sog.
Brüste) der Schmuckdetails in wohlüberlegter Methode zu beseitigen

---

[3] Die Zufügung von Nikai ist ikonographisch aus der von Flügelgestalten
an Stand- und Griffspiegeln in Bronze im Strengen Stil herzuleiten. Inhaltlich ist sie aus der Vorstellung auf Münzen von Myra (u. Anm. 26) zu deuten,
die in Inschriften von Didyma und Myra formuliert ist: „Die Tyche der
Polis siegt immer" (oder soll immer siegen) — denn die stadtschützende
Hauptgottheit und die Tyche fließen zusammen. Die Inschriften bei L. Robert, *Hellenica* XI-XII, Paris 1960, 493 und *Hellenica* XIII, Paris 1965, 130
mit Inschriften von *Didyma* II 613 und der Neuveröffentlichung bei J.
Borchhardt u.a., *Myra. Eine lykische Metropole in antiker und byzantinischer
Zeit* [=IstForsch. 30], Berlin 1975, 58 mit Taf. 23 C (im folgenden: Borch-
hardt, *Myra*), dazu TAM II 1672. Eroten halten den Schleier bei der dem
Eleuthera-Kultbild ähnlichen Aphrodite von Phaselis auf den Münzen bei
H. v. Aulock (u. Anm. 11) Taf. 14 Nr. 267.

durch Heranziehung der Münz- und Votivdarstellungen von Gottheiten, die der Ephesia religionsphänomenologisch wesensverwandt
sind in der numinosen Wirkung der Fruchtbarkeits- und Muttergottheit. Hier greift er über Anatolien nach Westen aus in das
durch deutsche Grabungen gut bekannte (wenn auch religions-
kundlich z.T. mystifizierte) Heraion von Samos, dessen Gottheit
auch nach der Lage des Heiligtums in Sumpf Analogien zu Ephesos
aufweist; hier werden die älteren Vorstellungen auch im Tempel-
inventar deutlich [4]. Die weiteren kleinasiatischen Göttinnen werden
durch Fleischer in immer stärkerer Entfernung von Ephesos — auch
räumlich von Westen nach Osten fortschreitend — so behandelt, daß
auch bei wenigen Belegen dieselben Entwicklungsphasen in der
Trachtdetaillierung sich abheben. In diesen Kapiteln liegt bei weit
verstreuten Beispielen aus vielen Kunstgattungen und fast unüber-
sehbarer Fülle moderner Äußerungen und vorgefaßter Meinungen
der Interpreten die ausgezeichnete eigene Leistung des Verfassers
in Sammlerfleiß, klarer Beurteilung der Überlieferung und um-
sichtiger Kritik. Als Archäologe der ikonographischen Typologie
zugewandt — für die sicher auch, nach K. Kraft, Istanbuler Forschungen 29, 1972, die Wandertätigkeit weniger Münzstempel-
schneider vereinheitlichend wirkte —, vermeidet es Fleischer m.R.,
von der Zuteilung verschiedener griechischer Götternamen der
poetischen Religion (Aphrodite, Artemis, Hera, Athena) aus die
Gemeinsamkeit der religiösen Vorstellungen innerhalb regionaler
Sondergruppen zu verkennen (deren Verbreitung kartographisch
vielleicht noch mehr hätte betont werden müssen). Von der Gemeinsamkeit der Bildsprache dringt er zu der Gemeinsamkeit der
religiösen Erfahrung durch: die hohe und späte römische Kaiserzeit
gibt Vorstellungen der Großen Mutter — nun als Wappenemblem
von Polis-Münzen — bildlichen Ausdruck, die in Kultbildern der
archaischen Zeit, lange vor der Hellenisierung Anatoliens geprägt
waren — und solche hatten ihrerseits in den Verbreitungswellen
des orientalisierenden Stils (8.-7. Jhdt. vor Chr.) auch auf Griechen-

---

[4] D. Ohly, *Frühe Tonfiguren aus dem Heraion von Samos* II, AM 66 (1941)
1ff.; idem, *Die Göttin und ihre Basis. Samische Chroniken und Kallimachos*,
AM 68 (1953) 39ff. mit den Bedenken bei Fleischer 209.216ff.221; E. Buschor,
Heraion von Samos: Frühe Bauten, AM 55 (1930) 1ff. Dazu Nachtrag S. 980f.

land gewirkt. So sind Bestandteile der Gottestracht in die Ikonographie von Votiven (etwa für Orthia von Sparta, Ennodia von
Pherai wie Hera von Samos) gelangt, die wir dann erst in kaiserzeitlichen Münzen, sonst nur in der Erwähnung von Bestandteilen
des Kultbildschmucks (Votiv-Vorräten für ihn) finden.

Auf diesem Neuland seiner Forschung feiert beim Verfasser die
scharfe optische Beobachtung auch der Münzen, oft in seltenen
Exemplaren abgegriffener Stücke, Triumphe, und es ist zugleich
besonders begrüßenswert, daß die Arbeit Aufnahme in eine Serie
von religionsarchäologischen Veröffentlichungen gefunden hat, die
eine unerhört reiche Dokumentation von hoher Qualität in einem
Anhang von 172 Kunstdrucktafeln ermöglichte (man vermißt nur
etwa Abbildung von H 12 aus Carnuntum, H 19 aus dem Libanon).
Der Herausgeber der Études préliminaires aux religions orientales
dans l'empire romain, Prof. M. Vermaseren in Utrecht, und der
hochangesehene Verlag Brill in Leiden haben mit der Aufnahme in
die Reihe (als Band 35) und der glänzenden — wenn auch für Verlag
und Käufer kostspieligen — Ausstattung des auch formal gut aus-
gefeilten, mit Registern und Listen versehenen Manuskripts ein
Werturteil hoher Anerkennung abgegeben. In der Tat ist Fleischers
Arbeit ein Prachtstück dieser internationalen Reihe geworden (und
falsche Tafelnumerierungen am ehesten dem Verlag anzulasten).

Der Neufund der Darstellungen der ‚Herrin' (Vanassa) von Perge
an der kleinasiatischen Südküste 1956 und 1970 hat den Typen-
reihen ein Beispiel angefügt, dessen Aussehen früher mit (halb)
anikonischen Götterbildern (gar Baityloi wie der Paphia auf Kypros)
verglichen worden war. Disproportionierungen von Körperteilen
weisen nun auf primitive Sehweise volkstümlicher Religiosität wie
Handwerkertätigkeit zurück; geschnitzte Kultbilder gehören wie
Pilgervotive und jene Souvenirs der Apostelgeschichte (und unsere
Devotionalien) in den Bereich der religiösen Volkskunde, auch die
kultischen Puppen, die im archaischen Palladion Athens, in den
Daidala Heras in Plataiai [5], bei Isis von Byblos (nach S. 250 ,,ein

---

[5] Die Kultvorstellungen von Alalkomenai und Plataiai in Boiotien sind
erörtert in RE XX (1950) 2318ff. s.v. *Plataiai* (Kirsten); Hinweis auch bei
Fleischer. Dort wird auch der Vergleich mit dem Bekleiden und Benennen anikonischer Figuren (vgl. das italienische Pinocchio, das süddeutsche

Baumstrunk, der mit Gewändern behängt war") ihre Parallelen
haben. Die Darstellung von Büsten auf dem Kultgewand in Myra
und Perge leitet dann hinüber zu der (nur angerissenen) Problematik,
daß die Gottheit und ihr Hoherpriester dieselbe Tracht tragen, der
magische Mensch (der Megabyzos in Ephesos) also Form der Göt-
terepiphanie ist, aber auch [6] daß ,,vor dem Kultbild stattfindende
Riten in dieses selbst hineinprojiziert werden" (S. 250).

Beispiele dafür führen von Anatolien nach Syrien weiter. Hier ist
es Fleischers besondere Leistung, längst bekannte Typen unter Ver-
vollständigung älterer Listen berücksichtigt und zu wechselseitiger
Bedeutung von Details in künstlerischer Erscheinungsform herangezogen zu haben. Dort aber sind es nun im Umkreis der Beka'a
von Baalbek, aber auch vereinzelt in Palästina — bis heran an die
Verehrung heiliger Steine durch die Araber etwa in Elusa, gleich
hinter Eleutheropolis [7] — männliche Gottheiten, bei denen sich der
Ependytes, das ,Futteral' um den Unterkörper der stehenden oder
sitzenden kleinasiatischen Polisgöttinnen findet. Wieder nach den
einzelnen Kultorten trennbar, sind sie doch auch als Abwandlungen
eines unbärtigen ,Zeus' zu verstehen, der dann zum Juppiter Heliopolitanus geworden ist. Der Unterkörper dieser Götter steckt wie
der der Aphrodite im karischen Aphrodisias und der Eleuthera von
Myra in einem futteralartigen Stoffgewand, das mit Metallschmuck
besetzt und bodenlang war wie eine Soutane [8]. Die Ephesia da-

---

Hölzerne Bengele) durch spielende Kinder angedeutet, der mit dem Terminus ,Kultische Puppe' gemeint ist.

[6] Das ist dieselbe religiöse Denkform, die E. Kirsten (*Zur Athena Lemnia*,
in: *Neue Beiträge zur klassischen Altertumswissenschaft. Festschrift B. Schweitzer*, Stuttgart 1954, 166ff.) zur Deutung von Pheidias' Athena Lemnia her-
anzog.

[7] Die in der altertumswissenschaftlichen Literatur (z.B. in RE III A
[1929] 2295ff. s.v. *Steinkult* [Latte]) oft übersehenen Belege aus Arabia
Felix, Arabia Petraea und dem südpalästinensischen Grenzgebiet behandelt
A. Grohmann, *Arabien* (Kulturgeschichte des Alten Orients) [= HAW III
1. 3. 3. 4], München 1963, 83f. Den Zusammenstoß zwischen diesem arabischen Heidentum mit der Verehrung von Lucifer (Morgenstern) als Venus
und Große Göttin und dem Christentum der ersten Asketen Südpalästinas
in Elusa, heute Horvot Halutsa im Negev-Gebiet Israels, erwähnt Hiero-
nymus, *Vita Hilar.* c. 25 (*PL* 23, 42 C).

[8] Die Herleitung dieser Priestertracht, vielleicht als Verbergung des Geschlechts zu deuten, aus dem Ependytes männlicher wie weiblicher Gottheiten sollte einmal weiter verfolgt werden. Zu den assyrischen Vorbildern

gegen zeigt nur eine ‚Schürze' dieser Art auf der Vorderseite des Körpers. Das „Kultkleid mit Auflage von Metallplättchen" (S. 368) — die Herleitung von Panzern wird m.R. abgewiesen — hat aber auch männliche Parallelen in einem engeren karischen Bereich (Mylasa, Euromos, Amyzon), wo ein bärtiger Zeus oder Lepsinos Analogien zum Ependytes und zum Brustschmuck der Ephesia bietet, also diesen nicht auf eine vielbrüstige Muttergottheit zu deuten erlaubt. Doch wird durch diese Reihenbildung, die geographische und genetische Anordnung die Priorität des weiblichen Typus der Kulttracht (der Ephesia) wahrscheinlich, zumal in syrischen Göttergruppen männliche und weibliche Gottheiten den gleichen Ependytes tragen (den H. Thiersch einst im Ephod des jüdischen Hohenpriesters wiederfand). Bei den syrischen Göttern ist jedoch die Epiphanie, wie auch sonst üblich, in Aktion (der Arme) dargestellt.

Die Verbindung mit flankierenden Tieren, die Unterlebensgröße bei Ausführung in Holz und das Vorkommen von Metallauflagen (im Zusammenhang mit der Sphyrelaton-Technik des kretischen Dreros als Vorstufe des Bronzehohlgusses) lassen auch die Kultbilder, die diesen Darstellungen zugrundeliegen, in das 7. Jahrhundert vor Chr. datieren [9]. Die Fixierung ihrer Idee auf das Verbreitungsgebiet vorindogermanischen Namensgutes (bei F. Schachermeyr, RE 22, 1507) empfiehlt, die Entstehung der Ikonographie

---

solcher Metallauflage auf Textilien weist Fleischer 96 auf ihre literarische Bezeugung im 7. Jh. vor Chr. hin, die A. L. Oppenheim, *The Golden Garments of the Gods*, JNES 8 (1949) 172ff. herangezogen hat.

[9] Die Bekleidung eines Holzkerns mit gehämmerten Bronzeplatten ist in Dreros belegt: RE Suppl. VII (1940) 136f. s.v. *Dreros* (Kirsten); F. Matz, *Geschichte der griechischen Kunst* I, Frankfurt 1950, 174; P. Demargne, *Geburt der griechischen Kunst*, München 1965, 346ff. Sie ist sowohl die Vorstufe der Chryselephantina bis zu denen des Pheidias in Athen und Olympia, des Polykleitos im argivischen Heraion wie der Nachklang der Frühvorstellungen von der kultischen Puppe (o. Anm. 5). Wie rationalistisch schon ein Perikles die Abnehmbarkeit der goldenen Variante der in der Peplosweihung nach dem Zeugnis des Parthenonfrieses nachlebenden Bekleidung der Parthenos-Puppe verstand, lehrt Thuc. 2, 13, 5. Der unterlebensgroße Maßstab der Kultbilder bewahrte die hocharchaische dädalische Entwicklungsstufe der Xoana (EAA VII [1966] 1236f. s.v. *Xoanon* [Paribeni]; C. Davaras, *Die Statue aus Astritsi*, AntK Beih. 8 [1972] 3f. 51f.; H.-V. Herrmann, AA 1974, 636ff.).

in dem nicht iranisierten Bereich Kleinasiens, besonders der
Provinz Asia (kaum schon des dortigen Seleukidenbesitzes) seit
dem Späthellenismus, erst recht seit Hadrian zu suchen und den
Bereich von Heliopolis-Baalbek, jedenfalls vor dem Auftreten hellenistischer Belege, wie in der Einbeziehung von Astralsymbolen
aus anderer Richtung (Mesopotamien) als nehmenden, nicht ge-
benden Teil zu betrachten.

Die zeitliche und entwicklungsgeschichtliche Problematik wird in
der Zusammenfassung klar formuliert, in der die Abnehmbarkeit des
Schmuckes gerade bei hocharchaischen Kultbildern, die jedoch
auch in der Peplosweihung der Panathenaia auf der Akropolis fort-
lebt, hervorgehoben wird (ein Verres raubte in Perge [10] den Schmuck
der Stadtgöttin und die Ersatzstücke in ihrem Schatz zugleich).
,,Die Garderoben unserer Kultbilder wurzeln somit einerseits in
alten Götterkleidern, gehören aber andererseits der gleichschalten-
den hellenistischen und römischen Kunstsprache an und bewirken
die auffällige Diskrepanz zwischen archaischen Statuentypen und
zeitgenössischem Schmuck'' (S. 394f.).

In Auseinandersetzung mit der internationalen Forschung des
letzten Jahrhunderts und in Fortführung von Anregungen von H.
Thiersch gelingt so eine Differenzierung zwischen Vorbild und
variabler Umdeutung (statt ‚anatolischer oder syrischer Renaissance') in der K u n s t form. Ein r e l i g i o n s historischer Vorgang dagegen ist — im Zusammenhang mit dem Auftreten der ‚Kultschrift-
stellerei' (seit Kallimachos' Aitia) im Späthellenismus und mit dem
kaiserzeitlichen Bekenntnis zu lokalen Kulttraditionen und der

---

[10] Die Neufunde in den Grabungen von A. M. Mansel in Perge sind zusammen mit einem Fund in Kremna (jetzt in Burdur) geradezu zur Belohnung
für Fleischers jahrelange sorgfältige Materialsammlung geworden, die auch
die weit verstreuten Interpretationen L. Roberts von kultepigraphischen
Detailangaben stets auch für die topographische Scheidung der Verbreitung
von Epiklesen und Kultbild-Typen verwertete. Die Beurteilung der Statuen
von Perge ist so das schönste, an Gesichtspunkten reichste Kapitel des Buches
von Fleischer (233-254) geworden. Zu Verres Cic. *Verr.* 2, 1, c. 20, 54 mit
Fleischer 241 und dem Nachtrag *ibid.* 418 aus *PG* 65, 832, wonach 401 Johannes Chrysostomos, nun als christlicher Eiferer, nicht als Rationalist
wie Verres in Perge und Perikles (o. Anm. 9) in Athen, dem Kultbild von
Ephesos Schmuck und Bekleidung als Erweis fortdauernder heidnischer
Verehrung abnahm (*in Epheso Artemida enudavit*). Dazu Nachtrag S. 980f.

Selbstdarstellung der Poleis zuerst vor dem Reisekaiser Hadrian —
die Reaktion des Volksglaubens und magischer Vorstellungen von
Bildern göttlichen Ursprungs und göttlicher Wirkkraft (denen sich
auch die Priestertracht anpassen mußte) gegen die Bildungsreli-
gion der Dichter, Literaten, Mysten. Sie geht zusammen mit der
heidnischen Reaktion auch auf den Mithrasglauben und das Christentum, das seinerseits wieder in Märtyrerlegenden und Riten-
christianisierung von diesen Lokalkulten und ihren Aitiologien
Kenntnis nahm und uns aufbewahrte. Hier regt Fleischers Buch am
stärksten zum Weiterdenken kulturhistorischer Prozesse an. Es wird
dann gelten, die von Fleischer (S. XII) betonte bewußte Beschränkung aufzugeben, sich nur ,,mit den Kultbildern, nicht aber mit
den Kulten, mit Ursprung und Herkunft der Gottheiten'' zu beschäftigen.

Welchen Wert dabei die Beschäftigung mit dem Fragenkreis
,Antike und Christentum' durch die Verwertung hagiographischer
Überlieferung über die Ausrottung lokalgebundener heidnischer
Kulte haben kann, dafür soll hier ein Beispiel behandelt werden,
das Fleischers 10. Kapitel ,,Eleuthera von Myra'' zu vertiefen er-
laubt aus dem Arbeitsmaterial des zur baldigen Veröffentlichung
vorbereiteten 4. Faszikels des 2. Bandes der ,,Tituli Asiae Minoris''
(TAM).

L. Robert, der selbst[11] sich zur Wiener Tradition seines epigraphischen Lehrmeisters Ad. Wilhelm bekennt, hat in einer seiner

---

[11] L. Robert, *Die Epigraphik der klassischen Welt*, Bonn 1970, 28. 36f.
und idem, *Discours d'introduction*, in: *Akten des VI. Kongr. f. Epigraphik*
[= Vestigia 17], München 1973, 11ff. Sein Verdienst für die Religionsgeschichte ganz Kleinasiens ist es, die Verbreitungsgebiete der einzelnen Epiklesen und ikonographischen Vorstellungen lokaler Gottheiten herausgearbeitet und dafür sowohl Inschriften wie Münzen herangezogen zu haben.
Prinzipiell hat er sich schon in *Monnaies grecques*, Paris 1967, 86ff. mit
der davon abweichenden Auffassung K. Krafts auseinandergesetzt, die
nun in dem Werk *Das System der kaiserzeitlichen Münzprägung in Kleinasien* [= IstForsch. 29], Berlin 1972 (aus dem Nachlaß hrsg. v. H. Gesche)
dokumentiert wurde. Für den lykischen Bereich (dort 82f.) betonte Robert,
Hellenica X 209ff., daß mehrere Städte nur einmal unter Kaiser Gordian
III. Münzen geprägt und dann ihre Lokalgottheiten als Wappen (und sicher
nicht unter Beauftragung fremder Stempelschneider: Fleischer 412) dargestellt haben. Zu diesen Prägungen nun H. v. Aulock, *Die Münzprägung
des Gordian III. und der Tranquillina in Lykien*, IstMitt. Beih. 11 (1974).

frühesten Arbeiten [12] 1928 Eleuthera als ursprünglichen Kultnamen
der Hauptgottheit der lykischen Küstenstadt Myra nachgewiesen [13].
Als solche trägt sie den Titel ἀρχηγέτις in Myra selbst [14] oder
Μυρική in Rhodiapolis (TAM II 924). Parallel dazu heißt sie in
Kyaneai [15] ἀρχηγέτις ἐπιφανὴς θεά und auf der Insel Kekova
Ἐλευθέρα Τρεβενδατική nach einem Ort im Gebiet von Myra (nach
Sylloge³ 1234) Trebendai [16]. Der gleiche Münztyp [17] zeigt die
Göttin in Kyaneai und Korydalla, aber nicht auf Münzen des
Lykischen Bundes vor der Einrichtung der römischen Provinz
unter Kaiser Claudius. Daher ist sie mit dem Kaiserkult in einer
Panegyris verbunden, wie die Inschriften des Opramoas bezeugen [18].

---

[12] Fleischer 229 zitiert sie noch nach der ursprünglichen, vielfach übersehenen Veröffentlichung, nicht nach dem Wiederabdruck in L. Robert,
Opera minora selecta II, Amsterdam 1969, 1008-1011; neue Publikationen
der darin angeführten Inschriften konnten dort nicht angefügt werden,
werden daher hier nach Möglichkeit zugesetzt. In *SEG* VI 779 gab Robert
selbst einen Nachtrag über die Göttin von Trebendai (u. Anm. 16).

[13] Als solche steht sie entgegen (und voran) τοὺς Μυρέων θεοὺς πάντας
(S. Diamantaras, Ἐπιγραφαὶ ἐκ Λυκίας, BCH 16 [1892] 306 = *TAM* II 1733),
aber zwischen θεὸς μέγας Ἄρης und Zeus in Kyaneai unter Kaiser Pius (*IGR*
III 700 = *TAM* II 1411).

[14] Zeugnisse aus Myra: TAM II 1678 (neu), *IGR* III 704, ihre Panegyris in
Sura im Gebiet von Myra (RE XVI [1933] 1088 s.v. Myra [Ruge]; Borchhardt, *Myra* 76ff.) erwähnt *IGR* III 714, 13f., beide nun in *TAM* II 1439
u. 1771.

[15] *IGR* III 700 = *TAM* II 1411. Eleuthera in Kyaneai auch in der Inschrift von Simena LeBas 1295 = *TAM* II 1387.

[16] Zu Trebendai im Gebiet von Myra (mit einem Μυρεὺς ἀπὸ Τρεβενδῶν
TAM II 1581) RE VI A (1937) 2267 s.v. *Trebendai* (Ruge); Robert, *Hellenica*
X 206. Die von ihm dort bekämpfte Vermengung mit Trebenna in Pamphy-
lien bei A. H. M. Jones, *Cities of the Eastern Roman Provinces*, Oxford 1971²,
103 wird aufrecht erhalten von RE Suppl. XIII (1973) 291f. s.v. *Lykia*
(Jameson). Kekova oder Dolichista gehörte zu Kyaneai nach der Grabmalin-
schrift zugunsten von dessen Gerusia mit RE XVI (1933) 1087 s.v. *Myra* (Ruge)
in *TAM* II 1811. Verehrung der Artemis in Trebenda ergibt sich aus dem
Monatsnamen Artemision in dem Jason-Dossier von Kyaneai *IGR* 704
= *TAM* II 1439. Die Weihungen an Eleuthera Trebendatike nun *TAM* II
1389.1771. Nachtrag S. 980f.

[17] Die beste Übersicht über die Eleuthera-Münzen erlauben nun die Tafeln 8-11 bei v. Aulock, *op. cit.* (Anm. 11), dazu 64 (Kyaneai; über Korydalla s. u. Anm. 25). Zu Lykiens 1. Provinzmünzen: F. Imhoof-Blumer,
Zur griechischen und römischen Münzkunde, Revue suisse de numism. 14,
1909, 23f.; idem, *Beiträge zur Erklärung griechischer Münztypen*, Nomisma 8
(1913) 6; Robert, *Op. min.* II 1009, 4.

[18] *TAM* II 905 XIII C Z. 40ff., als ἡ θεὸς *ibid.* XIX B. Z. 12 mit M. Wörrle
bei Borchhardt, *Myra* 160, auch 197. 252.

Die Voraussetzung dafür ist (mit Fleischer S. 233) wohl darin zu
sehen, daß Eleuthera Hauptgottheit nicht nur für Myra, sondern
auch für mindestens die Küste Lykiens war von Telmessos im
Westen (also noch nordwestlich von Xanthos mit seinem Letoon)
bis Rhodiapolis und bis Termessos maior in Pisidien im Osten[19].
Die Benennung nach Trebendai und Myra macht es wahrscheinlich, daß Eleuthera (nicht anders als Artemis in Lykien) an jedem
Ort eine lokale Epiklesis trug. Umgekehrt konnte sie mit Isis
gleichgesetzt werden[20]. Dagegen leugnet Robert[21], daß in Lykien

[19] Telmessos *TAM* II 6 mit Robert, *Op. min.* 1009, 5. Termessos *TAM*
III 136 (um 4 n. Chr.); der Vater oder der Sohn des darin Geehrten war wie
dieser in Termessos Priester der Eleuthera nach der Auflösung der Inschriften
(Robert, *Op. min.* II 1010, 1) in *TAM* III 906.909.912. 915 bei L. Robert,
Études anatoliennes, Paris 1955, Repr. Amsterdam 1970, 105; G. F. Hill,
Inscriptions from Lycia and Pisidia copied by Daniell and Fellows, JHS 15
(1895) 128; R. Heberdey, *Termessische Studien*, Denkschr. Wien 69, 3
(1929) 114 als ἱ(ερεὺς) θεᾶς 'Ελευθέρας (nur ἱερεύς heißt er oder ein Nach-
komme dieses Eirenarchen in *TAM* III 803f.). Eleuthera in Kaş (Robert,
Op. min. II 1010, 4 nennt den Fundort Antiphellos, was ich bezweifle) in
der längst bekannten Inschrift jetzt des Museums von Antalya bei G. E. Bean,
Inscriptions in the Antalya Museum, Belleten 22 (1958) 80 nr. 105 = *TAM*
II 1240. Einzigartig, aber unsicher 'Ελευθέρα Διοδία in Myra *TAM* II 1730 =
G. Bean, AnzWien 99 (1962) 4.

[20] So nennt sie der Zusammenhang in Pap. Oxyrh. 11, 1380 Z. 79f., von
dem Robert 1928 ausging: ἐν Μύροις τῆς Λυκίας κεδνὴν 'Ελευθέραν. Sie folgt
dabei auf die ganz Lykien eigene Leto (von Xanthos), die ohne Eleuthera
in der Parallele im Isis-Hymnos aus Medinet Maadi erscheint (*SEG* VIII 548
mit V. Fr. Vanderlip, *The Four Greek Hymns of Isodorus and the Cult of Isis*
[= Am. Stud. Papyr. 12], Toronto 1972). Beide fehlen in Apul. *Met.* 11, 5
mit J. Griffith, *Apuleius, the Isis-Book* [= EPRO 39], Leiden 1975, 45ff.
Zu der Isis-Litanei des Papyrus nun Y. Grandjean, *Une nouvelle arétalogie
d'Isis à Maronée* [= EPRO 49], Leiden 1975, 10ff. 66ff. Daß Eleuthera hier
nicht Artemis heißt, teilt sie z.B. mit Diktynna, Anaitis im selben Papyrus.
Auffallend ist immerhin, daß wie noch in *TAM* II 520, so schon in der neugefundenen sog. Trilingue von Xanthos Artemis und Apollon als Λητοῦς
ἔγγονοι im griechischen Text zusammengefaßt werden, während im aramä-
ischen und im lykischen Artemis genannt wird (A. Dupont-Sommer, CRAc-
Inscr. 1974, 145). Der Formulierung Eleuthera Trebendatike stehen auch in
Lykien Ortsbezeichnungen bei Artemis gegenüber: die Maleitike bei Pinara
SEG XVII 685 = Bean, *op. cit.* 81 nr. 106 fig. 22 — im Namen wohl verwandt
der Athena = lyk. Malija in lykischen Texten, auch der großen Xanthos-
Stele bei R. D. Barnett, *A Silver-Head Vase with Lycian Inscriptions*, in:
Mélanges Mansel II, Ankara 1974, 893ff. —, die "Αρτεμις Τιργοσαλλέων —
wohl zu Tragalassos bei Myra zu stellen (*SEG* XVII 550; L. Robert, *Noms
indigènes dans l'Asie-Mineure gréco-romaine*, Paris 1963, 109, 6) — schließlich auch die Κι[, die nicht zu Kindyas (wozu Fleischer 223ff.) zu ergänzen

(Anmerkung 21, siehe Seite 468)

jemals diese Gottheit doch Artemis, also Artemis Eleuthera ge-
heißen habe. Das wird wohl widerlegt durch den Fund eines Altars
in Myra selbst (bei Fleischer 229 Taf. 92b), denn Empfänger seiner
Weihung ist, sofern die Inschrift vollständig ist, Artemis, nicht
Eleuthera [22]. Literarisch aber wird Artemis in Myra bei Artemidoros
von Ephesos oder Dalde in Lydien (also einem Kenner Kleinasiens)
in seinen Oneirokritika II 35 erwähnt, also im 2. Jahrhundert n.
Chr., danach aber nur in den verschiedenen Fassungen der Legende
vom Bischof Nicolaus von Myra, die kaum über das 6. Jahrhundert
zurückgehen [23]. Darin ist der Artemis-Tempel von Myra nicht

---

ist. Sie steht im Gebiet von Kaş (Phellos) mit zwölf Göttern zusammen,
jedoch in einem anderen Typus als in Komba in NO-Lykien (Robert, *Hellenica* X 9, 1, die Inschrift wiederholt bei Bean, *op. cit.* 77f. nr. 96 = *SEG* XVII
678) und wohl gleicher Herkunft wie das Zwölfgötterrelief *TAM* II 727;
SEG XVII 682. Κομβική *TAM* II 402.1388 (Simena). 1881 = 1671, 'Ολυμπη-
νική *TAM* II 1667.

[21] So zuerst Robert, *Études anat.* 105. 405; idem, *Hellenica* VII, Paris
1949, 69, 5; *Hellenica* XI-XII, 180 und die bei Fleischer 229, 3 allein zitierte
Stelle. Artemis Eleuthera schreiben weiterhin Vermeule (bei Fleischer 232,
10), H. v. Aulock, *op. cit.* (Anm. 11) 27. 67ff, wie *SNG Deutschland, Sammlung
v. Aulock* X (1964) Taf. 142/143, auch Borchhardt, *Myra* 58. 252f. Für Myra
selbst ist die Gleichung der Stadtgöttin mit der Jägerin Artemis mindestens
durch die späthellenistischen Münzen (u. Anm. 29) gesichert. Aber in der
Robert 1928 noch unbekannten Inschrift von Rhodiapolis (*TAM* II 924)
heißt Myras Hauptgöttin Eleuthera Myrike.

[22] Als Widerlegung zu einseitiger Auslegung des Namensvorkommens
erst erkannt von Fleischer (o. S. 344f.), aber schon als Zeugnis für Artemis
Eleuthera aufgefaßt in RE XVI (1933) 1085 s.v. *Myra* (Ruge). Der Text
ist fast vollständig, enthält aber einen orthographischen Fehler: Πλοάσας
'Αρτέμιτ[ι (*TAM* II 1670).

[23] Zu *Artemidoros* RE II (1896) 1334f. s.v. (Riess); neue Edition (BT) von
R. A. Pack, Leipzig 1963. Das Kapitel handelt von Erscheinungen der
Artemis oder von Artemis-Kultbildern in verschiedener Gestalt im Traum
und ordnet Ephesia, Pergaia und Eleuthera als engere Gruppe für Vertreter
des σεμνότερος βίος nach ihrem Aussehen als κατεσταλμένη τῷ σχήματι zusammen und stellt sie der Artemis Agrotera (Jägerin), Limnatis usw. gegenüber. Artemis ist also auf jeden Fall Oberbegriff (Fleischer 91, 3. 229). Den
Artemistempel von Myra erwähnen die bei Anrich II 573 zusammengestellten
Testimonia (*ibid.* II 262. 275f.). Zum Dämon Artemis u. Anm. 41. Noch
nicht als Ersatz des Tempels wird das Martyrion des Nicolaus aufgefaßt in
der ersten Bezeugung in der Vita des Mönchs Nikolaos von Sion bei Anrich I
9, 5 (vgl. II 442). Diese gilt also wie die Feier der Rosalia des Heiligen (*ibid.*
I 52, II 442ff.) erst für dessen Zeit (bzw. etwas früher, da der Personenname
Nikolaos schon frühere Anerkennung des Patrons voraussetzt). Wie Myra
hat eine solche Kapelle auch Kastellon (Anrich I 45) in der Zeit der Entstehung der Vita vor etwa 565 (Anrich II 511), wohl gleichzeitig mit dem

weniger gerühmt als der (unbenannte, auf Eleuthera zu beziehende) Tempel bei Opramoas [24].

Diesen Tempel von Myra kennen wir — ohne Nennung seiner Inhaberin — aus Münzbildern von Myra, Patara und Korydalla [25].

ältesten Kern der Nicolaus-Berichte, der Praxis de stratelatis. Zum Datum beider A. Ehrhard, *Überlieferung und Bestand der hagiographischen und homiletischen Literatur der griechischen Kirche*, Leipzig 1937ff., I 314. 395ff. und H. G. Beck, *Kirche und theologische Literatur* [= Handb. der Byzantinistik 2, 1], München 1959, 408 (die Praxis war um 583 bekannt, *ibid.* 410).

[24] Die Stellen *TAM* II 905 XIX A und Anrich I 128 stellte schon Anrich II 275 nebeneinander; zu Opramoas' Stiftungen in Myra M. Wörrle bei Borchhardt, *Myra* 159f.

[25] Die Darstellungen des Tempels mit 2 oder häufiger 4 Säulen behandelt v. Aulock, *op. cit.* (Anm. 11) 68-71 (Myra), 77 (Patara). Einen viersäuligen Tempel mit einem Kultbild vom Typus der Eleuthera stellt auch die von Fleischer (o. S. 345) erwähnte Münze von Korydalla im Osten der lykischen Küste dar (heute Kumluca: v. Aulock 42, neuerdings Fundort großer liturgischer Gerätschaften des 6./7. Jhs. aus dem Besitz des Bischofs, nunmehr in den Museen von Antalya und Washington, Dumbarton Oaks: N. Firatli, *Un trésor du VIe. s.* trouvé à Kumluca, Akten des 7. Intern. Kongr. f. Chr. Arch. Trier 1965 = Studi Ant. Christ. 27, 523ff.). Doch ist die dargestellte Tempelinhaberin (gerade nach Fleischers Deutung ikonographischer Typologie) nur nach dem Typus Eleuthera zu nennen, als Gottheit aber Leto, nicht mit v. Aulock 62 und danach Fleischer Artemis Eleuthera; denn die Inschrift von Rhodiapolis *TAM* II 924 stellt nebeneinander Leto von Korydalla, Eleuthera von Myra und Athena (sämtlich als Empfängerinnen von Grabmulten). Athena ist die Göttin von Rhodiapolis nach den Münzen bei v. Aulock 80 Taf. 15 und schon den lykischen Inschriften *TAM* I 75f.80.149f., die Barnett, *op. cit.* (Anm. 20) 902f. erklärte. Allerdings stehen daneben Münzen mit Artemis als Jägerin. Im Gegensatz zur Λητώ Κορυδαλλική ist das Münzbild in Kyaneai durch *IGR* III 700 (o. Anm. 13) als Eleuthera gesichert. Das ist verständlich aus der Nähe zu Myra und der vermutlichen gemeinsamen Zugehörigkeit zum Masikytes-Koinon (RE XIV [1930] 2154 s.v. Massikytos [Ruge]; M. Wörrle bei Borchhardt, *Myra* 292f; *SNG Copenhague*, 31 (1955) Taf. 3; *SNG Deutschland, Sammlung v. Aulock* X Taf. 141f); dies prägte in Myra mit dem Bild der Artemis (allerdings fehlt Kyaneai in der Liste bei Ptol. *Geogr.* 5, 3, 6). Der unter Gordian III. in diesem Gebiet Lykiens, aber auch in Patara und in der Milyas (Ptol. *Geogr.* 5, 3, 7) tätige Stempelschneider hat also denselben Bildtypus zweimal für Eleuthera, einmal für Leto verwendet; Kraft, *op. cit.* (Anm. 11) 83 nennt ihn Kandyba-Meister, aber läßt in Korydalla wie Arykanda auch den Perge-Meister (geographisch von Olympos) herübergreifen (in Korydalla nur in *Sammlung v. Aulock* X Taf. 140 Nr. 4295, sonst Beziehungen zu Akalissos gemäß der Nachbarschaft: v. Aulock 62). So wird die (von Robert, *Monnaies grecques* 86ff. aus den westkleinasiatischen Analogien zu Plinius' conventus-Listen verdeutlichte) regionale Begrenzung der Prägung der Jahre 241-244, die in der Plötzlichkeit ihres Auftretens auch für v. Aulock 19ff. unerklärbar blieb, in ihrer

Das Kultbild des Tempels gehört zu den von Fleischer behandelten
Typen. Nach dem Zeugnis der Münzen von Myra, Kyaneai und
Korydalla und nach den Prägungen, die Myras Homonoia mit Side
in Ost-Pamphylien und mit Patara in Lykien bezeugen [26], trug es
über einem fußlangen Chiton einen sog. Ependytes, jenes Futteral,
das hier ähnlich wie der Schleiermantel der Artemis von Perge in
West-Pamphylien mit übereinandergestellten Büsten geschmückt
ist. Die Anordnung solcher Büsten hat auf dem Futteral der Ephesia
und des Juppiter Heliopolitanus ihre Parallelen [27]. Aus der Ein-
schnürung der Taille durch den Ependytes ergibt sich ähnlich wie
auf einer Münze von Dionysopolis (Fleischer 298 mit Taf. 128b)
eine starke Betonung oder ein ihnen aufgesetzter Schmuck, für den
Fleischer S. 169,8 Belege aus Nonnos' Dionysiaka anführt. Ein
erstes Beispiel rundplastischer Darstellung des Kultbildes, allerdings in stark zerstörtem Zustand, hat sich im Theater von Myra
erhalten und ist hier Taf. CXV Abb. 12 wieder abgebildet [28]. Es hat

---

Aussage für die Typologie der Kultbilder ohne Rücksicht auf ihren Namen
bedeutsam (immerhin sind Leto und Eleuthera eine Entsprechung zu Korn-
mutter und Kornmädchen wie in Eleusis).
    [26] Die Homonoia-Münzen von Side (Fleischer Taf. 94 b) in *SNG Deutsch-
land, Sammlung v. Aulock* XI (1965) Taf. 157 Nr. 4837; die von Patara in *BMC.
Lycia* 78, 19 Taf. 16, 4, beide bei v. Aulock, *op. cit.* (Anm. 11) 85, 76 Nr. 342.
258f. Taf. 17 bzw. 14 (Fleischer 230, 3f.). Eleuthera allein: *SNG Deutschland, Sammlung v. Aulock* X Taf. 14f. Nr. 4368. 4372; v. Aulock 67ff. Nr.
134-136 wie 175. 183 vom Kandyba-Meister (o. Anm. 25), 138-141 von einem
anderen ? In demselben Tempel zeigen die Münzen bei v. Aulock Taf. 10f.
Nr. 163f. 184f. eine an Eleuthera von links oder rechts herantretende Nike.
Ohne Tempel ist mit dem Xoanon einmal ein männlicher Gott und Tyche
verbunden (v. Aulock Taf. 10 Nr. 168, während zwischen ihnen Eleuthera
selbst fehlt in Nr. 170). Dieser Gott ist nicht sicher benennbar, vielleicht
Apollon Patareus wie auf Taf. 13 Nr. 225ff. (jedoch ist es keine Homonoia-
Münze). In demselben hellenistisch-römischen Typus mit Füllhorn und
Steuerruder, der ebenso in anderen lykischen Städten vorkommt, erscheint
Tyche auch allein und ersetzt damit das altertümliche Kultbild (wie die
Tychopolis einer Inschrift: Borchhardt, *Myra* 160; *TAM* II 905 XIX B).
Wichtig ist, daß das alte Kultbild durch die Homonoia-Münze von Side
noch mehr als ein Jahrzehnt nach den Gordian-Prägungen unter Kaiser
Valerian (253-260) belegt wird.
    [27] Schleiermantel bei Fleischer Taf. 96. 99, Ependytes *ibid.* Taf. 146 b.
149. Astrologische Deutung dieser Büsten bei Heinzel, *op. cit.* (Anm. 2) 247.
    [28] Borchhardt, *Myra* 58. 252 Taf. 23 D, dazu Fleischer o. S. 344ff. Das Ab-
spreizen der Arme findet sich in Lykien bei Kultbildern im Tempel auf
Münzen von Akalissos (des Kandyba-Meisters nach Kraft, *op. cit.* [Anm. 11]

mit den Münzbildern vor allem die Bildung des Unterkörpers gemeinsam, an dem der Reliefschmuck des Ependytes allerdings nicht mehr mit Sicherheit zu erkennen ist. Nur hier sind aber die Teile eines Mantels sichtbar, die von vorgestreckten Unterarmen herabhängen. Danach kann vielleicht angenommen werden, daß die Münzbilder bei der Darstellung der Frontalität des altertümlich-starren Kultbildes die Haltung der Arme nicht wiederzugeben vermochten. In der Tat zeigt der (leider verlorene) Altar mit der Artemis-Weihung (trotz der Zweifel bei Fleischer 231) seitwärts abgestreckte Arme, wie sie auf verschiedenen Münzen auch für die Ephesia als vorgestreckt dargestellt sind. Die älteren Münzen von Myra, die das Erinnerungsbild der Hauptgöttin bieten, nicht das Kultbild nachahmen wollen, helfen uns nicht weiter, denn sie zeigen nur den Kopf der Göttin im Profil und einmal auch en face mit reichem Schmuck und der Befestigung des Schleiermantels. Ein weiteres Relief, diesmal von den Horrea von Andriake, Myras Hafen, kann nicht sicher auf die Göttin bezogen werden, auch wenn es zwei Gottheiten, eine gelagerte und eine stehende mit erhobenem Arm (mit Schale oder Kranz?) als Empfänger der Weihung eines Horrea-Verwalters Herakleon an θεοί zeigt [29].

---

83) und Gagai nach v. Aulock, *op. cit.* (Anm. 11) 27. 55. 60 Nr. 3. 56, der den Kultbildern dieser Städte wie von Kyaneai (o. Anm. 17) mit Recht keinen Namen gibt. In Gagai halten zwei Göttinnen dabei Niken (wie o. Anm. 3. 26) mit der Verdoppelung wie bei der Aphrodite Kastnietis von Aspendos bei Fleischer 254ff., wo Gagai 414f. nachgetragen wird (Robert, *Hellenica* XI-XII 178f.).

[29] Die älteren Münzen (RE XVI [1933] 1085 s.v. Myra [Ruge]) zeigen im 2.-1. Jh. zuerst den Kopf des Apollon (*SNG Deutschland, Sammlung v. Aulock* X Taf. 142), dann der Artemis als Jägerin oder Agrotera (wie in Termessos neben Eleuthera: *TAM* III 909), daher den Hirsch auf der Rückseite: *SNG Copenhague, Lycia* Taf. 3 nr. 106/9; *BMC. Lycia* 70, 8; E. Babelon, Rev. Num. Sér. 3, 11 (1893) 333f., schließlich den Artemis-Kopf en face (*BMC. Lycia* 71, 10 Taf. 15, 5; Fleischer 229 Taf. 92 c; Fälschungen v. Aulock, *op. cit.* [Anm. 11] 87). Das Relief von Andriake bei Borchhardt, *Myra* 69 Taf. 38 B, die bisher nur in *CIG* III 4331 p. 1156 wiedergegebene Inschrift nun in *TAM* II 1792. Die gelagerte Gottheit scheint hochgegürtet, also weiblich und dann mit Steuerruder und Füllhorn bei der Anbringung am Getreidespeicher vielleicht eine Fruchtbarkeitsspenderin (Ceres, Isis oder Annona?). Die Stehende zwischen zwei Schlangen (oder Greif und Schlange?) wäre dann der Urheber des in der Inschrift genannten Traumorakels (mit Modius als Sarapis, so wieder Borchhardt), könnte aber nach meiner Autopsie auch weiblich sein, dann Eleuthera. Wichtiger ist, daß Eleuthera in Myra selbst einen διὰ βίου προφήτης hatte (*TAM* II 1678, unveröffentl. Inschriftfund Beans).

Für die in Myra einheimische Vorstellung ist es bedeutsam, daß auch die Epiphanie der Göttin diese (Eleuthera) in der Aktion des Erweises ihrer Kraft ohne jede Geste von Armen oder Beinen in der starren Einhüllung des Kultbildes, gleichsam stehend zeigt, obwohl sie dem Motiv nach in der Astgabel eines Baumes dargestellt ist. Für ein ‚Erinnerungsbild' böte dazu die Darstellung einer Gottheit oder Nymphe, der Hellotis auf den Münzen des 5. Jhdts. v. Chr. von Gortyn das Vorbild [30]. Aber während dort fast ein Genrebild Göttin und Baum verschmilzt, ist hier die Göttin in einer Handlung dargestellt: in der Abwehr von Angreifern, die als Holzfäller mit Doppeläxten gekennzeichnet werden. Längst ist auf eine ähnliche Szene auf Münzen der karischen Stadt Aphrodisias [31] hingewiesen worden, die nach den Bildern der Vorderseite unter Septimius Severus, vielleicht genau 201-204 datiert werden können. Sie gehören zu den sog. pseudo-autonomen Prägungen, die Roms Ἱερὰ Σύγκλητος (bzw. in Varianten die Ἱερὰ Βουλή) ehren. Im Wechsel mit Altären erscheinen dort beiderseits eines öfter in eine Umhegung eingeschlossenen Baumes, der sich in drei Äste teilt, in lebhafter Bewegung (kaum knieend) zwei Männer, die Doppeläxte schwingen, also wohl den Baum fällen wollen. Doch kann auch der Baum allein dargestellt sein [32], das Fällen ist also nicht das Ent-

---

[30] N. Svoronos, *Numismatique de la Crète ancienne*, Macon 1890, Taf. 13-15: Vergrößerung bei Ch. Seltman, *Masterpieces of Greek Coins*, London 1949, 106f. mit den Erörterungen bei M. Guarducci, *ICret*. IV, Rom 1950, 34f. in Anknüpfung an die Hellotis-Deutung bei A. Lesky, *Hellos-Hellotis*, WStud. 46 (1928) 169ff. Die Epiphanie im Baum läßt hier an die Göttin des Wachstums in Phaistos denken: Leto Phytia oder Aphrodite Skotia (wozu Guarducci, *op. cit.* I, Rom 1935, 270 und RE XIX [1938] 1607f. s.v. *Phaistos* [Kirsten]; V. Lamprinudakis, Τὰ Ἐκδύσια τῆς Φαιστοῦ, ArchEph. 1972, 99ff.). Aber in Phaistos zeigt vielmehr Velchanos denselben Sitz (Svoronos Taf. 23f.) und nur bei Hellotis (*Schol. Hom. Il.* 16, 234) und in Myra kommt das Motiv des Baumfällens hinzu ähnlich wie in Boiotien (o. Anm. 5).

[31] Nach Robert, *Monnaies grecques* 75ff. setzen solche Prägungen in Kleinasien mit Vespasian ein im Zug seines Dyarchie-Programms (analog Augustus' Zulassung des Kaiserkultes nur in Verbindung mit Roma-Verehrung). Die Prägungen in Aphrodisias gehören zu den spätesten Belegen und sind bei Kraft, *op. cit.* (Anm. 11) 88.97 179ff. auf 211 datiert.

[32] Unser Bildtypus ist bei A. Laumonier, *Les cultes indigènes en Carie* [= BEFAR 188], Paris 1958, 225. 495ff. mit Taf. 12, 17-21 behandelt, eine gute Abbildung in *SNG Deutschland, Sammlung v. Aulock* VII (1962), Taf. 77 Nr. 2451, vgl. *BMC. Caria* 34f. Taf. VI, wo zur Erklärung auf Apollod.

scheidende und in den Ästen des Baumes erscheint nicht die Gottheit (wie das Kultbild von Myra), am Stamm des Baumes nicht wie dort ihre Helfer oder Werkzeuge zur Abwehr der Angreifer in Gestalt von zwei Schlangen, die die potentiellen Holzfäller in die Flucht treiben — oder ist es nur einer, der auf der einen Seite als Angreifer herankommt, auf der anderen vor der Schlange flüchtet ? — dann hätten wir ein Beispiel des in der Spätantike so beliebten kontinuierlichen Erzählstils vor uns, der dieselbe Gestalt mehrfach darzustellen erlaubt. Die Prägung von Myra ist etwa 40 Jahre jünger als die von Aphrodisias, durch die Vorderseite unter Kaiser Gordian III. nach seiner Hochzeit mit Tranquillina (241) datiert [33].

Die mythologische Szene, die in Aphrodisias dargestellt wurde, ist m.W. aus der Lokalüberlieferung von ‚Karika' bisher nicht erklärt. Dagegen ist der lokale Mythos auf der Münze von Myra — einer einzigen Prägung in der Phase des Wiederbeginns lykischer Stadtprägungen unter dem genannten Kaiser [34] — durch einen Hin-

---

Bibl. 3, 14, 3; Hygin. *Fab.* 58. 161 verwiesen wird (Adonis). Laumonier betrachtet den Baum als Vertreter der Aphrodite als der Stadtgöttin.

[33] Abbildungen bei Fleischer Taf. 95, in dem unten Anm. 35 zitierten Aufsatz von Merkelbach und bei v. Aulock, *op. cit.* (Anm. 11) 69 Taf. 10 Nr. 165/7 (dazu die Fälschungen 87 Taf. 19 Nr. 358f.); die Literatur bei Fleischer 231, 9. Daß die Deutung durch Robert, *Hellenica* X 198f. gesichert wurde, erkennt auch v. Aulock 27. 69 an. Seine Formulierung, daß die Schlangen ,,mit Hilfe der Göttin'' den Baum verteidigen, ist allerdings religionswissenschaftlich ungenau formuliert (eher umgekehrt: die Göttin im Baum mit den Schlangen). Bisher ist wohl auch zu wenig, gerade im Vergleich auch mit den Münzen von Aphrodisias, betont, daß dort keine Gottheit im bedrohten Baum dargestellt ist und daß in Myra nicht die Gottheit, sondern recht eigentlich das Kultbild oder die Göttin in ihm die Epiphanie vollzieht (zum Begriff Epiphanie als rettende Kraft RE Suppl. IV [1924] 293ff. s.v. *Epiphanie* [Pfister]; Robert, *Études anat.* 459f.). Parallelen zum Fällen eines heiligen Baumes erörtert Laumonier, *op. cit.* 633f., darunter die Daidala von Plataiai (o. Anm. 5).

[34] Eine gewisse Verwandtschaft zu beiden Münzbildern weist eine zweite Prägung von Myra auf (bei v. Aulock, *op. cit.* [Anm. 11] 69 Nr. 169 Taf. 10); dort steht in einer an Aphrodisias erinnernden Einfriedigung mit zwei niedrigen Bäumen in der Mitte eine Säule, die eine wohl jagend in lebhafter Bewegung nach rechts befindliche kurzgeschürzte Gestalt (als Statue?) trägt, wie sie in Patara als Apollon, in Rhodiapolis als Artemis als Münzbild erscheint. Mythische Szenen in dieser lykischen Serie sind sonst die Einholung eines Orakels in Kyaneai oder die Begegnung einer Nymphe mit Dionysos in Patara, mit einem lüsternen Pan neben einem Baum als Kulisse in Arneai in der leidenschaftlichen Szene, die Robert, *Monnaies grecques*

weis von L. Robert seit 1955 bekannt. Fleischer (der ihn S. 231
zitiert) brauchte auf diesen Mythos nicht einzugehen, aber wer die
oben (aus Fleischer S. XII) angeführte Beschränkung überwinden
will, kann an Inhalt und Gehalt der Szene nicht vorübergehen, wenn
er das Wesen der Eleuthera von Myra, aber auch die Möglichkeit
der Erhaltung einer Kunde von ihr durch weitere fünf Jahrhunderte
verstehen will.

Die Szene der Münze führt uns, trotz der Kultbildhaftigkeit der
Gottheit in der Astgabel, weg von dem Tempel und dem Kultbild im
Tempel in die freie Natur vielleicht eines nicht einmal eingehegten
heiligen Baumes, dessen Schutz die Göttin als seine Besitzerin oder
Bewohnerin [35] gegen die ihn bedrohenden Holzfäller durch Ent-
sendung ihrer heiligen Schlange(n) übernimmt — und dieser Erweis
ihrer numinosen Macht ist das Thema der Münzdarstellung, und
gewiß nicht etwa ein historisches Ereignis, sondern eine mythische
Epiphanie, die aber an Myra und seine weibliche Gottheit gebunden
ist. Im Altertum ist sie literarisch nicht geschildert worden (oder
wenigstens nicht durch die Lokalhistoriographie von Lykiaka auf
uns gekommen), aber auf Volksglauben, der sich bis ins späte 6.
Jahrhundert erhielt, geht die Anekdote zurück, die in der Vita des
jüngeren Nikolaos, des Mönches oder Archimandriten (Priors) vom
Kloster Sion im lykischen Bergland oberhalb von Myra [36] aufge-

---

8off. gegen W. Schwabacher, Gnomon 38 (1966) 506 ausführlich beschreiben
mußte. Sollte es sich bei der Statue auf dem Baum um eine andere Epiphanie
der Göttin von Myra, nun nicht als Eleuthera-Kultbild, sondern als Artemis-
Votivstatue, auch in einem Hain, handeln? Die Prägungen unter Gordian
III. sollten wohl auch über den Bereich von Lykien hinaus für Kleinasiens
Kulte ausgewertet werden, den H. v. Aulock 1974 allein behandelte.

[35] Die richtige Darstellung in RE III (1899)155ff. s.v. *Baumkultus* (Kern)
zitiert Anrich II 225, 1: ,,Der griechische Baumkult betrachtet den Baum
nicht selbst als Gottheit, sondern als Wohnung derselben". Fesselung in
einen Baum vermutete für unsere Münzen R. Merkelbach, *Gefesselte Götter*,
Antaios 12 (1971) 560. Wenig bietet RAC II (1954) 28f. s.v. *Baum* (Klauser).

[36] Das Zitat gibt auch Fleischer 231, 9, jedoch ohne die Konsequenzen für
die Münzinterpretation aus der hagiographischen Quelle, die Robert, *Hellenica* X 198, 1-3 z.T. ausgeschrieben hatte. Die jüngere, und wie in Anrich I
337 auf Bischof Nicolaus bezogene Variante bei Neophytos von Kypros
§ 13 in Anrich I 396 zieht zusammen: ποτέ τις κατ' ἐκείνης τῆς κυπαρίσσου
κατατολμήσας τομὴν διὰ τῆς ἀξίνης αὐτοῦ ὑπὸ τοῦ δαίμονος θανατοῦται. In den
spätesten Erzählungen vom Bischof Nicolaus (Anrich I 304, 333) schadet
der Baumdämon überhaupt jedem Passanten. Anrich II 226 bemerkt dazu

zeichnet ist. Die nicht lange nach der Lebenszeit dieses Mönches schon verfaßte Beschreibung seiner Vita und einiger Erweise seiner heiligmäßigen Wunderkraft ist 1913 von G. Anrich in dem Werk ,,Hagios Nikolaos, Der heilige Nikolaos in der griechischen Kirche'', 3ff. herausgegeben und im 2. Band, Leipzig 1917, 209ff. kommentiert.

Dort steht in § 16 und 19, daß im Gebiet von Myra eine riesige, (nach der Umrechnung von 14 bezw. 3,5 Ellen bei Anrich II 224,3) 20 m hohe, etwa 1,80 dicke Zypresse die Spuren von Axt- und Beilhieben aufwies als Erinnerung an einen Versuch, den Baum zu fällen — ein Unternehmen, das einem Menschen in alter Zeit (τὶς τῶν ἀρχαίων) zugeschrieben ward, der mit einem einfachen Beil und zwei zweischneidigen Äxten (ἀξῖναι) gekommen war. Der Dämon im Baum habe ihm die Werkzeuge entrissen und ihn selbst durch drohenden Lärm (ψόφος) umgebracht; an den Wurzeln des Baumes sei der Frevler begraben worden, während nach der Textvariante einer Handschrift im Athos-Kloster aus dem 12. Jahrhundert [37] zwei seiner Helfer entkamen (die also zwei von den drei genannten Werkzeugen trugen). Das ist genau die Szene, die auf der Münze dargestellt ist; nur sind die Schlangen durch das Knarren des Holzes ersetzt und vielleicht aus zwei Angreifern einer (oder gar drei Holzfäller?) geworden.

Der heilige Mönch wiederholt nun den Versuch des antiken Frevlers auf Bitten der Umwohner, die unter dem Schatten des gewaltigen Baumes leiden — wie so manche christliche Bekämpfer antiken Baumkultes und noch Bonifatius an der Donnareiche in Germanien. Der (nach § 16 heilige) Baum wird von Nikolaos gefällt — nicht ohne beim Sturz zunächst auch die umstehende Menge zu gefährden —, seine Holzmasse mit Mühe gespalten und abtransportiert — der Zauber ist gewichen, von dem die Münze zeugte. Aber

---

richtig: ,,Es muß also die kleine Episode in unserer Baumfällungsgeschichte einen Nachklang oder eine besondere Fassung einer alten Kultlegende darstellen . . . Es darf sogar die Frage aufgeworfen werden, ob die Zypresse, die als ein uraltheiliger Baum geschildert wird, etwa gar mit dem heiligen Baume des Münzbildes identisch ist''.

[37] Zur Überlieferung der Vita Anrich II 3ff., zu dem Athous dort 4. 10, die Lesarten verzeichnet I 13 im Apparat; die Aufteilung der drei Werkzeuge auf drei Personen entspricht der volkstümlichen Erzählweise gerade dieser Handschrift. Zur Überlieferungsgeschichte nach Anrich H. G. Beck, *op. cit.* (Anm. 23) 408.

noch in der Legende gibt der Dämon Laute von sich, mit denen er
den Baum als seine Wohnung (κατοικία) bezeichnet, in der er von
niemandem je besiegt worden sei. Das Holz der Zypresse wird im
Heimatkloster des christlichen Siegers auf der Gebirgshöhe Sion
verwendet, in dem also wie heute, aber auch wie in archaischer Zeit
nach dem Brauch Lykiens Holz neben Stein Baumaterial in Bret-
tern (Sanides), nicht nur als Firstbalken war. Von der Zerstörung
eines Tempels ist hier nicht die Rede, auch nicht von dem berühmten angeblichen Bischof Nicolaus von Myra, dessen Gebeine
1087 nach Bari überführt wurden. Nur weil von diesem legenda-
risch in die Zeit Konstantins gesetzten Bischof (der aber nicht in
den Akten des Konzils von 325 erscheint) so wenig bekannt war [38],
ist die Anekdote vom Fällen der Zypresse in die weit jüngeren
Nicolaus-Legenden aus der Vita des Mönches von Sion übernommen worden. Erst dadurch ergab sich auch die Möglichkeit, dem
Dämon des Baumes seinen Namen zu geben, allerdings nie ausdrücklich und auch nicht in räumlicher Kombination mit dem
Artemis-Tempel, den der Bischof Nicolaus zerstört haben sollte.

---

[38] Die Behandlung der Nikolaos- und Nicolaus-Überlieferungen (wir
scheiden mit dieser Orthographie den lykischen Mönch von dem auch von
der abendländischen Kirche anerkannten Bischof) bei Anrich ist gekennzeichnet durch ein fast übertriebenes Bemühen, doch noch etwas an geschichtlichen Ereignissen für Nicolaus zu retten (II 441ff. 509ff.); viel
nüchterner urteilt das Propylaeum zu AA SS Decembr., Brüssel 1940,
568f. Sicher gehört dessen Datierung unter Konstantin (in die Zeit des
Konzils von Nikaia!) der Legende an wie die Zerstörung des Artemis-Tem-
pels (o. Anm. 23) durch ihn — ein Martyrium ist nicht erwähnt; aber in
der Vita des Mönchs existiert schon eine Nicolaus-Kirche (*ibid.*) und ist
der Name Nikolaos unter lykischen Christen (und zumeist nur unter ihnen)
weitverbreitet. Dann kann sogar ein archäologisches Denkmal zum Echt-
heitsindiz werden: möglicherweise ist vor/in der Zeit, für die diese Kirche
erstmals bezeugt ist, ein antiker Sarkophag zum Myronstifter des heiligen
Nicolaus umgestaltet worden, der dann Myron hätte fließen lassen wie
später Demetrios in Thessalonike (dazu G. Soteriou, Ἡ βασιλικὴ τοῦ Ἁγ.
Δημητρίου, Athen 1952, 18ff. 51ff.; E. Kirsten - W. Kraiker, *Griechenland-
kunde*, Heidelberg⁵ 1967, 684), der auch ohne Grab im 6./7. Jh. Verehrung
fand (*ibid*, 672. 682). Außerhalb des Myra-Werkes von Borchhardt gab
diesen Sarkophag U. Peschlow, *Fragmente eines Heiligensarkophages in
Myra*, IstMitt. 23/24 (1973/74) 225ff. heraus (Parallelen bei Borchhardt,
Myra 243ff.). Da er den Beginn der Nicolaus-Verehrung nicht bedenkt, ist
er sich der Tragweite seiner Benennung nicht bewußt, Nachtrag S. 980f. (u.
Anm. 48).

Nicolaus hat den weiblichen Dämon Artemis aus dem Tempel vertrieben, nun sucht er sich an dem Heiligen und seiner Kirchen-
gründung zu rächen, die schließlich auch den Namen Sion von dem
Heimatkloster des Mönches übernimmt [39]. Es entspricht der Unbestimmtheit in Zeit und geographischem Raum, daß in den byzantinischen Fassungen der Legende nicht konkret von dem heiligen
Baum die Rede ist. Die Überschau über die bei Anrich zusammengestellten Legendenvarianten läßt aber erkennen, daß die Erzählung von dem Mönch des 6. Jahrhunderts Motive und die Ortsnamen Myra und Andriake geliefert hat. Auf jeden Fall hat Neophytos Reclusus (Enkleistes) in Südwest-Cypern im 13. Jahrhundert
ganze Kapitel der Vita des Mönchs in die Legende des großen
Bischofs übernommen, darunter auch unsere Geschichte vom Fällen
der Zypresse, bei der die Schicksale des Bauholzes dann weiter ausgesponnen wurden [40]. Vielleicht sind ältere Fassungen der Nicolaus-

---

[39] Artemis wird aus Myra und ganz Lykien vertrieben (Anrich I 135. 396f.
399. 419, die Varianten zusammengestellt II 434, dazu die Parallelen aus
Fluchformeln bei Robert, *Hellenica* XIII 267f.) und zwar durch Nicolaus
vom Tempel oder vom Altar (Anrich I 136. 265. 410), einmal aber auch
vom Heiligen Baum (der Zypresse des Nikolaos) in Anrich I 396f., nachdem
sie ihre χρόνιος ἀνάπαυσις im Baum verloren hatte. Nicolaus hat das Baum-
fällen und seine Folgen also nur von dem Mönch Nikolaos (und späteren
Bischof von Pinara) übernommen. Dessen Triumph über das Heidentum in
einem einst segenspendenden, nun als vom Teufel besetzten, daher schädlichen Baum als Wundertat des 6. Jhs. entspricht anderen Akten (Anrich
II 225). Bonifatius um 725 hat in unserem 6. Jh. seinen Vorläufer in Johannes von Asien bei F. Nau, *Analyse de la seconde partie inédite de l'histoire
ecclésiastique de Jean d'Asie*, Rev. Or. Chrét. 2 (1897) 482. Zu den Kontami-
nationen mit Bezug auf Sion Anrich II 515f. Vielleicht steckt in der Benennung der Nicolaus-Kirche als Sion sogar noch die Spur einer Abkürzung des
Namens des Neugründers: Kirche des (jüngeren) Nikolaos, Abts vom Kloster
Sion. Dies letztere identifiziert R. M. Harrison, *Churches and Chapels of
Central Lycia*, AnSt. 13 (1963) 146. 150ff. mit der Kirche von Karabel nahe
der Straße von Myra nach Arneai (Skizze 123 fig. 2, ohne diese beiden antiken Spuren in *A Note on Architectural Sculpture in Central Lycia*, AnSt. 22
[1972] 187).
[40] Zu Neophytos Enkleistes H. Delehaye, *Saints de Chypre*, AnalBoll.
26 (1907) 274ff., 292; Beck, *op. cit.* (Anm. 23) 633 und die Arbeiten von
I. P. Tsiknopoulos in Kyriakai Spoudai (Übersicht in 25 [1961] 187).
Eigenes bietet er darin inhaltlich nicht. Noch viel jünger ist nach Anrich
II 322ff. die nach Beck 796 schon aus dem 15. Jh. stammende Ausmalung
in Anrich I 304ff. (Vita Lycio-Alexandrina), wonach die Zypresse den
Firstbalken der Sion-Kirche abgibt, der Dämon in ihr aber noch mehrfach

Legende der Mönchs-Vita sogar noch näher gewesen. So ist es wohl
zu erklären, daß in einer einzigen Variante (die allerdings eine gewisse Sonderstellung einnimmt) der Ortsname Plakoma als Ziel
von Schiffern erscheint, die von dem bösen Dämon Artemis zu
Werkzeugen ihrer Rache am Bischof gemacht werden sollen [41]. Sie

bekämpft werden muß. Erst recht der volkstümlichen Entwicklung von
Heiligenlegenden (wie sie hier schon Nicolaus auch nach Alexandreia führt)
entstammt (nach Anrich II 332) die Versetzung des Wunders in die durch
Ev. Matth. 8, 28 als Sitz von Dämonen bekannte ostpalästinensische Stadt
Gadara (in Anrich I 334) unter Verwendung von Motiven der Georgslegende
— und hier schwingt nun gar Nicolaus den gefällten Baum (sollen wir sagen:
wird er zum Herrn des Tannen- und Weihnachtsbaumes?). Datierung der
Nicolaus-Encomia bei Beck 508. 560. 569. 578. 691.

[41] Zu dieser Stelle Anrich I 311. II 436. 532. Die m.R. angenommene
ältere Vorlage ist etwa aus syrischen Texten zu erschließen wie dem von
Anrich 1 417 in Übersetzung wiedergegebenen Stück aus P. Bedjan, *Acta
martyrum et sanctorum syriace* IV, Paris/Leipzig 1894, 300f. Dazu vgl. Anrich II 62. 151. 569 mit dem wichtigen Hinweis auf die Benützung der griechischen Vorlage in der lateinischen Vita Nicolai des Johannes diaconus
(um 880) wie dann durch Neophytos (o. Anm. 40). Die Versionen der Legende von der Rache der Artemis-Diana sind bei Anrich II 433ff. 576 zusammengestellt. Wieder gab die Vorlage des syrischen und arabischen
Textes das Beste: Nicolaus erkennt und benennt den feindlichen Dämon
(Teufel); zu den orientalischen Versionen A. Baumstark, *Geschichte der syrischen Literatur*, Bonn 1922, ND Berlin 1968, 264f. 191, 5; J. Ortiz de Urbi-
na, *Patrologia syriaca*, Rom 1958, 232f. Neue Veröffentlichungen nach Bedjan, *op. cit* 290ff. fehlen.

[42] Robert, *Hellenica* X 197ff., der seinerseits Anrich II 532-540 für
I 442f. erganzt aus W. Tomaschek, SBWien 124 (1891) 43ff. Durch die
Vita sind nun gesichert (neben längst bekannten Poleis) Akarassos, Arneai,
Trebendai, Tristomon, wohl kaum als Myra bezw. Plakoma nächst-
gelegen Karkarbia (Anrich I 15. 43. 397. II 534), aber Kroba, Soruda, auch
einigermaßen Tragalassos (o. Anm. 20), Kausai — auch bei Robert, *Noms
indigènes* 126 dem weitentfernten Kasaba gleichgesetzt — und die Fortexi-
stenz von Phellos (nicht auch von Antiphellos) in der Zeit der Vita, die wohl
bald nach Nikolaos' wod entstand, für den Pest und Hungersnot von 541/2,
die Gleichzeitigkeit mit Teilnehmern des Konzils von 551 und die etwas
unsichere Angabe des Todesjahres 564 den Anhalt geben; der Verfasser
war offenbar Augenzeuge von Nikolaos' Auftreten als (antik gesprochen)
τροφεύς seiner Diözese (zu deren Geschichte in seiner Zeit E. Chrysos, *Die
Bischofslisten des 5. ökumenischen Konzils*, Bonn 1966, 97). Für die historische
Geographie liegt die Bedeutung dieser Quelle in der Veranschaulichung der
Siedlungsweise eines Polisgebietes in christlicher Zeit (mit Oratorien in den
Komai) in Analogie zu den Dörfern in den Poleis etwa Palästinas, den Groß-
poleis von Nordsyrien (RAC II [1954] 1105ff. s.v. *Chorbischof* [Kirsten])
oder namenlosen Dörfern in der Kilikia Tracheia hinter Elaiussa, die S.
Eyice kürzlich neu untersucht hat (E. Kirsten, *Elaiussa-Sebaste in Kilikien*,

wollen Wohnung und Kirche des Nicolaus in Plakoma besuchen,
und der Bischof von Myra entlarvt die Feindin als Artemis (nicht
als Eleuthera) — eben die heidnische Hauptgöttin, die alte Herrin
(Vanassa) oder Archegetis von Myra.

Plakoma erscheint in den Legenden von Myra zweimal, und hier
erfassen wir erst recht den Wert der topographischen Überlieferun-
gen in hagiographischer Literatur, um derentwillen L. Robert das
Werk von Anrich aufgeschlagen hatte [42]. Zunächst erstens: die
Wundertat des Sion-Mönches, mit der ihm das gelingt, was dem
Angreifer auf der Gordian-Münze und in dem Bericht aus der Zeit
der Archaioi nicht geglückt war, erfolgt nach der Erzählung des 6.
Jahrhunderts auf Wunsch von Leuten aus dem Dorf der Plakomi-
ten [43]. Das erweckt zum mindesten sogleich den Verdacht, daß die
Nicolaus-Kirche dort, wo sie noch heute steht [44], in dieser Kome

in: *Mélanges Mansel* II, Ankara 1974, 778f. und seither M. Gough, *The
Emperor Zeno and some Cilician Churches*, AnSt. 22 [1972] 199ff.) Zu den
Klöstern im Hinterland von Myra siehe Schultze, *op. cit.* (Anm. 2) 201;
Harrison, *op. cit.* (Anm. 39) AnSt. 13 (1963) 117ff. und AnSt. 22 (1972) 187ff.

[43] Anrich I 12f. 59, zur Überlieferung II 224f. 531f, übersetzt bei L. Robert,
Noms 125. Die richtige Schreibung πλάκωμα ist mit Anrich II 531 nach den
Parallelen (vgl. auch das Plakostroton des sog. Pilatus-Palastes) auf einen
Platz mit Pflasterung (durch πλάκες, vgl. die πλάκωσις in *TAM* II 408) zu be-
ziehen, von dem sekundär das Dorf genannt ist; M. Wörrle bei Borchhardt,
Myra 64 benützt den Hinweis bei Anrich II 531 zur Benennung einer Stätte in
Andriake, ohne die Vita selbst zu berücksichtigen (und ohne Zitat für Myra).
Entscheidend ist die Bezeugung eines Dorfes in Analogie zu den anderen
der Vita (Anm. 42); das Plakoma war also für eine Siedlung charakteristisch
(oder für ihr Entstehen maßgebend?), und diese lag außerhalb der Polis
Myra (und auch von Andriake, s.u.). Bei der Aufhöhung des Geländes um
Myra (u. Anm. 52) bis 8 m ist dies Pflaster sicher nicht wiederzufinden, nur
die Fortwirkung seiner Existenz und des Dorfes durch die folgende Kombination erschließbar. Zu Plakokomitai vgl. die Bewohner eines Stadtviertels in
Mylasa als οἱ ἐκ τῆς πλατείας (Robert, *Études anat.* 537f.) und die Beamten
der Σεβαστὴ πλατεῖα in Sura (*TAM* II 1769f. 1772. 1774).

[44] Nach der jungen Legendenfassung bei Anrich I 91. II 515 war das
Heiligtum des Bischofs Nicolaus 1 römische Meile (vom Südtor?) von Myra
entfernt. Zur Baugeschichte und zum Befund vgl. nun die Beiträge von G.
Wiegartz, U. Peschlow und O. Feld bei Borchhardt, *Myra* (und o. Anm. 38).
Ersterer betrachtet (S. 243ff.) die dort gefundenen Sarkophage allerdings
als Beweis für eine Kontinuität auch der Nekropole. Nicht notwendig aus
der Nachbarschaft also u.E. von Plakoma stammen die in der Kirche ver-
bauten Bauglieder und die dort nicht aufgeführten Inschriften (nun in
TAM II 1736ff.). Bei einem Besuch 1973 fand sich dort auch eine verloren ge-
glaubte, die 1841 A. Schönborn gesehen hatte, der Verfasser einer Studie
über Alexanders Zug durch Lykien (Progr. Posen 1849) und durch seine seit-

stand, die ihrerseits nach einem Plakoma hieß. Dann hat die Anknüpfung des christlichen Kultes weder einem Heiligengrab (eines
Nikolaos) noch dem Tempel der Artemis in der Polis gegolten, sondern dem heiligen Baum (der nicht notwendig oder wahrscheinlich
bei dem Tempel gestanden haben wird). Über die Anthropomorphisierung eines lokalen Numen — für die ein Tempel als Haus der
Gottheit errichtet werden mußte — griff die Christianisierung der
heiligen Stätte zurück auf die Epiphanie der Gottheit als Naturerscheinung in einem Baum, bei der sich das Numen schon nach heidnischem, epichorischem Glauben gegen den Angriff auf den Baum
gewehrt hatte, wie sie es bis zuletzt noch dem Christen gegenüber
tat. Die Bezeichnung der Anwohner (nach § 17 südlich des Berges
Anabos) nach einer Kome setzt voraus, daß die Zypresse bei einer
bäuerlichen Siedlung (deren Äcker sie durch ihren Schatten beeinträchtigte), aber weder in Andriake noch in Myra selbst stand —
und das trifft durchaus für die Stelle der Nicolaus-Basilika im
heutigen Demre zu [45]. Daraus folgt weiterhin, daß für die Benen-

her verlorenen Tagebücher Gewährsmann von C. Ritter, *Erdkunde* IX 2,
Berlin 1859, 750ff. (wozu L. Robert, *La Carie*, II, Paris 1954, 59ff.; idem,
Documents de l'Asie mineure méridionale, Paris 1966, 17ff.) — es ist die
Inschrift *CIG* III 4303 c, nun *TAM* II 1686.

[45] Vielleicht seit der Spätantike ummauert (wie Bischofskirche und Episkopeion in Limyra: W. Wurster, *Die Burg von Limyra*, AA 1974, 262) nach
den alten Beschreibungen bei Borchhardt, *Myra* 56f., auch 347f. m. Taf. 8 C
und Karte Taf. 2 A, lag die Nicolaus-Basilika stets außerhalb der ummauerten Stadtfläche von Myra, auch wenn diese Mauer bisher nicht
nachgewiesen, die Stadtfläche im Plan bei Borchhardt, *Myra* Abb. 1,
daher nur gegittert dargestellt (obwohl kein Raster des Straßennetzes
nachgewiesen ist) werden konnte. Die Kirche war auch weder mit der
Sion-Kirche noch mit der innerstädtischen Bischofskirche von Myra
identisch (Anrich II 514ff. 528f.). Das räumliche Verhältnis von Myra
und Andriake veranschaulichen die Kartenskizzen bei Borchhardt, *Myra*
Taf. 2 und S. 47 Abb. 1. Die hagiographische Überlieferung bezeichnet Andriake als λιμήν, ἐπίνειον, ἐμπόριον (Anrich II 571), übrigens zumeist mit der Präposition ἐν auch für die Bezeichnung der Richtung statt
altgriech. εἰς mit Accusativ, was mehrfach zu Fehldeutungen, auch bei
Anrich geführt hat. Zu Andriake Borchhardt, *Myra* 64ff. Anrich II 570.
Zu den Kirchen Harrison, *op. cit.* (Anm. 39) AnSt. 13 (1963) 117ff.; Feld,
op. cit. (Anm. 44) 401ff.; zu Anabos Anrich II 533. Der Steilanstieg des
Gebirges westlich vom Burgberg von Myra, an dem sich heute (vom Grabhaus bei Borchhardt, *Myra* 61f. an) die Straße nach Kyaneai-Kaş in Windungen hinanzieht, ist ein so charakteristischer Zug der Landschaft, daß er
topographisch genannt werden mußte ähnlich dem Anophoron, jetzt Anephorites gegenüber der Lage von Chalkis auf Euboia (Anrich I 355f. II 473).

nung des Dorfes weder eine Anlage in Andriake noch in Myra maßgebend war, sofern sie wirklich nach einem Plakoma, einem griechischen Terminus, nicht einem epichorischen Ortsnamen gegeben
war. Das wäre ein Pflasterplatz, wie er sich auf einer Agora innerhalb einer Stadt, aber auch analog zu einem Embolon (Kai-Anlage
mit Säulenstraße) in der damaligen Nähe der Küste finden mochte,
aber auch außerhalb der Mauern einer antiken Stadt (und vielleicht
selbst in neue Mauern eingeschlossen wie anscheinend im spätantiken Limyra) angelegt werden konnte, um selbst (als locus nundinarum) für die Umgebung der Ort der Begegnung zwischen Stadt-
und Landbewohnern, des Austausches der Waren (auch mit an-
kommenden Fremden) ,der' Markt zu werden, ein vorstädtischer
Marktplatz, wie ihn die Geschichte von Kyrillos und Methodios
voraussetzt, die vor den Toren von Thessalonike auf dem dortigen
Markt die slawische Sprache der bäuerlichen Erzeuger oder Fern-
händler lernen konnten, während man in der Stadt griechisch
sprach — auch das spätantike und mittelalterliche Neapel hatte
seinen Mercato außerhalb der Mauern und so manche deutsche Stadt
(zum Beispiel Bonn) auch [46].

Gerade in dieser Bedeutung erscheint Plakoma nun zweitens in
einer anderen Legende, die nun nur mit dem Bischof Nicolaus verbunden ist, der von den drei Feldherren (Stratelatai). Das gemeinsame Gut in drei Rezensionen und weiteren auch lateinischen Varianten [47] erzählt, daß eine kaiserliche Flotte auf einer Strafaktion
gegen das innere Phrygien in Andriake landete, das danach 3 römische Meilen von Myra entfernt war. Unerlaubterweise entfernten

---

[46] Zu solchen Märkten vor der Stadt E. Kirsten, in: K. Albrecht, *Die
Staufer*, Ludwigsburg 1969, II 74ff. Zum *locus nundinarum* Anrich II 530, 3;
Embola Anrich I 91, II 515. R. Janin, *Constantinople byzantine*, Paris 1964²,
91ff. 225ff. (Horrea 181f.). L. Robert, Noms 126, 2 denkt an eine Pflaster-
straße im Küstensumpf.

[47] Anrich I 83, 91. II 30ff. 368ff. Ebenso wie die Nicolaus-Kirche nach
Anrich I 9. II 442 nahe dem Weg von Andriake nach Myra liegt, so gibt es
in unserer Legende einen direkten Weg (den der Bischof in der Gegenrich-
tung benützt) und einen nach Plakoma außerhalb Myra führenden (der
Rekruten); etwa auf dem südlichen Andrakos-Ufer, nicht vorbei an der
Schwefelquelle bei Borchhardt, *Myra* 72ff. Anrich II 530 übersieht (mit
Übersetzungsfehler, o. Anm. 45), daß die Ankunft der Flotte in Andriake
und der Unruhestifter in Plakoma nicht identische Orte meint: Stratiotai
waren (wie in *TAM* II 1818) im Emporion gelandet, dann zum Plakoma
gekommen (hier die Quelle für den Irrtum bei Borchhardt, *Myra* 64, o.
Anm. 43).

32

sich einige Soldaten (Rekruten, νεώτεροι) von der Truppe und ge-
rieten auf einem Markt in Streit mit den Einheimischen — das war
außerhalb von beiden genannten Orten, wurde aber in Myra gehört,
also lag der Platz Plakoma näher an Myra, doch als Wurzel einer
Kome (wie etwa Messeplätze als die von Nundinae-Orten Nord-
afrikas). Nicolaus begibt sich nicht nur unter die Streitenden, sondern zu den Vorgesetzten der Unruhestifter (ἄτακτοι) nach Andriake
und dann erst mit diesen nach (Plakoma und ?) Myra.

Mit dieser Identifizierung von Plakoma — nach der letzten Bemerkung wohl auch abseits des ostwestlich verlaufenden Wegs von
3 Meilen von Myra nach Andriake — ist ein weiteres Indiz für die
topographische Treue der Hagiographie von Myra gewonnen. Ist es
dann zu kühn, wenigstens die Frage aufzuwerfen, ob die Vita des
Mönches Nikolaos zwar nicht die Münze (in ihrer Einmaligkeit),
aber den heiligen Baum der Eleuthera selbst noch genau gekannt
habe, dann gar seine Beseitigung als historisches Ereignis des 6.
Jahrhunderts erfahren habe, auch wenn die Polis Myra damals
schon fast zwei Jahrhunderte einen Bischof hatte [48]? Daß die
Legende des Bischofs Nicolaus an konkrete Gebäude und Vorgänge
in Andriake, Myras Hafen, anknüpfte, ist jedenfalls deutlich. Denn
zu dem ältesten Kern der Legende wird von Anrich II 395f. das
Wunder der Kornvermehrung gerechnet. Der Heilige entnimmt zur
Versorgung seiner hungernden Stadt Myra in Andriake den Schiffen
der kaiserlichen Getreideflotte auf dem Weg von Alexandreia nach
Konstantinopel Getreide, ohne daß dann beim Ausladen ein Verlust
faßbar wird (Anrich I 132f. 228. 399. II 82). Das setzt nicht nur die

---

[48] Zur Bischofsliste von Myra Anrich II 512; Schultze, *op. cit.* (Anm. 2)
191, 199ff.; RE XVI (1933) 1083f. s.v. *Myra* (Ruge); RE Suppl. XIII (1973)
294 s.v. *Lykia* (Jameson); Harrison, *op. cit.* (Anm. 39) AnSt. 13 (1963)
119f. Die Datierung von Märtyrern von Myra ergibt dafür nichts Sicheres.
Nur in einer einzigen Liste der Väter von Nikaia (325) steht neben Eudemos
von Patara Νικόλαος Μύρων Λυκίας (H. Gelzer, *Patrum Nicaenorum nomina*,
Leipzig 1898, 67: V 151), doch ist wohl der heilige Bischof hier interpoliert
mit Verdrängung des vorangehenden Bischofs von Vasada in Pisidien, der
seinerseits bei Gelzer 93. 135 gegen 111 verdoppelt ist, vgl. *ibid.* p. XLIII
und E. Schwartz, *Bischofslisten der Synoden von Chalkedon*, AbhMünchen 2,
13 [1937] 63. 69). Patara als Heimat des Nicolaus (Anrich I 141. 393. 442.
II 514, 1) dürfte auf die Nikaia-Überlieferung zurückgehen, in der es einziger Bischofsitz Lykiens ist. Das Richtige in RE XVII (1936) 360 s.v.
Nikolaos nr. 5 (W. Enßlin).

Kenntnis dieser Verproviantierung der Hauptstadt (der annona der Nova Roma) aus Ägypten voraus, die mit der Eroberung von Alexandreia durch die Araber 642 endete [49], sondern auch die Bedeutung von Andriake als eines guten Hafens (wie die Legende von den drei Feldherren, die in der Ausmalung der Geschichte gar dreimal Andriake berührten), vor allem aber seinen Zusammenhang mit Getreidetransporten. Nun dürfen wir uns daran erinnern, daß auch ein einheimischer Hagiograph wie noch der moderne Besucher auf der Südseite des (erst in nachantiker Zeit vermoorten) Hafens von Andriake an einem Gebäude die Zweckbestimmung für Getreideaufbewahrung als Horrea (und sogar in Griechisch die Tätigkeit eines *horrearius* darin) und den Erbauer Hadrian inschriftlich genannt lesen konnte. Es muß freilich offenbleiben, ob diese Horrea der Erfassung von ostlykischem Getreide als Tribut für Rom oder der Verproviantierung durchziehender Truppen zu dienen hatten, also für Analogien zu dem im nahen Limyra so eindrucksvoll gewordenen Ereignis, daß ein aus dem Osten kommendes römisches Schiff Station machte und der Kommandant der Partherfront, der Kronprinz C. Caesar dort starb [50]. Denkbar wäre sogar, daß mindestens zur Winterszeit diese Horrea kaiserliche Getreidelieferungen speichern sollten, die dann (der Legende noch näher kommend) entweder weiterverschifft werden sollten oder als kaiserliche Gunstbeweise für die Provinz Lykien gelten dürften, wie sie gerade Hadrian im Zusammenhang mit seinem Besuch auch dieser Provinz (130) gut anständen [51].

---

[49] Den späteren Verhältnissen angepaßt, erscheinen (in Anrich I 284f. 290f.) Kypros als Ausgangsort des Transports, Sarazenen als seine Bedroher (Anrich II 395f.; ohne Ortsangabe I 251. 403f.). Zur *annona civica* und dem *canon frumentarius* seit Konstantin G. Rouillard, *L'administration civile de l'Egypte byzantine*, Paris 1928², 124ff., zur Verschiffung 141/5. Justinian ließ nach Procop. *Aed.* 5, 1 Horrea auf Tenedos errichten für den Fall, daß die (erst im September auslaufenden) Schiffe nicht in die Dardanellen einfahren konnten.

[50] Zu den Horrea und ihrer lateinischen Inschrift (*CIL* III 232) nun M. Wörrle bei Borchhardt, *Myra* 66ff., noch ohne Bauaufnahme, zu den Reliefs auch o. Anm. 29. Limyra: J. Borchhardt, *Ein Kenotaph für Gaius Caesar*, JdI 89 (1974) 217ff. (dort die Quellen für das Ereignis von 4 n. Chr.). Unentschieden zum Verwendungszweck auch D. Magie, *Roman Rule in Asia Minor* I, Princeton 1950, 620. Horrearii in Andriake: *TAM* II 1792. 1814.

[51] Hadrian in Lykien: Wörrle, *op. cit.* 68; zu den Belegen aus Akalissos,

Auch wenn diese topographische Kombination unsicher bleibt,
so führt doch die Lokalisierung des Plakoma und seiner heiligen
Zypresse auch zur Deutung der in ihr wohnenden und verehrten
(und von den Christen daher gefürchteten) Göttin und damit auch
zu jenem Vergleich mit Artemis Ephesia im Traumdeutebuch des
Artemidoros zurück. Denn die Lage des heiligen Platzes im An-
schwemmungsgebiet des Myros-Flusses entspricht derjenigen des
ephesischen Kultplatzes (wie des Heraion von Samos, des Letoon
von Delos und Xanthos) — und wenn man die Lage des Theaters
von Perge außerhalb der Stadt durch die Annahme der Nähe der
kultischen Versammlung der Pergiastai erklären möchte [52], dann
könnte zwar nicht Artemis Pergaia, die nach Strabon XIV 667
auf einer Höhe verehrt wurde, wohl aber Artemis Ephesia und
Artemis Eleuthera gemeinsam als Gottheiten im Sumpf interpretiert werden und damit als Erscheinungsformen derselben
religiösen Denk- und Erlebnisweise, die kultursoziologisch der Stufe
des Pflugbaues voraufliegt und in das Brauchtum des Getreide-
pflanzens in einem Boden zurückweist, der vom Grundwasser her
aufgelockert wurde, wie das in der Nähe neolithischer Siedlungen
zu beobachten ist. Wie der Befund auch in den Heiligtümern der
Ennodia im thessalischen Pherai (RE Suppl. VII 997ff.) und der
Orthia in Sparta für das griechische Festland zeigt, ist diese vor-

---

Phaselis und Korydalla vgl. *TAM* II 1191-1193; zu den nach Attaleia
verbrachten nun G. E. Bean, *Inscriptions in the Antalya Museum*, Belleten
22 (1958) 84 nr. 95 = *SEG* VI 773. XVII 676.
[52] Zur Topographie von Perge zuletzt S. Onurkan, *Artemis Pergaia*, Ist
Mitt. 19/20 (1969/70) 296f., zur Pergaia L. Robert, *Hellenica* V, Paris 1948,
64ff.; zum Kultverein der Pergiastai Robert, *Monnaies grecques* 12f.; der
Name besagt, daß die Göttin zunächst nicht Artemis hieß (wie Diktynna
in Mylasa, Lindia statt Athena in Lindos). In der Kaiserzeit ist die Angleichung jedenfalls in der Kunst vollzogen in Relief und Statue des Berichtes
von A. M. Mansel, *Die Nymphaeen von Perge*, IstMitt. 25 (1975) 368. 372;
idem, *1968 Perge kazısına dair Önrapor*, TAD 17, 1 (1968) 93ff. Das Kultbild
aber setzt nach Fleischer 241ff. den älteren Typus, auch den einheimischen
Schleiermantel der Verehrerinnen (Polemo *Physiognom.* 68 mit Robert 64ff.)
fort und wird ebenfalls nachgebildet. Zu Leto in Delos E. Bethe, *Das ar-
chaische Delos*, Antike 14 (1938) 81ff., in Xanthos H. Metzger, TAD seit
1970; dort ist auch Nebeneinander von Leto und Quellnymphen möglich
(CRAcInscr. 1974, 91). Bildung der Schwemmlandebene von Myra durch
den Myros: Wiegand bei Borchhardt, *Myra* 429ff. und J. Borchhardt,
Limyra. Bericht der III. Grabungskampagne 1971, TAD 20, 1 (1973) 40ff.

griechische Vorstellung gerade im 7. Jahrhundert vor Chr. weithin
lebendig gewesen (oder wieder geworden), also in jener Epoche, in
die Fleischer die Entstehung der Kunstform aus orientalischen Anregungen setzt, die Eleuthera von Myra, Pergaia und Ephesia noch
in der Zeit der ‚Holzfäller'-Münze gemein hatten; vielleicht könnte
sogar ein sprachlicher (vorgriechischer) Zusammenhang zwischen
Eleuthera von Myra, Eleutho von Sparta und Eleusinia in Attika
(im Kephisos-Sumpf des Thriasion Pedion) vermutet werden [53].

Den stärksten Gegensatz zur lokalgebundenen Verehrung einer
der Artemis gleichgesetzten Göttin, die in christlicher Legende — als
überwundene Teufelin — bekannt blieb, hat vor kurzem eine Inschrift aus Kommagene kennengelehrt. Hier hat F. K. Dörners
Schüler J. Wagner nordwestlich von Samosata in Sofraz Köy [54] ein
neues und frühes Zeugnis des Königskultes der Herrscher des Landes
gefunden. Die Inschrift Antiochos I. nennt als Inhaber des dortigen
Heiligtums, die gemeinsam mit dem König auf Stelen dargestellt
waren, das göttliche Geschwisterpaar Apollon und Artemis, aber
sie gibt im Gegensatz zu vielen Parallelen von dessen Verehrung
(auch in Lykien) der Artemis den Beinamen Diktynna. Sie führt
damit wieder zu einer lokalen, vielleicht vorgriechischen Gottheit
zurück, diesmal des westlichen Kreta. Dort ist während des 2.
Weltkriegs das Heiligtum dieser Göttin im Neubau, ebenfalls als
Stiftung des Kaisers Hadrian wie die Horrea von Myra, untersucht
worden [55]. Diese Diktynna ist ähnlich wie die Herrin von Myra in
römischer Zeit zu größerer Geltung vielleicht für die gesamte (Teil-)
Provinz Kreta gelangt, möglicherweise durch (konfiszierende?)

---

[53] Zu diesen Vorstellungen zuletzt E. Kirsten, *Ur-Athen und die Heimat
des Sophokles*, WStud. 86 (1973) 22ff. Eleutho in Sparta, dem Heiligtum
der Orthia benachbart: RE III A (1929) 1480f. s.v. *Spartanische Kulte*
(Ziehen).

[54] Fundbericht und Abbildungen J. Wagner, *Neue Funde zum Götter- und
Königskult unter Antiochos I. von Kommagene*, AW 6 (1975) Sondernummer
Kommagene 54ff. Abb. 83 und 85, dazu die Karte 69 Abb. 94, die Übersetzung der Inschrift 56f., der Text bei [J. Wagner] - G. Petzl, *Eine neue Temenos-Stele des Königs Antiochos I. von Kommagene*, ZPE 20 (1976) 201ff.
mit Taf. VIIIf.; der Kommentar dazu (215) zeigt keine Verwunderung über
das Auftreten einer kretischen Lokalgöttin so weit im Osten.

[55] F. Matz, *Forschungen auf Kreta*, 1942, Berlin 1951, 106ff. mit Taf. 1f.
76ff.

Zwangsmaßnahmen der Römer, denn an verschiedenen Stellen der Insel wurden im 1. und 2. Jahrhundert der Kaiserzeit Straßen und Plätze aus den heiligen Geldmitteln (dem Tempelschatz) der Diktynna errichtet [56]. Diktynna erscheint (ohne die Gleichung mit Artemis) auch wie unsere Eleutho oder die Paphia, die Megale Thea der arabischen Venus-Morgenstern-Verehrer oder die Anaitis Persike in dem früher erwähnten Isishymnos. Aber sie war längst über Kreta hinausgewachsen und wurde in Sparta, Phokis, in Byzantion und im karischen Mylasa verehrt (worüber andernorts zu handeln ist). Wie kommt sie nach Kommagene? Hier darf den Kennern dieser eindrucksvollen Landschaft nicht vorgegriffen werden. Doch erlaubt der Anlaß dieser Festschrift wenigstens den Hinweis, daß das Paar Apollon Epekoos und Artemis Diktynna inhaltlich dem Paar entspricht, das auf dem Gipfel des Nemrud Daǧ zu beiden Seiten des Himmelsgottes Zeus Oromasdes dargestellt ist [57]. In Sofraz Köy ist auf der Vorderseite der Inschrift König Antiochos I. mit Apollon als Mithras dargestellt; dagegen wurde das darin erwähnte Reliefbild der Artemis Diktynna, wohl ebenfalls in einer Dexiosis-Szene (noch?) nicht gefunden. Aber auf dem heiligen Berg — dessen Kult noch reicher gestaltet wurde als im älteren Heiligtum von Sofraz Köy — ist im Relief Antiochos mit Kommagene verbunden, und die Personifikation der Landesgöttin als Stifterin der Fruchtbarkeit (πατρὶς πάντροφος in der Inschrift [58]) ist auch in den aufgemauerten Großfiguren dargestellt. So scheint sie geradezu Ersatz der Diktynna der neuen Inschrift zu sein. Noch wissen wir nicht, ob sie wie Apollon in Sofraz Köy im persischen

---

[56] Zusammengestellt bei G. Manganaro, *Nuove iscrizioni della Creta centrale e orientale*, RendLinc. 8, 20 (1965) 302f., dazu E. Kirsten in einem Beitrag in den Pepragmena des 4. Kretikolog. Synedrion, Iraklion 1976.

[57] Zur Anordnung J. H. Young, *Commagenian Tiaras: Royal and Divine*, AJA 69 (1964) 31ff.; E. Dörner, *Ritt zu den Himmlischen Thronen*, AW 6 (1975) Sondernummer *Kommagene* 25f.; W. Haase, *Voraussetzungen und Motive des Herrscherkultes in Kommagene*, ibid. 19 Abb. 18.

[58] H. Waldmann, *Die kommagenischen Kultreformen unter König Mithradates I. und seinem Sohne Antiochos I.* [= EPRO 34], Leiden 1973 mit G. Petzl, Gnomon 48 (1976) 370ff. und Wagner-Petzl, *op. cit.* (Anm. 54) 205ff.; H. Dörrie, *Der Königskult des Antiochos von Kommagene im Lichte neuer Inschriftenfunde*, AbhGöttingen 3.F. 60 (1964); Haase, *op. cit.* 17f. Die Inschriftstellen in *IGLSyr.* 1, 56f. 32, 6f.

Gewand, als Mithras, so als Anaitis dargestellt war, die auch im Isis-Hymnos und in den Zusammenstellungen von Fleischer (S. 185f.) im gleichen synkretistischen Zusammenhang erschien. Dann könnte die Kommagene des Nemrud Dağ gar auch als Artemis Diktynna bezeichnet werden, die in anderen Inschriften durch Hera Teleia ersetzt war, endlich aber in einem Prozess der Iranisierung den Namen der griechischen Göttin ganz verloren hätte [59]. Der Verfasser hat die Statue der Kommagene noch unzerstört gesehen [60],

---

[59] Zu Anaitis und Artemis Persike L. Robert, *Hellenica* IV, Paris 1948, 19. 6, 28. 58; idem, *Une nouvelle inscription grecque de Sardes: Réglement de l'autorité perse relatif à un culte de Zeus*, CRAcInscr. 1975, 328 mit Kritik an den RE-Artikeln, auch Fleischer 185. 263 und o. S. 343, zum Isis-Hymnos o. Anm. 20. Die fortschreitende Iranisierung des Königskultes von Kommagene parallel zur Anknüpfung an Dareios und Alexander bemerkte schon Wagner, *op. cit.* (Anm. 54) 58; (nur zur Tiara auch Wagner-Petzl, *op. cit.* [Anm. 54] 205ff.); der (aus den Isistexten stammende?) Name der Diktynna gehört zu dem vorausgehenden ‚hellenistischen Kolorit' (Wagner 59), ebenso noch der ihn ersetzende der Hera Teleia in den von E. Schwertheim, *Monumente des Mithraskultes in Kommagene*, AW 6 (1975) Sondernummer *Kommagene* 63 mit Anm. 5 zitierten Inschriften. Beide finden sich auf dem Nemrud Dağ nicht mehr, und hier erscheint statt Diktynnas Partner Apollon Epekoos die Göttergruppe zusammengefaßt als δαίμονες ἐπήκοοι (*IGLSyr.* 1, 59), dazu O. Weinreich, *Ausgewählte Schriften* I, Amsterdam 1969, 131ff. Immerhin wird auf dem Berggipfel an Delphi erinnert (Petzl, Gnomon 48 [1976] 372) wie hier an die Diktynna Griechenlands.

[60] Vgl. die Abbildung in AW 6 (1975) Sondernummer *Kommagene* 37 Abb. 36. Vielleicht ist an den Anfang der Artemis- bzw. Kommagene-Darstellungen der noch an eine Artemis erinnernde Kopf aus Arsameia am Nymphaios zu stellen, der als Laodike gedeutet wurde (*ibid.* 54 Abb. 79 wie F. K. Dörner, *Arsameia am Nymphaios. Die Ausgrabungen im Hierothesion des Mithradates Kallinikos von 1953-1956* [= IstForsch. 23] Berlin 1963, 224f mit Taf. 53f.). Wagner *op. cit.* (Anm. 54) 56 fühlte sich nur stilistisch beim Relief aus Sofraz Köy an diesen Kopf erinnert, wies aber *ibid.* auch auf das Wiedererscheinen von Artemis und Apollon (in Degradierung zu Schmuckgliedern nach dem Ende von Iranisierung und Königsdynastie!) im Heiligtum von Direk Kale (W. Hoepfner, *Direk Kale. Ein unbekanntes Heiligtum in Kommagene*, IstMitt. 16 [1966] 169f. Taf. 35) hin. So zeichnen sich in Kommagene auch in der religiösen Formensprache der bildenden Kunst wie der Götter-Epikleseis oder -namen Entwicklungsstufen ab, nachdem H. Waldmann den Gedanken der genetischen Anordnung der Kulttexte eingeführt hatte — das bleibt trotz aller Bedenken (bei W. Haase, *op. cit.* [Anm. 58] 86, 2 und Petzl, Gnomon 48 [1976] 370ff.) das Verdienst seiner Arbeit. Von Kommagene (neben Antiochos I. wie Eleuthera neben den Kaisern, o. Anm. 18!) über die von E. Schwertheim, *op. cit.* m. R. eingefügte Hera Teleia und Artemis Diktynna führt der Weg schließlich zur Artemis Ephesia zurück, der Antiochos I. am Anfang seiner Regierung in Ephesos selbst gehuldigt

als er 1956 — damals nach vergeblichem Suchen nach topographischen Resten in den Hagiographika der kappadokischen Kirchenväter — den Nemrud Dağ ersteigen konnte und das Ausgrabungs-
lager F. K. Dörners in Arsameia am Nymphaios als Stützpunkt be-
nützen durfte. So seien diese Ausführungen nach 20 Jahren auch
noch ein Dank für die Gastfreundschaft des Geehrten in ‚seinem'
Königreich.

---

hatte (*OGIS* 405, worauf auch Wagner-Petzl, *op. cit.* [Anm. 54] 209f. hinweisen). Voraussetzung dieser Rekonstruktion aber ist das Axiom des gleichen Wesens dieser schützenden, Fruchtbarkeit und Gedeihen des Landes
schenkenden weiblichen Gottheiten, ungeachtet ihrer Benennung mit
Götternamen der poetischen, homerischen und damit kultfernen Religion.
Dazu E. Kirsten, *Atti IV. Convegno Magna Grecia* (1965) 80ff.; W. Helck,
Betrachtungen zur großen Göttin und den ihr verbundenen Gottheiten, München
1971, 243ff.; W. Fauth, *Aphrodite Parakyptusa. Untersuchungen zum Erscheinungsbild der vorderasiatischen Dea Prospiciens*, AbhMainz 1966, VI
331ff. und idem, Gnomon 46 (1974) 681ff. mit dem Terminus ‚Gestaltsynthese'. Nachtrag u. S. 980.

DIETER KNIBBE

EPHESOS—NICHT NUR DIE STADT DER ARTEMIS

DIE ‚ANDEREN' EPHESISCHEN GÖTTER

Die in erstaunlich weitem Bereiche feststellbare Primärassoziation Ephesos-Artemis verdankt ihre Entstehung der Tatsache, daß es nur wenige antike Städte gibt, die eine so mächtige und angesehene Gottheit ihr eigen nennen konnten, deren Tempel — sicherlich nicht zu Unrecht — zu den sieben Weltwundern gezählt wurde. Und da sich festgefügte Assoziationen bekanntlich früh zu bilden pflegen: wer kennt nicht von Kindheit an die Schilderung der turbulenten Ereignisse im Anschluß an die berühmte Predigt des Paulus im Theater der Stadt, als die aufgebrachte Volksmenge stundenlang mit dem Ruf „Groß ist die Artemis der Ephesier" gegen den Apostel demonstrierte [1] ?

Da sich mehrere Beiträge zu dieser Festschrift mit der ephesischen Artemis beschäftigen, erschien es angebracht, daneben auch einmal jene ‚anderen' Götter vorzuführen, die in Ephesos — wennauch verdunkelt durch den Schatten der alles überstrahlenden Ephesia — ein durchaus respektables Eigenleben geführt haben.

Ein diesbezügliches Vorhaben kann natürlich nur die ‚Spitze des Eisberges' erfassen, ganz abgesehen davon, daß es stets so viele Götter wie Menschen gibt. Vorliegender Beitrag will keine religionsgeschichtliche Studie sein; abgesehen davon, daß ein so umfassendes Thema sich nicht auf wenige Seiten zusammendrängen läßt: hierzu sind Berufenere aufgefordert. Er will vielmehr eine kurze, übersichtliche Zusammenfassung dessen bieten, was sich in Ergänzung zu den Ausführungen E. Bürchners [2] auf Grund epigraphischer und numismatischer Neufunde mehr als eines halben Jahrhunderts intensiver Grabungstätigkeit zu diesem Thema derzeit sagen läßt.

---

[1] Vgl. *Act. Ap.* 19, 23ff.

[2] Vgl. RE V (1905) 2804f. s.v. *Ephesos* (Bürchner); vgl. auch RE Suppl. XII (1970) 284ff .sv.. *Ephesos* (Knibbe).

Keine Berücksichtigung können und brauchen in diesem Zusammenhang das Judentum, das Christentum (wie groß die Rolle auch ist, die gerade Ephesos als Schauplatz seiner frühen Entwicklung gespielt hat) und der Kaiserkult zu finden. Wenngleich alle drei integrierend in das bunte Spektrum des ephesischen religiösen Lebens gehören, so handelt es sich doch um weltweite, überregionale Phänomene, die für Ephesos keineswegs spezifisch sind. Aus thematischen Gründen unberücksichtigt blieben schließlich auch die zahlreichen ephesischen Heroenkulte, die einer eigenen Darstellung bedürfen.

Meter oreia

Kleinasiatisch-autochthoner Herkunft ist jene Μήτηρ ὀρεία, deren Kultbezirk am Nordwestabhang des Panayirdağ eine Reihe von Votivreliefs hellenistischer Zeit lieferte [3]. Der Name der Göttin, die mit Löwen und dem großen Tympanon bald stehend, bald thronend, stets aber von einem jugendlichen, bisweilen aber auch noch von einem älteren Gott begleitet erscheint, ist inschriftlich gesichert [4]. Daneben finden sich auch die Bezeichnungen Πατρωίη und Φρυγίη, deren letztere unschwer die Herkunft der ephesischen Bergmutter verrät: es handelt sich um die Große phrygische Mutter (Kybele), deren Haupttheiligtum in Pessinus stand. Während der jüngere Gott, obwohl äußerlich eher Hermes ähnlich [5], doch wohl Attis ist, könnte der ältere, jener Ζεὺς Πατρώιος [6] sein, dessen Name sich auf einem innerhalb desselben Kultbezirkes entdeckten Felsaltar findet [7]. Für diese Identifizierung spricht auch die Bezeichnung Πατρωίη; die Feststellung, daß Μήτηρ ὀρεία offenbar gelegentlich sogar den Beinamen ihres älteren Parhedros annimmt, läßt den Schluß auf ein Götterpaar zu, was dem jüngeren Gott die Rolle des Sohnes zuweisen würde. Das Gemeinsame an dieser seltsamen Ver-

---

[3] Vgl. J. Keil, *Denkmäler des Meter-Kultes*, ÖJh. 18 (1915) 66ff.; idem, *Vorläufiger Bericht über die Ausgrabungen in Ephesos*, ÖJh. 23 (1926) Bbl. 256ff. sowie idem, *Ephesos. Ein Führer durch die Ruinenstätte und ihre Geschichte*, Wien 1964[5], 55f.

[4] Vgl. Keil, *Vorläufiger Bericht* 259 = SEG IV Nr. 520f.

[5] Vgl. Keil, *Denkmäler des Meter-Kultes* 88f.

[6] Vgl. unten S. 491.

[7] Vgl. Keil, *Vorläufiger Bericht* 257f.; daß auch Apollon in diesem Bereiche eine Rolle spielt hat, zeigt die Inschrift in Sp. 259 = SEG IV Nr. 525.

bindung zweier wesens- und herkunftsmäßig so grundverschiedener
Gottheiten, die wohl erst der Hellenisierungsprozeß zusammen-
geführt hat (wodurch auch Attis seiner Ursprünglichkeit dissi-
miliert wurde), ist das gemeinsame ‚Schattendasein' im Herr-
schaftsbereich der Ephesia, die keine ernsthaften Nebenbuhler,
auch nicht aus der ‚eigenen Verwandtschaft', duldete.

Zeus

Anders als in Griechenland traf Zeus in Kleinasien und insbesondere in Ephesos auf eine mächtige, alteinheimische Muttergottheit, der der indogermanische Neuankömmling ebenso wenig
gewachsen war wie später Dionysos [8], dem es jedoch, anders als
Zeus, durch seine attraktive Volkstümlichkeit immerhin gelungen
ist, sich recht gut zu behaupten. Daraus erklärt sich, daß ersterer
in Ephesos niemals zu irgendeiner größeren Bedeutung gelangt
ist [9]. Die Bedingungen hierfür waren eben von vorneherein zu ungünstig. Konnte sich Zeus allein nicht durchsetzen, so arrangierte
er sich, wie wir gesehen haben, mit der in ähnlicher Lage befindlichen phrygischen Bergmutter [10], die neben Artemis gleichfalls
keine Chancen hatte, auch nur annähernd jene Rolle zu spielen,
die sie ansonsten anderswo zu spielen gewöhnt war. Als Ζεὺς
Μειλίχιος [11] begegnen wir ihm auf einem Relief frühhellenistischer
Zeit, thronend und mit der Schlange dargestellt [12]. Als Ζεὺς Ὑέτιος
zeigen ihn kaiserzeitliche Münzen auf einem Berge, sehr wahrscheinlich dem größeren der beiden ephesischen Stadtberge, dem heutigen
Bülbüldağ [13]; auf die gleiche alte Funktion als Wettergott verweist
der ephesische Monatsname Μαιμακτήρ [14] (Ζεὺς Μαιμάκτης). Eine

---

[8] Vgl. unten S. 495.
[9] Vgl. O. Benndorf, *FiE* I, Wien 1906, 56f.
[10] Vgl. oben S. 490.
[11] Vgl. M. P. Nilsson, *Geschichte der griechischen Religion* I [= HAW 5,
2. 1] München 1967³, 411ff. und RE X A (1972) 335ff. s.v. *Zeus* (Schwabl).
[12] Vgl. dazu auch H. Vetters, hier Bd. II
[13] Vgl. Benndorf, *op. cit.* (Anm. 9) I 56 und Fig. 18 sowie RE Suppl. XII
(1970) 337f. s.v. *Ephesos* (Karwiese); dazu ist in primärem Zusammenhang
mit der Revision der ephesischen Topographie (dazu bisher RE Suppl. XII
(1970) 1592ff. s.v. *Ephesos* [Alzinger]) eine Arbeit von F. Brein (*Zur ephesischen Topographie*, ÖJh. 51 [1976]) zu erwarten.
[14] Vgl. E. L. Hicks, *IBM* III 78f., Μαιμακτής zuletzt D. Knibbe, *Neue
Inschriften aus Ephesos* IV, ÖJh. 50 (1972-1975) 3.

späte, nicht allein auf Ephesos beschränkte Erscheinung ist der Ζεὺς Πανελλήνιος [15], Schutzherr des bekanntlich von Kaiser Hadrian inspirierten panhellenischen Bundes aller Griechenstädte des Imperiums [16]. Hadrian selbst ist auch in Ephesos als Ζεὺς ’Ολύμπιος gefeiert worden [17], als er 129 von Athen kommend, wo er diesen Titel soeben angenommen hatte, die Stadt zum zweiten Male durch seinen Besuch geehrt hat. Die Ephesier haben ihm ein Olympieion errichtet, mit dessen Fertigstellung die langersehnte, zweite Kiaserneokorie verbunden war [18].

Lediglich nominell in die Reihe der Zeus-Figuren gehört der bisweilen als Ζεὺς ῞Υψιστος erscheinende, wie vielerorts in Kleinasien so auch in Ephesos präsent gewesene jüdisch-hellenistische Θεὸς ῞Υψιστος [19], dessen Anhängerschaft sich vornehmlich wohl aus den in Ephesos ansässigen hellenisierten Juden rekrutierte.

Athena

Kreophylos [20] berichtet von einem „τῆς ’Αθηνᾶς ναός", der wohl mit dem zu Strabons Zeiten bereits „ἔξω τῆς πόλεως" [21], also außerhalb der lysimachisch-römischen Stadt gelegenen Athenaion identisch ist. Beziehungen zwischen Ephesos und Athena ergeben sich unschwer aus der ephesischen Gründungslegende, derzufolge Andoklos ein Sohn des Athenerkönigs Kodros war. Im Jahre 104 n. Chr. hat der reiche römische Ritter und munifizente Wahlephesier C. Vibius Salutaris der ’Αθηνᾶ Πάμμουσος eine Silberstatue errichtet [22].

---

[15] Vgl. Schwabl. *op. cit.* (Anm. 11) 348f.

[16] Vgl. *IBM* III Nr. 600 a.b.

[17] Vgl. D. Knibbe, *Neue Inschriften aus Ephesos* VII, ÖJh. 50 (1972-1975) 78f. und 77 Anm. 32.

[18] Der bisher nicht lokalisierte Tempel lag nach Paus. 7, 2, 9 auf der Linie Artemision-magnesisches Tor; zur 2. ephesischen Kaiserneokorie vgl. M. Wörrle, *Zur Datierung des Hadriantempels an der ‚Kuretenstraße' in Ephesos*, AA 1973, 470ff.

[19] RE IX (1914) 444ff. s.v. ῞Υψιστος (Cumont) und Schwabl, *op. cit.* (Anm. 11) 370 (vgl. J. Keil - G. Maresch, *Epigraphische Nachlese zu Miltners Ausgrabungsberichten aus Ephesos*, ÖJh. 45 (1960) 77).

[20] Vgl. Athen. 8, 361.

[21] Strab. 14, 634 C.

[22] Vgl. R. Heberdey, *FiE* II, Wien 1912, Nr. 27 Z. 465 (im folgenden: *FiE* II).

Aphrodite

Nach Polyainos [23] befand sich nahe dem alten Hafen bereits zur Mitte des 3. Jhds. v. Chr. ein der Aphrodite geweihtes Temenos, das auf die Existenz eines zugehörigen Tempels schließen läßt. Unklar ist, in welchen Zusammenhang damit jener von Keil nachgewiesene Kult der 'Αφροδίτη Δαιτίς stand [24], der wiederum offenbar mit dem von Servius in seinem Kommentar zu Aenaeis I 720 erwähnten Kult der 'Αφροδίτη 'Επίδαιτις bezw. 'Αφροδίτη Αὐτομάτη identisch ist, dessen Höhepunkt die Speisung der Göttin am Meer war.

Asklepios

Der Kult des Asklepios wird durch zwei Inschriften erwiesen, deren ältere bereits für frühhellenistische Zeit ein 'Ασκληπιõ ἱερόν bezeugt [25], während die jüngere zu einer Ehrung gehört, welche „οἱ θύοντες τῷ Προπάτορι 'Ασκληπιῷ καὶ τοῖς Σεβαστοῖς ἰατροί" zwischen 102 und 117 n. Chr. dem Leibarzt Kaiser Traians, T. Statilius Crito, errichtet haben [26]. Der Fundort beider Texte im Bereiche der späteren Marienkirche hat Anlaß zu der Vermutung gegeben, daß der Vorläuferbau letzerer jenes inschriftlich im Zusammenhang mit den ephesischen Ärzteagonen [27] mehrmals bekannt gewordene Mouseion der Stadt ist. In diesem Bereiche wäre auch das eingangs erwähnte Asklepieion zu suchen.

Apollon

Nach Kreophylos [28] stand nahe dem archaischen Stadthafen [29] der von den Gründern von Ephesos zusammen mit dem der Artemis „ἐπὶ τῇ ἀγορᾷ" errichteten Tempel das dem pythischen Apollon „ἐπὶ τῷ λιμένι" erbaute Heiligtum. So wenig Historizität der ephesischen Gründungssage auch zukommt, so läßt sie doch auf einen alten Apollonkult schließen, und es erscheint nicht ganz von der Hand zu weisen, daß dieser ‚Apollon', der sicherlich erst später

---

[23] Polyaen. *Strat.* 5, 18.

[24] Vgl. J. Keil, *Aphrodite Daitis*, ÖJh. 17 (1914) 145ff.

[25] Vgl. Keil, *Vorläufiger Bericht*, op. cit. (Anm. 3) 264.

[26] *Ibid.* = *SEG* IV Nr. 521.

[27] Vgl. J. Keil, *Ärzteinschriften aus Ephesos*, ÖJh. 8 (1905) 128ff.

[28] Vgl. Athen. VII 361 C = *FHG* IV 371.

[29] Alzinger, *op. cit.* (Anm. 13) 1646.

unter dem Einfluß Delphis zum Πύθιος geworden ist, nicht schon
vorhanden war, als die Ionier in Ephesos ankamen, möglicherweise
als später nicht mehr in Erscheinung tretender jugendlicher Parhedros der Ephesia ähnlich dem Attis der phrygischen Kybele [30]. So
gesehen ist es vielleicht auch kein Zufall gewesen, daß man später
zum Zwecke der Hellenisierung der ephesischen Göttin ausgerech-
net auf die Leto-Sage zurückgegriffen hat, die Apollon zum Bruder
der Artemis macht [31].

Von den bei Bürchner [32] angeführten Epiklesen gehört Οὔλιος
nicht zum ephesischen, sondern vielmehr zum milesischen Apoll [33],
Γυπαιεύς bezeichnet nicht den ephesischen Gott, sondern den Apollon vom Berge Lysson bei Ephesos [34], Θαργήλιος und Μεταγείτνιος
sind aus den beiden ephesischen Monatsnamen Θαργηλιών und
Μεταγειτνιών erschlossen, was für die Existenz ephesischer, dem
Apollon geweihter Θαργήλια bezw. Μεταγείτνια spräche [35]; hingegen
sind Ἱκέσιος und Ἐμβάσιος durch Münzlegenden gesichert [36]. Ein
μαντεῖος Ἀπόλλων ist am Beginn des 2. Jhds. n. Chr. im Prytaneion
installiert worden [37]. Erwähnt werden muß schließlich Ἀπόλλων
Πανιώνιος, der jedoch mit Ephesos nichts zu tun hat [38].

Hephaistos

Eine stark beschädigte Inschrift etwa aus hadrianischer Zeit, in
der Mysterien zu Ehren des Dionysos, Zeus Panhellenios und
Hephaistos erwähnt werden [39], bestätigt als bisher singulär ge-
bliebens Zeugnis, daß dieser vor allem auf Lemnos, aber auch in
Kleinasien beheimatete Gott auch in Ephesos präsent war. Frag-

---

[30] Vgl. oben S. 490; merkwürdig ist, daß Apollon auch im Zusammenhang
mit Μήτηρ ὀρεία zu stehen scheint.
[31] Vgl. unten S. 499.
[32] Bürchner, op. cit. (Anm. 2).
[33] RE IX A (1961) 536 s.v. Ulios (Radtke)
[34] Vgl. Konon 35 = FGrHist. I 26.
[35] Bemerkt sei, daß die ortygische Panegyris (vgl. unten S.   ) am 6.
Thargelion, dem Beginn der attischen Thargelien, begangen wurde (vgl.
FiE II Nr. 27 Z. 68f., 224f.); vielleicht sind ältere Thargelien in der orty-
gischen Festfeier aufgegangen.
[36] Karwiese, op. cit. (Anm. 13) 337.
[37] Vgl. unten S. 497f.
[38] Keil-Maresch, op. cit. (Anm. 19) 76f.
[39] Vgl. IBM III Nr. 600 a.b.

lich bleibt, ob es sich dabei um einen alten, ursprünglich gewiß vorgriechischen Hephaistoskult oder aber um eine Zuwanderung im Gefolge des Dionysos handelt, mit dem Hephaistos im nahen samisch-naxischen Kulturkreis vergesellschaftet war [40].

Dionysos

Der Grund für das frühzeitige und nachhaltige Eindringen des Dionysoskultes in Kleinasien ist außer in seiner Volkstümlichkeit in der orgiastischen Affinität dieses Gottes zur einheimischen Göttermutter zu suchen. Spätestens seit der Wende vom 4. zum 3. Jhd. v. Chr. gab es ephesische Dionysien [41], deren Agonothesien später zeitweilig mit dem Priestertum der Dea Roma verbunden waren [42]. Dionysischen Katagogien [43] ist der erste Bischof der Stadt, Timotheos, zum Opfer gefallen, als er (97 n. Chr.) gegen das nach christlicher Auffassung schamlose Treiben anläßlich dieses Festes Stellung nahm [44]. Als νέος Διόνυσος ist der Triumvir M. Antonius in die Stadt eingezogen [45], als νέος Διόνυσος haben die Ephesier Kaiser Hadrian gefeiert, als er zum ersten Mal Ephesos besuchte [46], und νέος Διόνυσος ist schließlich Commodus geworden, wie eine ihm errichtete Ehrung zeigt [47]. All dies beweist die große Popularität des Gottes, dessen Heiligtum im Gebiete der Koressiten [48] lag und dem — jedenfalls in römischer Zeit — der Kultverein der τοῦ Προπάτωρος Θεοῦ Διονύσου Κορησείτου σακηφόροι μύσται [49] angeschlossen war; alt ist auch jenes sehr wahrscheinlich oberhalb der

---

[40] Vgl. RE VIII (1912) 356ff. s.v. *Hephaistos* (Malten)
[41] Vgl. *FiE* II Nr. 3.
[42] *Ibid.* S. 154.
[43] Vgl. D. Knibbe, *Epigraphische Nachlese im Bereiche der ephesischen Agora*, ÖJh. 47 (1964-1966) Bbl. 29f. Z. 20: τῇ τῶν καταγίων ἡμέρᾳ.
[44] Vgl. J. Keil, *Zum Martyrium des heiligen Timotheus in Ephesos*, ÖJh. 29 (1935) 82ff.; zu den Katagogien *ibid.* 85.
[45] Plut. *Ant.* 24.
[46] Vgl. D. Magie, *Roman Rule in Asia Minor* II, Princeton 1950, 1474f. Anm. 24; für Ephesos vgl. die jüngst zutage gekommene Inschrift (D. Knibbe, *op. cit.* [Anm. 17] 75ff.), in der Hadrian als σύνθρονος τῷ Διονύσῳ bezeichnet wird.
[47] Vgl. Keil, *Vorläufiger Bericht*, *op. cit.* (Anm. 3) 265 = *SEG* IV Nr. 522.
[48] Zur Lage von Koressos vgl. Alzinger, *op. cit.* (Anm. 13) 1592f.
[49] Vgl. Keil, *Vorläufiger Bericht*, *op. cit.* (Anm. 3) 265 = *SEG* IV Nr. 522, vgl. ÖJh. 50 (1972-1975) Bbl. 72f.

südlich der Kuretenstraße freigelegten Wohnbezirke zu suchende Heiligtum des Διόνυσος ὀρειογυάδων, das ihn als den Herrn der die Berge durchstreifenden Bakchantinnen zeigt [50]. Als Διόνυσος Φλεύς und Διόνυσος Φλεὺς Ποιμάντριος [51] wiederum ist er besonders der Gott des Wachstums und der üppigen Fruchtbarkeit der Natur, darin Demeter verwandt, mit der ihn zeitweilig die Kultvereinigung der πρὸ πόλεως Δημητριασταὶ καὶ Διονύσου Φλέω μύσται [52] verbunden hat. Eine wichtige Rolle hat Dionysos auch als Schutzherr der nach ihm benannten Techniten gespielt (τὸ κοινὸν τῶν περὶ τὸν Διόνυσον τεχνιτῶν) [53], allerdings nicht der ephesische, sondern der von Teos, wo dieser überregionale Künstlerverein, der selbstverständlich auch in Ephesos vertreten war, seinen Ursprung und lange Zeit auch seinen Sitz hatte. Eine jüngst zutage gekommene Bauinschrift eines seiner Lage nach einstweilen noch nicht bestimmbaren Βαχχεῖον [54] erweist indirekt einen neuen, weiteren Beinamen des ephesischen Dionysos, der auch hier der vielgestaltige, wandelbare Gott ist, als den ihn bereits Sophokles treffend apostrophiert hat [55].

Demeter

Das älteste Zeugnis für den ephesischen Demeterkult [56] ist eine Nachricht Herodots, der von einer nächtlichen Thesmophorienfeier zur Zeit des ionischen Aufstandes berichtet [57]. Ungeachtet der Notiz Strabons [58], daß die Basiliden, die Nachfolger des Stadtgründers Androklos, auch τὰ ἱερὰ τῆς 'Ελευσινίας Δήμητρος innege-

---

[50] Vgl. D. Knibbe, *Neue Inschriften aus Ephesos* IV, ÖJh. 50 (1972-1975) Bbl. 21ff.

[51] *Ibid.* 16 und 22f.

[52] Vgl. *IBM* III Nr. 595; als Vereinsfunktionäre kennen wir einen ἱερεύς, einen ἱεροφάντης und einen ἐπιμελητής τῶν μυστηρίων. Wie πρὸ πόλεως lehrt, befand sich der Kultort außerhalb der Stadt. Der ursprünglich auf Demeter beschränkte Verein der πρὸ πόλεως Δημητριασταί (vgl. *FiE* IV 3, Wien 1951, 286f. Nr. 37) hat seinen Wirkungsbereich im 2. Jh. n. Chr. auch auf Dionysos ausgedehnt; zu Demeter vgl. unten S. 000.

[53] Vgl. Magie, *op. cit.* (Anm. 46) II 899ff. Anm. 114.

[54] Vgl. D. Knibbe, *op. cit.* (Anm. 50) 45f.

[55] Vgl. Soph. *Ant.* 1115.

[56] Vgl. J. Keil, *Kulte im Prytaneion von Ephesos*, in: *Anatolian Studies pres. to W. H. Buckler*, Manchester 1939, 125f.

[57] Hdt. 6, 16.

[58] Strab. 14, 632 Cf.

habt hätten, scheint der ephesische Demeterkult keine Filiale von Eleusis zu sein, da sich der Beiname 'Ελευσινία in Ephesos nicht findet. Für die Kaiserzeit ist die Existenz eines Kultvereines der πρὸ πόλεως Δημητριασταί bezeugt [59], der im 2. Jhd. n. Chr. zur Vereinigung der πρὸ πόλεως Δημητριασταὶ καὶ Διονύσου Φλέω μύσται [60] erweitert wurde [61]. Noch aus dem 1. Jhd. der Kaiserzeit besitzen wir eine inschriftlich erhaltene Eingabe an den römischen Statthalter, die von „μυστήρια καὶ θυσίαι" berichtet, welche „καθ' ἕκαστον ἐνιαυτὸν ἐπιτελοῦνται ἐν 'Εφέσῳ Δήμητρι Καρποφόρῳ καὶ Θεσμοφόρῳ καὶ θεοῖς Σεβαστοῖς ὑπὸ μυστῶν μετὰ πολλῆς ἁγνείας καὶ νομίμων ἐθῶν σὺν τοῖς ἱεροῖς ἀπὸ πλείστων ἐτῶν συντετηρημένα ἀπὸ βασιλέων καὶ Σεβαστῶν καὶ τῶν κατ' ἐνιαυτὸν ἀνθυπάτων". Auffällig ist, daß Κόρη, die in den späteren Inschriften [62] stets mitgenannte Tochter Demeters, hier noch fehlt. Über die steigende Bedeutung des Demeterkultes ab dem 2. Jhd. n. Chr. wird noch in anderem Zusammenhang zu sprechen sein. Im Jahre 120 n. Chr. hat ein P. Rutilius Bassus Demeter in seiner Eigenschaft als ἱερεὺς der Göttin aus eigenen Mitteln einen ναός errichtet [63], der sehr wahrscheinlich mit jenem im Prytaneion gelegenen νεώς identisch ist, von dem eine für das ephesische Opferwesen bedeutsame Inschrift spricht [64].

Hestia und die späten Heilsgötter des Prytaneions

Nur wenige Inschriften — durchwegs metrische Texte, in denen die Herrin des Prytaneions von weiblichen Prytanen gefeiert wird [65]

---

[59] Vgl. *FiE* IV 3, Nr. 37.

[60] Vgl. *IBM* III Nr. 595.

[61] Vgl. oben S. 496 und Anm. 52.

[62] Vgl. unten S. 498.

[63] Vgl. R. Heberdey, *Vorläufiger Bericht über die Ausgrabungen in Ephesus*, ÖJh. 5 (1902) Bbl. 66 und *IBM* III Nr. 486.

[64] Vgl. F. Miltner - G. Maresch, *Bericht über die Ausgrabungen in Ephesos im Jahre 1956 und 1958*, AnzWien 96 (1959) 39f.; F. Miltner, *Vorläufiger Bericht über die Ausgrabungen in Ephesos*, ÖJh. 45 (1960) Bbl. 50; J. u. L. Robert, *BullÉp.* 1960, 194 Nr. 346; F. Sokolowski, *Lois sacrées des cités Grecques* [= École française d'Athénes 11], Paris 1962, Suppl. 203ff. Nr. 121 Z. 27f.

[65] F. Miltner, *XXI. Vorläufiger Bericht über die Ausgrabungen in Ephesos*, ÖJh. 43 (1956-1958) Bbl. 27ff.; R. Heberdey, *Vorläufiger Bericht über die Ausgrabungen in Ephesus IV*, ÖJh. 3 (1900) Bbl. 88 = Keil, *Kulte* 119 (1); D. Knibbe, *op. cit.* (Anm. 43) 37f., dazu R. Merkelbach, *Die ephesische Prytanin Tullia*, ZPE 9 (1972) 76.

— beziehen sich ausschließlich auf Hestia, die am Herde der Stadt waltende göttliche Macht. Hingegen wird Hestia stets an erster Stelle in einer formal mehr oder weniger geschlossenen Inschriften-gruppe genannt, deren zeitlicher Bogen sich vom 2. zum 3. Jhd. der Kaiserzeit spannt und die uns außer Hestia eine Reihe von Gott-heiten vorführen, denen der jeweils aus dem Amt scheidende Prytane für die glückliche Vollendung seiner Prytanie und aller damit verbundenen kultischen Pflichten dankt. Diese Götter sind zum Teil alte Gottheiten des ‚großen Pantheons‘, zum anderen zu göttlichen Mächten abstrahierte Begriffe; es sind Heilsgötter, die in einer Zeit des langsamen Niederganges der griechischen Polis in dem Maße an Bedeutung gewonnen haben, als das Ansehen und die Glaubwürdigkeit der bisher das Wohlergehen und den Fort-bestand der Stadt garantierenden ‚großen‘ Götter — in Ephesos allen voran Artemis — sank [66]. Im einzelnen handelt es sich (außer Hestia, die stets den Beinamen Βουλαία führt) um folgende Gott-heiten: Πῦρ ἄφθαρτον, das den Fortbestand der Stadt garantierende, unauslöschliche Feuer, Demeter (die im Jahre 120 einen eigenen ναός im Prytaneion erhalten zu haben scheint [67] und ihre Tochter Κόρη, den klarischen, auch in Ephesos zu Heimatrecht gelangten Apollon und Σώπολις (Σωσίπολις), dessen Name keiner Erklärung bedarf und der im benachbarten Magnesia a.M. einen hochange-sehenen Kult besaß. Zu den von Keil [68] vorgelegten einschlägigen Texten sind durch die Grabungen F. Miltners am Prytaneion noch weitere gekommen, von denen bisher lediglich einer publiziert worden ist [69]. Durch diese Funde hat sich die Zahl der Prytaneion-gottheiten um einen bisher unbekannten Θεὸς Κινναιος [70] vermehrt, dessen Name vielleicht verständlicher wird, wenn man Κινναιος als Κύννειος versteht, was auf einen Hunde-Apollon verweisen würde [71].

---

[66] Vgl. Keil, *Kulte* 128.

[67] Vgl. oben S. 497.

[68] Vgl. Keil, *Kulte* 119ff. Nr. 3-6.

[69] Vgl. F. Miltner, *XXII. Vorläufiger Bericht über die Ausgrabungen in Ephesos*, ÖJh. 44 (1959) Bbl. 291f. Anm. 66.

[70] *Ibid.* 69

[71] In Temenos ist ein ᾿Απόλλων Κύννειος und ein Agon der Κύννεια bezeugt (vgl. Polyb. 32, 15, 12 und L. Robert, *Études Anatoliennes* [= Études orien-tales 5], Paris 1937, 90ff.), frdl. Hinweis von H. Engelmann.

Nicht mit dem klarischen Apollon identisch scheint jener μαντεῖος 'Απόλλων zu sein, der einer (bisher unpublizierten) Inschrift zufolge [72] bald nach dem Beginn des 2. Jhds. n. Chr. im Prytaneion installiert worden ist.

Leto

Die Identifizierung der ephesischen Göttin mit Artemis und die zu diesem Zwecke für eine Örtlichkeit im Nahbereich von Ephesos reklamierte Geburt der Artemis und Apolls, bei der die Kureten durch den Lärm ihrer Waffen die ihrer Nebenbuhlerin in Eifersucht auflauernde Hera täuschten [73], bezog zwangsläufig auch Leto indirekt in das Spektrum der ephesischen Kulte ein. Alljährlich am 6. Tag des Monats Thargelion wurde in dem nach der Amme der beiden göttlichen Zwillinge benannten Ortygia eine Panegyris gefeiert [74], deren Höhepunkt die dramatische Darstellung der Geburtsszene durch die Kureten war, die in der Kaiserzeit einen eigenen Kultverein gebildet haben, dessen Mitgliederlisten alljährlich im Prytaneion publiziert wurden. Wie wir aus dem Bericht Strabons wissen, standen in Ortygia mehrere Tempel, ältere und jüngere, in deren einem sich eine von Skopas geschaffene Gruppe (Leto, Ortygia, Artemis und Apollon) befand [75].

Nemesis

Kein alter Kultort, sondern vielmehr eine dem düsteren Nebenzweck des Stadions als Austragungsort zirzensischer Spiele gerecht werdende Einrichtung ist ein inschriftlich bekannt gewordenes Nemeseion bzw. Neikonemeseion [76], das zweifellos erst in römischer Zeit entstanden ist, als sich das griechischen Empfinden ursprünglich fremde Gladiatorenwesen auch in Ephesos etabliert hatte [77].

---

[72] Inv. Nr. 2665 a und Inv. Nr. 2850.

[73] Vgl. Strab. 14, 20 (639Cf.); zu den ephesischen Kureten vgl. einstweilen RE Suppl. XII (1970) 286f. s.v. *Ephesos* (Knibbe); eine Publikation der Kureteninschriften ist für *FiE* IX (Prytaneion) vorgesehen.

[74] Vgl. oben S. 494 und Anm. 35.

[75] Vgl. RE III A (1927) 571 s.v. *Skopas* (Lippold); G. Lippold, *Die griechische Plastik*, in: HdArch. 3 [= HAW 6, 3. 1], München 1950, 350.

[76] Vgl. R. Heberdey, *Vorläufiger Bericht über die Ausgrabungen in Ephesus* II, ÖJh. 1 (1898) Bbl. 78; idem, *IX. Vorläufiger Bericht über die Ausgrabungen in Ephesos*, ÖJh. 15 (1912) Bbl. 181f.; *FiE* II Nr. 42 II.

[77] Vgl. dazu Knibbe, *op. cit.* (Anm. 73).

Die ägyptischen Götter Serapis und Isis

Alte Handelsbeziehungen zu Alexandria, vor allem aber wohl die Tatsache, daß Ephesos etwa von 246 v. Chr. bis zum Ende des 3. Jhds. unter ägyptischer Herrschaft war, lassen die frühzeitige Existenz einer Serapis-Gemeinde nicht weiter verwunderlich erscheinen. Das früheste Zeugnis, eine Inschrift, in der Serapis, Isis und Anubis als θεοὶ σύνναοι genannt sind, gehört in das frühe 3. Jhd. v. Chr., doch hat Keil, dem eine Sammlung aller Denkmäler des ephesischen Serapiskultes verdankt wird [78], die im wesentlichen unseren Ausführungen zugrunde liegt, auch einen etwas früheren Ansatz für nicht ausgeschlossen gehalten [79]. Während Anubis und Isis nicht weiter in Erscheinung treten, hat sich Serapis im Laufe der Zeit zu einem mächtigen Gott entwickelt. Besaß er zunächst vielleicht nur ein Temenos mit einem kleinen Kultraum, so spricht die genannte Inschrift bereits von einer [ὑ]πο[β]ασμωσις oder [ἀ]πο[β]ασμωσις, was immer man darunter versteht [80]. Einen großen Fortschritt spiegelt, wie Keil glaubt, eine in die Zeit der dauernden ptolemäischen Herrschaft gehörige weitere Inschrift wider, die bereits ein regelrechtes Serapeion voraussetzt. Hat der große, geheimnisvolle Gott, gewissermaßen eine Schöpfung des ersten Ptolemäers und sicherlich auch religiöses Instrument und Symbol der Macht und Herrschaft seines Hauses, bereits früh die Menschen auch außerhalb Ägyptens in seinen Bann geschlagen, so hat sich seine Verbreitung und sein Ansehen in der römischen Kaizerseit nicht verringert, sondern im Gegenteil verstärkt und ihn der Stellung eines pantheistischen Allgottes nahegebracht, dessen Mysterien in steigendem Maße Zulauf fanden. Keine geringe Rolle hat dabei die Tatsache gespielt, daß gelegentlich auch Kaiser wie Caligula, Domitian, vor allem aber Caracalla, den Kult der ägyptischen Gottheiten und insbesondere den des Serapis gefördert haben. So zeigt der große, südwestlich der Agora gelegene Tempel, den Keil in sehr überzeugender Weise als Serapeion reklamiert hat [81], welche Be-

---

[78] Vgl. J. Keil, *Denkmäler des Serapiskultes in Ephesos*, AnzWien 91 (1954) 217ff.

[79] *Ibid.* 221 Nr. 2.

[80] *Ibid.* 222: ,,Das Wort ist bisher unbelegt, aber wohl als Stufenunterbau eines vielleicht runden Altars zu deuten''.

[81] J. Keil, *Das Serapeion von Ephesos*, in: *Gedächtnisschrift für Halil*

deutung der Serapiskult im Ephesos des beginnenden 3. Jhds. n. Chr. erreicht hatte [82]. Wie Keil aus Homonoiamünzen (Ephesos und Alexandria) aus der Zeit Gordinas III. geschlossen hat, haben die schon immer regen Beziehungen zwischen beiden Städten kurz vor der Mitte des 3. Jhds. einen letzten Höhepunkt erreicht, der sicherlich auch dem ephesischen Serapiskult einen letzten, gewaltigen Auftrieb gegeben hat [83].

Mit Serapis hatte, wie wir gesehen haben [84] frühzeitig auch Isis ihren Einzug in Ephesos gehalten. Ihr hat, wenn der bis auf die Fundamente abgetragene Tempel auf dem Staatsmarkt, wie Alzinger auf Grund des archäologischen Befundes vermutet hat [85], tatsächlich ein Isistempel war, sehr wahrscheinlich erst Kleopatra anläßlich ihres ephesischen Aufenthaltes (33/32 v. Chr.) ein eigenes Heiligtum errichtet.

Tyche

Zum Unterschied von Smyrna [86] ist Tyche in Ephesos keine institutionalisierte Göttin, wohl aber allegegenwärtig im öffentlichen und privaten Leben wie allenthalben in der griechischen Welt seit hellenistischer Zeit, unpersönlich und abgenutzt in ihrer Formelhaftigkeit. Ihr farbloses, neutrales Wesen ist wohl der Grund, daß sie als Τύχη πόλεως sogar noch weitergelebt hat, als die Uhr der anderen Götter längst abgelaufen war, wie eine christliche Inschrift zeigt [87].

Edhem [= TTK 7, 5], Ankara 1947, 181ff. und RE Suppl. XII (1970) 1652 s.v. *Ephesos* (Alzinger).

[82] Dem archäologischen Befund zufolge gehört der Bau mit großer Sicherheit an den Beginn des 3. Jhs. (vgl. Alzinger, *op. cit.* 1653); dieser Ansatz legt die Vermutung nahe, daß der Tempel Serapeion und Kaisertempel zugleich war. Die damit verbundene 3. Kaiserneokorie (Caracalla und Geta?) wäre jedoch nach 212 n. Chr. erloschen, vgl. RE Suppl. XII (1970) 282f. s.v. *Ephesos* (Knibbe) und Karwiese, *ibid.* 343f. (auf Grund der numismatischen Evidenz).

[83] Vgl. Keil, *op. cit.* (Anm. 78) 227.

[84] Vgl. oben S. 500.

[85] Vgl. H. Vetters, *Ephesos. Vorläufiger Grabungsbericht 1970*, AnzWien 108 (1971) 4ff., und RE Suppl. XII (1970) 1601 s.v. *Ephesos* (Alzinger); idem, *Grabungen in Ephesos von 1960-1969 bzw. 70 Das Regierungsviertel*, ÖJh. 50 (1972-1975) 283ff.

[86] Vgl. *CIG* 3148 und Münzen *BMC. Ionia* Nr. 233.

[87] Vgl. D. Knibbe, *Tyche und das Kreuz Christi als antithetische Bezugspunkte menschlichen Lebens in einer frühchristlichen Inschrift aus Ephesos*,

Poseidon

Auf die Präsenz Poseidons in Ephesos verweist bereits der Monatsname Ποσιδεών, auf die Existenz eines Poseidonheiligtumes — was immer man darunter zu verstehen hat — der Name der Zunftvereinigung der ἐργάται προπυλεῖται πρὸς τῷ Ποσειδῶνι [88]. Sehr wahrscheinlich zum Poseidonkult gehören auch die von Artemidoros [89] für Ephesos ausdrücklich bezeugten Ταυροκαθάψια, die offenbar den „sportlichen Teil" der Poseidon geweihten Ταύρεα [90] darstellen; auf die Pflege dieser Spiele bezieht sich wohl auch der Name der Vereinigung der Ταυρεασταὶ οἱ Κρεόντεοι, die durch eine Inschrift aus dem 1. Jhd. v. Chr. bekannt geworden ist [91].

Als Mitglied des ionischen Städtebundes [92], der — wenn gleich ohne jede politische Bedeutung — als κοινὸν τῶν Ἰώνων noch in der späteren Kaiserzeit bestanden hat, hatte Ephesos sicherlich sehr alte Beziehungen zu Ποσειδῶν Ἑλικώνιος, die sicherlich noch enger wurden, als die Panionien etwa am Beginn des 4. Jhds. v. Chr. wegen ständiger Kriegsgefahren an einen sicheren Ort in die Nähe von Ephesos verlegt wurden [93]. Trotzdem läßt sich nicht ohne weiteres sagen, ob der ephesische Poseidon, dessen Kult in der Kaiserzeit keine oder zumindest keine bedeutende Rolle mehr gespielt hat, mit dem altionischen Bundesgott identisch ist [94].

Zusammenfassend läßt sich sagen: es ist ein erstaunlich reichhaltiges Inventar an Göttern und göttlichen Mächten, das die religiöse ‚Infrastruktur' von Ephesos ausgemacht hat. Neben der

---

in: Festschrift F. Eichler, ÖJh. Beih. 1 (1967) 96ff., dazu H. Engelmann, Eine christliche Inschrift, ZPE 10 (1973) 86.

[88] Vgl. CIG II Nr. 3028 und S. 624: „Sed illi ἐργάται προπυλεῖται sunt πρὸς τῷ Ποσειδῶνι, ad statuam vel potius templum Neptuni".

[89] Aftem., Oneir. 1, 8.

[90] Vgl. Hesych. s.v. Ταύρεα und Athen. 10, 425; dazu RE IV A (1932) 2532 s.v. Ταύρια (Ziehen).

[91] Vgl. FiE II Nr. 75 und R. Heberdey, IX. Vorläufiger Bericht, op. cit. (Anm. 76) 182; dagegen F. Poland, Geschichte des griechischen Vereinswesens, Leipzig 1909, 540 zu S. 117, 30, der darin eine Handwerkervereinigung sehen möchte.

[92] Vgl. Magie, op. cit. (Anm. 46) I 66f. und II 866ff.

[93] Vgl. Diod. 25, 49.

[94] In diesem Zusammenhang ist eine Münze aus der Zeit des Antoninus Pius zu erwähnen, deren Legende (Ποσειδῶν) Ἀσφάλιος nennt, vgl. J. Overbeck, Griechische Kunstmythologie II, Leipzig 1873, 316.

kleinasiatischen Kybele sind es die mit den griechischen Einwanderern gekommenen Gottheiten, die sich auf ephesischem Boden den
vorgefundenen Gegebenheiten weitgehend angepaßt haben, aber
auch spätere und späte ‚Zuwanderer', Gottheiten des ‚großen
Pantheons' ebenso wie volkstümliche Heilsgötter. Allen gemeinsam
ist die zumindest im offiziellen Bereich subalterne Stellung gegenüber Artemis, die ebenso eifersüchtig wie erfolgreich ihren Primat
verteidigt hat. Es war sicherlich nicht leicht, sich gegenüber dieser
übermächtigen Konkurrenz zu behaupten. Daß dies bis zu einem
gewissen Grad dennoch in überraschend reichem Maße gelungen ist,
zeugt nicht nur von der Vitalität dieser Gottheiten, die wir ‚die
anderen' genannt haben, wie auch von der Tatsache, daß Artemis —
und dies mit fortschreitender Zeit umso weniger — niemals der
Fülle der religiösen Ansprüche zu genügen vermocht hat. Alle zusammen aber hatten der unscheinbaren Lehre des Paulus nichts
entgegenzusetzen, die etwas mehr als drei Jahrhunderte nach seiner
denkwürdigen Predigt endgültig gesiegt hat.

HARTMUT KÜHNE

DAS MOTIV DER NÄHRENDEN FRAU ODER GÖTTIN IN VORDERASIEN

(Taf. CXXXIX-CXLIII, Abb. 1-10)

In Ägypten ist das Motiv einer sitzenden Göttin, die ein kleines Kind an ihrer Brust nährt, als Isis mit dem Horusknaben wohl bekannt [1]. In mehreren Fällen nährt eine sitzende Göttin (Muth, Renute) auch den vor ihr stehenden oder auf ihrem Schoß sitzenden Pharao. Daneben gibt es auch die Darstellung einer stehenden Göttin (Isis, Anukis, Hathor), die dem gleichfalls vor ihr stehenden Pharao die Brust reicht. Letzteres Thema ist kürzlich als geistige Vorlage für ein Relief aus Karatepe (Abb. 9) von W. Orthmann herangezogen worden [2].

H. W. Müller behauptet, daß die „Darstellung göttlicher oder sterblicher Frauen, die ein Kind an ihrer Brust nähren, (sind) in der ägyptischen Kunst häufig, während sie in den antiken Kulturen außerhalb des Niltales auffallend selten und erst spät anzutreffen sind ..." [3]. Auch W. Orthmann beschränkt seine Vergleiche auf Ägypten und geht dem Motiv in Vorderasien nicht nach.

So mag der Versuch angebracht sein, das — wie mir scheint — eigenständige Vorkommen dieses Motivs in Vorderasien hervorzuheben, ohne allerdings in diesem Rahmen eine Vollständigkeit der

---

[1] H. W. Müller, *Isis mit dem Horuskinde*, Münch. Jb. der bildenden Kunst 3. F. 14 (1963) 7-38; idem, *Die stillende Gottesmutter in Ägypten* [= Materia Medica Nordmark Sonderheft 2], Hamburg 1963. Erst nach Abschluß des Manuskriptes wurde mir die Monographie von V. Tran Tam Tinh bekannt, *Isis Lactans* [= EPRO 37], Leiden 1973; vgl. dazu die Rezension von L. Bonfante, AJA 80 (1976) 104; Tran Tam Tinh geht in seiner Einleitung allgemein auf Darstellungen der nährenden Göttin in Ägypten ein (S. 1-7) und zählt dann die ältesten Belege der Isis lactans auf (S 7ff.), ohne aber hier oder später auf vorderasiatische Belege des Motivs der nährenden Frau einzugehen.

[2] W. Orthmann, *Die säugende Göttin*, IstMitt. 19/20 (1969/70) 137-143.

[3] Müller, *op. cit.* (Anm. 1) 8.

Belege anzustreben. Anlaß zu diesen Überlegungen war die bekannte Statuette aus Horoztepe (Abb. 1) [4], und deshalb mögen diese Zeilen F. K. Dörner gewidmet sein.

Die Bronze-Statuette aus Horoztepe (Abb. 1) gehört zu dem Typ der nackten, stehenden Frau, die ein kleines, nacktes Kind auf dem Arm hält und an ihrer Brust stillt. Obwohl ihre Deutung als Muttergöttin nahe liegen mag [5], läßt sich diese durch keine ikonographischen Merkmale oder sonstige Attribute nachweisen; selbst eine Deutung als Göttin überhaupt ist nicht möglich. In Anatolien ist dieser Beleg unseres Typs meines Wissens singulär: dennoch ist er wichtig, weil er sich an das Ende der Frühen Bronzezeit und damit an das Ende des dritten Jahrtausends v. Chr. datieren läßt. Die Statuetten aus Hacılar oder Çatal Hüyük weisen nicht den Typ der nährenden Frau auf, wohl aber den Typ der Frau die ein Kind hält in mehreren Versionen [6].

In Mesopotamien reichen die Belege für unseren Typ der stehenden, nackten, stillenden Frau bis in das vierte Jahrtausend v. Chr., genauer gesagt, bis in die Obed 3/4-Zeit zurück (Abb. 2) [7]. Ob es sich bei diesen Figuren aus Terracotta um Göttinnen handelt, ist ebenfalls nicht sicher festzustellen, wenngleich die Bitumenummantelung des Haarzapfens vielleicht für die Befestigung eines als göttlichen Symbols zu deutenden Kopfschmucks gedient haben könnte [8]. Wichtig ist jedoch die Feststellung, daß sich diese Figuren

---

[4] T. Özgüç - M. Akok, *Horoztepe* [= TTK 5, 18], Ankara 1958, 55 Pl. 9f.; W. Orthmann, *Der Alte Orient* [= Propyläen Kunstgeschichte 14], Berlin 1975, 422 Abb. 332a/b (im folgenden: Orthmann, *Der Alte Orient*).

[5] Orthmann, *Der Alte Orient* 419.

[6] J. Mellaart, *Excavations at Hacilar*, Edinburgh 1970, I 178; II Fig. 218-220. 227; in Çatal Hüyük vgl. besonders die Darstellung auf einer Schieferplatte, J. Mellaart, *Çatal Hüyük. Stadt aus der Steinzeit*, Bergisch Gladbach 1967, 238 Taf. 83.

[7] L. Woolley, *Ur Excavations. IV. The Early Periods*, Philadelphia 1955, 182f. Pl. 20 U. 15376, U. 15506; Chr. Zervos, *L'art de la Mésopotamie*, Paris 1935, Pl. 22; E. Strommenger, *Fünf Jahrtausende Mesopotamien*, München 1962, Taf. 10f.

[8] Der in Mesopotamien als Ausweis einer Gottheit dienende Kopfschmuck, die Hörnerkrone, ist erst seit der Mesilim-Zeit kurz vor der Mitte des 3. Jts. sicher nachzuweisen, vgl. R. M. Boehmer, *Die Entwicklung der Hörnerkrone von ihren Anfängen bis zum Ende der Akkad-Zeit*, Berliner Jb. für Vor- und Frühgeschichte 7 (1967) 273ff.

der Obed-Zeit in keiner Weise von dem sonstigen Frauentyp dieser Zeit unterscheiden mit Ausnahme des Kindes, das sie nähren; aus diesem Umstand ist zu schließen, daß wahrscheinlich auch dieser Typ der stehenden, nackten, nährenden Frau in beträchtlicher Anzahl hergestellt wurde und damit wohl auch schon in dieser Zeit Amulettcharakter besaß.

Der hauptsächliche Bildträger unseres Motivs wird in Mesopotamien dann aber das *Terracotta-Relief*. Schon der erste Blick auf die einschlägigen Publikationen zeigt, daß das Thema dadurch zu einem Massenprodukt wird. Diese Feststellung ist wichtig, weil durch sie erwiesen wird, daß das Motiv der nährenden Frau in Mesopotamien keinen Seltenheitswert besaß und auch keiner erkennbaren Pietät oder Reservierung für eine bestimmte Gottheit unterlag. Bei den vielfach über den Kunsthandel in die entsprechenden Sammlungen gelangten Terracotta-Reliefs läßt sich leider der Herkunftsort oft nicht angeben, und eine Datierung ist häufig nur mit stilistischen und ikonographischen Mitteln möglich.

Der Typ der stehenden, nackten, nährenden Frau läßt sich im frühen zweiten Jahrtausend nur sehr unsicher belegen [9]. Zur Mitte und in der zweiten Hälfte des zweiten Jahrtausends begegnet er uns dann in Palästina, in Beth Shan [10]. Als mittelsyrisch wird die Bronze-Statuette einer Frau unbekannter Herkunft eingestuft, die auf einem Löwen steht (Abb. 3) [11]. Zu diesem auf den ersten Blick in Stil und Ausführung ungewöhnlich wirkenden Stück lassen sich zu einigen Einzelheiten mehrere Vergleichsstücke nennen, die ebenfalls alle aus dem Kunsthandel stammen [12]. Die zylindrische Kopfbedeckung unseres Stückes (Abb. 3) als Götteremblem zu

---

[9] R. Opificius, *Das altbabylonische Terrakottarelief* [= UAVA 2], Berlin 1961, 79 no. 237 (im folgenden: Opificius).

[10] A. Rowe, *The Four Canaanite Temples of Beth-Shan* I [= Publ. of the Palestine Section of the University Museum 2], Philadelphia 1940, Pl. 68 A-4 (aus der Zeit Thutmosis III.) und Pl. 64 A:2 - Pl. 35:20 (Zeit Ramses III.).

[11] Orthmann, *Der Alte Orient* 481 Abb. 407b; vgl. schon Ed. Meyer, *Reich und Kultur der Chetiter*, Berlin 1914, 108f. Taf. 11 Mitte.

[12] Insbesondere zu der Kopfbedeckung und zu der Stellung auf einem Löwen: vgl. P. Matthiae, *Ars Syra*, Rom 1962, Tav. 18; vgl. auch M. Rostovtzeff, *Dieux et chevaux. A propos de quelques bronzes d'Anatolie, de Syrie et d'Armenie*, Syria 12 (1931) Pl. 22:2.4.

deuten, liegt nahe; es wäre die erste als Göttin zu deutende Figur unseres Motivs.

Aus dem ersten Jahrtausend ist schließlich unser Typ der nackten, stehenden, nährenden Frau häufig und teilweise in typisch ‚aramäisierendem' Stil belegt [13].

Der Typ der stehenden, *bekleideten*, nährenden Frau läßt sich auch spätestens mit Beginn des zweiten Jahrtausends belegen [14]. Aus Susa kann aus dieser Zeit ein Relief angeführt werden [15]. Altbabylonisch zu datieren sind ein Stück aus Ur und ein Relief unbekannter Herkunft in qualitätvoller Ausführung, auf dem die Köpfe der Personen im Profil wiedergegeben sind (Abb. 4) [16]. In großer Zahl lassen sich wieder Belege dieses Typs aus dem ersten Jahrtausend anführen [17].

Das erstaunlichste Beispiel aber dieses Typs ist ein gleichfalls altbabylonisch einzustufendes Relief aus dem Louvre, auf dem eine Frau mit Polos (also wohl eine Göttin) dargestellt ist, der zwei Kinderköpfe aus den Schultern wachsen (Abb. 5); ein beinahe identisches Stück gibt es im Iraq Museum und in eine Privatsammlung [18].

Überraschend ist auch die Darstellung von sieben *sitzenden*, bekleideten Frauen auf einem kürzlich in Tell Ḫuēra gefundenem Stein-Relief, von denen zwei Frauen je ein nacktes Kind an ihrer Brust halten und nähren (?) [19]. Alle sieben Frauen werden durch die hohe, kegelförmige Kopfbedeckung, die für mesopotamische

---

[13] M.-Th. Barrelet, *Figurines et Reliefs en Terre Cuite de la Mésopotamie Antique* I [= BAH 85], Paris 1968, 319 Pl. 56 no. 592-594 aus Larsa und 409 Pl. 82 no. 820-822 unbekannter Herkunft (im folgenden: Barrelet); E. D. van Buren, *Clay Figurines of Babylonia and Assyria* [= Yale Oriental Series 16], New Haven/London/Oxford 1933, Pl. 11 Fig. 55-57 = no. 223. 226. 228 unbekannter Herkunft (im folgenden: van Buren).

[14] van Buren Pl. 12 Fig. 60 = no. 235, unklar ob stehend oder sitzend.

[15] P. Amiet, *Elam*, Auvers-sur-Oise 1966, 360 Fig. 224.

[16] Opificius 78 no. 231 aus Ur, 79 no. 240 = Taf. 4 unbekannter Herkunft (hier Abb. 4).

[17] Barrelet 409 Pl. 82 no. 825f.; van Buren 40-47.

[18] Opificius 76 no. 224 Taf. 4; E. D. van Buren, A Clay Relief in the ‚Iraq Museum', AfO 9 (1933/34) 165ff. Fig. 2; I. Fuhr, *Ein altorientalisches Symbol*, Wiesbaden 1967, 1f. Abb. 1.

[19] A. Moortgat - U. Moortgat-Correns, *Tell Chuēra in Nordostsyrien. Vorläufiger Bericht über die Siebente Grabungskampagne 1974* [= Schriften der Max Freiherr von Oppenheim Stiftung 9], Berlin 1976, 52-57 Abb. 20a/b.

Verhältnisse völlig ungewöhnlich ist, wohl als Göttinnen ausgewiesen. Bekleidet sind sie mit einem Zottengewand, das teilweise
auch die linke Schulter bedeckt. Leider ist der Erhaltungszustand
des Reliefs so schlecht, daß keine eindeutige Aussage darüber getroffen werden kann, ob die betreffenden Frauen die Kinder auch
tatsächlich nähren; die Stellung des Kindes und die Armhaltung
der Frauen scheinen mir aber dafür zu sprechen. Wegen der sekundären Fundlage kann eine Datierung nur nach stilistischen Merk-
malen erfolgen; danach ist das Relief etwa in die Mitte des dritten
Jahrtausends einzustufen.

Um die sichere Darstellung einer Göttin handelt es sich bei einem
weiteren Terracotta-Relief aus Susa [20] (Abb. 6), das ebenfalls der
Typvariante der sitzenden, bekleideten, nährenden Frau angehört.
Die auf den Schultern der Frau angebrachten Sterne (oder handelt
es sich um Rosetten?) veranlassen Amiet, die Darstellung mit
Inanna/Ištar in Verbindung zu bringen; er datiert das Relief gleichfalls an den Beginn des zweiten Jahrtausends.

Eine weitere Göttin ist auf einem Terracotta-Relief unbekannter
Herkunft abgebildet, das wohl altbabylonisch zu datieren sein
wird [21]. Sehr interessant ist auch die Darstellung einer en face gegebenen, mit einer Hörnertiara bekrönten Göttin, die auf einem
von zwei Löwen flankierten Thron sitzt [22]; leider ist der Gegenstand, den sie in der Hand hielt, zerstört, aber es könnte sich meiner
Meinung nach dabei auch um ein Kind gehandelt haben.

Der altbabylonischen Zeit sind weitere Terracotta-Reliefs dieses
Typs zuzuordnen [23].

Aus Tello stammen zwei Reliefs der sitzenden, bekleideten,
nährenden Frau, von denen eins in die zweite Hälfte des zweiten
Jahrtausends datiert wird [24] (Abb. 7-8). Aus dem Beginn des ersten

---

[20] Amiet, *op. cit.* (Anm. 15) 285 Fig. 221.
[21] van Buren 74 no. 397 Pl. 20 Fig. 101 = Opificius no. 239; das Gesicht
der Göttin ist auch hier im Profil gegeben.
[22] van Buren 70 no. 378 Pl. 19 Fig. 95 wie das vorhergehende unbekannter
Herkunft.
[23] Opificius no. 232-236. 238.
[24] Barrelet 292. 297f. Pl. 50 no. 528. 530; nach meiner Meinung ist für
beide auch eine Datierung in die altbabylonische Zeit möglich, vgl. zu no.
530 Opificius Taf. 4:240 (hier Abb. 4).

Jahrtuasends lassen sich ein Relief aus Larsa und ein weiteres unbekannter Herkunft anführen [25]; auch ein Stück aus Assur gehört in diese Zeit [26].

Aus dem frühen zweiten Jahrtausend stammt schließlich noch eine Bronzefigur dieses Typs aus Byblos [27]; ebendorther ist ein Thrinkhorn aus Ton überliefert, dessen Hals mit einer thronenden Frau unseres Typs verziert ist [28]; das Kind ist in diesem Falle deutlich als männlichen Geschlechts gekennzeichnet.

Unsere drei Varianten, die stehende, nackte, die stehende bekleidete und die sitzende, bekleidete des Typs der Frau, die ein Kind nährt, lassen sich unschwer über das Ende des assyrischen und babylonischen Reiches hinaus verfolgen und besonders häufig in hellenistischer Zeit wieder belegen [29].

Auffallend an unserer bisherigen Darstellung sind drei Punkte:

1. Mit Ausnahme des Reliefs aus Tell Ḫuēra findet sich in den ersten beiden Dritteln des dritten Jahrtausends kein Beleg unseres Motivs; unter den zahlreichen Vertretern der Terracotta-Plastik ist mir kein Beispiel unseres Typs bekannt. Dieser ‚Hiatus‘ zwischen dem Ende des vierten und der Mitte des dritten Jahrtausends kommt aber sicher nur zufällig zustande.

2. Es sind tatsächlich kaum andere Bildträger unseres Motivs belegt als das Terracotta-Relief und vereinzelte Kleinplastiken aus Ton oder Metall. Mit Ausnahme wiederum des Reliefs aus Tell Ḫuēra sind mir in der gesamten Großkunst des Flachbildes oder des Rundbildes, oder auch in der Glyptik, keine Beispiele bekannt. Wenn man das Thema allerdings auf den Typ der Frau, die ein Kind vor sich auf ihrem Schoß hält, ohne es zu nähren, erweitert, sieht die Situation anders aus, wie Barrelet bereits dargelegt hat [30]. Dann findet sich das Motiv häufig sowohl in der mesopotamischen Glyptik wie auch im anatolischen Bereich unter den neolithischen Skulpturen aus Hacılar und Çatal Hüyük, den Bleifiguren des zweiten

---

[25] Barrelet 321 Pl. 56 no. 595; 413 Pl. 82 no. 824.
[26] van Buren 48 no. 249 Pl. 12 Fig. 62.
[27] M. Dunand, *Fouilles de Byblos* II, Beyrouth 1950, pl. 162 no. 7188.
[28] *Ibid.* Pl. 87 no. 18130.
[29] Vgl. z.B. van Buren 40-47.
[30] Barrelet 292.

Jahrtausends oder etwa in einer Gruppe von Figuren der Sonnengöttin (?) verschiedener Herkunft [31].

3. Die bisher am sichersten als Göttin zu deutenden Darstellungen der nährenden Frau finden sich unter der Typvariante der sitzenden, bekleideten Frau. Ob dies auch nur als Zufall zu werten ist, läßt sich wegen der geringen Anzahl der Belege für Göttinnen dieses Typs nicht entscheiden; es gibt jedoch keine Regel, nach der bestimmte Götter nur in sitzender und andere nur in stehender Haltung abgebildet würden.

Die sich an Punkt 3 anschließende Frage nach der Deutung der Göttin oder des Motivs überhaupt ist — anders als in Ägypten — nicht leicht zu beantworten, da jegliche Beischriften fehlen. Dennoch wird uns die textliche Überlieferung in Mesopotamien noch beschäftigen.

Aus dem angeführten Bildmaterial ergeben sich zur Deutung zunächst folgende Feststellungen; eine Zusammenstellung bestehender Deutungsversuche hat Barrelet [32] gegeben, ohne allerdings zwischen den Motiven der nährenden und der ein Kind tragenden Frau zu unterscheiden.

Sowohl Göttinnen wie auch sterbliche Frauen, die ein Kind nähren, werden dargestellt. Welche Bedeutung Darstellungen sterblicher Frauen haben, ist unklar; da es sich aber bei der weitaus größeren Zahl der Darstellungen um sterbliche Frauen handelt, will mir der Gedanke der Adoption (s.u.) für diesen Bereich zu kompliziert erscheinen. Wahrscheinlich haben die Stücke nur Amulettcharakter besessen und dienten zur Beschwörung böser Geister; daß dabei sterbliche Frauen (oder handelt es sich vielleicht auch um niedere Göttinnen?) zur Darstellung gelangten, störte wahrscheinlich wenig.

Der Säugling ist in allen Fällen ein kleines Kind, ungleich den ägyptischen Darstellungen, in denen es sich oft um den Pharao

---

[31] K. Emre, *Anatolian Lead Figurines and Their Stone Moulds* [= TTK 6, 14], Ankara 1971, pl. 6, 7:1 und 9:2; Orthmann, *Der Alte Orient* 370b-d aus der Sammlung N. Schimmel und aus Çiftlik; vgl. auch zwei Stücke aus Alaca Hüyük, H. Koşay, *Les Fouilles d'Alaca Höyük 1937-1939* [= TTK 5, 5], Ankara 1951, Pl. 67:1.3.

[32] Barrelet 292f.

handelt, und der Symbolcharakter der Darstellung dadurch deutlich zum Ausdruck kommt. Der Säugling ist nackt und nicht identifizierbar; das erschwert die Deutung der Darstellung weiterhin, denn eine Antwort auf die Frage, ob es sich um ein königliches oder göttliches Kind handelt, ist nicht möglich. Von einer einzigen Darstellung wird behauptet, daß es sich dabei um den kindlichen König oder Stadtfürsten handelt, der auf dem Schoß der Göttin sitzt; es ist gleichzeitig das einzige Werk der Großkunst mit einer derartigen Darstellung: die Urnammu-Stele [33]. Jedoch sind von dem Kind nur die Füße erhalten, und es will zu gewagt erscheinen, daraus mehr als die Feststellung abzuleiten, daß es sich dabei um ein auf dem Schoß der Göttin sitzendes Kind gehandelt hat.

Die auf den Darstellungen vorhandenen Symbole lassen die Nennung von drei Göttinnen zu, wenngleich ein letzter Beweis für deren Identität nicht geführt werden kann: einmal mag es sich bei dem Relief aus Susa (Abb. 6) in der Tat, wie Amiet meint, um Inanna/Ištar handeln, deren wachsender, mütterlicher Aspekt zu Beginn des zweiten Jahrtausends auch hier wieder zum Ausdruck käme [34]. Zum anderen könnte das Relief aus Tell Ḫuēra tatsächlich eine Erscheinungsform der Sebettu wiedergeben, wie die Ausgräber vermuten [35]. Schließlich dürfte in dem Relief der Göttin mit den ihr aus den Schultern herauswachsenden Kinderköpfen (Abb. 5) die Göttin Nintur/Ninhursanga zu erkennen sein; Anlaß zu dieser Deutung geben die omegaförmigen Symbole neben ihr, die als inneres Organ, ursprünglich als Kuh-Uterus, zu erklären sind [36].

Mit diesen drei Möglichkeiten wird gleichzeitig deutlich, daß der mütterliche Aspekt des Nährens nicht einer bestimmten Göttin vorbehalten war, ähnlich wie in Ägypten.

---

[33] L. Legrain, *Restauration de la Stèle d'Ur-Nammu*, RAssyr. 30 (1933) 112f.; Orthmann, *Der Alte Orient* Fig. 37a/b (Rekonstruktion nach J. Börker-Klähn).

[34] H. W. Haussig, Wörterbuch der Mythologie I (1965) 83 s.v. *Inanna* (Edzard) unter Verweis auf W. von Soden, *Akkadische Gebete an Göttinnen*, RAssyr. 52 (1958) 134.

[35] A. Moortgat - U. Moortgat-Correns, *op. cit.* (Anm. 19) 56.

[36] Th. Jacobsen, *Notes on Nintur*, Or NS 42 (1973) 280-1; für die bildlichen Belege vgl. U. Seidl, *Die babylonischen Kudurru-Reliefs*, BaM 4 (1968) 202f.; ferner I. Fuhr, *op. cit.* (Anm. 18) 1f. (mit älterer Literatur) Abb. 1 und passim.

Die Nennung von Ninhursanga leitet über zu einigen Textstellen, ja zu einem Topos in der altorientalischen Literatur: einige Herrscher der Ur-I-Zeit, Eannatum, Entemena und später Lugalzaggisi [37] bezeichnen sich als ,,genährt mit heiliger Milch von Ninḫursanga''. Labat hat diesen Topos als göttliche Adoption des Königs gedeutet [38], dem allerdings von Hallo unter Verweis auf Jacobson widersprochen wurde [39]. Danach liegt in der Formulierung die Vorstellung einer tatsächlichen Abkunft von der Gottheit zugrunde.

In Ägypten wird die Szene der den Pharao nährenden Göttin als Sicherung seines Herrschaftsanspruches gedeutet, die allerdings auf das Jenseits bezogen sein soll [40].

Bekanntlich wird Ninhursanga außerdem von vielen Herrschern (von Mesilim bis Nebukadnezar) als Mutter benannt. Schließlich ist ihrem Beinamen ,,Mutter aller Kinder'' auch einiger Aufschluß über ihre Funktion zuzumessen [41].

Ein Göttertypentext nennt uns eine weitere Göttin und liefert dazu eine genau auf unser Motiv passende Bildbeschreibung: ,,Der Kopf (trägt) einen Turban und ein Stirn-Horn ... [also keine Hörnertiara, sondern eine Kopfbedeckung, die dem Turban und dem Horn des Reliefs aus Susa, Abb. 6, eher entspricht (!)]. Ihre Brust ist entblößt. In ihrer linken (Hand) trägt sie ein Kind, das an ihrer Brust trinkt''; aber der Text fährt fort: ,,Von ihrem Kopf bis zu ihrem Gürtel ist der Körper (der einer) nackten Frau. Von ihrem Gürtel bis zu ihrer Schwanzflosse (?) ist sie mit Schuppen wie eine Schlange ... (?). Um ihre Bauchwölbung sind Diademe gelegt. Ihr Name: Nintu, zugehörig zu Mah.'' [42]. Über die Göttin

---

[37] F. Thureau-Dangin, *Sumerisch-Akkadische Königsinschriften* [= Vorderasiatische Bibliothek I], Leipzig 1907, 21. 23. 25. 27 (Eannatum) 35 (Entemena) 155 (Lugalzaggisi).

[38] R. Labat, *Le Caractère Religieux de la Royauté Assyro-Babylonienne*, Leiden, 1939, 64.

[39] W. W. Hallo, *Early Mesopotamian Royal Titles* [= American Oriental Series 43], New Haven 1957, 136; Th. Jacobson, *Parerega Sumerologica*, JNES 2 (1943) 119ff.; den Hinweis darauf verdanke ich W. Röllig; vgl. auch besonders W. W. Hallo, *The Ancient Near East, A History*, New York 1971, 49.

[40] Orthmann, *op. cit.* (Anm. 2) 141.

[41] Haussig, *Wörterbuch der Mythologie* I (1965) 104 s.v. *Muttergöttinnen* (Edzard).

[42] F. Köcher, *Der babylonische Göttertypentext*, MIO I (1953) 71ff.

Nintur wußten wir bis vor kurzem nicht viel mehr, als daß sie mit
Ninmaḫ und Ninhursanga zu den Muttergöttinnen zu zählen ist;
in einer grundlegenden Studie hat Th. Jacobsen jetzt die ursprünglichen Unterschiede und späteren Gemeinsamkeiten zwischen Nintur und Ninhursanga herausgearbeitet [43]. Der Tatsache, daß sie
hier als dämonisches Mischwesen erscheint möchte ich weniger
Bedeutung zumessen als Barrelet [44] (auch die Sebettu hat dämoni-
sche Züge, wenn man die Deutung des Reliefs aus Tell Ḫuēra an-
erkennen will); in jedem Fall reicht sie nicht aus, um diese wichtige
Übereinstimmung mit der Ikonographie beiseite zu lassen.

Fassen wir zusammen: die eingangs zitierte Behauptung H. W.
Müllers ist eindeutig durch die vorderasiatischen Belege widerlegt. Auch W. Orthmanns Verweis: ,,Das Ensemble der Göttin mit
dem Kind ist in dieser Zeit (des ersten Jahrtausends, der Verf.) in
Vorderasien nicht selten, anscheinend ist aber das in Ägypten
geprägte Erscheinungsbild unmittelbar übernommen worden'' [45]
verkennt die frühe Tradition dieses Motivs in Voiderasien. Die
Frage nach der Urheberschaft des Motivs zu stellen, ist meines Er-
achtens müßig, weil sich in stärker matriarchalisch orientierten,
frühen Gesellschaftsformen die Vergöttlichung der Mutter, der
Lebens-Geberin, gleichzeitig an mehreren Orten herausgebildet
haben kann.

Die Tradition des Motivs in Mesopotamien, insbesondere in ihrer
literarischen Form des von der Göttin genährten Herrschers, zeigt
jedoch, daß das Karatepe-Relief (Abb. 9) keineswegs eine reine,
inhaltliche Übernahme des Motivs aus Ägypten sein muß [46], wenn-

---

[43] Th. Jacobsen, *op. cit.* (Anm. 36) 274-298; für die ältere Literatur vgl.
Haussig, *Wörterbuch der Mythologie* I (1965) 105 s.v. *Muttergöttinnen* (Edzard).
[44] Barrelet 293; auch im *Wörterbuch der Mythologie* wird der Fortsetzung des Textes keine Beachtung geschenkt.
[45] Orthmann, *op. cit.* (Anm. 2) 142.
[46] Idem, *Der Alte Orient* 432 Abb. 365; in *op. cit.* (Anm. 2) 143 kommt
Orthmann allerdings auch zu dem Schluß, daß in dem Karatepe-Relief ,,sehr
wahrscheinlich nicht der von einer Göttin gesäugte Herrscher gemeint ist.''
Er schließt aber auch die Deutung als Isis mit dem Horusknaben und die
Darstellung einer profanen Szene für das Relief aus. Wir meinen, daß bei
einem inhaltlichem Verständnis der Szene aus der mesopotamischen Tradition die Deutung des genährten Herrschers nicht auszuschließen ist, können dies jedoch nicht mit Hilfe von weiterem Bildmaterial belegen.

gleich die äußere Form dies eher zu bestätigen scheint. Die Komposition des stehenden Kindes, das von einer stehenden Frau genährt wird, erinnert zweifellos an die Szene des stehenden Pharaos und ist unmesopotamisch; der Pharao ist allerdings meistens bekleidet und sicher durch seine Insignien als solcher ausgewiesen [47]. Es ist daher durchaus denkbar, daß das Karatepe-Relief eine Verschmelzung ägyptisierender Formsprache mit „mesopotamisierendem" Inhalt darstellt, wobei als Filter durchaus der syrisch-phönizische Bereich gegolten haben kann [48].

Selbst bei einem so ägyptisch wirkenden Stück wie der Elfenbeinplatte aus Ras Schamra (Abb. 10) [49] ist die Verdoppelung der genährten Person aus Symetriegründen ein unägyptisches Kompositionsmerkmal. Bei aller Eindeutigkeit der Hathor-Frisur sei auf die Problematik ihrer Ähnlichkeit zu dem omegaförmigen Symbol verwiesen, wie es auf dem Louvre-Relief (Abb. 5) erscheint (s. Anm. 36); in Verbindung mit Hathor sollte auch einmal hervorgehoben werden, daß das ihr zugrunde liegende Bild der Kuh auch in Vorderasien eine nicht geringe Rolle spielt [50]. Schließlich verweisen die Flügel der Göttin diese in die Nähe der sogenannten geflügelten Ištar [51], was dann auch mit dazu geführt haben mag, in der Dargestellten Anat oder Ašerat zu sehen [52]. Auch hier scheint daher der inhaltliche Bezug eher zu Mesopotamien vorzuliegen, während die ikonographischen Merkmale trotz der ungewöhnlichen Komposition und der Flügel eher auf ägyptische Vorbilder zurückgreifen mögen.

---

[47] Wie Orthmann, *op. cit.* (Anm. 2) 140 hervorhebt, kommt das nackte Kind als Gotteskind (Horusknabe) dagegen vornehmlich in der Komposition der sitzenden, nährenden Göttin vor. Der Unterschied verwischt sich erst in der Spätzeit.

[48] Orthmann, *op. cit.* (Anm. 2) 143.

[49] Cl. F. A. Schaeffer, *Les Fouilles de Ras-Shamra-Ugarit*, Syria 31 (1954) Pl. 8; Matthiae, *op. cit.* (Anm. 12) Tav. 25; Orthmann, *op. cit.* (Anm. 2) 141 Taf. 26:3; idem, *Der Alte Orient* Abb. 427.

[50] Haussig, *Wörterbuch der Mythologie* I (1965) 356 s.v. *Hathor* (Helck); vgl. schon Labat, *op. cit.* (Anm. 38) 67ff.

[51] Haussig, *Wörterbuch der Mythologie* I (1965) 85 s.v. *Inanna* (Edzard) unter Verweis auf: M.-Th. Barrelet, *Les Déesses Armées et Ailées: Inanna-Ištar*, Syria 32 (1955) 222-260.

[52] Orthmann, *op. cit.* (Anm. 2) 141 mit weiterer Literatur.

So erweist sich unser Motiv der nährenden Frau *und* Göttin als ein bodenständiges, mesopotamisches Thema das sicher auch seine Wirkungen auf die Gegenden Vorderasiens gehabt hat, die im Schnittpunkt verschiedener Kultureinflüsse gelegen haben.

JOHANNES LÄHNEMANN

DIE SIEBEN SENDSCHREIBEN DER JOHANNES-APOKALYPSE

Dokumente für die Konfrontation des frühen Christentums mit hellenistisch-römischer Kultur und Religion in Kleinasien*

* Dieser Beitrag zur Festgabe für Friedrich Karl Dörner, meinen verehrten Schwiegervater, greift einen Themenbereich und ein Interesse auf, das den Weg und das Wirken des Jubilars — bei seinen historischen, archäologischen und epigraphischen Forschungen — immer begleitet hat: die Erforschung von Religion und Kultur Kleinasiens in Beziehung zu setzen zur Arbeit der Theologie, die sich um ein möglichst historisch genaues und lebendiges Bild des frühen Christentums bemüht, das im kleinasiatischen Raum so vielfältige Spuren hinterlassen hat.

Schon früh hat Friedrich Karl Dörner den *7 apokalyptischen Gemeinden Kleinasiens* sein Augenmerk gewidmet: Bereits im Januar 1938 veröffentlichte er im „Evangelischen Botschafter" (75. Jg. Nr. 2, 9f. 25f.) einen Bericht über seinen Besuch dieser Städte, die archäologischen Funde an diesen Orten und die Beziehungen des religiös und kulturell aus ihnen Bekannten zu den Aussagen der Johannes-Apokalypse.

Die hier vorgelegte Ausarbeitung geht auf ein Referat zurück, das ich im Rahmen der Reise des „Historisch-Archäologischen Freundeskreises Münster" im Jahre 1972 in die Westtürkei hielt. Wir sahen im Verlauf unserer Exkursionen vier jener berühmten Städte, an deren Christengemeinden einst die 7 Sendschreiben gerichtet waren und erhielten dabei einen lebendigen Eindruck von Kultur und Religion der römischen Provinz *Asia*, in der sich das frühe Christentum zu behaupten hatte.

Die folgende Darstellung ist vor allem orientiert an der Einführung in die Johannes-Offenbarung, die H. Lilje zu Beginn des zweiten Weltkrieges zu erarbeiten begann (H. Lilje, *Das letzte Buch der Bibel. Eine Einführung in die Offenbarung des Johannes*, Hamburg 1961²); sie stellt — bei guter wissenschaftlicher Durchdringung des Gegenstandes — eine so kongeniale Erfassung des historischen und theologischen Gehaltes der Johannes-Apokalypse dar, daß sie deren Eigenart in manchem besser zu erfassen vermag als eine „nur wissenschaftliche" Erarbeitung. Als neuere Auslegungen werden die Kommentare von E. Lohse (E. Lohse, *Die Offenbarung des Johannes* [= Das Neue Testament Deutsch, Teilbd. 11], Göttingen 1971 — 3. neu bearbeitete Fassung der 10. Auflage) und H. Kraft (H. Kraft, *Die Offenbarung des Johannes* [= Handbuch zum NT 16a], Tübingen 1974) herangezogen; in letzterem ist in sorgsamer und umfassender Weise die Forschung bis in die siebziger Jahre hinein aufgearbeitet.

Die „Offenbarung des Johannes", das einzige apokalyptische Buch innerhalb des Neuen Testaments, weckt in unserem Kulturkreis zumeist ganz bestimmte Assoziationen: die Erinnerung an gigantische Mosaikbilder, auf denen Christus als der Allherrscher, der Pantokrator, dargestellt wird, — Darstellungen des jüngsten Gerichts, des himmlischen Jerusalem, des Erzengels Michael, wie er mit dem Drachen kämpft, — vielleicht aber auch diese: daß es das Buch mit unverständlicher Zahlensymbolik, mit übersteigerten Bildern von Himmel und Abgrund sei — eben das Buch mit den „sieben Siegeln", ein Buch der Schwärmer und Grübler, die über Weltzeiten, Welthintergründe und Weltuntergang spekulieren.

Im folgenden soll demgegenüber gezeigt werden: So jenseitig und ‚weltfern' die „Offenbarung des Johannes" auf den ersten Blick scheint, so zeitbezogen, so aktuell ist sie in Wirklichkeit, ganz auf die Situation am Ende des ersten Jahrhunderts im Westen Kleinasiens ausgerichtet, ein Buch, in dem die damaligen religiösen, kulturellen und politischen Realitäten scharfsichtig gedeutet und in den Rahmen einer großen endzeitlichen Geschichtsschau gestellt werden.

Das ist in besonderem Maße an den sieben Sendschreiben im 2. und 3. Kapitel der Johannes-Apokalypse zu erkennen. Diese stellen in der apokalyptischen Literatur etwas Außergewöhnliches dar; es gibt in den anderen apokalyptischen Büchern nichts vergleichbares. Und dadurch, daß sie den eigentlichen Offenbarungen, die Johannes schaut, vorangestellt sind, erhalten sie ein besonderes Gewicht. Sie sollen hier als Dokumente für die Konfrontation des frühen Christentums mit hellenistisch-römischer Kultur und Religion in Kleinasien erläutert werden. Denn sie gehen deutlich auf den kulturellen und religiösen Kontext ein, in dem sich die Gemeinden befanden und mit dem sie sich auseinandersetzen mußten.

Dabei taucht eine Reihe von Fragen auf: In welchem religions- und geistesgeschichtlichen Rahmen wurde diese Auseinandersetzung vollzogen? Wie werden die jungen und zumeist noch kleinen Gemeinden in einer Umgebung mit blühender Wirtschaft und Kultur und einem vielgestaltigen religiösen Leben gelenkt, gemahnt, ermutigt? Gelingt ein Weg, auf dem sie ihr eigenes Wesen nicht aufgeben — und sich doch auch nicht total abkapseln?

Es soll hierzu zunächst eine Kurzinformation über Hauptmerkmale der Apokalyptik 1) und speziell den Charakter der Johannes-

Apokalypse 2) sowie eine knappe Darstellung des geographischen und geschichtlichen Raumes der sieben Städte 3) geboten werden, bevor die Sendschreiben und die einzelnen Gemeinden genauer betrachtet werden 4/5). Diese Erläuterung der Sendschreiben innerhalb des Rahmens, in dem sie verfaßt wurden, vermag zusammen mit der Nachzeichnung wesentlicher Punkte der Argumentation und des theologischen Anliegens, das in den Sendschreiben vertreten wird, zur Beantwortung der vorgenannten Fragen beizutragen.

1. HERKUNFT UND GRUNDFRAGEN DER APOKALYPTIK

Apokalyptik ist „eine Spekulation, die — gern in allegorischer Form ... — den Weltlauf deuten und das Weltende enthüllen will ...'' (H. Ringgren) [1]. Sie kommt in allen Religionen vor, die eine Lehre vom Ende, eine Eschatologie, entwickelt haben. Besonders reich entfaltet ist die iranische Apokalyptik, die wiederum die jüdische und christliche Apokalyptik beeinflußt hat. So werden im Iran 3 oder 4 Weltalter von je 3000 Jahren gezählt. „In den ersten drei Perioden geht die Schöpfung von einem geistigen in einen materiellen Zustand über und das Böse vermischt sich mit dem Guten, in der vierten, die mit dem Auftreten Zarathustras eingeleitet wird, wird durch ihn und die drei nacheinander erscheinenden Erlöser die Ausscheidung des Bösen zustande gebracht.'' [2]
Der scharfe Gegensatz von Gutem und Bösem, von Licht und Finsternis ist dann auch für die jüdische und christliche Apokalyptik auf weite Strecken kennzeichnend. Die Gewalt des Bösen und der Sünde bestimmt das jetzige Zeitalter; sie gipfelt in einem gigantischen Angriff der bösen Mächte, während die Frommen dabei bis zum Äußersten zu leiden haben. Hinzu kommt, daß die ganze Natur in Unordnung gerät, daß Verwirrung unter den Menschen herrscht und die Bande der Familie aufgelöst werden. Das Böse stellt man sich dabei als persönliche Teufelsgestalt vor. Ihr steht eine messianische Heilsgestalt gegenüber, die — etwa in der Erscheinung des ‚Menschensohnes' — ins Transzendentale und Mythische über-

---

[1] H. Ringgren, *Apokalyptik*. I. *Apokalyptische Literatur religionsgeschichtlich.* II. *Jüdische Apokalyptik*, in: *Die Religion in Geschichte und Gegenwart* I, Tübingen 1957³, 463.
[2] *Ibid.* 463.

höht ist. Die endgültige Entscheidung wird oft als Drachenkampf geschildert. ,,Der Kampf endet mit dem Sieg Gottes, die Toten stehen auf, und der neue Aion, die Ewigkeit bricht herein. ... Bisweilen nimmt das Zukunftsbild kosmische Ausmaße an: man erwartet die Erneuerung der ganzen Schöpfung, einen neuen Himmel und eine neue Erde ...'' [3]

Die Erfahrung, die darin zum Ausdruck kommt, ist nicht die Erfahrung friedlicher Tage, sondern das Erleben eines geschichtlichen Umbruchs, eines Zerbrechens der überlieferten Maßstäbe, einer Weltangst, das die Seher in den Apokalypsen deuten. Das kann man deutlich an den beiden uns bekanntesten apokalyptischen Büchern — dem Danielbuch im Alten Testament und der ,,Offenbarung des Johannes'' im Neuen Testament — erkennen. Beide wollen vor drohendem Glaubensabfall in bedrohender Zeit bewahren und den Glaubensmut der Frommen in schwerer Zeit stärken.

Beim Danielbuch war es das Wirken des Seleukidenkönigs Antiochos IV. Epiphanes, das die Grundfesten des Judentums erschütterte. Der König führte nicht nur hellenistischen Kult in Palästina ein, er wagte sogar, im Tempel einen ,,Greuel der Verwüstung'' (11,31) aufrichten zu lassen, d.h. einen heidnischen Altar (im Jahr 167 v. Chr.).

Bei der ,,Offenbarung des Johannes'' sind es die erste Auseinandersetzung mit dem Kaiserkult, die ersten sich anbahnenden Christenverfolgungen gegen Ende des ersten Jahrhunderts n. Chr., die den Visionen und Ermahnungen des Sehers ihre Dringlichkeit verleihen.

Diese zumeist allegorisch zu deutenden Visionen sind von dunklen und ungewöhnlichen Bildern erfüllt. Tiere, Berge, Wolken stehen für Völker, Reiche, Könige. Symbolische Zahlenwerte sind von Bedeutung (z.B. 3 1/2, 4, 7, 70, 12). Dazu kommt häufig eine Unbestimmtheit und Unklarheit, die beabsichtigt ist und den Eindruck des Geheimnisvollen verstärkt. Sie soll wohl das Unsagbare und Unergreifbare andeuten (z.B. im 1. Kapitel der Johannes-Apokalypse: ,,einen, der einem Menschensohn ähnlich war ...'', nach Daniel 7,13) [4].

---

[3] *Ibid.* 466.
[4] *Ibid.* 465.

2. BESONDERHEITEN DER JOHANNES-APOKALYPSE

Alle genannten Grundkennzeichen der Apokalyptik finden sich auch in der Johannes-Apokalypse [5]. Und doch trägt dies Buch einen ganz eigenen Charakter. Während sonst oft in Apokalypsen der Eindruck willkürlicher Zusammenstellung von Bildern, Visionen und Gedanken herrscht, ist dieses Offenbarungsbuch eine sorgfältig aufgebaute, ganz und gar durchdachte Komposition. Schon bei der Eingangsoffenbarung im ersten Kapitel wird gleichsam eine Gliederung für das ganze Werk angegeben:

V. 19: Schreibe,

was du gesehen hast,	= 1	die Berufungsvision
was ist	= 2-3	die Sendschreiben
und was nachher geschehen soll	= 4-22	die Zukunftsschau.

Auch der letzte große Teil der Zukunftsschau ist sorgsam geordnet: 3 mal ergehen die Visionen nach der 7-Zahl: 7 Siegel, 7 Posaunen, 7 Schalen. Dem ist die Schilderung des Thrones Gottes vorangestellt; die Darstellung des Dramas der Endzeit mit Michaels Kampf gegen den Drachen ist dazwischengeschaltet; danach wird Gericht und Sieg über Babylon (= Rom) beschrieben; und am Ende wird das ganze Buch gekrönt mit der Schilderung des Friedensreiches und des neuen Jerusalem [6].

---

[5] Diese Schrift ist als vermeintliches Werk des Apostels Johannes in den Kanon der neutestamentlichen Schriften aufgenommen worden, obwohl die apostolische Verfasserschaft in der alten Kirche, besonders im Osten, lange umstritten war (siehe Kraft: *Die Offenbarung des Johannes* 7ff.) — Nimmt man das Werk näher in den Blick, erkennt man, daß es bereits nach dem Selbstverständnis seines Verfassers keine apostolische Schrift sein kann; es läßt sich nicht mehr ausmachen als dies, ,,daß die Apokalypse von einem Mann geschrieben sein will, der durch seinen Namen Johannes hinreichend ausgewiesen war, daß man ihn im westlichen Kleinasien als vertrauenswürdigen Propheten kannte'' (Kraft, *op. cit.* 11).

[6] Kraft schreibt als Ergebnis seiner Untersuchungen zum literarischen Aufbau der Johannes-Offenbarung (*Die Offenbarung des Johannes* 14f.): ,,Hier war ein Künstler am Werk, der aus überliefertem Material, an die Tradition gebunden, doch in künstlerischer Freiheit, gestaltet hat. Im Hauptteil sind . . . zwei große Stoffkomplexe aneinanderan gehängt (sic!) und mit ihren Rändern ineinander verzahnt. Das sind die drei Siebenerreihen in der ersten Hälfte und das dualistische Drama im zweiten Teil. Dieser ursprüngliche Stoff ist nachträglich erweitert durch die Vision von der Himmelstadt und durch die Sendschreiben. Der Verfasser der Sendschreiben — der mit

Dieses ganze Buch — und das ist sein auffälligstes Kennzeichen — wird als Brief eingeleitet (1,4) und beschlossen (22,21). Es ist also als Anrede an die Gemeinden konzipiert. Ihnen soll in der beginnenden Verfolgungszeit der Blick geschärft, sie sollen gestärkt und getröstet werden, dadurch, daß ihnen die großen Zusammenhänge aufgewiesen werden, in denen die jetzige Zeit steht, und dadurch, daß sie auf das Ziel dieser gewaltigen Bewegungen hingewiesen werden. Das Ziel ist der Sieg Jesu Christi, der das letzte Gericht und die endgültige Erlösung heraufführen wird.

3. DER GEOGRAPHISCHE UND GESCHICHTLICHE RAUM DER SIEBEN STÄDTE

Die Gemeinden, an die diese „Apokalypse in Briefform" gerichtet ist, sind in bekannten Städten Kleinasiens beheimatet [7]. Die Provinz ‚Asia' aber war damals die kulturell bedeutendste Provinz des gesamten römischen Reiches. Hierher stammten nicht nur Homer, Thales und Pythagoras, Heraklit und Herodot. Hier wurde auch zu einer Zeit, als das klassische Griechenland schon ganz an Bedeutung verlor, großzügig der griechische Geist lebendig erhalten.

Man macht sich aber auch viel zu selten klar, daß hier die erste große Blüte der christlichen Kirche erwuchs. Das beginnt mit der Mission des Paulus: In Ephesus hat er sich nach den Berichten der Apostelgeschichte während seiner Missionsreisen am längsten aufgehalten, etwa drei Jahre. Von hier aus sind der Galaterbrief, der Philipperbrief, der Philemonbrief, die Korintherbriefe geschrieben, wohl auch der Kolosserbrief [8]. Der (wahrscheinlich nachpaulinische) Epheserbrief (evt. auch der 1. Petrusbrief) könnte das Zeugnis einer

---

dem Verfasser des Ganzen möglicherweise identisch sein kann, aber die Sendschreiben in jedem Fall nachträglich angeführt hat — hat auch die Berufungsvision erweitert und auf die Sendschreiben bezogen."

[7] Zum folgenden siehe Lilje, *Das letzte Buch der Bibel* 72f.

[8] Zu den Abfassungsverhältnissen der Paulusbriefe siehe A. Suhl, *Paulus und seine Briefe. Ein Beitrag zur paulinischen Chronologie* [= Studien zum Neuen Testament 11], Gütersloh 1975. Speziell zum Kolosserbrief, der in gewisser Beziehung zum Sendschreiben nach Laodikeia steht, siehe J. Lähnemann, *Der Kolosserbrief — Komposition, Situation und Argumentation* [= Studien zum Neuen Testament 3], Gütersloh 1971.

paulinischen Schultradition sein, die sich hier entfaltet hat [9]. Polykarp von Smyrna und Papias von Hierapolis sind weitere Namen, die für die frühe christliche Tradition von ganz besonderer Bedeutung wurden. Der Bischof Ignatius von Antiochien richtet nahezu alle seine Briefe Anfang des 2. Jahrhunderts an Gemeinden im Westen Kleinasiens. ,,Indem Johannes diese Gemeinden anredete, sprach er zu dem hervorragendsten und sichtbarsten Teile der damaligen Kirche.'' [10]

In dieser Umgebung traf die christliche Mission auf eine ganz enge Verbindung der verschiedenen Kulturen und Religionen, in der sich zugleich das Bildungsbewußtsein der Zeit manifestierte. Schon der paulinische Kolosserbrief hatte sich mit einer ,Philosophie' auseinandersetzen müssen, in der neben Christus die für göttlich gehaltenen ,Weltelemente' (als die Schicksalsmächte) verehrt wurden [11]. Kleinasien war das Begegnungsfeld westlicher (altgriechisch-römischer) und orientalischer Religiosität. Dabei verschmolzen die verschiedenen Religionen z.T. zu neuen Synthesen - am deutlichsten sichtbar in der Artemis von Ephesus, die zur Fruchtbarkeitsgöttin geworden war. Als wichtigste neue Bewegung war um die Zeitenwende der Kaiserkult hinzugekommen, der in dieser Landschaft am schnellsten aufblühte und zum eigentlich herausfordernden Gegenüber eines Christentums wurde, das sich immer wieder der Versuchung der Einordnung in die religiösen Strömungen seiner Umwelt erwehren mußte. Bereits um 9. n. Chr. preist eine Inschrift aus Priene den regierenden Kaiser Augustus als ,,den Heiland der Welt, den Heiland und Wohltäter aller Menschen, den unbesiegbaren Sohn Gottes''. In Pergamon hat man zuerst versucht, den Kaiserkult den anderen Kulten überzuordnen. ,,So kommt es zu dem aufschlußreichen Tatbestand, daß gerade diejenige Provinz, die ihrer ganzen Artung nach die toleranteste im Römischen Reiche war, der Schauplatz des ersten geschichtlichen Zusammenstoßes mit der werdenden christlichen Kirche wurde. Ob-

---

[9] Diese These wurde zuerst vertreten von H. Conzelmann, *Paulus und die Weisheit* (1965/66), in: *Theologie als Schriftauslegung. Aufsätze zum NT* [= Beih. zur Ev. Theologie 65], München 1974, 177-190.

[10] Lilje, *Das letzte Buch der Bibel* 75; vgl. Kraft, *Die Offenbarung des Johannes* 30.

[11] Hierzu Lähnemann, *op. cit.* (Anm. 8) 63ff.

wohl hier die römische Verwaltung nachweislich milder war als an irgendeiner anderen Stelle des weiten Reiches, ist vermutlich hier das erste Märtyrerblut im Zusammenstoß mit dem römischen Kaiserkult geflossen.'' [12]

4. DIE ROLLE DER ‚SENDSCHREIBEN'

Diese Lage — in der die Gemeinden umgeben sind von Misch- und Mysterienreligionen und herausgefordert sind vom sich entfaltenden Kaiserkult — hat der Verfasser der sieben Sendschreiben vor Augen. Gleichzeitig ist er von der Erkenntnis überwältigt, daß das Ende der Zeiten unmittelbar bevorsteht: Der Herr ist im Begriff, seine Herrschaft anzutreten (11,17). Die Anzeichen für das nahende Ende — das Aufkommen von Irrlehrern und das Ausbrechen von Verfolggungen — sind nicht zu übersehen. Die Gemeinden stehen einer doppelten Gefährdung gegenüber: Von außen werden sie durch den Kaiserkult bedroht, im Innern wird ihre Kraft durch Häresien geschwächt, die Kompromisse mit der religiösen Umgebung schließen.

Der Seher der Apokalypse kann — unter dem Eindruck des Anbruchs der Endzeit — diese Kompromissbereitschaft nur als Wesensgefährdung für die Gemeinden verstehen. In dem Gegenüber von Gut und Böse, von Licht und Finsternis gibt es keinen Mittelweg.

Unter diesem prüfenden Blick werden deshalb die sieben Gemeinden betrachtet und angesprochen: Sofern sie leiden, werden sie getröstet und gestärkt, sofern sie selbstbewußt und unbußfertig auftreten, werden sie zurechtgewiesen, sofern sie dem Synkretismus zuneigen, werden sie wachgerüttelt. In ihrer Unterschiedlichkeit weisen diese Gemeinden wie in einem Spektrum die ganze Breite der Erscheinungsformen auf, die sich in der Kirche in dieser Entscheidungszeit vorfinden. Die Sendschreiben tragen deshalb exemplarischen Charakter für das, was der jungen Kirche im kleinasiatischen Lebensraum im Blick auf die beginnende Endzeit, deren Züge der Seher in seiner Zukunftsschau vorwegnimmt, zu sagen ist [13].

---

[12] Lilje, *Das letzte Buch der Bibel* 76.
[13] Vgl. *ibid.* 76f.

Die Sendschreiben folgen einem bestimmten Aufbau. Gerichtet
sind sie an den ‚Engel' der jeweiligen Gemeinde. Wer mit diesem
‚Engel' gemeint ist, läßt sich gegenwärtig nicht voll befriedigend
erklären: ‚Angelos' als Gemeindeamt — was man zunächst vermuten
möchte — wäre außer in den Sendschreiben selbst nicht belegt.
Dennoch ist es nicht vollkommen ausgeschlossen, daß ‚angelos' —
in seine ursprünglichen Bedeutung als ‚Bote' — auch auf den Ge-
meindevorsteher bezogen werden könnte. — Andererseits spielen
in der gesamten Apokalypse die Engel als himmlische Diener Gottes
eine so große Rolle, daß man zu der Annahme kam, in den unüber-
sehbaren Scharen des himmlischen Heeres gebe es jeweils einen,
,,durch den das Schicksal einer einzelnen Gemeinde unmittelbar mit
Gottes Thron verknüpft ist." Leid, Mühsal und Kampfesnot der
einzelnen irdischen Gemeinde hätten danach ihren himmlischen
Repräsentanten. ,,Er wird hier angeredet, und in ihm die ganze
Gemeinde, so gut wiederum in den einzelnen Gemeinden die ganze
Kirche angesprochen ist." [14]

Eine dritte Hypothese geht dahin, daß die ‚angeloi' Boten der
Gemeinde seien, die der Verfasser der Sendschreiben in seiner Nähe
gehabt hätte [15].

Unbestritten ist, daß ‚angelos' in irgendeiner Weise die Gemeinde
als ganze repräsentieren muß, da in den Sendschreiben die Gemeinden immer als ganze angeredet werden. Auf diese Anrede folgt der
Eingangsspruch, in dem sich der Redende (Gott bzw. der er-
höhte Christus) vorstellt (,,So spricht Er, der das Siebengestirn in
seiner Rechten hält ..." 2,1). Dabei finden sich häufig Anklänge
an die Berufungsvision im ersten Kapitel und an den weiteren Text
des jeweiligen Sendschreibens.

Der folgende Mittelteil ist zumeist zusammengesetzt aus Lob
(,,Ich kenne deine Werke, deine Mühsal und deine Kraft zum Ausharren. ..." 2,2) und Tadel (,,Doch dies habe ich gegen dich, daß
du von deiner ersten Liebe gelassen hast. ..." 2,4). Daran schließt
sich eine Aufforderung zur Buße (,,... tue Buße und handle

---

[14] *Ibid.* 78.
[15] Kraft, *Die Offenbarung des Johannes* 52. Er belegt diese Hypothese
mit Gesandtschaften, die Ignatius von Gemeinden erhalten hat. Doch auch
hier taucht der Begriff ,,angelos" selbst nicht auf.

wieder wie einst! ..." 2,5) mit nachfolgender Gerichtswarnung
oder aber (bei den nicht zu tadelnden Gemeinden Smyrna und
Philadelphia) eine Aufforderung zum Ausharren.

Am Schluß steht die Aufforderung zum Hören („Wer Ohren
hat, der höre, was der Geist den Gemeinden sagt! ..." 2,7) und die
Verheißung für den, der überwindet, für den Sieger.

Durch diese Gleichartigkeiten im Aufbau, durch die gleichsam
liturgische Wiederholung bestimmter Wendungen und die feier-
liche, bildhafte Sprache erhalten die Sendschreiben eine eigen-
tümliche Gewalt des Ausdrucks, durch die die Gemeinden eindring-
lich auf das für sie Wesentliche hingewiesen und vorbereitet werden
auf die großartigen Bilder der Zukunftsschau, die danach entworfen
werden. Dabei sind die einzelnen Sendschreiben keineswegs gleichförmig, sondern eine spezielle Anrede an jede einzelne Gemeinde:
So wie bei Smyrna und Philadelphia der Tadel fehlt, so bei Sardes
und Laodizea jegliches Lob. Jede Gemeinde mußte sich also in
ihrer Situation getroffen fühlen.

5. DIE SENDSCHREIBEN AN DIE EINZELNEN GEMEINDEN

5.1 *Ephesus* [16] (2,1-7)

Innerhalb der ‚Asia', der damals in vieler Hinsicht bedeutendsten
Provinz des römischen Reiches, war wiederum Ephesus die hervorragende Metropole: sie war nicht nur die größte Stadt (mit einer
Bevölkerungszahl von wohl mehr als einer Viertelmillion), sondern
besaß auch politisch, kulturell und wirtschaftlich die Führung —
als wichtigster Knotenpunkt zwischen Orient und Occident. Hier
hatte der römische Prokonsul seinen Amtssitz.

Hier entstand auch bald neben dem weltberühmten Tempel der
Artemis das Augusteum als erstes Heiligtum des Kaiserkultes.—Nun
wurde bereits oben gezeigt, daß Ephesus nicht nur der Vorort
Kleinasiens, sondern schon zur Pauluszeit Mittelpunkt der christlichen Mission für die gesamte Region war. Eben deswegen wird
wohl auch die dortige Gemeinde als erste angeredet.

---

[16] Vgl. zur folgenden Auslegung der Sendschreiben Lilje, *Das letzte Buch
der Bibel* 8off.; Dörner, *Die 7 apokalyptischen Gemeinden Kleinasiens*; Lohse,
Die Offenbarung des Johannes 23ff.; Kraft, *Die Offenbarung des Johannes*
54ff.

Gleich aus dem Anfang des Schreibens spricht eine Vollmacht, die als himmlische offenbar der irdischen Macht bewußt gegenübergestellt wird. Die Form des Spruches („So spricht Er ...") knüpft sowohl an die alttestamentlichen Prophetensprüche an als auch an den Stil königlicher Verlautbarungen, wie sie bei den persischen Großkönigen und im Hellenismus üblich waren. ‚Sieben Sterne' und ‚sieben Leuchter' sind Symbole, die als königliche Attribute bekannt sind, andererseits aber (mit der 7-Zahl) auch apokalyptischer Vorstellungsweise angehören und hier sicherlich gleichzeitig die sieben Gemeinden repräsentieren. Das aber soll heißen, daß hier der zu den Gemeinden redet, der ihr wahrer Herr ist. „Der himmlische Imperator spricht." [17]

Im folgenden tritt uns das Bild der Gemeinde recht klar entgegen. Ephesus erscheint als eine blühende christliche Gemeinde, die bereits schwierige Auseinandersetzungen, vielleicht sogar Bedrückungen oder Verfolgungen überstanden hat. — Wer die falschen Apostel sind (V. 2), die wohl mit den Nikolaiten (V. 6) identisch sein dürften, läßt sich allerdings kaum ausmachen, da inhaltlich über sie hier so gut wie nichts gesagt wird; es gibt auch keine eindeutigen späteren kirchlichen Quellen über die Nikolaiten. Da der Gemeinde in Ephesus selbst eine eindeutige, konsequente christliche Haltung bescheinigt wird, könnte es sich um eine Gruppe handeln, die den besonderen religiösen und ‚weltförmigen' Versuchungen der Weltstadt Ephesus nicht genügend widerstand, die der Anziehungskraft der Religionsvermischung, des Synkretismus, erlag.

Ebenso schwierig wie eine nähere Erklärung der Nikolaiten ist eine Erläuterung des Vorwurfs, der der Gemeinde in Ephesus gemacht wird. Daß ihr vorgehalten wird, sie habe von ihrer ersten Liebe gelassen, könnte wohl meinen, daß der rechte Glaube, den sie in Auseinandersetzungen bewahrt hat, bei ihr zu reiner Rechthaberei erstarrt ist, daß die Lebendigkeit der Entfaltung des Glaubens, wie sie am Anfang da war, verloren gegangen, die Geistesgaben erschlafft sind [18]. Von daher ließe sich der außergewöhnlich starke Bußruf in V. 5 (mit der folgenden Gerichtswarnung) verstehen.

---

[17] Lilje, *Das letzte Buch der Bibel* 82.
[18] Kraft, *Die Offenbarung des Johannes* 57. Vgl. zum Vorhergegangenen auch Krafts Exkurs „Nikolaos und die Nikolaiten" (72ff.).

Dem wird in V. 7 dann die großartige Verheißung des Sieges für den, der dem Anruf des Sehers hört, gegenübergestellt. Ihr Inhalt bezieht sich auf nichts geringeres als auf die Wiederherstellung des Paradieses, für die der Lebensbaum das Zeichen ist. Damit wird die größte Verheißung, auf deren Erfüllung am Schluß des Offenbarungsbuches hingewiesen wird (22,14), bereits in das erste Sendschreiben hineingenommen; sie bildet also gewissermaßen eine Klammer für alle weiteren Visionen und Weisungen.

5.2 Smyrna (2,8-11)

Der Seher wendet sich weiter nach Norden, der alten und auch zur Zeit der Römerherrschaft weiterhin blühenden Hafen- und Handelsstadt Smyrna zu. Inmitten der reichen Hafenstadt lebte die Christengemeinde als eine äußerlich arme Gemeinschaft. Sie hat Lästerungen von Leuten erfahren, „die sich Juden nennen" — wahrscheinlich einer synkretistisch jüdisch-christlichen Gruppe, die sich in Anlehnung an die starke jüdische Kolonie, die es in Smyrna gab, der Verfolgung, wie sie den Christen drohte, entziehen wollte [19].

Das Schreiben an diese Gemeinde ist — bei aller Erhabenheit des Ausdrucks — in einem warmen, seelsorgerlich-aufrichtenden Ton verfaßt. Schon der Eingangsspruch nimmt auf die tödlichen Bedrohungen Bezug, denen sich die Gemeinde ausgesetzt sieht: Christus spricht hier als der, der den Tod überwunden hat. Unter diesem Vorzeichen erscheinen die Anfechtungen der Gemeinde — die keinerlei Vorwurf zu hören braucht — in einem neuen Licht: daß sie in Trübsal und Armut ausharrt, macht sie reich; daß sie Schmähungen der angeblichen Juden erfährt, zeigt nur an, daß diese keinerlei Anspruch auf den Ehrennamen des Volkes Gottes haben; daß ihr noch weitere Leiden bevorstehen (die allerdings — das soll mit den ‚10 Tagen' wohl gesagt werden — begrenzt sein werden), weist nur darauf hin, daß sie für einen viel größeren Sieg und Lohn vorherbestimmt ist.

Das im Verlauf der Kirchengeschichte immer wieder herangezogene Rüstwort „Sei getreu bis zum Tod, so will ich dir den Kranz des Lebens geben" (V. 10) muß dabei wie eine Prophetie für das

---

[19] *Ibid.* 61.

J. LÄHNEMANN

Martyrium des Polykarp von Smyrna erscheinen, der bald nach der Mitte des 2. Jahrhunderts als über 8ojähriger auf dem Scheiterhaufen hingerichtet wurde. Seine im Bericht über das Martyrium überlieferte Antwort an den Statthalter, der ihn zum Widerruf bringen wollte — „86 Jahre diene ich Ihm und niemals habe ich von Ihm irgendeine Kränkung erfahren. Wie könnte ich jetzt meinen König schmähen, Ihn, der mich errettet hat!" [20] — zeigt, daß er, der vielleicht schon zur Zeit des „Sendschreiben" Leiter der Gemeinde in Smyrna gewesen ist, sich der Würdigung als wert erwiesen hat, die seine Gemeinde in der Johannes-Apokalypse erfährt.

Der Siegeskranz, von dem in dem Schreiben an Smyrna die Rede ist, wird dabei an die jährlichen Wettspiele erinnern, die in dieser Stadt stattfanden [21]. Der Preis, der den Gläubigen verheißen wird - Bewahrung im Gericht (V. 11) und ewiges Leben - überbietet aber alle Ehrung, die irdischem Wettkampf zuteil werden kann.

5.3 *Pergamon* (2,12-17)

Pergamon war in vieler Hinsicht die eindrucksvollste unter den sieben Städten. 133 v. Chr. vom letzten König aus dem Haus der Attaliden den Römern vermacht, besaß es hochberühmte Schätze: eine der wertvollsten Bibliotheken, mächtige Tempelaufbauten, die unzählige Pilger aus Asien anzogen. Da war der riesenhafte Zeusalter (eines der sieben Weltwunder), auf der Akropolis der Tempel der Athene. Die Tempel der Dea Roma und des Divus Augustus waren die Hauptpflegestätten des Kaiserkultes in Kleinasien (bereits 29 v. Chr. entstanden). Das berühmteste Heiligtum aber war das Asklepeion, das als wundertätig galt und der größte Magnet für die Pilgerscharen war: mit seiner heilkräftigen Quelle und seinem marmornen Schwimmbad. Antike Kultur, Medizin, Wunderglaube und Frömmigkeit hatten hier einen einzigartigen Bund geschlossen. — Auch der Statthalter wählte Pergamon als seinen Wohnsitz, während Ephesus sein offizieller Amtssitz war; hier fand in der Regel auch der Provinziallandtag statt.

---

[20] Siehe hierzu Dörner, *Die 7 apokalyptischen Gemeinden Kleinasiens* 9.
[21] Möglicherweise ist dabei aber auch der Brauch der Bekränzung des Mysten bei den Einweihungsriten der Mysterienreligionen im Blick (siehe Kraft, *Die Offenbarung des Johannes* 62).

Nirgendwo ist wohl die junge Kirche schärfer mit hellenistischer Kultur und Religion zusammengestoßen als hier. Das spiegelt sich bereits in dem Eingangsspruch des Sendschreibens an die Gemeinde in Pergamon: Jesus Christus führt das scharfe Schwert des Wortes Gottes: Es geht um scharfe Abgrenzung gegen die hellenistische Umwelt, nicht um ein Arrangement mit ihr.

Mit ,Thron des Satans' sind ganz deutlich die heidnischen Kultstätten gemeint, vielleicht besonders der große Zeusaltar, während das Wort ,Thron' sicher vor allem auf den Kaiserkult anspielt. Hier wird erstmals ein einzelner Märtyrer mit Namen erwähnt, was darauf hinweist, daß die Auseinandersetzung bereits eine erste Schärfe erreicht hat, aber insgesamt noch am Anfang steht. — Dennoch weist der Seher mit der Erwähnung Bileams (der als alttestamentlicher Typos für die Neigung zu heidnischer Frömmigkeit schlechthin galt) auf die große Gefahr der Angleichung an das religiöse Leben der Mischreligionen, mit ihren kultischen Festen und ihrer Ausschweifigkeit, hin. Die Warnung mit dem ,,Schwert meines Mundes'' (V. 16) greift das Bild aus dem Eingangsspruch wieder auf und deutet die Notwendigkeit des ,,Kampfes mit dem Wort'' in dieser von geistiger und religiöser Fülle gekennzeichneten Umgebung an. Dieser Warnung steht ein besonders schöner Siegesspruch gegenüber: Das Himmelsbrot (das Manna der Wüstenzeit) wird am Ende wieder die Speise derer sein, die die Auseinandersetzungen klar durchgestanden haben.

Für die Vorstellung, daß Gottesgegenwart und göttliches Heil in einer Freudenmahlzeit zum Ausdruck kommen, gibt es im jüdischen (Passah), christlichen (Abendmahl) und hellenistischen Kultus eine ganze Anzahl von Belegen.

Interessant ist, daß Heinrich Kraft in seinem Kommentar auf den Königskult von Kommagene, wie er in der von F. K. Dörner entdeckten großen Felsinschrift des Antiochos in Arsameia dargestellt wird, als eine Parallele hinweist [22]: Der König gab bei seinen Anordnungen für die Kultfeierlichkeiten, die jeweils aus Anlaß der monatlich zu feiernden Geburts- und Krönungstage stattfinden sollten, auch Anweisungen für ein Festmahl mit dem ganzen

---

[22] *Ibid.* 66f.

einheimischen Volk, das einer Vorwegnahme unvergänglicher Freunden glich. Dabei werden religiöse Ausdrücke verwandt (z.B. ,charis'), die auch im Neuen Testament von göttlicher Huld und Gnade berichten [23]. Dieses Beispiel beleuchtet, welche konkreten Vorstellungen man sich im späthellenistischen Kleinasien von ,himmlischer Speisung' machen konnte.

Nicht mehr zutreffend aber dürfte eine weitere Parallele zum kommagenischen Kult sein, die H. Kraft im Anschluß an die Untersuchung von H. Dörrie [24] meint ziehen zu können: daß nämlich die Bekränzung, von der in der Inschrift des Antiochus die Rede ist, sich auf die Festteilnehmer beziehe und deren Ausweis für die Berechtigung zur Teilnahme am Festmahl darstelle. Kraft meint hier, Beziehungen zu dem ,weißen Stein' mit dem ,neuen Namen' und vor allem zu dem ,Lebenskranz', der im Sendschreiben nach Smyrna verheißen wird, erkennen zu können. — Doch ist die den Priestern aufgetragene Bekränzung mit goldenen Kränzen in der kommagenischen Kultinschrift dem Kontext nach eindeutig auf die Schmückung der heiligen Statuen bezogen, nicht auf die Teilnehmer am Festmahl, die erst einige Zeilen später genannt werden [25].

Der weiße Stein bezieht sich (ähnlich dem ,Kranz' in Smyrna) auf die antiken Spiele: Siegern wurde vom Kampfrichter als Urkunde ein weißes Marmortäfelchen mit eingezeichnetem Namen ausgehändigt, als Ausweis, auf Grund dessen sie bei ihrer Heimkehr als Sieger geehrt wurden. Der Herr sagt hier dem Überwinder die himmlische Siegerehrung, mit einem ganz neuen Namen, zu [26].

---

[23] Siehe hierzu den ,Nomos' der großen Kultinschrift (A) von der Sockelanlage III in Arsameia am Nymphaios Z. 95ff., bes. 111ff., zuletzt veröffentlicht in H. Waldmann, *Die kommagenischen Kultreformen unter König Mithradates I. Kallinikos und seinem Sohne Antiochos I.* [= EPRO 34], Leiden 1973, 82ff., bes. 85f. (vgl. auch die Übersetzung von F. K. Dörner 90ff., bes. 92f.).

[24] H. Dörrie, *Der Königskult des Antiochos von Kommagene im Lichte neuer Inschriften-Funde*, AbhGöttingen 3. F. 60 (1964) 79.

[25] Zu Kraft, *Die Offenbarung des Johannes* 66f.

[26] Lilje, *Das letzte Buch der Bibel* 95f.; Lohse (*Die Offenbarung des Johannes* 29) dagegen vermutet hier eine Anspielung auf den in der alten Welt weit verbreiteten Brauch, schutzkräftige Amulette zu tragen, die mit einem zaubermächtigen, geheimnisvollen Namen gekennzeichnet waren.

5.4 Thyatira (2,18-29)

Thyatira lag an der großen Straße, die von Pergamon über Sardes und Philadelphia nach Laodicea führte. Von der Stadt wissen wir, daß in ihr das Textilgewerbe und der Purpurhandel blühte [27]. Später — nach der Mitte des zweiten Jahrhunderts, wird Thyatira als Hauptstadt des Montanismus (jener apokalyptisch-asketischen Bewegung, die von Phrygien aus in die gesamte Christenheit ausstrahlte) wichtig [28]. — Die Gemeinde in dieser Stadt erhält das längste aller Sendschreiben, wiederum mit starken Bildern von der alles durchdringenden Herrschaft des Gottessohnes eingeleitet und beschlossen (V. 18. 26f.), die vor allem aus Daniel 10 und Psalm 2 entlehnt sind.

Auch hier geht der Seher gegen eine Irrlehre an, in der die Teilnahme an heidnischen Festmahlzeiten und Hurerei (Fruchtbarkeitsriten?) eine besondere Rolle spielt. Eine ‚Prophetin' ist aufgetreten, die zu den beiden ‚klassischen' Formen des Abfalls — zu Götzendienst und Unzucht — verführt hat. Sie erhält deshalb den Namen der heidnischen Frau des Königs Ahab, Isebel, die — ähnlich wie Bileam — zum Inbegriff der Verführung des Volkes Israel geworden ist. Offenbar mußte jedem Leser klar sein, wer mit dieser ‚Prophetin' gemeint war. Man könnte hier als Parallelerscheinung an Montanus und seine Prophetinnen denken (die allerdings ein rigoristisch-asketisches Ideal vertraten). Hinter den Verhaltensweisen, zu denen die ‚Prophetin' verführt hat, stand möglicherweise die libertinistisch-gnostische Anschauung, daß diejenigen, die die volle Erleuchtung erlangt haben, ihre Freiheit von der Fesselung an Irdisches gerade in der Teilnahme an Götzendienst und Hurerei (was ihnen ja nichts mehr anhaben könne) demonstrieren müßten. Diejenigen, die zu dieser Gruppe gehören, rühmen sich offenbar eines besonderen Geistbesitzes, indem sie sagen, daß sie „die Tiefen der Gottheit" (vgl. 1. Korinther 2,10) ermessen können, was vom Seher sarkastisch umgewandelt wird in die Wendung „Tiefen des Satans" (V. 24) [29]. Der ‚Prophetin' und ihren unbußfertigen Anhängern wird

---

[27] Die erste — durch die Predigt des Paulus gewonnene — Christin auf europäischem Boden, von der die Apostelgeschichte (16, 14) berichtet, die Purpurhändlerin Lydia, stammte aus Thyatira.

[28] Kraft, *Die Offenbarung des Johannes* 68.

[29] Lilje, *Das letzte Buch der Bibel* 99; Kraft, *Die Offerbarung des Johannes* 70f.

hartes Gericht angekündigt: ihr Lager wird ihr zum Kranken-
lager werden, ihre Anhänger werden in Trübsal geworfen, ihre
‚Kinder' [30] durch die Pest umkommen.

Die Siegesverheißung, die denen gilt, die Christi Werke bis ans
Ende festhalten, greift auf den 2. Psalm zurück, der von Gottes
Weltherrschaft spricht: an seiner Vollmacht über die Völker sollen
sie teilhaben. - Das Wort vom ‚Morgenstern' (V. 28) erhält daher
sein eigenartiges Kolorit, daß als Stern der Frühe ja gerade Venus
angesehen wird und auch in heidnischen Kulten bereits als Symbol
der Weltherrschaft gilt. Die Intention dieser Aussage könnte darin
liegen, daß nicht die Großen der Welt, sondern die, die ihrem Herrn
treu bleiben, das Zeichen der Herrschaft erhalten, die sie mit
Christus ausüben sollen [31].

5.5 *Sardes* (3,1-6)

Ebenfalls an der Straße von Pergamon nach Laodicea liegt weiter
südlich Sardes, eine Stadt mit großer Vergangenheit: einst die
Hauptstadt Lydiens, war sie als Heimat des Krösus wegen ihres
großen Reichtums berühmt. Das war jetzt längst Vergangenheit,
die Stadt hatte ihre Wohlhabenheit eingebüßt und war zur Bedeu-
tungslosigkeit abgesunken. Lediglich als Umschlagplatz für Woll-
waren aus dem Osten spielte sie noch eine gewisse Rolle. Vielleicht
konnte deshalb das Bild von den weißen Kleidern (V. 4.5) — das
gleichzeitig das Bild kultischer Reinheit ist — besonders gut verstanden werden.

Der Situation der Stadt entsprach die der Gemeinde: ,,... dein
Name bedeutet: Du lebst; aber du bist tot'' (V. 2) — ein überaus
hartes Urteil in einem Schreiben, das keinerlei Lob enthält. Dabei
werden die Taten der Gemeinde, die vor Gott nicht bestehen können, nicht näher beschrieben. Deutlich ist nur so viel, daß das
Gemeindeleben ein scheinbares ist, daß es wohl noch äußerlich
lebendige Vollzüge aufweist, das Bekenntnis aber keine Kraft mehr
in sich trägt. Dennoch wird die Gemeinde nicht einfach aufgegeben,
sondern mit einem aufrüttelnden Weckruf angesprochen (V. 2) und

---

[30] Mit den ‚Kindern' werden Prophetenschüler gemeint sein (vgl. z.B.
Jesaja 8, 18; Amos 7, 14).
[31] Lohse, *Die Offenbarung des Johannes* 31.

mit dem Bild vom Dieb in der Nacht gemahnt, das anzeigt, wie plötzlich der Herr kommt [32]. Und auch dieser Gemeinde wird das Siegesbild leuchtend vor Augen gestellt: Die weißen Kleider sind Zeichen des Sieges; und im Himmel sind die Namen derer geschrieben, die überwunden haben.

5.6 Philadelphia (3,7-13)

An den beiden letzten Sendschreiben läßt sich ein Formgesetz beobachten, das sich in apokalyptischer Literatur häufig findet: Die Darstellungen steigern sich, je näher sie dem Ende kommen. Das gilt auch für die sieben Sendschreiben: Das höchste Lob — es gilt Philadelphia — und der schärfste Tadel — er gilt Laodicea — stehen am Schluß. Diese beiden Schreiben sind einerseits am freiesten ausgestaltet und weisen andererseits die geschlossenste Gesamtkomposition auf [33].

Die Stadt Philadelphia hat ihren Namen nach ihrem Gründer König Attalos II. Philadelphos von Pergamon (159-138 v. Chr.) erhalten. Ihre Gründung um 150 v. Chr. hat mit zum Ruin von Sardes beigetragen, da Philadelphia dessen Handel an sich zu ziehen verstand [34]. — Die christliche Gemeinde, die in dem Sendschreiben so hohes Lob erfährt, hat auch später noch in gleichem Ansehen bestanden. Ignatius schreibt an sie; und elf Mitglieder der Gemeinde sind zugleich mit Polykarp von Smyrna den Märtyrertod gestorben.

Allerdings ist es nach unserem Schreiben zuerst wohl die Existenz jüdisch-christlicher Schismatiker [35], von der die Gemeinde bedrängt ist. Dem entspricht, daß hier die Anklänge an das Alte Testament besonders stark sind (die Schlüssel Davids, die Pfeiler des Tempels). Dabei wird die alte israelitische Erwartung, daß einst die Völkerwelt Gott huldigen wird, einfach umgekehrt und auf die judaisierende Gruppe selbst angewandt: sie wird einst kommen und der Gemeinde Christi huldigen (V. 9). Eine Gemeinde, die selbst keine große Kraft besitzt, erhält hier die größte Verheißung:

---

[32] Man könnte bei diesem Bild an die einstige Eroberung von Sardes durch die Perser denken, die sich mit verräterischer Hilfe nachts in die scheinbar uneinnehmbare Festung geschlichen hatten.

[33] Lilje, *Das letzte Buch der Bibel* 106f.

[34] Dörner, *Die 7 apokalyptischen Gemeinden Kleinasiens* 25.

[35] Hierzu Kraft, *Die Offenbarung des Johannes* 81f. (vgl. auch 61).

daß ihr nämlich eine Tür geöffnet ist, die niemand wieder zuschlie-
ßen kann (V. 8), daß sie schon jetzt darauf vertrauen darf, daß sie
die „Stunde der Versuchung" durchstehen wird (V. 10), Verheißungen, die immer wieder, auch in viel späterer Zeit, Christen auf-
gerichtet haben.

Das letzte Bild nimmt erneut auf einen zeitgenössischen Brauch
Bezug, der im Schreiben aufgegriffen und im Blick auf die Gemeinde
transformiert wird: Daß der Überwinder wie eine Säule in den
himmlischen Tempel Gottes eingefügt wird, unzerstörbar und un-
verrückbar, „spielt auf eine hellenistische Sitte an; der Provinzial-
Oberpriester des Kaiserkultes stellte nach Ablauf seiner Amtsperiode seine Statue mit der Angabe seines Namens, Vaternamens
und Heimatortes im Tempelbezirk auf. Wieder tritt hier der irdischen Übung das Tun des himmlischen Herrschers gegenüber, der
selbst in der Ewigkeit ... diese Gedenksäule aufstellt. Der Name
Gottes ist darin eingemeißelt, der Name der himmlischen Stadt,
der neue Name Christi, der seine Herrlichkeit einmal am Ende aller
Tage vor aller Welt offenkundig machen soll." [36]

5.7 Laodizea (3,14-22)

Bei keinem der Sendschreiben lassen sich so viele Beziehungen
zur Umwelt erkennen wie bei diesem letzten. Es gibt in ihm nahezu
keine Wendung, die nicht einen versteckten oder offenen Hinweis
auf die Lebensverhältnisse in Laodizea enthielte.

Laodizea lag am Lykos, einem Nebenfluß des Mäander; sie war
eine phrygische Stadt, die den Schnittpunkt zahlreicher Handels-
straßen bildete. Antiochus II. hatte sie im 3. Jahrhundert v. Chr.
gegründet und nach seiner Frau Laodike genannt; in Kürze hatte
sie die ältere Nachbarstadt Kolossä überflügelt. Zur gleichen Zeit
wie diese war sie — im Jahre 60 n. Chr. — durch ein Erdbeben zerstört worden; doch die Bürger hatten die Stadt ohne fremde Hilfe
wieder aufgebaut und rasch zu neuer Blüte geführt. Seinen wirtschaftlichen Wohlstand verdankte Laodizea seiner günstigen Lage.
Hervorstechendstes Merkmal war der Reichtum der Stadt; Leinen-
und Wollwarenindustrie bildeten die Grundlage; mit ihr und mit

---

[36] Lilje, *Das letzte Buch der Bibel* 111f.

dem florierenden Handel der Stadt waren lebhafte Geldgeschäfte verbunden. Berühmt waren die Banken von Laodizea.

Die Christengemeinde, die in dieser außergewöhnlichen Stadt lebte, existierte schon seit der Wirkungszeit des Paulus. Dem Kolosserbrief, der auch im benachbarten Laodizea verlesen werden sollte (Kol 4,16), ist zu entnehmen, daß diese Gemeinde (wie auch die in Kolossä und Hierapolis/Pamukkale) sehr wahrscheinlich von dem Paulusschüler Epaphras gegründet worden ist.

Der Grund dafür, daß die Christen in Laodizea die schärfsten aller Ermahnungen erhalten, liegt offenbar darin, daß sie sich unbedenklich dem Profitstreben der Handelsmetropole anschlossen, daß ihre Gemeinde im Auftreten, aber auch in ihrer geistlichen Haltung, kein Profil mehr aufwies, das sie von ihrer Umgebung abhob. Aus dem Kolosserbrief wissen wir, wie stark gerade in den Gemeinden im Lykostal der Einfluß der Mischreligionen war — wie groß etwa die Versuchung, neben Christus auch die kosmischen Mächte zu verehren. — Bereits der Eingangsspruch des Sendschreibens (V. 14) scheint darauf anzuspielen, wenn Christus hier als der „Ursprung der Schöpfung Gottes" auftritt. Denn im Kolosserbrief heißt es (in dem dort zitierten Hymnus 1,15) ganz ähnlich: „Er ist ... der Erstgeborene aller Schöpfung", was bedeuten soll: Er ist längst vor und über allen kosmischen Kräften da, die man durch Unterwürfigkeit meint gnädig stimmen zu müssen.

Die weiteren Anspielungen auf die Lage der Gemeinde nehmen ganz auffallend die örtlichen Verhältnisse in den Blick. Von Laodizea sah man nämlich hinüber nach Hierapolis mit seinen berühmten heißen Quellen, die dort über Felsenterrassen herabfließen, weißschimmernden Kalk absetzen und auf diesem Wege an Wärme verlieren: das Wasser wird lauwarm. So wie bei diesem in der ganzen antiken Welt berühmten Naturschauspiel ist es um die Verfassung der Gemeinde bestellt: sie hat ihre verwandelnde Kraft verloren, ist angepaßt — wie laues Wasser, das man ausspeit (V. 15.16).

Ebenso aktuell zu verstehen sind die nächsten Verse, die wie ein Zwiegespräch aufgebaut sind. Die Gemeinde mag zwar sagen, sie sei reich, zu Wohlstand gelangt; aber gerade das führt ja zu Gleichgültigkeit und unkritischer Selbstzufriedenheit. — In V. 18 wird dann sarkastisch der Händlergeist nachgemacht, der über die Gemeinde gekommen ist: „ ‚Ich rate dir' — so haben die Tuchhändler und Bankiers von Laodizea oft genug zu ihren weltgewandten christlichen Kunden gesagt; ‚ich rate dir' — sagt nun dagegen der Herr. Du denkst über deine Vermögenslage nach? Kaufe von mir reines Gold, das wertbeständig ist! Du wählst einen feinen Stoff für ein neues Gewand? Nimm das weiße Kleid der Gerechtigkeit, das deine Blöße und Ungerechtigkeit deckt! Du suchst bei den Pharmazeuten von Laodizea die edelste und teuerste Augensalbe? Achte nicht auf dein gutes Aussehen; kaufe meine Augensalbe, damit dir endlich die Augen über dich selber aufgehen!" [37]

Solange jedoch die Gemeinde noch so zurechtgewiesen werden kann, ist sie nicht aufgegeben. Sie wird gerufen, Buße zu tun, Gottes Züchtigung als Ausdruck seiner Zuwendung zu erkennen, den verlorenen brennenden Eifer gegen alle Lauheit wiederzugewinnen: Der Herr selbst klopft an und bietet seine Gemeinschaft an; er wirbt also direkt um die Gemeinde (V. 20) [38]!

Der abschließende Siegesspruch (V. 21) rundet nicht nur dieses Schreiben ab, er bezieht sich auf alle sieben Sendschreiben. Er zeigt am klarsten das Ziel aller Verheißungen: daß der Sieger an Gottes Herrschaft direkt Anteil erhalten soll, daß er in Christi Sieg und Vollmacht hineingenommen wird.

6. ZUSAMMENFASSUNG: DER GESCHICHTLICHE UND THEOLOGISCHE ORT DER SENDSCHREIBEN

Im Durchgang durch die sieben Sendschreiben haben sich die Vorüberlegungen konkretisiert: Die Klarheit der Komposition, die Bezogenheit auf die realen Situationen der Gemeinden und die Schärfe der theologischen Argumentation ließen sich durchgängig verfolgen.

Indirekt war durch die Schreiben ein sehr plastisches Bild von der Vielfalt des religiösen und kulturellen Lebens im Westen Klein-

---

[37] *Ibid.* 116.

[38] Dabei spielt wieder die Vorstellung von der Mahlzeit als dem Zeichen der Gottesgegenwart in der Heilszeit eine Rolle (vgl. oben zur Erläuterung des ‚Manna' im Sendschreiben an Pergamon).

asiens zu gewinnen. Die vielen Erscheinungsformen, mit denen sich
die christlichen Gemeinden auseinanderzusetzen hatten, lassen sich
insgesamt auf 3 Stränge zurückführen:

1) auf das Judentum, das damals in Kleinasien Privilegien besaß,
nicht in gleicher Weise wie das Christentum zu dieser Zeit unter
Verfolgungsdruck stand und deshalb viele Christen zu lockerem
Anschluß an die Synagoge animierte, wodurch das klare Christus-
zeugnis vernachlässigt wurde,

2) auf die verschiedenen kulturellen und religiösen Ausprägungen
des Hellenismus und schließlich

3) auf den aufkommenden Kaiserkult, der bereits zu dieser Zeit
ahnen ließ, daß er der konsequenteste Gegner eines sich selbst
absolut verstehenden Christentums sein wird.

Für die angeredeten Gemeinden war die Orientierung in allen
genannten Punkten (die sich z.T. berührten), vor allem aber in
dem 2. Punkt äußerst schwierig, wiederum aber sehr wichtig, weil
der Hellenismus ja der Lebenshorizont war, aus dem die meisten
Gemeindeglieder zum Christentum übergetreten waren. Ihnen
stellte sich die Fragen: Sind die alten Kontakte und Beziehungen
einfach abzubrechen? Kann der christliche Glaube ohne Schaden
auf die geistigen Traditionen, philosophischen Denkweisen, religiösen Mythen, vor allem auf die damit verbundenen Lebensformen,
die im Hellenismus gepflegt wurden, verzichten?
Der Seher Johannes blickt in weltgeschichtlich-apokalyptischer
Schau durch diese Fragen hindurch: Sie sind ihm nur das Symptom
für die Verwirrung und Versuchung in der Endzeit, die angebrochen
ist und in der es kein „Hinken auf beiden Seiten", keine Kompromisse geben kann, die für ihn nichts anderes als Ausdruck der Orien-
tierungslosigkeit sind. — Er schreibt in apokalyptischer Autorität,
greift alttestamentliche Traditionen auf, bietet seine endzeitlichen
Visionen christologisch zentriert dar und wendet sich mit diesem
theologischen Hintergrund der verunsicherten jungen Kirche zu.
Seine „Offenbarung" hat nichts verträumt-Utopisches an sich,
sondern sie zielt realitätsnah auf das Leben jeder einzelnen Gemeinde
ab: Ihre speziellen Erfahrungen, Versuchungen, Nöte und Gefahren
werden in die theologische Argumentation des Sehers hinein trans-

formiert, so daß die Gläubigen ihre Lage in einem neuen Licht, in
einer weit über ihren begrenzten Horizont hinausgreifenden Sicht
wiedererkennen. Für den endgültigen Anbruch der Herrschaft
Christi durch alle Versuchungen hindurch bereit zu sein, ist dabei
das Ziel, das den Christen unbeirrt vor Augen gestellt wird — mit
scharfer Zurechtweisung, aufrüttelnder Gerichtsdrohung, aber
auch mit stärkendem Trost, so wie es die einzelne Gemeinde jeweils
nötig hat.

Für die Einordnung des theologischen Ansatzes der Johannes-
Apokalypse in den Entwurf einer christlichen Theologie ist es nötig,
sich diese ihre situationsbezogen-seelsorgerliche Ausrichtung, die
ihr einen so lebendig-aktuellen Charakter verleiht, stets zu ver-
gegenwärtigen. Die „Offenbarung des Johannes" ist auf eine geschichtliche Stunde bezogen — das kann sie zum Weck- und Trost-
buch für ähnliche geschichtliche Situationen werden lassen. Gleichzeitig ist damit aber auch die Grenze einer legitimen Aktualisation
bezeichnet; diese wird überschritten, wenn die Apokalypse als ein
Rezeptbuch übergeschichtlich gültiger apokalyptischer Vorstellungen verwandt wird.

Aus der Johannes-Apokalypse allein könnte die Christenheit
auch nicht auf Dauer existieren: Das Festhalten am überkommenen
Glauben, die absolute Abwehr nichtchristlichen Lebens, die Notwendigkeit der ‚Werke', des besonderen Handelns treten in der
Apokalypse — notwendigerweise, aber auch einseitig — in den Vordergrund. Vor allem der irdische Weg Jesu mit seiner provozierenden
Darbietung der Nähe Gottes, der Ermutigung zur Feindesliebe,
zum Überschreiten der Grenzen überkommener Frömmigkeit und
Lebensformen hat in den Reflexionen des Sehers keinen Platz.
Und ebenso fehlt auch das Hineindenken in mögliche neue, ir-
disch-geschichtliche Horizonte.

Zum Vorwurf aber könnte dies dem Seher Johannes nur der
machen, der die „Offenbarung" ungeschichtlich liest, der nicht
sieht, wie hier ein bestimmter Teil der jungen Christenheit in
seiner Umgebung, in seiner geschichtlichen Situation Stärkung und
Ermahnung erfährt. Die angeredeten Gemeinden werden darum
die auf die Sendschreiben folgenden Offenbarungen nicht grübelnd
und rechnend haben auseinandernehmen können, wie es spätere

Träumer und Enthusiasten immer wieder taten; sondern sie mußten mit Hilfe dieses Buches ihren eigenen Weg durch alle Wirren hindurch klarer und nüchterner sehen, die Anfeindungen von außen und die Gefährdungen innerhalb ihrer Gemeinschaft bewußter durchstehen können.

Daß die mit den Sendschreiben der Johannes-Apokalypse verbundenen Intentionen in der neueren theologischen Auslegungswissenschaft so deutlich herausgezeichnet werden können, verdankt diese nicht zuletzt der Hilfestellung und dem Mitdenken von Historikern und Archäologen, die in langwieriger Suche nach geschichtlichen Zeugnissen und in mühsamer Auswertungsarbeit damit befaßt sind, eine lebendige Anschauung von Religion und Kultur im antiken Kleinasien zu gewinnen und zu vermitteln.

EUGENE N. LANE

THE TEMPLE-TYPE OF PROSTANNA: A QUERY

Prostanna was a small city located near the southern end of what is now called the Lake of Eğirdir, in Turkey. The most recent general discussion of the site and ancient remains still visible there was published some seventeen years ago by M. H. Ballance [1]. Coins of the city are not particularly abundant, but are represented in the major collections. The *British Museum Catalogue* lists ten examples, four without imperial portraiture, and the remainder spanning the time from Julia Domna to Claudius Gothicus [2]. The *Sammlung von Aulock* has seven examples, all with imperial heads, from Elagabalus to Claudius Gothicus [2]. The Copenhagen collection has five examples, one without emperor, and four from the time of Antoninus Pius to that of Claudius Gothicus [4]. Thus one can form some idea of the extent and time-range of the coinage of the place [5].

The most unusual reverse-type presented by the coins of Prostanna is certainly that of the Men-temple. Two versions of this reverse have been known for some time. One, occurring with obverse of Septimius Severus, was first published by H. P. Borrell in 1847, and republished by myself [6] with intervening bibliography and illustration from an example in Munich (the only example of which I know the location, although others seem to have been reported in trade). The other, represented, so far as I know, only by an example in London, was first mentioned by A. Krzyžanowska in 1970 [7],

---

[1] M. H. Ballance, *The Site of Prostanna*, AnSt. 9 (1959) 124-129. According to Ballance, an astragalomantic text from the site is to be published by G. Maresch, but this does not seem to have been done.

[2] G. F. Hill, *BMC. Lycia, Pamphylia and Pisidia*, Repr. Bologna 1964, 238-239.

[3] *SNG Deutschland, Sammlung v. Aulock*, nos. 5148-5152; 8619-8620.

[4] *SNG Copenhagen, Pisidia*, nos. 183-187.

[5] H. P. Borrel, *Unedited Greek Coins*, NumChron. 10 (1947-48) 96 no. 1.

[6] E. N. Lane, *Corpus monumentorum religionis Dei Menis* (= *CMRDM*) II [= EPRO 19], Leiden 1975, 117, Prostanna 1.

[7] A. Krzyžanowska, *Monnaies Coloniales d'Antioche de Pisidie*, Warsaw 1970, 102.

and republished by myself [8]. It portrays Valerian on the obverse.

These two coins are now joined by a third [9], in the possession of Mr. H. Bartlett Wells of Washington, D.C., which portrays Men in a temple, and bears the obverse likeness of Philip II. While it is of approximately the same diameter (0.35 m.) as the coins of Septimius Severus and Valerian, the weight (13.71 gr.) is considerably closer to the later coin (12.47 gr.) than to the earlier (24.87 gr.), thus probably indicating a considerable inflation between the time of Septimius Severus and that of the two Philips, with relative stability from then to the time of Valerian.

The temple portrayed on these three coins is so distinctive in appearance that there can be no doubt but that we are dealing with an actual building which existed in ancient Prostanna. The details are, to say the least, peculiar, and I have entitled this article "A Query," in order to elicit information and opinions from the readers, that may lead to a fuller understanding of the representation on these coins.

In all cases, Men is shown in a rather simple temple, seen from directly in front. What is shown of the temple consists of a pediment, apparently with an eagle in it, and two antae. Within it stands a figure of Men, which we may reasonably assume to have been copied from the actual cult-image at Prostanna. Although the object in the left hand is obscured on the Wells coin, and that in the right hand obscured on the London one, it also seems reasonable to assume that he carries the same attributes on all three coins. These are, in the left hand, a scroll or short staff, which is quite different from the long staff, reaching the ground, which Men normally carries on numismatic and non-numismatic representations; in the right hand there is a pine-cone, one of the commonest attributes of Men.

On either side of his head is a rooster, each apparently sitting on a little shelf which projects from the wall of the temple. (These shelves and the supports for them are particularly clear on the Wells coin.) The chicken is one of Men's commonest animal companions, appearing particularly on the early votive reliefs from

---

[8] *CMRDM* II 117, Prostanna 2.
[9] Discussion *CMRDM* III 121.

Attica [10] and on the standard representation of Men on the coins of the great cult-center at Antioch-in-Pisidia [11].

At either side of Men's feet are lions springing outwards. Although not part of Men's normal iconography, they occur occasionally, especially on coins of Gordos Iulia, on which they occupy exactly the same position [12].

The most curious feature of the temple, however, consists of the circular objects which are to be seen on the antae. Here there is some variation among the different coins, as they are five in number of each antae on the Wells coins, four on the London coin, whereas on the Munich coin the exact number cannot be determined because of wear.

Two explanations seem possible for these circular objects, which seem never to have attracted scholarly attention. I have shown these coins around to various friends and colleagues, in order to solicit their opinions as to what may be meant by this representation. The answers fall into two categories:

1) The circular objects are an integral part of the structure of the temple. This is what could most conveniently be called the "log-cabin theory." They would thus portray the ends, projecting towards the viewer, of logs or other structural elements, such as horizontally laid columns. The difficulties with this theory are obvious. Where does one find parallels for this kind of construction in antiquity, except perhaps the interiors of tombs? And how would it be able to support the more conventional superstructure?

2) The circular objects are extrinsic to the structure. They would thus be some kind of decorative elements displayed on the antae of the temple. But this theory encounters almost as many difficulties as the other. The antae seem to be a strange place to display these things, whatever they may be. Are we to assume that for convenience in representation things which were actually on the inside walls of the temple are here shown on the antae?

And what are the things displayed? To some it has suggested itself that they are shields, and this is the idea which I put forward

[10] *CMRDM* I, Leiden 1971, nos. 1-10.
[11] *CMRDM* II Pls. 5-6.
[12] *CMRDM* II 15-18.

tentatively in *CMRDM* II. If they are not shields, then we are forced to think of some other round objects suitable for decorating a temple. If they are shields, since it was common enough practice to decorate temples with spoils taken from the enemy, we have (apart from accounting for their neat gradation in size, with the largest at the bottom and the smallest at the top) to suggest some specific occasion on which they may have been placed in the temple. (Round shields of this sort are attested in Roman Asia Minor, as witness that which Men carries on a coin of Olbasa from the time of Julia Domna.) [13].

Since the earliest coins with this representation occur in the reign of Septimius Severus, I may be permitted, with the reader's indulgence, a little historical fantasy, bearing in mind all the time that new evidence, particularly a coin with this representation from a time before Septimius Severus' reign, would overturn it all.

Fighting in the civil war between Septimius Severus and Pescennius Niger is known to have raged across Asia Minor. We know nothing about fighting in the part of Asia Minor in which Prostanna lies, and it admittedly is located aside from the route by Dorylaion, Pessinus and Tyana which Niger's retreating forces and Severus' pursuing ones presumably took [14]. Still, it is likely enough that such fighting took place. Herodian, while concentrating his attention on the occasion given by this civil war for the old rivalry between Nikaia and Nikomedeia to break forth again, says also [15] that many cities took advantage of the general strife to vent old differences, long suppressed under the Pax Romana, and blames it all on an inveterate Greek bad habit:

εὐθὺς ἐν πᾶσι τοῖς ἔθνεσιν ἐκείνοις στάσις καὶ διάφορος γνώμη ἐνέπεσε ταῖς πόλεσιν, οὐχ οὕτως τῇ πρὸς τοὺς πολεμοῦντας βασιλέας ἀπεχθείᾳ τινὶ ἢ εὐνοίᾳ, ὡς ζήλῳ καὶ ἔριδι τῇ πρὸς ἀλλήλους φθόνῳ τε καὶ καθαιρέσει τῶν ὁμοφύλων, ἀρχαῖον τοῦτο πάθος ῾Ελλήνων, οἱ πρὸς ἀλλήλους στασιάζοντες ἐτρύχωσαν τὴν ῾Ελλάδα.

---

[13] *CMRDM* II 111, Olbasa 3.
[14] M. Platnauer, *The Life and Times of the Emperor Lucius Septimius Severus*, Oxford 1918, 87-88.
[15] Hdn. 3, 2, 7-8.

So also Zosimus, who is probably dependent on Herodian:[16] πόλεμοι συνέστησαν αὐτοῖς οὐκ ὀλίγοι πρὸς ἀλλήλους ἐμφύλιοι, καὶ πόλεις διέστησαν, αἱ μὲν τῇδε, αἱ δὲ τῇδε προσθέμεναι.

We also know that Antioch in Pisidia sided with Pescennius Niger, at least to the extent of coining with his effigy. Very few cities in Asia Minor are known to have done this. David Magie, writing in 1950 [17], is able to list only coins of Kaisareia Germanike and Niko-medeia, both in Bithynia, and a perhaps questionable old report of a coin from Smyrna [18]. Of these three, only the first-named seems at all abundant, and fine examples of it have recently been published in the Sammlung von Aulock [19].

To these few examples a coin of Antioch in Pisidia from the collection of the American Numismatic Society can now be added [20]. Can we therefore postulate an otherwise unrecorded rivalry between Antioch and Prostanna, which resulted in an otherwise unrecorded battle, in which the Prostanneates, who must have been much outnumbered, won an unexpected victory with Men's help and so decorated their temple?

Any such hypothetical victory must have been accompanied with extra pleasure at the fact that Men deserted the Antiochenes in order to help Prostanna—for, as is well known, Antioch was the main center of Men's worship in all of central Asia Minor, and his usual representation on Antioch's coins couples him with victory. The Prostanneates, if this scenario is correct, must then have felt particular satisfaction in showing the symbolism of the Antiochene coins to be empty, something which could have prompted them all the more to commemorate their victory numismatically, and to continue doing so for the next sixty or so years.

---

[16] Zos. 1, 8, 1.

[17] D. Magie, *Roman Rule in Asia Minor* II, Princeton 1950, 1539.

[18] H. Cohen, *Mémoires de la numismatique de Pescennius Niger*, RevNum. Sér. 2, 12 (1868) 434.

[19] *SNG Deutschland, Sammlung v. Aulock*, nos. 478 and 6978.

[20] *CMRDM* II 93, Antioch 33. The coin at the time seemed to me to show Niger with radiate crown, but on reexamination of the photograph I am less sure of that now. It is of course hard to tell in the case of worn coins whether the spikes of the radiate crown are rubbed off or were never there in the first place.

Now all this is quite a structure to build on a passage from Herodian and a few coins, and it must be emphasized that we are merely suggesting one thing that *might* have happened. The basic questions as to the interpretation of this coin-type remain, and I conclude by reiterating my plea to the readers for information which may help with the elucidation of this matter.

MARCEL LE GLAY

LE CULTE DE ROME ET DE SALUS À PERGAME, OU L'ANNONCE DU CULTE IMPÉRIAL

En constituant le dossier du culte de Salus, en vue d'un travail en préparation sur le thème *Salus Imperatoris-Felicitas Imperii*, on ne peut manquer de s'arrêter face à l'inscription pergaménienne *C.I.L.* III, 399, et de s'interroger sur la nature de l'inquiétante Salus, qui accompagne Rome dans ce texte. En hommage au Prof. Dr. Fr. K. Dörner, je lui dédie ces réflexions en le priant d'en bien vouloir excuser le caractère conjectural. Voici le texte en question:

Tullia M(arci) f(ilia) | uiua fecit sibi et suis: | M(arco) Tullio M(arci) f(ilio) Cor(nelia tribu) Cratippo | fratri suo, | sacerdoti Romae et Salutis, | T(ito) Aufidio T(iti) f(ilio) Ani(ensi tribu) Balbo, f(ilio) suo, | tr(ibuno) mil(itum) Alexandr(eae) ad Aegypt(um) | leg(ionis) XXII ann(orum) VIIII, | T(ito) Aufidio T(iti) f(ilio) Ani(ensi tribu) Spinteri, uiro suo, | tr(ibuno) mil(itum) in Hispania | leg(ionis) IIII an(norum) V.

Parmi les membres de sa famille, réunis dans le même tombeau, Tullia nomme, outre son mari T. Aufidius Spinter, tribun légionnaire en Espagne, son fils T. Aufidius Balbus, tribun légionnaire à Alexandrie, et son propre frère M. Tullius Cratippus, prêtre de Rome et de Salus.

Dans un article posthume, le Professeur O'Brien-Moore [1] a montré d'une part que ce Pergaménien ne pouvait pas être identifié au philosophe péripatéticien Kratippos, ami de Cicéron [2], qui lui

---

[1] A. O'Brien-Moore, *M. Tullius Cratippus, priest of Rome*, YaleClSt. 8 (1942) 25-49.

[2] Dans le *De divinatione* publié en 44 (probablement entre les ides de mars et le 4 avril selon A. S. Pease, *M. Tulli Ciceronis De divinatione*, Illinois 1920 (réed. Darmstadt 1963) 13-15, mais dont certains passages ont dû être écrits avant la mort de César, d'autres après, selon K. Bringmann, *Untersuchungen zum späten Cicero* [= Hypomnemata 29], Göttingen 1971, 171 n. 1) et dédié à son frère Quintus, Cicéron l'appelle: *Cratippus, familiaris noster, quem ego parem summis Peripateticis iudico* (1, 5).

transmit son nom et sa tribu en obtenant pour lui la citoyenneté romaine, mais qu'il s'agissait de son fils homonyme, d'autre part — et avec de bons arguments — que son sacerdoce de Rome et de Salus ne pouvait guère être postérieur à 29 av. J.C. Très probablement il date de l'hiver 30/29, marqué par le séjour qu'Octave fit en Asie après la prise d'Alexandrie, le 1er août 30.

Cette date s'est trouvée confirmée par une heureuse restitution de M. Christian Habicht [3], qui a reconnu dans une inscription fragmentaire découverte au XIXe s. et restée incomplète [4] la mention d'un nouveau membre de la famille, le petit-fils du philosophe-bienfaiteur de sa ville, fils du prêtre de Rome et de Salus — et toujours homonyme. Or, ce troisième M. Tullius Cratippus, à une date qu'on peut entre 18/17 et 14 ap. J.C., exerce la fonction de ἱερεὺς διὰ γένους θεᾶς Ῥώμης καὶ θεοῦ Σεβαστοῦ. Ce qui implique — on le voit — que son père est devenu en 27, ou peu après, prêtre de Rome et d'Auguste.

Qui est donc cette déesse Salus, associée à Rome dans un culte éphémère, et à qui s'est substitué si vite et si facilement le culte de l'empereur vivant ?

Deux remarques préliminaires s'imposent. La première, c'est que pareille association est, à ma connaissance, unique. Rome se trouve sur des reliefs, sur des monnaies, voire même dans des inscriptions, associée à Zeus-Jupiter [5], à Athéna [6], à Vénus [7]; à Victoria [8], à

---

[3] Chr. Habicht, *Die Inschriften des Asklepieions*, [= *AvP* VIII 3], Berlin 1969, 164-165: 6. Zur Familie des M. Tullius Cratippus von Pergamon.

[4] Waddington 1723 c (Ph. Le Bas, *Voyage archéologique en Grèce et en Asie Mineure* III Add.) = *IGRR* IV 316 = 473 (présentées à tort comme deux inscriptions différentes); cf. L. Robert, *Monnaies dans les inscriptions grecques* RevNum. 4 (1962) 7-13.

[5] A Termessus, un prêtre est au service de *Roma* et de Zeus *Solymeus*, patron de la ville (*TAM* III 1, 113-114). Dans un autre esprit sont associés *Roma* et *Iupiter Capitolinus*: à Téos (*IGRR* IV 1556), à Smyrne (*CIG* 3153), à Nysa (*CIG* 2943). Les Lyciens dédient une statue de *Roma* à Iupiter sur le Capitole: *CIL* VI 372. Le péan chalcidien en l'honneur de Flamininus (191 av. J.C.) célèbre *Zeus, Roma et Pistis = Fides* (Plut., *Flam.*, 16). Récemment en Cyrénaïque, une dédicace à *Zeus Sôter*, à *dea Roma*, à Auguste divinisé (probablement de son vivant) et à une divinité de Cyrène: AE 1968, 533.

[6] A qui elle emprunte parfois son péplos et le bouclier au Gorgoneion (comme elle emprunte à Tyché sa couronne murale): cf. Claudien, *Pan.*

Anmerkungen 7 und 8 siehe Seite 548

Virtus [9]. Que je sache, jamais à Salus. De son côté, Salus est associée à Spes et à Victoria [10], à Pax et à Fortuna [11], bien sûr à Apollon et à Esculape [12], mais non à la dea Roma. C'est sans doute pour cette raison que le Prof. O'Bien Moore s'est demandé s'il ne s'agissait pas dans le texte pergaménien de deux sacerdoces différents, donc de deux cultes séparés de Roma et de Salus [13]. Certes on n'en peut trancher avec certitude. Notons seulement que, si le culte de Roma est attesté isolé et depuis longtemps en Asie [14], celui d'Hygieia-Salus ne l'est guère, et quand il l'est [15], c'est dans

---

Crobinus-Olybrius 83, cité par R. Chevallier, *Dea Roma Nicéphore*, RAE 16 (3-4 (1973), *Mél. A. Bruhl*, 373, n. 41. A Rhodes, la statue de Rome fut, en 163 av. J.C., placée dans le sanctuaire d'Athéna (Polyb. 31, 4).

[7] Par exemple à Rome, dans le temple dédié à Vénus et à Rome sur le Forum.

[8] Voir T. Hölscher, *Victoria Romana: Archäologische Untersuchungen zur Geschichte und Wesensart der römischen Siegesgöttin von den Anfängen bis zum Ende des 3. Jh. n. Chr.*, Mainz 1967. Sur *Roma* et la Victoire, voir en outre Chevalier, *op. cit.* (note 6) 361-374, qui rassemble une riche documentation.

[9] Entre *Roma* et *Virtus* la distinction n'est pas toujour facile à établir: cf. Chevallier, *op. cit.* (note 6) 366-367, n. 20.

[10] Par ex. par Plaute, *Merc.*, 867: *Spes Salus Victoria*; *Pseud.* 709: *dic utrum Spemne an Salutem te salutem, Pseudole.* A Gabies, une *sacerdos Spei et Salutis Aug.* (*CIL* 14, 2804). Sur *Salus* et *Victoria*, voir Hölscher, *op. cit.* (note 8) passim.

[11] Par ex. sur les autels de *Concordia, Salus* et *Pax* dédiés par Auguste le 30 mars 11 av. J.C. probablement dans le temple de Ianus: Ovide, *Fasti* 3, 881-882; Cass. Dio 54, 35, 2. Voir Le calendrier d'Auguste, dans J. Gagé (éd.), *Res Gestae divi Augusti*, Paris 1935, 170. Sur *Salus* et *Fortuna*, Plaut., *Asin.* 712 ss., en part 727: *ut consuevere, homines Salus frustratur et Fortuna*; *Capt.* 864: *ego nunc tibi sum summus Iuppiter, idem ego sum Salus Fortuna Lux Laetitia Gaudium*; cf. Tac., *Ann.* 15, 53: *pugionem templo Salutis in Etruria sive, ut alii tradidere, Fortunae Ferentino in oppido detraxerat.*

[12] Voir RE I A (1920) 2057 s.v. *salus* (Thulin); Roscher, *ML* IV (1909) 295-301 s.v. Salus (Wissowa).

[13] O'Brien-Moore, *op. cit.* (note 1) 31.

[14] Depuis la fin du IIIe s. av. J.C. à Rhodes et dans les cités sujettes ou amies de Rhodes, selon J. et L. Robert, *BullÉp.* 1965, 272. Seulement depuis le début du IIe s. av. J.C. selon le livre récent de R. Mellor, ΘΕΑ ΡΩΜΗ. *The Worship of the Goddess Roma in the Greek World* [= *Hypomnemata* 42], Göttingen 1975, 27ss. Je suis réconnaissant au Prof. Chr. Habicht de m'avoir fait connaître ce travail au cours d'un de ces entretiens qui font l'agrément et l'intérêt de l'Institute for Advanced Study, Princeton.

[15] Par ex. à l'Asklépieion de Pergame; encore est-elle associée à Korônis par un fidèle d'Asklépios (Th. Wiegand, *Zweiter Bericht über die Ausgrabungen in Pergamon 1928-32. Das Asklepieion*, AbhBerlin 1932, 36, B 16 =

un contexte asclépieien. D'autre part le fait que le culte de Rome et d'Auguste ait pris la place du culte de Roma et de Salus plaide plutôt en faveur d'un culte combiné des deux divinités.

La seconde remarque qui s'impose, c'est que ce culte, très probablement combiné, eut un caractère officiel. A l'échelon municipal certes, mais il s'agit bien d'un culte public. Qui dit prêtre, dit temple et liturgie. Et l'inscription restituée par Chr. Habicht fait apparaître le sacerdoce institué dans la famille de Kratippos comme une récompense pour les bienfaits dont celui-ci a comblé sa ville (τοῦ τῆς πο[λεως εὐεργέτ]ου) [16]. Elle montre en outre que le culte municipal pergaménien survécut à l'institution du culte fédéral de Rome et de l'Empereur [17].

Avant d'aborder un essai d'explication, remarquons encore que, si le culte de la dea Roma, présent en Asie Mineure depuis la fin du IIIe s. ou le début du IIe s. av. J.C. à des fins apparemment plus politiques que religieuses d'ailleurs [18], est à Pergame même d'introduction plus récente. C'est, semble-t-il, seulement après la défaite d'Aristonicos, en 129, que les Pergaméniens rangèrent Roma parmi les divinités à honorer par des sacrifices dans le traité conclu

---

Habicht, *Die Inschriften des Asklepieions* 122. ou aux Muses (Habicht 123) Hygieia est parfois nommée seule, mais sur des pierres fragmentaires, par ex. n. 121 et 158; on ne peut en tenir compte.

[16] Exemple de prêtrise de Rome et d'Auguste, conservée dans la même famille à 240 ans d'intervalle, à Sébasté (en Asie Mineure), où Memmia Ariste Teuthrantis est prêtresse en 5 ap. J.C. et Q. Memmius Charidemus Teutras est 'Ασίας ἀρχιερέων ἔγγονον en 245 (P. Paris, *Inscriptions de Sebaste*, BCH 7 (1883) 449 et 452).

[17] Qui date, on le sait par Cass. Dio 51, 20, 6-9, de l'hiver 30/29 av. J.C. Voir L. Cerfaux - J. Toudriau, *Un concurrent du christianisme. Le culte des souverains dans la civilisation gréco-romaine*, Tournai 1957, 316, et en dernier lieu, avec une claire distinction commentée entre le culte provincial (de *Roma* et du *divus Iulius*) institué à Nicée et à Ephèse pour les citoyens romains de Bithynie et d'Asie et d'autre part le culte municipal (de Rome et du César régnant) fondé à Nicomédie et à Pergame pour les pérégrins, c'est-à-dire les Grecs, voir Chr. Habicht, *Die augusteische Zeit und das erste Jahrhundert nach Christi Geburt*, dans *Entretiens sur l'Ant. Class. Fondation Hardt*, 19 (1972): *Le culte des souverains dans l'Empire romain*, Geneve 1973, 41-88, en part. p. 55ss.

[18] Voir supra, n. 14. Sur la signification, très politique, du culte de Rome en Asie Mineure, à une époque oú il était inconnu à Rome même, voir J. A. O. Larsen, *Some Early Anatolian Cults of Roma*, in: *Mélanges A. Piganiol* III, Paris 1966, 1635-1653 et plus récemment Mellor, *op. cit.* (note 14) 13ss.

avec Rome [19]. Cette décision marque sans doute l'introduction du culte à Pergame; et c'est vers le même moment — en 129 ou peu après — qu'il s'est implanté à Sardes et à Ephése [20]. En tout cas, il est sûr que, bien avant Octave-Auguste, dea Roma était vénérée dans l'ancienne capitale attalide.

On ne peut dire la même chose de Salus, dont le culte — on l'a signalé déjà plus haut — n'est jamais attesté seul en Asie Mineure, à ma connaissance du moins. Salus ici se confond avec Hygie et c'est sous ce nom qu'on la trouve, associée à Asklépios, sur des monnaies de presque toutes les villes d'Asie Mineure [21]; D'autre part, étant donné le renom de l'Asklépieion de Pergame, non seulement Hygieia est vénérée sur place aux côtés de son parêdre dès l'époque hellénistique au moins [22], mais il en est de même à l'extérieur jusqu'en Dacie, à Sarmizegetusa par exemple [23]. Ainsi a pu se constituer à Pergame un courant particulier en faveur des ,dieux-sauveurs', qui a conduit par exemple à qualifier Hécate de sôteira [24]. Ce courant était-il assez fort pour imposer un culte de Salus à côté de celui de Roma? La question se pose.

A bien l'examiner, il apparaît que l'institution en 30/29, très probablement donc pendant le séjour d'Octave en Asie, d'un culte municipal associé de Roma et de Salus ne peut s'expliquer que:

---

[19] Dittenberger, *Sylloge*³, 694; cf. Mellor, *op. cit.* (note 14) 77-79.

[20] Mellor, *op. cit.* (note 14) 56-59 (Ephèse), 71-72 (Sardes).

[21] Voir L. Robert, *La Carie* II, Paris 1954, 251, ou la déesse de la Santé apparaît sur les monnaies d'Apollonia du Rhyndakos et d'Apollonia de Pisidie; aussi 227 (Héraclée), 267 (Apollonia).

[22] Voir les inscriptions de l'Asklépieion publiées par M. Fränkel, *Die Inschriften von Pergamon*, Berlin 1895, N. 312; 324 (l. 14) et par Habicht, *Die Inschriften des Asklepieions*, n. 65; 70; 121; 123; 158 (époque hellénistique: IIIe-IIe s. av. J.C.); 67; 68; 71; 72 (époque romaine); 66; 69; 96; 122 (époque indéterminée). Sur la vie religieuse à l'Asklepieion de Pergame, voir E. Ohlemutz, *Die Kulte und Heiligtümer der Götter in Pergamon*, Darmstadt 1968², 123-173, en part. 159 pour la chronologie du culte d'Hygie; E. V. Hansen, *The Attalids of Pergamon*, 2e éd. rev., New York-Londres 1971, 11 et 443-444.

[23] Dédicace *Aescul(apio) Pergam(eno) et Hygiae* (*CIL* III 1417 a = *ILS* 3854). A Vérone, une inscription d'origine inconnue: Ἀσκληπίῳ Περγαμηνῷ Ὑγιείᾳ Τελεσφορίωνι Θεοῖς σωτῆρσι πόλις (CIG 6753); elle provient peut-être de Pergame (cf. Ohlemutz, *op. cit.* 160, n. 103), encore que la mention d'Asklépios de Pergame ne plaide pas en faveur de cette origine.

[24] Habicht, *Die Inschriften des Asklepieions* n. 119.

— par un héritage hellénistique attalide,
— ou par un motif occasionnel,
— ou comme l'expression d'une idéologie.

La première proposition peut, semble-t-il, être exclue d'emblée. Grâce au livre de E. Ohlemutz sur les cultes et les sanctuaires de Pergame [25], complété par les découvertes plus récentes [26], il est évident qu'à l'époque attalide et au début de l'époque romaine, avant comme après 133, Hygieia-Salus n'est à Pergame que la compagne d'Asklépios sôter, vénérée dans un sanctuaire en compagnie de Télesphoros, mais sans le moindre rapport avec Roma. Hygieia n'est associée d'ailleurs à personne d'autre. Et il semble que, si en 30/29 on avait voulu jumeler le culte de Roma avec celui d'une divinité sôteira, on aurait pensé à Asklépios — le dieu principal — plutôt qu'à Hygie. Noblesse oblige!

Motif occasionnel, alors? Tout naturellement on est amené à évoquer la santé d'Octave qui a pu connaître quelque déficience pendant le séjour asiatique hivernal du nouveau maître du monde. On sait conbien elle était fragile. Et on sait aussi qu'à Tarragone c'est l'inquiétude née de la maladie du Princeps dans l'hiver 26/25 qui, autant que l'ambassade des Mytiléniens, a provoqué l'initiative de Tarrogonais de lui ériger un autel [27]. De même qu'à Naples en 50, c'est la maladie de Pompée qui était à l'origine des vœux et des prières qui constituèrent une des premières manifestations non seulement d'attachement émotionnel de la foule pour la personne d'un ,maître', mais aussi de culte organisé et public *pro salute cuius* [28]. L'hypothèse d'une maladie d'Octave peut être envisagée. Toutefois il serait surprenant qu'aucune source n'en ait conservé le souvenir, alors qu'on' ignore rien du moindre rhume [29] d'un per-

---

[25] Supra n. 22.

[26] Supra n. 22.

[27] R. Etienne, *Le culte impérial dans la Péninsule ibérique d'Auguste à Dioclétien*, Paris 1958, 352ss.

[28] Sur la maladie de Pompée au printemps de 50: Cic. Att. 3, 4; cf. 8, 2, 3 (17 février 49: *in unius hominis quotannis periculose aegrotantis anima positas omnes nostras spes habemus*. Voir E. Meyer, *Caesars Monarchie und das Prinzipat des Pompeius*, Stuttgart/Berlin 1919², 268. Sur les vœux de toute l'Italie pour sa guérison: Plut. *Pomp.* 57; Cic. *Tusc.* 1, 86; *Att.* 8, 16, 1; Vell. Pat. 2, 86; Cass. Dio 41, 6, 3; Appien, *bell. civ.* 2, 28.

[29] Par ex. lors de son retour en Italie, à Atella où il consacre quatre jours

sonnage que sa double victoire d'Actium et d'Alexandrie venait d'élever, seul, au rang suprême.

La véritable explication doit donc être cherchée plutôt dans le contexte idéologique du temps et dans une direction qui éloigne la Salus de M. Tullius Cratippus d'Hygieia pergaménienne et la rapproche de la Salus publica romaine [30]. Or précisément les années 31-29 sont des années d'une exceptionnelle importance dans la prise de conscience de la profonde mutation qui affectait les principes et les données mêmes de la vie politique et religieuse de Rome. Amorcée deux siècles plut tôt ou presque, avec Scipion l'Africain, cette mutation a été accélérée pendant la période troublée des guerres civiles et en dernier lieu pendant le second Triumvirat. Il est hors de question de retracer ici l'historique de l'évolution. Marquons seulement quelques décisions des années 30/29 [31], qui nous apparaissent comme déterminantes et évocatrices de cette prise de conscience collective... ou du moins sénatoriale.

— En 30, après la prise d'Alexandrie, le sénat décide de fêter le *Natalis Caesaris*, comme on fêtait depuis le début de 44 le *Natalis* de son père adoptif [32]. Mais avec une différence importante, sur

---

de repos forcé à lire les *Géorgiques*: Donat., *Vit. Verg.*, 11, 40. Voir RE X (1918) 275-381 s.v. *Iulius Augustus* (Fitzler-Seek).

[30] O'Brien-Moore, *op. cit.* (note 1) 31 n. 33, a bien distingué avec raison trois divinités: *Salus-Hygieia*, *Salus publica* et *Salus Augusta*, mais sans pousser l'analyse assez loin, et en marquant que ces trois divinités avaient eu tendance à se confondre en une seule. Ce qui est discutable; un travail en préparation le montrera.

[31] En sont exclues les décisions qui ont suivi la victoire d'Actium et sur lesquelles il faut renvoyer à J. Gagé, *Apollon romain*, Paris 1955, 523ss.

[32] Cass. Dio, 44, 4, 4: τά τε γενέθλια αὐτοῦ δημοσίᾳ θύειν ἐψηφίσατο. *Fer.Cum.* (*Inscr. Ital.* XIII, 2, 44 = *ILS* 108): *IV Id. Iul.* (= 12 juillet) [*Natalis divi Iuli Supplicatio . . .]i, Marti Ultori, Veneri [Genetrici . . .].* Cf. Le Calendrier d'Auguste, dans Gagé (éd.), *Res Gestae divi Augusti*, 174. Sur la décision sénatoriale de fêter cet anniversaire, voir G. Radke, *Augustus und das Göttliche*, dans *Antike und Universalgeschichte, Festschrift H. E. Stier*, Münster 1972, 258-263. Sur la célébration du jour anniversaire de la naissance d'Octave et l'influence des précédents hellénistiques, cf. W. Schmidt, *Geburtstag im Altertum* [= RGVV 7, 1], Gießen 1905, 15ss., 58-60; RE VIII (1910) 1145 ss. s.v. Γενέθλιος ἡμέρα (Schmidt); H. Heinen, *Zur Begründung des römischen Kaiserkultes*, Klio 11 (1911) 145ss.; L. R. Taylor, *The Divinity of the Roman Emperor*, Middletown 1931, 194; M. Hammond, *Hellenistic Influences on the Structure of the Augustan Principate*, MemAmAc. 17 (1940) 7. Le jour de la naissance d'Octave est considéré comme une ‚bonne nouvelle'

laquelle on n'a guère attiré l'attention [33] depuis que Th. Mommsen l'a signalée en étudiant en 1882 le fragment du *Feriale Cumanum* qu'on venait de découvrir [34]. Pour le *IX-VIII K. Oct.* (= 23-24 septembre) : [*N*]*atalis Caesaris. Immolatio Caesari hostia. Supp*[*l*]*icatio . . .*

Alors que pour tous les autres jours de fête, ce calendrier cultuel propre à Auguste [35] ne prévoit qu'une *supplicatio*, c'est-à-dire des prières et des libations [36], pour le jour anniversaire de la naissance du sauveur providentiel on prescrit une *immolatio*, un sacrifice sanglant, comme on n'en offre qu'aux dieux [37]. Notons que la province d'Asie semble avoir été particulièrement sensible à la signification sacrée de cette fête, puisqu'en 9 av. J.C. elle adopta le *Natalis* d'Auguste comme point de départ de son calendrier officiel [38].

(εὐαγγέλιον) dans l'édit du proconsul d'Asie, Paulus Fabius Maximus, sur la réforme du calendrier provincial en 9 av. J.C. (l. 40-41): voir Laffi, *op. cit.* (infra note 38) 57 et n. 86-87.

[33] Gagé, *op. cit.* (note 31) 181-182 n'y insiste pas.

[34] Th. Mommsen, *Das Augustische Festverzeichnis von Cumae*, Hermes 17 (1882) 631-643 [= *Gesammelte Schriften* IV, *Hist. Schriften* I, Berlin 1965, 259-270, en part. 268ss.]. Le *Feriale Cumanum* est daté entre 4 et 14 ap. J.C.

[35] Ce calendrier cultuel, ,,si particulier à Auguste qu'il ne commence pas en janvier mais en août", semble avoir été destiné à un sanctuaire ou du moins à une liturgie officielle en son honneur: Gagé, *op. cit.* (note 31) 156, pour qui le calendrier commençait peut-être le 19 août, anniversaire du jour de 43 av. J. C., où il fut consul pour la première fois, ou le Ier août marqué par une accumulation d'anniversaires et anciennement consacré à Victoria. C'était déjà une idée de Mommsen . . ., mais on ne peut négliger le fait que le début du *Feriale Cum.* est perdu!

[36] Comme le précise le texte de l'autel de Narbonne: *ad supplicandum numini eius* (*Augusti*) *thus et vinum de suo ea die praestent* (*CIL* XII 4333 = *ILS* 112).

[37] Cette immolatio du 23/25 septembre est confirmée par les *Acta Arvalium*: . . . *natali divi Augusti divo Augusto* [*bovem marem immola*]*vit* (*CIL* VI 460 ss., 2028; W. G. Henzen, *Acta Fratrum Arvalium*, Berlin 1874 réed. 1974 LIX) et par le décret de *Forum Clodii* (en Etrurie) de 18 ap. J. C. sur le culte des empereurs: *victimae natali Aug. VIII k. Octobr. duae . . . VIIII et VIII k. Octobr. immolentur . . .* (*ILS* 154 = V. Ehrenberg - A. H. M. Jones, *Documents illustrating the Reigns of Augustus and Tiberius*, Oxford 1976³, 87, n. 101, l. 4-6). La seule autre *immolatio* indiquée par le calendrier est celle du 6 mars, qui célèbre à partir de 12 av. J. C. l'anniversaire du souverain pontificat d'Auguste: *Fasti Praen.* (*CIL* I 230) et Ovide, *Fasti* 3, 419ss.

[38] Voir U. Laffi, *Le iscrizioni relative all'introduzione nel 9 a. C. del nuovo calendario della Provincia d'Asia*, Studi Classici e Orientali 16 (1967) 5-98.

— En 30, après les Ides de Septembre, la *corona obsidionalis* est conférée à Octave, manifestement en qualité de ,sauveur', dans le même esprit qui lui fit décerner quelques années plus tard, en 27, la *corona civica*, attribuée *a genere humano* et manifestement encore cette fois *ob cives seruatos* [39].

— En 29 (plutôt qu'en 30), un sénatusconsulte décide d'inscrire le nom d'Octave dans le *Carmen Saliare*. Les *Res Gestae diui Augusti* l'indiquent en passant, comme un honneur particulier [40]. Mais Dion Cassius précise que son nom fut inscrit ,,avec celui des dieux'' [41].

En janvier 29, est décidée par le sénat la fermeture du temple de Janus, qui proclame la fin des guerres et du même coup désigne Octave comme l'auteur de la paix [42]. En même temps, à l'annonce de l'ajournement de la question parthe, le sénat décrète qu'en cette

---

[39] Plin. *H.N.* 22, 13: *ipsum Augustum M. Cicerone filio consule idibus Septembribus senatus obsidionali (corona) donavit: adeo cuvica non satis videbatur, nec praeterea quemquam hac invenimus donatum.* Sur la couronne civique, cf. Plin., *H.N.* 16, 8: *civicam a genere humano accepit.* Pline lui-même explique que cette couronne est un *honos . . . praeclarus sacerque, cive servato* (22, 4); cf. d'autre part le commentaire de Sénèque, *De Clem.* 3, 24, 5 et Cass. Dio 53, 16: καὶ τοὺς πολίτας σῴζοντι. Des couronnes semblables avaient été posées sur les statues de César ὡς σωτῆρι τῆς πατρίδος (App. 2, 106, 441) ὡς τοὺς πολίτας σεσωκότος (Cass. Dio 44, 4, 5). Sur les monnaies augustéennes avec couronne de chêne et légende *ob cives servatos*: Mattingly, *Rom. Emp.* 29, 57, 66.

[40] *Res Gestae divi Augusti* 2, 21: [*nomen meum senatus consulto inc*]*lusum est in Saliare Carmen.*

[41] Cass. Dio 51, 20: ἐς τοὺς ὕμνους αὐτὸν ἐξ ἴσου τοῖς θεοῖς ἐγγράφεσθαι. A propos de cet honneur ,surhumain' on peut s'interroger sur un passage de Tite Live 3, 39, 4: *nec nominis hominem tunc pertaesum esse, quippe quo Iovem appellari fas sit, quo Romulum, conditorem Urbis, deincepsque reges, quod sacris etiam ut sollemne retentum sit: superbiam violentiamque tum perosos regis.* Etant donné qu'avec Iupiter et les dieux, les rois étaient aussi mentionnés dans le *Carmen Saliare*, comme le prouve le fragment conservé par Varron, *L.l.* 7, 26 (= G.B. Pighi, *La poesia religiosa romana*, Bologne 1958, 24-25): *Po meliosum regom = supra meliores reges*, et que, d'autre part, on sait que le nom d'Auguste y fut inscrit aussi, on peut se demander si la formule *quod sacris etiam ut sollemne retentum sit*, généralement considérée comme une allusion au *rex sacrificulus*, ne fait pas plutôt allusion aux chants cultuels et particulièrement au *Carmen Saliare*.

[42] *Fasti Praen.*, au *III Id. Ian.* (= II janvier); cf. *Res Gestae divi Augusti* 13; Cass. Dio 51, 20, 4. Cf. Le calendrier d'Auguste, dans Gagé, *op. cit.* (note 31) 163).

même année 29 l'*Augurium Salutis* serait de nouveau célébré [43].
Le rétablissement de cette cérémonie ‚augurale' des temps de paix
contribue certes à renforcer cette sorte de ,,courant augural qui,
selon les termes de J. Gagé, traverse et anime les manifestations
religieuses'' qui vont faire apparaître le *Princeps Augustus* comme le
grand augure (*optimus augur*) qui assure la communication entre
les hommes et les dieux [44]. Mais replacé dans le contexte des autres
mesures prises par le sénat en 30/29, il associe officiellement, pour
la première fois, le salut commun (*Salus populi Romani, Salus
publica, Romana Salus*, dira Ovide [45]) au succès d'Octave.

Il est certes difficile, voire impossible, de fixer avec précision,
dans la chronologie, l'évolution progressive des mentalités. Elle se
fait lentement, souvent même insidieusement. Les textes nous
permettent quand même de la percevoir en particulier à travers
Cicéron, qui n'a pas peu contribué à répandre l'idée que le salut de
l'État (*patriae cura salusque*) dépendait souvent du salut d'un seul
homme qui devient alors *salutaris princeps noster* [46].

Consciente ou non, voulue ou non — après tout peu importe! —
il y a une continuité certaine entre la définition que donne Cicéron
dans les Verrines du σωτήρ = celui *qui salutem dedit* [47] — et le
programme de gouvernement affiché par Auguste dans l'édit mal-
heureusement non daté que nous connaissons par Suétone: *Ita mihi*

---

[43] Cass. Dio 51, 20, 4 et Suet. *Aug.* 31, Sur l'*augurium Salutis*, voir A.
Bouché-Leclerq, *Manuel des Institutions romaines*, Paris 1886, 534, n. 1 et
surtout J. Gagé, *Romulus-Augustus*, MEFR 47 (1930) 138-181, en part. 163ss.;
J. Liegle, *L. Aemilius Paullus als Augur maximus im Jahre 160 und das Augurium des Heils*, Hermes 77 (1942) 24-312, en part. 297ss.; K. Latte, *Römische Religionsgeschichte* [= HAW 5, 4 b], München 1967², 67, 140.

[44] Gagé, *op. cit.* (note 31) 163ss.

[45] *Fast.* 3, 880. Sur ces expressions et une première approche de l'idée
que le salut de l'Etat dépend du salut de son chef, voir A. Alföldi, *Die Ausgestaltung des monarchischen Zeremoniells*, RM 49 (1934) 86-87, n. 4 et *Insignien und Tracht der römischen Kaiser*, RM 50 (1935) 80-81; ces deux mémoires maintenant réunis sous le titre *Die monarchische Repräsentation im
römischen Kaiserreiche*, Darmstadt 1970, 86-87, n. 4 et p. 198-199.

[46] Parmi les nombreux textes cicéroniens qui seront examinés ailleurs
plus amplement, citons *Rep.* 6, 12, 12, où l'orateur trace le portrait de son
princeps idéal: *In te unum atque in tuum nomen se tota convertet civitas, te
senatus, te omnes boni - ... intuebantur, tu eris unus in quo nitatur civitatis
salus*. Voir aussi Cic., *Marc.* 10, 32-33.

[47] Cic., *Ver.* 2, 63, 154.

saluam ac sospitem rem publicam sistere in sua sede liceat [48], un idéal que les monnaies n'ont pas manqué de diffuser [49].

Il semble que dans le développement de cette idéologie impériale, les années 30/29 aient marqué un moment décisif, en Occident comme en Orient. Je voudrais maintenant tenter de dire pourquoi. Toutes les décisions honorifiques et de portée religieuse, parfois même divinisante, prises après la victoire d'Alexandrie, l'ont été — il faut le souligner — par le sénat lui-même, en l'absence d'Octave encore en Asie. C'est qu'au lendemain de cette victoire, qui militairement et politiquement complétait celle d'Actium, la situation était loin d'être brillante en Orient. La menace parthe subsistait avec toute sa gravité. Les provinces et les cités troublées et parfois mises à mal par Antoine — qui ne manquait pas de partisans — appelaient à une remise en ordre. Au cours d'un long séjour qui dura tout l'hiver 30/29 et une partie du printemps de 29, Octave s'attaqua résolument à toutes ces questions. La menace parthe fut écartée. L'administration provinciale et municipale fut épurée et réorganisée. La vie reprit. De cette œuvre les témoignages ne manquent pas. Citons seulement le décret d'Amisos qui, dans la joie de sa ,libération', après les années de tyrannie de l'antonien Straton, vénère Octave comme ,sauveur et fondateur' [50]. En l'occurrence ce n'était certainement pas une simple formule. Une vague de reconnaissance et d'adulation à l'égard du nouveau maître ne peut cependant suffire à justifier l'institution à Pergame du culte de Roma et de Salus.

Celle-ci repond à une autre préoccupation, à un danger ou à une

---

[48] Suet. *Aug.* 28, 2. Sur ce programme, voir J. Béranger, *Recherches sur l'aspect idéologique du Principat*, Bâle 1953, 170.

[49] Pour en célébrer la réalisation, cf. par ex. les deniers frappés en 16 av. J.C. par le *triumvir monetalis* L. Mescivius Rufus, avec l'inscription: *I(ovi) O(ptimo) M(aximo) S(enatus) P(opulus) Q(ue) R(omanus) V(ota) S(uscepta) PR(o) S(alute) IMP(eratoris) CAE(saris) QVOD PER EV(m) R(es) P(ublica) IN AMP(liore) ATQ(ue) TRAN(quilliore) S(tatu) E(st)*: Mattingly-Sydenham I 75, n. 160.

[50] E. Curtius, *Beiträge zur Geschichte und Topographie Kleinasiens*, Abh Berlin 1872, 72 = *IvP* II 514: Αὐτοκράτορα Καίσαρα / Θεοῦ υἱὸν θεὸν Σεβαστὸν / ὁ δῆμος ὁ 'Αμισηνῶν καὶ οἱ / συμπολειτενόμ[ενοι] καὶ ὁ . . . / τὸν ἑατῶν σωτ[ῆρα καὶ κτίσ]την. — Sur l'œuvre accomplie par Octave, voir V. Gardthausen, *Augustus und seine Zeit* I, 1, Leipzig 1891 (rééd. 1964) 465ss. et D. Magie, *Roman Rule in Asia Minor* I, Princeton 1950, 468ss.

menace qui, au moment de l'ultime combat d'Octave contre ses
ennemis — ceux de Rome aussi —, pesait à la fois sur le salut de
tous et sur la personne du ‚sauveur'. Faut-il évoquer de nouveau le
danger parthe ? il a effectivement préoccupé Octave et l'Orient [51].
C'est possible. Mais il y eut alors un péril beaucoup plus direct et
qui a menacé Octave lui-même. C'est le projet homicide de M.
Aemilius Lepidus.

L',affaire de Lepidus' a revêtu, semble-til, une gravité et une
ampleur dont l'écho n'a guère été perçu par les historiens [52].
Pourtant les auteurs anciens l'ont évoquée avec précision, et Velleius
Paterculus, très proche des événements — il écrit sous Tibère, qu'il
a accompagné en Germanie en 4 ap. J.C., comme commandant de
la cavalerie — n'hésite pas à agiter à son propos le spectre affreux
de la guerre civile : *Immane noui ac resurrecturi belli ciuilis restinxit
initium* (II, 88). Comme l'a bien vu P. Jal dans son livre sur ,,La
Guerre civile à Rome'' [53], elle appartient à cette catégorie de
‚mouvements' que les historiens se contentent de qualifier de
‚conjurations', de ‚complots' ou de ‚troubles', alors que les contem-
porains les ont ressentis — et c'est bien le cas ici — comme de ,,vé-
ritables guerres civiles avortées''. Même en tenant compte de la
lassitude de l'opinion publique face aux guerres civiles et d'une
certaine hantise de les voir se perpétuer ou resurgir, mais précisément parce que cette opinion savait ce que signifiait la guerre civile
avec son cortège de maux, horrible et impie en soi [54], Velleius
Paterculus se fût déconsidéré [55], s'il avait démesurément grossi

---

[51] Cf. Gardthausen, *op. cit.*, 460ss. et plus récemment M. Pani, *Roma e i
Re d'Oriente da Augusto a Tiberio*, Bari 1972.
[52] Cf. cependant Gardthausen, *op. cit.* (note 50) 459; Syme, *The Roman
Revolution*, Oxford 1939, signale seulement cette ‚conspiracy', 298 et 494.
P. Sattler, *Augustus und der Senat, Untersuchungen zur römischen Innenpolitik zwischen 30 und 17 v. Christus*, Göttingen 1960, 29-31. lui accorde un
peu plus d'importance et la date de la fin de l'année 30.
[53] P. Jal, *La guerre civile à Rome. Etude littéraire et morale*, Paris 1963,
56, qui ne fait qu'évoquer cette ‚affaire' au passage, sans l'examiner de
près . . . ce qui n'était pas son propos, il est vrai.
[54] Voir là-dessus de remarquables pages de Jal, *op. cit.* 360ss.
[55] Syme, *op. cit.* (note 52) 333, n. 2, l'appelle ,,The mendacious Velleius'',
à propos de l'Espagne. Il est vrai qu'il ne respecte pas toujours la vérité.
En l'occurrence il lui était difficile de tricher, et il est d'ailleurs infiniment
probable que la mort d'Octave eut entraîné une nouvelle guerre civile.

l'événement en présentant comme dangereux, générateur d'une nouvelle guerre civile le projet d'un écervelé isolé. Lépide, on n'en peut douter, représentait le courant républicain aristocratique. Il en était même une illustration jeune et brillante [56]. Et il avait sans doute d'autres complices que sa mère. Si les Antoniens avoués ne devaient plus être très nombreux à Rome, en revanche ceux qui tenaient encore la *libertas* pour un idéal possible à atteindre, ne manquaient certainement pas. Leurs espoirs ne furent pas même anéantis par les mémorables transformations intervenues en janvier 27. Rappelant la démission, l'année suivante, en 26, du ,,distinguished ex-Republican" Valerius Messala qui abandonne la préfecture de la ville, sir Ronald Syme note qu'il se vantait volontiers et ouvertement d'avoir toujours en politique suivi la meilleure cause [57]! On peut donc prendre au sérieux le propos de Velleius Paterculus.

On peut même se demander si de cette *coniuratio* de Lepidus, qui a menacé la paix publique, il n'y a pas, à Rome même, deux échos. . . . et qui ont survécu. L'un épigraphique, dans l'inscription de l'arc triomphal qui fut érigé sur le Forum près de *l'aedes diui Iuli* [58]:

> *Senatus populusque Romanus*
> *Imp. Caesari diui Iuli f. cos. quinct.*
> *cos. design. sext., imp. sept.*
> *re publica conseruata*

Daté de 29 par le cinquième consulat d'Octave [59] et plus précisément de la seconde moitié de l'année par sa désignation à un sixième, le texte entend — c'est certain — commémorer les grandes victoires qu'a sanctionnées le triple triomphe des 13, 14 et 15 août. Et ces victoires consacrent l'achèvement des guerres fratricides,

---

[56] Vell. Pat. 2, 88: *M. Lepidus iuvenis forma quam mente melior.*

[57] Plut. *Brutus* 53. Voir Syme, *op. cit.* (note 52) 482, qui rappelle que Messala avait été à Philippes un des premiers nobiles à passer du camp d'Antoine dans celui d'Octave; ses propos pouvaient donc passer pour ,,a subtle compliment" . . ., c'est vrai, mais en 26 quand il dépose sa charge, ce pouvait être interprété, sinon comme une menace, du moins comme un présage!

[58] *CIL* VI 873 = *ILS* 81.

[59] Commencé à Samos: Suet. *Aug.* 26, 3; cf. *CIL* I², 160.

plus particulièrement, bien sûr, la plus longue, la plus cruelle, la dernière, celle qui a opposé Octave à Marc Antoine [60]. Mais dans la proclamation triomphante de la dernière ligne — *re publica con-seruata* — ne faut-il pas en 29 associer à la grande figure d'Antoine, celle de M. Aemilius Lepidus, évocatrice du dernier en date des périls qui avaient menacé la république [61] ?

L'autre écho est littéraire. Il se trouve, ou peut se trouver, dans la deuxième *Ode* du premier livre d'Horace, celle qu'on a pris l'habitude d'appeler, l'ode messianique' [62] Elle dut être rédigée au début de l'année 30, plutôt qu'en 29 [63] On sait qu'après avoir énuméré les dieux (Apollon, Vénus, Mars), dont il attend un accueil favorable pour mettre fin aux malheurs de Rome, en particulier aux guerres civiles, évoquées dans l'*Epode* VII comme fruits du fratricide de Romulus (*scelus*), ,péché originel' de la Ville, Horace annonce comme véritable ,sauveur', Mercure ,incarné' dans le jeune César-Octave nommément désigné dans le dernier vers: *Te duce, Caesar!* Il sauvera Rome, à moins que, dans sa colère ,contre nos vices', écoeuré, il ne retourne au ciel!

> *Serus in coelum redeas diuque*
> *laetus intersis populo Quirini,*

---

[60] A noter que dans les calendriers (*Praen.*, *Amit.* et *Arvales*), la formule employée à l'occasion de la prise d'Alexandrie, le Ier août, est *rem publicam tristissime periculo liberavit.* Toutefois les expressions *conservator rei publicae, respublica conservata*, sont fréquemment utilisées.

[61] Au début de 29, sans attendre le retour d'Octave, le Sénat avait or-donné la fermeture du temple de Janus (Dio Cass. 51, 20, 4); cf. *Res Gestae divi Augusti* 13. Le calendrier de Praeneste porte, à la date du 11 janvier (III Id. Ian.): *D[ebellavit Imp. Caes. Augustus tertium] ab Romulo et Ianum c[lausit se V et Appuleio cos.];* le 5e consulat d'Octave correspond précisé-ment à l année 29 (cf. infra n. 63).

[62] Depuis T. Zielinski, *Le Messianisme d'Horace*, AntCl. 8 (1939) 171-180.

[63] Discussion sur la date dans R. G. M. Nisbet et M. Hubbard, *A commentary on Horace: Odes, Book 1*, Oxford 1970, 17-19, qui penchent pour la fin de 29 (hiver 29/28). Il y a pourtant de bonnes raisons de la faire remonter au début de l'année 30; elles ont été exposées récemment par T. Gesztely, *Mercury and Augustus. Horace, Odes I 2: Some contributions to the Problem of their Identification*, Acta Class. Univ. Scient. Debrecen. 9 (1973) 77-81; qui ne fait pas référence à la conjuration de M. Aemilius Lepidus. Récemment P. Grimal. *Les Odes romaines d'Horace et les causes de la guerre civile*, REL 53 (1975) 139 a propsé de la dater plutôt de l'hiver 28.

> *neue te nostris uitiis iniquum*
> *ocior aura*
> *tollat* (I, 2, 45-49).

Que cachent ces ‚vices'? Des commentateurs y ont vu avec raison une allusion qux guerres civiles [64], mais sans autre précision. Un rapprochement avec deux phrases consécutives, où Florus montre Mithridate sur le point d'attaquer l'empire, paraît suffisamment éclairant: „. . . *spem ac fidem dabant nostra uitia. Quippe cum ciuilibus bellis distringeremur* . . .'' [65]. Ces ‚vices', que déplore Horace, ce ne sont pas vraiment les maux qui affectent la vie morale romaine, l'ambition, la cupidité, le luxe, qui sont regardés par les anciens comme les ‚causes' des guerres civiles [66]. Ce sont bien, à proprement parler, les guerres civiles elles-mêmes. Ce sont elles qui causent le renversement des valeurs morales. Alors, en 29, dans ces *nostris uitiis*, qui risquent d'éloigner le ‚sauveur' attendu, de le dégoûter de Rome, ne faut-il pas voir ce mal incurable qui, après Actium, et tandis qu'Octave, payant de sa personne, poursuivait Antoine et Cléopâtre en Orient, minait ses pas à Rome même et suscitait les misérables projets, non d'un quelconque aventurier, mais du fils de son ancien collègue au triumvirat, membre d'une des plus illustres familles de la ville?

Ce sont là, coup sur coup, deux hypothèses. Et ce ne sont que des hypothèses. Elles ont pour elles la vraisemblance... et le texte précis de Velleius Paterculus, qui ne minimise pas l'importance de la *coniuratio*!

Sans doute pourrait-on invoquer contre une telle importance les conditions mêmes de la sanction. Mécène envoie Lepidus à Octave

---

[64] Ainsi Nisbet et Hubbard, *op, cit.* 38 qui écrivent: „*Vitiis* refers primarily to the guilt of the civil wars. Considering that Octavian's own ambition was partly responsible for these wars, the stanza seems particularly outrageous''. Il est évident que, pour Horace comme pour tous les partisans — anciens ou récents — d'Octave, Antoine portait toute la responsabilité de la guerre civile. Le méconnaitre c'est oublier que le Sénat l'a déclaré *hostis publicus*. Rappelons que les „Odes romaines'' ont pour thème dominant empêcher le retour des guerres civiles: J. Perret, *Horace*, Paris, 1959, 115 et Grimal. *op. cit.* (note 63) 140.

[65] Florus I, 40, 4.

[66] Voir sur ce sujet, Jal, *op. cit.* (note 53) 381ss.; et tout part. 389, la citation de Pline, *H. N.* 33, 150.

qui, face à l'évidence de sa culpabilité, le fait exécuter. Ni Appien, ni Velleius ne parlent de procès. Et les historiens modernes, face à la question difficile et contestée de la *lex Iulia maiestatis* [67], sont assez d'accord pour considérer la *quaestio maiestatis* de 23 contre A. Terentius Varro Murena et Fannius Caepio comme le premier des grands procès de majesté intentés pour la sauvegarde de César (*pro salute principis*) [68] — ils vont connaître, on le sait, un extraordinaire développement sous Tibère —, en tout cas comme le premier qui ait abouti à une peine de mort [69]. Il me semble qu'au contraire cet argument se retourne aisément en faveur de la cause ici défendue. Alors qu'on discute encore de l'attribution de la *lex Iulia maiestatis* à César ou à Auguste, il est au moins un point qui paraît acquis: c'est qu'elle abolissait formellement la peine de mort pour trahison [70]. Pour expliquer la décision prise par Octave d'exécuter Lepidus, s'offre dès lors la double alternative suivante. La *lex Iulia* est bien de César; dans ce cas ou bien Octave ne l'a pas appliquée — ce qui est peu vraisemblable, l'*imperator* est lui aussi soumis à la loi —, ou bien une autre *lex* a été votée entre 44 et 30 pour aggraver le châtiment prévu par la loi. Autre alternative: la *lex Iulia* est d'Octave-Auguste; dans ce cas, ou bien elle est antérieure à 30 et Octave l'a tournée pour éviter un procès à l'issue incertaine en son absence — ce qui est possible, mais improbable; ou bien la loi est postérieure à 30 et a été aggravée avant le procès de 23. De toute

---

[67] Outre les ouvrages anciens et toujours importants de Th. Mommsen et W. Drumann, voir R. S. Rogers, *Criminal Trials and Criminal Legislation under Tiberius*, [= APhA Monographs 6], Middletown 1935; idem, *Treason in the Early Empire*, JRS 49 (1959) 91ss.; C. W. Chilton, *The Roman Law of Treason under the Early Principate*, JRS 45 (1955) 73-81; K. M. T. Atkinson, *Constitutional and legal aspects of the Trials of Marcus Primus and Varro Murena*, Historia 9 (1960) 444. Les problèmes (date et contenu de la lex) sont clairement posés et examinés par J. E. Allison et J. D. Cloud, *The lex Iulia Majestatis*, Latomus 21 (1962) 711-731.

[68] Sur la conspiration et le procès voir, se fondant surVell. II, 91, 2; Suet., *Tib.* 8 et Cass. Dio 54, 3, 4; H. Stuart Jones, *The Princeps*, in: *CAH* X 136 (avec bibliographie) et plus récemment Syme, *op. cit.* (note 52) 333-334, qui suppose avec raison que, si la mort a suivi illégalement la condamnatio (Cass. Dio), le Sénat sanctionna la décision par sa publica auctoritas.

[69] Supra n. 67.

[70] La sanction prévue était l'*interdictio aqua et igni*: cf. Cicéron, *Phil.* I, 9, 25; Tac. *Ann.* 3, 50, 4; Paul, *Sent.* 5, 29.

façon, la décision d'Octave ne peut s'expliquer — sinon se justifier — que par la gravité de l'affaire et par les circonstances exceptionnelles, son éloignement de Rome et la guerre. Il est d'ailleurs concevable que ce soit précisément le projet de Lepidus qui ait hâté l'élaboration du concept de *maiestas Caesaris* et de *crimen laesae maiestatis principis* à partir de la notion de *maiestas populi Romani*. Floue encore dans les années 30/29, mais — si j'ose dire — dans l'air, elle a dû se préciser entre 29 et 23 et aboutir à un texte, en même temps que se préparait et se fondait le Principat [71], à la fois sous la poussée d'une idéologie et sous la pression des événements. Le projet césaricide de Lepidus fut sans doute l'un de ces événements.

De même qu'il fut, à mes yeux, l'événement qui provoqua à Pergame l'institution d'un culte de Roma et de Salus, deux divinités dont la nature en pleine transformation justifiait l'association. De notion politique, Roma, personnification de la *respublica*, de la *patria* [72], était en passe de devenir la compagne d'Octave-Auguste. Le temps n'est pas loin où Ovide pourra écrire, face à une image du Prince:

> „*Hunc ego cum spectem, uideor mihi cernere Romam;*
> *nam patriae faciem sustinet ille suae*" (*Pont.*, II, 8, 19-20).

En attendant l'identification des deux figures, leur association étroite était chose admise. Est-ce un hasard si l'on date des années 30/29 le Camée de Vienne, qui montre assis côte à côte sur le même trône Rome et Auguste [73]? Dans le même temps — on l'a vu — la notion de *Salus publica* tendait à se confondre de plus en plus avec

---

[71] Comme l'a bien vu — sans toutefois préciser la chronologie — mais en suivant l'élaboration du concept, M. A. Levi, *Maiestas e crimen Maiestatis*, La Parola des Passato, 125 (1969) 87-96.

[72] Voir le mémoire fondamental de V. Knoche, *Die augusteische Ausprägung der dea Roma*, Gymnasium 59 (1952) 324-349.

[73] Cf. F. Eichler - E. Kris, *Die Kameen im Kunsthistorischen Museum*, Wien 1927, 51, n. 6, pl. 3; K. Furtwängler, *Antike Gemmen III*, Amsterdam 1964/65, 315 fig. 158; H. Kyrieleis, *Zu einem Kameo in Wien*, AA 1970, 492-498. Même sujet sur le camée bleu de Dumbarton Oaks: G. M. A. Richter, *Catalogue of Greek and Roman Antiquities in the Dumbarton Oaks Collection*, Washington, Cambridge 1956, 66 n. 47, pl. XXIII.

celle de Salus du César vainqueur. Roma et Salus en quelque sorte communiaient en Octave. Ces idées étaient dans l'air, quand la menace de Lépide est survenue et leur a permis de prendre à Pergame la forme éphémère d'un culte, où Augustus devait peu après prendre, à côté de Rome, la place de Salus. En somme, l'institution pergaménienne de 30/29 se présente comme l'acte de naissance raturé du culte (municipal) du prince vivant. En même temps d'ailleurs, ou peu s'en faut, était fondé à Pergame un concours sacré (ἱερὸς ἀγὼν) qui allait constituer le *nucleus* des ʿΡωμαῖα Σεβαστά, organisées un peu plus tard par le κοινόν d'Asie et célébrées à Pergame même [74].

On ne peut ignorer la part d'hypothèse que contient cette explication de la prêtrise de M. Tullius Cratippus. Pourtant, pour confirmer le lien établi entre l'appel à Salus et le projet césaricide de M. Aemilius Lepidus, on ne peut manquer d'évoquer deux parallèles, dont la rigueur est fondée sur le contenu même des inscriptions. C'est d'abord le complot de Séjan qui fournit le premier, soixante ans plus tard. Quand cet *hostis perniciosissimus p(opuli) R(omani)* fut démasqué, à qui rend grâces l'inscription d'Interamna, en Ombrie? D'abord *Saluti Augustae*. Puis *Prouidentiae Ti. Caesaris Augusti nati ad aeternitatem Romani nominis* [75]. Et un autre texte, de Gortyne, en Crète, lui fait écho en s'adressant [*Num*]*ini ac Prouidentiae* [*Ti. Ca*]*esar(is) Aug(usti) et Senatus,* [*in mem(oria)*] *eius die(i) qui fuit XV k(alendis) Nouembr(ibus)* [76], en mémoire de ce jour fameux et heureux pour le salut de Rome et de l'empereur que fut le 16 octobre 31, jour de la mort de Séjan.

Quelques décennies plus tard, en 58, quand fut exécutée Agrippine et par là... sauvée la vie de Néron, Salus et Prouidentia

---

[74] Il s'agit d'un agôn provincial; sur son institution à Pergame, en 29 av. J.C., cf. Cass. Dio 51, 20, 9: καὶ ἔλαβον καὶ οἱ Περγαμηνοὶ τὸν ἀγῶνα τὸν ἱερὸν ὠνομασμένον ἐπὶ τῇ τοῦ ναοῦ αὐτοῦ τιμῇ ποιεῖν. Voir Laffi, *op. cit.* (note 38) 61 et 64, pour qui le décret du κοινόν tenu à Smyrne, sous le proconsulat de L. Volcacius Tullus, conférant une couronne à celui qui aurait proposé les plus grands honneurs à la gloire d'Octave, date de 29 av. J.C., quand fut institué le ἱερὸς ἀγών de Pergame. Les ʿΡωμαῖα Σεβαστά sont attestées dans les inscriptions à partir de 20: Magie, *op. cit.* (note 50) I 448; II, p. 1295 ss., n. 57; J. Deininger, *Provinziallandtage der römischen Kaiserzeit von Augustus bis zum Ende des 3. Jh. n. Chr.* [= Vestigia 6], München 1965, 18, 54.

[75] *ILS* 157 = Ehrenberg-Jones, *Documents* 65, n. 51.

[76] *ILS* 158 = Ehrenberg-Jones, *Documents* 65, n. 52.

figurent encore dans les Actes des Frères Arvales [77] au premier rang des dieux remerciés après la Triade Capitoline. Et sept ans après, quand fut déjouée la conjuration de Calpurnius Piso et... une deuxième fois sauvée la vie de l'empereur, on décida d'ériger un temple de Salus à l'endroit même où avait été trouvée l'arme du crime [78], tandis que dans les provinces on rendait grâces aux dieux *pro salute Neronis* [79]. Il est des rapprochements dont on peut penser qu'ils valent une preuve... *Adhuc sub iudice lis est...* [80]

---

[77] *CIL* V 2042, 12.

[78] Tac. *Ann.* 15, 74, 1.

[79] Le préfet des îles Baléares voue un monument pour Néron: *ex voto suscepto pro salute Imp(eratoris) Neronis, quod Baliaribus voverat anno A. Licinio Nerva co(n)s(ule)*, *CIL* XI 1331 = *ILS* 233 où H. Dessau signale la datation par un seul consul, le collègue de A. Licinius Nerva ayant participé à la conjuration de Pison. Cf. aussi l'inscription de la colonne de Iupiter à Mayence dédiée *I(ovi) O(ptimo) M(aximo) pro sal(ute)* [*Neronis*] *Claudi Caesaris Aug. Imp.* par les canabari, publice: H. V. Instinsky, *Kaiser Nero und die Mainzer Jupitersäule*, JbZMusMainz 6 (1959) 128-141, la date de 58 ou de 65.

[80] Cette étude, préparée dans l'hiver 1975/76 à l'Institute for Advanced Study de Princeton, a bénéficié d'utiles remarques de J. F. Gilliam, Chr. Habicht et U. Laffi, à qui je veux redire ici mon amicale reconnaissance.

ANNELIESE MANNZMANN

HERRSCHAFT UNTER DEM ASPEKT KÖNIGLICHER MACHTPOLITIK.

Zu den Inschriften Antiochos I. von Kommagene *

Wer heute historisch-altertumskundlich über Kommagene arbeiten will, kann dies nicht tun ohne Rückgriff auf die epigraphisch-historisch-archäologischen Untersuchungen, die Friedrich Karl Dörner — als Nachfolger von K. Humann und O. Puchstein [1] — bei den einzelnen Reisen und Grabungskampagnen, in Kooperation mit anderen Wissenschaftlern und Schülern [2], durchführte, insbesondere nicht mehr ohne Beachtung der von ihm wiederentdeckten Königsstadt Arsameia am Nymphaios und der dort gefundenen großen Kultinschrift. Durch Initiierung neuen Interesses an einem für die Altertumskunde vorher mehr oder weniger peripheren Gegenstand wurde ein Stoff erschlossen, der Wille und Werk des wohl bedeutendsten kommagenischen Herrschers Antiochos I. unter den verschiedensten Aspekten zur Diskussion zu stellen erlaubt. Wir sind heute in der glücklichen Lage, eine Nahtstelle spät-hellenistisch-parthisch-römischer Geschichte in Kommagene zu

---

* Dieser Beitrag wurde als Festvortrag in der Universität Münster, anläßlich des 60. Geburtstages von F. K. Dörner am 27.2.1971 erstmals gehalten.

[1] K. Humann - O. Puchstein, *Reisen in Kleinasien und Nordsyrien*, 2 Bde., Berlin 1890.

[2] Vgl. F. K. Dörner - Th. Goell, *Arsameia am Nymphaios. Die Ausgrabungen im Hierothesion des Mithradates Kallinikos von 1953-1956* [= Ist Forsch. 23], Berlin 1963 (im folgenden: *Arsameia* I); F. K. Dörner - W. Hoepfner - H. Müller-Beck - W. Winkelmann, *Arsameia am Nymphaios. Bericht über die 1963 und 1964 ausgeführten Ausgrabungen*, AA 1965, 189ff.; F. K. Dörner, *Arsameia am Nymphaios. Bericht über die Grabungskampagne 1965* (mit Beiträgen von K. Böhne, E. Brödner, E. Lucius, W. Nowothnig), IstMitt. 16 (1966) 13off.; F. K. Dörner, *Kommagene. Forschungsarbeiten von 1967-1969* (mit Beiträgen von K. Böhne, W. Hoepfner, E. Lucius, E. F. Schneider), IstMitt. 19/20 (1969/70) 255ff.; H. Waldmann, *Die kommagenischen Kultreformen unter König Mithradates I. Kallinikos und seinem Sohne Antiochos I.* [= EPRO 34], Leiden 1973 — ergänzend die Rezension von G. Petzl, Gnomon 48 (1976) 370ff.

fassen — zentriert in der Gestalt Antiochos I. —, der aus Inschriften von Samosata, Arsameia am Euphrat (Gerger), Arsameia am Nymphaios und dem Nemrud Dağ als Gesetzgeber und Kultstifter zu uns spricht [3].

Leider sagen uns diese Inschriften nichts über weltpolitische Ereignisse im Sinne von Machtverschiebungsprozessen zur Zeit dieses Königs: nichts über die militärisch-diplomatischen Aktionen im Zusammenhang mit dem Ausgreifen des armenischen Reiches unter Tigranes I. nach Syrien und Ostkilikien (83-69 v. Chr.) [4], nichts über den 3. Mithradatischen Krieg (74-67), der durch die Aktivitäten des Lucullus und dann — in Ablösung seiner Kommandogewalt — des Pompeius gegen Mithradates VI. Eupator und seinen Schwiegersohn Tigranes I. von Armenien gekennzeichnet ist [5]. Die inschriftlichen Selbstzeugnisse schweigen über die Anpas-

[3] Dazu in Auswertung der damals noch unveröffentlichten Neufunde F. K. Dörners aus Arsameia am Nymphaios: H. Dörrie, *Der Königskult des Antiochos von Kommagene im Lichte neuer Inschriften-Funde*, AbhGöttingen 3. F. 60 (1964) — frühere Literatur in der Bibliographie S. 5ff; ergänzend die Rezension von H. W. Pleket, Mnemosyne 21 (1968) 444ff.; D. Musti, *Sui nuovi Testi relativi a*l *Culto di Antioco I di Commagene*, RendLinc. 21 (1966) 1ff.; H. Waldmann suchte in seiner oben zitierten Arbeit unter Vorlage neuen Materials die notwendige Bestandsaufnahme der Redaktionstätigkeit Antiochos I. zu geben. Er stellte erstmalig eine Synopse der kommagenischen Kultgesetze zusammen, die Abweichungen und Übereinstimmungen der verschiedenen Inschriften übersichtlich zu erfassen erlaubt. Allerdings sind nach den von J. Wagner entdeckten Dexiosis-Reliefs aus Seleukeia am Euphrat/Zeugma (Belkis) und Sofraz Köy hinsichtlich der von Waldmann angenommenen Stiftertätigkeit von Mithradates I. Kallinikos und der Chronologie der Kultinschriften erhebliche Korrekturen notwendig geworden — vgl. J. Wagner, *Neue Funde zum Götter- und Königskult unter Antiochos I. von Kommagene*, AW 6 (1975) Sondernummer *Kommagene* 51-59; J. Wagner - G. Petzl, *Eine neue Temenos-Stele des Königs Antiochos I. von Kommagene*, ZPE 20 (1976) 201-223; J. Wagner, *Seleukeia am Euphrat/Zeugma* [= Beih. z. TAVO, Reihe B 10], Wiesbaden 1976, 117-123. Was noch fehlt, sind die von F. K. Dörner in der mit Th. Goell und J. H. Young geplanten Nemrud Dağ-Publikation zu bearbeitenden Texte, die, wenn sie vorliegen, das Bild der Stiftertätigkeit von Antiochos I. von Kommagene runden.

[4] Vgl. R. Grousset, *Histoire de l'Arménie des origines à 1071*, Paris 1947 unter dem Stichwort Tigranes I.

[5] Quellenübersicht über die Auseinandersetzung Roms mit Mithradates VI. Eupator von Pontos bei Th. Reinach, *Mithradates Eupator, König von Pontos* (deutsch von A. Götz), Leipzig 1895, 413ff.; D. Magie, *Roman Rule in Asia Minor* II, Princeton 1950, 1645; E. Olshausen, *Mithradates VI. und Rom*, in: *ANRW* I 1, Berlin/New York 1972, 806ff.

sungsmechanismen, die Antiochos von Kommagene entwickelte, der zuerst an Tigranes, dann an Lucullus sich anschloß (69) [6], um schließlich wiederum — nach Bruch mit den Römern und Kampf gegen Pompeius (64) — sich mit dem römischen Feldherrn, der die Verhältnisse im Vorderen Orient neu ordnete, zu arrangieren [7].

Der Lohn dieses Arrangements war die Überlassung der Stadt Seleukeia am Euphrat [8] und damit die Bestätigung einer Puffer-kontrollzone im oberen Euphratgebiet, zwischen parthischer und römischer Einflußsphäre, im Zuge der Errichtung der römischen Provinz Syria, die das Interregnum des letzten Seleukiden Philipp II. Philoromaios dauerhaft ablöste (63 v. Chr.). Eine funktional den Interessen Roms verknüpfte Politik ist freilich damit noch nicht eingeleitet, obwohl sich Antiochos bei der Euphratüberschreitung des parthischen Kronprinzen Pakoros (51 v. Chr.) romfreund-lich verhält, denn als derselbe Pakoros rund zehn Jahre später, in der Ära Marc Antons, in Kilikien eindringt und sich dort festsetzt, scheint der mit dem parthischen Königshaus verschwägerte Antio-chos mit ihm im Bunde [9]. Daß sich Antiochos nach der Niederlage der Parther und dem Tod des Pakoros (38) nicht sofort wieder mit dem Sieger P. Ventidius Bassus — Legat Marc Antons — einigen kann, bringt einen Einmarsch römischer Truppen, die Belagerung von Samosata und die Notwendigkeit eines förmlichen Friedens-schlusses, zwar unter günstigen Bedingungen [10], aber doch unter Preisgabe weiterer Möglichkeiten durch bilaterale und multilaterale Beziehungen eine quasi-Selbständigkeit im außenpolitischen Spiel der Kräfte zu behaupten.

Hatte noch — in der Auseinandersetzung zwischen Pompeius und Caesar vor der Schlacht bei Pharsalos (49) — Antiochos, um seine Kooperationswilligkeit zu erweisen, freiwillig ein Korps von 200 überwiegend berittenen Bogenschützen zum Heer des Pompeius

---

[6] Cass. Dio 36, 2, 5.

[7] Siehe App. *Mithr.* 106, 114, 117; Geiselstellung des kommagenischen Königs bei Plut. *Pomp.* 45, anläßlich des 3. Triumphzugs, den Pompeius in Rom veranstaltete, erwähnt.

[8] Strab. 16, 749.

[9] Antiochos' schwankende Haltung: Cic. *Fam.* 15,1,2. 3,1f. 4,3 in Ver-bindung mit Cass. Dio 49, 23, 3f.

[10] Vgl. Cass. Dio 49, 20, 3ff.; Ios. *Ant. Iud.* 14, 439f.; Plut. *Ant.* 34, 4

gesandt [11], so führte Antiochos' Nachfolger Mithradates — in der
Auseinandersetzung zwischen Marcus Antonius und Octavian vor
der Schlacht bei Actium (31) — selber das kommagenische Kon-
tingent, wie ein Klient oder Vasall, dem Herrn des Ostens, Antonius
zu [12].

Die außenpolitischen Verhältnisse hatten sich vom Regierungs-
antritt Antiochos I. um 70 bis zu seinem Tode um 35 v. Chr. entscheidend gewandelt. Aus der Politik einer Ausbalancierung der
Machtbereiche: parthischer, armenischer, pontischer, bithynischer,
kappadokischer, kilikischer, syrischer, römischer Bereich, war eine
Integration kommagenischer Herrschaft in die römischen Machtstrukturen geworden, so daß das Schicksal dieses Landes nun in
engstem Verbund mit den kolonialen römischen Bewegungen in
den Ostprovinzen steht.

Was von uns an konkreten Ereignissen herausgehoben wurde,
sind aus Appian, Cassius Dio, Cicero, Caesar, Plutarch u.a. längst
bekannte Tatsachen, die wir rekapitulierten, um aus dem Daten-
und Faktenmaterial Anhaltspunkte für ein von Antiochos I. initiier-
tes System kommagenischer Macht und Herrschaft zu gewinnen,
das außen- und innenpolitisch zu analysieren wäre. Eine solche
Systemanalyse ist bis jetzt nicht versucht worden, weil Soziologen
wenig Interesse an Historie haben und Historiker den Nutzen einer
überwiegend mit Soziostrukturen des 19. und 20. Jhrh. befaßten
Wissenschaft für ihr eigenes Arbeitsgebiet — besonders wenn es
dem vorindustriellen Zeitalter angehört — oft nicht einzusehen
vermögen. Das Fehlen der historischen Dimension, des verfeinerten
Instrumentariums zur Erfassung tradierter historischer Tatbestände läßt vor Systematisierungs- und Generalisierungsversuchen
im sozialwissenschaftlichen Sinne zurückschrecken, da Verifizierung
und Falsifizierung der Theorien am konkreten Fall kaum mehr zu
leisten ist.

Gerade weil wenig Vorarbeit auf dem Gebiet einer, wie wir es
nennen möchten, soziohistorischen Betrachtungsweise geleistet ist,
will der hier gebotene Ansatz nichts anderes sein als ein Versuch,

---

[11] Caes. *bell. civ.* 3, 4, 5; App. *bell. civ.* 2, 49

[12] Plut. *Ant.* 61; zu Roms Position gegenüber Kommagene: Cass. Dio 52,
43, 1; dazu Magie, *op. cit.* (Anm. 5) 1292.

durch Einbeziehung moderner Theorien über Herrschaft und Macht, dem deskriptiven ein strukturelles Element an die Seite zu stellen und damit eine erweiterte Diskussionsgrundlage zu schaffen. Es wird weniger darum gehen, fertige Antworten zu bieten, als Fragen zu stellen, bei denen der Charakter des Vorläufigen nicht verwischt werden soll.

Was wir versuchen möchten, wäre zunächst das *außenpolitische* System der Gleichgewichtspolitik Antiochos I. zu umreißen und begrifflich so zu fassen, daß der konkrete Fall Kommagene im 1. Jhrh. v. Chr. — unter Wahrung gebotener Vorsicht — soziopolitisch und sozioökonomisch zum vergleichbaren Tatbestand wird. Der zweite Schritt wäre der Rückgriff auf die *innenpolitischen* Verhältnisse, die sich aus den Selbstäußerungen des Königs in seinen soziokulturellen Programmen gewinnen lassen. Indizien für eine Charakteristik einherrschaftlicher Struktur dürften sich ergeben, wenn die übrigen Gesellschaftsschichten auf Willensbildung und Handlungsfähigkeit hin überprüft sind.

1) AUßENPOLITISCHE PERSPEKTIVE

Wenn wir fragen, seit wann diese Chance für Kommagene bzw. seine Führungsschicht bestand, durch Option zugunsten einer im Augenblick übergewichtigen Macht den eigenen Einfluß auf den Machtträger zu steigern und damit eine oder mehrere rivalisierende Mächte in Schach zu halten, so lassen sich Anhaltspunkte dafür nicht über die Zeit des Großvaters von Antiochos hinaus gewinnen [13]. Wir wissen nicht, ob die Genealogie in den Kultinschriften bezüglich der persischen Ahnen stimmt [14], aber daß das obere

---

[13] Gemeint ist Samos II. als erster nachweislicher König der Dynastie, der auf Münzen aus den Jahren zwischen 145 und 125 v. Chr. mit Strahlenkrone oder Tiara erscheint, die Rückseite zeigt eine Nike oder einen Tyrsos, Münzlegende: ΒΑΣΙΛΕΩΣ ΣΑΜΟΥ ΕΥΣΕΒΟΥΣ ΚΑΙ ΔΙΚΑΙΟΥ, vgl. B. V. Head, *Historia numorum*, Oxford 1911², 774; über Samos: RE I A (1920) 2160 s.v. *Samos* (Lehmann-Haupt).

[14] Dazu RE Suppl. IV (1924) 979ff. s.v. *Kommagene* (Honigmann) und F. K. Dörner, *Zur Rekonstruktion der Ahnengalerie des Königs Antiochos I. von Kommagene*, IstMitt. 17 (1967) 195ff.; Honigmann nimmt an, daß die persischen Ahnherren der kommagenischen Orontiden ursprünglich die südarmenische Satrapie innehatten, die vielleicht auch Kommagene umfaßt hätte, bis nach der Verteilung Armeniens unter zwei Strategen des Se-

Euphratgebiet in der Zeit von Artaxerxes II. Mnemon und früher
persisches Satrapenland war, ist sicher, bei aller Unsicherheit, ob
wirklich eine Tochter dieses persischen Großkönigs einen Vorfahren
des Antiochos mit ihrer Hand beglückte.

In der Diadochenzeit gehört das Gebiet zum Seleukidenreich bis
die Lokalherrschaft die syrische Oberhoheit abschütteln konnte. Daß
der Großvater des Antiochos das Münzprägerecht für sich in Anspruch nahm und der Vater Mithradates Kallinikos zum Schwiegersohn des Seleukiden Antiochos VIII. Grypos avancierte, deutet auf
Autonomie der kommagenischen Herren, die vielleicht erst nach
einem Sieg des Kallinikos, den eine Ehe befestigt hätte, rechtswirk-
sam von der Gegenseite anerkannt wurde [15]. Die Selbständigkeit der
kommagenischen Herrschaft ist also relativ jung; das Land gehörte entweder zum östlichen Machtbereich der Perser oder zum
westlichen der Seleukiden, später treten die Parther an die Stelle
der Perser, die Römer an die Stelle der Syrer.

Wer die Expansion römischer Macht im Vorderen Orient ins Auge
faßt, sieht wie es eigentlich vor der militärisch-politischen Tätigkeit des Pompeius keine dauerhaften direkten interaktionalen
Bezüge zwischen Rom und Kommagene gab; der Schluß liegt also
nahe: erst mit der Begründung der Provinz Syria, also erst während
der Regierung Antiochos I. von Kommagene werden orientalisch-
hellenistische Praktiken — lange geübt auf Grund der Erfahrungen
eines alten Durchgangsgebiets — relativiert durch die unmittelbare Nachbarschaft einer ausserorientalischen Macht. Wir werden
zu überprüfen haben, inwieweit Störungshorizonte sich aus dem
Übergewicht Roms ergeben und die kommagenische Politik sich
imstande zeigt, elastische Auffangmechanismen zu entwickeln,
die freilich nur solange funktionieren können, bis der feste Einbezug
Kommagenes in die römische Machtsphäre der Mobilität der Puffer-
zone ein Ende setzt. Machtpolitisch gesehen kulminiert die kom-

---

leukiden Antiochos d. Gr. die Orontiden auf Kommagene beschränkt worden
wären (Strab. 11, 531). Allerdings bezweifelt er auch wieder die Glaubwürdigkeit Strabons, so daß nur fließende Grenzen gegen Armenien hin
festzuhalten wären und im übrigen für die Vorfahrenliste gilt: ,,Manche
von den angeblichen Vorfahren mögen ... erst spät von eifrigen Hof-
historiographen entdeckt worden sein''.

[15] So Dörrie, *op. cit.* (Anm. 3) 15.

magenische Geschichte insofern in der Regierungszeit Antiochos I. als hier die Dichte internationaler Bezüge einen solchen Grad erreichte, daß kaum mehr Spielraum für selbständiges Agieren eines Kleinstaates zu bestehen schien.

Wir sprachen bis jetzt viel von Macht, Machtpolitik, Machtbereichen hinsichtlich faktischer Gegebenheiten und Ereignisse, ohne den Begriff Macht theoretisch zu bestimmen. Anzuknüpfen wäre an die erste moderne Machtanalyse von Max Weber, die Macht als Wahrscheinlichkeit faßt, daß ein Spieler innerhalb von Sozialbezügen in der Lage sei, senien Willen trotz Widerstandes zum Tragen zu bringen, ungeachtet der Basis, auf der diese Möglichkeit beruht. Alle erdenklichen Umstände können dabei den Akteur in die Lage versetzen, seinen Willen in einer gegebenen Situation anderen aufzuzwingen [16]. Machtbildende Faktoren, die in der Analyse von Macht beachtet werden müssen, können verschiedenster Natur sein, z.B.: Einfluß, Autorität, Überredung, Abbringen, Veranlassen, Anreizen, Zwang, Gewalt, Druck, Pflicht, Gehorsam, Demut, Duldung, Ehre, Privilegien, Prestige, Sichversagen. Gerade weil alle möglichen Qualitäten und Konstellationen es jemandem ermöglichen können, seine Intentionen im konkreten Fall durchzusetzen, hält Max Weber den Machtbegriff für zu amorph, um präzise Aussagen über den Staat im Sinne legitimierter Herrschaft zuzulassen. Aber da auch im Herrschaftsbegriff, unter verändertem Vorzeichen, alle Probleme von Macht wiederkehren und die Legitimitätsabgrenzung wenig beiträgt zum Verständnis fundamentaler soziologischer und psychologischer Prozesse, gilt unser Interesse eben jenen basalen Beziehungen zwischen sozialen Einheiten, die maßgeblich werden für ein-, zwei- oder mehrseitige Abhängigkeitsverhältnisse.

Eine umfassende Definition bietet die Experimentalpsychologie, wenn sie generell sagt: ,,One has power if he possesses something some one else wants or fears and if he is known to be willing and [or] able to share it or dispense it" [17]. Mit andern Worten: jemand

---

[16] Vgl. M. Weber, *Wirtschaft und Gesellschaft* I, Tübingen 1956[4]; Studienausgabe Köln/Berlin 1964.

[17] L. P. Lipsitt - H. W. Reese, *Experimental Child Psychology*, New York/London 1970, 588.

hat keine Macht, wenn er nichts hat, was irgendjemand wünschen oder fürchten könnte oder wenn es auf der Hand liegt, daß er weder imstande noch willens ist, das, was er hat, einem andern mitzuteilen oder weiterzugeben. Es genügt auch, wenn der potentielle Rezipient meint, jemand hätte keine Macht und Möglichkeit, den andern etwas wünschen, hoffen oder fürchten zu lassen.

Diese psychologisch-soziologischen Kategorien schaffen für Machtverhältnisse im engeren politischen oder ökonomischen Sinne einen erweiterten Spielraum, weil damit auch immaterielle auf Wille und Wünschen basierende Wirkweisen angesprochen werden, die, ob man sie nun als seelisch-geistigen Überbau einer materiellen Basis oder als selbständige Größen ansieht, auf jeden Fall in der Bestimmung des Erwartungshorizonts viel vermögen. Gerade der Rückgriff auf solche allgemeinen Kategorien kann helfen, die mögliche Machtentfaltung eines kleinen Staats, der nicht auf Stärke bauen kann, adäquater zu beurteilen, weil dieser versuchen muß, durch Entfaltung beweglicher Machtenergien reale Machtgewichte auszubalancieren. Auch ein kleiner Staat kann Hoffnungen und Befürchtungen erregen, die das Verhältnis von machtmäßig stärkeren und schwächeren Potenzen zu einem zweiseitigen machen.

In diesem Zusammenhang sei auf Systematisierungsversuche der amerikanischen Forschung verwissen, die die Machtbeziehungen zwischen responsive units (R) und controlling units (C) — unter- und übergeordneten sozialen Einheiten — in Fragehorizonte einzufangen sich bemühte, indem sie die Frage nach Größe und Ausmaß der Macht in der Beziehung von C zu R, die Frage nach der Verteilung der Machtmittel und den Charakteristika von C's oder R's, die Frage nach Reichweite, Umfang, Spezialisierung von Macht (C's Macht in Bezug auf bestimmte Aktivitäten von R) und die Frage nach der Beschaffenheit der R's, über die C Macht ausübt und die die Domäne von C bilden, stellte [18].

In Vereinfachung und Konzentration der Fragestellung bleiben uns hinsichtlich der außenpolitischen Verhältnisse Kommagenes zur Zeit Antiochos I. nur zwei Hauptpunkte zu erörtern, unter die

---

[18] Bes. R. A. Dahl, *The Concept of Power*, Behavioral Science 2 (1957) 201ff.; idem, *Modern Political Analysis*, Englewood Cliffs N.J. 1963.

die übrigen Problemkreise sich subsummieren lassen. Denn es kann keine Relation zwischen C und R hergestellt werden ohne Berücksichtigung von Über- und Unterordnungsverhältnissen (Domination) — wobei besonders die Möglichkeiten des machtmäßig Unterlegenen interessieren —, ebensowenig wie Distribution von Machtmitteln getrennt werden könnte von Organisationsfragen soweit sie zur Erhellung von Machtverhältnissen eine Rolle spielen. Die Beziehungen Kommagenes zu kontrollierenden Mächten können durch theoretische Vorgaben, die erst einen Sensibilisierungsprozeß für historische Tatbestände einleiten, so erfaßt werden, daß eine Strukturierung der überlieferten Fakten und Daten möglich wird. Wir möchten dabei im Umkehrverfahren besonders den Blick für das Machtverhältnis zwischen R und C, machtmäßig unterlegenem zu überlegenem Staat schärfen.

a) *Frage nach dem Verhältnis Kommagenes zu kontrollierenden Mächten*

Wir stellen auf Grund machtpolitischer und ökonomischer Tatbestände fest, daß Kommagene als Pufferstaat im Besitz der Euphratübergänge und der Karawanenstrassen und Handelswege vom innerasiatischen in den kleinasiatischen Raum nicht nur Objekt, sondern zugleich Subjekt ist. Die kontrollierenden Einheiten: hauptsächlich Partherreich, Armenien [19], Seleukidenreich und später Rom sind zwar als Raumgrößen und Machtpotenzen bei weitem überlegen, aber solange sie — in der Rivalität mindestens zweier Großmächte befangen — sich die von Kommagene gehaltene Schlüsselposition nicht gönnen und jeder sich scheut, einen gewis-

---

[19] Vgl. Zur Entwicklung des Landes in vorrömischer Zeit: K. F. Lehmann-Haupt, *Armenien einst und jetzt*, Berlin 1910-1931; ausführliche Schilderung in antiken Quellen: Strab. 11, 14 und Ptol. 5, 12 p. 931 M; zuerst war Armenien medisch, dann persisch, später seleukidisch; die de facto Unabhängigkeit ergibt sich aus seiner schwer zugänglichen Gebirgslage; wichtig für die Herrschaftsverhältnisse war die Teilung in Groß- und Kleinarmenien, die von Tigranes II., Zeitgenossen Antiochos I. von Kommagene, in einer gesamtarmenischen Konzeption wieder aufgehoben wurde. Der Zuwachs an Machtpotential ermöglichte die Expansion in den kilikisch-syrischen Raum, der dann der Rückschlag im 3. Mithradatischen Krieg mit dem Sieg der Römer folgte. Zur römischen Provinz Armenia minor vgl. J. Marquardt, *Römische Staatsverwaltung* I, Leipzig 1881[2], 434f.

sen status quo zu verändern, kann der machtmäßig unterlegene
Staat Vorteile daraus ziehen.

Kommagene wird nun, da es besitzt, was ein anderer wünscht
oder wenn es einem Dritten anheimfiele befürchten läßt, ein anderer
würde durch diese Okkupation mächtiger, in gewisser Weise stärker
als die Kontrollmächte, obwohl diese natürlich objektiv gesehen
im Sinne von Macht haben die mächtigeren sind. Lasswell und
Kaplan [20], aber auch Oppenheim [21] und andere unterscheiden
zwischen *Macht haben* und *Macht ausüben* als Modifikationen von
Macht. Das heißt: Macht, die ein Mensch oder ein Staat hat, ist
nur eine potentielle Größe und kann nicht immer ausgeübt werden,
weil der machtmäßig Unterlegene den Erwartungshorizont des
Überlegenen mitbestimmt. Die antizipierten Reaktionen, die nie
einseitig sind, schaffen eine variable Zukunftsorientierung, die das
Verhältnis von C zu R als machtmobiles zu bezeichnen erlaubt.
Auch wenn die Macht auf der Seite von C bleibt, kann sich R in
den Genuß von C's Macht bringen.

b) *Frage nach der Verteilung der Mittel, die das Verhältnis zwischen*
   Kommagene und den kontrollierenden Mächten stützen

Wenn die Machtrelationen bewegliche Größen sind, abhängig von
politischen und sozialen Veränderungen, so dürfte auch der beiderseitige Einsatz stabilisierender Machtmittel keine rein additive
Größe sein. Machtmittel heißt hier: Bereitstellung von Personen
und Sachen, um die Beziehung zwischen machtmäßig überlegenem
und unterlegenem Staat im Sinne eines garantierten Wohlwollens
zu erhalten.

Man würde nach der klassischen Machttheorie erwarten, daß der
kleinere, abhängige Staat dem oder den größeren, überlegeneren
gegenüber die höheren Leistungen (materielle und immaterielle)
gleichsam als Garantieprämie für seine relative Unabhängigkeit er-
bringen müsse. Aber auch bei den Distributionsleistungen ergeben
sich unkonventionelle Verhaltensschemata durch Gunst- oder Ver-

---

[20] H. D. Lasswell - A. Kaplan, *Power and Society. A Framework for Political Inquiry*, New Haven 1950, 71
[21] F. E. Oppenheim, *Dimensions of Freedom: An Analysis*, New York/
London 1961, Kap. 2, 3

trauensverhältnisse, die honoriert werden. Kommagene konnte, wenn es sich jeweils dem mächtigsten und gefährlichsten unter den rivalisierenden Mächten zuwandte, eine verstärkende Wirkung ausüben.

Der Staat, der sich in dieser Weise mit seinen Hegemonialansprüchen freiwillig bestätigt sah, lohnte diese Konformität mit Geschenken.

Caesar sagt, Antiochos habe von Pompeius magna praemia erhalten [22], dies wirklich im wörtlichen Sinn von Prämien für Loyalität. Daß Antiochos, der sich Seleukeia am Euphrat schenken ließ, seinem Gönner nur zweihundert Soldaten für den Heereszug gegen Caesar sandte, zeigt die Relativität von Leistung und Gegenleistung. Was eine abhängige Macht der Kontrollmacht zu leisten schuldig ist und umgekehrt, richtet sich nach der Intensität oder Extensität von Herrschaftseinwirkung; das losere System konkurrierender Mächte schafft dem Unterlegenen Freiräume, die eine Stabilisierung der verschiedenen Rollenfunktionen nicht zulassen. Die überlegene Macht ist — im Gegensatz zu legalisierten Abhängigkeits- und Tributverhältnissen — freiwilliger Verstärkung gegenüber meist überschiessend vorleistungspflichtig (gleitende Skala gegenseitiger Zuwendungen).

Gerade in diesem Zusammenhang sei auf die Kritik der Prämissen klassischer Machttheorie verwiesen, die Niklas Luhmann übte, der gemäß dem Kreiseldenken der Kybernetik eine Machtsteigerung aus einer Verbreiterung beiderseitiger Machtgrundlagen erwachsen sieht [23]. Hatte man in der älteren Theorie geglaubt, der Machtgewinn des Gegners sei gefährlich, weil er die eigene Machtüberlegenheit entsprechend mindere, so geht der systemtheoretische Ansatz Luhmanns davon aus, daß Macht balancierbar sei ,,durch Regelungen der Bedingungen des Zugangs zur Machtbasis physischen Zwanges''. Wer der Nötigung unterliegt, Zustimmung, Zusammenarbeit, Wohlwollen anstelle physischer Durchsetzungsgewalt zu brauchen, weil innerpolitisch Zwangsmechanismen den Arbeits-

---

[22] Caes. bell. civ. 3, 4, 5.
[23] Klassische Theorie der Macht, Zeitschrift für Politik 16 N. F. Heft 2 (1969) 150ff.; die Ausführungen wurden angeregt durch eine im SS 1968 an der Universität Münster abgehaltene Übung

und Rechtsfrieden gefährden und außenpolitisch rivalisierende
Interessen den Interventionsspielraum beschränken, der kann nicht
jeweils tun, was er will, sondern lebt seinerseits von Vermeidungs-
alternativen, die die Macht des jeweiligen Partners, auch wenn er
der machtmäßig Unterlegene ist, steigern. So hat z.B. Rom Macht
über Kommagene, Kommagene hat seinerseits Macht über Verkehrs-
wege, Wasserstraßen, Produktionspotential, Grenzsicherungen; solange sich Kommagene nicht aus der Kooperation zurückzieht,
wächst Rom die Macht Kommagenes zu, so wie umgekehrt Kommagene mächtiger wird durch das Angewiesensein Roms auf seine
Loyalität. Je weniger nun physische Zwangsmittel diese Kooperation
durchsetzen können, desto stärker wächst das Machtpotential des
Schwächeren und desto mehr steigert wiederum dieses machtmäßig aufgewertete Kommagene schließlich auch die Machtpotenz
Roms. So betrachtet wäre Annektion und Ausschaltung der Eigen-
ständigkeit beiderseitige Machtminderung durch Nivellierung einer
Differenzierung von Machtgrundlagen [24].

Zusammenfassend kann man die außenpolitische Entwicklung
Kommagenes in fünf Phasen einteilen:

Phase 1: persische Domination. Für diese Epoche ist unsere Quellenlage so dürftig, daß wir letzte Sicherheit nicht gewinnen können.
Kommagene war persisches Untertanenland, aber da die Organisation der Satrapien gebietsweise mit relativer Selbständigkeit
(Machtdelegation) rechnete, mag das Land dank seiner geographischen Lage (Tauros, Euphrat) einen gewissen Spielraum besessen
haben und dürfte nicht nur als ständiger integrierender Bestandteil
einer südarmenischen Satrapie anzusehen sein [25].

Phase 2: seleukidische Domination: Kommagene gehörte in der
Zeit nach Alexander zum Seleukidenreich [26], wiederum ohne

---

[24] Anders die klassische Machttheorie, die auf Grund der Prämisse der
Machtsummenkonstanz in einer Annektion eine Verschiebung des Macht-
gleichgewichts zugunsten des Erwerbers sähe, der damit einen einseitigen
Machtgewinn buchen könnte.

[25] Vgl. Anm. 14

[26] Wenn das Diodorfragment XXXI 19a (ed. Dindorf) von dem Spannungs-
verhältnis zwischen übergeordneter Macht Syrien und untergeordneter
Macht Kommagene spricht, das latent schon vorher, konkret aber unter

Autonomie, aber solange es östlicher Außenposten war, mit der Möglichkeit, gewisse Praktiken des Entzugs zu entwickeln.

Phase 3: großarmenische Domination: Die Herrschaft, die Tigranes I. von Armenien über Syrien und Ostkilikien gewinnen konnte, dürfte auch Kommagene in den Machtbereich des mit Mithradates VI. verbundenen Herrschers integriert haben, wobei sich wiederum fragt, inwieweit die parthisch-armenische Rivalität zu zeitweisem Machtgewinn genutzt werden konnte [27].

Phase 4: Vollautonomie: Während einer anhaltenden Schwächeperiode des Seleukidenreichs und der machtmäßigen Auseinandersetzung kleinasiatisch-vorderorientalischer Staaten, hat sich Kommagene wahrscheinlich so verselbständigt [28], daß es den Anspruch auf Autonomie erheben, wenn auch nicht ohne Rückschläge durchsetzen konnte. Wichtig dürfte in bezug auf Machtverhältnisse für die Zeit vor Antiochos I. von Kommagene die Entwicklung eines Widerstandspotentials sein, das Repressionseffekte und erzwungene Integration hervorgebracht haben dürften. Dieses Widerstandspotential wurde in der Periode des Antiochos so verfeinert, daß dem Lande größere Kriege erspart blieben. Gerade die Folgerungen, die sich sozialpsychologisch und entwicklungssoziologisch aus dem

---

dem Orontiden Ptolemaios (Urgroßvater Antiochos I.) nach 170 v. Chr. zu Loslösungsbestrebungen führte, so ist, wie in der persischen Ära so auch in der seleukidischen, mit einer zeitweise strafferen zeitweise loseren Einflußnahme des Herrschaftsträgers zu rechnen — je nach der innen- und außenpolitischen Situation der Hegemonialmacht —, die Separationsversuche unterdrücken oder auslösen kann.

[27] Über die wechselnden militärisch-politischen Beziehungen zwischen Partherreich, Armenien, Rom zur Zeit Tigranes I. vgl. J. Debecq, *Les Parthes et Rome*, Latomus 10 (1951) 464.

[28] Auch das, was wir ‚Vollautonomie' nennen, ist eine relative Größe, weil Kleinstaaten im Umfeld rivalisierender Großmächte einbezogen werden in Machtkämpfe, die durch den machtmäßig Unterlegenen kaum verhindert, allenfalls ausbalanciert werden können. So würde z.B. die großarmenische Domination in die Zeit der Autonomie gegenüber dem Seleukidenreich fallen, ebenso wie die römischen Domination nicht erst mit der Provinzialisierung des Landes beginnt. Vollautonomie heißt deshalb an dieser Stelle nichts anderes als einen Status erreicht haben, der auf Grund vorhergehender Verselbständigungsbestrebungen den Anspruch auf Selbstbestimmung zu erheben erlaubt. Ob dieser Anspruch bes. außenpolitisch immer durchgesetzt werden kann, ist eine andere Frage.

Verhältnis des kleinen machtmäßig unterlegenen Kommagene zu den umgebenden Großmächten ziehen lassen, bestärken uns — auf Grund der Quellenlage — in der Annahme, Antiochos sei nicht so sehr Spielball der Kontrollmächte als gewiegter Spieler, Ausspieler rivalisierender Interessen gewesen. Dörrie nennt die politischen Maxime des Antiochos abwertend „Schaukelpolitik" [29], wir möchten die erkennbare Virtuosität, Zünglein an der Waage zu spielen, mit einer balance-of-power-Politik bester hellenistischer Tradition in Zusammenhang bringen. Nun aber nicht Machtgleichgewicht im Sinne der klassischen Machttheorie, die den status quo jeweils verabsolutiert sehen möchte und ihn durch Abfiltern aller von Machtgebrauch abhängigen Veränderungen garantiert glaubt, sondern echte Machtbalance, bei der es darauf ankommt, ein System allseitiger Machtsteigerungsmöglichkeiten nicht dadurch in Unordnung zu bringen, daß man Mitspieler mit Gewalt einfach ausschaltet [30]. Die hellenistische Staatenwelt nutzt jede Chance, Machtgewinn durch kriegerische oder vertragliche Aktivitäten zu erzielen, aber sie monopolisiert den Anspruch auf Machtentfaltung nicht — das Alexanderreich zerbrach gerade an dem Partizipationsverlangen mehrerer Machtträger —, vielmehr honoriert sie machtmäßigen Aufstieg mit Anerkennung und Mitspielrechten.

Wie die griechischen Poleis zwar in ständiger Rivalität um die Hegemonie standen und doch gerade zur Aufrechterhaltung des agonalen Spielraums immer wieder den Ausgleich der Interessen durch Anerkennung der Existenzbasis suchten, so agierten auch die territorial strukturierten Diadochenreiche entsprechend politischvölkerrechtlicher griechischer Theorie und Praxis bis Rom dieses Wechselspiel mit seinen Freiräumen für Spontaneität als zu risikoreich und unberechenbar endgültig verdarb. Staatenpluralität

---

[29] Dörrie, *op. cit.* (Anm. 3) 18 a.E.
[30] Über die verschiedenen theoretischen Ansätze eines Machtbalancedenkens: E. B. Haas, *The Balance of Power: Prescription, Concept, or Propaganda*, World Politics 5 (1953) 422ff.; dazu die dynamische Machtkonzeption, die Veränderungen und Veränderbarkeit bestehender Verhältnisse einschließt: Luhmann, vgl. Anm. 23, S. 164; kritisch gegen Luhmanns Beitrag zu einer Theorie der gesellschaftlichen Evolution, Jürgen Habermas in: J. Habermas - N. Luhmann, *Theorie d. Gesellschaft oder Sozialtechnologie*, Frankfurt 1971, 270ff. mit Erwiderung Luhmanns, S. 361ff.

mit einer entsprechenden Differenzierung der Machtgrundlagen, mit loseren Machtkontrollen und Möglichkeiten spontaner Machtakkumulation paßt schlecht zu monistischer Machtkonzentration bzw. statischer Machtsummenkonstanz, bei der jede Störung des Gleichgewichts mit Machtkompensation beantwortet wird. Rom ersetzt das hellenisch-hellenistische balance-of-power-Prinzip, das als agonales System Balance i. S. von dynamischer Nutzung bestehender Freiräume — zur Vermeidung physischer Vernichtungsgewalt und zur Erlangung machtabhängiger Vorteile — versteht, durch das imperiale System, das letztlich nach straffer Über- und Unterordnung nicht nach Koordination und innerhalb dieser nach Hegemonie strebt. Wegen dieser systemabhängigen machtmäßigen Rollenfixierung zugunsten des Securitätsprinzips, die Risiken auszuschalten sucht, indem man genau weiß, wer über wen Macht hat, begründet Rom im Lauf der Zeit ein universales Sicherheitssystem, das in ein hierarchisches mit entsprechenden autoritären Formen in der späteren Kaiserzeit übergeht. Die römische Provinzialordnung hebt die Freizügigkeit der hellenistischen Staaten auf, indem sie Beziehungen zu Subsystemen normiert, denen zufolge der input in: Forderungen, Abgaben, Unterstützungen, der output in: Entscheidungen, autoritativer Zuordnung von Werten, Normen- und damit Handlungskontrolle besteht [31].

Phase 5: römische Domination: Daß Antiochos I. von Kommagene und mit ihm die hellenistische Staatenwelt die dem römischen System innewohnenden Tendenzen falsch einschätzte und die agonale balance-of-power-Politik gegenüber Rom fortzusetzen suchte, führte gegen Ende seiner Regierung zu jenem außenpolitischen Rückschlag, der die Phase der römischen Domination mit verschiedenen Zwischenstufen von Pseudounabhängigkeit bis zur Vollintegration einleitete. Ob allerdings Antiochos nicht doch, wenn auch

---

[31] Vgl. D. Easton, *An Approach to the Analysis of Political Systems*, World Politics 9 (1957) 383ff.; idem, *A Framework to Political Analysis*, Englewood Cliffs N. J. 1965; differenzierter in bezug auf die inputs und outputs einer Gesellschaft als Easton unterscheiden: G. A. Almond - J. S. Coleman (Ed.), *The Politics of the Developing Areas*, Princeton 1960; für unsere Untersuchungen weitgehend maßgeblich: W. C. Mitchell, *The American Polity. A Social and Cultural Interpretation*, New York 1962.

nicht außenpolitische so innenpolitische Maßnahmen traf, um die
Bedrohung durch Rom adäquater als mit einer Zünglein-an-der-
Waage-Politik zu beantworten, ist eine Frage, die sich uns im folgenden bei der Interpretation seiner Selbstvergottung, von der vor
allem Grabbau, Kultbilder und Inschriften auf dem Nemrud Dağ
zeugen, stellt.

2) INNENPOLITISCHE PERSPEKTIVE

Wir haben bis jetzt vorrangig die Außenpolitik behandelt, weil
wir glaubten, einzelne Handlungen oder Unterlassungen des Antiochos, von denen wir durch unsere Quellen zufällig wissen, in
einen machtpolitischen Kontext stellen zu müssen. Die Interaktio-
nen, von denen wir Kunde haben, stehen im Zusammenhang mit
einer politisch-ökonomischen Verflechtung von Systemen, die es erst
erklärlich macht, warum ein kleines Land wie Kommagene zeitweilig die Chance hatte, in einem weitmaschigeren Netz internationaler Bezüge durch einen verfeinerten Mechanismus von
Widerstand und Anpassung eine dynamische Balancepolitik mit
echten Machtzuwachsraten zu betreiben. Die außenpolitische Situation Kommagenes mit ihren Unsicherheits- und Gefährdungsfak-
toren muß primär ins Auge gefaßt werden, wenn der Versuch innen-
politischer Stabilisierung durch den Königskult, den Antiochos neu
akzentuierte, einsichtig werden soll. Man hat, abhängig von der
Suggestivkraft der inschriftlichen Quellen, die kultischen Maßnahmen, die Antiochos traf, primär religionsgeschichtlich zu deuten
versucht und sich in einem Gestrüpp von Wertungen verirrt, die
wenig über Antiochos und viel über die Abhängigkeit des Wertenden
von einem begrenzten Inventar passender Vorentwürfe aussagen.
Nicht daß wir glaubten, eine wertfreie Beurteilung sei möglich, wir
möchten nur einen Rückzug auf den hermeneutischen Zirkel, den
man angeblich nicht durchbrechen kann, erschweren durch die
Forderung erweiterter Korrespondenzfähigkeit, die mit Hilfe theo-
retischer Vorgaben zur Erschließung differierender sozialer Systeme
und Strukturen gewonnen wird [32].

---

[32] Zu diesem Problem die verschiedenen Beiträge von Apel, Bormann,
Bubner, Gadamer, Giegel und Habermas in: *Hermeneutik und Ideologie-
kritik*, Frankfurt 1971, vor allem J. Habermas, *Der Universalitätsanspruch
der Hermeneutik* S. 120ff.

Religiöse Tatbestände, wie die Vergottung eines Herrschers, lassen sich nicht isolieren, sondern sie gehören zum Komplex soziokultureller Fragen, die in engem Verbund mit soziopolitischen und sozioökonomischen Gegebenheiten stehen und deshalb einer soziostrukturellen Gesamtbetrachtung unterliegen. Wir können leider nur für Kommagene und das nur in groben Zügen den Versuch einer Systemanalyse machen, während wir uns wohl bewußt sind, daß entsprechende Untersuchungen mindestens für das Partherreich und Armenien, das Seleukidenreich und die römische Kolonialherrschaft in Vorderasien mit Rückgriff auf die innenpolitischen Verhältnisse der späten Republik durchgeführt werden müßten. Da der Rahmen dieser Arbeit begrenzt ist und einschlägige Vorarbeiten fehlen, müssen sich diese Ausführungen mit dem Umreißen eines Fragehorizonts begnügen, der allenfalls ein theoretisches Feld abstecken kann, in dem weitere Feldforschung zu betreiben wäre.

Wenn wir die Frage nach der Organisation kommagenischer Herrschaft stellen — Herrschaft im Max Weberschen Sinne als eine unbewußt-traditionell oder bewußt-institutionell garantierte Macht- und Gewaltausübung —, so dürfte die Basis einer Klassifikation nach Kriterien der Verteilung von Macht nicht genügen. Ebensowenig genügt natürlich reine Deskription nicht hinterfragter singulärer Tatbestände. Um zu einer gewissen Ordnung zu gelangen, die weitmaschig genug ist, wesentliche Merkmale von Herrschaftsbezügen im konkreten Fall zu fassen, möchten wir versuchen, in Auseinandersetzung mit der neueren amerikanischen Forschung — wir nennen hier nur Almond, Mitchell, Parsons, Smelser, Lane [33] — drei Punkte zu untersuchen:

---

[33] Zu der in Anm. 31 genannten Literatur: G. A. Almond - S. Verba *The Civic Culture. Political Attitude and Democracy in Five Nations*, Princeton 1963; G. A. Almond - G. Powell - G. Bingham jr., *Comparative Politics. A Developmental Approach*, Boston 1966; G. A. Almond, *A Developmental Approach to Political Systems*, World Politics 17 (1965) 183ff.; Talcott Parsons, *The Social System*, Glencoe Ill. 1951; T. Parsons - N. J. Smelser, *Economy and Society. A Study in the Integration of Economic and Social Theory*, Glencoe Ill. 1956; T. Parsons, *Some Highlights of the General Theory of Action*, in: R. A. Young (ed.), *Approaches to the Study of Politics*, Evanston Ill. 1958, 282ff.; idem, *Structure and Process in Modern Societies*, Glencoe III. 1960; idem, *On the Concept of Political Power*, PAPhS 107 (1963) 232ff.; idem, *Societies. Evolutionary and Comparative Perspectives*, Prentice-Hall 1966;

a) *Das Maß an Differenzierung*

Die modernen Sozialwissenschaften, die ihre Kategorien im 19. und 20. Jhrh. auf der Basis industrieller Gesellschaftsformen herausbildeten, orientieren sich — im Gegensatz zu den Geisteswissenschaften — weitgehend an ökonomischen und politischen Gegebenheiten, die, wenn nicht das *Zusammenwirken* von kulturellen, sozialen, politischen und psychologischen Faktoren ins Auge gefaßt wird, vorindustrielle Systeme in ihrer Funktionsfähigkeit kaum adäquat zu beurteilen erlauben. Das Unbefriedigende eines Urteils, das mit Vorläufigem, Unterentwickeltem rechnet, bleibt bestehen, wenn Organski diese vorindustrielle Stufe pauschal wie folgt charakterisiert: Ökonomie: vornehmlich Agrikultur, Produktivität und Lebensstandard niedrig, technische Fertigkeiten gering, Kapital knapp, Verwaltungsinstitutionen ineffizient, nationale Einheit schwach. Die materialen und menschlichen Kräfte sind größtenteils unorganisiert und nur teilweise genutzt [34].

Nun läßt sich tatsächlich für Kommagene im 1. Jhrh. v. Chr., wie heute noch, eine primär agrarische Basis annehmen; Keramikherstellung, Steinmetzarbeiten, Textilverarbeitung, Goldschmiedekunst erreichen nicht das Niveau der Produktion hellenistischer Zentren, dagegen scheinen Eisenverhüttung und Holzindustrie ein erhebliches Mehrprodukt geliefert zu haben [35]. Das kleine Land gilt

R. E. Lane, *Political Character and Political Analyses*, Psychiatry 16 (1953) 387ff.; idem, *Political Life. Why People Get Involved in Politics*, Glencoe Ill. 1959 (als paperback 1965 ersch.); R. E. Lane - D. O. Sears, *Public Opinion*, New York 1964; vgl. weiter: K. H. Tjaden, *Soziale Systeme*, Neuwied 1971, bes. S. 249ff.; O. Massing, *Vergleichende Regierungslehre* (*Comparative Government*) in: G. Kress - D. Senghaas, *Politikwissenschaft*, Frankfurt 1971[3], 286ff.; F. Naschold, *Systemsteuerung* (Narr-Naschold II) Stuttgart 1971[2], 128ff.

[34] Vgl. A. F. K. Organski, *The Stages of Political Development*, New York 1965.

[35] Zum Waldreichtum Kommagenes: Iosephus (*Ant. Iud.* 14, 441), darüber: RE Suppl. IV (1924) 988 s.v. *Kommagene* (Honigmann); zur Eisenverhüttung: D. Stronach, *Metallfunde in Arsameia am Nymphaios*, in: *Arsameia* I 275ff., vor allem 279; F. K. Dörner u.a., *Arsameia am Nymphaios. Bericht über die 1963 und 1964 ausgeführten Ausgrabungen*, AA 1965, 221ff. (*Die Sondagen auf dem ,Eisenfeld'*); F. K. Dörner, *Kommagene. Das Land — ubi ferrum nascitur*, AnzWien 1965, 1ff.; idem, *Zur Frühgeschichte des Eisens in Kleinasien*, in: ,,*Vita Pro Ferro*'', *Festschrift für Robert Durrer*, Schaffhausen 1965, 55ff.; vgl. auch W. Nowothnig, *Schmiedewerkstätten am Kilise*

nach Strabon [36] im Euphrattal als fruchtbar, es gilt nach Cassius Dio [37] auch als reich, so daß der römische Legat des Marc Anton, P. Ventidius Bassus, gerne auf diese Reichtümer des Antiochos sich gestürzt hätte. Der Wohlstand des Landes, auch wenn er den Quellenangaben gegenüber zu relativieren wäre, kann nicht unabhängig von der königlichen Zentrale, die Hauptimpulse i. S. einer Inzentivwirkung auf Landwirtschaft, Handwerk, Gewerbe, Handel ausübte — Kommagene ist ein altes Durchgangsland —, gewonnen worden sein. Denn die Komplexe liegender Güter, die Antiochos für den Kult seines Hauses und seiner Person stiftete, die Arbeitsaufträge, die er für Sakral- und Profanbauten vergab, die literarischen Leistungen seiner Kanzlei und die Strahlkraft seines Hofes—Inschriften und Denkmäler bezeugen dies — sprechen für planvolle Initiativen von oben mit Breitenwirkung über das ganze Land. Kommagene insgesamt scheint verflochten in einen großen Königsoikos, der in patriarchaler Weise regiert, das Maß der Differenzierung von innen her bestimmte. Nicht in einer abstrakten Herrschaftsordnung, die von außen her die sozialen Bezüge regelte, fand das Land seine Selbstidentifikation, vielmehr zeigt sich Kommagene in der Zeit des Antiochos quasi als Eigenwirtschaft des Herrschers, ein Tatbestand, dem die schwache Ausbildung politischer Führungskräfte neben dem König und die mangelnde Mobilität des Volks entspricht. Wir sprachen von einem Zusammenwirken kultureller, sozialer, ökonomischer, politischer und psychologischer Momente, das in einer vorindustriellen Gesellschaft Machtverflechtungen erlaubt, die die Stellung des Einen stützen, der in eigener Machtvollkommenheit das Maß der Differenzierung im Eigeninteresse bestimmt. Wir würden hier von interessegebundener Differenzierung und relativer Mobilität reden.

Das herrschaftszentrierte System Kommagenes darf, was das Maß innerer Differenzierung betrifft, nicht am level der Industriegesellschaft gemessen werden, bei der ökonomische Entwicklung, Be-

---

Tepe, IstMitt. 16 (1966) 139ff. und K. Rösch, *Kommagene — ein frühgeschichtliches Eisenland in Kleinasien? Ein Beitrag zur Frühgeschichte des Eisens und des Stahles* [= Verein deutscher Eisenhüttenleute. Fachausschußbericht 9.002], Düsseldorf 1972.

[36] Strab. 16, 2, 3
[37] Cass. Dio 49, 20 a.E.

völkerungsgröße, soziale Mobilität und politische Mobilisation zu den Determinanten nationaler Macht gehören. Denn die Ausbildung einer monarchischen Spitze, die stammesstaatliche Pluralität zurückdrängt, ist eine kräfteabsorbierende Leistung, die — als Folge von Konzentrations- und Reduktionsmechanismen — auf Machtsteigerung des Einen zielt, der wiederum zur Quelle der Ermächtigung für Gewaltunterworfene werden kann. Allerdings ist der Eine nur solange mächtig als über reine Repressionseffekte hinaus, bei denen Systemimmanenz durch Unterbinden systemwidriger Handlungen erzwungen wird, sekundäre Machtquellen (Zustimmung, Dienste, Dank), die die Differenzierung der Sozialbezüge steigern, zum Tragen kommen [38].

b) *Das Ausmaß, nach dem das System manifest wird*

Die Manifestation eines Staates würde sich in Repräsentationsorganen, vor allem in der Leitung zeigen. Theorie und Praxis verbinden sich in der Herausbildung der Spitzenorgane, die, wenn sie erfolgt ist, wieder auf den Bewußtseinshorizont der Gewaltunterworfenen zurückwirkt. Die verstärkende Wirkung eines Bewußtmachens der Spitze stabilisiert den Staat von unten her. Nun ist das Erfassen eines Staats als juristische Person relativ jung, älter sind organologische Auffassungen eines Staatskörpers mit Haupt und Gliedern. Die antike Staatstheorie kennt solche Metaphern und Symbole, mit denen sie zum Teil systemstabilisierend wirkt. Daß sich das Volk z.B. in der Kunst gestalthaft verdichtet, ist jünger als die Konzentration des Staats in Stadt- und Staatsgöttern, obwohl gerade im Hellenismus wieder Städte als weibliche Gottheiten, pauschal charakterisiert durch die Mauerkrone, als Identifikationssymbole auftreten.

In diesem Zusammenhang können wir auf die interessante Tatsache aufmerksam machen, daß in Vorwegnahme dessen, was später in der römischen Kaiserzeit geschieht, Antiochos, der sich in Übereinstimmung mit dem Willen der Götter selber zum Gott erhebt [39],

---

[38] Vgl. F. Naschold, *Zur Kritik der Diskussion des Machtkonzeptes*, in: Narr-Naschold, *Einführung in die moderne politische Theorie. II. Systemsteuerung*, Stuttgart 1971², 158.

[39] H. Waldmann unterscheidet zwischen den Hochgöttern des Götterordos, den Antiochos in seinem Herrschaftsgebiet kanonisiert und dem Gott-

seine Statue auf dem Nemrud Dağ neben die der Göttin Kommagene stellt. Der höchste Himmelsgott Zeus-Oromasdes, die brüderlichen Götter Apollon-Mithras-Helios-Hermes in einer Gestalt und Artagnes-Herakles-Ares als andere Kultverbindung stehen neben der Göttin Kommagene und dem Gott Antiochos, so daß man sieht, alle heilsamen, segenspendenden, richterlichen und rächenden Gewalten des Universums sind durch Kultkummulation heimisch geworden in einem Land, das Staatskult und Königskult zur Befestigung der Herrschaft in einer Integrationsfunktion einführt. Das heißt: durch den Herrscherkult wird auf der Basis nationaler Konzentration (Göttin Kommagene) zwischen Gruppen, die einander bisher ferner standen, eine gemeinsame Normorientierung erreicht, die Voraussetzung für politische, ökonomische, kulturelle Kooperation i. S. einer gemeinsamen Bezogenheit auf die Person des Herrschers sein kann [40]. Allerdings schafft erst die Vergöttlichung jene Dauer, die interpersonale, interregionale, intersoziale Bezüge längerfristig festigt.

----

königtum des Herrschers. Θεός sei Antiochos — man denke an die Festfeiern der seleukidischen Königsepiphanien — wie die andern Herrscher seines Kulturbereichs allein schon abstammungsgemäß gewesen. Dennoch sollte man das Prädikat σύνθρονος, das über σύνναος hinausgeht, als Throngemeinschaft mit den Hochgöttern (Kultinschrift Nemrud Dağ Z. 60, Abdruck: Dörrie, *op. cit.* [Anm. 3] 57) in seinem politischen Kontext sehen, der den erhobenen Anspruch auf eine gemeinsame gleiche Ebene erst erklärlich macht. Wenn Antiochos durch eine subalternere Stellung in diesem Götterkreis auswechselbar oder entbehrlich würde, entfiele die auf seine Person konzentrierte Integrationsfunktion eines Herrscherkults, der politisch, wirtschaftlich und kulturell Dauerwirkungen zeitigen soll, die bei unstabiler aussenpolitischen Lage nicht auf einer Generationenfolge, sondern nur auf den ‚Ewigkeitsqualitäten' des Kultstifters basieren können.

[40] Vgl. K. O. Hondrich, *Politische Herrschaft und wirtschaftliche Probleme*, Kölner Zeitschrift f. Soziologie u. Sozialpsychologie — Sonderh. 13 (1969) 377. Seine im Rahmen der Entwicklungssoziologie gewonnenen Kategorien eignen sich zur Anwendung auf vorindustrielle Gesellschaften, wobei der bes. auf die wirtschaftliche Entwicklung gerichtete Blick auch die sozioökonomische Differenzierung in einem herrschaftszentrierten Land wie Kommagene erhellen helfen kann. Damit ist allerdings noch nichts über die Priorität politischer oder wirtschaftlicher Faktoren bezüglich der Konstituierung und Stabilisierung zentraler Machtinstanzen ausgesagt, obwohl für Kommagene stärker als es vielleicht von der Quellenlage her abzusichern ist, gerade die Produktionsverhältnisse (Metallgewinnung und -verarbeitung) durch arbeitsteilige Wirtschaft und Kommerzialisierung der Tauschvorgänge Herrschaftszentrierung vorangetrieben haben mögen.

Dörrie gesteht zwar zu, daß bei Ptolemäern und Seleukiden der Königskult eine Frage der Innenpolitik gewesen sei, nicht dagegen in Kommagene. Hier hätte sich das Staatswesen dem Zweck unterordnen müssen, Unsterblichkeit und Göttlichkeit für den regierenden König zu schaffen, der seinerseits, da er unfähig gewesen sei, als Feldherr zur Göttlichkeit zu gelangen, sich durch reiche Geschenke einzukaufen versuchte [41]. Aber gerade in der Kultlösung auf dem Nemrud Dağ möchten wir nicht so sehr den Versuch eines hybrid gewordenen Königs sehen, der zynisch genug ist, sich selber Unsterblichkeit zu verschaffen, seinen Untertanen aber nur Gelagefreuden an den beiden Gedenktagen im Monat und zweimal zusätzlich im Jahr, sondern den ingeniösen Versuch, das Land für ‚ewig' durch die Kombination Staats- und Herrscherkult zusammenzuschweißen, um die Bedrohung Kommagenes von Seiten der römischen Kolonialherrschaft aufzufangen. Die innenpolitische Antwort auf den Diffusionseffekt außenpolitisch — dem Versuch Roms, die vorgefundenen Machtstrukturen umzustrukturieren — wäre die kultisch unterbaute Manifestation des kommagenischen Herrschaftssystems εἰς ἀεί, für immer. Die einmalige Identitätssymbolik in Gestalt des Gottes Antiochos bliebe über die Wirkmöglichkeiten des Königs hinaus gewahrt, so daß wechselnde Machtkonstellationen bei den Römern einem Dauerregnum des Antiochos gegenüberständen. Wir sahen, wie Antiochos I. außenpolitisch nicht imstande war, über eine verfeinerte Balancepolitik hinaus, den imperialen römischen Machtstrukturen mit neuen Reaktionsmechanismen zu begegnen. Hellenistische Politik hatte keine besseren, sachadäquaten Vorentwürfe zu bieten. Wegen dieser Reaktionsschwäche vermuteten wir, Antiochos habe den ‚Mitspieler' Rom falsch eingeschätzt und ihn auf der Stufe des Parther- oder Seleukidenreichs gesehen. Erst die repräsentativen Inschriften zum Königskult indessen bieten das innenpolitische Pendant, das unsere Informationslücken bezüglich der Abwehrreaktionen des Königs schließt. Die Selbstvergottung des Herrschers, verbunden mit einer Kultorganisation, die das Volk ‚ewig' um den Kultmittelpunkt Antiochos zusammenschloss und Kommagene so Überlebenschancen gewährte, war die kreative Konstruktion dieses Königs.

[41] Dörrie, *op. cit.* (Anm. 3) 225ff.

Die individualpsychologischen Interpretationen gegenüber den kultischen Maßnahmen des Antiochos, die das ganze Land in Kultdepartements mit Integrationsfunktion einteilten, basieren unbewußt auf einer personalistischen Geschichtsauffassung, die den ‚Macht*haber*' trennt von einer gesellschaftlichen Gesamtverflechtung. Es geht nicht um: Selbstvergottung mit Hilfe eines überdeckten Repressionseffekts — d.h. Bestechungsversuch des Volks durch Festlichkeiten statt Zwangsmechanismen — oder als Alternative: Partizipation aller an einem seelischen Sublimierungsprozeß, sondern es geht um die Funktion des Königskults im Rahmen eines Macht- und Herrschaftssystems, das bei unstabilen Aussenpositionen Stabilität im Innern sucht.

Wir haben zu begründen, warum wir eine innenpolitische Reaktion des Antiochos auf die römische Gefahr annehmen und den organisierten Königskult als Abwehrreaktion gegenüber einer Verschiebung des Gleichgewichts im Vorderen Orient ansehen. An dieser Stelle muß auf das Löwenhoroskop vom Nemrud Dağ eingegangen werden [42]. Das Horoskop könnte sich der Gestirnkonstellation nach entweder auf den 17.7.98 v. Chr. oder den 7.7.62 v. Chr. beziehen, wobei das letztere Datum von Neugebauer gegen Lehmann mit größerer Wahrscheinlichkeit angenommen wird [43]. Da bis zu diesem Tag — zusammengesehen mit den vorhergehenden — Mars, Merkur und Mond an Regulus, der wahrscheinlich mit Antiochos gleichzusetzen wäre, vorbeizogen, ergab sich für den Juli 62 das triumphale Ereignis, daß auch Juppiter sich an Regulus vorüberbewegte und bei entsprechender astrologischer Deutung dem Königstern als Verkörperung des Königs seine Reverenz erwies [44]. Auf dieses

---

[42] Dazu: F. K. Dörner, *Kultinschrift von Antiochos I. von Kommagene für das Hierothesion des Mithradates Kallinikos in Arsameia am Nymphaios*, [in: *Arsameia* I 65-68]; Dörrie, *op. cit.* (Anm. 3) 202ff.; J. Gagé, *Basiléia, Les Césars, les Rois d'Orient et les 'Mages'.* Paris 1968, 143ff.

[43] Siehe P. Lehmann, in: Humann-Puchstein, *op. cit.* (Anm. 1) 331ff., anders O. Neugebauer - H. B. van Hoesen, *Greek Horoscopes* [=MemAPhS 48], Philadelphia 1959, 14ff.

[44] ,,Wie es zu der Gleichung Antiochos = Regulus kam, braucht nicht untersucht zu werden: ohnehin muß bei diesen Observationen ein recht tüchtiger Astrologe mitgewirkt haben, der diese Konstellation, wenn nicht vorausberechnete, so doch im Sinne des Königs Antiochos auswertete" (Dörrie, *op. cit.* [Anm. 3] 205). Gagé sieht die astrologischen Interpretationen

Ereignis in Reliefs auf dem Nemrud Dağ [45] hinweisen, hieße die
Kultkonstellation der fünf dort verehrten Götter siderisch begründen und erklären, warum Antiochos-Regulus im Gegensatz zu
einem früheren Unterordnungsverhältnis nun den griechisch-persi-
schen Kultkombinationen Artagnes-Herakles-Ares, Apollon-Mithras-
Helios-Hermes, Kommagene (Tyche-Selene) und Zeus-Oromasdes
an die Seite gestellt werden konnte [46]. Der königliche Stammbaum,
in dem sich Antiochos griechischerseits auf Alexander d. Gr. und
persischerseits auf Dareios d. Gr. zurückführt, begründet noch
nicht, wenn man die Linien dieser Ahnherrn auf ihre himmlischen
Vorfahren Zeus und Oromasdes verlängert, den Anspruch auf
Kultgemeinschaft mit Höchstgöttern. Zumal es in der religiösen
Motivation des Antiochos die Entwicklung von ,Gedächtniskult'
zum ,Gnadenkult' gab.

Wir wissen nicht, ob Antiochos, durch seine Astrologen darauf
aufmerksam gemacht, die günstige Gestirnkonstellation unmittelbar oder erst nachträglich religionspolitisch auswertete. Aber wir
sehen einen Zusammenhang zwischen diesem später in den Monu-
mentalanlagen des Nemrud Dağ, dem Ausstrahlungszentrum für
den neu etablierten Fünf-Götter-Kult, relevant werdenden Ereignis
und der veränderten internationalen Lage, der sich Kommagene
gegenüberfand. Nach der militärischen Ausschaltung Mithradates

im größeren Zusammenhang mit einer überregionalen orientalischen Magier-
tradition, die religiöse Verbindungen zwischen dem syrisch-kappadokisch-
armenisch-parthischen Raum herstellt (*op. cit.* [Anm. 42] 146ff.)

[45] Dazu: J. H. Young (*Skulpturen aus Arsameia am Nymphaios*, in:
Arsameia I 225), der feststellt, daß neben den vier Dexiosis-Reliefs auf der
Westterrasse des Nemrud Dağ das Löwenhoroskop (Löwe im Relief, Körper
mit Sternen geschmückt, über dem Rücken drei große Sterne, die in der In-
schrift als Merkur, Mars, Jupiter bezeichnet werden) gefunden wurde, wozu
Fragmente eines Löwen im Relief passen, die auf der Ostterrasse zu diesem
Fund in Parallele stehen. Da auch in Arsameia ein Fragment mit 5 langen,
dünnen am Ende sich verjüngenden Strahlen entdeckt wurde, will der
Ausgräber auch hier ein weiteres Horoskop-Exemplar annehmen.

[46] Nicht mehr μνήμη steht jetzt als Mahnmal der Erinnerung an den vergöttlichten Menschen im Vordergrund — wie noch in Arsameia am Nymphaios und in Arsameia am Euphrat —, sondern εὐσέβεια als Heilstat, die
mit der Inthronisierung der Götter auf dem Nemrud Dağ und der begründe-
ten Kultkontinuität des Fünfverbands für die Untertanen die unverwechsel-
bare religiös-nationale Einheit schafft (dies kann sehr wohl durch Integration
übernationaler Elemente geschehen)

VI. konnte der durch die lex Manilia (66 v. Chr.) ermächtigte Pompeius Armenien zum Klientelstaat machen, die Parther unter Phraates, die den jüngeren Tigranes unterstützten, zurückdrängen, die Provinz Pontus einrichten, Bithynien wahrscheinlich bis zum Halys ausweiten und vor allem Syrien zur römischen Provinz erklären. Die Jahre 64/63 gingen für Pompeius mit der Neuordnung der syrischen, kilikischen und lykischen Provinzen hin, mit der Sanierung der Randgebiete — damals erhielt Kommagene Seleukeia am Euphrat und mesopotamisches Umland —, mit der Belohnung romfreundlicher Mächte, mit dem Abschluß von Freundschaftsverträgen, mit Stadtgründungen, mit der Pazifierung von Judäa und Machtumschichtungsprozessen innerhalb dieses Landes. Der Hauptgegner Roms Mithradates VI. hatte sich 63, an der Möglichkeit erneuter Offensivkriegsführung verzweifelnd, den Tod gegeben, der bosporeanische Staat unter seinem Sohn Pharnakes trat wie Armenien in ein Klientelverhältnis zu Rom ein, Pompeius übernahm die festen Burgen mit den Schatzkammern des Mithradates kampflos, ihn selber hatte er mit königlichen Ehren zu Sinope in der Familiengruft beigesetzt. Pompeius konnte als der Gewinner großzügig sein und den Oktroi seiner Ordnung, der die Verhältnisse im Vorderen Orient langfristig regelte, zeitweilig vergessen lassen. Er begab sich im Frühjahr 62 von Amisos nach Lesbos und von dort nach Mytilene. In Ephesos entlohnte er Heer und Flotte, ehe er über Rhodos und Athen nach Italien zurückkehrte, wo er in Brundisium die Truppen entließ (Dez. 62) [47].

Mit dieser entscheidenden Neuordnung im Osten waren Akzente gesetzt, die keinen Zweifel mehr an der Domination Roms liessen, die allerdings in den machtmäßig überlagerten Gebieten nicht ohne Widerspruch hingenommen und von den Grenzländern, besonders

---

[47] Über die politischen und militärischen Aktivitäten des Pompeius: RE XXI (1952) s.v. *Cn. Pompeius Magnus* (Miltner); M. Gelzer, *Pompeius*, München 1959[2]; J. van Ooteghem, *Pompée le Grand, batisseur d'empire*, Brüssel 1954; idem, *Lucius Licinius Lucullus*, Brüssel 1959; dazu an antiker Literatur bes. die Viten des Plutarch (Lucullus, Crassus, Sertorius, Pompeius) und Memnon von Herakleia mit seiner Stadtgeschichte (*FGrHist*. 434); zur Neuordnung in Bithynien: K. Wellesley, *The extend of the territory added to Bithynia by Pompey*, RhM 96 (1953) 293ff.; umfassender: W. S. Anderson, *Pompey, his Friends, and the Literature of the First Century B.C.*, Berkely/Los Angeles 1963.

dem Partherreich nicht auf die Dauer anerkannt wurde. Eine Balancepolitik ließ sich in Pufferzonen außenpolitisch weiterbetreiben, aber dennoch muß die Umstrukturierung, die Pompeius als Exponent des römischen Herrschaftssystems vornahm, alarmierend gewirkt haben. Denn es kann kein Zufall sein, daß wir das ‚Löwenhoroskop' von völlig anderen Kriterien ausgehend, in die Zeit nach Abschluß der militärisch-politischen Aktivitäten des Pompeius setzen können. Im Frühjahr 62 ist die römische Mission gemäß der lex Manilia beendet, am 7. Juli des gleichen Jahres stehen die Sterne so, daß Regulus-Antiochos die Gestirngötter einschließlich des Höchsten am Himmel begrüßen und damit auf Erden das Recht partnerschaftlicher Kultgenossenschaft begründen kann. Ohne die römische Herausforderung äußerster Machtbedrohung hätte kein unmittelbarer Anlaß bestanden, die göttliche Potenz des Antiochos unangreifbar jedem menschlichen Zugriff zu entziehen und sie zum verpflichtenden Identifikationssymbol für ein in seiner territorialen und sozialen Existenz gefährdetes Volk zu machen.

Wie Rom mit Herrschern umspringen konnte, wußte man von Lucullus, kannte man von Pompeius. Der Armenierkönig Tigranes I. sah sich genötigt, am Tor des römischen Lagers vom Pferd zu steigen, sein Schwert abzugeben, zu Fuß sich zu Pompeius zu begeben, die Königsbinde vor ihm abzunehmen und die Proskynese zu vollziehen. Pompeius ersparte ihm zwar diese äußerste Demütigung, indem er ihn zu sich emporzog, die Binde wieder um die Stirn band und ihn zu seiner Rechten sitzen ließ, aber das Abzeichen königlicher Gewalt war jetzt von Rom verliehen, der römische Prokonsul erschien als Legitimationsinstanz und übergeordneter Herrschaftsträger [48]. Das war nicht anders im Winterquartier zu Amisos (65/64), wo Pompeius viele Fürsten, Potentaten und zwölf Könige wie einen Hofstaat um sich versammelt hatte, Ordnungen schuf, Geschenke und Belohnungen verteilte und in einem Antwortschreiben dem Partherkönig die offizielle Anrede „König der Könige" verweigerte [49].

---

[48] Eutrop. 6, 13; Plut. *Pomp.* 33, 2; Cass. Dio 36, 51, 3ff.

[49] Plut. *Pomp.* 38, 1; Cass. Dio 37, 6, 2; die antiken Quellen lassen Negativaspekte in der Beurteilung des Pompeius erkennen, da er, während der Krieg

Es schien unter dieser militärisch-politischen Konstellation keine dauerhafte Sicherung gegen Machtverlust zu geben; das, was hellenistische und orientalische Tradition theoretisch und praktisch zur Festigung einherrschaftlicher Gewalt leisteten, war durch Rom in Frage gestellt. Das θεός-Sein, das ἐπιφανής-Sein, das βασιλεὺς-μέγας-Sein schützte nicht mehr vor einem fundamentalen Infragestellen der Machtbasis, gegenüber der Rom sich als Ermächtigungsinstanz verstand. In dieser Inflation von Titeln und Würden, der Relativierung gottähnlicher und gottgleicher Stellungen konnte nur noch eine Qualifikation außerordentlicher Art, die das Niveau des üblichen überstieg, eine Differenzierung schaffen. Die Aufnahme unter Hochgötter in der neu konstituierten Fünf-Götter-Ordnung schafft eine Überhöhung [50], der gegenüber ein Angriff auf die Person des Königs, sei sie lebend oder tot, Sakrileg wäre. Diese Hochgottposition, verbunden mit einer straff organisierten Ausrichtung des Volks auf diese monarchische ‚Dauerspitze', schien eine institutionalisierte Machtgarantie zu bieten, für die es Hofastrologen nicht schwer gefallen sein dürfte, den kosmischen Begründungszusammenhang zu liefern.

Daß der Kulminationspunkt des königlichen Katasterismos [51] zeitlich mit dem Abzug des Pompeius aus Asien nach Abschluß der politischen Neuordnung, in Relation gesetzt werden kann, bezeugt den Wunsch, eine eigene Neuordnung, die freilich keine aussenpolitische sein konnte, gleichsam als innenpolitisches Kontrastprogramm aufzubauen. Zu welchem Zeitpunkt im Bewußtsein des Königs diese Notwendigkeit organisatorische Gestalt annahm, ist eine nicht genau zu beantwortende Frage. Allerdings darf, wer das Ausmaß der Manifestation des kommagenischen Systems feststellen will, nicht an der Tatsache vorübergehen, daß — wann genau zeit-

---

gegen Mithradates noch andauerte, genau so unrechtmäßig ohne Hinzuziehung einer Senatskommission (wie Lucullus, dem Pompeius dies vorwarf) Ordnung in Eigenregie statuiert habe, ein Vorwurf, der auf einherrschaftliche Tendenzen zielt. Zur Errichtung der Provinz Pontus durch Pompeius: Liv. *per.* 102; Vell. 2, 38, 6

[50] vgl. Anm. 39

[51] Οἱ Καταστερισμοί bezeichnet den Sternkatalog des Hipparchos aus Nikaia in Bithynien (Suda) und wird, wenn man die Gestirnkonstellation des Löwenhoroskops als astral legitimierte Epiphanie von Regulus-Antiochos deutet, zutreffend verwendet.

lich immer — erst mit der Hochgottschaft des Antiochos jener
Grad der Herrschaftsintensivierung erreicht ist, der die Bezugs-
person des Königs zum dauernden Integrationsfaktor des Staats
macht. Diese Konstruktion ist nicht eine Schöpfung aus dem Nichts,
hellenistische und orientalische Vorentwürfe haben Bestandteile
geliefert [52], aber diese Vorstrukturierungen mindern nicht die
Originalität des Entwurfs einer Dauerordnung, die mit der Kon-
stanten Antiochos inmitten variabler Größen rechnet.

c) *Stabilität der verschiedenen Rollenfunktionen und Auswechselbarkeit von Rollen*

Rollendifferenzierung und Rollenstabilisierung ist die Leistung
höherer Systeme, während primitivere Gesellschaften politische
Rollen kaum spezialisieren und nur im Herrscher diffuse politische,
soziale, ökonomische und religiöse Funktionen vereinigen. Das
Pendant zur Rollenstabilität wäre die Auswechselbarkeit von
Rollen, indem institutionalisierte Herrschaftsverhältnisse nun auf
ihre Veränderbarkeit, sei es in evolutionären oder revolutionären
Bewegungen, geprüft werden.

Für Kommagene können wir die Frage nach einer schichtenspezi-
fischen Gliederung der Bevölkerung mit Rollenstabilität und Rollen-
veränderlichkeit kaum stellen, da das Volk, bei dem wir zwar eine
Unterscheidung in Freie und Unfreie treffen können [53], im wesent-

---

[52] Gagé (*op. cit.* [Anm. 42] 144ff.) betont gegen Dörrie (*op. cit.* [Anm. 3]
Anm. 56) die iranische Komponente, die zu leicht übersehen wird, wenn die
Analogien besser bekannten griechischen Modellvorstellungen entnommen
werden. Symptomatisch dafür dürfte der Rückgriff auf den Euhemerismos
sein, der monokausal orientalischen Absolutismus mit griechischem Ratio-
nalismus erklären soll. G. Widengren, (*Iranisch-semitische Kulturbegegnung
in parthischer Zeit*, Köln/Opladen 1960) weist mit Recht auf die
Durchdringung iranisch-hellenistischer Stilelemente in der Ikonographie
kommagenischer Kunst hin (S. 17). Das Gewicht, das die kommagenische
Kunst auf ethnographisch-politisch-religiöse Details unter Negation des
menschlichen Körpers legt, betont M. Rostovtzeff, *Caravan Cities*, Oxford
1932, 193), der an die Monumentalität achämänidischer, parthischer, sassani-
discher Felsreliefs erinnert. Über Tracht, Ornat und Insignien der kommagenischen Könige wäre im Hinblick auf orientalische Herrschertradition noch
gründlicher zu arbeiten.
[53] Die Inschriften über die Kultstiftungen des Königs sprechen von
Hierodulen, die als Musikantinnen samt ihrer Nachkommenschaft an die
Kultstätte gebunden sind und der Kuratel der Priester unterstehen.

lichen Objekt königlicher Fürsorge bleibt. Das Äquivalent für solche Schutz- und Fürsorgefunktion wäre die klientelartige Abhängigkeit von dem Einen, der, indem er eine breitere Schicht Mitverantwortlicher nicht entstehen läßt, eine curativ-hierarchisch-charismatische Herrschaft ausübt.

Wir hören zwar von der Möglichkeit, daß Dynasten, Archonten oder Priester die Stiftungsbestimmungen angreifen könnten, die der König in eigener Machtvollkommenheit festsetzt, ohne eine administrative oder korporative Instanz — wie es bei griechischen Stiftungen üblich ist [54] — einzuschalten. Aber da solche Personen singulär, nicht von ihrem Stand her erfaßt werden, sind sie nichts anderes als systemabhängige Trabanten, ohne daß eine Zwischenschicht, i. S. einer leistungsfähigen Oberschicht wirklich als potentielle Partizipienten an der Macht, systemverändernd wirken könnte.

Das heißt: solange die politisch-wirtschaftliche Ordnung, die Antiochos vorfand und ausbaute, besteht, wird die monarchische Lösung mit Objektstellung des Volks und Hilfsstellung einer dünnen Oberschicht weiterbestehen.

Und hier liegt der Schlüssel zum Verständnis der großen Stiftertätigkeit Antiochos I. Er überzieht das ganze Land mit einem System regional festgelegter Stiftungsbezirke, analog den späteren Episkopaten und Kirchensprengel, und mobilisiert das Volk, das die Wohltaten der großen Landvergabungen in Form von Fleisch, Wein, Weib, Musik genießt, in Kultgemeinschaften zu Ehren des Antiochos, seiner Familie, seines Staates. Er schafft Symbole zur Selbstidentifizierung des Volks, die fiktiv ‚ewig' dauern könnten. Die dadurch geschaffenen intergruppalen Bezüge schaffen größere soziale Dichte. Die Kultgemeinschaften zu Ehren des Antiochos und seines Hauses könnten Keimzelle genossenschaftlicher Organisation und systemverändernder Bewegungen werden. Aber da die Kultgemeinschaften nicht durch Wahl und Eigenaktivität die Kultbeamten und Priester bestimmen, sondern Priestergeschlechter vom König eingesetzt und vermögensmäßig unabhängig gehalten werden, gibt es keine Chance über den Staats- und Königskult, der starke Elemente emotionaler und sozialer Bezüge aktiviert, sich

---

[54] Zum System der griechischen Stiftungen: A. Mannzmann, *Griechische Stiftungsurkunden. Studie zu Inhalt und Rechtsform*, Münster 1962, 88ff.

39

zu emanzipieren. Die emotionalen und sozialen Bindungen sollen,
immer wieder verstärkt durch materielle und immaterielle Zuwendungen, nur *einem* zugutekommen, dem Wohltäter, dem Vater,
dem Gott Antiochos.

Hier liegt eine perpetuierte Stagnation, eine Thesaurierung des
ganzen Landes vor: die königlichen Domänen sind für alle Zeiten
festgelegt und immobil, Edelmetalle dem Verkehr entzogen —
die goldnen Kränze, die Becher, das Kultgerät, das die Antiochos-
gemeinde benutzt, haben keine Kaufkraft, keine Ausmünzbarkeit
mehr. Deshalb kann der König, der auf dem Nemrud Dağ im
Verein mit Hochgöttern und dem zu ihm emporgestiegenen Kommagene noch als Toter zufrieden ins Land blickt, die Zeit verachten,
sie — glaubt er — könne ihm und seinem Werk nichts mehr anhaben, denn er, der geschickte Diplomat, der Spieler im internationalen Spiel der Kräfte, der die römische Gefahr wohl erkennt
und ihr vorbeugte, hat eine Herrschaft hinterlassen, die einzig auf
königlicher Willensbildung ruht, auf einer Bindung der Zeit durch
seine Kultstiftung für ‚ewig'. Aber diese wohlkonstruierte Ewigkeit
mußte, wie die Systemanalyse uns zeigen konnte, scheitern, aus
der zu engen, auf den Einen ohne Partizipation der andern zuge-
schnittenen Konzeption. Ein Staat von Wohlfahrtsempfängern wird
bei aller Wohltat es auf die Dauer müde, politische und soziale
Mündigkeit gegen Feiertage und Festessen einzutauschen [55].

[55] In welchem Grade das emanzipatorische Bedürfnis nach politischer
Partizipation in der Grenzzone sich überschneidender griechisch-orien-
talischer Einflußsphären geweckt war, dürfte eine Frage städtischer Entwicklung sein. Das Vorhandensein von Mittelpunkten politisch-ökonomisch-
kultureller Aktivitäten in agrarisch strukturierten Gebieten steigert Kom-
plexität und Mobilität gesellschaftlichen Lebens, so daß diese differenzierten
Organisationsformen Inzentivfunktionen in Strukturierung des Umlands
ausüben können. Eine kommagenische Stadtgeschichte als Pendant zur
Geschichte königlicher Machtentfaltung zu schreiben, wäre für eine Forschung, die Macht- und Herrschaftsverhältnisse unter dem Aspekt möglicher
emanzipatorischer Bewegungen sieht, Desiderat.

RUTH MAYER-OPIFICIUS

GÖTTERPAARE IN KLEINASIEN UND MESOPOTAMIEN

(Taf. CXLIV-CXLVII, Abb. 1-13)

Zu den bekanntesten Monumenten der großreichszeitlichen hethitischen Kunst gehören die Felsreliefs von Yazılıkaya[1] in unmittelbarer Nähe der Hauptstadt Boğazköy gelegen (Abb. 1) Im Zentrum des Felsheiligtums ist die Spitze des Pantheons, ein Götterpaar, dargestellt. Beide schreiten aufeinander zu und führen gleichzeitig einen Zug weiblicher bzw. männlicher Götter an. Obwohl die beiden Götter deutlich aufeinander Bezug nehmend abgebildet sind, hat doch jeder Teil des Paares eine eigene Funktion, die mit der Bildlichmachung einer Liebesbeziehung nichts zu tun hat. In diesem Sinn soll hier der Begriff „Paar" Verwendung finden.

Die Namen der beiden großen Götter von Yazılıkaya sind wohlbekannt: es handelt sich um den Wettergott des Himmels und die Sonnengöttin von Arinna. In Hieroglyphenbeischrift werden sie mit ihren churrischen Namen als Teššub und Ḫebat bezeichnet[2]. Obwohl die Götter durch Tracht[3] und Ikonographie[4]

---

[1] Vgl. Kurt Bittel u.a., *Das hethitische Felsheiligtum Yazılıkaya*, Berlin 1976, 125ff.

[2] E. Laroche, *Le Panthéon de Yazılıkaya*, JCS 6 (1952) 115ff. und H. G. Güterbock, *Yazılıkaya*, 167ff.

[3] So ist z.B. die spitze Kopfbedeckung seit der Karumzeit als Kopfbedeckung kleinasiatischer Götter bekannt vgl. Bleiidol aus Kültepe in K. Emre, *Anatolien Lead Figurines and their Stone Moulds* [= TTK 6, 14], Ankara 1971, Taf. III 2. Die weibliche Kopfbedeckung könnte dagegen aus dem syrisch-mesopotamischen Bereich stammen. Vergleichbares gibt es bei syrischen Göttinnen, vgl. D. Collon, *The Seal Impressions from Tell Atchana/Alalakh* [= AOAT 27], Kevelaer/Neukirchen-Vluyn 1975, 18off. „The Syrian Goddess" trägt eine zylindrische Kopfbedeckung, sie wird von der Verfasserin mit Ištar oder Ḫebat oder einer Amalgamierung beider gleichgesetzt. Eine Mauerkrone ist die Kopfbedeckung z.B. der mesopotamischen Göttin, die zum Ištarkreis gehört. Vgl. R. Opificius, *Das altbabylonische Terrakottarelief* [= UAVA 2], Berlin 1961, Nr. 160. 181. Das weibliche Gewand ist dagegen außerhalb des hethitischen Kulturkreises nicht bekannt.

[4] Das atlantenhafte Tragen der Berggötter scheint eine typisch hethitische Eigenart zu sein: Vgl. etwa das Felsrelief von Iflatun Pınar, E. Akurgal,

als hethitisch charakterisiert sind, wird hier churrischer Einfluß durch die Inschrift deutlich gemacht. Man kann sich daher fragen, ob fremder Einfluß vielleicht auch noch in anderer Hinsicht bemerkbar wird. Im Hinblick darauf möchte ich an dieser Stelle einmal die Motivgeschichte der Hauptszene betrachten.

Interessant ist es, daß hier ein Götterpaar abgebildet ist, das in der oben verstandenen Definition auf mesopotamischen Darstellungen nicht allzu häufig vorkommt [5].

Anders könnte es sich dagegen im kleinasiatischen Raum verhalten. Bei den im folgenden zitierten Beispielen wird die Funktion der Götter, bzw. ihre Beziehung zueinander allerdings nicht völlig deutlich: sie sind häufig frontal nebeneinander, gelegentlich mit Kind [6] abgebildet. Es könnte sich daher wie in Yazılıkaya um ein gleichberechtigtes Götterpaar, aber auch wie in Mesopotamien lediglich um die Liebesbeziehung einer Hauptgottheit zu einer weniger wichtigen Gottheit handeln. Unter diesem Vorbehalt seien einige frühe kleinasiatische Beispiele von Götterpaaren genannt: seit der frühen Bronzezeit kennen wir sog. Scheibenidole, die gelegentlich deutlich als Paar, manchmal mit eingeschriebenen ‚Kindern' gekennzeichnet sind. (Abb. 2) Die Form der Scheibenaufsätze von Alaça Höyük (Abb. 3), die durchaus mit stark abstrahierten Frauengestalten vergleichbar sind, etwa einer solchen die ebenfalls aus Alaça Höyük stammt [7], läßt daran denken, daß auch hier abstrahierte Frauengestalten gemeint sind, die in Verbindung mit Rindern und Hirschen [8], gelegentlich aber wie auf Abb. 3 zu sehen ist mit kleinen am Rand befestigten Scheiben dargestellt werden. Die Tiere sind später verschiedenen männlichen

---

Die Kunst der Hethiter, München 1961, Taf. XXI, oder auch das Felsrelief von Imamkulu, W. Orthmann, *Der Alte Orient*[= Propyläen Kunstgeschichte 14], Berlin 1975, Nr. 347 oder das Relief von Megiddo (*ibid.* Abb. 372a).

[5] Bilder, in denen die Liebesbeziehungen zwischen Gott und Göttin bzw. Priesterin deutlich werden, sind jedoch auch im mesopotamischen Raum öfter nachweisbar, vgl. R. Opificius, *op. cit.* (Anm. 3) Abb. 387. 388.

[6] Vgl. E. Akurgal, *op. cit.* (Anm. 4) Abb. 10.

[7] Orthmann, *op. cit.* (Anm. 4) Abb. 329a.

[8] Vorsichtig möchte man in diesem Zusammenhang auf den solaren Aspekt dieser Scheiben hinweisen, der sich deutlich in den Strahlen der Scheibe bei E. Akurgal, *op. cit.* (Anm. 4) Abb. 11 oben dokumentiert — er zeigt sich im Namen der Sonnengöttin von Arinna dann deutlich.

Göttern attributiv beigefügt, die kleinen Scheiben könnte man vielleicht mit den eingezeichneten Kinderfiguren der Scheibenidole vergleichen. So könnte man in diesen scheibenförmigen Standarten- aufsätzen sehr wohl abstrahierte Frauen- bzw. Götterpaarbilder erkennen.

Aus der gleichen und der nächstjüngeren sog. ,karumzeitlichen' Periode kennen wir Gußformen und Bleiidole (Abb. 4), die eben- falls Götterpaare wiedergeben. Es bleibt demnach festzuhalten, dass der ,Bildgedanke' des Götter*paares* — mit oder ohne Kind dargestellt — offensichtlich in Kleinasien lange vor der Darstel- lung in Yazılıkaya beheimatet ist.

Wie verhält es sich nun mit dieser Vorstellung in Mesopotamien? Wie bereits oben erwähnt, sind Abbildungen von Götterpaaren — immer in der oben gegebenen Definition — in Mesopotamien im allgemeinen nicht sehr häufig festzustellen. Auch die literarischen Zeugnisse scheinen darauf hinzudeuten, daß in der Regel nur *eine* Gottheit sei sie nun weiblich oder männlich an der Spitze des Pantheons — etwa eines Stadtstaates — steht und ihr ein Partner beigesellt wird, der nicht gleichberechtigt in der Vorstellung der Menschen war, bzw. eben an Wichtigkeit der Hauptgottheit nachstand und darum auch auf den Bildern nicht unbedingt mit dargestellt werden mußte [9].

Eine Ausnahme bildet eine Gruppe akkadischer Rollsiegelbilder mit der Darstellung einer Göttin, die man, da sie häufig nackt auftritt, als Ištargestalt deuten muß und einem Gott mit Peitsche, der aufgrund ikonographischer Eigentümlichkeiten, wie Löwen- drachen und Wagen als Wettergott zu bezeichnen ist (Abb. 5 und 6). Die Göttin, die offensichtlich als Blitz- und Regenbringerin gekenn- zeichnet ist, ist auf allen Siegeln in ähnlicher Weise agierend wie ihr Partner dargestellt und in der Handlung nicht auf diesen bezogen. Diese Darstellung kommt in Mesopotamien nur in der Akkad-Zeit vor und da hier der Wettergott aufgrund der natür-

---

[9] Diese Tatsache geht m.E. vielfach bereits aus den Götternamen hervor, vgl. etwa RlA III (1957-1971) s.v. *Göttergenealogie* (Lambert). Den männ- lichen Götternamen hat man weibliche Entsprechungen zugefügt wie zu Enlil, Ninlil. Die Vorstellung der Götterwelt entspricht der menschlichen, so haben die Götter Vorfahren und einen Hofstaat wie menschliche Fürsten auch und selbstverständlich einen Partner.

lichen Gegebenheiten niemals wichtig war, fällt das Motiv als fremdartig besonders auf.

Das Bildrepertoire der churrisch-mitannischen Periode, die man von der Mitte des 15. Jhd. ca. 120 Jahre lang ansetzen muß, wird besonders gut durch die Rollsiegelabdrücke aus Nuzi repräsentiert [10]. Obwohl sich hier die meisten Götterdarstellungen als Wettergott- und Ištargestalten deuten lassen [11], hält man die Abbildung des *Paares* dagegen offensichtlich nicht für wichtig und steht damit in der Tradition der voraufgegangenen Epoche und ‚südlichen Brauches'.

Auffällig häufig dagegen kommt die Kombination von Wettergott und nackter, sich entschleiernder Göttin im syrischen Kreis, besonders in der 1. Hälfte des 2. Jht. — aber auch nach dieser Zeit — vor (Abb. 7-9). Diese Verbindung zwischen syrischer und akkadischer Vorstellung würde nun eine Vermutung K. Gödeckens bestätigen, die eine gemeinsame Heimat der Akkader und Amurriter annimmt [12]. Aus dem gemeinsamen Ursprungsland beider westsemitischer Stämme, das man sich etwa in der Gegend des heutigen Tell Mardih vorstellen muß, ließen sich dann die verwandten Vorstellungen in Mesopotamien einerseits und Syrien andererseits erklären, die nunmehr bezeichnenderweise auch im Bild nachweisbar sind.

Auf eine weitere Darstellung von ‚Regengöttin' und Wettergott im Syrischen und vielleicht auch im Akkadischen soll hier nur kurz aufmerksam gemacht werden. Es handelt sich um die Darstellung eines geflügelten ‚Tempels' [13], der auf einem Rind steht.

---

[10] Vgl. E. Porada, *Seal Impressions of Nuzzi* [= AASOR 24], Pennsylvania 1974.

[11] Dies ist eines der Ergebnisse eines im WS 1975/76 in Münster abgehaltenen Seminars, das Kunst und Kultur von Nuzi zum Inhalt hatte. Nr. 712 bei Porada (*op. cit.*) ist die einzige Darstellung des Götterpaares in dieser Veröffentlichung.

[12] K. B. Gödecken, *Bemerkungen zur Göttin Annunitum*, Ugarit-Forschungen 5 (1973) 152.

[13] Bereits P. Amiet hat in seinem Aufsatz *Le Temple ailé*, RAssyr. 54 (1960) 1ff. auf diesen Motivkreis hingewiesen. Im Gegensatz zu ihm möchte ich auf eine nähere namentliche Bezeichnung der Ištargestalt und des Wettergottes verzichten, bin aber sicher, daß es sich um diese Göttertypen handelt.

Das Tier wird von einem oder auch zwei Göttern bezwungen [14] (Abb. 10). Die Verbindung zu unserem Motiv wird durch ein Siegel mit Ištar und Wettergott gegeben (Abb. 11), vor denen ein Gott ein Rind bezwingt, auf einem weiteren Siegel wird der Stier, auf dem die Regengöttin selbst steht, bezwungen (Abb. 12). Auf syrischen Siegeln des 2. Jht. ist die nackte Ištar sehr häufig mit einem ‚geflügelten Seil' abgebildet (Abb. 13), das man gewiß mit dem viel älteren ‚geflügelten' Tempel der Akkad-Zeit in Verbindung bringen muß (Abb. 10), so daß wir einige der nackten Göttinnen in Syrien wohl mit der Regengöttin akkadischer Zeit in Zusammenhang bringen dürfen.

Wenn wir nun wieder zu unserem Ausgangspunkt Yazılıkaya zurückkehren und uns fragen, wie der Bildgedanke des Götterpaares hier zu erklären ist, werden wir auf das oben Ausgeführte zunächst einmal verweisen und die kleinasiatischen Wurzeln dieser Vorstellung betonen müssen — wenn man jedoch auf die spezielle Kombination dieser beiden Gottheiten — Wettergott des Himmels und Sonnengöttin von Arinna blickt, wird man auch an die syrisch (-akkadische) Verbindung eines Wettergottes mit einer Ištargestalt erinnert. Bereits aus dem Namen der männlichen Gottheit geht ihr Charakter hervor — anders verhält es sich mit der Sonnengöttin vor Arinna, die in der Zeit des hethitischen Großreiches mit der Ḫebat synkretistisch gleichgesetzt wird. Ihr solarer Aspekt, der sich im hethitischen Namen dokumentiert, findet in der Darstellung keine Beachtung. Das gilt übrigens auch für die meisten Ištarbilder, die den astralen Aspekt der Göttin erst spät widerspiegeln. Deutlicher wird die Ähnlichkeit zwischen Ḫebat, bzw. der Sonnengöttin von Arinna und Ištar durch das Tier, das der hethitischen Göttin in Yazılıkaya beigefügt wurde: der Löwe. Er ist seit altersher in Mesopotamien das attributive Tier der Ištar. Selbst wenn es fraglich sein sollte, ob der Ḫebat

---

[14] Mit aller Vorsicht mag man an die Bezwingung des Himmelsstieres durch Gilgamesch und Enkidu denken — die Verbindung zwischen Wettergott, Ištar und dieser Szene ist jedoch in bezug auf den Wettergott bisher nicht zu deuten — in der 6. Tafel Z. 125ff. wird der Kampf beschrieben. Außer Ištar spielen hier nur noch Anu und Šamaš eine Rolle. Vgl. A. Schott, *Das Gilgamesch-Epos* [= Reclams Universal-Bibliothek 7235/35a], Stuttgart 1958, 53ff.

kriegerische Aspekte eignen [15], bleibt also eine gewisse Verwandtschaft zwischen ihr und Ištar zu bemerken [16]. Nicht nur hier, auch
an anderer Stelle läßt sich in der hethitischen Periode die Kombination Wettergott-Ištargestalt nachweisen. Aus etwas älterer
Zeit als die der Yazılıkaya-Reliefs, vermutlich aus der des Muwatalli, stammt ein Felsrelief, das von M. Wäfler ausführlich behandelt
wurde [17]. Es befindet sich in Imamkulu und stellt wohl den Prinzen
Lar-Teššub — den späteren Muwatalli — vor der Gruppe des
Wettergottes auf Wagen und der sich entschleiernden Ištar dar.

Fragen wir uns, auf welche Weise der auch hier zu beobachtende
syrische Einfluß auf die hethitische Kunst erfolgte, so gibt es
dafür zeitlich mehrere Möglichkeiten: schon während der Periode
der altassyrischen Handelskolonien, also zu Beginn des zweiten
Jahrtausends, gibt es Rollsiegel, die teils syrischen Einfluß zeigen,
teils wie aus Syrien importiert wirken [18]. Einige der bereits oben
erwähnten Bleifiguren dürften ebenfalls syrischen Einfluß zeigen,
bzw. gar dort hergestellt sein, wie z.B. eine nackte Göttin, die auf
einem geflügelten Postament (Tempel?) steht [19]. Bei einigen
Beispielen ist sogar der syrische Fundort [20] überliefert. Dies zeigt
noch einmal deutlich die engen Beziehungen, die in der ersten
Hälfte des zweiten Jahrtausends zwischen Anatolien und Syrien
bestanden. Diese Beziehungen sind in der zweiten Hälfte des
Jahrtausends gewiß nicht abgerissen, wie man aus den geschichtlichen Quellen schließen kann — die Bildkunst läßt uns jedoch
für die ältere hethitische Zeit leider bisher weitgehend im Stich,

---

[15] H. W. Haussig, *Wörterbuch der Mythologie* I (1965) 172 s.v. Ḫebat
(von Schuler).

[16] Daß die eigentliche Ištar, in diesem Kreis Šaušga genannt, neben
Ḫebat vorkommt und eine wichtige Rolle spielt, da sie zwei Mal, i.e. im
männlichen und weiblichen Götterzug vertreten ist, soll nicht unerwähnt
bleiben. Das berührt jedoch nicht die ‚Verwandtschaft' zwischen Ḫebat
und Ištar.

[17] M. Wäfler, *Das Felsrelief von Imamkulu*, MDOG 107 (1976) 18ff.

[18] Vgl. N. Özgüç, *Seals and Seal-Impressions from Level I b in Karum
Kaneš* [= TTK 5, 25], Ankara 1968, passim mit unserem speziellen Thema
z.B. Taf. XXIIa.

[19] K. Emre, *op. cit.* (Anm. 3) Taf. XI 4a, b.

[20] Funde aus Tell el Judeide und Sendschirli werden genannt K. Emre,
op. cit. (Anm. 3) 96f.

und so können wir syrische Eigenart erst wieder seit 1300 v. Chr. in der Großkunst mit Gewißheit nachweisen.

Bis heute ist die Eigenart churrischer Bildkunst nur sehr schwer faßbar. Auch hier hat die syrische Kunst zweifellos einen sehr großen Anteil gehabt. So scheint es, wenn wir — wie bereits oben geschehen — die Motive der Nuzi-Siegel betrachten, als ob trotz churrischer Beischrift in Yazılıkaya die Vorstellung zweier Götter als Partner und Paar nicht so sehr auf churrischen, sondern vielmehr auf syrischen Einfluß zurückgeht [21]. Dabei werden altkleinasiatische Züge ähnlicher Art den Boden für den Bildgedanken des Götterpaares in Yazılıkaya gebildet haben.

---

[21] Bis heute muß ebenfalls ungewiß bleiben, wie hoch etwa der churrische Anteil an der ‚syrischen Kunst' gewesen sein kann.

Photonachweis

Abb. 1. W. Orthmann, Der Alte Orient, Propyläen Kunstgeschichte, Abb. 350.
Abb. 2. ders. Abb. 328a.
Abb. 3. E. Akurgal, Hethitische Kunst Abb. 8.
Abb. 4. K. Emre, Anatolian Lead Figurines and their Stone Moulds Tf. VI 1b.
Abb. 5. L. Delaporte, Catalogue des Cylindres Orientaux, Acquisitions Tf. 72, 9.
Abb. 6. E. Porada, Corpus of Ancient Near Eastern Seals, Abb. 220.
Abb. 7. dies. Abb. 967.
Abb. 8. dies. Abb. 968.
Abb. 9. L. Delaporte o.c. Abb. 97, 5.
Abb. 10. L. Delaporte o.c. Abb. 72, 5.
Abb. 11. R. M. Boehmer, Die Entwicklung der Glyptik während der Akkad-Zeit Abb. 364.
Abb. 12 ders. Abb. 369.
Abb. 13. E. Porada, Corpus of Ancient Near Eastern Seals Abb. 944.

REINHOLD MERKELBACH

MYTHISCHE EPISODEN IM ALEXANDERROMAN *

(Taf. CXLVIII/CXLIX, Abb. 1-3)

Der Alexanderroman ist im späteren Altertum und im Mittelalter eines der bekanntesten Bücher gewesen. Er ist in viele Sprachen übersetzt worden und gehört in diesem Sinne zweifellos zur ‚Weltliteratur'.

Man hat sich oft gefragt, wie es zu dem großen Erfolg dieses Werkes gekommen ist; denn das Buch ist nicht besonders gut geschrieben und bietet eine Menge von Erzählungen, die historisch falsch, ja zum Teil unsinnig sind. So zieht Alexander im Roman, als er gegen die Perser Krieg führen will, mit seinem Heer nicht etwa von Mazedonien über den Hellespont nach Kleinasien, sondern er marschiert nach Italien, wo er die Römer unterwirft, setzt nach Afrika über, wo er die Karthager zwingt seine Oberhoheit anzuerkennen, und zieht dann durch Libyen nach Ägypten; von hier aus eröffnet er den Feldzug gegen die Perser.

Der Grund für den großen Erfolg und die weite Verbreitung des Textes liegt darin, daß einige der Erzählungen die Phantasie der Leser sehr angeregt haben. Die sagenhaften und mythischen Teile des Werkes haben es so berühmt gemacht.

Ein Teil dieser sagenhaften Berichte stammt bereits aus der Zeit Alexanders. Die weiten Züge durch Persien, der Wechsel von Strapazen und Luxus, die Wunder Indiens haben bei Soldaten und Zeitgenossen ungeheuren Eindruck gemacht. Der athenische Redner Aischines hat gesagt, Alexander sei in bisher ganz unbekannte Gebiete gezogen, in die Richtung des Nordsterns marschierend. Bald nach dem Tod des Königs hat der Philosoph Teles berichtet, Alexander habe versucht, die Unsterblichkeit zu erlangen.

Als Alexander dann auf dem Gipfel des Erfolgs plötzlich starb, war dies für die Makedonen kaum zu fassen. Sie vermuteten, daß

---

* Festvortrag an der Universität Münster, am 29.2.1976.

der König durch Gift getötet worden sei; man nannte auch die Namen der angeblich Schuldigen. Der als Reichsverweser in Mazedonien verbliebene Antipater hatte sich mit Alexanders Mutter Olympias überworfen, und sein Sohn Iollas war der Mundschenk des Königs. Man erzählte, Antipatros habe seinen anderen Sohn Kassandros mit dem Gift ins Lager Alexanders geschickt, und Iollas habe dem König den tödlichen Trank gereicht. Das Gift sollte zubereitet worden sein von einem Mann, der in Athen lebte, der mit Mazedonien verfeindeten Stadt, von dem einstigen Lehrer Alexanders: dem Philosophen Aristoteles.

Spätere Generationen haben diese Erzählungen ausgesponnen. Sie sind etwa um 300 n. Chr. im Alexanderroman zusammengeflossen.

Einige der wunderbaren Erzählungen nenne ich nur kurz: Alexanders Briefwechsel mit den Amazonen; seinen Incognitobesuch bei der schönen Äthiopierkönigin Kandake, die ihn aber erkennt; seinen Rätselwettkampf mit den indischen Fakiren, den ,nackten Weisen', wie der Text sagt; seinen Besuch in Jerusalem, wo er im Tempel dem Einen Gott der Juden (und Christen) gehuldigt haben soll; seinen Sieg über die ,unreinen Völker' des Nordens, Gog und Magog, gegen die er am Kaukasus eine unzerstörbare Mauer erbaute, welche die Unreinen erst am Ende der Zeiten durchbrechen werden; seinen Drachenkampf, der nur in der syrischen Übersetzung vorkommt.

Im Alexanderroman und zum Teil auch in gesondert umlaufenden Briefen gibt es ferner Berichte Alexanders über die gefahrvollen Züge des Heeres durch wasserlose Wüsten. Wenn endlich ein Lagerplatz mit Wasser gefunden schien, dann war das Wasser salzig, oder die Krokodile und angriffslustige Flußpferde wollten niemand Wasser schöpfen lassen. Giftschlangen und Skorpione tauchten aus der Erde empor, Schwärme von Raubvögeln mit langen Schnäbeln und Zähnen griffen die Mazedonier im Tiefflug an; in der Nacht überfielen ganze Formationen wilder Tiere das Lager, in jeder Stunde eine neue Welle: Löwen, Panther, Tiger, Rhinozerosse, Luchse, löwengroße Eber mit ellenlangen Zähnen, Riemenfüßler (d.h. eine Art Giganten), Menschen mit Stier- und Hundsköpfen (cynocephali), Kentauren, Sechshänder; der größte

Schrecken war ein Riesentier mit einem großen Zahnhorn, der Odontotyrannos.

Nachdem das Heer all diese Gefahren überstanden und die Gebirge überwunden hatte, kam es in das wunderbare Land Indien; dort gab es Königspaläste voll der unglaublichsten Kostbarkeiten. Weiterziehend kamen sie zum Ozean und sahen vor sich eine Insel. Die Inder erzählten, dort befinde sich das Grab eines alten Königs voller Gold und Edelsteine. Eine Gruppe Mazedonier fuhr auf Kähnen hinüber und ging an Land. Aber leider war die Insel in Wirklichkeit ein moos- und algenbewachsenes Seeungeheuer. Sie tauchte unter, und die armen Soldaten mußten jämmerlich ertrinken.

Als Alexander weiter nach Osten zog, kam er zu dem Orakel des Sonnen- und des Mondbaums. Zwei heilige Bäume in einem Heiligtum gaben bei Auf- und Untergang der beiden großen Himmelskörper Antwort auf Orakelfragen; der Sonnenbaum antwortete zunächst griechisch und danach indisch, der Mondbaum umgekehrt. Man durfte drei Doppelfragen stellen. Die Fragen und Antworten lauten in einem Brief Alexanders an seinen Lehrer Aristoteles etwa:

Erste Frage: Werde ich Weltherrscher werden und nach Mazedonien heimkehren? Antwort: Du wirst die Weltherrschaft erringen, aber nicht in die Heimat zurückkehren.

Zweite Frage: Wo werde ich sterben und auf welche Weise? Antwort: Du wirst in Babylon sterben, und zwar durch denjenigen Menschen, von dem du es am wenigsten erwartest.

Dritte Frage: Wer wird mich töten und wann muß ich sterben? Antwort: Die Parzen erlauben nicht dir zu sagen, wer dich töten wird, du würdest sonst den Betreffenden vorher umbringen und den Lauf des Schicksals ändern. Du wirst in neun Monaten sterben, und zwar weder durch Eisen noch durch Gold, Silber oder irgendein anderes Metall, sondern durch Gift.

Der Hörer oder Leser dieser Erzählung sollte denken: Der künftige Mörder Alexanders, der ihn durch Gift umbringen wird, war Aristoteles; an ihn hat Alexander offensichtlich am allerwenigsten gedacht, als er ihm diesen Brief schrieb.

Die Episode von den weissagenden Bäumen ist poetisch und gut erzählt. Sie ist im Mittelalter beliebt gewesen, und der Platz des

Orakels ist noch auf spätmittelalterlichen Karten verzeichnet.

Als Alexander dann ans Ende der Welt weiterzog, in Richtung auf den Nordstern, kam er schließlich in ein Gebiet, wo die Sonne nicht mehr schien. Unerschrocken drang der König mit einer kleinen Truppe ins Land der Finsternis vor. Schließlich kamen sie zu einem Ort, wo viele Quellen sprudelten. Man rastete dort, und Alexanders Koch Andreas wollte dem König einen Pökelfisch zubereiten. Er wusch ihn in einer der vielen Quellen; da wurde der Fisch lebendig und schwamm davon. Der Koch trank aus der Quelle und füllte sich eine Flasche mit ihrem Wasser. Er war verliebt in eine Tochter Alexanders, deren Mutter eine hunnische Nebenfrau des Königs war; er versprach dem Mädchen das Wasser des Lebens und verführte sie. Als Alexander später erfuhr, daß er die Unsterblichkeit so knapp verfehlt hatte, ergrimmte er gewaltig; er verstieß seine Tochter, und sie wurde zur Wasserfrau— Neraida —, weil sie das Wasser — nero — getrunken hatte. Dem Koch Andreas ließ er einen Mühlstein an den Hals binden und ihn ins Meer werfen; aber er war unsterblich und wurde zum Meerdämon, und der Text behauptet, das adriatische Meer heiße noch heute nach ihm.

Eine neugriechische Überlieferung erzählt, daß auch Alexanders Tochter, die Meerfrau, noch lebt. Der Schiffer muß sich vor ihr hüten. Sie taucht plötzlich aus dem Meer auf und fragt: ,,Lebt der große Alexander noch?" Wehe dem Schiffer, der wahrheitsgemäß mit Nein antwortet; denn sie ergrimmt, rührt die Wogen auf, läßt den Sturm blasen und versenkt das Schiff; sie will nicht wahr haben, daß der große König durch ihre Schuld die Unsterblichkeit verfehlt hat. Man muß der Meerfrau also antworten: ,,Ja, er lebt, und es geht ihm gut"; denn dann läßt sie das Schiff passieren.

Als Alexander und sein Heer von dem Platz mit den Quellen wieder weiterzogen, kamen zwei Vögel mit Menschenköpfen geflogen und hießen sie umkehren; Alexander könne die Insel der Seligen doch nicht erreichen, sie seien allein den Göttern vorbehalten. Da richtete Alexander an dieser Stelle ein Mal auf, hier sei das Ende der Welt. Auf den spätmittelalterlichen Karten ist auch dieser Ort verzeichnet, ebenso wie der des Orakels aus den Bäumen der Sonne und des Mondes.

Aber noch immer war Alexanders Wißbegierde nicht gestillt.
Er wollte in die Tiefe des Meeres hinabsteigen und zum Himmel
emporfliegen. Von der Luftfahrt werden wir später sprechen. Zum
Zweck der Tauchfahrt ließ der König ein großes gläsernes Faß
anfertigen und setzte sich hinein. Man befestigte die Glasglocke
an einer Kette, an der Alexander auch von innen ziehen konnte zum
Zeichen, daß man ihn wieder hinaufziehen solle. Dann versenkte
man die Glaskugel ins Meer. Gleich kamen viele Fische geschwommen, und einige schlugen mit ihren Schwänzen an das Glas. Die
Leute oben dachten, Alexander habe ein Zeichen gegeben, und
zogen ihn viel zu früh herauf. Er ließ sich ein zweitesmal versenken,
und dasselbe wiederholte sich. Beim drittenmal kam er tief ins
Meer hinab; da kam ein riesengroßer Fisch geschwommen, nahm
die ganze Glasglocke ins Maul, riß die Kette ab und schwamm weg.
Er zermalmte die Glaskugel, fand aber an dieser Speise keinen Geschmack und spie Alexander mit den Scherben am Ufer wieder aus.

Ich breche hier ab im Bericht über die amüsanten Episoden des
Alexanderromans, um zu den beiden Erzählungen zu kommen,
welche ein ernsthaftes Interesse beanspruchen dürfen, zur Geschichte von der Erzeugung Alexanders durch Nektanebos, den
letzten einheimischen König Ägyptens, und zur Luftfahrt des
Königs in einem von Vögeln getragenen Käfig. Diese beiden
Erzählungen hängen, wie sich zeigen wird, mit Königsriten der
Ägypter und Perser zusammen, und ihre Diskussion soll uns
hinüberführen zu einigen allgemeineren Fragen der Mythologie.

Zunächst die Geschichte von der Erzeugung Alexanders. Sie
sieht auf den ersten Blick aus wie eine pikante Ehebruchsnovelle
fast im Stil des Boccaccio oder Bandello.

Der letzte König Ägyptens, Nektanebos, ein großer Zauberer,
war von den Persern aus dem Land vertrieben worden und nach
Pella in Mazedonien an den Hof des Königs Philipp geflohen. Er
lebte dort als Arzt, Astrologe und Prophet. Die Ehe des Königs und
seiner Gattin Olympias stand nicht zum besten; als Philipp wegen
eines Kriegszuges abwesend war, munkelte man, er werde sich eine
neue Frau mitbringen.

So konsultierte Olympias den Propheten; und da sie schöner war
als der Mond und er ohnedies scharf hinter den Weibern her,

verliebte er sich in sie. So warf er während seiner astrologischen Berechnungen der Königin durchdringende Blicke zu, die sie nicht ungern empfing. Er hatte eine Tafel, auf der die zwölf Tierkreiszeichen und die sechsunddreißig Dekane in zwei Kreisen abgebildet waren; auf einem dritten Kreis steckte man Figuren der sieben Planeten und des ‚Stundenzeigers' (Horoskopos) der Geburtsstunde. So konnte man die Stellung der Gestirne zur Zeit der Geburt — die Nativität — genau nachbilden. Olympias nannte dem Nektanebos ihre und Philipps Geburtsstunde und fragte nach der Zukunft ihrer Ehe; der schlaue Prophet steckte auf der Tafel nicht nur die Figuren für die Nativität der Olympias und des Philipp, sondern auch für seine eigene, und untersuchte nicht nur das von den Sternen vorgezeichnete Verhältnis des Königspaares, sondern auch sein eigenes zu Olympias. Er fand heraus, daß zwischen ihm und Olympias eine glückliche Übereinstimmung der Sternkonstellation bestand (Synastria) und antwortete nun auf die Frage der Königin, Philipp werde sich jetzt noch nicht von ihr trennen, sondern erst viel später; aber in der Zwischenzeit könne er selbst, Nektanebos, der Königin in vielerlei Hinsicht nützlich sein; denn es sei der Königin beschieden, sich mit einem auf Erden erscheinenden Gott zu verbinden, dem gehörnten, reichtumbringenden libyschen Ammon, von ihm zu empfangen und einen Sohn zu gebären, der der Rächer allen Unbills sein werde, den Olympias von Philipp erleide. Auf die Frage der Königin, wie der Gott aussehe, antwortete der Prophet, der Gott sei mittleren Alters, mit beginnenden grauen Haaren und Widderhörnern an der Schläfe; sie werde in der nächsten Nacht träumen, daß der Gott sie umarme. Die Königin staunte und sagte: ,,Wenn ich dies träumen werde, werde ich dich wie einen Gott verehren''.

So verließ Nektanebos die Königin und ging, die nötigen Kräuter zu sammeln. Er preßte ihren Saft aus und bildete aus Wachs eine weibliche Puppe, auf die er den Namen Olympias schrieb; dann zündete er Lichter an, goß die Zaubersäfte über die Puppe und beugte sich über sie. Dann rief er die Traumdämonen an, der Olympias einen Traum zu schicken, in welchem sie träumte, was mit der Puppe Olympias geschehen war; und tatsächlich träumte die Königin in der Nacht, daß Ammon sie umarme und ihr beim

Abschied sage: ,,Du hast in deinem Leib einen Sohn empfangen, der dein Rächer sein wird''.

Als Olympias morgens aufwachte, staunte sie über das Eintreffen der Prophezeiung, ließ den Propheten rufen und erklärte, sie wolle sich dem Gott auch im Wachen verbinden; Nektanebos möge alles arrangieren. Dieser erklärte, eine leibhaftige göttliche Erscheinung — Autopsia — sei freilich etwas ganz anderes als ein Traum; wenn der Gott selbst komme, dann brauche Olympias ihn, den Propheten, als Beistand, der ihr durch seine Zaubersprüche die Furcht nehme. Darum möge die Königin ihm ein Zimmer direkt neben ihrem Schlafgemach anweisen. Der Gott Ammon werde erst als große Schlange (drakon) erscheinen, zum Zeichen, daß sie nun alle anwesenden Personen hinausschicken möge; dann werde er sich in den gehörnten Ammon verwandeln, danach die Gestalt des Herakles annehmen, dann die des Dionysos, und schließlich werde er sie als menschengestaltiger Gott umarmen und dabei aussehen wie er selbst, der Prophet. Sie solle dann ihr Gesicht verhüllen und den Gott nur ein wenig von der Seite her anschauen, ob er auch wirklich derselbe sei, der ihr im Traum erschienen war.

Nun besorgte Nektanebos sich ein Widderfell mit Hörnern und einen weißen Mantel, und als die Nacht kam, kroch er als große zahme Schlange ins Schlafzimmer. Da schickte Olympias alle anderen Anwesenden hinaus und legte sich aufs Bett; sie ertrug mutig alle Verwandlungen der Götter. Als Nektanebos von ihr aufstand, berührte er segnend ihren Leib und sprach: ,,Unbesiegbare und unwiderstehliche Samen, bleibt; Frau, du hast in deinem Leib einen Sohn empfangen, der dein Rächer sein wird''.

So kam er in den nächsten Nächten regelmäßig zu ihr. Sie meinte, ihr Geliebter sei der Gott Ammon, und freute sich darüber, umarmt zu werden von der Schlange, Ammon, Herakles, Dionysos Allgott (Pantheos). So wurde Olympias getäuscht, indem sie mit einem menschlichen Ehebrecher zusammenkam als sei er ein Gott; freilich war er der König Ägyptens.

Als Olympias dem Propheten ihre Furcht äußerte, was Philipp sagen werde, wenn er bei der Rückkehr von dem Feldzug seine Frau schwanger vorfinden werde, beruhigte Nektanebos sie. Er schickte dem Philipp durch einen Falken — den Königsvogel der

Ägypter — einen Traum, der dem Philipp zu verstehen gab, daß Olympias das Kind von einem Gott empfangen habe und daß der Knabe später seinen menschlichen Vater Philipp an dessen Mördern rächen werde. Tatsächlich hat Alexander der Große, als sein Vater Philipp ermordet worden war, alle an der Untat Beteiligten aufspüren und töten lassen. Diese Rache ist also historisch. Aber auch im ägyptischen Königsmythos rächt der Sohn Horos seinen Vater Osiris an dessen Mördern. Der Verfasser des Alexanderromans war so beherrscht von dem Gedanken, der Königssohn müsse ein Rächer sein, daß er in seiner Erzählung Alexander gleich in doppelter Weise zu einem Rächer macht: Er rächt Philipp an seinen Mördern, und er rächt die Mutter Olympias an Philipp für die Kränkungen, welche sie in ihrer Ehe hatte empfangen müssen.

Als Philipp dann zurückkam, geschahen noch einige weitere, bedeutungsvolle Wunderzeichen. Bei der Geburt des Knaben ist Nektanebos anwesend und bestimmt aus seiner astrologischen Kenntnis die richtige Stunde, in welcher der künftige Weltherrscher geboren wird.

Die Episode von der Verführung der Olympias durch Nektanebos und von der Geburt Alexanders ist derjenige Teil des Alexanderromans, von welchem uns die früheste bildliche Darstellung erhalten ist. Sie findet sich auf einem Mosaik aus der Gegend von Baalbek-Heliopolis, das etwa aus dem letzten Viertel des 4. Jahrhunderts n. Chr. stammt.

Die Erzählung von Nektanebos stammt aus Ägypten, und sie berichtet nicht von einem gewöhnlichen Ehebruch, der listig durchgeführt worden ist. Die Verbindung der Königin oder der Gemahlin des Priesters mit einem Gott, in welcher der künftige Thronfolger erzeugt wird, hat eine jahrtausendalte ägyptische Tradition. Auf den Tempelwänden von Luxor und Deir-el-Bahari sieht man, wie Amun sich mit der Königin vereinigt und den Thronfolger erzeugt. Altägyptische Texte bezeugen dieselbe Vorstellung. Im Dekret des Gottes Ptah für König Ramses II. sagt der Gott, daß er seine Gestalt in die des Widders (von Mendes) verwandelt habe — wie Nektanebos im Roman ein Widderfell mit Hörnern anlegt —, daß der Gott seinen Samen in die Mutter des Königs ergossen und sich einen Rächer erzeugt habe.

40

Es muß diese Vorstellungen schon im Alten Reich der Ägypter gegeben haben, denn im Papyrus Westcar — der von den Königen der fünften Dynastie erzählt — wird berichtet, daß die Frau eines Re-Priesters von dem Gotte schwanger geworden sei und drei künftige Könige geboren habe. Die Vorstellung von der göttlichen Zeugung des Thronfolgers war noch in ptolemäisch-römischer Zeit lebendig und ist angewendet worden auf Kleopatra, die dem Caesar den Sohn Kaisarion geboren hat. In der Tempelanlage von Hermonthis gab es Reliefs, welche denen von Luxor und Deir-el-Bahari entsprechen und aus der Zeit der Kleopatra stammen.

Es hat in der ägyptischen Spätzeit in den sogenannten ‚Geburtshäusern' (Mammisis) der Tempel rituelle Spiele gegeben, in denen Zeugung, Geburt, Großziehen und Inthronisation des Königs dargestellt wurden. Unter Caligula, der eine Ägyptomanie hatte, ist das Ritual sogar nach Rom übertragen worden. Im Roman des Heliodor wird eine entsprechende Geschichte erzählt: Homers menschlicher Vater sei ein ägyptischer Hermespriester gewesen, sein göttlicher Vater aber Hermes selbst; er habe die Gattin des Priesters umarmt, als diese aus einem religiösen Grund im Tempel geschlafen habe.

Die zugrundeliegende Vorstellung ist, daß der Gott sich im König verkörpert, wenn er einen Sohn zeugt. Die Gottheit offenbart sich im König oder im Helden. Bei manchen Traditionen der griechischen Mythologie über einen Gott und einen Menschen als Vater muß man dieselben Vorstellungen als ursprünglich voraussetzen, z.B. bei Herakles als dem Sohn des Zeus und des Amphitryon.

Bei sich entwickelndem rationalem Denken fällt auseinander, was ursprünglich nicht geschieden war, und dies geschieht in zweierlei Weise:

(a) Erstens wird die klare Alternative Gott-Mensch selbstverständlich; der Vater eines Kindes ist entweder ein Gott oder ein Mensch, und die einstige Vorstellung — der im Menschen wirkende Gott — wird gar nicht mehr erwogen.

(b) Ferner war das, was wir als Ritus und Mythos trennen, in den Gedanken der alten Menschheit ein und dasselbe: In dem Mann, der den Sohn zeugt, wirkt der Gott. Man kann hier, wenn man genau sein will, noch gar nicht von Ritus oder Mythos sprechen; unsere modernen Wörter können das komplexe alte Phänomen nicht zureichend beschreiben. Indem der Mann, in welchem der Gott wirkt, den Sohn zeugt, tut er etwas; und aus dieser ‚Handlung' kann sich ein Ritus entwickeln, wenn der Mensch bewußt die Rolle des Gottes übernimmt und spielt, also z.B. besondere Kleider oder Masken anlegt. Ebenso kann sich aus der alten ‚Handlung' — daß der Mann, in welchem der Gott wirkt, den Sohn zeugt — ein Mythos entwickeln, wenn man sagt, der Mann repräsentiere den Gott. Der Mann wiederholt dann, was die Götter in mythischer Zeit getan haben. So ist also jene alte ‚Handlung' eine unreflektierte Einheit von Handeln und Denken, in welcher sowohl Ritus als auch Mythos angelegt, aber noch nicht voneinander differenziert sind.

Sobald etwas mehr differenziert wird, kann man von Ritus und Mythos sprechen: Der Mann spielt die Rolle — Ritus —, er wiederholt die Taten der Götter — Mythos. Noch hängen Ritus und Mythos, Tun und Denken eng zusammen. Aber sie fallen nicht mehr ganz ineinander, und nach und nach trennen sich kultische Darstellung und Erzählung immer mehr. In ptolemäischer Zeit hat man dann einerseits ausgebildete Rituale in den Geburtshäusern der Tempel (mit mythischer Komponente) und andererseits eine novellenartige Erzählung, die zwar historisch aus dem Ritual stammt, aber nun von der kultischen Handlung ganz abgetrennt ist.

Es liegen also zwei Differenzierungsvorgänge vor, erstens das Aufstellen einer klaren Alternative Mensch-Gott und zweitens das Auseinanderfallen von Ritus und Mythos, von Handeln und Erzählen. Diese beiden Differenzierungen wirken zusammen, und aus ihrem Zusammenwirken folgt, daß die alte ‚heilige Geschichte' (ἱερὸς λόγος) von der Zeugung des Gottkönigs uns nun in einer Gestalt entgegentritt, die aussieht wie eine Ehebruchsnovelle; denn die mythische Erzählung hat sich vom Kult getrennt, und nun fordert alle Logik, daß man die prinzipielle Trennung des Menschen von Gott anerkennt.

Aber obwohl diese Ehebruchs-Erzählung vom Ritus schon weit entfernt war, hatte sie im späteren Altertum und im Mittelalter dennoch ihre faszinierende Wirkung nicht eingebüßt. An vielen

Stellen, in denen Nektanebos mit dem Gott verglichen wird, scheint noch ganz deutlich der alte Sinn hindurch. Wenn die altertümlichen Menschen, die mit ihren Ritualen lebten, den Sinn ihrer Riten und Mythen intuitiv-empfindend begriffen, ohne irgendwelche logischen Differenzierungen zu machen, so haben auch die etwas moderneren Menschen der Spätantike und des Mittelalters trotz aller Differenzierungen verstanden, daß diese Geschichte mehr in sich barg als nur eine ,Novelle', eine unerhörte Begebenheit; denn die Seele des Menschen hat Schichten unterhalb des logisch operierenden Großhirns, welche die alten Bilder und Gestalten auch in der Verkleidung der reinen Erzählung erfaßt und unmittelbar, unreflektiert versteht.

Noch größeren Eindruck als die Geschichte von der Erzeugung des Königs hat die Luftfahrt Alexanders gemacht.

Alexander wollte erkennen, wo das Ende der Welt sei und wo das Himmelsgewölbe auf die Erde trifft. Er ließ zwei große und starke Vögel fangen, die zwar Fleisch fraßen, aber im übrigen so zahm waren, daß sie sich ohne weiteres fangen ließen. Einige Soldaten hatten sich auch schon auf die Hälse der Vögel gesetzt, und diese hatten versucht, mit ihren Reitern huckepack aufzufliegen. Weiter ließ Alexander eine Art Joch aus Holz anfertigen, das auf die Hälse der Vögel paßte, und einen Korb aus Rindsleder, in dem er selbst Platz nahm. Er hatte die Vögel vorher drei Tage lang hungern lassen und nahm nun eine Lanze mit, an der ein großer Happen Pferdeleber befestigt war; den hielt er den angejochten Vögeln vor. Sie flogen sofort in die Höhe, um das Fleisch zu erschnappen, und trugen Alexander mit sich empor. Sie stiegen schnell in solche Höhe, daß er schon glaubte, dem Himmelsrund nahe zu sein; die Luft war eiseskalt, und der Flügelschlag der Vögel ließ Alexander frieren. Als er unter sich blickte, sah er eine kreisförmige große Schlange — den erdumgürtenden Ozean — und in der Mitte die Erde, nicht größer als eine kleine Scheibe. Da kamen zwei Vögel mit Menschengesichtern geflogen und riefen: ,,Alexander, der du die Dinge auf der Erde nicht erfassen kannst, wie willst du den Himmel erforschen? Kehr rasch zur Erde zurück, damit deine Vögel dich nicht fressen''. So drehte Alexander den Spieß mit der Leber nach unten, und die Vögel flogen mit ihm auf die Erde zurück. Er landete sieben Tagesmärsche von seinem Heer entfernt, ganz erstarrt vor Kälte und halbtot, kam aber glücklich zu seinen Soldaten zurück, mit dem festen Vorsatz, künftig nichts Unmögliches mehr zu unternehmen.

Die Episode war im Mittelalter sehr berühmt. Man hat in Alexander meist das abschreckende Bild der Hoffart gesehen; gelegentlich hört man aber auch, der König habe diesen Flug im Auftrag des heiligen Geistes unternommen, pro spiritu sancto. Die Geschichte ist sehr oft dargestellt worden; Frau Settis-Frugoni hat sie vor kurzem in einem schönen Buch behandelt: *Historia Alexandri elevati per griphos ad aerem* (Rom 1973). Ich nenne nur einige von den vielen Darstellungen: Die Mosaikfußböden in den Kathedralen von Otranto und Trani; das byzantinische Relief an der Nordseite von San Marco in Venedig; die Darstellungen am Basler Münster, an der Kirche zu Remagen, in der Kathedrale von Gloucester; Stoffe in Soest und Würzburg. Sehr oft ist die Luftfahrt Alexanders in Miniaturen und Holzschnitten dargestellt worden.

Ikonographisch sehr ähnlich sind byzantinische Stickereien, welche siegreiche Wagenlenker darstellen. Man hat den Umlauf der Wagen im Hippodrom oft mit dem Umlauf der Sterne am Himmelsgewölbe verglichen. Von römischen Kaisern hat man ähnliche Darstellungen; sie stehen als Triumphatoren über einer Quadriga, z.B. Caracalla und Constans II. Für die Nachweise sei auf das Buch von Frau Settis-Frugoni und auf die bahnbrechenden Studien von L'Orange verwiesen (*Studies on the Iconography of Cosmic Kingship in the Ancient World*, Oslo 1953).

Aber die der Luftfahrt Alexanders ähnlichsten Darstellungen sieht man auf Gold- und Silberschalen aus dem sassanidischen Persien, und das ist kein Zufall. Der sassanidische Herrscher hieß ,,Genosse der Gestirne, Bruder von Sonne und Mond" (particeps siderum, frater Solis et Lunae).

Auf dem Silberteller von Kazvin (Abb. 1) sitzt der König auf einem Thron, der von einem Baldachin (Symbol der Himmelswölbung) überdeckt ist; über dem Baldachin die Mondsichel. Die Beine des Throns werden von springenden Löwen getragen. Auf den Seitenpfeilern des Throns sieht man je sieben Vögel, deren Köpfe zum König gerichtet sind. Von Vögeln umgeben und von springenden Löwen getragen, schwebt der König in der Luft. Die Vögel erinnern an die Vögel in der Erzählung des Alexanderromans. Rechts und links steht ein Gefolgsmann in verehrender Geste.

Auf der Silberschale von Klimova sitzt der König im oberen Teil der Schale auf einem Sofa-Thron innerhalb der Mondsichel; unter ihm, in einem überwölbten Baldachin-Wagen, sein Wagenlenker; vier Zebustiere mit flügelartigen Höckern ziehen den Wagen in die Höhe; geflügelte Genien führen sie nach oben.

Auf einer anderen Schale, heute in der Eremitage, sitzt der König wieder auf einem Sofa-Thron. Dieser wird getragen von geflügelten Tieren, wohl Pferden. Hinter dem Rücken des Königs ein Mondsymbol, über seiner Krone nochmals Sonne und Mond; rechts und links vier huldigende Vasallen.

Auf einer Schale zu Baltimore sitzt der König, bekrönt von Mondsichel und Sonnenscheibe, auf einem Thron, der von zwei Adlern getragen wird; zu beiden Seiten steht wieder ein huldigender Gefolgsmann.

Man nimmt an, daß diese Schalen aus Anlaß der Thronbesteigung angefertigt worden sind. Man darf folgern, daß die mittelpersischen Inthronisationszeremonien eine Art Himmelfahrt enthalten haben. Zugleich hat man den Herrscher wahrscheinlich davor gewarnt, sich zu überheben.

Nun hat es eine Art Apotheose auf dem Thron schon in altpersischer Zeit gegeben. Die achämenidischen Perserkönige waren zwar keine Götter — sie waren ja Zarathustrier —, aber in ihrem Ritual finden sich doch deutliche Spuren göttlichen Königtums. Der griechische Historiker Herakleides von Kyme hat berichtet, daß der Großkönig nie die Erde berühre. „Im Königspalast ging er auf sardischen Teppichen, die niemand außer ihm betreten durfte. Wenn er den Hof des Palastes verließ, stieg er in einen Wagen oder auf ein Pferd; zu Fuß sah man ihn nie außerhalb seines Palastes".

In der berühmten Teppich-Szene im Agamemnon des Aeschylus empfängt Klytaimestra ihren Gatten Agamemnon, der Troja erobert und zerstört hat, indem sie vor ihm einen Purpurteppich ausrollen läßt, als er aus dem Wagen steigen will; sein siegreicher

Fuß soll die Erde nicht berühren. Agamemnon wendet dagegen ein, er wolle als Mensch geehrt werden, nicht als Gott. Offenbar setzt Aeschylus voraus, daß seine Zuschauer das Königsritual der Perser kennen.

Alexander war Nachfolger der Großkönige.

Plutarch berichtet, daß er auf dem Königsthron der Perser Platz genommen hat, „unter dem goldenen Thronhimmel". Man hat also auf ihn Vorstellungen übertragen, die sich ursprünglich auf Ritual und Mythen der Perserkönige bezogen haben.

Aus zwei Stellen bei Herodot über Smerdis ergibt sich, daß man annahm, der Perserkönig berühre mit seinem Kopf den Himmel, wenn er auf dem Thron sitze. Im Alexanderroman ist diese Vorstellung auf den Makedonenkönig übertragen. Es wird dort — unhistorisch — erzählt, daß der zu Tode verwundete Darius dem Alexander die Königsherrschaft übergeben und dabei gesagt habe: „Alexander, überhebe dich nie in tyrannischem Stolz. Wenn dir eine göttergleiche Tat gelingt und du glaubst mit deinen Händen den Himmel zu berühren, so denke an die Zukunft; die Glücksgöttin macht keinen Unterschied zwischen den Menschen und dreht mit Sausen alles im Kreis".

An einer anderen Stelle des Herodot wird erzählt, der König Kyros habe geträumt, einer seiner Fürsten — der tatsächlich später König wurde — trage an den Schultern Flügel und überschatte mit ihnen Europa und Asien. In der Symbolik des Traums wird also vorausgesetzt, daß der künftige König geflügelt hoch über der Welt schwebe. Wir haben hier einen weiteren Hinweis darauf, daß bei der Thronbesteigung des Perserkönigs eine Art Himmelfahrt dargestellt worden ist.

Auf den Reliefs von Naqsh-i-Rustam und Persepolis sieht man die Thronerhebungszeremonien von sechs persischen Königen. Man hat jeweils ein riesiges hölzernes Möbelstück gebaut, welches von den Vertretern der Nationen des Königreiches hochgehoben wurde. Abb. 2 zeigt eines der Reliefs von Persepolis. Die Träger des Throns stehen in zwei Reihen (im Relief sind sie übereinander angeordnet) und heben eine Riesenlagerstatt etwa 30 cm hoch; es ist sorgfältig dargestellt, daß die Beine des Möbelstücks in der Luft schweben (Abb. 3). Auf dem Postament steht der König neben einem Altar, Blick und Arme erhoben zu Ahura Mazda, dem Weisen Herrn, der von oben herniederschwebt und mit dem König zu sprechen scheint. Vermutlich hat er dem König gesagt, ebenso wie die Vögel im Alexanderroman, er möge sich nicht überheben. Es scheint klar, daß es sich um eine rituelle Luftfahrt bei der Thronbesteigung handelt.

Es gab entsprechende persische Mythen vom Urkönig Yima und vom König Kai Kawusch. Wie Phaethon im griechischen Mythos haben sie sich überhoben und versucht zum Himmel emporzufahren und sind dabei abgestürzt. Die Luftfahrt des Kai Kawusch bei Firdusi entspricht fast genau der Luftfahrt Alexanders: ,,Von den Dämonen zur Hybris verführt, verfiel Kai Kawusch auf den Gedanken zum Himmel emporzusteigen. Er befahl junge Adler aus ihren Nestern zu holen und sie mit Geflügel- und Lammfleisch aufzuziehen. Als sie die Stärke von Löwen erreicht hatten, ließ Kai Kawusch einen Thron aus Aloeholz und Gold anfertigen. An seinen Seiten wurden lange Lanzen befestigt, an welche die Hinterteile von Lämmern gehängt wurden, und vier der stärksten jungen Adler wurden an den Thron angeschirrt. Kai Kawusch nahm darauf Platz, und da die schnellfliegenden Adler hungrig waren, strebte jeder von ihnen nach dem Fleisch und hoben so den Thron aus der Ebene empor bis zu den Wolken.''

Allerdings stürzt Kai Kawusch dann ab, während Alexander wieder glücklich auf der Erde landet; aber immerhin ist auch Alexander ,halbtot' und will künftig nichts Unmögliches mehr unternehmen.

Die Mythen von Yima und Kai Kawusch sollten sicherlich die Perserkönige vor Überhebung warnen. Sie gehen zurück auf ein Ritual der Großkönige, welches eine Apotheose durch Luftfahrt und gleichzeitig eine Warnung vor Überhebung enthielt.

Wir haben zwei mythische Episoden des Alexanderromans besprochen. Man wird jetzt vielleicht verstehen, daß das Buch einen solchen Erfolg gehabt hat. Besonders die Geschichten von der Erzeugung des Gottkönigs und von seiner Luftfahrt sprechen die Phantasie an und prägen sich bildhaft ein. Sie sind deshalb auch oft in Werken der bildenden Kunst dargestellt worden. Gerade weil man sie sich als Bilder vorstellen konnte, darum waren diese Partien so beliebt.

Nun hat sich gezeigt, daß die beiden Erzählungen auf alte Rituale zurückgehen, daß sie einst gespielt worden sind. Die griechischen Autoren, die in der Spätantike von Nektanebos und von der Luftfahrt erzählten, haben das zwar kaum noch gewußt; für sie handelte es sich nur um Geschichten. Aber all jenen Mythen, welche einst als Kultmythen im Ritual aufgeführt worden sind, haftet die ursprüngliche Bildhaftigkeit an. Durch die Erzählung scheint das alte Dromenon (die Handlung) immer hindurch und fasziniert damit viel stärker als eine reine Erzählung. Selbst wenn der ursprüngliche Zusammenhang verloren gegangen ist, wenn nur eine bildliche Darstellung ohne Handlung übrig geblieben ist oder nur eine Erzählung ohne direkte Beziehung auf einen rituellen Zusammenhang, selbst wenn also nur ein Fragment aus einem größeren Zusammenhang übrig geblieben ist, — selbst dann kann aus zerstückelten Resten der Sinn des ursprünglichen Ganzen leicht wieder verstanden werden; denn der Sinn der Riten, der Sinn der Mythen war mit dem alten Bildgedanken eng verschmolzen, der Sinn lag in dem Bild selbst. Daher kann er meist unreflektiert erfaßt werden, sobald das alte Bild vor dem geistigen Auge des Betrachters, Hörers oder Lesers wieder lebendig wird.

Diese Überlegungen legen es nahe, eine Schlußfolgerung allgemeinerer Art zu ziehen. Man beobachtet ja, daß so gut wie alle wirklich alten Mythen ursprünglich gespielt worden sind. Dies bedeutet, daß in den alten Mythen Ritus und Mythos eng zusammen gehören; daß die zentrale Bedeutung der Mythen in einer Handlung lag, die man mit Augen sehen konnte; daß also in bildhafter Anschaulichkeit gedacht worden ist. Für solche alten Mythen nenne ich einige Beispiele:

— Initiationen mit dem Tod des alten und der Wiedergeburt des neuen Menschen, oft mit Taufe und Vergebung;
— die Fahrt ins Jenseits, vom Typ der Schamanenfahrt;
— den Drachenkampf;
— das kosmogonische Opfer, oft mit Zerstückelungsmythen und -riten, z.B. in der Mithrasreligion;
— die Aussetzung des Königskindes (Kyros und Romulus);
— die Verschlingung durch ein Ungeheuer, das sein Opfer wieder ausspeit (wie bei Iason und Ionas);

— das Austreiben des Bösen, in den Sündenbock-Ritualen;
— die Verfolgung des Tieres, z.B. wenn ein Heer hinter Tier-
standarten herzieht;
— das Suchen und Finden (Demeter und Persephone) oder das
Sammeln und Zusammensetzen (Isis und Osiris).

Immer handelt es sich um Mythologeme, die praktisch über die
ganze Erde verbreitet sind. Sie sind wahrscheinlich nicht als
Erzählungen gewandert, sondern sind gemeinsamer Besitz der
ganzen Menschheit, weil sie sich als kultische Spiele verbreitet
haben. Das Spiel ist ja viel anschaulicher und eindrucksvoller
als die Erzählung es je sein kann. Vermutlich sind alle alten Mythen
solche gespielten Kultmythen gewesen. Man könnte wohl erwägen,
eine Typologie dieser Mythen aufzustellen; es wären wohl nur
einige Dutzend mythischer Vorstellungen, und man könnte damit
vielleicht dem geistigen Horizont unserer Vorväter in den ältesten
Zeiten der Menschheit näherkommen.

DIETER METZLER

DAS PFERD AUF DEN MÜNZEN DES LABIENUS — EIN MITHRAS-SYMBOL?

(Taf. CL, Abb. 1-10)

Die lange Reihe der Münzen der römischen Republik, deren typologische Mannigfaltigkeit im Gegensatz zu der monolithischen Prägung des Kaiserreiches die unterschiedlichen Interessen konkurrierender Prägeherren widerspiegelt, endet mit dem Aureus und dem Denar des Quintus Labienus im Jahre 40 v. Chr.[1] ,,The last republican issue" — wie M. H. Crawford sie nennt[2] — illustriert wie kaum eine die Widersprüchlichkeit der historischen Situation. Geprägt im kleinasiatischen Kilikien[3] und nicht im Rom des Triumvirats, zeigt ihre Rückseite ein fremdländisches Symbol: ein gesatteltes Pferd der schweren parthischen Rasse nach rechts, mit geschlossenen Beinen und verhängten Zügeln stehend (Abb. 2 und 3). Fast scheint es, als sei diese Pferdedarstellung, die sicher von parthischen Münzbildern mit ungesatteltem und ungezügeltem Pferd inspiriert ist, zugleich auch eine Antwort auf die Prägung Oktavians vom Sommer 43 v. Chr. mit der Reiterstatue und dem Porträt des Prägeherren — geprägt auf dessen Marsch auf Rom als seine erste Emission[4]. Auf der Vorderseite hat auch die Labienus-

---

[1] E. Babelon, *Description historique et chronologique des monnaies de la république romaine*, Paris 1885/86, 2f. (Atia); H. A. Grueber, *Coins of the Roman Republic in the British Museum*, London (1910) 1970, II 500, 131 (im folgenden: Grueber); M. Bahrfeld, *Die römische Goldmünzenprägung*, Halle 1923, 69; E. A. Sydenham, *The Coinage of the Roman Republic*, London 1952, 1356f. (im folgenden: Sydenham); M. H. Crawford, *The Roman Republican Coinage*, Cambridge 1974, 524 (im folgenden: Crawford). — Vom Aureus sind nur 4 Exemplare bekannt (MMAG, Auktion 43, 1970, 424), auch der Denar wird ungewöhnlich hoch bewertet. Der hier abgebildete Denar ist MMAG, Auktion 19 (1959) Nr. 153 veröffentlicht. Für die Beschaffung der Photos danke ich Frau Prof. M. Alföldi.

[2] Crawford 742 zu Nr. 524.

[3] Crawford 604.

[4] Parther: *BMC Parthia* 77 Nr. 66 Taf. 15, 8 (Orodes I. 57-38, der Bündnispartner des Labienus). Oktavian: Crawford 500 zu Nr. 490, 3.

Münze das Porträt des Prägeherren selbst (Abb. 1), von der an der
Stirn beginnenden und vom Zentrum her zu lesenden Inschrift
Q. LABIENVS PARTHICVS IMP eingefaßt. Die Anordnung von
Kopf und Schrift im Perlkreis nimmt, wie auf einigen weiteren
Porträtmünzen [5] der Zeit, das Schema des kaiserzeitlichen Münzbildes vorweg. Labienus, der angetreten ist, die Republik gegen
die Triumvirn zu verteidigen, benutzt wie diese für die Münz-
propaganda sein eigenes Porträt und weist mit seinem Beinamen
und dem Bild des parthischen Pferdes auf die Möglichkeit fremder
Hilfe hin. Der Frage nach der Bedeutung dieser Pferdedarstellung
gilt die vorliegende Untersuchung.

Zunächst der historische Hintergrund [6]. Labienus, Sohn des
gleichnamigen Legaten Cäsars und schließlich wie sein Vater
dessen Gegner, war als Parteigänger der Cäsarmörder Brutus und
Cassius von diesen vor der Schlacht bei Philippi (42 v. Chr.) mit
der Bitte um Hilfe, die auch tatsächlich in Gestalt von Reitertrup-
pen gewährt wurde, zum parthischen König Orodes geschickt
worden. Nach der Schlacht erst gelang es ihm, der als Republikaner
die Proskriptionen durch die Triumvirn zu fürchten hatte, den
zögernden Orodes zu einem Eingreifen in Syrien zu überreden,
während Octavian und Antonius im Perusinischen Krieg einander
gegenüberstanden. Der zwischen diesen Beiden in Brundisium 40
v. Chr. geschlossene Verständigungsvertrag konnte Orodes von
seinem Unternehmen nicht abbringen. Im selben Jahre schickte er

---

[5] Vgl. A. Alföldi, *Porträtkunst und Politik in 43 v. Chr.*, Nederl. Kunst-
hist. Jaarb. 5 (1954) 165, U. Instinsky, *Die Siegel des Kaisers Augustus*,
Baden-Baden 1962, 21, Anm. 39.
[6] Die wichtigsten Quellen sind: Vell. Pat. 2, 78; Strab. 14, 24 (660);
Plut. *Ant.* 28 und 30; Cass. Dio 48, 24-26 und 39-40; Iustin., *Epit.* 42, 4,
7. Eine eigene Schrift über Labienus hatte Appian (*bell. civ.* V 65, 276) angekündigt. — Dazu N. C. Debevoise, *A political history of Parthia*, Chicago
1938, 97ff.; R. Syme, *The Roman Revolution*, Oxford (1939) 1966, 223 und
259; D. Magie, *Roman Rule in Asia Minor*, Princeton 1950, I 430f., II 1280f.
M. Rostovtzeff, *Die hellenistische Welt. Gesellschaft und Wirtschaft*, Stuttgart 1955, II 799f., III 1361; H. Buchheim, *Die Orientpolitik desTriumvirn
M. Antonius*, Heidelberg 1960, 27, 75 und 79f. — Zur Beurteilung des Labienus, den Syme, Magie und Crawford, dem Verdikt durch die Hofhistoriker
des Prinzipats folgend, schlicht als Renegaten bezeichnen, vgl. andererseits
Buchheim, *op. cit.* 27 und 79 sowie D. Timpe, *Die Bedeutung der Schlacht
von Carrhae*, MusHelv. 19 (1962) 118 Anm. 91 und K.-H. Ziegler, *Die Beziehungen zwischen Rom und dem Partherreich*, Wiesbaden 1964, 35.

unter dem Kommando seines Sohnes Pacorus Truppen nach Syrien [7]. Während diese erfolgreich und von großen Teilen der Bevölkerung als Befreier vom römischen Joch bejubelt bis Jerusalem vordrangen [8], rückte Labienus über Apamea nach Kleinasien vor. An der Südküste erfolgreich, traf er erst vor den griechischen Städten Kariens auf Widerstand [9]. Im folgenden Jahr schickte ihm Antonius P. Ventidius Bassus entgegen. Diesem gelang es, Labienus auf Kilikien zurückzudrängen. Demetrios, ein Freigelassener Caesars, spürte schließlich den verkleidet in die kilikischen Berge Geflüchteten auf und nahm ihn gefangen.

Welche Koalitionsmöglichkeiten gab es während dieser Zeit für Labienus in Kleinasien? An wen wandte sich die Propaganda seiner dort, also während des Feldzuges [10], geprägten Münzen? Sie tragen Porträt und Namen eines Cäsargegners und weisen zugleich mit Beinamen und Rückseitenbild auf die Parther hin. Der Beiname, den die Zeitgenossen richtig als Hinweis auf seine parthische Macht verstanden — und je nach Parteinahme entsprechend verhöhnten [11] — wurde zweieinhalb Jahrhunderte später von Cassius Dio [12] falsch gedeutet: er ist jedoch nicht triumphal als Ehrenname eines Siegers über die Parther zu verstehen [13], sondern als Cognomen [14] und weist darauf hin, daß Labienus von den Parthern kommt, so wie Gordianus I. Africanus [15] an der

---

[7] Zu den Problemen der Chronologie Buchheim, *op. cit.* 118, Anm. 188.

[8] Debevoise, *op. cit.* (Anm. 6) 117; C. Roth, *Messianic Symbols in Palestinian Archaeology*, PEQ 87 (1955) 164; J. Neusner, *A history of the Jews in Babylonia* I, Leiden 1955, 29f.

[9] Vgl. G. E. Bean, *Kleinasien* III. *Jenseits des Mäander*, Stuttgart 1974, 35, 92, 98, 103, 192, 233, 259. Auf diesen Widerstand spielt auch Tacitus (*Ann.* III 62, 2) an. Nach Plutarch (*Ant.* 30) gingen die Vorstöße sogar bis Lydien und Ionien.

[10] A. R. Bellinger, *Notes on Some Coins from Antioch in Syria*, ANSMus Notes 5 (1952) 62; Crawford 604. — Münzprägungen während des Feldzuges — κατὰ στρατείαν — sind bei den Parthern üblich, vgl. Mithridates I. (123-87): *SNG Copenhagen* 59 und Artaban II. (88-77): *BMC. Parthia* 40 Nr. 22f.

[11] Strab. 14, 2, 24 (660): Hybreas von Mylasa stellt sich dem Παρθικὸς αὐτοκράτωρ ironisch als Καρικὸς αὐτοκράτωρ entgegen.

[12] Cass. Dio 48, 26, 5.

[13] Debevoise, *op. cit.* (Anm. 6) 110, Anm. 66.

[14] RE XII (1924) 259 s.v. *Labienus* (Münzer).

[15] P. Kneissl, *Die Siegestitulatur der römischen Kaiser*, Göttingen 1969, 40.

Spitze afrikanischer Truppen als Senatskaiser gegen Maximinus
Thrax aufstand, oder Vitellius Germanicus [16] mit der Rheinarmee
gegen Galba marschierte. Für alle drei gilt, daß ihr Marsch auf
Rom als Wiederherstellung einer verletzten Ordnung verstanden
werden sollte. An den „Parthicus" knüpfen sich also Hoffnungen,
die das Rom des Octavian, zumindest in Kleinasien, nicht mehr
einlösen konnte. Dem entspricht die Charakterisierung des Pferdes
auf der Rückseite, denn nicht nur rassisch ist es iranisch bezeichnet
— schwere Hinterhand und kleiner Kopf [17], sondern auch die
Schabracke mit stützenden Wülsten vorn und hinten — Frühform
des Sattels — [18] und der herabhängende Köcher [19] — kein Steigbügel, wie auch vorgeschlagen wurde [20] — weisen auf die Parther,

---

[16] *Ibid.* 39.

[17] Vgl. Strab. 11, 13, 7 (525). G. Walser, *Die Völkerschaften auf den Reliefs von Persepolis*, Berlin 1966, 104ff. Reiche Bibliographie bei B. Brentjes,
Das Pferd im Alten Orient, Säugetierkundl. Mitt. 40 (1972) 325ff. (non vidi).

[18] R. Ghirshman, *La selle en Iran*, Iranica Antiqua 10 (1973) 94ff. bes.
102f.

[19] So von Grueber (II 500) und H. A. Cahn (*Kat. der Slg. Haeberlin*
Nr. 2900) gedeutet. Denkbar wäre auch noch ein lederner Schenkelschutz
(παραμηρίδιον), doch ist dieser nach Ausweis lykischer Denkmäler breiter
(P. Bernard, *Une pièce d'armure perse sur un monument lycien*, Syria 41
(1964) 195ff.).

[20] A. Alföldi, *Die Herrschaft der Reiterei in Griechenland und Rom nach
dem Sturz der Könige*, in: *Festschrift für K. Schefold*, Basel 1967, 17f. mit
Anm. 41 und Taf. 9, 9-10. Von L. White jr. (*Die mittelalterliche Technik
und der Wandel der Gesellschaft*, München 1968 (engl. 1962) 133f.) wird die
Deutung als Steigbügel aus sachlichen Gründen abgelehnt, obwohl sie in
die Entwicklungsgeschichte dieser für die Militär- und Sozialgeschichte so
eminent wichtigen Erfindung paßte, sind doch Steigbügel in Indien im 2. Jh.
v. Chr. auf den Reliefs von Sanchi und im 2. Jh. n. Chr. auf einer Kūshān-
Gemme nachweisbar (White, *op. cit.* 25 mit 114 und Abb. 1 — nach dem
Schrifttypus von J. M. Rosenfield, *The Dynastic Arts of the Kushans*, Ber-
keley/Los Angeles 1967, 102, Nr. 1 in die Zeit Kanishkas I. oder die Frühzeit Huvishkas datiert). Dagegen sind die von der Satteldecke eines Pferdes
auf der Amphora von Tschertomlyk (E. H. Minns, *Scythians and Greeks*,
Cambridge 1913, Abb. 57 und 48, White, *op. cit.* 115). wie auch auf einem
Eberkopfrhyton im Louvre (J. Charbonneaux, *Rhyton gréco-scythe du Musée
du Louvre*, La Revue du Louvre 12 (1962) 295f.) — beide aus dem 4. Jh. v.
Chr. — herabhängenden Gegenständen wegen der jeweils deutlich sichtbaren Schnalle als Sattelriemen anzusprechen. Vielleicht verbirgt sich hinter
dem „medischen Mörser" — nach Raschi wohl als „Stegreif" zu erklären,
den der Talmud unter dem unreinen Sattelzeug erwähnt (*Mischna Kelim*
XXIII 2 = *Monumenta Talmudica* I, hrsg. v. S. Funck, Wien/Leipzig 1913,

jedoch kaum auf deren militärische Macht, wie man aus der Darstellung erschließen wollte [21]. Denn durch das Pferd allein ist die parthische Reiterei nur unzureichend charakterisiert [22]. Es steht daher zu vermuten, daß das gesattelte Pferd mit Köcher und verhängten Zügeln — es scheint für einen unsichtbaren Reiter bereitzustehen — einen Bezug auf Geistiges hat, das über das vordergründig einleuchtende Militärische hinausweist, zumal wenn man bedenkt, daß Labienus zeitweilig nur wenige parthische Truppen mit sich führte [23] und mit dem einzigen für ihn überlieferten Münzbild nicht nur diese Parther, sondern auch die Bevölkerung der zu befreienden Gebiete ansprechen mußte, so daß diese Bildaussage möglichst universell gehalten sein sollte, d.h., über militärische Bedrohung hinaus auch etwas bleibend Positives auszudrücken hatte.

In der Tat haben denn auch vergleichbare Darstellungen gesattelter Pferde ohne Reiter in Irán [24] und Syrien [25], aber auch in Kilikien [26] religiöse Bedeutung, so daß es ferner nicht verwundern kann, auch ein gesatteltes und gezäumtes Kamel als theophores Tier zu verstehen. Ein solches zeigen seltene Münzen des Uranius

---

Nr. 342), eine Erwähnung des Steigbügels in frühsasanidischer Zeit. — In einer neueren Arbeit über die Ursprünge des Steigbügels versucht I. L. Kyzlasov, *Sur l'origine des étriers* (russ. mit franz. Resumée), SovArch. 3 [1973] 24ff.)) das Fehlen früherer Darstellungen mit dem Hinweis verständlich zu machen daß ,,l'absence des étriers sur les figurations anciennes reflète une tendance à la glorification du cavalier heroisé''.

[21] J. P. C. Kent - B. Overbeck - A. U. Stylow, *Die römische Münze*, München 1973, Nr. 102.

[22] ,,Equus Parthicus'' bei den augusteischen Dichtern ist als *pars pro toto* zu verstehen — vgl. Properz 4, 4, 36 und Horaz, *Carm.* 1, 19, 12; 3, 2, 3. Römische Darstellung parthischer Reiter zeigen etwa die Fayence-Kantharoi in Mainz (RGZM) und New York (M. Rostovtzeff, *Die hellenistische Welt* II, Stuttgart 1954, Taf. CVII, 1 — angeblich aus Homs in Syrien, dem Operationsgebiet des Labienus und Pacorus.

[23] Cass. Dio 48, 39, 3. — Labienus trat nicht als parthischer Heerführer auf. Sein Verhältnis zu Orodes bezeichnet Iustin 42, 4, 7 als Bündnis (*societas*) und weist damit auf die Selbständigkeit beider Bündnispartner hin.

[24] Vgl. D. G. Shepherd, *Two Rhyta*, BClevMus 53 (1966) 289ff.

[25] H. Seyrig - J. Starcky, *Genneas*, Syria 26 (1949) 230ff. Vgl. E. R. Goodenough, *Jewish Symbols in the Greco-Roman Period* IX [= Bollingen Series 37], New York 1964, 180ff.

[26] Siehe unten S. 629f.

Antoninus [27] (Abb. 9), auf denen H. R. Baldus wegen des Sattels
,,kein Last- sondern ein Reittier'' erkannt hat. Allerdings muß
es sich nicht um das Reittier eines Sterblichen — ,,Symbol für
eine Expedition'' des Kaisers — handeln. Sondern in Analogie zu
den kamelreitenden Göttern aus Dura [28] und Palmyra [29] dürfte
das Bild eher als anikonische Darstellung der Gottheit zu verstehen
sein, zumal zahlreiche arabische Götter anikonisch oder in Idolen
verehrt werden [30] und auch unsichtbar, in der Qubbah verborgen
auf dem Kamel in die Schlacht geführt werden [31] — als Sieg ver-
heißendes Zeichen. Diese Bedeutung scheint auch für die Münzen
des Usurpators Uranius sinnvoll, die auf Urania = al-Lāt [32] hinweisen könnten, deren Idole etwa die Mekkaner in den Kampf
begleiteten [33].

Anschaulich wird die Darstellung des Nichtdarstellbaren [34]
besonders auf einem achämenidischen Rollsiegel in Berlin (Abb. 4),
das über einem Pferd mit Schabracke und Zaumzeug eine geflügelte
Sonnenscheibe zeigt [35]. Dazu fügt sich im Avesta Yasna I 11:
,,der schnelle Rosse besitzende Hvarexšaēta (= Sonnengott), das
Auge des Ahura Mazdah.'' Geradezu wie eine Erklärung des
Münzbildes mutet jedoch Tacitus' Beschreibung eines iranischen
Kultrituals am Berge Sanbulos an — östlich von Ninive, im nörd-
lichen Zagros zu suchen. Dort halten Priester des Herakles (=
Verethragna?) bei ihrem Tempel Pferde für die Jagd. Sobald man

---

[27] H. R. Baldus, *Die Münzen des Uranius Antoninus*, Bonn 1971, 59f. mit
Anm. 274, Taf. III, Nr. XIX, 26. Ein weiteres Exemplar: Hess & Leu,
Auktion 49 (1971) Nr. 433.

[28] M. Rostovtzeff, *Dura and the Problem of Parthian Art*, YaleClSt. 5
(1935) 226 Abb. 4.

[29] Idem, *Caravan Cities*, Oxford 1932, 151 Taf. 22.

[30] A. Grohmann, *Arabien* (Kulturgeschichte des Alten Orients) [= HAW
III 1. 3. 3, 4], München 1963, 82.

[31] F. Altheim, *Aus Spätantike und Christentum*, Tübingen 1951, 32f. Vgl.
die Terrakotta-Plastik in Berlin (*Katalog Museum für Islamische Kunst*,
Berlin 1971, Nr. 451).

[32] Grohmann, *op. cit.* (Anm. 30) 82f.

[33] Grohmann, *op. cit.* (Anm. 30) 83.

[34] Zum Problem der Darstellung des Unsichtbaren vgl. K. Schefold,
Vom Sichtbaren und vom Unsichtbaren in der griechischen Kunst, AA 1961,
231ff.

[35] Berlin-Charlottenburg, Antikenabteilung F 180. Zwierlein-Diehl Nr.
195, J. Boardman, *Greek Gems and Finger-Rings*, London 1970, 306, Nr. 831.

sie mit Köcher und Pfeilen ausrüstet — wie das die Münze zeigt —
stürmen diese Pferde nachts durch die Wildnis und kehren er-
schöpft und ohne Pfeile zurück, wobei ihr Weg durch erlegtes Wild
markiert sei [36]. Ihren unsichtbaren, göttlichen Reiter hat man sich
als eine Art ,,Wilder Jäger'' vorzustellen, wie ihn auch die bekannten
Bilder der Mithräen von Dura-Europos [37] und Dieburg [38] zeigen.
Analoges gilt für Ritzzeichnung eines reiterlosen Pferdes mit einem
Bogenköcher im Kaiserpalast zu Spalato [39], wo iranischer Einfluß
nur scheinbar befremdlich ist, kennt doch die Notitia Dignitatum
,,comites Alani'' als Palastgarde [40] — zwar in Italien, aber Spalato
wurde ja nur von Diocletian als Palast benutzt, so daß diese Hilfs-
truppe aus Angehörigen eines iranischen Reitervolkes nach seinem
Tode verlegt werden mußte.

In Iran selbst ist das gesattelte Pferd ferner mit dem Herr-
scherzeremoniell verbunden: dem Sasaniden Shāpūr I. wird auf
seinem Relief in Bīshāpūr in einem größeren Festzusammenhang
ein gesatteltes Pferd zugeführt [41], das dem gezäumten Pferd vor
dem thronenden Herrscher auf einem achämenidischen Siegelab-
druck [42] zu entsprechen scheint, und im Festzug des Xerxes gehen
zehn der heiligen nisäischen Pferde, denen die Gespanne des Gottes
wie des Herrschers folgen [43]. Darf man in den heiligen Pferden die
Reittiere der Fravashi sehen, jener Wesen, die den Himmel schützen [44]

---

[36] Tac. *Ann.* 13, 3. F. Altheim, *Zarathustra und Alexander*, Frankfurt
1960, 125. Zur Lokalisierung des Berges: RE A I (1920) 2232 s.v. *Sanbulos*
(Weissbach). Ob tatsächlich Hercules der passende lateinische Name für
die iranische Gottheit ist, bleibe dahingestellt.

[37] Zuletzt: M. J. Vermaseren, *Der Kult des Mithras im römischen Germanien*, Stuttgart 1974, Abb. 28.

[38] Vgl. E. Schwertheim, *Die Denkmäler orientalischer Gottheiten im römischen Deutschland* [= EPRO 40], Leiden 1974, Nr. 123 a mit Taf. 31/32;
Vermaseren, *op. cit.* Abb. 15.

[39] F. Altheim, *Die Soldatenkaiser*, Frankfurt 1939, 173 und 299 Abb. 57.

[40] O. Seeck, *Notitia Dignitatum*, Berlin 1876, Repr. Frankfurt 1962, 140
= *Occ.* VII 163.

[41] E. Herzfeld, *Iran in the Ancient East*, London 1941, 319 Taf. 117.

[42] L. Legrain, *The Culture of the Babylonians*, Philadelphia 1925, 325 Nr.
984 Taf. 46.

[43] Hdt. 7, 40.

[44] J. Kellens, *Mythes et conceptions avestiques sous les Sassanides*, Acta
Iranica 4 (1975) [= *Festschrift für H. S. Nyberg* I], 458f.; G. Widengren,
Die Religionen Irans, Stuttgart 1965, 22.

und denen Xerxes auf dem Hügel von Troja geopfert zu haben scheint? [45]

Die iranischen Vergleichsbeispiele zeigen, daß ein antiker Betrachter die Pferdedarstellung auf der Münze eines PARTHICUS sehr wohl auf eine Hilfe aus Parthien beziehen konnte. In der Tat wurde mit einer solchen Hilfe gegen Rom vielerorts gerechnet [46]. Cicero berichtet schon im Jahre 51/50 Entsprechendes von den Stämmen des Amanos-Gebirges im Grenzland zwischen Syrien und Kilikien [47], und von den Einwohnern der kleinen Stadt Pindenissos im Freien Kilikien sagt er ausdrücklich, daß sie „Parthorum adventum accerime exspectarent" [48]. Auf sein Urteil ist Verlaß, war er doch in diesem Jahr in Kilikien als Prokonsul für die Abwehr parthischer Einfälle verantwortlich. In Syrien war die parthische Verwaltung „offensichtlich populär" [49] und in Palästina, wohin sich das Parallelunternehmen des Pakoros wandte, hat es stets eine proparthische Partei gegeben. In ihrer Symbolsprache spielt auch das Parther-Pferd eine Rolle. So prophezeit in der Zeit Hadrians und seiner Nachfolger der Rabbi Simon ben Jochai: „Wenn ein Mann ein parthisches Pferd an einen Grabstein in Palästina angebunden erblickt, sollte er auf den Schritt des Messias lauschen" [50]. Diese messianischen Hoffnungen — der antirömisch eingestellten Unterschichten [51] — wurden im Laufe des 2. und 3. Jahrhunderts von den „gemäßigten" romtreuen Gruppen des Rabbinats [52] im wohlverstandenen Eigeninteresse abgeschwächt. Schon Labienus hatte Orodes gegenüber auf die romfeindliche Haltung der syrischen Gebiete hingewiesen [53], und ein römischer Raubzug des Antonius gegen die reiche Karawanen-Stadt Palmyra

---

[45] Hdt. 7, 42f.; D. Metzler, *Beobachtungen zum Geschichtsbild der frühen Achämeniden*, Klio 57 (1975) 450f.

[46] Über antirömische Stimmung und Kriegsorakel im Osten vgl. F. Windisch, *Die Orakel des Hystaspes*, Amsterdam 1929, 45ff.

[47] Cic. *Fam.* 15, 2; Debevoise, *op. cit.* (Anm. 6) 98f.

[48] Cic. *Fam.* 15, 4, 10.

[49] Cass. Dio 49, 20. Debevoise, *op. cit.* (Anm. 6) 117.

[50] Encyclopaedia Judaica IV B (1971) 39 s.v. *Babylonia*; M. Avi-Yonah, *Geschichte der Juden im Zeitalter des Talmud*, Berlin 1962, 64.

[51] Avi-Yonah, *op. cit.* 64f.

[52] Avi-Yonah, *op. cit.* 66f.

[53] Cass. Dio 48, 24, 8. Debevoise, *op. cit.* (Anm. 6) 116f.

treibt deren flüchtende Bewohner nicht nur in die Arme der Parther, sondern veranlaßt Orodes im selben Jahre zum unmittelbaren Eingreifen in Syrien [54].

In ähnlicher Weise dürfen für Kleinasien in der Zeit des Labienus Klasseninteressen vermutet werden. Zwar kennt man von dort keine exakten Aussagen über die Hoffnungen der Unterschichten, wohl aber sind die wohlhabenden Schichten der griechischen Städte als entscheidende Gegner des Labienus bezeugt [55], die, wie später etwa ein Aelius Aristides es deutlich ausspricht, sich dem römischen Kaiserreich als Kompradoren empfehlen — ähnlich wie in Kommagene, wo unter Tiberius nach dem Tode Antiochos III. die Oberschicht für die Übernahme in eine römische Provinz ist, während die Unterschichten die nationale und dynastische Autonomie — allerdings vergeblich — fordern [56]. Das muß allerdings keineswegs heißen, daß Labienus entsprechende Hoffnungen auch erfüllt hätte. Er zeigte wenig Verständnis: „Wie die anderen römischen Ausplünderer der Provinz brauchte er dringend Geld, das er, abgesehen von der Plünderung vieler Tempel, rücksichtslos von den Städten eintrieb" [57]. Dem entsprechen in Palästina die Plünderungen der parthischen Eroberer [58].

Auf der Seite des Labienus und der Parther sicher bezeugt sind aber lokale Dynasten, die zumindest dem Pompejus den Treueid geschworen hatten und von Cassius gefördert worden waren [59], als dessen Parteigänger sie Labienus ansahen und die erste Gelegenheit wahrnahmen, gegen den römischen Druck ihre guten Beziehungen zu den Parthern zu nutzen, allen voran Antiochos I. von Kommagene [60], der sich später den Titel Philoromaios zulegte. Er hatte seine Söhne zu den Parthern geschickt und Pacorus offen unterstützt [61]. Antonius nahm das zum Vorwand, hohe Bußgelder

---

[54] App. *bell. civ.* 5, 9f.; Debevoise, *op. cit.* (Anm. 6) 108.

[55] Siehe oben Anm. 9.

[56] Ael. Aristides, 26 (Rede auf Rom) 59, 64, 65. J. Bleicken, *Der Preis des Aelius Aristides auf das Römische Weltreich*, NGG 1966, Nr. 7, 250f., 272ff.; zu Kommagene Ios. *Ant. Iud.* 18, 53.

[57] Rostovtzeff, *op. cit.* (Anm. 22) II 800. Vgl. Strab. 12, 8, 9 (574).

[58] Debevoise, *op. cit.* (Anm. 6) 112f.

[59] Syme, *op. cit.* (Anm. 6) 259; Buchheim, *op. cit.* (Anm. 6) 27.

[60] Buchheim, *op. cit.* (Anm. 6) 79ff.

[61] Cass. Dio 48, 41, 5.

von ihm zu fordern. Neben einzelnen Dynasten stehen auf Seiten
des Labienus auch römische Veteranen, die Brutus und Cassius
in Apamea [62] — seit den Seleukiden das militärische Zentrum
Syriens — angesiedelt hatten. Labienus konnte diese republikanisch
gesonnenen Truppen durch Flugblatt-Propaganda — Pfeilschüsse
trugen seine Pamphlete in die von dem Caesarianer L. Decidius
Saxa befehligte Stadt[63] — für seinen Kampf gegen Antonius und
Octavian gewinnen.

Republikanische Veteranen und einheimische Dynasten kämpften
auf seiner Seite. Seine Propaganda mußte also diese Extreme und
mannigfache andere Interessengruppen ansprechen — der Imperator mit dem Programm-Namen ,,Parthicus'' wählte ein gesatteltes Pferd mit Köcher und verhängten Zügeln als sein — vorerst —
einziges Münzbild. Seine Veteranen kann er durch dieses offen
parthische Symbol kaum abgeschreckt haben. Jedenfalls kannte
man aus dem Bundesgenossenkrieg Münzen der Italiker mit dem
Bild der erhofften Landung Mithridates.' VI. oder eines seiner
Generäle in Italien — dargestellt als ein Mann in Rüstung, der von
einem Schiffsvorderteil herabsteigt und von einem etwas kleineren
Leichtgerüsteten mit geschultertem Pilum durch Handschlag
begrüßt wird, wobei die so vollzogene dextrarum iunctio (dexiosis)
die Bündnisverpflichtung zwischen beiden ausdrückt [64]. Ferner

---

[62] Cass. Dio 48, 25, 2. Schon unter den Seleukiden ist Apameia das militärische Zentrum Syriens (Strab. 16, 2, 10 (752); E. Bickerman, *Institutions
des Seleucides*, Paris 1938, 92). Ferner ist diese Stadt, in der die Propaganda
des Labienus ihre ersten Erfolge zeitigte, interessanterweise die Heimat
des Poseidonios. Nach R. Turcan (*Mithras Platonicus* [= EPRO 47], Leiden
1975, 5f.) liegt dessen Geschichte des Pompeius den Berichten Plutarchs und
Appians über die Mithras-Mysterien der Seeräuber zugrunde. Poseidonios
richtete seine Aufmerksamkeit gerade auch auf die ,,action des prophéties
dans la guerre psychologique menée par Mithridate contre Rome et ses
partisans'' — über das Vorgehen des Labienus ließe sich Entsprechendes
sagen. Poseidonios starb 51/50 v. Chr. Über ein Weiterleben seiner Gedanken-
welt in Apameia läßt sich nur spekulieren.

[63] Cass. Dio 48, 25, 3. Gerade in ideologischen Auseinandersetzungen
spielen Pamphlete eine wichtige Rolle. Dieselbe Taktik verwandten die
Chier 469 v. Chr., um zwischen Athen und Phaselis zu vermitteln (Plut.
Cim. 12, 4) und empfiehlt noch ein sasanidisches Militärhandbuch (A.
Christensen, *L'Iran sous les Sassanides*, Kopenhagen 1944, 217).

[64] Grueber II 337 Anm.; Sydenham 632 a. MMAG Auktion 52 (1975)
Nr. 329. Zu Mithridates' VI. Rolle im Bundesgenossenkrieg E. Olshausen,

ein Aureus des Minius Ieius [65], der als exakte Kopie einer Bronzemünze von Amisos aus der Zeit Mithridates' VI. den Kopf des
jugendlichen Dionysos, efeubekränzt, auf der Vorderseite und
auf der Rückseite eine Cista mystica mit Nebris und Thyrsosstab
zeigt. Nach seinem religiösen Aussagewert — Erwartung diony-
sischer Mysterien — muß auch die religiöse Bedeutung des Bildes
eines parthischen Pferdes auf der Labienus-Münze zu verstehen
versucht werden, denn beide Münzbilder weisen in — sit venia
verbo — inneritalischen Kämpfen auf die Hilfe fremder Mächte hin.

Der unsichtbare Reiter des gesattelten und gezäumten Pferdes
gibt sich nicht auf den ersten Blick zu erkennen [65a]. Und das
scheint beabsichtigt zu sein, gab es doch zahlreiche Götter in Kleinasien und Syrien, die als Reiter verehrt wurden. Im kilikischen
Operationsgebiet des Labienus taucht die Darstellung des gesattelten Pferdes mit Zaumzeug, Köcher und Gorytos mehr als zwei
Jahrhunderte später auf Münzen auf, die für den jugendlichen [66]
Kaiser Caracalla im Jahre 198 in Mopsos geprägt wurden (Abb. 5) [67].
Zusätzlich ist dort ein Zweig über dem Sattel befestigt. Einen
Zweig trägt aber auch der Reiter in persischer Tracht mit Gorytos
am Sattel auf Münzen des 4. Jahrhunderts v. Chr. von Tarsos (Abb.
6). Dieser wurde zwar als Dynast gedeutet [68], doch scheint mir
der Zweig in seiner Hand eher auf einen Gott hinzudeuten — einen
Reitergott von der Art des Zeus Asbamaios [69] im benachbarten

---

Mithradates VI. und Rom, in: ANRW I 1, Berlin/New York 1972, 814. —
Das Bildmotiv des landenden Mithridates ist nach dem Schema des in Italien landenden Äneas (vgl. A. Alföldi, *Die trojanischen Urahnen der Römer*,
Basel 1957) konzipiert und bekräftigt auch durch diese Motivübernahme
den politischen Anspruch der Propaganda der Italiker. — Über die staats-
rechtliche und religiöse Bedeutung der *dextrarum iunctio* handelte M. Le Glay,
Paris, in einem noch unveröffentlichten Vortrag über ,,*Formen der Begrü-
ßung in der Antike*'' in Münster am 13.5.1976.

[65] Grueber II 334 mit Anm.; Sydenham 643.

[65a] Erst nach Abschluß des Manuskriptes stieß ich auf ,,*Das leere, gesattelte Pferd*'' von P. Calmeyer (AMI N. F. 7 [1974] 66ff.), der ebenfalls an
die Bedeutung des göttertragenden Pferdes erinnert.

[66] Zu den auf Kinderkaiser gerichteten Erwartungen W. Hartke, *Römische Kinderkaiser*, Berlin 1951, 219f. mit 55f.

[67] H. v. Aulock, *Die Münzprägungen der kilikischen Stadt Mopsos*, AA
1963, 231ff. Nr. 57f. = SNG Deutschland, Sammlung v. Aulock 5744.

[68] G. K. Jenkins, *Two New Tarsos Coins*, RevNum. 15 (1973) 30ff. Taf. I 1.

[69] *RAC* II (1954) 878 s.v. *Cappadocia* 878 (Kirsten).

Kappadokien, hinter dessen hellenisiertem Namen der reitende Ahuramazda [77] zu vermuten ist. In Kilikien ist der Reitergott ein vertrautes Bild, aus Syrien wären der Gott ,,Genneas'' und verwandte Erscheinungen zu nennen [71]. In Lykien werden Herakles-Kakasbos [72] und Men [73] sowie ein Heiland (Sozon) [74] und Held (Heros) [75] als Reitergötter vorgestellt, wie überhaupt spätestens seit dem 3. Jahrhundert n. Chr. der Reitergott eine ,,proteische'' [76] Figur ist und als Erscheinungsform vieler Götter und Heilsbringer gilt — belegbar für Helios [77], Horus [78], Mithras (Abb. 7 und 8) [79] denen solare Bezüge gemeinsam sind, aber auch für Christus [80], Salomon [81] und den gnostischen Sisinnios [82] — vom thrakischen Reitergott [83] und den Dioskuren [84] einmal ganz abgesehen. Allen

---

[70] Vgl. den reitenden Ahuramazda auf den frühsasanidischen Investiturreliefs (K. Erdmann, *Die Kunst Irans zur Zeit der Sasaniden*, Mainz 1969 Taf. 20 und 24) sowie möglicherweise den eine Hydra tötenden Reiter mit Nimbus auf einer sasanidischen Gemme (A. D. H. Bivar, *Catalogue of the Western Asiatic Seals in the British Museum* II. *The Sasanian Dynasty*, London 1967, 61, BL 4 Taf. 7).

[71] Siehe oben Anm. 25. J. Starcky, in: *Mél. P. Collart*, Lausanne 1976, 330.

[72] H. Metzger, *Catalogue des monuments votifs du Musée d'Adalia*, Paris 1952, 13ff.

[73] *Ibid.* 48f.

[74] *Ibid.* 28ff.

[75] *Ibid.* 55ff.

[76] L. Robert (nach E. Will, *Le relief cultuel gréco-romain*, Paris 1955, 104).

[77] E. Ohlemutz, *Die Kulte und Heiligtümer der Götter in Pergamon*, Würzburg 1940, 85.

[78] *Koptische Kunst. Christentum am Nil, Katalog der Ausstellung in Villa Hügel*, Essen 1963, Nr. 77.

[79] *SNG Deutschland, Sammlung v. Aulock* 6785 und 6784 = P. R. Franke, *Kleinasien zur Römerzeit. Griechisches Leben im Spiegel der Münzen*, München 1968, Nr. 436 und 435; L. A. Campbell, *Mithraic Iconography and Ideology* [= EPRO 11], Leiden 1968, 191f. und 243.

[80] *Off.* 19, 11-16.

[81] P. Verdier, *Une ,,Imago Clipeata'' du Christ Helios*, CArch. 23 (1974) 35f. Abb. 8-9; C. D. G. Müller, *Von Teufeln, Mittagsdämonen und Amuletten*, JbAChr. 17 (1974) 100 Abb. 8. Auch Mordechai, eine weitere Person der jüdischen Geschichte, wird im Typus des Reitergottes dargestellt — so in der Synagoge von Dura-Europos (Goodenough, *op. cit.* (Anm. 25) IX 180).

[82] Verdier, *op. cit.* 36. Müller, *op. cit.* 99.

[83] D. Tudor, *Corpus monumentorum religionis equitum danuvinorum* [= EPRO 13], Leiden 1969.

[84] Im Typus der Dioskuren erscheinen im östlichen Kleinasien die kommagenischen Prinzen Epiphanes und Kallinikos auf Münzen (O. A. Taşyürek,

gemeinsam scheinen eschatologische Aspekte zu sein, wie sie für den „Großen König" der Hystaspes-Orakel [85] und den Christus der Johannes-Apokalypse [86] besonders deutlich sind. Auf Heilserwartungen weisen auch zwei Typen menschlicher Reiter: der römische Kaiser auf den Adventus-Münzen [87] und das gesattelte aber reiterlose Pferd unter der Kline des Verstorbenen auf Totenreliefs in Palmyra [88] und am Niederrhein [89] sowie möglicheiweise auch die gesattelten, oft mit Weinlaub geschmückten Pferde iranischen Schlages in chinesischen Gräbern der Han- bis Tang-Zeit [90].

Schließlich fällt noch vom Vergleich mit einem weiteren „Reitergott" besonderes Licht auf das Symbol des gesattelten Parther-

---

Die Münzprägung der Könige von Kommagene, AW 6 1975 Sondernummer *Kommagene*, 43 Nr. VIII 1, Abb. 48).

[85] Widengren, *op. cit.* (Anm. 44) 200. Zur Bedeutung der Hystaspes-Orakel jetzt J. R. Hinnels, *The Zoroastrian Doctrine of Salvation in the Roman World*, in: *Man and his Salvation. Studies in Memory of S. G. F. Brandon*, Manchester 1973, 125ff. (non vidi).

[86] H. Kraft, *Die Offenbarung des Johannes* [= Handbuch zum NT 16a], Tübingen 1974, 247: Christus im Typus des Reitergottes „noch kaum vorstellbar".

[87] G. Koeppel, *Profectio und Adventus*, BJb. 169 (1969) 179ff. — Beim *adventus* des Vespasian in Alexandrien steigt die Nilflut und geschehen Wunderheilungen (Cass. Dio 65, 8, 1).

[88] Goodenough, *op. cit.* (Anm. 25) IX 182.

[89] Diese Bedeutung möchte ich für Grabreliefs von der Art des Dardaners Romanus (*CIL* XIII 8305) und des Thrakers Longinus (*CIL* XIII 8312) in Köln (*Kölner Römer Illustrierte* 1 [1974] 202 Nr. 1-2) oder des Tungerers Oclatius in Neuß (H. Schoppa, *Die Kunst der Römerzeit in Gallien, Germanien und Britannien*, Frankfurt 1953, Taf. 61-62) vorschlagen. Der Gegenstand, den der Führer des Pferdes des Oclatius (Schoppa Taf. 62) hält, dürfte schon wegen der mehrfachen Umwickelung kaum ein „Stallbesen" sein, sondern sinnvoller als Fackel eines Totengeleiters anzusprechen sein. Auch die lang herabhängende Schabracke des Pferdes weist über Profanes hinaus. — Zur Bedeutung des Pferdes im sepulkralen Bereich: RE VIII (1912) 1144 s.v. *Heros* (Eitrem). M. Nilsson, *Geschichte der griechischen Religion* I [= HAW 5. 2, 1], München 1967[3], 382f.

[90] *Ausstellung Chinesischer Kunst*, Katalogbearbeitung L. Reidemeister-M. Wegner, Berlin 1929, Nr. 278-279. Über den Weg der Weintraube nach China, B. Laufer, *Sino-Iranica* (1919), Repr. Taipeh 1967, 220ff. Weinranke im sepulkralen Bereich: V. v. Graeve, *Der Alexandersarkophag und seine Werkstatt* [= IstForsch. 28], Berlin 1970, 44. Für den orientalischen Bereich vgl. auch J. Pirenne, *Le rinceau dans l'évolution de l'art Sud-arabe*, Syria 34 (1957) 99ff.

pferdes der Labienus-Münzen: Die frühe indische Ikonographie
der Buddhalegende kennt die Szene der ,,Weltflucht des Bodhi-
sattva'', dargestellt als Ausritt des künftigen Buddha [91]. Während
nun die ältere Stufe in heiliger Scheu vor dem Nicht-Darstellbaren
nur das gesattelte Pferd mit einem darüber gehaltenen Sonnen-
schirm, nicht aber den Reiter zeigt — so auf dem Osttor des
Stupa I in Sanchi, der etwa gleichzeitig mit der Labienus-Münze
entstanden ist [92], kennt die jüngere Stufe, vertreten durch Reliefs
der Gandhāra-Kunst, in deren Bereich sich bekanntlich die ersten
menschengestaltigen Buddha-Bilder finden [93], auch die Darstellung des Reiters selbst [94] in der Weltflucht-Szene. Die rigorose
anikonische Verehrung der Gottheit prägt nicht nur die frühe
buddhistische und frühe christliche Kunst, sondern ist schon durch
Herodot für den achämenidischen Iran bezeugt [95], so daß es in der
Tat sinnvoll erscheint, im Vergleich mit dem oben erwähnten
achämenidischen Siegelbild des gesattelten Pferdes unter der
Flügelsonne (Abb. 4) einerseits und den buddhistischen Darstel-
lungsformen andererseits in dem Partherpferd der Labienus-
Münzen ein theophores Tier zu sehen, das gewürdigt ist, die Gottheit zu tragen [96].

---

[91] A. Grünwedel - E. Waldschmidt, *Buddhistische Kunst in Indien*, Berlin
1932, 68f.

[92] Grünwedel - Waldschmidt, *op. cit.* Abb. 77. Zum Datum: Sir J.
Marshall, *The Buddhist Art of Gandhāra*, Cambridge 1960, 7 (,,c. 50 BC.'').
Das gesattelte Pferd ohne den Buddha kennt die konservative südindische
Kunst von Amaravati noch im 2. Jh. n. Chr. (vgl. Paris, Musée Guimet MG
18509), zu seiner Bedeutung äußert sich allgemeiner H. Zimmer: Das ,,Pferd''
ist das Symbol des körperlichen Trägers, und der ,,Reiter'' ist das Wesen:
wenn letzteres an das Ende seiner Inkarnationen gelangt ist, bleibt der Sattel
unbesetzt und der Träger stirbt notwendigerweise (*Myth and Symbol in
Indian Art and Civilization*, Princeton/New York o.J. 162 Anm. §).

[93] B. Rowland, *A Note on the Invention of the Buddha Image*, Harvard
Journ. As. Stud. 11 (1948) 181ff.; R. Göbl, *Die Münzprägung der Kušān von
Vima Kadphises bis Bahrām IV.*, in: F. Altheim - R. Stiehl, *Finanzgeschichte
der Spätantike*, Frankfurt 1957, 190f. Taf. 3, Nr. 53.

[94] Marshall, *op. cit.* (Anm. 92) 92 Abb. 119; H. Ingholt, *Gandhāran Art
in Pakistan*, New York 1957, 60 Nr. 45 mit Hinweisen auf weitere Reliefs.,

[95] Hdt. 1, 131, 1; Dinon bei Clemens, *Protr.* 4, 65, 1 (= 690 *FGH* F 28);
Widengren, *op. cit.* (Anm. 24) 124f.

[96] Vgl. I. Trencsényi-Waldapfel, *Untersuchungen zur Religionsgeschichte*,
Budapest 1966, 450f.

Welche Gottheit? Wenn auch die Zahl der Identifikations-
möglichkeiten groß und beabsichtigt scheint, so läßt sich doch
eine Primärgestalt aufzeigen, die von Labienus intendiert sein
muß. Dieser Gott muß wegen der eindeutigen Bezüge auf die
Parther — Inschrift, Pferderasse und -ausrüstung — aus Iran
kommen, wo die alten Götter ohne Bild verehrt wurden. Ferner
muß er von so durchschlagender ideologischer Kraft sein, daß er
als alleiniges Propaganda-Symbol gewisse Gruppen der Römer und
Kleinasiaten sowie Parther anzusprechen vermag. Ein solcher
werbender und versprechender Gott aus Iran ist Mithras [97], dem
noch eine Jahrhunderte spätere Inschrift aus Potaissa folgende
Attribute gibt: Deo forti Phoebo Apollini Parthico [98]. Einige
Jahrzehnte vor Labienus' Münzprägung tritt dieser Gott, der in
seinem Ursprungsland schon seit Jahrhunderten die messianisch-
eschatologischen Züge [99] aufwies, die seinen großen Einfluß im

---

[97] M. J. Vermaseren, *Mithras*, Stuttgart 1965; *Mithraic Studies*, [= Pro-
ceed. First Intern. Congr. 1971], hrsg. von J. R. Hinnells, 2 Bde., Manchester 1975.
[98] M. Speidel, *Parthia and the Mithraism of the Roman Army* 31. Vortrag
auf dem Second Intern. Congr. for Mithraic Studies, Teheran 1975.
[99] Eschatologie in Iran: Widengren, *op. cit.* (Anm. 44) 102ff. Eschatologische Aspekte jhat Mihr-Mithra auch in der armenischen vorchristlichen
Mythologie (H. W. Haussig, *Wörterbuch der Mythologie* I. Abt., 12. Lieferung, 1974, 127 s.v. Mihr). Daß Mithra aber bereits im vierten vorchristlichen
Jahrhundert in Kleinasien als Erlösergott verehrt wurde, hat I. Scheftelo-
witz, *Die Mithra-Religion der Indoskythen und ihre Beziehung zum Saura-
und Mithras-Kult*, Acta Orientalia 11 [1933] 305) aus dem Namen des kappadokischen Satrapen Mithrobuzanes (Diod. 17, 21, 3; Arr. 1, 16, 3; J. Markwart, *Untersuchungen zur Geschichte von Ērān*, Philologus 55 [1896] 240f.;
L. Robert, *Noms indigènes dans l'Asie Mineure Gréco-Romaine* I, Paris 1963,
516, Anm. 4) abgeleitet, der nach F. Justi (*Iranisches Namenbuch*, Marburg
1895, 209) zu mitteliran. bōz-, bōx- = erlösen ,,Erlösung durch Mithra ha-
bend'' bedeutet. Der Name lebt im Königshaus von Sophene bis ins 1. Jh.
v. Chr. weiter (J. Markwart, *Ērānšahr nach der Geographie des Ps.-Moses
Xorenac'i*, Berlin 1901, 176) und findet sich als Buzmihr später noch in
Georgien (hier Anm. 106). Ihm entspricht Bagabyzos (= durch Gott erlöst)
— schon unter Darius belegbar (Justi, *op. cit.* 56f.). Als Baga- wird aber
gerade Mithra bezeichnet (Widengren, *op. cit.* Anm. 44, 119). Auf ein besonders enges Verhältnis zur Gottheit weist auch der Name Mithrobandakes
— belegt sowohl im ägyptischen Bereich für 138/137 v. Chr. in Ptolemais
Hermion (R. Schmitt, *Einige iranische Namen auf Inschriften oder Papyri*,
ZPE 17 [1975] 18f.) als auch im mesopotamisch-iranischen Grenzbereich

Westen erklären, in das Blickfeld der Römer: Die von Pompejus geschlagenen Seeräuber an der Südküste Kleinasiens und die Soldaten Mithridates' VI. verehren ihn [100].

Er ist also zunächst der Gott der Feinde Roms [101]. Auf ein solches Wesen weisen im Osten auch die bis in die Zeit des Augu-

---

im 2. Avroman-Pergament — hier im 1. Jh. v. Chr. in der Schreibung Μιραβάνδαχης (E. H. Minns, *Parchments of the Parthian Period from Avroman in Kurdistan*, JHS 35 [1915] 30 Zeile A 12, 817; 45f.). Seine Bedeutung „Diener des Mithras" erinnert — von allgemeinen Bezügen auf die im Orient verbreitete Hierodulie abgesehen — in diesem speziellen Falle an die von Porphyrios, *Abst.* 4, 16 (= Cumont, *TMMM* II 42) erwähnten, auch als „Raben" bezeichneten Diener des Gottes. Im Gegensatz zu diesem ptolemäischen Mithrobandakes, der durch seinen Vater Srousos (= awest, sraosa „Heiliges Wort", vgl. Justi, *op. cit.* 311 s.v. *Srōsōē*) als Iranier ausgewiesen ist, haben im achämenidischen Babylonien Träger von Mitra-Namen Väter mit babylonischen Namen: Mitratasi, Sohn des Abbimuttak und Mitraen, Sohn des Marduk-nādin-sum (L. Legrain, *The culture of the Babylonians*, Philadelphia 1925, Nr. 566 und 887). Hier spricht die Namengebung für die werbende Kraft des Gottes, der nicht mehr von national-iranischer Exklusivität ist. Es scheint daher geraten, die vor-römischen, iranischen Mithräen [Der Bau im parthischen Uruk (Vermaseren, *CIMRM* II Nr. 7c) ist nach H. Lenzen (*XIV. Vorläufiger Bericht . . . Uruk-Warka*, Berlin 1958, 20) nicht nur wegen des Grundrisses sondern auch wegen des Fragmentes einer Tonmodel für ein Mithras-Bild, das einen Stierbezwinger mit Hosen erkennen läßt (Lenzen, *op. cit.* Anm. 44 Taf. 45a) durchaus als Mithräum anzusprechen (Widengren 229f. und 359 Abb. 6) und papyrologisch ist im 3. Jh. v. Chr. im Fayum (Vermaseren, *CIMRM* I Nr. 103 Anm.) ein Μιθραῖον als Kultbau und ein Gläubiger namens Μιθροδάτης nachweisbar (J. G. Smyly, *Greek Papyri from Gurob*, London/Dublin 1921, 26ff. Nr. 22, Zeilen 10 und 2] ernster zu nehmen als jene Forschungsrichtung es tut, die in den mithräischen Mysterien erst etwas genuin Römerzeitliches sehen zu müssen glaubt, obwohl gerade etwa auch Bezüge zum altiranischen Männerbund offensichtlich sind (zuletzt C. Colpe, *Mithra-Verehrung, Mithras-Kult und die Existenz iranischer Mysterien*, in: *Mithraic Studies* II Manchester 1975, 396). — In ähnliche Richtung weist auch die Frühdatierung der Mithras-Inschrift von Faraşa-Rhodandos (Vermaseren, *CIMRM* I Nr. 19) — nicht mehr 2. Hälfte, 1. Jh. v. Chr., sondern „late second century B.C.E." (E. Lipinski, *Studies in Aramaic Inscriptions and Onomastics*, Löwen 1975, 194). Gemessen am iranischen Bestand scheinen dann die römerzeitlichen Ergänzungen nur unwesentliche Bereicherungen der Mithrasmysterien zu sein.

[100] Plut. *Pomp.* 24, 5. App. *Mithrad.* 92. Zuletzt E. Schwertheim, *Monumente des Mithraskultes in Kommagene*, AW 6 (1975) Sondernummer *Kommagene*, 65.

[101] Zuletzt Colpe, *op. cit.* (Anm. 99) 392.

stus [102] weit verbreiteten Hystaspes-Orakel [103]. Sie sprechen von
einem ,,Großen König'', der an der Spitze einer ,,sancta militia'' [104]
gegen das verhaßte Rom ziehen wird und aller Unterdrückung ein
Ende machen wird. Mithras ist der Messias dieser Orakel: unter
seiner solaren Herrschaft wird nach 6000 Jahren Kampfes das
Millenium anbrechen [105]. Als Kosmokrator mit dem Globus in der
Hand, zwischen Bäumen [106], kann der reitende Mithras daher
gezeigt werden [107] oder als reitender Jäger, der die Tiere der Gegen-

---

[102] Windisch, *op. cit.* (Anm. 46) 9, 32, 92f. — Augustus ließ die Orakel
im Rahmen seiner Vernichtung oppositioneller Literatur verbrennen (F.
Cramer, *Bookburning and Censorship in Ancient Rome*, Journ. Hist. Ideas 6
[1945] 157ff. D. Metzler, *Bilderstürme und Bilderfeindlichkeit in der Antike*,
in: *Bildersturm* hrsg. v. M. Warnke, München 1973, 18).
[103] Widengren, *op. cit.* (Anm. 44) 199ff.
[104] Widengren, *op. cit.* (Anm. 44 202 und 224.
[105] F. Cumont, *La fin du monde selon les mages occidentaux*, RHR 103
(1931) 57f., 93ff.
[106] Auch dem Baum scheint symbolische Bedeutung eigen zu sein, vgl.
den Baumkult in Iran (I. Brozak, *Die Achämeniden in der späteren Überlieferung. Zur Geschichte ihres Ruhmes*, Acta Antiqua 19 [1971] 49ff.) und
den Baum in der iranischen Herrscherrepräsentation (S. K. Eddy, *The king
is dead*, Lincoln 1961, 26ff.). Auf einem koptischen, nach sasanidischem
Vorbild gewebten Stoff steht hinter dem gesattelten Pferd ein Baum (*Koptische Kunst. Christentum am Nil. Katalog der Ausstellung in Villa Hügel*,
Essen 1963, Nr. 367). Zum Baum als Erscheinungsform Mithras: R. Eisler,
Weltenmantel und Himmelszelt I, München 1910, 179f. mit Hinweis auf den
von Dioskourides 4, 161 überlieferten Namen Μιθραχίκη für den Lorbeer.
— Auf der hier (Abb. 7) abgebildeten Münze des Caracalla aus Trapezunt
reitet Mithras zwischen Baum und Altar. Pferd und Altar allein zeigen die
Embleme von 5 Silberschalen des 2. Jhs. v. Chr. aus Armazi und Bori
(D. M. Lang, *The Georgians*, London 1966, 89 Abb. 20), deren eine von
einem Pitiaxes (Gouverneur) namens Buzmihr geweiht wurde. Sein Name
— aus denselben Elementen wie der des Mithrobuzanes (hier Anm. 99)
gebildet — weist auf Mithra als den Erlöser. Das Pferd selbst vor dem Altar
erinnert andererseits an die am Mithrakana genannten Neujahrsfest abgehaltenen Pferdeopfer der Achämenidenzeit (Strab. 11, 14, 9 (530).
Widengren, *op. cit.* (Anm. 44) 120 und 228).
[107] Schwertheim, *op. cit.* (Anm. 38) Nr. 141g mit Taf. 41; Vermaseren,
op. cit. (Anm. 37) Abb. 27. — Den künftigen Kosmokrator als Reiter kennt
auch die indische Ikonographie: im Zusammenhang mit dem Cakravartin
(= Weltherrscher, der das Rad der Herrschaft in Bewegung setzt) wird
das gesattelte Pferd ohne Reiter gezeigt. Auf der berühmtesten Darstellung
dieses Themas, dem Relief aus Jaggayapeta in Madras, 1. Jh. v. Chr., ist
die Satteldecke bemerkenswerterweise mit dem Perlstabmotiv iranischer
Seidenstoffe geschmückt (H. Zimmer, *The Art of Indian Asia* II, New York

welt erlegt [108]. Beides wird als Zeichen für den Heiligen Krieg
stehen, in dem Mithras seine — übrigens ja auch nach militärischen
Vorbild organisierten — Anhänger an das Ziel ihrer Hoffnungen
bringen wird. Das Motiv des Heiligen Krieges taucht zuerst bei
den Griechen auf [109], ist in der Utopie der aristophaneischen
Komödie der gerechte Krieg der Vögel gegen Zeus [110], ist im von
messianischen Erwartungen geprägten Palästina des letzten Jahrhunderts von Christus der Kampf der Söhne des Lichtes gegen
die der Finsternis [111] und wird im Islam durch Muḥammads Offenbarungen zum Beweger der Weltgeschichte. Der Erfolg macht
Muḥammad zum Religionsstifter, die erfolglosen Mithrasgläubigen
dagegen heißen seit Pompejus Seeräuber. In Kleinasien lebte ihre
Religion aber weiter, und ihren reitenden Gott mag Labienus mit
dem Symbol des auf seinen Reiter wartenden Pferdes gemeint
haben, dessen scheinbar unspezifisches Aussehen auch den Vereh-
rern anderer Reitergötter [112] die Möglichkeit gab, sich von ihm
angerufen zu fühlen. Möglicherweise darf man sogar so weit gehen,
in den durch das Symbol des Partherpferdes ausgezeichneten
Münzen den Sold zu sehen, mit dem der ,,Große König" Labienus
als ein dux sanctae militae [113] seine Heerscharen entlohnte.

1955, Taf. 37 — freundlicher Hinweis von Prof. Seckel, Heidelberg). Vergleichbar scheinen das gesattelte Pferd, das im 16. Jh. in Festzügen des
schiitischen Persien für den kommenden Mahdi bereitgehalten wurde oder
das ungerittene Maultier in päpstlichen Prozessionen — so noch 1805 in
Paris (P. M. Laurent, *Geschichte des Kaisers Napoleon*, Leipzig 1841, 322 —
nach F. Altheim, *Aus Spätantike und Christentum*, Tübingen 1951, 32f.).
[108] Schwertheim, *op. cit.* (Anm. 38) Nr. 85 a mit Taf. 19, Nr. 123 a mit
Taf. 31; Vermaseren, *op. cit.* (Anm. 37) Abb. 8, 15, 28.
[109] Thucydides 1, 112. J. van der Ploeg, *La guerre sainte dans la Règle
de la guerre de Qumrân*, in: *Mélanges Bibliques rédigés en l'honneur de A.
Robert*, Paris 1957, 326ff.
[110] Aristoph. *Av.* 556.
[111] Van der Ploeg, *op. cit.* (Anm. 109) 328. — Auch auf Flavius Iosephus
scheinen iranische eschatologische Vorstellungen gewirkt zu haben (G.
Widengren, *Der Feudalismus im alten Iran*, Köln/Opladen 1969, 89 Anm. 66).
[112] Mithras konnte nicht nur mit anderen Göttern identifiziert werden
(K. Latte, *Römische Religionsgeschichte* [= HAW 5, 4 b], München 1967²,
351 Anm. 6. A.D. Nock, Gnomon 30 [1958], 295), sondern sie auch in seinen
Kultraum aufnehmen (Vermaseren, *op. cit.* (Anm. 37) 9).
[113] Vgl. das Hystaspes-Orakel bei Lact. *Inst. Divin.* 7, 19, 5; Widengren,
op. cit. (Anm. 44) 202.

Das Bild des reitenden Königs an der Spitze seiner Heerscharen —
schon in Iran von eschatologischen Erwartungen geprägt — wird
am Ende des ersten Jahrhunderts n. Chr. vom Verfasser der Johannes-Apokalypse auf den Messias Jesus übertragen [114] und so
beschreibt auch ein späterer Autor den siegreichen Konstantin [115].
Dessen Medaillon vom Jahre 313 aus der Münzstätte Ticinum [116]
mit dem erstmaligen Auftreten des Christogramms auf einem
Denkmal kaiserlicher Verantwortlichkeit zeigt erstaunlicherweise
neben dem Kopf des siegreichen Herrschers eine Pferdeprotome
(Abb. 10) — analog zu dem Mithras der Commodus-Münze von
Trapezunt (Abb. 8) [117]. Dort ist der Reitergott Mithras ferner
außer mit der phrygischen Mütze, — will sagen: dem iranischen
Baschlik — mit dem Strahlenkranz des Helios ausgezeichnet.
Dieser solare Mithras hat die Pferdeprotome neben sich wie die
späteren Kaiser Probus [118] und Konstantin — beide dem Helios-
Sol nahestehend [119]. Wie Helios-Sol ist auch Mithras Kosmokrator.
Dessen Insignie, der Globus, krönt auf dem Konstantinsmedaillon
das Kreuzszepter, und noch die Anbringung des Christogramms als
Helmzier über der Stirn — entsprechend der Johannes-Apokalypse,
in der die Streiter Christi dessen Namen auf der Stirn tragen [120] —
erinnert an die Mithrasgläubigen, die nach Tertullian[121] ebenfalls

---

[114] Siehe oben Anm. 80 und 86.
[115] Zonaras, *Ann.* 13, 3, 5 (*PG* 134, 1101f.).
[116] K. Kraft, *Das Silbermedaillon Constantins des Großen*, JNG 5/6 (1954/55)
151ff.; H. Kähler, *Rom und seine Welt*, München 1960, Taf. 245.
[117] *SNG Deutschland, Sammlung v. Aulock* 6784; Franke, *op. cit.* (Anm. 79)
Nr. 43.
[118] *RIC* V 2, 38 Nr. 189. Weitere Münzporträts mit Pferdeprotomen nennt
H. Menzel, *Zur Entstehung der C-Brakteaten*, Mainzer Zeitschr. 44/45 [1949/50]
64 Anm. 15 — freundlicher Hinweis von H. Vierck, Münster) für Numerianus,
Maximianus und eben Konstantin. Menzel erinnert an das Bildschema der
Dioskuren (*op. cit.* 64, mit Anm. 17).
[119] H. P. L'Orange, *Sol invictus imperator. Ein Beitrag zur Apotheose*,
SOsl. 14 (1935) 86ff.; A. Alföldi, *The Conversion of Constantine and Pagan
Rome*, Oxford 1948, 56f.
[120] *Off.* 22, 4 und 14, 1.
[121] Tertull. *Praescr. Haer.* 40, 3: *Mithra signat illic in frontibus milites
suos.* Colpe, *op. cit.* (Anm. 99) 388. — Zwar ist die Johannes-Apokalypse,
wie vielfältig nachgewiesen ist (H. Kraft, *Die Offenbarung des Johannes*
[= Handbuch zum NT 16 a], Tübingen 1974) in der Tradition alttestamenta-
rischer Prophezeihungen verwurzelt, doch gibt es neben der erwähnten

das signum ihres Gottes auf der Stirn tragen. Konstantins Christentum wird demnach in der Bildsprache des Heidentums vorgetragen [122] innerhalb derer hier den mithräischen Elementen eine gewichtige Rolle zukommt — sicher nicht ohne Absicht, denn gerade der bekehrte Konstantin kannte den Wert mehrdeutiger Bildaussagen für die Hervorhebung seiner Person. Unter ihm sollte ein neues, lange ersehntes Friedensreich anbrechen.

Die Anspielung auf den Reitergott weist auch in diese Richtung, die durch den „Großen König" der Hystaspes-Orakel und den reitenden Messias der Apokalypse gewiesen wurde. Auf solche Vorstellungen scheint nicht nur das Partherpferd des Labienus anzuspielen, sondern schließlich auch das weiße Pferd als Reittier des wiederkehrenden Revolutionärs in der utopischen Schluß-apotheose, mit der 1951 in „Viva Zapata", Elia Kazans bürgerlichem Trauerspiel von der mexikanischen Revolution, sich die geschlagenen Bauern auf eine bessere Zukunft vertrösten lassen müssen.

Parallele der Namen auf der Stirn einige bemerkenswerte Beziehungen zum iranischen Bereich: Könige von jenseits des Euphrat kommen Christus zu Hilfe (16, 2), die Gläubigen der Endzeit können die Sonne entbehren (22, 5) — das christliche übertrifft also das mithräische Sol-Millennium und wie im himmlischen Zion der Tempel entbehrlich ist (21, 22), so wird in Iran „Pišyotan, der Vorkämpfer der Sache der Gerechten, den Götzentempel, den Ort der Feinde, zerstören" (Widengren, *op. cit.* Anm. 44, 203) — und zwar auf Befehl des Mithra (*ibid.* 204), d.h. in beiden Fällen ist ein gereinigter, anikonischer Kult das Ziel. Schließlich noch ein Detail: Christus als Reitergott hat seinen Titel (βασιλεὺς βασιλέων καὶ κύριος κυρίων) auf dem Mantel und dem Schenkel geschrieben (19, 16), genau wie die Könige Ardašīr und Šāpūr auf den sasanidischen Felsreliefs von Naqš-i Rustam und Naqš-i Rajab. Womit zugleich die Frage gestellt ist, ob nicht den literarischen Bildern der Apokalypse Beschreibungen realer Bilder nach Art des Zyklus der Synagoge von Dura-Europos zugrunde liegen können.

[122] Vergleichbar in ihrer politischen Absicht ist die oben Anm. 64 erwähnte Übernahme des Äneas-Schemas für die Mithridates-Landung.

Photonachweis

Abb. 1-3, 9. Prof. M. Alföldi.
Abb. 4. Antikenabteilung Berlin.
Abb. 5. nach Archäologischer Anzeiger.
Abb. 6. nach Acta Iranica.
Abb. 7-8. nach Franke, Kleinasien zur Römerzeit.
Abb. 10. nach Kähler, Rom und seine Welt.

BAKI ÖĞÜN

DIE URARTÄISCHEN BESTATTUNGSBRÄUCHE

(Taf. CLI-CLXV, Abb. 1-59)

Bis vor kurzem war nur wenig über die Bestattungsbräuche der Urartäer bekannt. Unser Wissen konnte entscheidend erweitert werden, nachdem im Jahre 1971 Dorfbewohner beim Steinraub in der Gegend von Adilcevaz und Patnos mehrere urartäische Gräber gefunden und ausgeraubt hatten. Einige dieser Gräber wurden noch im gleichen Jahr von unserer Expedition untersucht. Im nächsten Jahr begann dann die systematische Erforschung der Gräberfelder. Die Ergebnisse dieser Arbeit sollen im folgenden kurz diskutiert werden (s. Textabb. 1).

Die Grabtypen und ihre Architektur

I. *Gräber innerhalb einer Befestigung, in der Regel aus mehreren Kammern bestehend.*

Diese Gräber unterscheiden sich von der zweiten Gruppe durch ihre Anlage innerhalb einer Burg.

A. Von außen sichtbar in den Felsen gehauene Gräber (z.B. Van Kalesi, Palu, Mazgirt-Kaleköy, Bağın)
Die Gräber von Van Kalesi:
Diese Anlagen wurden 1899-1900 von Lehmann-Haupt untersucht und publiziert, danach 1916 erneut von Marr und Orbeli bearbeitet. Zuletzt hat sie eine Expedition der Universität Istanbul unter der Leitung von A. Erzen studiert [1].
Für eine endgültige Beurteilung wäre es wünschenswert, auch die Ergebnisse der letzten Untersuchungen zu kennen, doch liegt die Publikation noch nicht vor. Da die Resultate unsere Kennt-

---

[1] C. F. Lehmann-Haupt, *Armenien, einst und jetzt,* 2 Bde., Berlin 1910-1931, II2, 624ff.; N. J. Marr - I. A. Orbeli, *Arkheologicheskaja ekspeditsia 1916 goda v Van,* St. Petersburg 1922; einer freundlichen Mitteilung von Professor A. Erzen zufolge sind diese beiden Veröffentlichungen unzureichend.

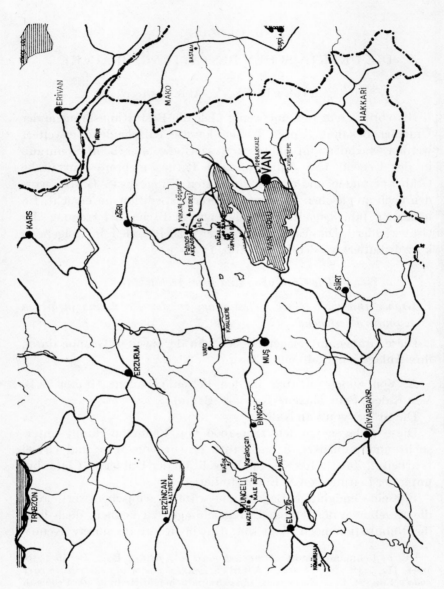

Textabb. 1. Die Bestattungsstätten der Urartäer.

nisse aber wohl nicht grundsätzlich verändern dürften, stütze ich mich hier auf die früheren Veröffentlichungen. Im folgenden sollen drei Beispiele vorgestellt werden.

1. Büyük Horhor Mağarası [2]: Eine sehr schmale, nur personenbreite Treppe führt zu einer in den steilen, glatten Felsen gehauenen Tür. Links davon befinden sich die berühmten Annalen Argistis I. Durch einen kurzen Dromos gelangt man zu einer 6 × 10,5 × 3,5 m großen Kammer, von deren Seiten- und Rückfronten Eingänge zu kleineren Kammern führen. In jedem Raum sind mehrere Nischen in die Wände eingemeißelt. In einer der Seitenkammern sind im Boden Gruben für zwei Sarkophage eingelassen, während in einer anderen ein Schacht eingetieft ist [3]. Die Decken aller Kammern sind flach.

2. Neft Kuyu Mağarası: Durch den Eingang gelangt man in eine 12,40 × 7,28 × 7,90 m große, in den Felsen gehauene Kammer, die mit einem Tonnengewölbe überdeckt ist. Den Übergang von der Wand zur Decke bildet eine Reihe aus der Wand ragender Balkenenden aus Holz. Sowohl seitlich als auch hinten befinden sich kleinere Seitenkammern. Eine dieser Kammern mit Flachdecke hat ein Gesims wie das in der Hauptkammer; vor einer der Seitenwände befindet sich eine niedrige Bank.

3. Das Felsgrab von Mazgirt-Kaleköyü (Textabb. 2, Abb. 1-2): Dieses von H. Wünsch entdeckte Grab [4] wurde zuerst von Lehmann-Haupt untersucht, der auch Photos davon veröffentlichte. Ein Plan sowie detaillierte Erläuterungen sollen hier erstmals vorgestellt werden. Die Burg von Kaleköy befindet sich 11 km östlich von Mazgirt, Vilayet Tunceli. Sie wurde auf und unterhalb eines hohen, steilwandigen Felsens angelegt. In die Südwand dieses Felsens ist das zweikammerige Grab eingehauen. Ebenso wie die

---

[2] B. B. Piotrovskij, *Vanskoe Tsarstvo* (The Kingdom of Van), Moskau 1959, 209, Abb. 58; M. N. van Loon, *Urartian Art. Its Distinctive Traits in the Light of New Excavations*, Istanbul 1966, 61.

[3] Vermutlich war dieser Schacht zur Aufnahme der Überreste früherer Bestattungen bestimmt; vgl. S. 646.

[4] H. Wünsch, *Die Keilinschrift vom Aschrut Daga*, SBWien 1885; C. F. Lehmann-Haupt, *Materialien zur älteren Geschichte Armeniens und Mesopotamiens*, AbhGöttingen N.F. 9 (1907) 70ff. Fig. 43; idem, *op. cit.* (Anm. 1) I 471.

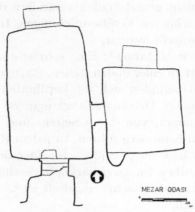

MEZAR ODASI

Textabb. 2. Das Felsgrab von
Kale Köyü (Mazgirt).

Kammern des Argisti in Van Kalesi und das Felsgrab von Palu
ist es schwer zugänglich. Vom Dromos, der eine gewölbte
Decke hat, (2,61 m hoch, 1,97 m breit, 1,30 m lang) gelangt man
durch eine rechteckige, 1,42 × 1,10 m große Tür in die Hauptkammer. Auf der linken Seite des Dromos befindet sich die um
eine Ecke herumgeführte Inschrift Rusas II.[5]. Oberhalb dieser
Inschrift, 1,31 m über dem Boden, kragt der Fels 0,10 m gesims-
artig vor. Dieses ,,Gesims'' ist wie eine Reihe von Balkenenden
gearbeitet und befindet sich fast auf gleicher Höhe wie der Türsturz. Die Türschwelle ist 0,47 m höher als der Dromosboden.
Die Tür selbst hat auf der Innenseite einen 0,15 m breiten und
0,12 m tiefen Rahmen, der allerdings auf der rechten Wange nicht
ausgeführt wurde. Statt dessen befinden sich dort 2 Dübellöcher,
die wohl als Befestigung des Türflügels gedacht sind. Hinter der
Schwelle wurde eine 0,35 m breite, 0,60 m lange und 0,10 m hohe
Stufe stehengelassen. Die Hauptkammer ist ein unregelmäßiges
Viereck, dessen Südseite 3,59 m, Westseite 5,75 m, Nordseite
3,15 m und Ostseite 6,03 m mißt. Die Deckenhöhe schwankt
zwischen 2,10 m und 2,30 m. Sie ist flach, nur in der Raummitte

---

[5] H. W. König, *Handbuch der chaldischen Inschriften*, AfO Beih. 8 (1955-57)
Nr. 127.

befindet sich eine 1,00 m lange Schwelle. Der Südteil der Decke ist durch eine 0,25 m hohe Stufe vom Nordteil abgesetzt. 0,25-0,30 m unter der Decke befindet sich an den Seitenwänden ein hervorkragendes Gesims in der oben beschriebenen Art. Es steht an manchen Stellen 0,06 m, an anderen 0,12-0,13 m hervor. Sein Durchmesser beträgt 0,12-0,13 m. Ein solches Gesims umrahmt auch die Vorderseite der Tür zur Nebenkammer (Abb. 2). Der Durchmesser dieser Balken ist allerdings mit 0,05-0,07 m, kleiner als der der vorigen. Der Eingang zur Nebenkammer mißt 1,63 × 0,85 m. Die Wand zwischen beiden Kammern ist 0,60-0,65 m dick. Die Nebenkammer ist etwas kleiner und unregelmäßiger geformt als die Hauptkammer. Ihre Südwand ist 3,45 m lang, die Westwand 3,80 m, die Nordwand 3,44 m und die Ostwand 3,55 m; die Decke ist 2,80 m hoch. In der Nordwand befindet sich ebenfalls eine viereckige, 1,55 m breite und 1,00 m tiefe Nische. Eine weitere 0,84 m breite und 0,72 m tiefe Nische ist in die Südwand unweit der Westecke eingemeißelt. Die Decke dieser Kammer ist ebenfalls flach. Beiderseits des Eingangs und in der Westwand sind Dübellöcher zur Befestigung der Tür angebracht.

B. Unterirdische Kammergräber (z.B. Kayalıdere, Altıntepe). Die in Cavuştepe unter dem Palast in den Felsen gehauenen Räume dürften auch unterirdische Kammergräber sein. Durch ihre besondere Anlage und hervorragende Ausführung ist es nicht unwahrscheinlich, daß diese Gräber für königliche und andere bedeutende Persönlichkeiten oder Hofbeamte gedacht waren. Sie können aber, auch wie A. Erzen meint, Zisternen sein.

1. Die Kammergräber von Altıntepe: Das zweite Grab dieser Gruppe, das wie die Anlage in Bağın nur eine Kammer hat, bildet gegenüber den in der Regel mehrkammerigen Gräbern der Gruppe I eine Ausnahme. Um die Unterschiede herauszuarbeiten, sollen hier Grab I und II besprochen werden.

Grab I: hat drei Kammern. Durch den mit einem großen Stein verschlossenen Dromos erreicht man eine lange Kammer, von deren Längsseiten Eingänge zu gleichgroßen Nebenkammern führen. Die Innenwände aller Kammern sind mit quadratischen Steinen verkleidet, deren beiden oberen Lagen nach innen gewölbt sind. In den Seitenwänden der Mittelkammer befindet sich je eine Nische. Diese Nischen entstanden, indem beim Bau in der Wandverkleidung ein Zwischenraum freigelassen wurde. Die Nischen in den Wänden der Seitenkammern dagegen wurden eingemeißelt. Ihr Decken sind gewölbt. Die Außenwände der Kammern sind aus groben Blöcken gefügt, die Zwischenräume wurden mit Schotter gefüllt [6]. Die gleiche Bauweise findet sich bei den Gräbern I und II in Liç wieder (Abb. 4 u. 5). Ebenso wie dort wurden auch hier die Gräber mit großen Platten abgedeckt, deren Unterseiten leicht konkav eingetieft sind und so mit den vorkragenden oberen Steinlagen ein falsches Gewölbe bilden [7].

Grab II ist durch einen etwas längeren Dromos zugänglich, der von außen und innen mit großen Steinen verschlossen ist. Er führt zu einer mit quadratischen Hausteinen verkleideten Kammer. In den Seitenwänden des Dromos befinden sich zwei gegenüberliegende Nischen, in den Seitenwänden der Grabkammer oben und unten je drei, in der Rückwand oben und unten je zwei, d.h. insgesamt 16 Nischen. Wie bei Grabkammer I wurden auch sie während der Erbauung durch Aussparung der Wandverkleidung hergestellt [8]. Die Steine zwischen den Nischen haben die Form schmaler Bretter. Auf ihrer Oberseite befinden sich kleine Mulden, die eventuell zur Aufnahme der Urnen gedient haben könnten. Ihr Durchmesser beträgt 0,15 m. Dazu passen auch die Rundböden der Bronzevasen, die in diesen Gräbern gefunden wurden [9]. Ähnliche Eintiefungen fanden sich auch im Felsgrab von Kayalıdere [10].

Die von Barnett-Gökçe [11] publizierten Bronzevasen stammen vermutlich auch aus diesem Grab. Ihre Form entspricht den in vielen Gräbern aufgefundenen Keramikurnen [12]. Die Herleitung dieser Formen von Metallvorbildern wird durch einen wulstartigen

[6] T. Özgüç, *Altıntepe* II. *Tombs, Storehouse and Ivories*, Ankara 1969, 13, Taf. IV (im folgenden: *Altıntepe* II). Dieser Paragraph wurde im englischen Text auf S. 66 vergessen.

[7] *Ibid*. Taf. V 1 und XVI.

[8] Vgl. Kammergrab I in Liç (Textabb. 3).

[9] *Altıntepe* II 67 Taf. VIII 2.

[10] C. A. Burney, *A First Season of Excavations at the Urartian Citadel of Kayalıdere*, AnSt. 16 (1966) 107 Abb. 22.

[11] R. D. Barnett - N. Gökçe, *The Find of Urartian Bronzes at Altıntepe, near Erzincan*, AnSt. 3 (1953) Taf. XVI.

[12] K. Emre, *The Urartian Pottery from Altıntepe*, Belleten 131 (1969) 292f. Taf. I 4.

Ring am Schulteransatz unterstrichen, der bei den Metallgefäßen durch die Zusammenfügung von Hals und Bauch entsteht. Bei den Tongefäßen handelt es sich dabei um ein typologisches Relikt. Die Verwendung der Bronzevasen aus den Gräbern II u. III als Aschenurnen scheint durch Löcher bestätigt zu werden, die in die Schulter der Gefäße gebohrt sind und die sich auch bei Tonimitationen finden, in denen tatsächlich Leichenbrandreste entdeckt wurden. Somit lassen sich in den Gräbern der Gruppe I von Altıntepe zwei Bestattungssitten nachweisen:

a) Leichenbestattung, vgl. Skelett im Sarkophag-Grab
b) Brandbestattung [13].

2. Das Kammergrab von Kayalıdere [14]: Im Jahre 1965 hat man östlich der Straße von Muş nach Erzurum, in der Nähe von Varto beim Dorf Kayalıdere am Murat ein unterirdisches, in den Felsen gehauenes Kammergrab gefunden. Durch einen längeren Dromos erreicht man die mit großen Steinen versperrte Tür des Grabes. Die Tür öffnet sich zu einem großen Raum, hinter dem eine lange Kammer liegt, deren Decke durch ein ziemlich flaches Gewölbe gebildet wird. Rechts und links dieser beiden Räume liegen weitere, kleinere Kammern, deren Decken flach in den Felsen gehauen sind. In einigen Räumen gibt es Nischen, wie sie ähnlich in Altıntepe zu sehen sind. In einer dieser Kammern (Nr. 3) befindet sich an der Rückwand eine Steinbank, auf der ein Sarkophag steht. In einigen Nischen fand man schalenförmige Gruben, wie sie auch in einer Nische des Kammergrabes II von Altıntepe zu sehen sind. Mehrere gleichartige Gruben sind in Kammer 6 in den Bogen eingelassen. Wir glauben nicht, daß diese Eintiefungen für Trank- oder ähnliche Opfer bestimmt waren, wie behauptet wurde [15], sondern daß sie zur Aufstellung von Urnen gedient haben, die meist ohne Hilfe solcher Mulden nicht hätten stehen können, wie Özgüç diese Erscheinung für Altıntepe zu erklären versucht hat [16].

---

[13] R. D. Barnett, *The Urartian Cemetry at Igdyr*, AnSt. 13 (1963) 153ff. Abb. 12 und 21/7; J. J. Klein, *Urartian Hieroglyphic Inscriptions from Altıntepe*, AnSt. 24 (1974) 87f. und Anm. 36; hier Abb. 20-23.
[14] Burney, *op. cit.* (Anm. 10) 101ff.
[15] *Ibid.* 107.
[16] Siehe S. 644 und Anm. 9.

Obwohl wir solche Gruben in den Kammergräbern von Adilcevaz, Patnos, Dedeli und Liç nicht angetroffen haben, waren die Nischen, in denen ähnliche Gruben vorkommen, wohl nicht nur für Opfergaben, sondern vor allem für Urnen bestimmt.

Bothroiförmige Schächte in den Ecken der Kammern 3 und 5 waren sicherlich zur Aufnahme der früheren Skelett- und Opfergabenreste bestimmt. So waren auch in einem Kammergrab in Adilcevaz die früheren Skelett- und Gabenreste sowie frühere Urnen wie Abfall hinter die Grabkammer geschaufelt worden. Für die neuen Begräbnisse wurde die Vorderseite der Grabkammer gesäubert. Daher kann man annehmen, daß diese Schächte in die Kammern 3 und 5 eingelassen worden waren, um als Bothroi mit Steindeckel zu dienen.

II. *Gräber ausserhalb einer Befestigung, in der Regel einkammerig*

Diese Gräber waren einfacher ausgeführt, und die Funde sind auch entsprechend ärmer. Wir glauben deshalb, daß sie meistens Gräber für das Volk waren. Aber es gibt auch in dieser Gruppe reichere Gräber mit mehreren Räumen oder mit einer Kammer, die manchmal fast so gut gearbeitet und so reich ausgestattet sind wie die Gräber der Gruppe I.

Die Gräber können folgendermaßen gruppiert werden:

A. Unterirdisch gebaute Kammergräber, z.B. Alişar, Kuşçu, Liç, Dağalan, Kamışlı, Akçaören, Gönlüaçık.

B. In den Felsen gehauene, unterirdische Kammergräber, z.B. Yukarı Göçmez, Dedeli, Adilcevaz.

C. Höhlengräber
a) Natürliche Felsenhöhlen, z.B. Iğdır, Adilcevaz
b) Künstliche Felsenhöhlen, z.B. Adilcevaz

D. Andere Bestattungsarten
a) Urnengräber, z.B. Kalecik, Liç, Nor-Aresch
b) Leichenbestattungen, z.B. Kalecik, Giyimli, Liç

A. Unterirdisch gebaute Kammergräber

Diese Gräber sind in ihrem Plan, in Mauertechnik und anderen Eigenschaften denen der Gruppe I B sehr ähnlich [17]. Aber die

---

[17] Siehe S. 643f.

Gesamtanlage ist kleiner. Wenn auch viele Familiengräber sein könnten (wie die Gräber IV, V und VI in Liç), können andere doch auch für Einzelbestattungen bestimmt gewesen sein. Da aber alle Gräber ausgeraubt worden sind, kann eine nähere Aussage darüber nicht gemacht werden.

Das Kammergrab von Alişar [18]:

Die außerhalb der Stadt angelegten unterirdischen Kammergräber haben im allgemeinen eine Kammer. In Alişar, dem Fundort des Kammergrabes, wird von einer Siedlung nichts berichtet. Da einerseits das Grab mehrere (wahrscheinlich fünf) Kammern hat und außerdem die Funde einen gewissen Reichtum zeigen, ist anzunehmen, daß das Grab einer bedeutenden Familie gehörte. Über den Plan des im Jahre 1859 gefundenen und ausgeplünderten Grabes haben wir keine genaueren Kenntnisse. Aber wir wissen, daß eine Kammer eine gewölbte Decke hat und daß von dieser Kammer aus eine zweite zu erreichen ist. In einer der Kammern waren sieben viereckige Nischen eingemeißelt, in denen je eine Vase stand. Da auf der Schulter mindestens einer dieser Vasen Löcher festgestellt wurden, muß es sich um eine Urne handeln.

Das Kammergrab in Guşçi (Kuşçu) [19]:

Der in der archäologischen Literatur ‚Guşçi' genannte Ort muß eigentlich ‚Kuşçu' heißen. Denn in der Volksmundart wird ‚K' als ‚G' und ‚çu' in der letzten Silbe in Ostanatolien als ‚ci' ausgesprochen. Der Name ‚Kuşçu' aber bedeutet im Türkischen ‚Vogelverkäufer' oder ‚Vogelverkaufsplatz'. In der Nähe des Dorfes Kuşçu, an der Nordwestecke des Urmiye-Sees wurde im Jahre 1905 ein viereckiger unterirdischer Bau ausgegraben. Dieser zuerst in einer armenischen Zeitschrift und danach auch in der westlichen Literatur publizierte Bau wurde als „in Ançalı im Zuge der Fundament-Aushebung für ein Gebäude zufällig gefundener aus geschnittenen Steinen fest gebauter, kleiner unterirdischer Tempel

---

[18] B. B. Piotrovskij, *Urartu. The Kingdom of Van and its Art*, London 1967, 82ff.

[19] G. M. A. Hanfmann, *Four Urartian Bulls' Heads*, AnSt. 6 (1956) 206ff.

oder als Grabkammer" beschrieben [20]. Das ist fast alles, was wir über die Architektur dieses Baues wissen; auch die Dimensionen kennen wir nicht. Hanfmann hat zum ersten Male erkannt, daß dieses Bauwerk ein urartäisches Kammergrab, ähnlich jenen in Altıntepe, sein könnte. Nach der Beschreibung hat dieses Kammergrab große Ähnlichkeit mit dem Grab II in Altıntepe. Auch die von den Dorfbewohnern geraubten und in alle Museen der Welt verstreuten Funde bestätigen diese Annahme. Andererseits können wir über die mumifizierten Ochsenskelette [21], die von den Bauern angeblich in den See geworfen wurden, nur sagen, daß weder in Altıntepe noch in Adilcevaz noch an sonst einem Ort, wo Kammergräber ausgegraben wurden, Derartiges gefunden wurde.

Die Kammergräber von Liç (Abb. 3):

Der Weiler Liç liegt 3 km nördlich des Dorfes Kızılkaya, das sich 11 km von Patnos auf der Straße nach Adilcevaz befindet. Auf dem Hügel Kuruçayır, 300 m nördlich des Dorfes Liç, haben die Dorfbewohner in den Jahren 1972-73 mehrere urartäische Gräber aufgedeckt und geplündert, insgesamt sechs, wie wir bei unseren Arbeiten im Jahre 1973 feststellten. Darüberhinaus konnten wir auf demselben Gräberfeld drei einzelne einfache Gräber, drei Urnengräber und auch ein Tiergrab mit drei Pferdeskeletten freilegen. Wie vorher erwähnt, sind die Kammergräber von Liç dem Grab II von Altıntepe und dem Grab von Kuşçu sehr ähnlich. Hier werden wir als Beispiele die Gräber I, II und IV von Liç beschreiben. In diesem Zusammenhang müssen wir noch einmal feststellen, daß alle diese Kammergräber schon vorher von den Dorfbewohnern gefunden und geplündert worden waren. Da diese Gräber wieder zugeschüttet und unkenntlich gemacht worden waren, müßten sie erneut aufgedeckt und untersucht werden.

Das Kammergrab I (Textabb. 3, Abb. 4): Am Südabhang des Hügels Kuruçayır hat man in die Erde eine Grube gegraben, in die aus Steinen eine unterirdische Kammer mit einem Dromos gebaut

---

[20] *Ibid.* 207; R. W. Hamilton, *The Decorated Bronze Strip from Gushchi*, AnSt. 15 (1965) 41.

[21] Hanfmann, *op. cit.* (Anm. 19) 206 und Anm. 7.

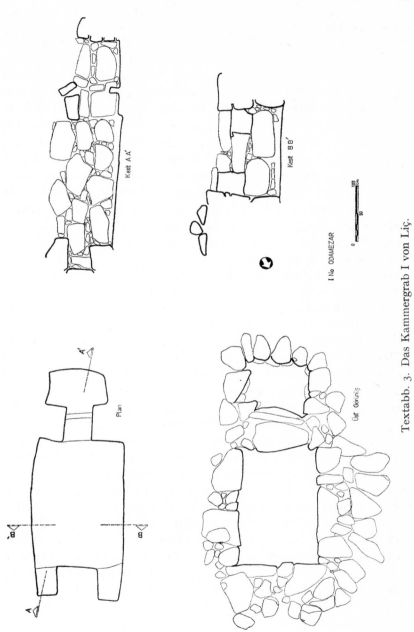

Textabb. 3. Das Kammergrab I von Liç.

wurde. Das Grab war von der Nord-Süd-Orientierung leicht nach
Westen verschoben. Der Dromos liegt im Süden. Die Wände des
Grabes bestanden aus meist recht kleinen Steinen, die aber zum
Teil einen Durchmesser von 0,60-0,70 m, manchmal sogar von
mehr als einem Meter, hatten. Verbunden waren die Steine mit
Lehmmörtel, an manchen Stellen verstärkt mit kleineren Steinen [22].
Der Dromos mißt 1,00 × 0,62 × 1,05 × 0.50 m und hat die
Form eines unregelmäßigen Rechtecks. Die jetzige Tiefe des
Dromos beträgt mehr als 1,00 m. Durch einen 0,45 m breiten und
0,60 m hohen Eingang betritt man die Grabkammer. Die Decke
dieses Eingangs besteht aus ziemlich großen Steinen, die Deckplatte
der Tür ist verlorengegangen. Die Grabkammer mißt 2,30 × 1,63 m
und hat die Form eines ziemlich regelmäßigen Rechtecks. Die
Dicke der Mauern des Grabes liegt zwischen 0,60 m und 1,20 m.
Die jetzige Tiefe der Grabkammer ist 1,30 m. Auch die Decksteine
der Grabkammer sind verlorengegangen. An der hinteren Mauer
der Kammer gibt es zwei Nischen. Die östliche, auf der rechten
Seite liegende Nische war von den Plünderern nicht bemerkt worden.
Wir fanden deshalb dort eine mit einer Schüssel (Abb. 27) zugedeckte
Urne. Die Maße beider Nischen sind mit 0,40 m Breite, 0,38 m
Höhe und 0,50 m Tiefe fast gleich. Diese Nischen wurden wie in
Altıntepe durch Aussparungen während der Errichtung der Mauern
geschaffen. Sie liegen etwa 0,50-0,60 m über dem Boden der Kam-
mer.

Von den sechs auf dem Hügel Kuruçayır in Liç gefundenen
Kammergräbern ist dieses das einzige mit Nischen.

Das Kammergrab II (Textabb. 4, Abb. 5): Es handelt sich dabei
um eines von fünf unterirdischen Kammergräbern, die auf dem
Nordabhang des Hügels in getrennten Gruben erbaut wurden.
Das Grab ist aus der Ost-West-Orientierung leicht nach Süden
verschoben. Der Dromos liegt im Osten. Die Mauern des Dromos
sind aus 0,15 × 0,20 × 0,30 m großen, meist noch kleineren,
selten größeren Steinen erbaut, die mit Lehmmörtel verbunden
sind. Nur die Vorderseite einiger Steine ist sauber behauen. Die
Länge des Dromos ist 1,80 m, die Breite 1,60 m; die Form ist ein
ziemlich regelmäßiges Rechteck. Die Mauern sind nicht sehr

---

[22] Vgl. *Altıntepe* II Taf. IV.

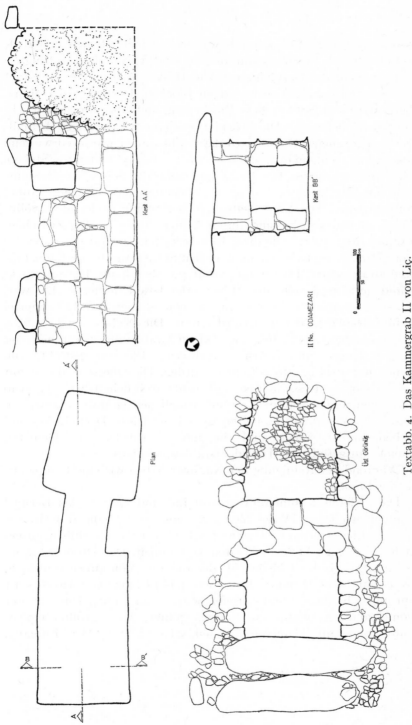

Kesit AA'

Kesit BB'

Plan

II No. ODAMEZARI

0   50   100 m

Üst Görünüş

Textabb. 4. Das Kammergrab II von Liç.

sorgfältig gefügt. Der Dromos war mit kleinen Steinen und Erde
gefüllt. Durch einen 0,77 m breiten und 1,05 m hohen Eingang
tritt man in die Grabkammer. Die Decke des Einganges besteht
aus zwei großen, fast rechteckigen Blöcken. Die Dicke der Mauer
beträgt 1,00 m. So wie diese Blöcke sind auch die Türrahmen sehr
sorgfältig behauen. Die Türplatte dieses Grabes ist ebenfalls
verlorengegangen. Die Mauern der Grabkammer waren vorwiegend
aus 0,70-0,80 m, manchmal auch mehr als 1,00 m langen Steinen
ohne Mörtel gefügt. Die Front und auch die Seiten dieser Steine
sind im allgemeinen rechteckig zubehauen und oft sehr sauber
ausgearbeitet. Die Vorderseite mancher Steine ist leicht gewölbt.
Diese großen Blöcke sind durch kleine Steine in den Zwischen-
räumen abgestützt. Alle diese Eigenschaften sind für die Bauweise
der Urartäer typisch, wie man an den Stadtmauern von Çavuştepe
und an manchen Mauern von Altıntepe sehen kann. Die zur Rückwand gerichtete Seite der Mauern der Grabkammer in Liç war,
da sie unterirdisch ist, nur aus kleinen Steinen mit Lehmmörtel
gefügt. Die Dicke der Mauern ist 1,10 m. Die Decke der 2,80 × 1,65
m messenden, regelmäßig viereckigen Grabkammer war mit vier
2,75 m langen und 0,70-1,00 m breiten Blöcken gedeckt, von
denen nur zwei in situ gefunden wurden. Die Oberseite dieser nur
an der Unterseite sowie links und rechts grob behauenen, 0,30-0,40
m dicken Steine war in ihrer ursprünglichen Gestalt belassen, so
daß sie wie natürliche Felsen aussahen. Diese Deckblöcke sind
nebeneinander gelegt, und die Lücken wurden mit kleineren
Steinen ausgefüllt. Die Tiefe der Grabkammer ist 1,70 m.

Während der Reinigung der Kammer haben wir eine Lampe aus
Ton gefunden.

Die anderen Kammergräber von Liç sind kleiner. Als Beispiel
nehmen wir Grab IV: es liegt auf dem Nordabhang des Hügels,
31 m östlich von Grab II. Die Grabachse ist nord-südlich ausgerichtet, aber leicht nach Westen verschoben. Der Dromos lag im
Süden. Das Grab ist kleiner als die anderen. Von außen gemessen,
ist es mit dem Dromos zusammen 4,45 m lang. Der Dromos ist
ein unregelmäßiger, 1,60 m tiefer Schacht mit einem Durchmesser
von 1,20 m. Er wurde aus Steinen gefügt, deren größter 0,50 m
mißt, und mit kleineren Steinen zugeschüttet. Der Eingang,

über dem ein 1,03 m langer Stein lag, ist 1,10 × 0,45 m groß.
Die Türdeckplatte haben wir nicht gefunden. Die Grabkammer ist
ein 1,85 m langes, hinten 1,00 m und vorne 0,80 m breites, ziemlich regelmäßiges Rechteck; sie ist 1,10 m tief. Die Decksteine
fehlen. Die Mauern der Kammer sind 0,60-0,90 m dick. Sie bestanden aus an den Außenseiten grob behauenen Steinen — der
größte mißt 0,80 m —, die mit Lehmmörtel verbunden waren.
Zwischen der großen Steinen ist Schotter sichtbar.

Während der Säuberung dieser Grabkammer fanden wir einen
bronzenen Ring und eine Perle.

Somit konnten wir feststellen, daß die Kammergräber in Liç
einen aus Lehmmörtel und Stein gebauten Dromos haben, dessen
Eingang durch eine Steinplatte verschlossen wurde, wie wir sie in
Grab III ausgegraben haben. Da die drei hier angeführten Kammergräber schon lange vor unserer Grabung geplündert und
zerstört worden waren, haben wir in diesen Gräbern eine solche
Deckplatte nicht finden können. Die Gräber haben eine ziemlich
regelmäßig rechteckige Kammer. Die Mauern des Kammergrabes
II sind in einer typisch urartäischen Technik gebaut, wie wir sie
an den Mauern der Gräber von Altıntepe [23] sehen. Die Nischen in
der hinteren Mauer des Kammergrabes I gleichen auch in ihre
Bautechnik denen des Kammergrabes III von Altıntepe [24]. Diese
Kammergräber in Liç sind außer jenen in Altıntepe auch denen in
Yukarı Göçmez, Dedeli und Adilcevaz ähnlich, nicht nur in ihrem
Plan und ihrer Form, sondern auch in ihrer Größe. Die Kammergräber in Liç sind mit unten leicht gewölbten, aber grob behauenen,
3,00 m langen Blöcken abgedeckt, eine weitere Ähnlichkeit mit den
Gräbern in Altıntepe [25]. Diese gewölbte Decke kommt auch in den
Kammergräbern vor, die in den oben genannten Ortschaften
gefunden wurden. Die Gräber in Liç stehen wegen ihrer hier
erörterten Eigenschaften zwischen den fürstlichen Kammergräbern
von Altıntepe und den Gräbern einfacher Leute von Yukarı
Göçmez, Dedeli und Adilcevaz. Damit wurden allen diesen Grab-
arten gemeinsame Eigenschaften festgestellt.

---

[23] *Ibid*. Taf. XI-XIII.
[24] *Ibid*. Taf. XV.
[25] *Ibid*. Taf. V und XVI.

Die Kammergräber in Dağalan (Abb. 6) und Kamışlı (Abb. 7):

Dagalan liegt auf einem Abhang der nördlichen Hügel des Süphandağ, etwa 1 km südlich der Ortschaft Sarısu. Einige mit großen Felsblöcken zugedeckte Kammergräber wurden von den Bauern etwa 200 m südöstlich des Dorfes gefunden und geplündert. Die Hauptkammer eines dieser Gräber war aus fast quadratisch zubehauenen Steinen erbaut. In einer Seitenmauer der Kammer fand sich eine wie in Altıntepe durch Aussparen eines Zwischenraumes während des Baues der Mauer gebildete Nische. Da die Grabkammer nach der Plünderung zum größten Teil wieder angefüllt worden war, konnten wir sie nicht vermessen.

Das Dorf Aşağı Kamışlı liegt 12 km südlich von Patnos. Dort haben wir zwei von den Dorfbewohnern geplünderte Kammergräber untersucht. Sie waren zum Teil in den Felsen gehauen, zum Teil aus gut geschnittenen Steinen gebaut. Ein Grab hat einen kleinen, nicht ganz regelmäßigen Dromos. Die Seitenwände dieses Dromos waren aus Basaltsteinen. Die Vorderseite des Felsens war dort, wo sich die Tür des Grabes befindet, sorgfältig behauen. Der Eingang ist oben beidseitig von einem etwas vertieft gearbeiteten Gesims umrahmt, wie dies allgemein bei urartäischen Türen üblich ist. Durch den rechteckigen Eingang betritt man die Grabkammer. Die Seitenwände der Kammer bestehen aus nur an der Vorderseite behauenen Basaltsteinen. Zwischen diesen größeren Steinen sind Kieselsteine und Lehmmörtel zu sehen. In den beiden Seitenwänden gab es je eine wie im Grab von Dağalan entstandene Nische. Gedeckt war die Kammer mit großen Felsblöcken. Die Länge der Kammer beträgt 3,34 m, die Breite 1,95 m. In der rechten Seitenwand gibt es eine Nische, die 0,40 m breit und ebenso tief ist. In der linken Seitenwand befindet sich eine vorn 0,39 m, hinten 0,55 m breite und 0,69 m tiefe Nische.

Das Kammergrab von Akçaören (Abb. 9):

Auf der Hauptstraße von Ağrı nach Van, 5 km hinter Patnos, geht rechts eine kleine Landstraße ab. Nach 1,5 km kommt man zu einer Burg, der Keçi Kalesi (Kale bizin), in der Nähe des Dorfes Akçaören. Ein Nebenfluß des Murat Çayı, von Nordosten kommend, ist der Grund, daß sich die Burganlage auf einem natür-

lichen Hügel nach Süden ausdehnen mußte. Besonders die Nord-
und Ostabhänge des Hügels sind fast unbesteigbar, da dort steil-
wandige Felsen aufragen, deren Gipfel etwa 50 m über dem Fluß
liegt. Der Hügel ist durch einen Sattel mit den südöstlich gelegenen Bergen verbunden. Das Plateau auf dem Hügel ist von einer
mit quadratischen Türmen versehenen, typisch urartäischen
Stadtmauer umgeben. An manchen Stellen ist diese Stadtmauer
über 1,50 m hoch. Die Außenseite der 2,50 m dicken Mauer besteht aus grob behauenen, halbkyklopischen Steinen. Auch die
Felsen auf den Abhängen an der anderen Seite des Flusses nördlich
und westlich der Burg sind ziemlich hoch und steil. Auf den Gipfeln
der Berge westlich der Burg liegt Keçikıran, ein Weiler von
Akçaören. Der Weg zu dieser Ansiedlung verläuft auf den Gipfeln
dieser Hügel nördlich der Burg, auf der anderen Seite des Flusses.
Auf diesem Wege in Richtung zur Nordecke der Burg wurde im
Jahre 1971 ein von den Bauern ausgeraubtes Grab von uns aufgenommen und untersucht, das den oben angeführten Kammergräbern ähnlich ist, aber kleinere Ausmaße hat. Es ist ebenfalls
unterirdisch und auf der Außenseite aus grob behauenen, aber
kleineren Steinen und Lehmmörtel erbaut. Die Grabkammer
ist 1,78 m lang, hinten 1,18 m, vorne 0,89 m breit. Da das Grab
wieder zugeschüttet wurde, konnten wir die vollständige Höhe
nicht ermitteln. Die gemessene Höhe ist 0,60 m. Weil auch der
Dromos nur z.T. ausgegraben und teils zugeschüttet war, ist seine
Größe ebenfalls unbekannt. Über dem Türeingang zwischen Dromos
und Grabkammer liegt ein 0,62 m langer Stein. Die Decke der
Grabkammer besteht aus 3-4 etwa 1,80 m langen Steinen. Nur einer
davon wurde in situ gefunden. Die Grabrichtung ist ost-westlich,
der Dromos lag im Westen. Die Ausmaße der Anlage machen
deutlich, daß dieses Grab für ein Familiengrab zu klein und eher
für eine Einzelperson gedacht war. Da das Grab schon vor langem
geplündert worden ist, wissen wir nichts über seinen Inhalt.

Während eines erneuten Besuches in Akçaören im Jahre 1973
haben wir neue, größere, aber ebenso ausgeplünderte Gräber sowie
weitere größere Anlagen in Liç gesehen. Diese lagen in der Ebene
nordwestlich der Burg auf der anderen Seite des Flusses, im Vordergrund der Abb. 8.

Das Kammergrab von Gönlüaçık (Textabb. 5):

Auf dem Weg von Patnos nach Adilcevaz liegt das Dorf Gönlüaçık (Karavet), 25 km von Patnos entfernt. Eine urartäische
Burg steht auf einem kleinen Hügel etwa 200 m südlich des Dorfes.
Die Bautechnik der Stadtmauer auf diesem Hügel ist typisch
urartäisch. Die dort gesammelten Scherben haben diese Vermutung
bestätigt. Zwei hintereinander liegende Mauern umgeben den

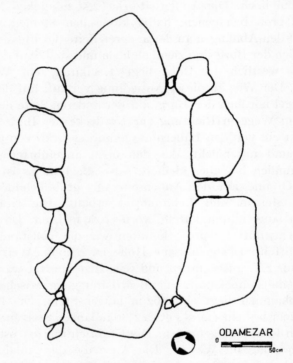

Textabb. 5. Das Kammergrab von Gönlüaçık.

Hügel. Die innere Mauer steht in der Nähe des Gipfels; die äußere
liegt etwa 3,50 m darunter. Die noch erhaltenen Teile der Burg-
mauer befinden sich auf dem Nordabhang des Hügels. Die Fortsetzung dieser Mauer, aus kyklopischen Steinen errichtet, sieht man
in zwei Steinlagen auf dem Westhang; im Osten ist nur ein kleines
Stück davon erhalten geblieben. Die Außenmauer beginnt an der

Nordecke des Hügels und setzt sich den Nordabhang hinunter fort. Diese Mauer hat einen Turm auf dem West-Ende des Hügels. Von da an biegt die Mauer nach Westen um; an der Nordwestecke hat sie einen weiteren Turm. Auf einem kleinen Abhang nördlich des Hügels hatten die Dorfbewohner etwa 20 Gräber ausgegraben. Sie sagten uns, daß sie in diesen Gräbern in Schlangenköpfen endende bronzene Armbänder und Bronzegürtel gefunden hätten. Eines von diesen Gräbern wurde von uns gesäubert und untersucht. Die Türrahmen dieses Grabes waren aus einem z.T. flachen, über zwei grob gehauene Steine gesetzten Block gearbeitet. Die Höhe der Tür beträgt 0,75 m. Die Grabkammer ist ein unregelmässiges Viereck, 2,10 m lang, hinten 2,28 m breit und vorne 1,10 m. Die Wände bestehen aus kyklopischen Felsen. Die gemessene Tiefe des Grabes ist 1,50 m-1,60 m; da die Decksteine entfernt worden sind, konnten wir die genaue Tiefe nicht feststellen. Der Fußboden bestand aus festgestampfter Erde. Die Grabrichtung war ost-westlich, leicht nach Süden verschoben. Die Nordmauer der Grabkammer setzt sich hinter der Tür in Richtung Westen fort. Daraus schlossen wir, daß es dort vor der Grabkammer einen Dromos gab; dessen Mauern aber gänzlich zerstört waren.

B. In die Felsen gehauene unterirdische Kammergräber

Dem Plan nach gibt es keinen Unterschied zwischen unterirdisch in die Felsen gehauenen und unterirdisch gebauten Kammergräbern. Diese wie jene haben einen Dromos mit Stufen, einen mit einer großen Steinplatte zugedeckten Eingang und eine viereckige Kammer. In die Wände der Kammern sind bei beiden Grabtypen Nischen eingemeißelt. In zwei Punkten unterscheiden sie sich aber doch: 1) Die in den Felsen gehauenen Kammergräber haben im allgemeinen einen sattelförmigen Türsturz und eine gewölbte Decke. 2) In den meisten Kammern der in Felsen gehauenen Gräber stehen vor den Wänden 0,20-0,30 m hohe und 0,30-0,40 m breite Bänke. Der Dromos der unterirdischen Felsengräber liegt im allgemeinen auf der unteren, die Kammer auf der höher gelegenen Seite des Abhangs. Somit gelangt man leichter in die Kammer, ohne einen tiefen Dromos hinuntergehen zu müssen. Andererseits, wie in Dedeli z.B., wo das Gelände verhältnismäßig flach ist, war der Dromos tiefer eingehauen.

43

Das Gräberfeld von Yukarı Göçmez (Patnos) (Abb. 10):

Das Dorf Yukarı Göçmez liegt 8 km nördlich von Patnos. Ein Gräberfeld mit 16 Kammergräbern war auf dem Süd-und Südwestabhang einer typisch urartäischen Burg, 500 m nordöstlich vom Dorf angelegt. Dieses Gräberfeld wurde im Jahre 1971 von den Dorfbewohnern, die dort Bausteine suchten, gefunden. Die Gräber waren in eine Bimsstein ähnliche Schicht gehauen. Sie haben keine bestimmte Richtung. Der Dromos war sicherlich mit einem großen Stein verschlossen. Der Form nach sind die Begräbnisstätten den Kammergräbern von Adilcevaz ähnlich. Manche Grabkammern sind größer als die von Altıntepe. Im folgenden soll ein Beispiel vorgestellt werden.

Das Kammergrab I von Yukarı Göçmez (Textabb. 6):

Das Grab hat einen rechteckigen Dromos. Die in die Nordwand des Dromos eingemeißelte Treppe war stark abgenutzt. Die Tür liegt im Norden und hat einen sorgfältig behauenen Rahmen. Die 0,52 m breite, 1,15 m hohe und 0,15 m dicke Deckplatte lag noch im Dromos. Der obere Rand des Eingangs ist gewölbt; die Seitenränder sind zwar gerade, aber so geschnitten, daß der Eingang nach unten breiter wird. Er ist 0,63 m hoch, oben 0,50 m und unten 0,67 m breit. Über zwei breite, 0,70 × 0,38 m messende Stufen gelangt man in die Grabkammer. Die erste Stufe ist mit 0,50 m ziemlich hoch. Die Grabkammer hat eine beträchtliche Größe: 4,92 m lang, 3,87 m breit und 1,82 m hoch; ein Elipsenbogengewölbe bildet die Decke. Die Seitenwände waren ziemlich sorgfältig bis zu einer Höhe von 0,80 m bearbeitet; dann beginnt das Deckengewölbe. Die Nische in der rechten Seitenwand liegt 0,10 m unter dem Anfang der Neigung. Sie ist mit 0,53 m Höhe, 0,57 m Breite und 0,30 m Tiefe ziemlich groß; ihre Seitenwände sind regelmäßig gearbeitet, die Decke als Halbkugel gestaltet. Eine ähnliche Nische in der linken Wand hat eine Satteldecke. Die Nische in der Rückwand ist größer als die beiden anderen. Der obere Teil der Rückwand bildet ungefähr ein Dreieck. Am Fuß der vier Seitenwände befindet sich eine 0,50 m breite und 0,25 m hohe Bank.

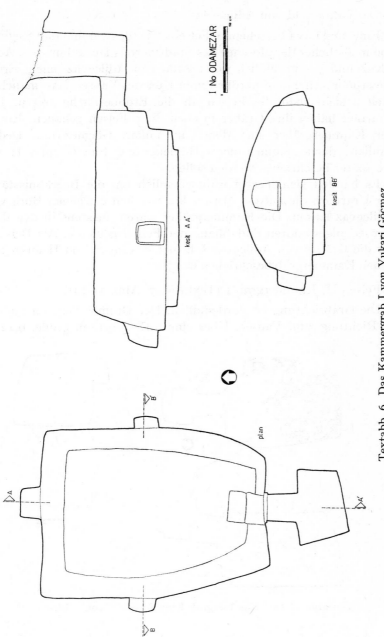

Textabb. 6. Das Kammergrab I von Yukari Göçmez.

Das Gräberfeld von Adilcevaz:

Eine aus Lava bestehende Felsenkette des Süphandağ beginnt
600 m östlicher der Moschee des Stadtviertels Durakbur von Adilcevaz und 700 m südlich der Straße von Adilcevaz nach Erciş.
Sie erhebt sich 250 m nördlich vom Ufer des Vansees. An manchen
Stellen sieht man die Felsen an die Erdoberfläche treten. Die
Urartäer haben ihre Gräber in eben diese Felsen gehauen. Einige
der Kammergräber sind denen in Yukarı Göçmez und Dedeli
ähnlich; dazu kommen noch Höhlengräber (die Gruppe II C),
die später beschrieben werden sollen.

Es handelt sich hierbei wahrscheinlich um die Begräbnisstätte
der Urartäer, die auf der etwa 2 km westlich gelegenen Burg von
Adilcevaz lebten. Die Kammergräber waren meistens in den dem
Vansee zugewandten Südabhang der Felsen gehauen. Als Beispiel
für die Gräber von Adilcevaz soll hier das im Felsen H ausgegrabenen Kammergrab beschrieben werden.

Felsen H, Kammergrab I (Textabb. 7, Abb. 11-14):

Die Grabrichtung ist nord-südlich. Der Dromos liegt im Süden,
in Richtung zum Vansee. Über eine 0,18 × 0,12 m große, 0,12 m

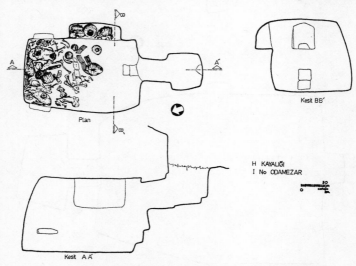

Textabb. 7. Das Kammergrab I im Felsen H von Adilcevaz

hohe, aus dem gewachsenen Felsen gehauene unregelmäßige
Treppe gelangt man in den Dromos. Er mißt 0,72 × 0,60 × 0,83 ×
0,63 m; auf der Nordwestseite ist er 1,70 m tief, auf der Südwest-
seite 0,65 m. Der Dromos ist wie in Kayalıdere mit Steinen und
Erde gefüllt gewesen (Abb. 12), und der Eingang war mit einer
Steinplatte zugedeckt. Letzterer ist 0,52 m breit, 0,60 m hoch und
0,62 m lang. Den Eingang, dessen oberer Rand gewölbt ist, umgibt
ein 0,10 m breiter, 0,04 m tiefer Rahmen. Über zwei aus dem gewachsenen Felsen gehauene Treppenstufen gelangt man in die Grabkammer; ihr Fußboden lag 0,98 m tiefer als der des Dromos. Die
Kammer, deren Fußboden ziemlich glatt behauen ist, hat die
Form eines unregelmäßigen Rechtecks. Die Länge der Südwand
ist 1,50 m, die der Ostwand 2,38 m; die Nordwand mißt 1,42 m,
die Westwand 2,55 m, und die Decke ist 1,68 m hoch. Die 1,15 m
lange, 0,37 m breite und 0,70 m hohe Nische in der Ostwand
befindet sich 1,00 m über dem Fußboden. Die Decke der Nische
wurde wie ein Halbsattel gearbeitet, und ihr oberer Rand reicht bis
zur Decke der Kammer. Im allgemeinen wurde in die hintere
Wand der meisten Kammergräber eine weitere Nische für die
Opfergaben gemeißelt. In diesem Grab hat man sicherlich ein
Wandbrett dafür benutzt. Denn vor der hinteren Wand wurden in
den Seitenwänden Schlitze zur Befestigung eines Holzbrettes
angebracht.

Hinten in der Grabkammer lagen Knochen von Leichen, Metall-
gegenstände, Keramik und ähnliche Votivgeschenke durcheinander
(Abb. 13). Darunter fanden sich noch einige Mobiliarteile aus Holz,
aber kein Stück von einem Wandbrett; unter diesen Gegenständen
und Knochen standen noch zwei zum Teil zerbrochene Urnen mit
verbrannten Skeletteilen. Weiterhin fanden sich zwei Stücke eines
runden Tischbrettes, jedes in einer anderen Ecke. Später haben wir
auch die Beine dieses Tisches gefunden, so daß der Tisch restauriert
werden konnte (Abb. 48). Dazwischen haben wir andere hölzerne
Möbelbeine entdeckt, die in Form von Rinderhufen enden. Allem
Anschein nach war das Grab ein Familiengrab. Denn alle Votivgeschenke und Skelettreste früherer Begräbnisse waren einfach
hinten in der Kammer auf einem Haufen zusammengeschaufelt
worden. Auch den beiden eben erwähnten Urnen hatte man keine

Aufmerksamkeit geschenkt. Der vorderer Teil des Grabraumes war gesäubert, sogar gefegt und eine neue Urne aufgestellt worden. Unter den beiseitegeräumten Gegenständen befanden sich außerdem noch fünf tönerne rotpolierte Oinochoe, eine Schale und ein anderes Gefäß, zwei Bruchteile einer bronzenen Omphalosschale, von denen eine auf die rechte, die andere auf die linke Seite der Kammer geworfen worden war. Eine andere ähnliche Schale aus Bronze war ebenfalls verbogen dort liegengelassen worden. Neben dieser Schale haben wir einen Ring aus Bronze gefunden. Vor diesen Gegenständen und hinter der zuletzt beigesetzten Urne, in der sich nach Auskunft der verstorbenen Dr. R. Çiner die verbrannten Knochenreste eines 4-5 jährigen Kindes befanden, haben wir zwei bronzene Gürtel entdeckt. Einer der Gürtel war stark korodiert, der andere, längere war besser erhalten. Vor diesen Gürteln lag der Fuß einer Oinochoe; die oberen Teile des Gefäßes konnten vorne, in der Nähe der Tür entdeckt werden. Daneben fanden wir ein eisernes Messer, eine typisch urartäische rotpolierte Schale und die Bruchstücke dreier Lampen. Diese im Bild nicht gezeigten Gegenstände sind vermutlich durch ein Erdbeben aus der Nische heruntergefallen. Am Fuß der rechten Seitenwand fanden wir zwei Terrakottalampen. In einer großen Nische standen drei Urnen (Abb. 14). In der ersten Urne (Abb. 23), in deren Schulter zwei Löcher gebohrt sind, befanden sich verbrannte Knochenreste. Vor der Urne stand eine kleine Schale, hinter ihr, in der Mitte der Nische, lag eine weitere, ovale, typisch urartäische unzerbrochene Urne (Abb. 20). Auch in diesem Aschengefäß haben wir verbrannte, aber etwas größere Knochenreste sowie zwei bronzene Armbänder gefunden. Wie die oben genannte Wissenschaftlerin uns mündlich mitteilte, stammen diese Knochen von einer 16-17jährigen Person. Auch die dritte Urne, die ebenfalls zerbrochen war, enthielt verbrannte Knochenreste. Unter dieser Urne stand eine schalenförmige eiserne Lampe (Abb. 32); dahinter eine zerbrochene Schüssel und eine Tonlampe. Die auf dem Ausguß dieser Lampe entdeckten Reste eines verbrannten Materials haben wir der Middle East Technical University und der Hacettepe Universität zur Untersuchung gebracht, aber leider keine Ergebnisse bekommen.

In diesem Kammergrab haben wir folgende Gegenstände gefunden:

6 Oinochoe aus Ton (Abb. 28-29)
7 tönerne Urnen (Abb. 20, 23)
4 Schalen aus Ton
2 bronzene Schalen
4 bronzene Armbänder
1 Fibula aus Gold (Abb. 55)
5 silberne Schmucknadeln (Abb. 56)
7 Lampen aus Ton (Abb. 30-31)
1 Topf aus Ton (Abb. 25)
2 Gürtel aus Bronze
1 eisernes Messer
2 Steinamulette (Abb. 57)
1 eiserne Lampe (Abb. 32)
1 Tisch aus Holz (Abb. 48)
7 Mobiliarteile aus Holz
sowie Perlen aus Halbedelsteinen in verschiedenen Formen und
    Farben (Abb. 58-59).

Das Gräberfeld in Dedeli (Patnos):

Die Ortschaft Dedeli liegt 20 km entfernt von Patnos und zwar
4 km nördlich der Hauptstrasse Patnos—Erciş. 1 km westlich von
Dedeli liegt eine urartäische Burg. Auf einem ziemlich flachen
Abhang zwischen dieser Burg und der Ortschaft, etwa 300 m
östlich der Burg, haben die Dorfbewohner ein urartäisches Gräberfeld entdeckt und mehrere Kammergräber geplündert und zerstört.
In diesem Gräberfeld konnten wir glücklicherweise noch zwei
unberührte Kammergräber aufdecken. Das Kammergrab I soll im
folgenden beschrieben werden.

Patnos-Dedeli, Gräberfeld A, Kammergrab I (Textabb. 8,
Abb. 15):

Das Grab liegt im Norden des Gräberfeldes in ostwestlicher Richtung. Der Dromos befindet sich im Osten, mißt 0,70 × 1,00 m und
hat einen nicht ganz regelmäßig rechteckigen Grundriß. An der Südostecke des Dromos ist eine dreistufige Treppe aus dem gewachsenen Felsen gehauen. Die ersten zwei Stufen waren 0,60 m, die
dritte 0,25 m hoch. Sie haben nur eine Breite von 0,12-0,15 m.

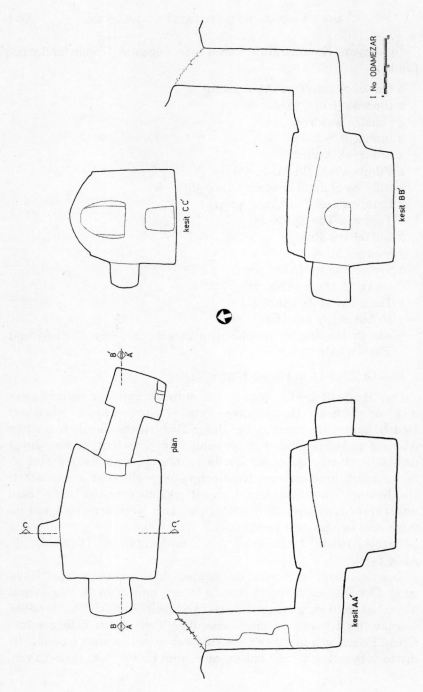

Textabb. 8. Das Kammergrab I im Gräberfeld A von Dedeli.

Der Dromos war 2,35-2,40 m tief und mit Kieselsteinen und Erde angefüllt. In der Westwand befand sich eine 0,50 m breite und 0,80 m hohe Tür, die mit einer Steinplatte verschlossen war; die Zwischenräume daneben waren mit kleinen Steinen ausgefüllt. Die Decke des 0,90-0,95 m langen Eingangs ist sattelförmig. Über eine 0,50 m hohe und 0,22 m breite, von der Schwelle 0,30-0,40 m tief aus dem gewachsenen Felsen gehauenen Stufe gelangt man in die Grabkammer. Auch sie hat einen nicht ganz regelmäßig rechteckigen Grundriß. An der Nordwand ist sie 2,50 m lang, an der Südwand 2,20 m; die Breite beträgt in der Mitte 1,80 m, vorn und hinten dagegen nur 1,68 m. Ihre Decke ist gewölbt und an der höchsten Stelle 1,85 m hoch. In der Mitte der Nordwand ist eine 0,45 m breite, 0,38 m tiefe und 0,45 m hohe Nische mit einer gewölbten Decke eingemeißelt. In der Mitte der westlichen, hinteren Wand befindet sich eine ähnliche, 0,70 m breite, 0,70 m tiefe und 0,65 m hohe Nische. Vor der hinteren Mauer fanden wir hintereinander zwei Skelettreste. Sie lagen in Hockerstellung in Nord-Süd-Richtung, mit dem Kopf nach Süden. Die beiden Leichen waren mit einem tüllartigen Stoff zugedeckt, unter dem wir auch zwei große Tierschenkelknochen am Fußende des hinteren Skeletts fanden. Der Tüll reichte von der Südwand fast bis zur Nordwand. Ein weißer Schaumpilz hatte beide Leichen vollständig überzogen und alles, einschließlich der Knochen, zersetzt. Die Länge der Skelette betrug weniger als 1,00 m. Wie auch die im Kammergrab II in Dedeli gefundenen Skelette und die in Liç aufgedeckten einzelnen Begräbnisse zeigen, haben die Urartäer ihre Toten in Hockerstellung bestattet. In diesem Grab konnten wir die wegen des Schaumpilzes zersetzten Skelette weder konservieren noch ihre Lage genauer studieren oder gar ihre Größe exakt bestimmen. Die Schädel waren noch recht gut zu erkennen, aber es war unmöglich, sie aufzuheben. Nach der Entfernung der Pilze konnten wir nur die Lage der Wirbelsäulen untersuchen. Die des hinteren Skeletts lag vor der Rückwand der Grabkammer. Ein 0,80-0,90 m langer, zum Fußende des Skeletts hin immer dünner werdende Bogen mit einem Metallknauf lag auf der linken Seiten des Schädels und über die Wirbelsäule. Er war sicherlich wie bei einem Lebenden über die Schulter des Toten gehängt worden. Diesen Beobachtungen entsprechend lag der Tote auf der rechten Seite, zum zweiten Leichnam hin schauend. Auf der Brust der Leiche befand sich eine eiserne Buckel. Ferner trug der Tote einen in einen Drachenkopf auslaufenden bronzenen Oberarmring und ein eisernes Schwert an der Hüfte. Das Schwert dieses Skeletts und der Gürtel des daneben liegenden wurden eng nebeneinander gefunden. Der umgehängte Bogen, das Schwert und der Armring, der etwas größer ist als ein ähnlicher, auf der Brust des zweiten Skeletts gefundener, müssen zu einem Mann gehören.

Das zweite Skelett neben dem Mann ist sehr wahrscheinlich das seiner Frau. Außer ihrem Schädel und dem bronzenen Gürtel an der Hüfte war der ganze Körper mit dem Schaumpilz überwuchert. Wir haben zuerst diesen Pilz entfernt. Auf der Brust fanden wir Steinperlen, fernen einen in einen Schlangenkopf auslaufenden bronzenen Armring sowie — etwas zum Kopf hin — eine umgekippt liegende Puderdose aus Holz, die mit verschiedenartigen Geweben bedeckt war; weiterhin einen in einen Drachenkopf auslaufenden bronzenen Oberarmring, ähnlich dem auf der Brust des männlichen Skeletts, aber etwas kleiner. Neben dem Skelett lag eine kleine bronzene Fibel und unter dem Kinn ein silberner (?) spiralförmiger Ring sowie ein weiterer, geringelter Bleiring. Diesen Funden nach zu urteilen, handelt es sich also bei dieser Leiche um eine Frau. Aus der Lage der Finger- und Armringe kann man schließen, daß die Arme über der Brust gekreuzt waren. Da die Leiche wegen des Schaumpilzes völlig zersetzt war, konnten wir die Lage des Skeletts nicht genauer feststellen; aber auch sie war sicherlich in Hockerstellung beigesetzt. Um die Hüfte trug sie einen bronzenen Gürtel. Die Spuren des beide Leichen bedeckenden Tülls konnte man auch auf diesem Gürtel sehen. Inmitten des Gürtels fand sich unter verschiedenen Textilien die Wirbelsäule der Leiche; demnach hat die Frau auf ihrer linken Körperseite, also vermutlich ihrem Mann zugewandt, gelegen. Von ihrem Skelett war außer der Wirbelsäule nur der Oberschenkel unter dem Gürtel erhalten. Auf dem Gürtel fanden wir außerdem Reste verschiedener Textilien [26]. Beim Betreten des Grabes sieht

---

[26] Ein Bericht von Veterinär Dr. Şefik Müftüoğlu vom ,,Lalahan Zootekni Araştırma Enstitüsü'' (Zootechnisches Forschungsinstitut Lalahan) über diese Textilien wird demnächst in unserem Buch über die urartäischen Gräber veröffentlicht.

man einen großen Tierknochen auf der linken Seite der Treppe und links daneben wahrscheinlich verbrannte kleinere Knochenreste.

Auf der rechten Seite der Treppe befand sich ein anderes Skelett, vermutlich wiederum in Hockerstellung auf der linken Seite liegend, mit dem Kopf nach Süden, die Wirbelsäule am Fuße der Nordmauer. Nur der Schädel und die Wirbelsäule des Skeletts konnte man noch deutlich sehen, aber vor allem die Extremitäten sind nicht mehr zu erkennen. Nach einer Schmucknadel am Kopf und den kleineren Knochenresten zu schließen, gehört dieses Skelett vermutlich zu einem Mädchen. Auch diese Knochenreste konnten wir nicht vom Boden aufnehmen. Außerdem war es nicht möglich festzustellen, ob die Leiche angezogen oder nackt begraben worden war; Textilreste konnten wir nicht nachweisen.

Eine Urne mit zwei Löchern auf der Schulter (Abb. 15, 21) stand in einer Nische in der rechten, also nördlichen Mauer der Grabkammer. In der Nische der hinteren Wand fanden wir verschiedene Gegenstände; vier übereinanderstehende bronzene Omphalosschalen, eine Situla, einige Ackerbaugeräte aus Eisen, einen Schleifstein, einige eiserne Messer und bronzene Lanzenspitzen. Alle diese Geräte waren in der Nische entweder in verbogenem oder zerbrochenem Zustand zurückgelassen worden.

Wir haben in diesem Kammergrab folgende Gegenstände gefunden:

1 Schale aus Ton
1 Urne aus Ton (Abb. 21)
6 Lanzenspitzen aus Bronze (Abb. 45)
3 bronzene Omphalosschalen (Abb. 33-34)
3 Armbänder aus Bronze (Abb. 50)
2 bronzene Ringe
1 eiserne Buckel
1 Fibula aus Bronze (Abb. 53), ähnlich dem phrygischen Typ XII 2 A [27]
2 eiserne Gabeln (Abb. 38)
1 eiserne Pflugschar (Abb. 40)

---

[27] Vgl. S. 677 Anm. 41-42.

7 eiserne Messer oder Sicheln (Abb. 42-43)

1 eisernen Meißel

1 eisernen Ochsenstachelscher (Abb. 39)

1 hölzerne Puderdose (Abb. 46), sehr ähnlich einer Steinschale aus Toprakkale [28]

1 bronzener Gürtel

1 eisernes Schwert mit einer Scheide aus Bronze und Holz (Abb. 41)

1 Schleifstein

1 Situla aus Bronze (Abb. 35)

C. Höhlengräber

a) Natürliche Felsenhöhlen

Alle in Igdir aufgedeckten urartäischen Gräber sind in natürlichen Felsenhöhlen angelegt. Um diese Begräbnisstätten voneinander zu unterscheiden, hat man die Höhlen, in denen Gräber gefunden worden sind, ,Point' = Punkt genannt. Nur in einem von 14 Punkten wurde eine Leichenbestattung angetroffen; alle anderen waren Brandbestattungen [29].

Die Höhlengräber in Adilcevaz sind im allgemeinen künstliche Felsenhöhlen. Nur zwei davon sehen wie natürliche Höhlen aus, aber wahrscheinlich sind auch sie zumindestens teilweise künstlich erweitert worden. Eine dieser Höhlen befindet sich im Felsen H.

Das Höhlengrab 1 im Felsen H (Textabb. 9, Abb. 16):

Südwestlich des Felsens, etwa 2 m nordwestlich vom Dromos des Kammergrabes I, befindet sich ein Höhlengrab mit einem unregelmäßig runden, nach Südwesten gerichteten Grundriß. Die Decke des Grabes ist nur an den Rändern leicht bearbeitet. Die Seitenwände der Höhle scheinen kaum geglättet zu sein; auch sie sind nur an den Rändern 0,10-0,20 m tief behauen. Die Höhle ist innen unregelmäßig rund, der Boden zeigt ein unterschiedliches Niveau. Der Durchmesser des Raumes beträgt von Norden nach Süden 0,75 m, von Osten nach Westen 0,72 m.

---

[28] Piotrovskij, *op. cit.* (Anm. 18) 71 Fig. 49; van Loon, *op. cit.* (Anm. 2) 79, Fig. 10.

[29] Barnett, *op. cit.* (Anm. 13) 154ff.

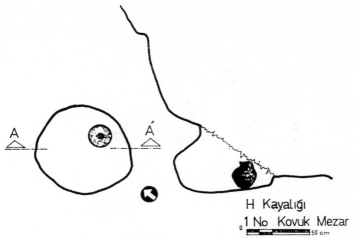

Textabb. 9. Das Höhlengrab 1 im Felsen H, Adilcevaz

In diesem Grab haben wir nur eine feine, rotpolierte Oinochoe gefunden; keine Asche, keine Knochenreste und nichts Derartiges.

b) Künstliche Felsenhöhlen (Abb. 17)

Die meisten Höhlengräber in Adilcevaz waren in künstlichen Felsenhöhlen angelegt. Sie haben verschiedenartige Grundrißformen, aber im allgemeinen sind sie eiförmig. Auch ihre Ausmaße sind unterschiedlich. In einigen Gräbern dieser Art haben wir Leichenbestattungen entdeckt, in anderen Brandbestattungen in Urnen. In einigen Höhlengräbern fanden wir nur Beigaben; über die Bestattungsform ist nichts bekannt. Da die meisten dieser Gräber nicht tief genug in den Boden hineingegraben waren, sind sie häufig zerstört worden.

Als Beispiele für diese Grabtypen sollen hier für die Brandbestattungen das Höhlengrab 1 im Felsen A, für die Leichenbestattungen das Höhlengrab 1 im Felsen D und für ein Grab nur mit Beigabenfunden das Höhlengrab 6 im Felsen A beschrieben werden.

Höhlengrab 1 im Felsen A (Textabb. 10, Abb. 17):

Es ist das kleinste Höhlengrab im Felsen A. An der Südseite des Felsens ist die östliche und westliche Seitenwand des Grabes an den Rändern 0,20 m tief, in der Mitte 0,26 m tief eingemeißelt.

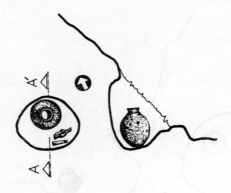

Textabb. 10. Das Höhlengrab 1 im
Felsen A, Adilcevaz.

Die Decke bildet ein Halbgewölbe und deckt nur einen sehr kleinen
Teil des Grabes. Die Höhe des Grabes beträgt 0,60 m, die Breite
in ost-westlicher Richtung 0,43 m. Um die Urne hineinstellen zu
können, wurde das Grab nach vorne erweitert, so daß die Nord-
Süd-Ausdehnung 0,41 m beträgt. Dieses recht kleine Grab ist
sehr sorgfältig gearbeitet worden.

Folgende Funde haben wir in diesem Grab gemacht:

   1 Urne aus Ton
   1 Schale aus Ton
   1 bronzene Fibula (Abb. 52), dem phrygischen Typ XII 5 sehr
      ähnlich [30]
   2 bronzene Kienholzhalter (Abb. 44)
   1 Armband aus Bronze (Abb. 51)
   1 eiserne Axt
   1 Schleifstein (Abb. 47)

Höhlengrab 6 im Felsen A:

Das Grab liegt etwa 0,35 m südöstlich des Höhlengrabes 1.
Es wurde auf etwas niedrigerem Niveau nach Südwesten hin in

---

[30] O. W. Muscarella, *Phrygian Fibulae from Gordion*, London 1967, 15f.,
Pl. III, Fig. 11-14; vgl. auch hier S. 677.

den Felsen eingemeißelt. Da das Grab vorn und oben offen ist,
hat es die Form einer runder Schüssel. Die Seitenwände und der
Boden waren wegen des porösen Felsens nicht geglättet. Wie weit
sich das Grab nach vorn erstreckte, konnten wir nicht feststellen,
da es vorn offen ist. Von Nordosten nach Südwesten mißt es
mindestens 1,12 m, von Südosten nach Nordwesten 0,64 m. In
diesem Grab fanden wir nur einen bronzenen Gürtel, der in drei
Teile zerbrochen war, die aufeinander lagen.

Das Höhlengrab 1 im Felsen D (Textabb. 11):

Auf dem südlichen, zum Vansee gerichteten Abhang des Felsens,
der wie eine Verlängerung des Felsens D nach Osten hin aussieht,
liegt 8 m östlich des Kammergrabes IV eine weitere Begräbnisstätte. Sie wurde 0,50 m unter der Erdoberfläche in östlicher
Richtung eingemeißelt. Das Grab hat einen ovalen Grundriß.

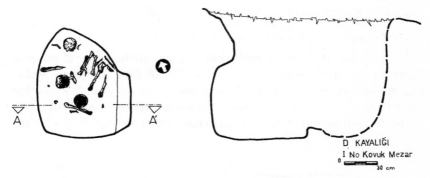

Textabb. 11. Das Höhlengrab 1 im Felsen D, Adilcevaz.

Von Norden nach Süden mißt es 1,05 m, von Osten nach Westen
0,68 m, die Höhe beträgt 0,73 m. Die Breite des Eingangs ist
0,64 m. Das Grab ist oben offen, nur an der Westseite sieht man
Ansätze einer Decke, teilweise auch an der Nord- und Südseite.

In dem Grab haben wir folgende Funde gemacht:

1 kleinen Topf (Abb. 24)
1 bronzene Fibula (Abb. 54)
1 bronzener Ohrring
1 bronzenes Siegel

D. Andere Bestattungsarten

a) Urnen-Brandgräber

Während des Baues der Straße von Ağrı nach Van wurden etwa 8 km vor Van und 2 km südlich von Kalecik im Jahre 1965 mehrere Gräber zerstört. Gleich danach haben wir dort eine Untersuchung vorgenommen und dabei ein Urnengrab und eine Leichenbestattung aufgedeckt. Etwa 1,00 m südöstlich der Leichenbestattung, auf die später noch eingegangen wird, wurde eine einzelstehende, typisch urartäische Urne entdeckt, in der wir verbrannte Knochenreste und einen bronzenen Ring gefunden haben.

Die in Liç aufgedeckten Einzelurnengräber sind einem bestimmten Typ assyrischer Urnengräber sehr ähnlich [31]. Wir haben drei Urnengräber ausgegraben, von denen nur eines unberührt war. Die Urnen der anderen Gräber waren schon vorher, vermutlich von den Dorfbewohnern, entwendet worden. Das von uns ausgegrabene Urnengrab soll im folgenden beschrieben werden.

Urnengrab 1 von Liç (Textabb. 12, Abb. 18):

Es besteht aus einem rechteckigen, an allen vier Seiten von großen flachen Steinen umgebenen Raum, in dem eine Urne steht. Die Steine waren 0,40-0,55 m lang und 0,06-0,13 m dick; einige waren durch dahinter liegende kleinere Steine verstärkt. Die Tiefe der von diesen Steinen umgebenen Grube beträgt 0,45-0,50 m.

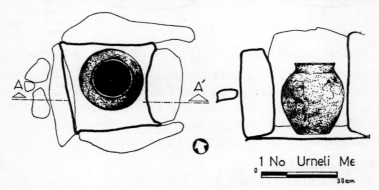

Textabb. 12. Das Urnengrab 1 von Liç.

---

[31] A. von Haller, *Die Gräber und Grüfte von Assur*, Berlin 1954, 52 Abb. 63.

In diesem Raum wurde die Urne aufgestellt und oben mit einer Schale zugedeckt. Das Grab liegt 0,50-0,60 m unter der Erdoberfläche. Eine sehr ähnliche Anlage wurde in Assur ausgegraben [32]. In diesem Grab haben wir folgende Funde gemacht:

1 Urne aus Ton (Abb. 22)
1 Schale aus Ton (Abb. 26)
1 bronzenes Oberarmband (Abb. 49)
1 bronzenen Ring

Die in Nor-Aresch ausgegrabenen drei Urnengräber waren vermutlich den in Liç gefundenen sehr ähnlich. Auch dort waren die Urnen mit Steinen umgeben: „surrounded by small stones" [33]. Aber es wird weder über Form und Größe dieser Gräber noch über die Dimensionen der Steine etwas berichtet.

b) Einzelne Leichenbestattungen

Während des Straßenbaus in der Nähe von Kalecik wurde in einem von uns aufgedeckten Grab ein Skelett gefunden, das in einer Grube bestattet und mit einer 0,08-0,10 m hohen Schotterlage umgeben worden war. Eine 0,25 m dicke Sandschicht bedeckte den Leichnam; obenauf lag ein 0,60 × 1,50 m großer Stein. Am Kopfende des Skeletts haben wir zwei einfache Schalen sowie eine Fußschale ausgegraben. In einer dieser Schalen fanden sich ein Halsschmuck, eine große Glasperle und typisch urartäische Nadeln aus Bronze.

In Liç haben wir drei einzelne Leichenbestattungen aufgedeckt, die in verschiedenen Orientierungen begraben worden waren. Zwei der Gräber, die ziemlich gut erhalten sind, werden im folgenden beschrieben.

Leichenbestattung 2 von Liç: Das Skelett wurde 1,20 m bis 1,30 m westlich von der Leichenbestattung 3 ausgegraben. Dieses am besten erhalten gebliebene Skelett war 1,55-1,60 m unter der Erdoberfläche einfach in die Erde gebettet worden. Der Kopf lag im Westen, das Gesicht schaute nach Norden. Die Beine waren an den auf dem Rücken liegenden Körper eng angezogen, die Arme auf

---

[32] *Ibid.*
[33] Barnett, *op. cit.* (Anm. 13) 194ff.

die Brust gelegt. 0,70 m vom Kopf entfernt wurden zwei aufeinandergesetzte tönernde Schalen und — etwas näher — eine Lampe ausgegraben. Der Schädel war intakt, nur zwei Zähne fehlten. Wegen der starken Knochen kann man annehmen, daß das Skelett vermutlich einem Mann gehörte. Es lag in ostwestlicher Richtung, leicht nach Norden verschoben. Allem Anschein nach wurde auch diese Leiche in Hockerstellung beigesetzt.

In diesem Grab fanden wir folgende Gegenstände:

1 Lampe aus Ton
2 Schalen aus Ton

Leichenbestattung 3 von Liç (Textabb. 13, Abb. 19):

Das Grab liegt 11 m östlich vom Kammergrab III. Die Leiche ist einfach 1,40-1,50 m tief in die Erde gebettet. Nur die Hälfte des Schädels und einige Teile der Extremitäten sind erhalten. Das Skelett war in nordwest-südöstlicher Richtung mit dem Kopf nach Nordwesten beigesetzt. An der Hüfte fand sich ein bronzener Gürtel, unter dem wir in einer Schale eine Nähnadel und eine Schmucknadel mit einem Hahn auf einem runden Kopf aus Bronze gefunden haben. Diesen Beigaben zufolge gehörte das Skelett vermutlich zu einer Frau. Auch die dünnen und zarten Extremitäten bestätigen diese Annahme. Damit wird unsere Vermutung ver-

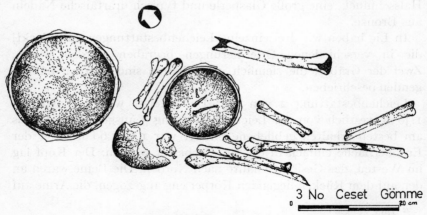

3 No Ceset Gömme
0   20 cm

Textabb. 13. Die Leichenbestattung 3 von Liç.

stärkt, daß die wegen ihrer reichen Verzierungen sehr prachtvollen bronzenen Gürtel von den urartäischen Frauen getragen wurden. Eine Schale fand sich im Norden am Kopfende des Skeletts. Eine andere, an einer Seite zerbrochene Schale sowie südlich davon eine tönerne Lampe wurden östlich des Skelettkopfes ausgegraben.

Da Schädel und Extremitäten stark beschädigt waren, können wir über die Form der Bestattung nichts Bestimmtes sagen. Weil aber das Skelett in einem nur 0,75-0,80 m großen Raum beigesetzt war, kann man vermuten, daß auch hier die Beine zum Körper hochgezogen waren, es sich also um eine Bestattung in Hockerstellung handelte.

Leichenbestattung 1 von Liç: Sie liegt 1,30 m von der Südostecke des Kammergrabes III entfernt und besteht aus einigen Skelettresten, die wie die anderen Bestattungen einfach 1,50 m tief in die Erde eingegraben worden waren.

Im urartäischen Gräberfeld von Liç haben wir auch eine Tierbestattung mit drei Pferden, deren Skelette ein Dreieck bildeten, ausgegraben. Sie waren ohne Beigaben einfach in die Erde ± 2,30 m tief begraben worden.

In dem Grab mit mehreren Räumen in Alischar am Araxes, das man nicht eindeutig der Gruppe I oder Gruppe II zuordnen kann, wurden Urnen mit Löchern auf der Schulter gefunden, wie wir sie aus Adilcevaz und Patnos kennen. Die Sarkophage des Grabes von Altıntepe enthielten Skelette, aber es wird nicht berichtet, ob in diesen Gräbern auch Urnen gefunden worden sind. Daher kommen für diese Gräber nur Leichenbestattungen in Frage [34]. Wie wir jedoch jetzt von den Kammergräbern in Adilcevaz und Patnos wissen, dienten die Nischen in den Gräbern nicht nur zur Aufnahme von Beigaben, sondern vor allem von Urnen. Wir haben oben [35] schon nachzuweisen versucht, daß die in dem 1938 geplünderten Kammergrab II und im Kammergrab III gefundenen Bronzevasen Urnen sein könnten. Somit lassen sich in den Gräbern der Gruppe I wie auch in denen der Gruppe II Brandbestattungen nachweisen. Außerdem hat man in dem Volksgräberfeld in Adilcevaz ein Kammergrab mit zwei kleinen Räumen ausgegraben. Ich glaube deshalb,

---

[34] *Altıntepe* II 21f. und 27.
[35] Siehe S. 644f. und Anm. 9 nnd 12.

daß weder bei den Grabbräuchen der einfachen Urartäer und der
königlichen Familien noch bei den Formen der Gräber ein wesentlicher Unterschied besteht. Wir können daher nicht mit Sicherheit,
aber mit großer Wahrscheinlichkeit sagen, daß in den Fürsten-
gräbern wie auch in denen der einfachen Leute zwei Bestattungs-
formen nebeneinander vorkommen, nämlich Leichenbestattungen
und Brandbestattungen.

Wir kommen nun zu der wichtigsten Frage, der der auswärtigen
Beziehungen des Urartäer-Reiches und der der Datierung. Form
und Grundriß vieler urartäischer Kammergräber weisen eine
auffallende Ähnlichkeit mit assyrischen Gräbern auf [36]. In Assyrien
haben die Kammergräber ebenso wie die urartäischen einen Dromos,
manchmal auch mit Treppen, die auch oft in der Kammer selbst
vorkommen, und die Tür ist mit einer Steinplatte verschlossen.
Da die assyrischen Kammergräber aus Ziegeln oder Lehmziegeln
gebaut worden sind, haben sie immer gewölbte Decken. Wie die
urartäischen Kammergräber haben auch die assyrischen Nischen
in den Seitenwänden und in der Rückwand der Kammer. Aber in
Assyrien sind diese Nischen sehr klein, da sie nicht für Urnen und
Beigaben vorgesehen waren. Nur in einem der zahlreichen assyrischen Kammergräber hat man mehrere Urnen ausgegraben. Da
solche Kammergräber seit altassyrischer Zeit auftreten, glaube
ich, daß die Urartäer diesen Grabtypus aus Assyrien übernommen
haben. Es muß aber auch gesagt werden, daß die vom 11. Jt. v.
Chr. an in vielen Kulturen auftretenden Kammergräber im allgemeinen einander ähnlich sind. Außerdem waren die assyrischen
Gräber unter den Palästen angelegt. Auf der anderen Seite zeigen
die urartäischen Gräber Ähnlichkeit mit einem hethitischen
Kammergrab in Gâvurkale aus der Großreichszeit [37] sowie mit
Kammergräbern in Salamis auf Cypern [38].

---

[36] von Haller, *op. cit.* (Anm. 31) Grüfte Nr. 29/30, S. 108f., Abb. 142/143
und passim.

[37] E. Akurgal, *The Art of the Hittites*, London 1962, 105, Abb. 18, Taf.
99 unten.

[38] V. Karageorghis, *Salamis* III. *Excavations in the Necropolis of Salamis*
I, Nicosia 1967: Tomb 2, Fig. I-III (Early Cypro Archaic I ± 700); *Excavations in the Necropolis of Salamis* II, London/Nicosia 1970: Salamis, Cellarka Tomb 13, Fig. XXV (Cypro Archaic II: 6. Jh. v. Chr.); *ibid.* Cellarka
Tomb 113, Fig. XCII.

In Assyrien gibt es relativ wenige Brandbestattungen. Von etwa zehn neuassyrischen Urnengräbern ist nur ein Grab unserem in Liç vergleichbar. Auch die Form der Urne ist sehr ähnlich [39]. Diese Brandbestattungen scheinen fremd in Assyrien zu sein. Aber wenigstens im 8. und 7. Jh. v. Chr. sind sie in Urartu ebenso häufig wie die Leichenbestattungen.

Die Architektur der Gräber hilft uns nicht bei der Datierung. Aber vor allem die Fibeln, die Siegel und die Omphalosschalen können dazu herangezogen werden. Die Fibeln werden im Englischen ,hinged' und im Französischen ,charnier' genannt. Ihr Charakteristikum ist die frei bewegliche Nadel. Sie wurden in Luristan, Ziwiye und an verschiedenen Orten in Nordwest-Iran sowie in Süd- und Nordkaukasien gefunden. Man vermutet, daß ihre Herkunft an diesen Orten zu suchen ist.

Obwohl alle unsere Fibeln ihre besonderen Merkmale haben, kann man einige von ihnen durch ihre Ähnlichkeit mit phrygischen Fibeln einordnen und datieren. Muscarella hat schon darauf hingewiesen, daß einige urartäische Fibeln an die phrygischen Typen XII/5 und XII/11 erinnern [40]. Meiner Ansicht nach kann man mehrere unserer Fibeln mit den Typen XII/2A, XII/5, XII/7A, XII/11 und mit manchen Exemplaren des Typs XII/13 vergleichen. Von unseren zwei Beispielen ist eine Fibel (aus dem Kammergrab I in Dedeli, Abb. 53) auf der Vorderseite des Bügels mit längsverlaufenden Hohlkehlen verziert, einem Merkmal des phrygischen Typs XII/2A. Sie haben obenauf jeweils drei, manchmal vier Kanneluren. Drei Exemplare aus Bogazköy [41] (7./6. Jh. v. Chr.) und acht Exemplare aus dem Tumulus S_1 in Gordion [42] (1. Hälfte 7. Jh. v. Chr.) kamen ebenfalls zum Vorschein.

Die zweite, im Höhlengrab 1 im Felsen A gefundene Fibel (Abb. 52) gehört zum Typ XII/5. Das wichtigste Merkmal dieser Form ist, daß diese Fibeln an den Enden ihres im Querschnitt

---

[39] von Haller, op. cit. (Anm. 31) 52, Abb. 63; vgl. hier S. 672f. Textabb. 12, Abb. 18.

[40] Muscarella, op. cit. (Anm. 30) 69.

[41] R. M. Boehmer, Die Kleinfunde von Boğazköy. Aus den Grabungskampagnen 1931-1939 und 1952-1969, Berlin 1972, 48f., Taf. V Nr. 75-77.

[42] Muscarella, op. cit. (Anm. 30) 15.

rundlichen Bügels jeweil einen sehr starken, rechteckigen Quersteg
(Abacus) aufweisen, über dem sich noch weitere Verzierungen
befinden können. Nach Boehmer können diese Fibeln mit einiger
Sicherheit in das 7. Jh. v. Chr. datiert werden [43].

Die Urartäer haben auch für ihre Siegel eigene Formen entwickelt. Eine davon ist einem nach einer Seite hin dünner werdenden Zylinder ähnlich. An dem schmalen Ende hat sie aus demselben Stein geschnittene, durchbohrte Henkel. Diese Siegel sind
als Roll- und zugleich als Stempelsiegel benutzt worden. Eine
ähnliche Form ist von diesem Zylinder abgeleitet und glocken-
förmig. Der Siegelschnitt befindet sich nur auf der Unterseite, so
daß diese Siegel nur zum Stempeln benutzt wurden. Ich halte diese
beiden Formen für typisch urartäisch. Neben normalen Roll-
siegeln haben die Urartäer auch tier- und menschenförmige Stempelsiegel gehabt.

Auf einem aus dem Kammergrab I im Felsen F stammenden
Rollsiegel aus grün glasierter Fritte sind ein Bogenschütze und
eine Schlange zu sehen. Siegel aus demselben Material mit ganz
ähnlichen Szenen sind bis jetzt in mindestens zehn Exemplaren an
verschiedenen Ortschaften gefunden worden. Sie werden allgemein
in das Ende des 8. und in das 7. Jh. v. Chr. datiert [44]. Somit können
auch unsere Gräber in diese Zeit angesetzt werden.

---

[43] Boehmer, *op. cit.* (Anm. 41) 5of., Anm. 323. Siehe dazu demnächst
Baki Öğün, *Die urartäischen Fibeln.*

[44] Ziemlich sicher datierte Exemplare sind:
Zwei aus El Mina: C. L. Woolley, *The Excavations at Al Mina, Sueida* II,
JHS 58 (1938) 161, pl. XV MN 360 Schicht 8: „perhaps of late eight cen-
tury"; das zweite B. Buchanan, *Catalogue of Ancient Near Eastern Seals
in the Ashmolean Museum (Oxford)* I. *Cylinder Seals,* Oxford 1966, 107. 113
Nr. 624 „possibly JHS 58 (1938) 161 MN 191 from Level 7, perhaps of early
seventh century".
Ein weiteres Exemplar aus Perachora: T. J. Dunbabin, *Perachora* II,
Oxford 1962, 463-466 und 510, D.678: „from a Greek deposit of about the
first half of the VIIth century".
Eines aus Nimrud: B. Parker, *Excavations at Nimrud, 1949-1953,* Iraq 17
(1955) 103, pl. 15, 2 „from a context perhaps of the late eight century".
Siehe auch M. E. L. Mallowan, *Nimrud and its Remains* I, London 1966,
295 Fig. 272. Nur ein Exemplar aus Tharros (Sardinien): H. B. Walters,
Brit. Mus. Cat. W. 264, ist merkwürdigerweise „from a grave perhaps of
the fifth century". Das ist aber in unserem Fall ausgeschlossen.
Unserem Exemplar am ähnlichsten ist Buchanan, *op. cit.* Nr. 625.

KLAUS PARLASCA

ZUR ARTEMIS EPHESIA ALS DEA NATURA IN DER KLASSIZISTISCHEN KUNST

(Taf. CLXVI-CLXX, Abb. 1-6)

Das große Ansehen der ephesischen Hauptgottheit bezeugt eine umfangreiche archäologische Hinterlassenschaft aus der römischen Kaiserzeit. Die Sammlung aller Darstellungen der Artemis Ephesia hat nach dem Vorgang H. Thierschs [1] in jüngster Zeit R. Fleischer durchgeführt [2]. Gegenüber dem Werk seines Vorgängers, das im wesentlichen nur einen, wenn auch sehr umfangreichen Katalog darstellte, hat Fleischer auch eine umfassende typologisch-religionsgeschichtliche Analyse dieser Göttin und verwandter kleinasiatischer Gottheiten vorgelegt. Der seit Thierschs Arbeit beträchtlich angewachsenen Stoff bedingte allerdings die Beschränkung auf die antiken Zeugnisse.

H. Thiersch, der einen zweiten analytischen Teil seines Werks nicht mehr vollenden konnte, hatte dem Weiterleben des ikonographischen Typus und seinem Bedeutungswandel besondere Aufmerksamkeit gewidmet. Allein ca. 25 Nrn. seines Katalogs entfallen auf freie Neubildungen von der Renaissance bis zum Jugendstil [3]. Das uns in diesem Zusammenhang in erster Linie beschäftigende 18.

---

[1] H. Thiersch, *Artemis Ephesia. Eine archäologische Untersuchung. I. Katalog der erhaltenen Denkmäler*, AbhGöttingen, Phil.-hist. Klasse 3. F. 12 (1935) — im folgenden: Thiersch.

[2] R. Fleischer, *Artemis von Ephesos und verwandte Kultstatuen aus Anatolien und Syrien*, [= EPRO 35], Leiden 1973 (im folgenden: Fleischer).

[3] Thiersch 85-123, 134-140 Nr. 123-154; 158-160; 162 Taf. 56-71, 74-76. — Die Grenze zwischen Fälschungen von freien Nachbildungen ohne falsifikatorische Absicht ist manchmal schwer zu ziehen. Von den zunächst für antik gehaltenen Stücken hat Thiersch selbst einige nachträglich eliminiert (89 Nr. 92. 93. 124). Das bekannte vatikanische Mosaik (Thiersch 48. 65ff. Nr. 56 Taf. 46) hält Fleischer (38. 76) als Ganzes für modern, was meiner Ansicht nach jedoch nicht für die Rahmenzone zutrifft. Andererseits ist die Statuette in Bologna (Thiersch 85f. Nr. 123 Taf. 56, 1. 2), wie Fleischer begründet hat (4. 38 Nr. E 5), doch antik. — Vgl. ferner J. Baltrušaitis, *La quête d'Isis*, Paris 1967, 115ff. Abb. 3. 14-18; 140f. Abb. 5. 6.

Jh. ist jedoch nur mit 6 Belegen vertreten [4]. In neuerer Zeit hat
K. Lankheit zwei wichtige zusätzliche Zeugnisse aus dem Umkreis
der französischen Revolution bekannt gemacht [5], den Entwurf
Boullées für einen ,,Tempel der Vernunft'' (um 1793/94) in Florenz,
Uffizien, sowie das Kultbild der ‚Natur' in Hermenform in der
umgebauten Kathedrale zu Straßburg. Es bildete die Bekrönung
eines Monuments in Form eines mit reicher figürlicher Staffage
ausgestalteten Felsens und erinnert somit an den verschollenen
‚Mons Philosophorum' Joh. Melchior Dinglingers (vor 1725) mit
Darstellung der ,,Verkörperung der Natur in Gestalt Kybeles, der
vielbrüstigen Magna Mater'' [6]. Aus dem Bereich der französischen
Kunst um 1780 sei noch ein weiterer Beleg genannt, der sinnwidrig
in sittengeschichtlichem Kontext reproduziert worden ist, ein
Farbstich von J. Gautier nach einer Zeichnung von L. Boizot [7]. Die
in ein blaues Gewand gehüllte Göttin hat zwei senkrechte (!)
Reihen von Brüsten, aus deren oberen sie Milch verspritzt; zu
ihren Füßen liegt ein Füllhorn.

Die Zahl der Darstellungen des 18. Jh., vor allem aus seiner
zweiten Hälfte, der Periode des Frühklassizismus, ist noch wesentlich größer. Es mag deshalb zweckmäßig sein, die breite Wir-
kungsgeschichte dieser Göttin in den Jahrzehnten um 1800 durch
eine Reihe bisher unbeachteter Darstellungen erneut zu beleuchten.

Bekanntermaßen beruht die Wirkung der Göttin weitgehend auf
dem ‚fruchtbaren' Mißverständnis ihres charakteristischen Attri-
buts, des Oberkörperumhangs. Die Deutung seiner Elemente als

---

[4] Thiersch 110 Nr. 45 Taf. 64, 2 (Tiepolo-Fresko im Treppenhaus der
Würzburger Residenz); 114ff. Nr. 149-151 Taf. 69, 1. 2; 70, 1 (Hogarth);
117ff. Nr. 152 Taf. 65, 2. 3 (Statue in Potsdam, Neuer Garten); 121f. Nr.
153 Taf. 70, 2 (Chodowiecki, Persönliches Exlibris). Zu letzterem vgl.
die Wiedergabe auf dem gestochenen Portrait des Künstlers von Geyser
nach Zingg von 1780: O. Pniower, *Goethe in Berlin und Potsdam*, Berlin
1925, 101 Abb. S. 29.
[5] K. Lankheit, *Der Tempel der Vernunft. Unveröffentlichte Zeichnungen
von E. L. Boullée*, Basel 1968, 27ff. Abb. 8. 22 bzw. 37f. Abb. 30 (Stich
datiert in die 3. Dekade der Brumaire im Jahr 2 der Republik = 12.-21.11.
1793).
[6] E. von Watzdorf, J. M. Dinglinger, Berlin 1962, I 288, vgl. Abb. 371
(der vermutlich als Vorbild benutzte Stich Sandrarts von 1680).
[7] E. Fuchs, *Geschichte der erotischen Kunst* III, München 1926, 330f.
Farbtafel vor S. 1.

eine Vielzahl von Brüsten ist verfehlt, wie das Fehlen von Brustwarzen und die Tatsache beweist, daß der gleiche Umhang auch bei verwandten männlichen Gottheiten vorkommt [8]. Seit Raffael die scheinbare Ungenauigkeit der fehlenden Brustwarzen bei seiner Darstellung der Göttin in einem Fresko der Stanza della Segnatura und etwas später in den Loggien des Vatikan [9] ‚korrigiert' hatte, wurde die vielbrüstige Göttin zu einem festen Bestandteil der abendländischen Bildkunst und Symbolwelt. Durch Stiche nach diesen Raffaelfresken — zuerst von G. Ottaviani und G. Volpato (1772-1777) [10] — fand das Motiv der Göttin weite Verbreitung, so z.B. in einem Vorraum des heutigen Museo Correr in Venedig [11] oder im Ballsaal des Warschauer Łazienki-Schlosses (1793) [12]. Ein in der Literatur erwähnter Entwurf W. Tischbeins gehört offenbar auch in diesen Zusammenhang [13].

Vielfach hat man in der Ephesischen Artemis damals eine Erscheinungsform der Isis gesehen, meistens jedoch ganz allgemein eine Personifikation der ‚Dea Natura'. Als Isis ist sie auf einer 1762 datierten Rötelzeichnung H. Roberts in der Eremitage bezeichnet (Abb. 2) [14]. Sie zeigt ein im Freien aufgestelltes Standbild der Göttin, wie sich dem heutigen Betrachter auch die bereits von H. Thiersch ausführlich besprochene Statue im Neuen Garten zu Potsdam dem Betrachter darbietet (Abb. 1) [15]. Diese Aufstel-

---

[8] Vgl. zuletzt die Diskussion bei Fleischer 74ff.

[9] Thiersch 92ff. Nr. 131f. Taf. 58f.; G. Becatti, in: *Raffaello — l'opera le fonti. la fortuna*, Rom 1968, 520 Abb. 38 bzw. 37.

[10] Thiersch 93f. (datiert 1770); P. Werner, *Pompeji und die Wanddekoration der Goethezeit*, München 1970, 36. 176 Abb. 94.

[11] Autopsie.

[12] W. Tatarkiewicz, *Łazienki Warszawskie*, Warschau 1968, Abb. 107 auf S. 93 (dat. 1793). Ein Aquarellentwurf befindet sich im Collegium Maius der Universität Krakau (Autopsie).

[13] W. Tischbein 1751-1829. Gedächtnis-Ausstellung, Oldenburg 27.7-21.9.1930, 41 Nr. 269 (Deckfarbenblatt in Eutin, Schloß).

[14] Inv. 25474; 44,5 × 33,5 cm; C. Gabillot, *Hub. Robert et son temps*, Paris 1895, Taf. nach S. 216; V. K. Trubnikov, *Starye gody*, Petersburg 1913, Januar, Taf. n. S. 12; T. D. Kamenskaja, *Gjuber Rober*, Leningrad 1939, 9 Taf. 3; M. V. Dobroklonskij, *Gosud. Ermitaž. Risunki Akvareli*, Leningrad 1965, Taf. 70; *Meisterzeichnungen aus der Eremitage . . .*, Ausst.-Kat. Wien, Albertina 1972, Nr. 57, Abb. 41 (jeweils ohne ältere Literatur). — Hier nach einer der Museumsdirektion verdankten Photographie.

[15] Thiersch 117ff. 138ff. Nr. 152 Taf. 65, 2. 3 (unvollständig bzw. mit

lung ist jedoch nicht ursprünglich. Nach alten Berichten soll die den Mittelpunkt eines Rondells gebildet haben, umgeben von einer Serie ägyptisierender Kanopen [16]. Dadurch wird auch bei dieser Figur die gedankliche Verbindung zu Isis unterstrichen.

Eine mehr auf allgemeinen Charakter als ,Natura' abzielende Interpretation empfehlen einige andere, bisher nicht berücksichtigte Belege in der Berliner Kunst des 18. Jahrhunderts [17]. Das früheste Beispiel bildet die rechte Attikagruppe des 1748/49 von J. Boumann erbauten Akademiegebäudes Unter den Linden (Abb. 3) [18], das Ende des 19. Jh. dem Neubau der Staatsbibliothek weichen mußte.

König Friedrich Wilhelms II. ausgeprägte Beziehungen zur Freimaurerei gaben vielleicht einen wesentlichen Anstoß zur Ausstattung seines Potsdamer Parks mit ägyptisierenden Elementen [19]. Das Freimaurerdiplom der Berliner Loge ,,La Royale York'' aus

---

verdecktem Löwen); danach Lankheit, *op. cit.* (Anm. 5) 30 Abb. 28. — Die Skulptur stammt vermutlich von Joh. Christoph Wohler. — H. J. Giersberg sei auch an dieser Stelle für verschiedene Photos und Auskünfte gedankt. Der Löwe ist heute stärker beschädigt als bei der hier reproduzierten alten Aufnahme.

[16] P. Seidel, *Marmorpalais im Neuen Garten zu Potsdam*, Hohenzollern-Jahrbuch 10 (1906) 70. Die ebendort (2. Taf. nach S. 72) abgebildete ,,letzte Kanope'' (die freie, mißverstandene Umbildung eines ägyptischen Würfelhockers) ist heute nicht mehr vorhanden.

[17] Der stark ergänzte Torso aus der Sammlung G. P. Bellori (Thiersch 2f. Nr. 3 Taf. 22, 1. 2; Fleischer 4 Nr. E 6) wurde 1698 erworben, gelangte aber bereits 1730 als Geschenk an König August den Starken nach Dresden (Herrmann Nr. 42. Die Skulptur war jedoch damals bereits publiziert: L. Beger, *Thesaurus Regius et Electoralis Brandenburgicus* III, Cölln/Spree (= Berlin) 1701, Taf. nach S. 224, Vignette auf dem Titelblatt, ferner verwendet beim großen Vorsatzstich. Vgl. G. Heres, *Museum Bellorianum. Zu einer Ausstellung der Berliner Antikensammlung*, Das Altertum 20 (1974) 239. 241 Abb. 4 (Torso und Abguß mit den Barockergänzungen); idem, *Museum Bellorianum. Antikenbesitz eines römischen Archäologen im 17. Jh.*, Berlin (-Ost) 1973/74 (Ausstellungsheft).

[18] R. Borrmann, *Die Bau- und Kunstdenkmäler von Berlin*, Berlin 1893, 326f.; H. Müller, *Die Königl. Akad. der Künste zu Berlin 1696-1896* I, Berlin 1896, 123 Abb. S. 121; B. Krieger, *Berlin im Wandel der Zeiten*, Berlin 1924, 169 mit Abb. — Hier nach einer Fräulein A. Schendel (Potsdam-Sanssouci) verdankten Teilreproduktion des Stiches von Schleuen (um 1770).

[19] Diese an sich naheliegende Vermutung ist freilich alles andere als gesichert. Die allgemeine Orientierung an entsprechenden Moderströmungen der Zeit bietet ebenfalls eine plausible Erklärung.

dem Jahr 1787 zeigt neben einer Reihe anderer Symbole und Gruppen auch die vielbrüstige Göttin [20]. Die Darstellung orientiert sich jedoch nicht an direkten antiken Vorbildern. An der Jahrhundertwende begegnet diese Göttin in der Skizze für den von F. Gilly nach den Ideen des Architekten H. Gentz entworfenen Fries des Berliner Münzgebäudes [21]. Die Ausführung der einzelnen Platten stammt von J. G. Schadow und seiner Schule. H. Mackowskys Interpretation der betreffenden Darstellung als ,,Götterbild der ephesischen Diana'' läßt in diesem Punkte die von Gentz selbst verfaßte Beschreibung unberücksichtigt, wo es ausdrücklich heißt ,,Ein Lehrer sitzt vor der auf einem Piedestalle aufgestellten Natur, an welchem man die mineralogische[n] Zeichen sieht [22]. Somit ordnet sich diese Darstellung in die große Serie der anderen Belege für das Götterbild als Personifikation der Natur ein. Hierzu gehört auch eine fast gleichzeitige Komposition F. Tiecks für eines seiner Reliefs im Treppenhaus des Weimarer Schlosses [23]. Am linken Rand des linken Reliefs lehnt sich ein Repräsentant der Naturforschung an einen Altar mit einer Darstellung der ‚Ephesischen Artemis'. Die zeichnerischen Entwürfe entstanden unter Goethes Aufsicht [24] bereits 1801, ihre Ausführung erfolgte im folgenden Jahre. Es ist durchaus wahrscheinlich, daß

---

[20] Das Exemplar für J. G. Schadow in Berlin(-West), Berlin Museum (F. L. Bauld de Nans inv. Berger sculps. Berolin 1787). Die Göttin ist nackt dargestellt mit verhülltem Haupt auf einer kannelierten Säule stehend.

[21] A. Doebber, *Die Berliner ,,Alte Münze'' und ihr Erbauer*, Mitt. d. Vereins f. d. Gesch. Berlins 26 (1909) 32 mit Abb.; idem, *Heinrich Gentz. Ein Berliner Baumeister um 1800*, Berlin 1916, 47 Taf. 20 oben; H. Mackowsky, *Die Bildwerke Gottfried Schadows*, Berlin 1951, 130 Nr. 79, 2 Abb. 107. — Die S. 133 erwähnten Originalzeichnungen F. Gillys hatte bereits A. Oncken, *Friedrich Gilly 1772-1800*, Berlin 1935, 92. 129 Nr. B 426; 131 Nr. B 487 Taf. 76a, publiziert.

[22] Beschreibung des neuen Kgl. Münzgebäudes in: Sammlung von Aufsätzen und Nachrichten, die Baukunst betreffend Jg. 1800, I 14-26 (das Zitat S. 24).

[23] E. Hildebrandt, *Friedrich Tieck*, Leipzig 1906, 35; vgl. S. 33; A. Doebber, *Das Schloß in Weimar*, Jena 1911, 110 Taf. 19 rechts; idem, *H. Gentz*, Berlin 1916, 61 Taf. 23 links unten.

[24] Vgl. Goethes Äußerung über die Natur, ,,Ein Ungeheuer, schreckt sie dich mit tausend Brüsten'' bezieht sich offensichtlich auch auf diesen Bildtypus. O. Stelzer, *Goethe und die bildende Kunst*, Braunschweig 1949, 108 hat diesen Zusammenhang nicht erkannt.

Tieck die Zeichnungen der Friese für das Berliner Münzgebäude
gekannt hat. Wenige Jahre später erscheint die ‚Natura' auf dem
Widmungsblatt der Goethe dedizierten „Ideen zu einer Geographie
der Pflanzen" Alexander von Humboldts (1807) [25].

Abgesehen von den oben erwähnten Stichen nach Raffael gibt
es in der italienischen Kunst des 18. Jh. weitere Zeugnisse für
die Beliebtheit dieses Motivs. Es erscheint nicht weniger als viermal
auf G. B. Piranesis Widmungsblatt seiner „Diverse maniere d'ador-
nare i cammini" (1769) [26]. Hiervon dürfte der österreichische
Architekt Hötzendorf von Hohenberg beeinflußt worden sein.
Die ‚Natura' erscheint vermutlich bereits im folgenden Jahr auf
seiner Radierung einer Ruinenphantasie [27], ferner 1777 auf dem
Obelisk des von ihm gestalteten Parkteils in Schönbrunn [28].

Unsere Göttin fehlt auch nicht an dem wegen seiner archäologischen Ausstattung bedeutsamen Parkbauten der Villa Albani
in Rom, die nach 1760 von C. Marchionni errichtet worden sind.
Als Mittelakroter des Tempio greco dient die Gestalt dieser Göttin [29]. Das aus Italien stammende Relief in Berlin mit Ephesischer
Artemis in einem Tierkreis ist eher eine barocke Neuschöpfung als
eine Fälschung [30].

In einem allegorischen Deckengemälde des Somersethauses in
London hat der aus Amerika stammende Benjamin West um 1780
das Motiv der ‚Natura' — ihre Enthüllung durch die drei Grazien —
ebenfalls verwendet [31]. In England hatte es zuvor bereits W.

[25] A. Meyer-Abich, *A. von Humboldt* (Rororo-Bildmonographie 131; 1967)
147, Abb. (nach einem G. Heres verdanktem Hinweis).

[26] Der eigenhändige Entwurf befindet sich in Berlin, Kunstbibliothek
(Inv. Hdz 6302); M. Winner, *Entwurf und Ausführung*. Ausst.-Kat. Kup-
ferstichkabinett Berlin (-West) März/Juli 1964, 32ff. 25 Abb. 9; M. Fischer,
Piranesis radiertes Oeuvre und die zugehörigen Entwürfe in der Kunstbibliothek,
BerlMus. N.F. 16 (1966) 22.

[27] E. Hainisch, *Der Architekt Joh. Ferd. Hetzendorf von Hohenberg*, Wien
1949, 33 Taf. 8, 1 (= Wiener Jb. f. Kunstgesch. 12/13 <16/17> [1949] 49
Taf. 8,1).

[28] Autopsie.

[29] J. Wilton-Ely in: *The Age of Neo-Classicism*, Ausst.-Kat., London 1972,
593f. Nr. 1241. Vgl. ferner J. Gaus, *Carlo Marchionni*, Köln/Graz 1967, 62
Abb. 8.

[30] Inv. SK 1356, A. Conze, *Beschreibung der antiken Skulpturen*, Berlin
1891, 525 (aus Slg. Minutoli).

[31] Jetzt im Vestibül des Burlington House; E. Croft-Murray, *Decorative
Painting in England 1537-1837* II, London 1970, 68. 291 Nr. 7 Abb. 128.

Hogarth zwischen den Jahren 1733 und 1751 mehrfach benutzt, worauf bereits Thiersch hingewiesen hatte [32]. Zu Beginn des neuen Jahrhunderts erscheint die Göttin zweimal — archäologisch getreu und interessanterweise zwischen überwiegend ägyptischen Motiven — im Lararium im Hause Th. Hopes in London, Duchess Street [33]. Um die gleiche Zeit lieferte J. H. Füßli den Entwurf für das Titelbild von Erasmus Darwin, The Temple of Nature (1803) [34]. Die Darstellung zeigt eine Priesterin, die eine Statue der Allmutter Natur enthüllt. Auch eine vor wenigen Jahren erworbene Zeichnung der Berliner Kunstbibliothek aus der Zeit um 1770 diente vermutlich als Vorlage für einen bisher noch unidentifizierten Illustrationsstich (Abb. 4) [35].

Der Däne N. A. Abildgaard (1772-1809) ordnete die Göttin in einem Gemäldezyklus verschiedener Personifikationen als Attribut der Philosophie zu (datiert 1800) [36]. Hierbei liegt offensichtlich eine freie Entlehnung von Raffaels oben erwähnter Darstellung an einer Gewölbedecke der vatikanischen Segnatura vor. Dort hatte man das Attribut allerdings als Anspielung auf die Heimat des Heraklit interpretiert. Wenn derselbe Künstler eine Darstellung der Göttin als einzigen Reliefschmuck für das Grabmal seines 1801 verstorbenen Bruders P. C. Abildgaard, eines bedeutenden Professors der Veterinärmedizin gewählt hat (Textabb. 1) [37], so dürften im Hinblick auf ihre bekannte Symbolik Gedanken eine Rolle gespielt haben, bei denen pagane Vorstellungen eine Wiederbelebung der Natur, im Sinne einer Wieder-

---

[32] s.o. Anm. 4.

[33] D. Watkin, *Thomas Hope and the Neo-Classical Idea*, London 1968, 120f. Abb. 17 nach *Household Furniture Decoration executed from Designs by Th. Hope*, London 1807 (Neuausgabe von C. Musgrave 1970) 28 Taf. 10.

[34] G. Schiff, *Joh. Heinr. Füßli 1741-1825*, Zürich/München 1973, 337. 579 Nr. 1338 Taf. 422 oben links.

[35] Inv. Hdz 6993; Aukt. -Kat. 18 Gal. G. Bassenge, Berlin 2.-6.11.1971, 75 Nr. 438 mit Abb. („um 1780"); E. Berckenhagen verdanke ich eine Photographie und die Publikationserlaubnis.

[36] B. Skovgaard, *Maleren Abildgaard*, Kopenhagen 1961, 25. 85 Abb. 48 (Privatbesitz).

[37] L. Swane, *Abildgaard. Arkitektur og Dekoration*, Kopenhagen 1926, 146ff. Abb. S. 147 und S. 261; ferner J. Werner (Hrsg.), *Gravminder fra Københavns og Frederiksbergs Kirkegaarde*, Kopenhagen 1912, Taf. 6 oben und 12 oben, Text im Anhang (Grab im Assistens Kirkegaard).

HER HVILER
PETER CHRISTIAN ABILDGAARD
PROFESSOR
VETERINAIR SKOLENS STIFTER OG LÆRER
SECRETAIRE I VIDENSKABERNES SELSKAB
FØD I KIØBENHAVN DEN 22 DEC. 1740
HVOR DØDEN UNELTE HANS BLIDE SIE
DEN 21 IAN. 1801
SOM VIDENSKABSMAND
VAR HAN KIENDT OG HÆDRET I EUROPA
FOR LÆRDOM OG UDBREDTE KUNDSKABER
SOM EMBEDSMAND
AGTET FOR UTRETTELIG
OG GAVNRIG VIRKSOMHED
SOM BORGER OG MENNESKE
ELSKET FOR VENNESALIG FROMHED
USVIGELIG TROFASTHED
OG ÆDEL REDELIGHED
DERFOR VÆDE VENNERS TAARER HANS ASKE
DEXER SØRGER DANNEMARKS MUSE
VED SIN ELSKTE SØNS GRAV

Textabb. 1

auferstehung nach dem Tode, anklingen. — Die einzige mir bekannte Ausnahme in der Deutung bei einer freien Variante der
vielbrüstigen Göttin findet sich auf einer Zeichnung J. A. Kochs
in Stuttgart [38]. Es handelt sich um eine ca. 1791 entstandene
Karikatur auf das Regime an der Hohen Karlsschule in Stuttgart.
Über der Szene erscheint eine beischriftlich als ‚Geschmack' gekennzeichnete Personifikation mit einer Reihe mehrerer Brüste.

Zum Schluß sei noch auf einige Darstellungen des 19. Jh. hingewiesen. Vermutlich in den dreißiger Jahren hat J. G. Schadow
in einer Zeichnung das bereits am Fries der Berliner Münzgebäudes verwendete Motiv abgewandelt [39]. Hier wird die Göttin von
Männern umgeben, die die Künste und Wissenschaften versinn-
bildlichen.

Auf einer Ausstellung der National-Galerie in Ost-Berlin mit
dem Titel ,,Der Ruhm ein Traumgesicht" wurden 1972 zwei
weitere undatierte Beispiele dieser Zeit gezeigt, Allegorien auf das
Naturstudium von K. W. Wach (1787-1845) (Abb. 5) und J. H.
Ramberg (1763-1840) [40]. Einen Rückgriff auf das Bildmotiv der
Raffaelfresken bedeutet in gewissem Sinne die Verwendung der
Ephesischen Artemis in einem Wandgemälde des Japanischen
Palais in Dresden nach einem Entwurf G. Sempers (ca. 1834-36) [41].
In dieser Zeit hat sich neben das Natursymbol von Renaissance
und Barock längst die archäologisch korrektere Auffassung als
Kultbild des Artemistempels von Ephesos durchgesetzt. Ein cha-
rakteristisches Beispiel ist F. K. Schinkels Entwurf eines Büh-
nenbilds für die Berliner Erstaufführung von G. Spontinis Oper

---

[38] O. R. von Lutterotti, *Jos. Anton Koch* (1940) 6f. Nr. Z 617 Abb. 90;
U. Gauss, *Die Zeichnungen und Aquarelle des 19. Jh....* Stuttgart 1976,
109 Nr. 740 Taf. 95.

[39] Berlin (-West), Kupferstichkabinett, Schadow-Album fol. 24/2; H.
Ragaller, *Skizzen und Zeichnungen von Johann Gottfried Schadow im Berliner
Kupferstichkabinett*, JbBerlMus. 2 (1960) 162 Nr. 37 Abb. 52.

[40] C. Keisch, *Der Ruhm, ein Traumgesicht. Kunst und Künstler in Allegorien und Historiendarstellungen des 19. Jhs.*, Berlin 29.9.-12.11.1972, Nr. 5
(Berlin, SdZ Wach Nr. 37) bzw. Nr. 29 (Dresden, Kupferstichkabinett);
beide ohne Abb. — Die Photographie verdanke ich H. Ebert und G. Rie-
mann.

[41] Th. Däubler, *Sempers Fresken im Japanischen Palais von Dresden*, Antike 8 (1932) 41 Taf. 3; zu dieser Neudekoration vgl. F. Löffler, *Das alte
Dresden*, Frankfurt/Leipzig 1966[1], 128[5]. 350 Abb. 122; P. Werner, a.O.
(s. S. 681 Anm. 10) 92ff. Abb. 74ff. (Lit.).

‚Olimpia' [42] am 14. Mai 1821. Interessanterweise wurde dieses
Blatt einmal irrtümlich als Rekonstruktion des Artemistempels
von Ephesos abgebildet [43]. Als allgemein orientalisches Requisit
begegnet diese Göttin in der zweiten Jahrhunderthälfte auf einem
1876 datierten Gemälde G. Moreaus mit Darstellung des Tanzes
der Salome vor Herodes (Abb. 6) [44]. Die Göttin beherrscht wie ein
Kultbild den in gedämpftes Licht getauchten tempelartigen
Innenraum.

In Berlin gibt es über die oben beschriebenen Beispiele hinaus
noch zwei weitere Zeugnisse, deren Verwendungszweck deutlich
die Abhängigkeit von der Symbolik des 18. Jh. erkennen läßt.
In beiden Fällen handelt es sich bei der Göttin um Stützfiguren
statuarischer Gruppen. Sie befinden sich in relativer Nähe zueinander auf der Südwestecke des von F. A. Stüler erbauten Neuen
Museums (1843-1855) [45] sowie am Denkmal des Physikers H. von
Helmholtz († 1894) an der Westseite der Universität [46].

Im Lichte der oben skizzierten Umdeutung der Ephesischen
Artemis eröffneten sich viele Anwendungsmöglichkeiten dieses
Motivs in der bildenden Kunst. Die auf den vorangehenden Blättern zusammengestellten bildlichen Darstellungen dieser Götter
und von ihr abgeleiteter Allegorien unterstreichen in verstärk-
tem Maße die Lebendigkeit des alten Bildtypus, wobei man sich
allerdings seines kleinasiatischen Ursprungs nur noch vereinzelt
bewußt war.

Die Schlußvignette (Textabb. 2) gibt eine Graphik von Th. Th.
Heine wieder: Ungezählte Tafel vor S. 1 von Heft 1, 1905, der
Zeitschrift ,,Der Amethyst'' (Wien), herausgegeben von F. Blei.

---

[42] H. Ziller, *Schinkel*, Bielefeld/Leipzig 1897, 36 Abb. 13 (irrig 1812);
P. Zucker, *Die Theaterdekoration des Klassizismus*, Berlin 1925, Taf. 35,
vgl. S. 21; A. Frhr. von Wolzogen, *Aus Schinkel's Nachlaß* IV, Berlin 1864,
592f. Nr. 3394.

[43] C. von Lorck, *Karl Friedrich Schinkel*, Berlin 1939, Abb. S. 123.

[44] Apollo London 93 (Nr. 108, Febr.) 1971, Abb. S. 79; jetzt in Los Angeles,
S. G. Armand Hammer: P.-L. Matthieu, Gustave Moreau — Leben und
Werk, Stuttgart 1976, 128, Abb., sowie 326 Nr. 157, Abb. (datiert 1876);
ferner R. von Holten, G. M. — Symblist, Stockholm 1965, 48f., Abb.

[45] Autopsie.

[46] Der als Statuenstütze dienende Dreifuß hat zwei sichtbare Hüfthermen
in Form dieser Göttin (Autopsie).

Korrekturzusatz

Vgl. ferner Medaille von F. H. Brandt für den Militärarzt Buetner in Berlin (1835): H. Lehnert, Henri François Brandt, Berlin 1897, 29, 60 Taf. 11, 62 („Hygieia"; sic!). — Skizze des Schweizer Bildhauers Heinrich Keller (unveröffentlicht; nach 1805): P. Gerlach, Antikenstudien in Zeichnungen klassizistischer Bildhauer (Diss. Köln 1967), München 1973, 229 (Zürich, Kunsthalle Inv. 1924/23 Fol. 2 r).

Textabb. 2

Photonachweis

Abb. 1. Photo Leningrad, Eremitage.
Abb. 2. Photo Staatliche Schlösser und Gärten Potsdam.
Abb. 3. Photo nach Stich von Schleuen.
Abb. 4. Photo Kunstbibliothek der Stiftung Preußischer Kulturbesitz.
Abb. 5. Photo Kupferstichkabinett Berlin (DDR).
Abb. 6. Photo nach Apollo 93 Nr. 108, Febr. 1971, Abb. S. 75.

45

WERNER PEEK

GRIECHISCHE WEIHGEDICHTE AUS HALIKARNASSOS, KNIDOS, KYZIKOS UND PERGAMON

(Taf. CLXXI-CLXXIII, Abb. 1-4)

(1) Von W. R. Payton - J. L. Myres (*Karian Sites and Inscriptions*, JHS 16 [1896] 217f., 7) wird das Epigramm auf einer profilierten Statuen-Basis aus Halikarnassos publiziert, das die Herausgeber dem 4. Jh. v. Chr. zuteilen und folgendermaßen lesen:

'Αφροδίτηι Φάεινος Ζηνοδώρου.

πρέσβυ]ς σοὶ τόδε, Κύπρι, καλὸγ καλῆι εἶσεν ἄγαλ[μα
ἵδρι]σιν ἐξ ἔργων χερσὶν ἀπαρξάμενος,
4 οὕνεκ'] ἐπεί ποτέ νιμ μέγαν ἔμπορον εἰς ἄλα ἔβησα[ς
ἐ]ξ ὁσίων ὅσιος δῶμα συνέσχεν ἀνήρ.

Zu Vers 2 (Majuskel-Text: 'ΣΙΝ) wird bemerkt: ,,the fragmentary letter is doubtful, but the way the stone is broken suggests Y or I rather than E.'' Der weitere Kommentar lautet: ,,The supplements in lines 1 and 3 are suggestions of Professor von Wilamowitz-Möllendorff. He also suggests πλήρε]σιν in line 2, which would give an excellent sense, but the letter before Σ was certainly not E.'' Man sieht, die beiden Aussagen stimmen nicht ganz überein, überzeugt sich aber auch leicht davon, daß die Ergänzungen der Verse 1-3 ganz ungleiche Zeilenanfänge ergeben, wenn man sie in die Majuskel-Abschrift einsetzt. Indem ich den unsicheren Buchstaben vor Σ trotz der Bedenken der Editoren als den Rest eines Epsilon mit etwas schräg liegender oberer Seitenhaste ansehe, schlage ich nachstehende Herstellung vor (siehe Seite 691).

1. Die Ergänzung setzt voraus, daß Φάεινος *metri causa* zu Φαῖνος verkürzt worden ist. Übrigens wird jener Name bei F. Bechtel (*Die Historischen Personennamen des Griechischen bis zur Kaiserzeit*, Berlin, 1976(?) — im folgenden: Bechtel, *HP*) nicht geführt; er ist mir auch außer in Böotien nirgends begegnet. Der

[Φαῖνο]ς σοι τόδε, Κύπρι, καλὸγ καλῆι εἶσεν ἄγαλ[μα]
[πλήρ]εσιν ἐξ ἔργων χερσὶν ἀπαρξάμενος·
4 [ἢ γὰρ] ἐπεί ποτέ νιμ μέγαν ἔμπορον εἰς ἅλα ἔβησα[ς],
[ἐ]ξ ὁσίων ὅσιος δῶμα συνέσχεν ἀνήρ.

Name des Dedikanten muß hier gestanden haben, denn das Gedicht
konnte nicht beginnen mit ‚Ein Alter hat - - -‘, selbst wenn auf die
Prosainschrift Bezug genommen wäre (was gegen den Stil ist):
„Der Alte - - -.‟
2. Bei ἀπάρχεσθαι steht in den mir bekannten Beispielen immer
ein Objekt mit abhängigem Genetiv: IG I² 585, 2f. κτεάνων μοῖραν
ἀπαρχσάμενος, IG II/III² 4320, 2 [γαίας] οἰκέας ἔρνος ἀπαρξάμενος,
4334, 4 μοῖραν ἀπαρξαμένη κτεάνων, Kaibel, Epigrammata Graeca,
Berlin 1878, 781, 5f. Μοῦσαι δέ σοι εἴ τι νέμουσιμ ἐσθλόν, ἀπάρχεσθαι
(= Imperativ) δαίμοσιν. Man mag freilich sagen, unser Fall sei zu
beurteilen wie der letzte dieser Belege: ἄγαλμα gehöre ἀπὸ κοινοῦ
auch zum Partizip oder sei doch mit dazu zu denken. Hier überall
fehlt nun aber χερσίν und dieser Zusatz wieder konnte stilistisch
ein Beiwort kaum entbehren, wie das auch Wilamowitz richtig
empfunden hat, so daß [πλήρ]εσιν vor [σοὶ δ]όσιν umso mehr den
Vorzug verdienen dürfte, als Omikron vor Sigma ja von den
Editoren nicht in Betracht gezogen wird. Der absolute, durch
ἐξ ἔργων erleichterte Gebrauch von ἀπαρξάμενος muß mithin wohl
anerkannt werden.
Weder die Schrift (falls auf den Typen-Druck Verlaß ist) noch
das Spiel mit καλὸν καλῆι und ἐξ ὁσίων ὅσιος scheint mir mit einer
Datierung in das 4. Jh. recht in Einklang zu stehen; ich möchte
einstweilen für das 3. Jh. plädieren.

(2) Das hier Abb. 1 nach einem mir vom British Museum zur
Verfügung gestellten Photo abgebildete Epigramm des frühen 3.
Jhs. (IBM IV 902) wird man zuversichtlich so herstellen dürfen:

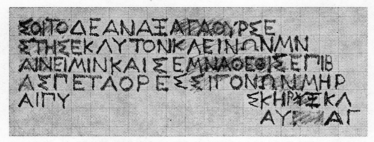

[σοί τό]δε, ἄναξ ἀ[γάθ]υρσε, θοᾶν ληναγέτα Βακχᾶν,
[στῆ]σε κλυτὸν κ[λεινῶ]ν μνᾶμ' ἀέθλων Πρύτανις·
[αἰν]εῖ μιν καὶ σε[μνὰ θεοῖ]ς ἐπιβώμια θύσθλα
4 [ἄ]σπετα ὀρεσ[σι]γόνω[ν] μηρία θέντα βοῶν·
αἰπὺ δὲ τοῦ γε πατρὸς κῆρ[υ]ξ κλέος Ἠπιάνακτος
εὐρύοπ' ἀμφ' ἐρατῶν αὔ[ει] ἀγῶνα χορῶν.

ἀγάθυρσος (εὔθυρσος heißt Dionysos öfters bei Nonnos) ist ebenso Neubildung wie ληναγέτης; ὀρεσσίγονος findet sich nur noch einmal in den Daktylen Aesch. *Fr.* 168 (aufgenommen in der Parodie
Aristoph. *Ran.* 1344); εὐρύοπα (Nominativ) heißt sonst allein Zeus.
Subjekt in V. 3f. ist das μνᾶμα: „es preist ihn auch als einen
Mann, der ehrwürdige Altar-Opfer für die Götter hingelegt hat in
Gestalt ungezählter Schenkelstücke von in den Bergen aufge-
wachsenen Rindern." Der Name Ἠπιάναξ (5) ist bei Bechtel, *HP*
nachzutragen; mit Ἠπι-gebildete Komposita scheinen überhaupt
sonst nicht bekannt zu sein.

(3) Gegen Herstellungs- und Deutungsversuche, die das wohl
dem beginnenden 2. Jh. v. Chr. zuzuweisende Gedicht *IBM* IV
910 durch G. Kaibel (*Epigr. Gr.* 782) und G. Hirschfeld erfahren
hatte, hat A. Wilhelm (SBWien 224, 4 [1947] 20ff.) berechtigte
Einwände erhoben und eine neue Ergänzung und Interpretation
begründet. Die von ihm empfohlene Fassung sieht so aus:

[δεξιάν], ὦ παράγω[ν, τήνδε, ξ]ένε, τοῦτο [χ]αράδρης
[ἄστυδε ῥε]ῦμα λιπὼν ἀτρ[απὸν] ἐξανάβα·
εἰ δὲ [Φίλωνι? Λύκου? ῥέζειν] καὶ πατρὶ ἐπείγηι
4 ἱερά, τῆ[ς] λαιῆς βαῖνε δι' αἱμασιέων·
οὗτοι κα[ί] μ' ἐκάμοντο τὸν ἐν γονάτεσσι Πρίηπον
ἔργα τε καὶ βωμοὺς συγγενέων ἐφορᾶν.

Hier stört die doppelte Anrede ὦ παράγων (ohne Beispiel in den Epigrammen), ξένε, das Nebeneinander von τήνδε und τοῦτο, sowie das zwischen τοῦτο χαράδρης ῥεῦμα λιπών eingeschobene ἄστυδε, was zu ἀτραπὸν ἐξανάβα gehören soll, und die weite „Sperrung" τήνδε-ἀτραπόν. Zudem bleibt die vorausgesetzte Verschleifung δεξιάν nicht unbedenklich, denn unter den von L. Radermacher (SBWien 170, 9 [1914] 9ff. und Philologus 84 [1929] 257ff.) besprochenen Fällen findet sich kein Beleg für nach ξ als j zu lesendes Iota, und bis in hellenistische Zeit bleibt die Erscheinung, soweit ich das Material durchmustert habe, ohnehin auf Eigennamen beschränkt. Daß A. Wilhelm freilich mit seiner Deutung im ganzen Recht behält, hat sich erwiesen, als ich im Jahre 1958 Gelegenheit hatte, den Stein selbst zu revidieren; die entscheidenden Lesungen hatte ich allerdings schon auf den mir vom British Museum übersandten Abklatschen sowie mit Hilfe des hier Abb. 2 wiederholten Photos ermitteln können; hinzu kam eigentlich nur ΚΩΙΟΥ am Anfang von V. 2, das auf dem Stein deutlicher kenntlich ist, als es nach der Abbildung aussehen mag (dies gilt auch von ΝΥΜΦ 3).

Die zwei ersten Drittel der Verse 1-3 sehen in meiner Abschrift so aus (in V. 2 und 3 sind gleich die Ergänzungen mit eingezeichnet):

Danach glaube ich herstellen zu dürfen:

δεξ[ί᾿ ἄν]ω παράγ[ω]ν ἀπό [μου], ξένε, τοῦτο χαράδρης
Κώιου [ῥ]εῦμα λιπὼν ἀτρα[πὸ]ν ἐξανάβα.
εἰ δὲ σ[ὺ] Νυμφ[αγόρηι ῥέζ]ειν καὶ πατρὶ ἐπείγηι
4 ἱερά, τῆ[ς] λαιῆς βαῖνε δι᾿ αἱμασιέων·
οὗτοι κἄμ᾿ ἐκάμοντο τὸν ἐν γονάτεσσι Πρίηπον,
ἔργα τε καὶ βωμοὺς συγγενέων ἐφορᾶν.

1f. „Indem du rechts oben von mir vorbeigehst, Fremdling, verlasse die Strömung des Wildbachs Koos und steige den Fußweg hoch", nämlich: „wenn du zur Stadt gelangen willst", ein Ziel,

das als selbstverständlich vorausgesetzt werden durfte, also nicht
erst bezeichnet zu werden brauchte. ΔΕΞΙΑΝΩ konnte in dem Satz,
wie er nun dasteht, niemand als δεξιὰν ὤ mißdeuten (von der frag-
würdigen Verschleifung ganz abgesehen). Das Adverb δεξιά ist
freilich nur einmal bei Euripides (*Hipp.* 1360) sicher bezeugt
(Polyb. 3, 82, 9 wird überliefertes δεξιά seit Schweighäuser in
δεξιάν korrigiert). R. Keydell schlug mir unbelegtes δεξιτέρω vor,
wegen des immer sehr breit gebildeten T für die Lücke doch wohl
zu lang, sonst freilich durchaus erwägenswert, denn mit Neubildungen muß bei solchen Ortsbestimmungen immer gerechnet
werden, vgl. z.B. δεξιάδαν *GV* 773, 4 (fehlt *GEL*).

3f. Nymphagoras und seinem ungenannt bleibenden Vater war
zwischen von ihnen angelegten und mit Dornhecken eingefaßten
Garten-Grundstücken ein Heroon erbaut worden. Zum Schützer
jener Anlagen hatten sie die Priapos-Statue bestimmt, die in der
Inschrift das Wort führt. Unter den βωμοί der συγγενεῖς, welcher
dieser ebenso wie ihre ἔργα, d.h. eben jene nunmehr von ihnen
bestellten Grundstücke, bewachen soll, sind wohl ländlichen Gottheiten gestiftete Altäre zu verstehen, welche die Verwandten, also
die Nachkommen des Nymphagoras, aufgestellt hatten, nicht
Grabaltäre, wie A. Wilhelm meinte und wie auch im *BullÉp.* 1948,
216 (S. 196) angenommen wird, denn mit ihrem Schutz hat Priapos
doch primär nichts zu schaffen.

(4) Das beim Grabbau des Maussollos gefundene, oben und rechts
unvollständige Epigramm *IBM* IV 909, von dessen liederlicher
Schrift (2. Jh. v. Chr. ?) Abb. 3 eine Vorstellung gibt, habe ich vor
dem Stein etwas abweichend und vollständiger so gelesen (V. 1 ist
natürlich nur *exempli* gratia zugefügt):

> [στῆθι ναὸν παράγων, ξένε, καὶ μαθὲ γράμματα ταῦτα]
> [κ]αὶ μορφὰν Βρομίου τὰς [τελετάς τε θεοῦ],
> ὄφρα σὺ γινώσκῃς ἱεροῦ λουτ[ροῖο μετασχών]
> 4 πάντα λόγον μύστην παντὸς ἐόντα βίου,
> καὶ σιγᾶν ὅ τι κρυπτὸν ἐπιστάμενος καὶ ἀυτεῖν
> ὅσσα θέμις, στείχῃις ὄργια ταῦτα μαθών.

Die Verse standen am Eingang eines heiligen Bezirks, in dem
bakchische Mysterien begangen wurden und in dem auch eine

Dionysos-Statue aufgestellt war, wenn nicht in einem Tempel, so doch jedenfalls in oder vor einem Versammlungsraum der Mysten. Der Wanderer wird aufgefordert, nicht nur diese zu betrachten, sondern sich auch über die τελεταί und den ἱερὸς λόγος der Gemeinde unterrichten zu lassen; was nicht unbedingt zu bedeuten braucht, daß er in die Gemeinschaft der μύσται selbst eintreten soll, trotz der Anweisung, sich dem wohl allgemein üblichen heiligen Entsühnungsbad zu unterziehen, ehe er solche Mitteilungen entgegennimmt (Beispiele für solche λουτρά bei F. Sokolowski (*Lois sacrees de l'Asie Mineure* [= École française d'Athènes 9/11], Paris 1955/ 1962) in den Indices der beiden Bände; das bekannteste in der athenischen Iobakchen-Inschrift, *IG* II/III² 1369, *Sylloge*³ 1109). Ist schon dies alles merkwürdig genug, so erst recht die Formulierung V. 3f.: ,,damit du erkennst, daß die gesamte Lehre vom gesamten Leben <Geburt, Hochzeit, Tod, Lebensweise> mystisch ist'', was doch wohl besagen soll: das gesamte Leben wird von den hier verkündeten Mysterien bestimmt (adjektivisches μύστης war nach dem *GEL* bisher nur aus Aristoph. *Ran.* 370 und dem Epigramm des Pompeius Iunior *AP* VII 219, 6 bekannt).

In V. 6 entspricht στείχηις κτλ. dem στεῖχε σὺν εὐτυχίαι und ähnlichen Abschiedsformeln der Grabgedichte. Danach habe ich mich für berechtigt gehalten, auch den Eingang nach dem Muster der Gruppe IV 1 c γ der *GV* (1313-29) zu gestalten.

Für die weite Verbreitung der Dionysos-Mysterien in Kleinasien hat W. Quandt (*De Baccho ab Alexandri aetate in Asia Minore cultu*, Diss. Halle 1923) die Belege gesammelt (vgl. jetzt auch M. P. Nilsson, *The Dionysic Mysteries of the Hellenistic and Roman Age*, Lund 1957, 8ff.). Aus Halikarnassos scheinen weitere Zeugnisse bisher nicht vorzuliegen.

Knidos

(5) G. E. Bean - J. M. Cook, *The Cnidia*, BSA 47 (1952) 193f., 27, Taf. 40 a. — Die Inschrift auf einem noch 0,62 m hohen, 0,54 m breiten und 0,42 m dicken Kalkstein-Block, der unterhalb des Akropolishügels von Knidos bei einer Quelle gefunden worden ist, von den Herausgebern um 500 v. Chr. datiert (von L. H. Jeffery, *The Local Scripts of Archaic Greece*, Oxford 1961, 357, 36 mit einem

Fragezeichen übernommen), hat auch in ihrem Abdruck *SEG* XII
436 keine Förderung erfahren. Ich meine, daß sich ihr Aufbau
wenigstens durch folgende, in den Einzelheiten natürlich unver-
bindliche Rekonstruktion zrückgewinnen läßt (ich benutze ein
mir von G. E. Bean überlassenes Photo):

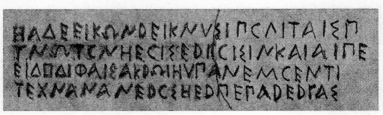

[ἅδε εἰκὼν δείκνυ]σι πολίταις Παντασάου[τα]
[γνωτὸν ʰεοῖς ἔργ]οισιν καὶ αἴπερ τις ξένος ἔλθ[ηι].
[εἰ δὴ διφᾶις ἄκρωι ʰυπ'] ἀνεμόεντι καταστάς
[τέχναν ἀνέρος, ʰέρ]πε παρ' ἐργαστήριον αὐτõ.

Der Name Παντασάων entspricht böotischem Πολυσάων *IG* VII
2435 II 19 (Bechtel, *HP* 397; zum Element Παντα-ebd. 359). Die
Ergänzung des Anfangs geht davon aus, daß die Maße mit ziem-
licher Sicherheit eine Basis vermuten lassen. Vgl. *GV* 1444, 3f.
[σὴν μορφὴν δ' ἐπὶ τῆιδε] σορῶι δεικνῦσα ἀναφαίνει στήλη und unten
Nr. 10 [ἥδε γραφὴ δείκν]υσιν, ὅτου χάρις. Statt εἰ δὴ διφᾶις wäre in
V. 3 natürlich auch εἰ δὲ ζητεῖς möglich.

Sind Bild und Inschrift von einem Verehrer der Kunst des
Pantasaon besorgt worden, um damit ,,Reklame'' für dessen
ἐργαστήριον zu machen, oder hat der Künstler sie gar selber am
Anfang eines Weges aufgestellt, der an diesem vorüberführte, hat
er also, indem er sich in effigie vorstellte, zugleich ein παράδειγμα
τέχνης zeigen wollen? Die erste Annahme wüßte ich mit keiner
Parallele zu stützen, die zweite könnte sich immerhin auf das ZPE
17 (1975) 174ff. erläuterte ,,Firmenschild eines Steinmetzen aus
Eleusis'' berufen, das freilich aus beträchtlich späterer Zeit stammt.
Ich neige trotzdem dazu, der ersten Vermutung den Vorzug zu
geben, wenn ich mir auch der Unsicherheit solcher Hypothese
bewußt bin; es bleibt abzuwarten, ob ihr eines Tages ein glücklicher Neufund zu Hilfe kommt.

Kyzikos

(6) H. G. Lolling (*Monument aus Kyzikos*, AM 5 [1880] 388ff.) hat eine mit den Reliefs von Schiffen, Dreizacken, Delphinen und Fischen reich geschmückte große Rundbasis bekannt gemacht, die einst eine Statue des Poseidon getragen hat. Wie die in einer Tabula ansata auf der Hauptseite eingravierte Inschrift berichtet, war das Denkmal eine Weihung der mit dem Thrakerkönig Kotys verheirateten Antonia Tryphaina (RE XI [1921] 787f. s.v. *Kleopatra* 25 [Stähelin]; *PIR* I² 900), die sich dort rühmt, τὸ πρὸ πολλοῦ κεχερωμένον τῶν εὐρείπων καὶ τῆς λίμνης - - - καὶ τὰ περιέχοντα wiederhergestellt zu haben. *Sylloge³* 799 I heißt es von den gleichen, um das Jahr 37 n. Chr. vorgenommenen Arbeiten τὰ συνχωσθέντα τῶν εὐρείπων - - - συνανοίγνουσα, in der Inschrift II von einem der dabei beteiligt gewesenen Baumeister: γενόμενος ἐπὶ τῆς ὀρυχῆς τῶν λιμένων καὶ τῆς λίμνης καὶ τῶν διωρύγων (vgl. den Plan JHS 24 (1904) VI). Den Text auf der Tabula ansata hat F. W. Hasluck (*An inscribed Basis from Cyzicus*, JHS 22 [1902] 126) vollständiger entziffern können als seinerzeit Lolling. Für eine metrische Weihinschrift auf der Gegenseite bleiben wir in den ersten Versen auf dessen Lesung angewiesen, denn ihr erstes Viertel war unterdessen abgeschlagen worden und ist verloren gegangen. So ist es bis heute bei der unbefriedigenden Fassung geblieben, die nach Hasluck *IGR* IV 1-7 abgedruckt ist (Lolling hatte nicht einmal eine Umschrift gegeben). Daß sich mit Hilfe der beiden Abschriften gleichwohl eine Wiederherstellung wagen läßt, hoffe ich im folgenden zeigen zu können. Ich stelle sie hier nach einander (eine Photokopie der betreffenden Seite des Tagebuchs von Lolling verdanke ich dem Archäologischen Institut in Athen):

Ich versuche nachstehende Herstellung des Gedichtes, dessen erste Hälfte bisher im wesentlichen unergänzt und unverstanden geblieben ist:

εἰλῆ[σαι μὲν χέρσος ἔχους'] ο[ὔ μ'] εἴασεν ἄλ[μην]
    λᾶαν, [ὃν οὐκ ἄλεγ]εν Κύζικος εἰναλίη·
πολλὰ κα[κῶς δὲ μόγ]ησα πατασσόμενος ποσσὶ [δ]ήμων,
4   εἰσότε δ[ή ῥα γυν]ὴ νῆσσον ἐκαινοτόμε[ι],
    καὶ βυθὸς εὐρεί[πω]ν ἐχαράσσετο, καί με Τρύφαινα
    εὑρομένη πόν[το]υ θῆκεν ἄγαλμα θεῶι,
    σοὶ τὸ σὸν ἕρμα, Ποσειδόν· ἐγὼ δ' ἁλὸς ἀκλύστοιο
8   στήσομαι εὐρείπων ἔγγυος ἀμφοτέρων.

1f. „Daß die Salzflut mich bedrängte (hin und herstieß), ließ das Festland nicht zu, das mich in Besitz hatte." Der in der Nähe des östlichen Hafens gefundene Stein hatte offenbar unweit des Meeres gelegen. Der in den Text gesetzten Ergänzung möchte ich den Vorzug geben vor einer anderen, die mir zuerst in den Sinn gekommen war: εἰλί[σσειν ἐμὲ χέρσος ἔχους'] ο[ὐκ] εἴασεν ἄλ[μην], denn einmal sagt man ἐλίσσειν wohl nur vom κῦμα (Kaibel 779, 4f. Ποσειδῶν / κάμπυλον εἰλίσσει κῦμα) und verwandten Begriffen (Eur. IT 7f. ἀμφὶ δίναις, ἃς θάμ' Εὔριπος ... ἐλίσσων ἅλα στρέφει, 1103f. λίμναν εἰλίσσουσαν ὕδωρ κύκλιον) und zum andern paßt die Vorstellung vom Herumgewirbeltwerden nicht recht zu einem Stein von einem Meter Durchmesser und fast zwei Metern Höhe. Erwägen mag man allenfalls noch εἰλή[σασα με χέρσος ἔχειν] ο[ὐκ] εἴασεν ἄλ[μην], doch müßte das Partizip dann bedeuten ‚das mich barg', und für solche Verwendung des Verbums fehlt es an überzeugenden Belegen; zudem wäre dann nicht ἔχειν zu erwarten, sondern σχεῖν oder λαβεῖν, und με γαῖα λαβεῖν würde die Lücke schwerlich füllen;

γαῖα wäre auch kaum das geeignete Wort, der Gedanke selbst wohl eher etwas befremdlich, wenn V. 3 auch voraussetzt, daß der Stein ehemals (der Länge nach) halb oder fast ganz in der Erde steckte. — Im Pentameter meint Κύζικος nicht die ganze Halbinsel, sondern die Stadt selbst, in deren unmittelbarer Nähe der Stein gelegen hatte.

3f. δῆμοι, ,,Leute'', ist offenbar Katachrese, hat jedenfalls in dem vereinzelten δῆμος, ,,ein Mann aus dem Volke'', bei Homer M 213 keine Stütze. δ[εῖα γυν]ή würde die Lücke nicht ausfüllen und wohl auch sachlich bedenklich sein. Wer die γυνή war, wußte der Leser aus der Inschrift der Hauptseite und erfährt er hier ja auch sogleich im nächsten Vers.

7f. ἕρμα, ,,Stütze'', im Sinne von ,,Basis'', scheint sonst nirgends so verwandt worden zu sein. Im nächsten Satz ist gemeint, daß die Basis mit dem Standbild des Meergebieters die Bürgschaft für den Bestand der beiden Durchstiche mit ihrem vom Meer hereinströmenden ruhigen Gewässer übernimmt.

Unter den inschriftlichen Gedichten wüßte ich nichts unmittelbar Vergleichbares. Aber daß diese Besonderheit, den geweihten Gegenstand gleichsam seine Geschichte erzählen zu lassen, in einer Tradition steht, die mindestens bis zum Hellenismus zurückreicht, zeigt das Epigramm des Kallimachos auf die Weihung eines κόγχος durch Arsinoe, 5 nach der Zählung von U. v. Wilamowitz-Möllendorff (*Hellenistische Dichtung in der Zeit des Kallimachus* I, Berlin 1924, 193f.) und R. Pfeiffer (*Callimachus.* II. *Hymni et Epigrammata*, Oxford 1953, 81), 14 nach der von A. S. F. Gow - D. L. Page (*The Greek Anthology. Hellenistic Epigramms* I, Cambridge 1965, 60). Erinnern mag man auch an das anonyme Steinepigramm, das R. Herzog nicht sehr überzeugend Antiphilos von Byzanz zuweisen wollte (Nr. 52 bei K. Müller, *Die Epigramme des Antiphilos von Byzanz* [= Neue Deutsche Forschungen 2], Berlin 1935) und das ich jetzt so lesen möchte:

[τόν με κυ]βιστητῆρα τὸν ἐξ ἁλὸς οὐκέτι Νηρεύς
  [ἀθρήσει] · χέρσον δ᾽ ὧδε μετῳκισάμην ·
[ἤλλαγμ]αι Νύμφας Νηρηίσι καὶ πεπέδημαι
4 [ὕδατος ἀ]λλοτρίου τερπνοτέραις σταγόσιν.
[χαίροιτ᾽ εἰ]ς κόλποιο μυχοὺς εὐίχθυες ἄγραι ·
  [ναίοντε]ς χέρσωι πόντον ἀναινόμεθα.

Pergamon

(7) Von der ersten erhaltenen Zeile der Inschrift auf einer Säulentrommel vom Pronaos des Athena-Tempels (*IvP* I 2) habe ich etwas mehr entziffern können als der Herausgeber:

Der Stifter hieß also ohne Frage Δήιππος. Die Verse mögen etwa so gelautet haben:

[κίονα τοῦ προπύλου] / Δήι[π]πος τόνδε ἀνέθη[κα] /
'Αρτέμωνος παῖς / σοί, Τριτογένεια θεά.

Die Buchstabenformen weisen auf die erste Hälfte des vierten Jahrhunderts.

(8) *IvP* I 14. - F. Hiller v. Gaertringen hat durch seinen Herstellungsversuch (*Historische Griechische Epigramme III* [= Kleine Texte für Vorlesungen und Übungen 156], Bonn 1926, 48) das Verständnis der Inschrift entscheidend gefördert. Freilich beruhte dieser nur auf dem Faksimile bei Fränkel, und dies hat u.a. zu dem schlechterdings unmöglichen καί χ'ἄμα = καί κε ἄμα geführt. Auch sonst hat wiederholte Nachvergleichung des Steines einige neue Lesungen ergeben:

τ[ο]ίη μοι παρστᾶσα, Διὸς θύγατερ μεγάλοιο
Παλλάς, ἀνέμνησας τῶμ πρότερον παθέων·
[ἦ]μος δὲ στρατὸς [ἦ]λθ[ε]ν 'Αριστονίκου πολὺς ὧδε,
4 [λημ]φθεὶς ἐξῆλθ]ον, σ]αῖς ὑποθημοσύναις
[τ]οῖς λῃσταῖς μισθὸν καταθείς. σὺ δέ, πότγι[α], δέ[ξο]
[ἄνθεμα τοῦτο εὔφρ]ῳν καὶ χάρ[ιν ἀντιδίδου].

Gehört diese στοιχηδόν angeordnete breite Schrift aber wirklich in die Zeit des Aristonikos-Aufstandes, wie Hiller ohne weiteres annimmt? Die am Ende des ersten Bandes stehenden Inschriften der Sammlung von Fränkel, die der Zeit um 130 v. Chr. zugewiesen werden, sehen doch sehr andersartig aus, und dieser selbst hat das Epigramm denn auch zu der Gruppe der um 260 v. Chr.

datierten Urkunden gestellt. Es bleibt doch auch wohl zu beachten, daß nach V. 2 Athena den Dedikanten an die Einlösung einer älteren Dankesschuld gemahnt hatte, die πρότερον erlittene πάθη betrafen; die im Epigramm angedeuteten Ereignisse lagen also einige Zeit zurück, als der Stifter der Statue die Erscheinung der Göttin erlebt hatte. Und wird nicht ,,die große Schar (der große Haufen) des Aristonikos'' sowohl wie der Ausdruck ληισταί besser von räuberischen Banditen verstanden, die irgendwann im 3. Jh. das Land unsicher gemacht hatten, als gerade von Sklaven, die Aristonikos damals mit aufgeboten hatte, wie Hiller uns glauben machen will? Paßt nicht zu solcher Annahme auch die Praxis des Loskaufes eher als zu dem Aufstand des Jahres 130? Ich meine jedenfalls, daß der nicht eben seltene Name Aristonikos keinen Anlaß gibt, entgegen dem Schriftbild mit dem Epigramm so tief herunterzugehen. Es kommt hinzu, daß auch der Stil dieser Verse, der klassische Schlichtheit anstrebt, für mein Gefühl entschieden gegen die Spätdatierung spricht. Ich würde keine Bedenken tragen, bis in die Zeit um 300 v. Chr. hinaufzugehen.

(9) Der Text des Epigramms *IvP* I 15 sieht dort folgendermaßen aus:

- - - - - - - - - -
  - - - - - - - - - -
- - - - - - - - - -

  Εὐμέ[νεο]ς, Πολιά[ς, τ]ήνδε ◡–◡◡–
τέρπεο δερκομ[ένη · φιλ]έεις δέ μιν, οὐ γ[ὰρ ἂν] οὕτω
  δουρί τε καὶ [ν(ί)]κη[ι –◡◡–◡◡–

Bei dieser Inschrift auf der Basis für eine Statue Eumenes' I., deren Fragmente auf der Theater-Terrasse gefunden sind, hat dem Herausgeber der letzte Vers die größten Schwierigkeiten gemacht: ,,Nach τε καί muß - - - notwendig ein Consonant und diesem ein Vocal gefolgt sein: hierfür reicht aber der Raum entschieden nicht aus, zumal für die zweite Stelle Iota, da es sichtbar sein müßte, ausgeschlossen ist. Es wird daher anzunehmen sein, daß νίκηι geschrieben werden sollte, der Steinmetz aber das Iota der ersten Silbe ausgelassen hat.'' Fränkel verkennt, daß τε καί nur ver-

schiedenartige Nomina verbinden kann und νίκηι neben δουρί
ohnehin unsinnig ist. Eine Nachprüfung der Inschrift hat ergeben,
daß vor KH nur ein Sigma mit dem Befund vereinbar ist. Einem
Ergänzungsversuch stelle ich meine Abschrift voran:

[ἄνθετο σοί με, θεά, ⏑⏑–⏑⏑· ἀλλὰ σύγ' εἰκώ]
Εὐμε[ν]έος, Πολιά[ς], τήνδε π[αραὶ θυμέλην]
τέρπεο δερκομ[ένη· φ]ιλέεις δέ μιν, οὐ γ[ὰρ ἂν] οὕτω
δουρί τε καὶ [σ]κη[νῆι νικέ]μεν εἶχε κ[λέος].

Über dem ersten Pentameter fehlt nur ein Hexameter, nicht,
wie Fränkel annimmt, auch noch ein Distichon. — Der letzte Vers
bezieht sich auf die von Eumenes gefeierten bzw. gestifteten Panathenaia (*IvP* 18), bei denen Darbietungen im Theater natürlich
einen hervorragenden Platz eingenommen haben; daß nur von diesen
die Rede ist, erklärt sich aus der Aufstellung der Statue im
Theaterbezirk.

(10) Eine Inschrift, die einst auf drei Blöcke einer Basis verteilt
war, hatte M. Fränkel (*IvP*) I 30) so dargeboten:

--- δείκν]υσιν ο[ὖν δ]όσις, ἀνθ' ἧς --
--- μισογύνην κάματον ---
δέξαι ἄν]αξ βασιλεῦ χάριν ᾿Ατταλε –⏑⏑–⏑
–⏑⏑–⏑ σαφ?]ῶς οἴδατε τὸ ᾿Επιγένευς.

Kaibel hatte verbessert (von Fränkel in den Addenda II Seite 508
mit, wie sich zeigen wird, unzutreffenden Gründen fast *in toto*
abgelehnt):

. . . ἡ δὲ γραφὴ δείκν]υσιν ὅ[του δ]όσις· ᾿Ανθης
θῆκεν ὑπεκπροφυγὼν] μισογύνην κάματον.

Der erste Hexameter dieser Fassung drängt einem Gedicht bester hellenistischer Zeit ganz ohne Not gleich zwei Bedenklichkeiten auf, den „vierten Trochäus" und Satzbeginn mit dem letzten Metrum. Beide sowie ein Lesefehler von Fränkel am Ende von V. 3 verschwinden bei nachstehender, am Stein gewonnener Lesung:

[ἥδε γραφὴ δείκν]υσιν, ὅτ[ου δ]όσις· Ἄνθης [τήνδε]
[εἰκὼ θῆκε φυγὼν] μισογύνην κάματον.
[ἀλλὰ σὺ δέξαι ἄν]αξ βασιλεῦ χάριν· Ἀτταλί[δαι δέ]
[παιδὸς λῆμα σαφ]ῶς οἴδατε τὸ Ἐπιγένευς.

Da Fränkel den Stifter irrig für den „bei seinen Zeitgenossen berühmten Feldhauptmann" Attalos' I. hielt, der auf der Basis für eine Statue des Königs (*IvP* I 29) zeichnet, hatte er zu μισογύνην κάματον zuversichtlich notiert: „Mit der weiberhassenden Mühsal ist gewiß der Krieg gemeint, insofern er die Weiber ausschließt und ihnen die Männer entzieht." Das wären denn in Wahrheit gleich zwei Deutungen, von denen keine überzeugt. Nun könnte ja das Adjektiv vielleicht passivisch gemeint sein, „von den Weibern gehaßt", obwohl die mit μισο- gebildeten Zusammensetzungen durchweg nicht so gebraucht werden. Ist μισογύνης κάματος aber nicht vielmehr eine Umschreibung für „Impotenz"? Dann wäre der ἄναξ βασιλεύς nicht Zeus, sondern Asklepios, der Stein also bei der Wiederverwendung für den Proconsul M. Valerius Messala, dessen Inschrift auf der rechten Schmalseite steht, aus dem Asklepieion verschleppt worden. Asklepios heißt ἄναξ z.B. im homerischen *Hymnus* 16, 5 und βασιλεύς Kaibel Add. 805a.b, βασιλεὺς μέγας im orphischen *Hymnus* I, 37 (mehrfach auch in Prosa). — Ἀτταλίδαι bezeichnet hier natürlich nur die Bürger von Pergamon.

(11) Die späthellenistische Inschrift auf der Vorderseite einer Basis, die einst eine Statue des Hermes mit Füllhorn trug, „aus welchem zu bestimmten Zeiten Wasser floß", druckt M. Fränkel (*IvP* I 183) wie folgt:

    . . . .ονο. . . . . . .μου πάσαι χ[. . . . . 'Α]πε[λ]λῆ[ς]

   –◡ τ' [ἀ]ειμνά[στ]ου, ξεῖν', ἀ[γορα]νομίας

   –◡◡–◡◡ α]ις με διάκτορον εἴσατο Νύμφαις

4   Ἑρμῆ]ν εὐνομίας ἀίδιομ φύλακα

    τᾶς] ἕνεκ' εὐόλβου κέραος ῥύσις ἅδ' ἀγοραίοις

    μανύσει τακτοῦ τέρμα χυθεῖσα χρόνου.

Nach Revision des Steines glaube ich die ersten Verse so lesen zu dürfen:

   ἀγ[ρ]ονόμ[ος δά]μου πάσαι χ[ώραι τότ'] 'Απελλῆ[ς]

   [ἦν, ὅ]τ' ἀειμνά[σ]του, ξεῖν', ἀγ[ορ]ανομίας

   [μάρτυρα κρηναί]αις με διάκτορον εἴσατο Νύμφαις

   ['Ερμῆ]ν

Apelles war in dem Jahr, das der Weihung des jetzt als amtlicher ἀγρονόμος „für das ganze Land" zeichnenden Stifters vorausging, ἀγορανόμος gewesen und hat nun zur Erinnerung an und als einen Zeugen für seine „denkwürdige" damalige Tätigkeit den Quellnymphen (auf der Agora, wo das Denkmal stand, wird ein Brunnen gewesen sein) eine Statue des so oft im Kult mit ihnen verbundenen Hermes aufgestellt. ἀειμνάστου stellt die zeitliche Relation der beiden Ämter völlig sicher.

(12) Das erste der auf die Basis einer Homer-Statue gesetzten späthellenistische Gedichte liest man *IvP* 1 203 in dieser Fassung:

   --------------- α]ὐτὸ[ν ---

   Μο[ῦσά π]οτ' ἀρρή[του]ς θῆκα[ο] γεινα[μένη.

   α[ἵ]δε τοι ἀμφίλογον μύθων περὶ δ[ῆριν ἔ]θεν[το·

4   Σ[μ]ύρνα τε καὶ γαίης Οἰνο[π]ίωνος [ἕδ]ος

καὶ Κολοφῶν Κύ[μ]η τε. μέτα πτολέ[ε]σσι δὲ πάσαις
   ἀμφὶ σέθεν γενεῆς ἵμερος ἱεμέναις·
τοῖον τοι κλέος αἰπὺ μετὰ ζώιοισιν ἀοιδῆς,
8 ἔστε πε[ρ]ιστείχ[η]ι νύξ τε καὶ ἠέλιος.

Die Majuskelabschrift zeigt im ersten Vers nachstehendes Bild:

Zu V. 2 wird bemerkt: ,,Offenbar war hier die Muse als die
Mutter des Dichters bezeichnet, vgl. - - -." Die angeführten Belege
reden indessen nur von der Muse Kalliope. Der Kommentar zu
V. 3 lautet: ,,Man construire περιέθεντο δῆριν μύθων; μύθων ist von
δῆριν, nicht von περί abhängig: ,,die Städte spannen um die Geburt
des Dichters ihre wetteifernden Erzählungen." Und zu V. 5f.
werden wir so belehrt: ,,Da nach Z. 2 -- die Muse angeredet wird,
müssen wir σέθεν auch auf sie, nicht auf Homer beziehen. Der un-
sagbar alberne Satz würde also auf deutsch lauten: ,,es wohnt aber
allen Städten der Wunsch bei, welche sich um deine Nachkommenschaft beeifern", der Wunsch nämlich, als der wahre Geburtsort
anerkannt zu sein." Eine Kette von Irrtümern und Ungereimt-
heiten. Natürlich war in V. 3 μύθων πέρι zu schreiben und zu über-
setzen: ,diese Städte veranstalteten hadernden Streit wegen deiner
Dichtungen' (Soph. *Ant.* 111 νεικέων ἐξ ἀμφιλόγων, Eur. *Phoen.* 500
ἀμφίλεκτος ἔρις; P 157f. περὶ πάτρης - - - δῆριν ἔθεντο). Und der
andere Satz (μετὰ πτ.) bedeutet: ,,unter allen Städten besteht hinsichtlich deiner Herkunft (das gleiche) Verlangen, indem sie nach
ihr begehren", und so ,,unsagbar albern" kann ich das gar nicht
finden. Das ganze würde allerdings völlig schief, wenn nicht in all
diesen Versen Homer angeredet wäre (wie im dritten Gedicht).
Und das ist denn gottlob auch wirklich der Fall. Vor dem Stein habe
ich vom ersten Distichon entziffert (die sich nun ergebenden Ergänzungen sind gleich mit eingesetzt):

αὐ[τὸς δῆ]τα φράζ[ε τ]εῆς κλυτὸν [οὔνομα πάτ]ρης,
  μο[ῦνο]ς ὅτ' ἀρρήτ[ου]ς θήκαο γειναμ[ένους].

46

„So gib doch selber den rühmlichen Namen deiner Heimat an, der du als einziger deine Eltern unnennbar gemacht hast."(ὅτε = ὅστε).
Das zweite Gedicht schließt mit dem Satz:

οὐ νέμεσις, τόσσογ γὰρ ἐπὶ χθονὶ φέγγος ἔλαμψε
Μουσάων, ὁπόσον τείρεσιν ἠέλιος.

Dazu war außer auf Antipater, *AP* VI 249 noch auf Ant., *AP* VII 6, 3 hinzuweisen: Ἑλλάνων βιοτᾶι δεύτερον ἀέλιον, | Μουσῶν φέγγος Ὅμηρον. Was übrigens in jenen Versen „stammelnde Rede" sein soll, ist mir wieder unerfindlich geblieben.

(13) Das in „eleganter Schrift", offenbar hellenistischer Zeit, auf eine Basis gesetzte Epigramm, das H. Hepding (*Die Arbeiten zu Pergamon 1908-1909. II. Die Inschriften*, AM 35 [1910] 479, 60) unergänzt gelassen hat, läßt sich sinngemäß etwa folgendermaßen rekonstruieren (die versuchsweise eingesetzten Ergänzungen bemühen sich um annähernd gleichlange Zeilen):

[ἔργον μὴ ποιεῖθ' ὅ τι μὴ κα]λόν, ἢ τάχα κἀγώ
[μὴ καλὸν ὂν τόξοις ἐξα]νύσω κέραος·
[ἀνὴρ δ' οὔ τις ἐμὸν φεύγ]ει βέλος οὐδέ τι νύμφη,
[πάντων γὰρ κρατέω καί]ριον ἰὸν ἐφείς.

Es ist wohl deutlich, daß Apollon diese Verse spricht, dessen Statue also auf der Basis gestanden hat.

(14) In Zierschrift der späten Kaiserzeit auf eine Basis gesetzte Verse werden von P. Jacobsthal (*Die Arbeiten zu Pergamon 1906-1907. II. Die Inschriften*, AM 33 [1908] 404f., 33) so hergestellt:

παῖδα μ' [ἐκηβελέ]ταο περίκλυτον Ἡρακλῆος
Τήλεφον, [ὅν ποτ' ἔτικτ]ε θεαῖς ἐναλίγκιος Αὔγη,
πατρίδι κ[αὶ ναέτησιν ἐ]πίφροσι Κητείοισιν
εἰητὴρ ἀνέ[θηκε φίλα φρ]ονέων Ἀμαλώιος.

Was soll das für Herakles unpassende Beiwort ἐκηβελέτης (nur Orph. *Fr.* 297, 11 Φοῖβον ἐκηβελέτην)? θηρολέτης nennt Philippos, *APl.* 104, 4 die Keule des Herakles, und so wird denn auch hier με θηρολέταο zu ergänzen sein. Gregor von Nazianz, *carm.* 2, 1. 87, 7 hat das Epitheton dem Jäger gegeben (daraus Hesych θηρολέτης· κυνηγός).

Asklepieion

Altertümer von Pergamon VIII 3

Die Inschriften des Asklepieions, Berlin 1969 (Chr. Habicht)

(15) In dem Orakel für den Sophisten L. Flavius Hermokrates (34) hatte ich das jetzt nach einer Vermutung von M. Wörrle in den Text gesetzte θνητὸς / [φώ]ς schon Th. Wiegand vorgeschlagen. Daß nur so die Lücke gefüllt wird, zeigt nebenstehende Skizze.

(16) Das Epigramm auf einer unten unvollständigen kleinen Basis (nicht einer „Stele"), 113 b, wird ungefähr so gelautet haben (von Z. 3 ab wird die Schrift immer kleiner und gedrängter):

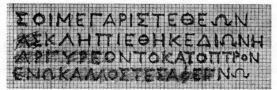

σοί, μέγ' ἄριστε θεῶν, | ['Ασ]κληπιέ, θῆκε Διώνη |
[ἀργύρε]ον τὸ κάτοπτρον, | [ἐν ᾧ κάλλος τε σά]φ' [ἔγ]νω |
[χιονέων μελέων χαριτο|βλέφαρον τε πρόσωπον].

Außer den vom Editor beigebrachten Parallelen ist zu vergleichen *AP* VI 211. 307. XIV 56.

(17) Den Aufbau des Epigramms auf einer westlich vom Asklepieion gefundenen gerahmten Platte, 113 c, mag folgender Versuch veranschaulichen:

σοί, θνητῶν μ[ακάρων τε πάτερ], | βα[σιλεῦ κύδιστε], |
[κ]όσμου παντ[όκρατορ, Ξενοκλῆς] | τει[μὴν ἀνέθηκε].

So hergestellt kann die Weihung nur Zeus gelten, nicht Ζεύς Σωτήρ 'Ασκληπιός (63), wie der Herausgeber glauben möchte. Aber die Ergänzung θνητῶν μακάρων τε πάτερ (nach homerischem πατὴρ ἀνδρῶν τε θεῶν τε) scheint mir fast unausweichlich, und auch κόσμου παντ[όκρατορ] läßt kaum eine andere Deutung zu (vgl. Hesiod, *Th.* 548 κύδιστ' ἀθανάτων πολυώνυμε, παγκρατὲς αἰεὶ | Ζεῦ); wie denn schließlich schon die Häufung der Prädikationen entschieden für sie spricht; Weihungen an Zeus scheinen freilich bisher im Asklepieion zu fehlen; doch wird Ζεὺς 'Αποτρόπαιος und Ζεὺς Μειλίχιος in den Voropfern für Asklepios, 161 (S. 168) genannt, und die kleine Platte mag ja auch verschleppt sein.

(18) Der Herausgeber hat versäumt zu notieren, daß vom ersten Vers auf der langen Basis 131 heute weniger erhalten ist, als die Abschrift angibt. Ich habe den Stein im Jahre 1931 noch so vorgefunden, wie er von W. Hahland abgeschrieben worden war. Hier meine gleich ergänzte Lesung:

['Ελπίδος ἱρὸν ἄ]γ[α]λμα [τόδ' ἄνθετο κόσμον ὁ δ]ᾶμος
[σῶ]ν ἀδύτων, Παιάν, σαῖσιν ἐφημοσύναις.
'Ελπίδος, ὦ Παιάν, τὤγαλμα τεαῖσι μενοιναῖς
αὐτόχθων δᾶμος στᾶισεν ὑπὲρ πόλιος.

Mit εἱρὸν ἄγαλμα ... ἔθηκε beginnt das späte Epigramm *IG* V 2, 287. κόσμον ist ergänzt nach dem attischen Gedicht Hesperia 9 (1940) 97ff., 18, 2f. προθύρο κόσμον ἄγαλμα τόδε ἔστησεν. Mit σαῖς μόλ' ἐφημοσύναις schließt der dritte Pentameter *ICret.* I 21. Ein Kasus von μενοινή kommt in den Epigrammen sonst nicht vor. Zu αὐτόχθων δᾶμος vgl. Th. Preger, *Inscriptiones Graecae metricae*, Leipzig 1891, 147, 1 αὐτόχθονα δᾶμον (Elis), *IG* II/III ² 4321, 2 δῆμος ὅδ' αὐτόχθων. — Daß zwei „Parallelgedichte" vorliegen, ist deutlich und bestätigt der größere Abstand nach V. 2 (der dann allerdings für 3/4 ziemlich beibehalten wird).

Der Herausgeber meint: „Die Urheberschaft Pergamons scheint ausgeschlossen, denn die Formen δᾶμος, πόλιος, σταῖσεν, σαῖσιν, τεαῖσιν sind zweifellos nicht poetische Reminiszenzen allein, sondern Reste alten Dialekts." Er denkt an eine äolische Stadt wie Mytilene; an Pergamon sei auch deswegen nicht zu denken, weil es „schwerlich den Anspruch auf Autochtonie erheben konnte." Gewiß könnte der Name der weihenden Stadt in der zerstörten Partie über den Versen gestanden haben. Aber reicht Habichts Argumentation wirklich hin, um die natürlichste Beziehung auf Pergamon selbst unmöglich erschienen zu lassen? Von den angeführten Dialektformen könnte doch allein σταῖσεν allenfalls als äolisch in Anspruch genommen werden, nur wäre das dann ein falscher Äolismus, denn berechtigt ist αι lediglich im Partizipium, -αις statt -ᾱς aus -ανς, sowie vor Sigma mit folgendem zweitem Konsonanten, wie in αἴστεα, παλαίστα (F. Bechtel, *Die Griechischen Dialekte* I, Berlin 1963 ², 28f. § 21. 22); das epenthetische Iota wird also vielmehr dem Steinmetzen zur Last fallen (unter dem Einfluß von τεαῖσι μενοιναῖς?). Alle übrigen Formen sind dorisch bzw. allgemein episch. Und dorisch abgetönt sind außer dem oben unter Nr. 11 behandelten die Epigramme 10-12 des ersten Bandes der *IvP*. Und warum darf sich Pergamon nicht αὐτόχθων nennen, wenn das Städte wie Sardes, Didyma, Stratonikeia in der Kaiserzeit unbedenklich getan haben?

(19) Allen Schwierigkeiten, die dem Herausgeber die Verse auf der nordwestlich der Freitreppe vor dem Rufinus-Tempel gefundenen langen Platte, 142, bereitet haben, macht nachstehende Rekonstruktion ein Ende (der Verstrenner vor MAKAPΩN war unbeachtet geblieben):

Νικῆς ἔρωτος Νικέρωτι [χάριν ἔ|χ]ων
μακάρων ἀνέθηκα τ[έμενος ὁ] | κτίζ[ων τόδε].

„Ich, Nikes, Nikeros für seine Liebe Dank erweisend, habe es aufgestellt, im Begriff, diesen heiligen Bezirk der Seligen zu gründen." Die Verse sind das Gegenstück zu dem schönen Epigramm 129, indem es offen ausspricht, was jenes nur andeutet oder ganz verschweigt:

οἶσθα μέν, ἀντὶ τίνος χρυσέαν, Κύπρι, φημί σε τεύξειν,
    οἶσθα δὲ καί, τίς ὁ θεὶς καὶ τίνος οἶδα χάριν.

Das raffinierte Spiel mit ἔρως, Νικῆς, Νικέρως steht einem hellenistischen Dichter ebenso wohl an, wie einem aus der Kaiserzeit. „Schrift der späthellenistischen Epoche oder der frühen Kaiserzeit" urteilt der Editor. Ich möchte wegen der Apices, des breiten Omega und des Theta mit abgesetztem Mittelstrich am ehesten an das 2. Jh. n. Chr. denken. Nun kann Νικῆς Kurzform für einen Namen wie Νικομήδης sein, und einen Κλαύδιος Νικομήδης kennen wir als eponymen Strategen von Pergamon und Freund des berühmten Rufinus durch eine von Chr. Habicht (S. 72) besprochene Inschrift. Sollte er mit dem Νικῆς des Epigramms identisch sein?

Um welchen, offenbar noch nicht fertigen heiligen Bezirkes sich handelt, wird sich erst ermitteln lassen, wenn die Ausgrabung einmal auf die Umgebung des Asklepieions ausgedehnt wird.

(20) Im Jahre 1931 nahm ich von einem vor dem Schuppen im Asklepieion liegenden Fragment den hier Abb. 4 abgebildeten Abklatsch. Es handelt sich um eine links und oben unvollständige Platte aus weißem Marmor. GrH 0,145 m; grBr 0,145 m; D 0,045 m. BH 0,015 m (Phei 0,02 m); ZA ± 0,007 m.

Daß Verse vorliegen, zeigt das Vokabular. Sie werden sich so verteilen:

⏑⏑–⏑⏑ τ̣ων | [⏑⏑–⏑⏑– πέ]λε χώρη |
⏑⏑–⏑⏑– ’Α]σκληπιοῦ | –⏑⏑–⏑
–⏑⏑– Μοίρ]ην ὑπενεν|[τίον –⏑⏑–⏑
–⏑ μέ ἀφελκύσαι | –––⏑⏑–⏑⏑–

Die Stichworte ὑπεναντίον und ἀφελκύσαι mit einer Weihung an Asklepios in Einklang zu bringen, scheint mir ein aussichtsloses Unterfangen. Es werden vielmehr die Reste eines Grabepigramms vorliegen, dessen Aufbau nachstehender Versuch wenigstens andeuten möge:

- - - - -

[πατρὶς ἐμοὶ Γαλα]τῶν | [◡◡–◡◡– πέ]λε χώρη · |
[ἰς τέμενος δ' ἱκόμην 'Α]σκληπιοῦ | [ἰητῆρος] ·
[ἀλλ' εὖρον Μοίρ]ην ὑπεναν|[τίον· οὐδὲ θεὸς δέ],
[ξῖν', ἐ]μὲ ἀφελκύσαι | [ἵχ' ἐξ "Αιδος δύναμιν].

Der Stein stammt also von einer in der Nähe des Asklepieions gelegenen Begräbnisstätte, wie es eine solche ja auch bei dem von Epidauros gegeben hat: hier wie dort haben nicht alle, die beim Gotte Heilung suchten, die Heimat wiedergesehen.

Photonachweis

Abb. 1-3. Photo Britisches Museum.
Abb. 4. Photo Verfasser.

IRENE PEKÁRY

TYPOLOGISCHE
BEMERKUNGEN ZU EINEM RELIEF MIT SCHIFFSDAR-STELLUNG AUS BITHYNIEN *

(Taf. CLXXIV-CLXXVI, Abb. 1-5)

Friedrich Karl Dörner fand im Jahre 1948 in der Umgebung von Klaudiopolis einen achteckigen Steinblock, auf dem eines der Felder mit einer Schiffsdarstellung geschmückt ist (Abb. 1) [1]. Dieser Fund zeichnet sich gegenüber viel besser erhaltenen Denkmälern dadurch aus, daß diese Darstellung m.E. als bisher einziges Exemplar unter den römischen Schiffsbildern eine genaue Parallele in einer kaiserzeitlichen Münze hat [2]. Ausserdem bietet er eine Reihe von interessanten typologischen Einzelheiten.

Das auf dem Monument gezeigte Schiff stellt einen Einreiher dar, mit drei oder vier Ruderern und einem Hortator unter einem Schutzdach. Darüber sehen wir das Aphlaston des Schiffes, ferner das Vexillum und das militärische Signum am Heck. Unter dem Hintersteven ragt das Steuerruder vom Steuerbord herab. Die Zahl der Riemen ist, wie auf römischen Münzen üblich, viel größer als die der Riemenknechte. Das deutet darauf hin, dass die vorhandene Bildfläche nicht ausreicht, alle Personen aufzunehmen. Das Vorschiff ist leider in sehr starkem Maße beschädigt.

Dank einiger Prägungen des Hadrian können wir die auf dem Denkmal nur fragmentarisch gezeigten Schiffsbestandteile ergänzen. F. K. Dörner hat in seiner Veröffentlichung des Steinblockes mit Recht auf die erstaunliche Ähnlichkeit des Bildes mit der

---

* Für das im folgenden oft zitierte Bildmaterial in L. Casson, *Ships and Seamanship in the Ancient World*, Princeton 1971, wird hier die Abkürzung: Casson + Abbildungsnr. verwendet. Für Hinweise und Korrektur danke ich Herrn Schauenburg in Kiel und meinem Mann.

[1] F. K. Dörner, *Bericht über eine Reise in Bithynien*, DenkschrWien 75, 1 (1952) 62 Nr. 171.

[2] P. L. Strack, *Untersuchungen zur römischen Reichsprägung des 2. Jhs.* II, Stuttgart 1933, 837.

Rückseite einer in Wien befindlichen Münze hingewiesen, vgl. Anm. 2 (Abb. 2). Die Prora dieses Schiffes zeigt uns die einzelnen Teile einer *navis longa*: Unten das Embolon (Rammsporn, *rostrum*), darüber noch eine Rammvorrichtung, das Proembolon (oft auch Proembolion, genannt, vgl. Liddell-Scott s.v.). Über diesem Stossbalken ist das eigentliche Deck, das mit einem gewölbten Schutzbalken, dem Stolos, versehen ist. Wer die früheren römischen Prägungen vor Augen hat, ist überrascht über das Fehlen des Akrostolions auf dieser Münze des Hadrian. Bevor wir den Grund dafür zu suchen beginnen, sei mir erlaubt, einige Bemerkungen zu den Steven-Ornamenten zu machen. Wir müssen daran festhalten — gegenüber einer bedeutend seltener vertretenen Ansicht (vgl. Liddell-Scott s.v.) —, daß das Akrostolion den Vorsteven, das Aphlaston aber den Achtersteven ziert. Der Ausdruck Cheniscus wird ebenfalls oft irrtümlich angewandt, weil viele Archäologen ignorieren, daß in diesem Zusammenhang die blosse Übersetzung aus dem griechischen χηνίσκος (Gans) irreführend ist. Als Beiwerk eines Schiffes muss er ausschliesslich als Achterstevenszier aufgefasst werden [3]. Schon im Altertum behandelten die Schriftsteller einige nautische Begriffe mit Unsicherheit, da viele von ihnen im Bereich des Seewesens über keine eigenen Erfahrungen verfügten. Diese Begriffe wurden übernommen, weitere Fehldeutungen kamen in der Sekundär-Literatur hinzu [4]. Hier ist kein Platz, sich mit diesem meist philologischen Problem auseinanderzusetzen, das soll in einer von mir geplanten Publikation geschehen, die zum Ziele hat, eine einheitliche Sprache in der nautischen Terminologie zu schaffen. Die Zeichnung soll jedoch einige unentbehrliche Begriffe besser zu verstehen helfen.

Zum Ausdruck Cheniscus betrachte man die Abb. 4 [5]. Er ist sowohl auf dem linken wie auch auf dem rechten Schiff dargestellt, da jenes am linken Bildrande und das mittlere von links nach rechts fahren, während das Schiff am rechten Bildrande sich in

---

[3] TLL s.v. insbesondere Apul. *Met.* 11, 16, ferner Liddell-Scott s.v.

[4] D. Wachsmuth, Gnomon 44 (1972) 690. Selbst Strack, *op. cit.* (Anm. 2) hält das Aphlaston für ein Akrostolion.

[5] Römischer Sarkophag in Kopenhagen, *Ny Carlsberg Glypt. Cat. Jacobsen* (1907) 275 Nr. 787.

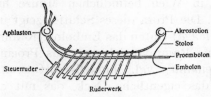

Textabb. 1

entgegengesetzter Richtung bewegt. Das rechte Schiff hat ein
Vogelkopfakrostolion. Es ist falsch, darin einen Cheniscus zu sehen
(vgl. Anm. 4). Die beiden anderen Schiffe haben kein Akrostolion,
nur den Stolos auf ihrem Vordersteven. (Der Haken auf dem Heck
des mittleren Schiffes ist nicht mit einem Aphlaston zu verwechseln).
Was diese höchst seltene Achterstevenendigung darstellen soll,
vermag ich auch nicht zu sagen. Miltner sieht einen Flaggenstock
darin [6].

Die Stevenornamente sind von den republikanischen und
augusteischen Schiffsdarstellungen nicht wegzudenken. Als Sieges-
trophäen wurden sie dem Bürger stets ins Gedächtnis gerufen [7].
Auf Münzdarstellungen figurieren sie auch häufig [8]. Die Frage:
Warum also fehlt das Akrostolion auf der Rückseite der Bronze
des Hadrian (Abb. 2)? kann m.E. nur durch die Untersuchung
der früheren römischen Prägungen, die Schiffe darstellen, beantwortet werden.

In der römischen Münzprägung hat das Schiffsbild eine große
Rolle gespielt. Die Prora erscheint auf der Rückseite der Aes
grave ungefähr seit der Mitte des 3. Jahrh. v. Chr. [9] bis gegen 80
v. Chr. Angesichts einer derart dominierenden Stellung dieses

[6] RE Suppl. V (1931) 928 s.v. *Seewesen* (Miltner) — im folgenden; Miltner,
Seewesen.

[7] Durch Waffenpfeiler: H. Dütschke, *Antike Bildwerke in Oberitalien* III,
Leipzig 1878 Nos 44 und 54, oder durch architektonische Relieffriese wie
z. B. H. Stuart Jones, *A Catalogue of the Ancient Sculptures Preserved in
the Municipal Coll. of Rome: The Sculptures of the Musei Capitolini*, Oxford
1912, 258ff. Nos. 102, 107.

[8] H. A. Grueber, *Coins of the Roman Republic in the British Museum* III,
London 1910, s.v. *Aplustre* im Index (im folgenden: Grueber).

[9] Gegenüber älteren Auffassungen mit einer früheren Datierung vgl.
jetzt besonders R. Thomsen, *Early Roman Coinage* I, Kopenhagen 1957,
80ff. und Index.

Reversbildes in der republikanischen Münzikonographie muss jede Änderung der Bildkombination seine Gründe haben. Diese Änderungen können kurz aufgezählt werden:

1. Die Denare des C. und Mn. Fonteius zeigen statt der Prora ein Kriegsschiff, und zwar nicht nur in Längenansicht, sondern auch in Vorderprofil [10]. Das Schiff weist auf die Verdienste eines älteren Mitgliedes der Familie, des P. Fonteius Capito hin, der auf Sardinien im J. 169 v. Chr. Flottenkommandant war [11].

2. Die Bronze des Lutatius Cerco bringt auch eine „Galeere" (ich benutze diesen neuzeitlichen Begriff ungern in Bezug auf antike Schiffe). H. Jucker schrieb vor kurzem über dieses Reversbild: „Quintus Lutatius Catulus war als Plebeier im Jahre 242 v. Chr. zum Konsulat aufgestiegen und erhielt von seinem Standesgenossen Lucius Metellus den Auftrag, die zweihundert neuerbauten Fünfzigruderer zum Kampf gegen die Karthager nach Sizilien zu führen. Er exerzierte sie so scharf ein, daß er im folgenden Jahr die feindliche Seemacht bei den Aegatischen Inseln vernichtend schlagen konnte. Damit entschied er den seit über zwanzig Jahren dauernden ersten Punischen Krieg zugunsten Roms. . . . . Gegen 90 v. Chr. erinnerte ein Nachkomme seines Bruders Cerco als Münzmeister mit dem Rückseitenbild eines Denars an jene entscheidende Schlacht" [12].

3. Auf den von C. Marcius Censorinus geprägten Assen [13] sehen wir zwar die Prora wieder, aber in einer völlig neuen Kombination. Sie erscheint auf einigen dieser Münzen unter einem Doppelbogen. Auf den anderen fehlt der Bogen, aber neben der Prora ist auch ein Hintersteven dargestellt. Alle diese Bilder weisen neben den Schiffssteven eine von der Götterstatue gekrönte Säule auf. Grueber sieht im Doppelbogen — allerdings mit Zurückhaltung [14] — einen

---

[10] Grueber II 292 Nr. 599 Pl. 94/12, 13. Datierung bei Grueber c. 91 B.C., bei F. H. Crawford, *Roman Republican Coinage*, Cambridge 1974, 114 or 113 B.C. (im folgenden: Crawford).

[11] Grueber Anm. 1. Vgl. T.R.S. Broughton, *The Magistrates of the Roman Republic* I, Cleveland 1951, 424.

[12] Grueber II 636 p. 297 pl. 95, 7 c. 90 B.C.; Crawford 109 or 108 B.C.. H. Jucker, *Der Ring des Kaisers Galba*, Chiron 5 (1975) 359.

[13] Grueber I 306 Nos 2419/20. c. 87 B.C., Alföldi mit Sydenham c. 86 B.C.

[14] *Ibid.* Anm. 2.

Aquädukt. A. Alföldi hat bewiesen, daß es sich hier um die älteste Darstellung des Hafens von Ostia handelt [15]. Die Anspielung auf den Ruhm der Familie ist auch hier klar herauszulesen. Die Marcii haben behauptet, ihr legendärer Ahnherr, der König Ancus Marcius, sei der Gründer von Ostia gewesen. Noch stolzer waren sie auf C. Marcius Rutilus, Sieger über die Etrusker und Falisker im J. 356 v. Chr. und Gründer der ersten römischen Küstenkolonie [16]. Während die bisher behandelten Münzen eindeutig das Ansehen der ,,Dynastie" und die glorreichen Taten ihrer Mitglieder propagierten, haben die zahlreichen späteren Emissionen ein anderes Ziel verfolgt. Die Ereignisse, die ihre Prägung bewirkt haben, aufzuzählen (Flottenbewegungen, Seesiege etc.), würde zu weit führen. Ich möchte hier nur jene Typen herausheben, die auf dem Schiffskörper eine Neuerung aufweisen.

Der Denar des Q. Nasidius [17] (Abb. 3) ist insofern zu erwähnen, als sowohl das Segel, wie auch die Riemenknechte klar aufgezeichnet sind. Segel wurden gelegentlich früher dargestellt [18], aber nur nebensächlich, eher symbolisch. Breit vom Winde angeschwollen zeigt sich jedoch das Segel auf unserer Abb. 3, über den winzigen Köpfen der zahlreichen Ruderer. Man kann dieses Fahrzeug *navis longa*, Kriegsschiff, Mehrreiher, ev. sogar Liburne oder Galeere nennen, seine Funktion als leichtes, schnelles, mit Segel und Ruderwerk versehenes Truppen- oder Warentransportschiff ist nicht zu leugnen. Demnach liegt es nahe auf diesem Münzbild eine der ältesten Darstellungen einer *actuaria* [19] zu vermuten. Darauf kommen wir später zurück.

Die frühkaiserzeitlichen Münzen sind typologisch gesehen auch

---

[15] A. Alföldi, *La più antica rappresentazione del porto di Ostia*, Numismatica (Roma) n.s.5 (1964) 99ff.; idem, *Tempestas Mariana. Das Zeugnis der Kupferprägung 87-84 v. Chr.*, Chiron 4 (1974) 232.

[16] Idem, Numismatica n.s. 5, (1964) 100.

[17] Grueber II 564 Nr. 21 (38-36 B.C.).

[18] Grueber I 63 Nr. 529. (c. 217-197 B.C.).

[19] Der Typus ist dargestellt auf einem Mosaik aus Althiburos (heute Medeina), das sich jetzt in Tunis (Musée Alaoui) befindet. *Inventaire des Mosaiques de la Gaule et de l'Afrique* II, Paris 1910 Nr. 576.Veröffentlicht durch P. Gauckler, *Une Catalogue figuré de la batellerie gréco-romaine, la mosaïque d' Althiburos*, MonPiot XII (1905) 113ff.; neuerlich besprochen durch P. M. Duval. MélAnt 61 (1949) 119ff.; Casson. Abb. 137.

nicht weniger interessant. Tiberius lässt auf ihnen die ersten Rundschiffe prägen, die von jetzt an immer häufiger, meistens mit dem Segel, abgebildet werden. Sie weisen statt des Aphlastons nunmehr den Cheniscus auf [20]. Das wiederholte Auftreten dieser drei Elemente: Rundschiff, also von der Seite aus gesehen symmetrische, gegenüber der bisher üblichen asymmetrischen Form, ferner der Cheniscus anstatt des Aphlastons und schliesslich die häufige Ausführung des Segels zeugen offenbar von der zunehmenden Rolle der Handelsschiffe.

An dieser Stelle muss auf die Unhaltbarkeit einiger, früher als Regel geltender Theorien, die sich nur in Folge mangelnder Bilddokumentation durchsetzen konnten, hingewiesen werden: Es stimmt nicht, daß im Altertum nur die Handelsfahrzeuge rund waren, und jene Schiffe, die einen Rammsporn hatten, zu den Kriegschiffen zählten [21]. Dagegen sprechen nicht nur viele *actuariae*, die Waren transportierten, insbesondere eine auf dem Mosaik in Tebessa (Algerien), die mit Amphoren vollbeladen ist und trotzdem einen Rammsporn, also einen asymmetrischen Schiffskörper hat [22], sondern auch das rechts abgebildete Fahrzeug auf unserer Abb. 4. Ebenso widerlegt das Mosaik in Tebessa eine andere überholte Annahme, nämlich daß der Cheniscus der Schmuck der Handels- und das Aphlaston der der Kriegsschiffe sei [23].

Diese falschen Annahmen sind wohl größtenteils dadurch entstanden, daß vielen Forschern früher vorwiegend das in Nachschlagewerken gut zusammengestellte numismatische Material zur Verfügung stand. Römische Münzen zeigen nämlich vorwiegend Kriegs- bzw. Transportschiffe und nur selten Handelsschiffe, und

---

[20] Die Münzen, deren zwei auch dadurch interessant sind, daß sowohl die Vorder- wie auch die Rückseite ein Schiff darstellt, wurden in Dertosa (Tortosa) geprägt. M. Vidal Quadras Y Ramon, *Catalogo de la Colleccion de Monedas y Medallas* (1892) Nos 826ff. Über die Datierung vgl. H. Galsterer, *Untersuchungen zum römischen Städtewesen auf der Iberischen Halbinsel* [= MadrForsch. 8], Berlin 1971, 31 Anm. 8.

[21] A. Baumeister, *Denkmäler des klassischen Altertums* III, München/ Leipzig 1888, 1638 s.v. *Seewesen* (Assmann).

[22] S. Gsell, *Musée de Tébessa* 1902 pl. 9/1. Casson 140.

[23] Wie es z.B. F. Miltner, *Schiffsdarstellungen auf einem Relief*, Mitt. d. Ver. klass. Phil. Wien 3 (1926) 72ff., hier besonders 77 Anm. 21 behauptet (im folgenden: Miltner, *Schiffsdarstellungen*).

diese letzteren sind z.B. wegen fehlender Details oft schwer be-
stimmbar. Wenn ich oben diese Eigenschaft auf den Münzen des
Tiberius hervorhebe, weise ich damit ausschliesslich auf eine
monetarische Neuigkeit hin. Diese Asse aus Dertosa (vgl. Anm.
20) sind bei Hill zwar abgebildet, jedoch in sehr schlechtem Zustand [24]. Sie sind aber in typologischer Hinsicht sehr wichtig, weil
sie eine *corbita* zum ersten Male auf römischen Münzen darstellen.
Dieser Typus ist uns, wie die *actuaria* durch das Althiburos-Mosaik
(vgl. Anm. 19) überliefert. Ein solches Handelsfahrzeug ist auf
unserer Abb. 4 links auch abgebildet, auf dem aus Ostia stammenden Sarkophag [25], einem der besterhaltenen Denkmäler mit
Schiffsdarstellungen. Wir behandeln dieses Schiffsbild später
noch ausführlicher (unten S. 723). Kehren wir jetzt zurück zu den
Assen aus Dertosa. Neulich sind sie bei M. de Guadan [26] aufgenommen worden, aber jener Teil, welcher uns am meisten interessiert,
nämlich der Bug, ist nicht sauber genug wiedergegeben. Demnach
sind wir nicht in der Lage festzustellen, ob die Tiberiusmünzen
schon ein Artemon aufweisen.

Das Artemon ist ein kleines Vorsegel. Auf unserer Abb. 2 ist
es gerefft im Gegensatz zu den zwei Schiffen auf dem Kopenhagener Relief, wo beide Vorsegel in voller Aktion gezeigt sind (Abb. 4
je auf den Schiffen an den beiden Bildrändern). Weder die vermutete Fahne auf dem mittleren Schiff (vgl. oben) noch das
vexillum auf dem Heck des Schiffes des Hadrian (Abb. 1 und 2)
darf mit dem Artemon verwechselt werden. Dargestellt ist also
das Artemon zum ersten Male auf Münzen unter Tiberius oder
Hadrian. Die ersten schriftlichen Erwähnungen stammen auch
aus dem gleichen Zeitraum (Vitruv, Seneca und Statius) [27].

Die Entdeckung dieser ausserordentlich wichtigen Navigations-

---

[24] G. E. Hill, *Notes on the Ancient Coinage of Hispania Citerior*, Numism.
Notes and Monographs 50, (1931) Pl. XI 1-3. Für den Hinweis danke ich
Herrn Schulte in Münster.

[25] H. Thiersch, *Pharos* Berlin/Leipzig 1909, 17, Anm. 1 gibt nach E. Plat-
ner u.a., Beschreibung der Stadt Rom III 3, Stuttgart/Tübingen 1837, 231
an, daß der Sarkophag, der jetzt in Kopenhagen ausgestellt ist (vgl. Miltner,
Schiffsdarstellungen Anm. 1) aus Ostia stammt.

[26] A. M. de Guadan, *Numismatica Iberica e Ibero-Romana* (1969) Taf. 48
nos 436, 437.

[27] Vgl. A. Pézard, *Gravis artémo*, REL 25 (1947) 215-35.

hilfe ist in den Schriftquellen nicht gebührend gewürdigt worden, umso mehr im römischen ikonographischen Nachlass. Die älteste Darstellung des Artemons darf wohl auf einem Graffito im Pompeji vermutet werden [28], es folgen zwei Fahrzeuge auf der Trajanssäule [29], und von dieser Zeit an dominieren die Artemonschiffe etwa 150 Jahre hindurch.

Das Artemon hat vor allem bei den Hafenmanövern als Lenkvorrichtung eine wichtige Aufgabe, indem es mit vielfach kleinerer Fläche als das Grossegel imstande ist, den nötigen milden Schwung zum leichten Landen zu geben, ohne den Schiffskörper durch einen zu heftigen Zusammenprall mit der Mole und Kaimauer zu gefährden. Der Steinmetz des Frieses auf dem Sarkophag von Velletri (Abb. 5) [30] scheint auf diese Eigenschaften besonders Wert gelegt zu haben, indem er das Artemon nicht wie es sonst üblich, auf dem Vorsteven des Schiffes befestigt darstellt, sondern von Charon selbst lenken lässt. Es ist, soviel ich weiss, das einzige römische Denkmal, auf welchem das Artemon von einer auf dem Schiffsbug stehenden menschlichen Figur bedient wird. Dieser Fries hat aber ausserdem noch andere Eigentümlichkeiten. Charon durchquert die Gewässer der Unterwelt mit zwei Verstorbenen anstatt auf dem für ihn so charakteristischen Nachen auf einem großen seetüchtigen Segelschiff. Über die Anspielung auf die Meeresfahrt im Gegensatz zur ,,Acheronfahrt'' wird in den Studien zur römischen Grabkunst von Andreae ausführlich gesprochen [31]; uns interessiert in erster Linie der Umstand, daß dieses Fahrzeug eine *actuaria*, also jenes schnellfahrende, leichte Transportschiff ist, von welchem in Zusammenhang mit dem Denar des Q. Nasidius (Abb. 3) schon die Rede war. Weitere monetarische Belege zu diesem Typ gibt es sporadisch vor Caracalla [32], etwas häufiger

---

[28] A. Maiuri, *Navalia Pompeiana*, RendAccNapoli 33 (1958) 7-32 Abb. 2.

[29] C. Cichorius, *Die Reliefs der Trajanssäule*, Berlin 1896-1900, 80, 211; und 83, 218; Casson 127.

[30] B. Andreae, *Archäologische Funde im Bereich von Rom 1949-1956/57*, AA 1957, 348; R. Bartoccini, *Il sarcofago di Velletri*, RendPontAcc. 30 (1957/58) 99ff.; idem, *Il sarcofago di Velletri*, RIA 7 (1958) 129.

[31] B. Andreae, *Studien zur römischen Grabkunst*, Heidelberg 1963, 56f. und 131f.

[32] Hadrian *BMC. Rom. Emp.* III 1462 A. Durch Druckfehler steht die

nach und besonders unter ihm [33]. Diese *actuariae* haben kein Artemon, statt dessen aber die Akrostolia (wie Volute, Triton etc.). Die Bildfläche ist zu klein um beides aufzuführen. Wir werden sehen, daß auch auf den anderen Denkmälern die Akrostolia — wenn auch in unterschiedlicher Form — wieder aufgeführt werden. Offensichtlich lässt der Römer aus schon bekannten Gründen (vgl. Anm. 7) die Stevenzier von einem Schiff ungern weg. Die vorher erwähnten (Anm. 32 und 33) Fahrzeuge fahren unter vollem Segel, ähnlich wie auf Abb. 3. Anders auf dem Schiff des Charon auf Abb. 5. Hier ist das Segel gerefft, die Riemen, deren vier auf dem Bild zu sehen sind, bleiben ohne Bedienung.

Die *actuaria* ist die Nachfolgerin des Kriegsschiffes. Der Unterschied zwischen den beiden besteht darin, daß die Konstruktion des Rammsporns, also des Embolons beim Kriegsschiff, massiver gewesen sein muss. Das Schiff des Q. Nasidius stellt einen Übergangsfall dar. Es ist anzunehmen, daß dieses Fahrzeug in der Flotte des Pompeius auch im Seekampf teilgenommen hat, doch in der Zeit des Hadrian und nachher finden Flottengefechte kaum mehr statt. (Die Gladiatorenschauspiele zu Wasser sollen hier außer Acht gelassen werden.) Unverständlicherweise wird dieser Typ sowohl auf den Münzen, wie auch auf den anderen Denkmälern als Galeere bezeichnet, obwohl der Ausdruck selbst erst im Mittelalter aufkommt. Wir dürfen das Schiff auf dem Denkmal in Klaudiopolis m.E. ohne Bedenken *actuaria* nennen. Das Artemon ist infolge Zerbröckelung der Bildfläche leider schlecht zu erkennen. Auf der Parallele dieser Darstellung, der Münze des Hadrian, ist es aber gut sichtbar. Es liegt nahe anzunehmen, daß das Fahrzeug auch ein Grossegel besaß und je nach Windverhältnissen entweder die Riemenknechte oder das Segel eingesetzt wurden. Die dargestellte Szene erklärt uns die Situation. Der Hortator, nicht der Steuermann ist hier abgebildet. Er hebt die Hand, schlägt den Takt mit dem *portisculus*. Es ist erstaunlich, angesichts auch der

---

Abb. Pl 86, 8 unter falscher No (1463). Lucius Verus *BMC. Pontus* Pl. 20/12; Septimius Severus *BMC. Thessaly* Pl. 26, 9 26, 10 u.a.m.

[33] Macrinus *SNG Deutschland, Sammlung von Aulock* 479 und 7388 (Gallienus), Claudius Gothicus *BMC Mysia* Pl. 15, 3, Elagabal *BMC. Rom. Emp.* V Pl. 91, 4 etc.

Tatsache, daß das Artemon gerefft ist, wie wirklichkeitsgetreu hier der Stempelschneider gearbeitet hat. Man kann nicht gleichzeitig rudern und segeln. Es gibt wahrlich nur selten so präzise Darstellungen in der nautischen Ikonographie der Römer, wie wir es auf dieser Münze auf Abb. 2 vor uns haben.

Wir sagten einleitend, daß uns das Fehlen des Akrostolions auf diesem Fahrzeug überrascht. Die Form der Akrostolia der römischen Schiffsbilder variiert oft in der Kaiserzeit, wogegen in der Republik die Volute dominiert. Von den häufiger erscheinenden Typen werden wir noch zu sprechen haben, hier soll auf die Verwandte unseres Schiffes in Klaudiopolis, auf jene die keine Vorstevenszier besitzen, hingewiesen werden. Diese Aufgabe fällt uns desto leichter, als die Zahl solcher Abbildungen sehr beschränkt ist. Die Münzdarstellungen seien infolge vorwiegend schlechtem Zustand der Stücke aus dieser Aufzählung ausgeklammert.

Schiffe ohne Akrostolion sind dargestellt:

1. Auf dem Graffito in Pompeji (vgl. Anm. 28).
2. Auf einigen der Schiffe der Trajanssäule (vgl. Anm. 29).
3. Auf unserem Denkmal in Klaudiopolis, wo der Bug des Schiffes leider zerstört ist, doch können wir anhand seiner Parallele auf der Hadriansmünze annehmen, daß hier ebenfalls kein Akrostolion abgebildet war. (Abb. 1 und 2).
4. Auf dem Sarkophag von Velletri (Abb. 5).

Von den ersten drei wissen wir, daß sie in der hadrianischen Zeit oder davor entstanden sind. Der Umstand, daß der Sarkophag von Velletri auch zu dieser Gruppe gehört, bestätigt die Datierung durch Andreae [34], der durch anderweitige Überlegungen auch zu diesem Resultat kommt und die Datierung des Sarkophages in spätantoninische Zeit durch Bartoccini [35] m.E. zu Recht widerlegt.

Typologisch gesehen gehören diese Schiffe zu verschiedenen Gruppen. Nr. 1 ist eine *corbita*. Nr. 2 enthält Mehrreiher. Nr. 3 und 4 sind *actuariae*. Die Nachfolger letzterer auf römischen Denkmälern sind auch nicht zahlreich. Einige von ihnen befinden

---

[34] Andreae, *op. cit.* (Anm. 31) 25.
[35] Bartoccini, RIA 7 (Anm. 30) 196ff.

sich in Europa [36], doch die meisten schmücken die afrikanischen Mosaikböden [37].

Fassen wir die im Geleitwort erwähnten typologischen Sonderheiten des von Dörner in Bithynien entdeckten Reliefs zusammen:

a) Die Schiffsdarstellung ist einer Münze nachgezeichnet worden. Ähnlicher Vorgang kommt nur umgekehrt vor, z.B. an Skylla-Darstellungen auf Kontorniaten-Münzen [38], denen als Vorlage die Skulpturengruppe in Sperlonga [39] einerseits, andererseits die bronzene Griffschale aus einer Villa bei Boscoreale [40] dienten. Sie alle behandeln die Szene, in der das Meeresungeheuer Skylla einige Gefährten des Odysseus verschlingt [41].

b) Sie gehört zu den ältesten Schiffsdarstellungen, die die technische Neuigkeit, das Artemon, aufzeichnen, und damit hängt zusammen, daß sie

c) um dem Platz zu machen, einstweilen auf die Stevenzier, das Akrostolion verzichtet. Dadurch ist sie Mitglied einer ganz kleinen Gruppe, die nur von Vespasian bis Hadrian entstehen konnte.

Die unter b) und c) erörterten Umstände machen uns deutlich, daß es sich dabei um einen neuen, von der früheren Form abweichenden Typ handelt. Nicht eine *navis longa*, sondern eine *actuaria* ist hier abgebildet worden.

---

[36] Grabstein im Archäologischen Mus. in Narbonne, E. Espérandieu, *Recueil général des bas-reliefs, statues et bustes da la Gaule romaine* I, Paris 1908 Nr. 685; zwei Fahrzeuge auf einem Mosaik in Piazza Armerina: G.-V. Gentili, *La Villa Erculia di Piazza Armerina, I. I mosaici figurati*, Rom 1959, fig. 5; Casson 141, ferner eine Malerei in einer Villa bei Sirmione (Casson 138).

[37] Das Odysseusmosaik aus Dougga, das sich im Musée National du Bardot in Tunis befindet: H. Stern, *La Mosaique gréco-romaine*. Actes du Colloque Intern. du Centre Nat. de la recherche scientifique, Paris 1965, Exposé C. Poinsot Fig. 3; ferner zwei Schiffe in Themetra L. Foucher, *Navires et Barques*, Notes et Documents XV. Inst. Nat. d' Arch. et Arts, Musée Alaoui 1957, fig. 9 und in Sousse fig. 2, dann in Tebessa vgl. Anm. 22.

[38] A. und E. Alföldi unter Mitwirkung von C. L. Clay, *Die Kontorniat-Medaillons* [= *AMuGS* VI 1], Berlin 1976, Taf. 9ff.

[39] G. Jacopi, *L'Antro di Tiberio a Sperlonga*, Rom 1963, fig. 48.

[40] H. B. Walters, *Bronzes in the Department of Greek and Roman Antiquities*, London 1899, Nr. 882.

[41] Zum Archetypus dieser von der Mitte des 2. Jhs. v. Chr. bis ins 4 Jh. n. Chr. reichenden Typenüberlieferung vgl. B. Andreae, *Die Skulpturen von Sperlonga* [= *Antike Plastik* 14], Berlin 1974, 86.

Die Schiffsdenkmäler seit Mitte des 2 Jhs. zeichnen sich dadurch aus, daß die beiden Stevenornamente immer seltener auftreten. Die Typen grenzen sich deutlicher voneinander ab, wodurch sich eine morphologische Gruppierung ermöglicht; darauf komme ich noch zurück.

Die Stevenornamente, d.h. das Aphlaston bzw. der Cheniscus und das Akrostolion am Bug fehlen zwar, doch weisen die Schiffe hinten und vorne je eine keilförmige Stevenendigung auf. Diese möchte ich als Keilheck bzw. Keilstolos bezeichnen. Wir sehen einen solchen Schiffskörper auf Abb. 4 in der Mitte.

Dieses Fahrzeug fällt durch seine Segeleinrichtung auf. Es ist auf ihm statt des üblichen quadratischen Segels ein Sprietsegel angebracht. Schiffe mit soweit vorne angesetztem Segelmast kommen in der römischen Schiffsikonographie in sehr beschränkter Zahl vor. Von insgesamt 800 Abbildungen sind mir nur deren fünf bisher bekannt. Alle fünf stammen aus dem östlichen Mittelmeerraum [42]. Miltner sieht in diesem Schiff auf Abb. 4 Mitte die *caudicaria*, jenes den Codicarii gehörende Fahrzeug, das den Pendelverkehr zwischen Ostia und Rom durchführte [43]. Unmittelbar danach weist er — offensichtlich sich selber widersprechend — auf die Stelle bei Mart. IV. 64, 22 hin, wonach diese Schiffe „vom Ufer aus mittels Tauen von Menschen oder Ochsen stromaufwärts geschleppt wurden". Beim Abwärtsgleiten reichten ein paar Riemen aus. Ein Segel brauchten sie nicht. Tatsächlich sind die Flußschiffe solcher Art manchmal mit dem Mast, jedoch immer ohne Segel abgebildet, auch jene, die Miltner zur Unterstützung seiner Behauptung heranzieht [44]. Eher als die *caudicaria* vermute ich im mittleren Schiff auf dem Kopenhagener Sarkophag eins von jenen Aegaeis-Schiffen, von denen wir einige Darstellungen schon kennen (vgl. Anm. 42) und bei denen, aus welchem Grunde auch immer, der Segelmast weit vorne, fast im Bug des Fahrzeugs steht. Ein unlängst bei Zypern gefundenes Wrack eines antiken

---

[42] Thessaloniki Arch. Mus. Inv. 917; Casson, Abb. 178, ferner im selben Museum ein unveröffentliches Relief Inv. 6172; dann Thasos Arch. Mus. Casson, Abb. 176 und im Arch. Mus. in Istanbul zwei Reliefs: Casson 175 und 177.

[43] Miltner, *Schiffsdarstellungen* 76.

[44] *Ibid.* 76 Anm. 18.

Schiffes, das auch eine ähnliche Konstruktion aufweist [45], unterstützt unsere Ansicht, daß es sich um einen östlichen Typ, also
nicht um eine *caudicaria* handelt.

Nun stellt sich die schwierige Aufgabe der Typenbezeichnung.
Ich schlage *corbita* vor. Wenn wir bedenken, daß unter *corbita* ein
langsam fahrendes Transportfahrzeug (TLL und Liddell-Scott s.v.)
kurz: ein Lastschiff zu verstehen ist, ferner daß das Mosaik in
Althiburos (vgl. Anm. 19) nochmals einen ähnlichen Typ [46] unter
den 25 anderen Darstellungen (leider diesen ohne Beischrift)
aufzeichnet, können wir annehmen, daß es zwei, ev. noch mehr
Ausführungen des Types gegeben hat. Eins haben sie alle gemein,
nämlich den runden Schiffskörper. Außer diesem östlichen Cor-
bitatyp gibt es aber einen anderen, der nur darin abweicht, daß
sein Mast nicht vorne, sondern in der Mitte des Schiffes steht.
Völlig identisch mit letzterem halte ich mit Miltner [47] das linke
Schiff auf dem Sarkophag in Kopenhagen. Wir haben in diesem
Schiff genau den gleichen Typ vor uns, den wir von den Dertosa-
Münzen des Tiberius (vgl. Anm. 20) schon kennen: ein runder
Schiffskörper mit dem Großsegel in der Mitte, dem Artemon auf
dem Bug, der mit einem Keilstolos versehen ist, und dem Cheniscus
auf dem Heck. Wir finden diesen Typ abgesehen von frühkaiser-
zeitlichen Münzrückseiten auch auf Gemälden in Pompeji, auf
vielen Reliefs in Ostia wie auch in Syrien [48].

Das Schiff rechts stellt ein Modell dar, das wir nur auf den
Denkmälern des westlichen Mittelmeergebiets antreffen. Der
Schiffskörper hat einen Rammsporn, der selbstverständlich im
Fall eines Handelsschiffes nicht mehr — wie in der Zeit der See-

---

[45] The International Journal of Nautical Archaeology 3, 2 (1974) 323f.
(M. L. Katzev); über die Stellung des Mastes *ibid*. 208.
[46] Das Schiff auf dem Mosaik ist nicht vollständig geblieben. Ob es auch
eine Bezeichnung hatte, was ich bezweifle, bleibt dahingestellt. Ich stütze
mich auf Duval, der vom Typ auf dem Althiburos-Mosaik, den ich als
Parallele zum Schiff in der Mitte auf Abb. 4 heranziehe, Mél Ant. 1949,
134 schreibt: ,,Vaisseau sensiblement analogue à la corbita''.
[47] Miltner, *Schiffsdarstellungen* 81f.
[48] NSc. 1958, 86 Nr. 45; P. E. Visconti, *Cat. del Museo Torlonia* II, Rom
1883, Nr. 430 Taf. 110; Casson 144; G. Contenau, *Mission archéologique à
Sidon*, Syria 1 (1920) Taf. VI 10; Casson 156; 145 das Schiff rechts. Ohne
Artemon: Casson 143, 148.

kämpfe — als zerstörendes Instrument aufzufassen ist. Das Akrostolion in Form eines Vogel — oder sonstigen Tierkopfes — ist hier einwärts, doch häufiger ist er auswärts, in die Wasserrichtung gedreht, abgebildet. Auf dem Heck ist entweder wie hier ein Cheniscus, oder statt dessen ein Aphlaston angebracht. In welcher Kategorie der Schiffstypen ist dieses Fahrzeug unterzubringen? Miltner schwankt zwischen der *cladivata* und *ponto* [49]. Erstere kann nicht in Erwägung gezogen werden, da die *cladivata* zweifellos zu den Zweimastern gehört (vgl. unten Anm. 52). Ein Ponto ist es aber auch nicht. Zwar gab es nach Caes. bell. civ. III 29, 3 und 40, 5 ein Lastschiff gallischen Ursprungs mit diesem Namen, daneben bezeichnet *ponto* aber auch ein Fährschiff, wie es ausser zwei spätantiken Quellen sogar ein Juristentext aus der Zeit um 200 n. Chr. bezeugt [50].

Es ist ja bekannt, das Handelsschiffe mal als *corbita*, mal als *navis oneraria* bezeichnet werden. Zweifellos sind alle drei hier dargestellten Fahrzeuge ausnahmslos Handelsschiffe. Da die *corbitae* einen runden Schiffskörper haben, wie auf dem Althiburos-Mosaik deutlich belegt wird, können wir das dritte, also das auf dem rechten Bildrande dargestellte Schiff mit einem Sporn (Embolon) nur für eine *navis oneraria* halten.

Zum Schluß soll hier die Einordnung sämtlicher römischer Schiffsdarstellungen in die folgende typologische Reihenfolge versucht werden:

1. *Navis longa* oder Kriegsschiff ist der Sammelname für Mehrreiher, die *liburne*, *lusoria* etc. Charakteristisch für den Typ sind: das Embolon, das Proembolon, die Ruderreihen und meistens das Aphlaston. Ein Segel ist zwar möglich, aber nicht zwingend.

2. *Actuaria* und *phaselus*. Dies sind schnelle, mit Segel und Ruderreihe versehene Transportschiffe. (Kein Kriegsschiff!) Vgl. unter entsprechendem Titel in der TLL. Heute ist für diesen Typ der Begriff Galeere weitgehend verbreitet.

3. *Corbita* (Abb. 4 links und Mitte) ein rundes Handelsschiff mit Segel.

---

[49] Miltner, *Schiffsdarstellungen* 82f.
[50] Paul. *Dig.* 8, 3, 38; Auson. *Opusc.* 12, 152; Isid. *Etym.* 19, 1, 24; vgl. RE XXII (1953) 46 s.v. *ponto* (Miltner).

4. *Navis oneraria* (Abb. 4 rechts) soll das Transportschiff mit Sporn genannt werden. In dieser Gruppe kann auch die *celox* genannt werden.

5. *Cladivata*. Darunter ist zweifellos der Zweimaster zu verstehen. Das Wort kommt zwar bei antiken Schriftstellern nicht vor [51], dagegen jedoch auf einem Zweimaster auf dem Mosaik von Althiburos (Anm. 19). Weitere bildliche Darstellungen ohne Bezeichnung sind auch bekannt [52]. Schiffe mit drei Segeln (oder Masten? τριάρμενος) werden erwähnt bei Plutarch, Marcellus 14, 8, Lukian Nav. 4 und Pseudolog. 27. Mir ist bislang nur eine Darstellung bekannt [53].

6. Der *ponto*, die *caudicaria*, der Treidelkahn etc. kann unter dem Sammelnamen Flußschiff zusammengefaßt werden.

7. Barke, Boot, Nachen etc. kann nur ein Fahrzeug sein, dessen Heck kein eigentliches Steuerungssystem aufweist und das lediglich mit einem Paddel fortbewegt werden kann.

---

[51] Im TLL fehlt cladivata; vgl. auch Miltner, *Schiffsdarstellungen* 83.
[52] Eine Grabmalerei an der Via Latina in Rom: *Monumenti Inediti d. Inst. Corresp. Arch.* VI, Roma 1861, Taf. 53 D.1. Eine Münze aus d. Jahre 307 n. Chr.: Casson, 169. Ein Relief aus Utica im British Mus.: C. Torr, *Ancient Ships*, Chicago 1964, Taf. 6 Abb. 33. Casson 142.
[53] G. Becatti, *Scavi di Ostia* IV. *Mosaici e pavimenti marmorei*, Rom 1961, Nr. 105 das Schiff links; Casson 145.

Photonachweis

Abb. 1. Photo Dörner.
Abb. 2. Photo nach Strack.
Abb. 3. Photo DAI Rom Neg. Nr. 33.241.
Abb. 4. Photo Alinari 46973.
Abb. 5. Photo DAI Rom Neg.Nr. 59.343.

THOMAS PEKÁRY

STATUEN IN KLEINASIATISCHEN INSCHRIFTEN

I

Antike Städte müssen in einer Weise mit Statuen überfüllt gewesen sein, daß wir uns heute kaum mehr eine richtige Vorstellung davon machen können. Wenn der kaiserzeitliche kynische Philosoph Oinomaos von Gadara von 30.000 Götterstatuen spricht, die die Welt bevölkern, so hat er in seiner Schätzung natürlich viel zu tief gegriffen [1]. Eine vermutlich auf amtliche Verzeichnisse fußende Angabe bei Plinius über die Zahl der Statuen auf Rhodos zu seiner eigenen Zeit ist leider korrupt überliefert: in einigen Manuskripten steht 3.000, was sicherlich zu niedrig ist, denn allein im Theater des Scaurus soll es so viele Bronzestatuen gegeben haben [2]; in anderen 73.000 [3]. Eine vor nicht allzulanger Zeit veröffentlichte Inschrift spricht von der Aufstellung von 120 Nike- und Erotenstatuen im Theater von Ephesos [4]; natürlich gab es dort noch zahlreiche Statuen von Göttern, Kaisern, verdienten Bürgern, wohl auch von Dichtern und Schauspielern. Doch genug damit; wir verweisen auf das eindrucksvolle Material, das L. Friedländer aus dem ganzen römischen Reiche zusammengestellt hat [5].

Die alten Griechenstädte Kleinasiens waren natürlich besonders reich an Statuen, und hier war es auch Sitte, ihre Aufstellung auf

---

[1] ap. Euseb. *PE* 5, 36, 2; vgl. Ch. Clerc, *Les theories relatives au culte des images*, Paris, 1915, 121.

[2] Plin. *N.H.* 34, 36 und 36, 115.

[3] Plin. *N.H.* 34, 36; dazu die lect. var. in der Edition von H. le Bonniec - H. Gallet de Santerre, *Les belles lettres*, Paris 1953, 120 und 192.

[4] F. Miltner, *XXIV. Vorläufiger Bericht über die Ausgrabungen in Ephesos*, ÖJh 45 (1960) Bbl. 51ff.

[5] L. Friedländer, *Darstellungen aus der Sittengeschichte Roms* III, Leipzig 1920⁹, 1-117 (im folgenden: Friedländer, *Sittengeschichte*); vgl. auch unsere Bemerkungen *Statuae meae. . .argenteae steterunt in urbe XXC circiter, quas ipse sustuli. Interpretation zu Res gestae divi Augusti 24*, in: *Monumentum Chiloniense. Studien zur augusteischen Zeit. Kieler Festschrift für E. Burck* (hrsg. von E. Lefèvre), Amsterdam 1975, 98ff.

Ehren- und Grabinschriften ausdrücklich zu erwähnen. Ein ähnlich reiches epigraphisches Material gibt es nur aus wenigen Gebieten des klassischen Mittelmeergebietes: aus einigen Teilen Italiens und aus dem römischen Nordafrika, wo im Gegensatz zu Kleinasien auch die Kosten regelmäßig verzeichnet werden [6]. Häufig werden die Namen der Bildhauer und Steinmetzen erwähnt; eine Untersuchung dieses Materials steht noch aus. Die Zahl dieser Künstler und Handwerker muß besonders in größeren Städten wie Ephesos und Milet oder in künstlerischen Zentren wie Aphrodisias außerordentlich groß gewesen sein; in der letztgenannten Stadt fand jedes vierte Jahr sogar ein Wettkampf der Bildhauer, ἀγὼν τῶν ἀγαλματοποιῶν statt [7]. Arbeitslöhne oder Künstlerhonorare werden leider außerordentlich selten erwähnt [8].

II

Von den zahlreichen möglichen Themen möchte ich mich hier auf einige beschränken; zeitlich begrenze ich die Behandlung auf die römische Herrschaft in Kleinasien [9]. Zunächst sollen einige Angaben folgen über die weitverbreitete Sitte, einer Person mehrere Statuen oder sonstige Ehrendenkmäler aufzustellen. Typische Beispiele aus älteren Inschriftenfunden hat bereits Friedländer zusammengestellt [10]; seither wurden viele neue Dokumente aufgefunden und ediert, ältere neu gelesen und korrigiert. Die folgende Aufstellung erhebt keinen Anspruch auf Vollständigkeit; insbesondere wurden die Kaiserstatuen weggelassen, von denen es natürlich in jeder Stadt mehrere gab, vielfach auch für einen Kaiser [11].

---

[6] R. Duncan-Jones, *The Economy of the Roman Empire*, Cambridge 1974, 63ff.

[7] Th. Reinach, *Inscriptions d'Aphrodisias*, REG 19 (1906) 251f. Nr. 147 = *MAMA* VIII, 519; T. Ritti, *Gare di scultura ad Afrodisia*, RendLinc. 26 (1971) 189ff. = J. u. L. Robert, *BullÉp.* 1972, 414.

[8] Ein Bildhauer bekommt als Arbeitslohn 20 Litren Getreide; vgl. G. E. Bean, *Notes and Inscriptions from Pisidia*, AnSt. 9 (1959) 99 Nr. 52 aus Pisidien.

[9] Einen Überblick über die neuen Forschungen gibt mein Beitrag: *Kleinasien unter römischer Herrschaft*, in: *ANRW* II 7, Berlin/New York 1977, oooff.

[10] Friedländer, *Sittengeschichte* III 70f.

[11] Ein Band über die Schriftquellen zu den römischen Kaiserbildern ist von mir in Vorbereitung und soll in der Reihe *Das römische Herrscherbild*, herausgegeben von M. Wegner, erscheinen.

Beginnen wir mit Diodoros Pasparos, dem pergamenischen Politiker, der in den wirren Jahren nach dem Tod des Attalos III. zur Zeit des Aristonikoskrieges und der Einrichtung der römischen Provinz sich für seine Vaterstadt besonders verdient machte und außerordentliche Ehren erfahren hat. Das einschlägige Material wurde jetzt neu zusammengestellt und ausgewertet von D. Kienast[12]. Im wohl frühesten pergamenischen Volksbeschluß für Diodoros Pasparos heißt es, es sollen ihm errichtet werden: ein goldenes „eikon" — (Zum Ausdruck weiter unten, Abschn. V) — ein goldenes Reiterstandbild, ein bronzenes „kolossales" Standbild [13]. das von einer Darstellung des Demos gekrönt wird, ein bronzenes Reiterstandbild. Die alle sollten auf heiligen oder öffentlichen Plätzen aufgestellt werden, die Diodoros selber bestimmen durfte; dazu kam jedoch noch ein marmornes ἄγαλμα [14], das in einem für den Geehrten errichteten Tempel Aufstellung finden sollte. Ich verzichte hier auf die Aufzählung der nicht-statuarischen Ehrungen. In einem weiteren Volksbeschluß ist dann von noch zwei Statuen die Rede, von denen eine im Gymnasium stehen soll. Als Diodoros das Gymnasium auf eigene Kosten umbauen läßt, bekommt er zusätzlich noch ein marmornes ἄγαλμα, das in eben diesem Bau zwischen Götterstatuen seinen Platz finden soll. In einem fragmentarischen Beschluß ist dann von einem weiteren die Rede. In den auf uns gekommenen Dokumenten ist also insgesamt von 9 Statuen die Rede, darunter von zwei goldenen und zwei Reiterstandbildern.

Dies sind zwar besondere Ehrungen, aber keineswegs einmalig. Sogar in Rom wurden, und zwar unter der Herrschaft des Nero, einem verdienten Senator, Consul des Jahres 3 n. Chr., vom Senat 9 Statuen beschlossen, allerdings erst nach dem Tode des Geehrten. Die entsprechende Inschrift wurde vor kurzem gefunden; ich zi-

---

[12] RE Suppl. XII (1970) 223ff. *Diodoros Pasparos* (Kienast).

[13] Zur Bedeutung von „kolossos", das nicht unbedingt eine überlebensgroße, also „Kolossalstatue" bedeutet, vgl. E. Benveniste, *Le sens du mot* κολοσσός *et les noms grecs de la statue*, RevPhil. 1932, 118ff. und G. Roux, *Quest-ce qu'un* κολοσσός? REA 62 (1960) 5ff.

[14] Zur genauen Bedeutung von ἄγαλμα und ἀνδριάς vgl. bes. G. Roux, *Pindare, le prédendu trésor des Crétois et l'ancienne statue d'Apollon à Delphes*, REG 75 (1962) 373ff.

tiere die Aufstellung der Statuen wörtlich nach dem Herausgeber
W. Eck [15]:

„drei Triumphalstatuen: eine aus Erz auf dem *forum Augusti*,
    zwei aus Marmor im *templum novum* des vergöttlichten Augustus,
drei Konsularstatuen: eine im Tempel des vergöttlichten Iulius,
    eine auf dem Palatium innerhalb eines dreibogigen Tores,
    eine auf dem Platz vor dem Apollotempel im Anblick der *curia*,
eine Augurstatue in der Regia,
eine Reiterstatue in unmittelbarer Nähe der Rostra,
eine Sitzstatue auf der *sella curulis* in der Säulenhalle der Lentuli
    beim Pompeiustheater."

Im Gegensatz zum erwähnten Diodoros fehlen hier allerdings ein
eigener Tempel und goldene Statuen. Letzteres ist leicht zu erklären: Tod und Ehrung des Volusius Saturninus fallen in das Jahr
56 n. Chr., und erst kurz vorher hat Nero seine eigene Ehrung durch
goldene und silberne Statuen abgelehnt [16]. Goldene Statuen sind
jedoch kein kaiserliches Reservatrecht, wie ich das an anderer
Stelle zeigen konnte [17].

Doch kehren wir nach Kleinasien zurück. In Sardes wurde in
augusteischer Zeit ein gewisser Menogenes in einer Reihe von
Beschlüssen geehrt [18]. Verschiedene Körperschaften, nicht nur aus
Sardes, sondern aus anderen kleinasiatischen Städten bedachten ihn
mit ein marmornes ἄγαλμα, einer Bronzestatue, und mit sechs auf
Schildern gemalten Bildnissen mit Goldgrund. In derselben Stadt
wurde im 1. Jh. v. Chr. ein gewisser Iollas mit insgesamt 14 Bildern
geehrt; darunter befinden sich drei goldene Statuen (eine davon

---

[15] W. Eck, *Die Familie der Volusii Saturnini in neuen Inschriften aus
Lucus Feroniae.* Hermes 100 (1972) 461ff., das Zitat 469f. Eine Faksimile-
Zeichnung der Inschrift bei J. Reynolds, *Roman Inscriptions 1966-1970*, JRS
61 (1971) 143.

[16] Tac. *Ann.* 13, 10, 1; vgl. K. Scott, *The Significance of Statues in Precious
Metals in Emperor Worship*, TAPhA 62 (1931) 116f.

[17] Th. Pekáry, *Goldene Statuen in der Kaiserzeit*, RM 75 (1968) 144ff.
und in: *Monumentum Chiloniense, op. cit.* (Anm. 5) 103f. Vgl. auch L. Robert,
Recherches Épigraphiques, REA 62 (1960) 318 Nr. 8 und Annuaire du Collège
de France 53 (1953) 227.

[18] W. H. Buckler - D. M. Robinson, *Greek Inscriptions from Sardes. V 1.
Decrees of League of the Greeks in Asia and of Sardians Honoring Menogenes*,
AJA 18 (1914) 322ff. = *IGR* IV 1756 = *ISardis* I Nr. 8.

κολοσσικῆ und eine Reiterstatue), 4 Bronzestatuen, 3 marmorne ἀγάλματα and 4 gemalte Bildnisse [19]. In Knidos erhielt ein Artemidoros in augusteischer Zeit drei marmorne, drei goldene und drei bronzene Büsten [20].

Noch mehr als lokale Wohltäter und Politiker wurden selbstverständlich die römischen Statthalter und sogar ihre Familienmitglieder mit Statuen in den verschiedenen Städten ihrer Provinz geehrt [21]. Aber auch niedrigere Beamte erhielten Bildnisse; vom Vater des Vespasianus, T. Flavius Petro, berichtet Sueton, daß er Procurator in der Provinz Asia gewesen ist: *manebantque imagines a civitatibus ei positae* [22]. Der christliche Apologet Athenagoras berichtet im 2. Jh. n. Chr. über Statuen eines gewissen Neryllinus, die in Alexandria Troas standen; die meisten waren einfach Zierden der Stadt, eine jedoch soll nach Volksglauben Orakel geben und Kranken heilen [23]. Es ist nicht ausgeschlossen, daß dieser Mann identisch ist mit dem Statthalter von Asien etwa 69/70 n. Chr., M. Suillius Nerulinus [24].

Nicht nur Gemeinden konnten über Statuen römischer Beamter beschließen, sondern offenbar auch der Kaiser, wenn wir einer in vieler Beziehung rätselhafter Inschrift aus Ephesos glauben können. Es handelt sich um einen kaiserlichen Brief in lateinischer Sprache, wobei allerdings der Name des Absenders und der Titel des Adressaten fehlen. Gelobt wird in überschwenglicher Weise ein gewisser Philippus, dessen Titel und Funktionen ebenfalls nicht genannt werden. Z. 29-32 heißt es: *ergo qui tantis eius inlustribus meritis| [r]espondere nitimur, cum placemus et decet tanti viri in opimis urbibus | [mo]numenta devotionis extare, Marine carissime ac iucundissime, | statuas inauratas eidem locari decernimus efficacia*

---

[19] W. H. Buckler - D. M. Robinson, *Greek Inscriptions from Sardes. II. Honorific Inscriptions* AJA 17 (1913) 29ff. = *ISardis* I Nr. 27.

[20] LeBas-Waddington 1572 bis = Friedländer, *Sittengeschichte* III 71.

[21] Friedländer, *Sittengeschichte* III 66f.

[22] Suet. *Vesp.* 1, 2.

[23] Athenagoras, *Leg.* 26; vgl. Clerc, *op. cit.* (Anm. 1) 39. Zu Athenagoras: B. Altaner - A. Stuiber, *Patrologie*, Freiburg 1966⁷, 74f.

[24] Zum Statthalter: D. Magie, *Roman Rule in Asia Minor* II, Princeton 1950, 1582 und W. Eck, *Senatoren von Vespasian bis Hadrian. Prosopographische Untersuchungen mit Einschluß der Jahres- und Provinzialfasten der Statthalter* [= Vestigia 13], München 1970, 83 und 112.

sinceritatis tuae [25]. Die Herausgeber sehen im Text entweder einen
Brief des 4. Jh. n. Chr. oder einen des Gordian III, wobei der erwähnte Philippus der spätere Kaiser sein soll, der bereits unter
seinem Vorgänger hohe Ämter bekleidete. Zweifel bleiben bestehen [26].
Mir ist auch kein Fall bekannt, daß ein Kaiser „in den ansehn-
lichsten Städten" (des ganzen Reiches?) vergoldete Statuen von
jemanden aufstellen läßt, es sei denn, für konsekrierte Kaiser,
wenn wir zwei nicht sehr zuverlässigen Stellen der Historia Augusta
glauben schenken dürfen [27].

Natürlich konnte eine Stadt einem römischen Statthalter gleichzeitig mehrere Statuen beschließen [28]. Dasselbe geschah mit berühmten Philosophen und Rednern, deren Denkmälern in vielen
Städten oft in mehrfacher Anfertigung die öffentlichen Plätze bevölkerten, wie die des Aristides, Dio von Prusa, Favorinus [29]. Eine
Büste des Dio mit Inschrift wurde in Pergamon auch aufgefunden [30].
In dieser Stadt und in Ephesos wurden die Redner und Sophisten
besonders häufig geehrt [31]. Aber auch ein Bankier aus Rhodos
konnte sich rühmen, von zahlreichen Griechenstädten mit Statuen
und Bildnissen geehrt worden zu sein. Allerdings war er ein ‚an-
ständiger' Mensch: nicht nur Bankier, sondern auch Gymnasiarch,
Priester und Gesandter der Stadt u.a. beim römischen Kaiser [32].

---

[25] F. Miltner, *XXII. Vorläufiger Bericht über die Ausgrabungen in Ephesos*,
ÖJh. 44 (1959) Bbl. S. 285ff. mit Bemerkungen von J. Keil und G. Maresch.
[26] X. Loriot hat in seinen beiden ausführlichen Forschungsberichten
(*Les premières années de la grande crise du III* siècle: De l'avènement de
Maximin le Thrace (235) à la mort de Gordien III (244)*, in: *ANRW* II 2,
Berlin/New York 1975, 657-787; *Chronologie du règne de Philippe l'Arabe
(244-249) après J.C.*), *ibid.* 788-797) die Inschrift, so viel ich sehe, unberücksichtigt gelassen.
[27] HA *MAur.* 18, 5, 1f. und *Tac.* 9, 2 und 5; dazu Th. Pekáry, *Statuen
in der Historia Augusta* [= Bonner Historia-Augusta-Colloquium 1968/1969,
Antiquitas Reihe 4, 7], Bonn 1970, 151ff. bes. 154f.
[28] Chr. Habicht, *Die Inschriften des Asklepieions* [= *AvP* VIII 3], Berlin
1969, Nr. 22, S. 53ff.
[29] Friedländer, *Sittengeschichte* III 72f.
[30] R. Horn - E. Boehringer, *Die Ausgrabungen zu Pergamon im Jahre
1965*, AA 1966, 473 mit Abb. 55.
[31] J. Keil, *Vertreter der zweiten Sophistik in Ephesos*, ÖJh. 40 (1953) 5ff.;
Habicht, *op. cit.* (Anm. 28) 15ff. Vgl. im allgemeinen G. W. Bowersock,
Greek Sophists in the Roman Empire, Oxford 1969.
[32] G. Pugliese-Carratelli, *Per la Storia della Associazioni in Rodi Antica*,

Besonders fremdartig muten uns heute Bestimmungen an, nach denen jemanden in regelmäßigen Abständen neue Statuen aufgestellt werden sollen. So geschah es jedoch in der kleinen karischen Stadt Herakleia Salbakea, wo der Gründer agonistischer Spiele und seine Frau jedes vierte Jahr eine Statue erhalten sollten. Wie viele tatsächlich aufgestellt wurden, ist leider unbekannt; offenbar mindestens neun [33]. Etwas ähnliches, aber auf privater Basis, ist mir aus Nordafrika bekannt: in Abthugni vermacht jemand der Stadt eine Summe, aus deren Zinsen ihm u.a. jedes siebente Jahr eine neue Statue aufgestellt werden soll [34].

Doch die höchste überlieferte Zahl an Ehrenstatuen betrifft — wenn man von Kaisern und Statthaltern absieht — einen Schauspieler, Pantomimen, der in verschiedenen agonistischen Spielen erste Preise gewann. Es ist ein gewisser Ti. Iulius Apolaustus, dem etwa 23 Statuen aufgestellt wurden, davon allein in Kleinasien je eine in Ephesos, Pergamon, Magnesia, Milet, Sardes, Kyme, je zwei in Laodikeia und Thyateira, 3 in Hierokaisareia [35]. Vergleichbare Zahlen muß man annehmen bei in verschiedenen Spielen siegreichen Athleten, Pankratisten, Wagenlenker.

Wie haben sich nun die in dieser Weise Geehrten benommen? Es ist allgemein bekannt, daß Kaiser gelegentlich Bildnisse, insbesondere goldene oder wenn sie in Tempeln aufgestellt werden sollten, ablehnten; auf dieses Thema möchte ich hier nicht eingehen. Es kam häufig vor, daß die Geehrten die Aufstellungskosten der für sie beschlossenen Statuen übernommen haben: hunderte von Inschriften bezeugen es. Seltener ist es, daß jemand, wie ein Gymnasiarch augusteischer Zeit in Kyme, die ihm angebotene goldene Eikones zurückweist [36].

ASAtene n.s. 1-2 (1942) 154 Nr. 14; R. Bogaert, *Banques et banquiers dans les cités grecques*, Leiden 1968, 216.

[33] J. u. L. Robert, *La Carie II: Le plateau de Tabai et ses environs*, Paris 1954, 182f.

[34] *CIL* VIII 11201 = Dessau, *ILS* 5494 = Duncan-Jones, *op. cit.* (Anm. 6) 103 Nr. 262 und S. 117f.

[35] Inschriften aus Ephesos, Korinth und Delphi, vgl. L. Robert, *Inscriptions de l'Antiquité et du Bas-Empire à Corinthe*, REG 79 (1966) 756-759.

[36] *IGR* IV, 1302 = Scott, *op. cit.* (Anm. 16) 104; S. Eitrem, *Zur Apotheose*, SOsl. 15/16 (1936) 116.

III

Interessant ist zu erwähnen, daß in Kleinasien auch Frauen mit Statuen geehrt wurden, gelegentlich sogar mit mehreren, darunter mit vergoldeten Eikones und mit ἀγάλματα. So erhielt etwa die Mutter des Dio von Prusa ein ἄγαλμα καὶ ἱερόν [37]. Eine Priesterin in Stratonikeia wurde „Wiederholt mit Statuen und mit Bildnissen, die auf Schilder gemalt und vergoldet waren", ferner mit ἀγάλμασι geehrt [38]. In Kyme gibt es eine Reihe von Ehrendekrete für eine Wohltäterin, die unter anderem von einer Bildnisstatue sprechen, die von einer Bronzestatue, den Demos darstellend, bekränzt wird [39]. Weibliche Angehörige römischer Statthalter erhielten ebenfalls oft Ehrenstatuen, wie erwähnt, vgl. auch weiter unten.

IV

Es ist selbstverständlich, daß Rat und Volk auch bereits verstorbene mit oft zahlreichen Statuen und Bildnissen ehren konnten. Erwähnen wir zwei interessante Beispiele: im karischen Heraklea Salbakea dürfen die Angehörigen eines unbekannten Verstorbenen dessen Statuen und vergoldete Bilder auf öffentlichen Plätzen aufstellen [40], und in Kaunos in Karien werden jemandem außer einem öffentlichen Begräbnis Statuen und Bilder beschlossen [41]. Freilich konnte man privat noch weiter gehen: Herodes Atticus ehrte seine verstorbene Gemahlin mit vielen Denkmälern, aber auch die beiden Pflegesöhne nach deren Tod mit zahlreichen Marmorstatuen [42]. Eine Grabinschrift aus Apateira im Kayster-Tal berichtet von Statuen und von 13 gemalten Bildern einer Verstorbe-

---

[37] Dio Chr. 44, 3.
[38] J. Hatzfeld, *Inscriptions de Lagina en Carie*, BCH 44 (1920) 77 Nr. 8; J. H. Olivier, *The Sacred Gerusia*, Hesperia Suppl. 6 (1941) 156 Nr. 44.
[39] G. E. Bean, *Two Inscriptions from Aeolis*, Belleten 30 (1966) 528ff.; A. Hönle, *Neue Inschriften aus Kyme*, AA 1967, 46ff.; J. u. L. Robert, *BullÉp.* 1968, Nr. 444-445.
[40] L. Robert, *Hellenica* III, Limoges 1946, 28f. und J. u. L. Robert, *op. cit.* (Anm. 33) 165, Nr. 41.
[41] P. Hermann, *Zwei Inschriften von Kaunos und Baba Dağ*, in: P. Roos - P. Hermann, *Zusätzliches zum südöstlichen Karien*, OpAth. 10 (1971) 36ff.
[42] Friedländer, *Sittengeschichte* III 77 mit Belegen.

nen [43]. Einige weitere Angaben über öffentliche und private Ehrungen von Verstorbenen in Griechenland und Kleinasien wurden von L. Robert zusammengestellt [44].

V

Bevor wir uns noch weiteren Statuen bzw. -gruppen widmen, sollen nun einige Bemerkungen zu εἰκών folgen. Das Wort, das auch in kleinasiatischen Inschriften sehr oft vorkommt, wird von den Herausgebern mal mit ,,Bildnisstatue'', mal mit ,,auf Schild gemaltes Bild'', also *imago clipeata*, übersetzt. Doch wird dann auch wiederum gerade die Porträthaftigkeit der olympischen Siegerstatuen, ,,*quas iconicas vocant*'', in einer interessanten Untersuchung von W. H. Groß geleugnet [45]. Dagegen sieht der von ihm nicht herangezogene Linguist E. Benveniste in εἰκών ,,l'image vivante, la ressemblance animée'' [46]. Ob es sich um Statue oder um gemaltes Bild handelt, sagt er nicht. Das wesentliche dazu hat jedoch m.E. schon Rostovtzeff 1930 gesehen: ,,Il est probable que les εἰκόνες tout court sont des statues, les εἰκόνες γραπταί des peintures'', wobei er einschränkend hinzufügt, letztere könnten u.U. auch bemalte Statuen, z.B. aus Holz, bedeuten [47]. In den θεῖαι εἰκόνες einiger Inschriften sieht L. Robert in erster Linie die Porträtbüsten der Kaiser, nicht bloß gemalte Bilder [48]. In εἰκὼν ἔνοπλος sah G. Klaffenbach zunächst eine Statue mit Waffen oder Militärgewand [49]; auf eine Kritik von L. Robert hin änderte er jedoch seine Meinung: es könne sowohl Statue als gemaltes Bild bedeuten. Als

---

[43] J. Keil - A. v. Premerstein, *Bericht über eine dritte Reise in Lydien*, DenkschrWien 1914, 88ff. Nr. 111; J. Kubińska, *Les monuments funéraires dans les inscriptions grecques de l'Asie Mineure*, Warszawa 1968, 125.

[44] L. Robert, *Les inscriptions de Thessalonique*, RevPhil. 48 (1974) 216-219.

[45] W. H. Gross, *Quas iconicas vocant. Zum Porträtcharakter der Statuen dreimaliger olympischer Sieger*, NGG 1969, Nr. 3; das reiche inschriftliche Material und die im folgenden aufzuführenden neueren Arbeiten blieben dort unberücksichtigt.

[46] Benveniste, *op. cit.* (Anm. 13) 118-135, Zitat 133.

[47] M. Rostovtzeff, *L'empéreur Tibère et le culte impérial* RH 163 (1930) 11-13.

[48] L. Robert, *Recherches Épigraphiques*, REA 62 (1960) 316-324, mit vielen Belegen.

[49] G. Klaffenbach, Εἰκὼν ἔνοπλος, Philologus 105 (1961) 295-297.

Beweis zitiert er eine Inschrift aus Sardes, wo sowohl von ἰκόνα ἔνοπλον ἐπίχρυσον als auch von ἰκόνα γραπτὴν ἔνοπλον ἐπίχρυσον die Rede ist [50]. In einer neueren Arbeit hat H. Blanck wiederum das Thema angeschnitten, doch offenbar ohne Kenntnis der meisten hier angeführten Arbeiten, insbesondere der französischen [51]. Er sieht in εἰκών, m.E. zu recht, sowohl Statue als gemaltes Bild, doch geht er wohl zu weit, wenn er in sämtlichen Erwähnungen eines εἰκὼν ἐν ὅπλῳ oder ἔνοπλος — im Gegensatz zu L. Robert und zum zweiten Aufsatz von Klaffenbach — eine *imago clipeata* vermutet. Ebensowenig überzeugt mich seine Unterscheidung S. 8: εἰκόνες γραπταί seien vergoldete Bronzestatuen, dagegen εἰκόνες ἐπίχρυσοι Gemälde mit Goldgrund.

Eine immer und überall gültige Definition von εἰκών und der angefügten Adjektive ist wohl nicht möglich. Das Wort bedeutet grundsätzlich Porträt, bildnishafte Darstellung, und ohne Adjektiv wohl in den meisten Fällen, jedoch nicht ausschließlich, eine Statue. Εἰκὼν γραπτή ist das gemalte Bildnis, ob jedoch nicht auch gemalte Statuen gelegentlich so benannt werden konnten, wie Rostovtzeff vermutet, ist kaum zu entschieden. Εἰκὼν ἔνοπλος bedeutet in den meisten Fällen die *imago clipeata*, jedoch kann der Ausdruck offenbar auch eine Panzerstatue bezeichnen. Εἰκὼν ἐπίχρυσος kann m.E. sowohl eine vergoldete Statue als auch ein Bild auf Goldgrund sein. Bei der Erklärung und Übersetzung ist es wichtig, jedesmal auf alle bekannten Einzelheiten zu achten: Die im Freien, z.B. im Theater aufgestellten εἰκόνες sind wohl immer Statuen; Dübellöcher oder Standspuren auf den Inschriftenbasen, die in Veröffentlichungen leider allzu oft nicht verzeichnet werden, sind auch wichtige Hinweise. Selten hat man freilich so eindeutige Bezeichnungen wie in der ἀνδριάντι εἰκονικῷ in einer Inschrift aus Cadyanda in Lykien [52].

---

[50] J. u. L. Robert, *BullÉp*. 1962, 203; G. Klaffenbach, *Noch einmal* εἰκὼν ἔνοπλος, Philologus 107 (1963) 156-157; dazu noch *BullÉp*. 1964, 283 und eine Zusammenfassung der Diskussion bei G. Mihailov, *IGBulg*. I², Serdicae 1970, Nr. 315.

[51] H. Blanck, *Porträt-Gemälde als Ehrendenkmäler*, BJb. 168 (1968) 1-12. Die Aufstellung S. 11 ist unvollständig.

[52] *TAM* II 2, 671.

VI

Neben all den Götter-, Kaiser- und Ehrenstatuen gab es freilich in den Griechenstädten noch andere Gattungen. Eine davon galt großen Männern vergangener Zeiten. So wie Kaiser Augustus auf seinem neuen Forum die Statuen der *summi viri* aus Roms Vergangenheit aufstellen ließ [53], wie andere Städte in Italien diesem Beispiel folgten, wie im etruskischen Tarquinia um 40 n. Chr. die Elogia, wohl mit Statuen, für die Großen der eigenen Geschichte aufgestellt wurden [54], haben auch Griechen ihre eigene Vergangenheit nicht vergessen und ihre bedeutenden Vorfahren noch in der Kaiserzeit mit Statuen geehrt. Wie weit darin Spuren eines geistigen Widerstandes gegen Rom zu suchen sind, ist schwer zu sagen; denn auch römische Kaiser schwärmten oft für große Griechen: der „Hellenismus" des Hadrian, der z.B. das Grab des Alkibiades in der phrygischen Ortschaft Melissa besuchte, dort jährliche Opfer vorschrieb und eine Statue des Atheners aus parischem Marmor aufstellen ließ [55], ist bekannt; Caracalla ließ in Städten und Lagerheiligtümern Statuen Alexanders des Großen aufstellen, in den Städten teilweise sogar mitsamt Familienmitgliedern [56]. In Thessaloniki wurden tatsächlich Statuenbasen für Alexander, seinem Sohn und seiner Schwester Thessalonike gefunden und vom Herausgeber ins 2./3. Jh. n. Chr. datiert: sind sie auf Caracalla's Befehl oder aus Lokalpatriotismus aufgestellt worden? [57] Im karischen Bargylia wurde der Kult Alexanders zu Beginn des 3. Jh. n. Chr. erneuert, zusammen mit der Aufstellung einer Statue [58]. Aber auch

---

[53] A. Degrassi, *Inscr. Italiae* XIII 3, Elogia 1937, 1ff.; P. Zanker, *Forum Augustum* [= Monumenta Artis Antiquae 2] Tübingen o.J., 15f.

[54] P. Romanelli, *Regione VII. Tarquinia — Scavi e ricerche nell'area della città*, NSc. 1948, 26off.; J. Heurgon, *La vie quotidienne chez les Étrusques*, Paris 1961, 314ff.

[55] Ath. *Deipnos.* 13, 574e.

[56] Hdn. 4, 8, 1; *D.C.* 77, 5, 1. In Statuen, die bei einem Aufstand in Alexandrien 215 n. Chr. vernichtet wurden, sehen die Herausgeber des entsprechenden Papyrus ebenfalls Alexanderstatuen: P. Benoît - J. Schwartz, *Caracalla et les troubles d'Alexandrie en 215 après J.-C.*, Études de Papyrologie 7 (1948) 17ff., bes. 22. Ich kann ihnen in diesem Punkt nicht folgen.

[57] *IG* X 2, 1, Nr. 275-277.

[58] *OGIS* 3; Chr. Habicht, *Gottmenschentum und griechische Städte* [= Zetemata 14], München 1956, 20.

andere hellenistische Herrscher, besonders die Städtegründer, werden noch in der Kaiserzeit mit Statuen geehrt, so Seleukos Nikator in Apollonia-Sozopolis in Pisidien [59] und Perdikkas — zusammen mit Alexander - in Gerasa [60].

Neben Herrscher wurden in der Kaiserzeit auch Philosophen, Dichter und Redner mit Statuen und Bildern geehrt. Sie bevölkerten in erster Linie Bibliotheken und Studierzimmer, wie es zahlreiche antike Autoren bestätigen [61], konnten aber auch auf öffentlichen Plätzen stehen. So ließ der bekannte Sophist Polemon im 2. Jh. n. Chr. Demosthenes in Pergamon ehren. Die über 1 m hohe Basis mit den Dübellöchern zeugt von einer großen Statue [62]. Im selben Jahrhundert wurde der athenische Redner auch in seiner Heimat durch eine Statue geehrt [63]. Auch Römer konnten diese Auszeichnung erhalten. Cicero, der während seiner Statthalterschaft in Kilikien die ihm dort angebotene Statuen und Tempel abgelehnt hatte [64] und in Samos, zusammen mit seinem Bruder Quintus, Statuen erhielt (dazu weiter unten), wurde im 2. Jh. n. Chr. in Sardes durch eine Büste geehrt, diesmal wohl in seiner Eigenschaft als Redner und Philosoph [65].

VII

Außer den Darstellungen von Göttern und Menschen gab es aber auch gemalte, gemeißelte und gegossene Abstraktionen in den Griechenstädten: Statuen der Δικαιοσύνη [66]; der Παιδεία, Ἀρετή und

---

[59] *SEG* VI 592 = *MAMA* IV 226; M. P. Nilsson, *Geschichte der griechischen Religion* II [= HAW 5, 2. 2], München 1967, 168 Anm. 4.

[60] H. Seyrig, *Antiquités Syriennes. 87. Alexandre le Grand, fondateur de Gerasa*, Syria 42 (1965) 25ff.

[61] Friedländer, *Sittengeschichte* III 42f. und 55f., dazu etwa noch Tertull. *Apol.* 50, 10f.

[62] Habicht, *op. cit.* (Anm. 28) Nr. 33.

[63] M. Th. Mitzos, Ἐκ τοῦ Ἐπιγραφικοῦ Μουσείου II, ArchEph. 1960, 38ff., vgl. G. M. A. Richter, JHS 85 (1965) 247 (Rezension: H. Blanck, *Wiederverwendung alter Statuen als Ehrendenkmäler bei Griechen und Römern*, Diss. Köln 1963).

[64] Cic. *Att.* 5, 21, 7.

[65] *ISardis* I Nr. 49.

[66] L. Robert, *Inscriptions grecques de Phénicie et d'Arabie*, in: *Mélanges R. Dussaud* II, Paris 1939, 731-733 und idem, *Documents de l'Asie Mineure méridionale*, Paris 1966, 26f.

'Ομονοία [67] und noch vieler anderer. Ferner gab es Personifikationen. In Side lassen sich Rat und Volk durch die Gerusie gegenseitig bildlich darstellen [68]; der Stadtrat oder der römische Senat werden auch sonst oft in statuarischer Form verewigt [69]. Ein besonders interessantes Beispiel besitzen wir aus Ephesos. Hier hat ein gewisser G. Vibius Salutaris der Stadt eine goldene und 28 silberne Statuen geschenkt, darunter mehrere der Artemis, je eine des Trajan und der Plotina, dann Statuen des Senates, des Volkes und des Ritterstandes von Rom, des Rates, der Γερουσία, des Volkes und der 'Εφηβεία von Ephesos, der einzelnen Phylen der Stadt und anderer [70].

Was die Bedeutung und der Sinn der oft reihenweise aufgestellten Erotenstatuen war, ist heute schwer zu sagen. So wurden etwa in Sardes 5, in Tralles 18, in Thyateira 25 und in Ephesos im Theater sogar 120 Eroten gleichzeitig aufgestellt [71]. Dort, wo er z.B. zusammen mit Aphrodite erscheint, wird er wohl noch als Gottheit betrachtet gewesen sein; anderswo als symbolische Figur oder einfach auch als Dekoration im Sinne der Putti der Renaissance.

VIII

Statuen wurden auf öffentlichen Plätzen und Gebäuden wie Rathäusern, Theatern vielfach gebührenpflichtig aufgestellt — wozu ein zustimmender Beschluß des Rates notwendig war — ferner in Gymnasien, Tempeln — mindestens in einigen mußte man für die Aufstellung ebenfalls Gebühren entrichten, wie es eine Inschrift lehrt [72] —

---

[67] L. Robert, *Inscriptions d'Aphrodisias*, AntCl. 35 (1966) 399.

[68] A. M. Mansel - E. Bosch - J. Inan, *Vorläufiger Bericht über die Ausgrabungen in Side im J. 1947* [= TTK 5, 11] Ankara 1951, Nr. 10-11; vgl J. u. L. Robert, *BullÉp.* 1952, 156; vgl. *BullÉp.* 1958, 497 mit weiterer Literatur.

[69] z.B. in Comama, G. E. Bean, *Notes and Inscriptions from Pisidia* II, AnSt. 10 (1960) 55 Nr. 102.

[70] R. Heberdey, *FiE* II, Wien 1912, Nr. 27, S. 127ff. und 188ff.; J. H. Oliver, *The Sacred Gerusia*, Hesperia Suppl. 6 (1941) Nr. 3 S. 55ff. mit Übersetzung und Kommentar.

[71] Das Material zusammengestellt von L. Robert in: J. des Gagniers - P. Devambez u.a., *Laodicée du Lycos. Le nymphée*, Québec/Paris 1969, 254-261.

[72] *IGLSyr.* IV 1261 mit Kommentar; da auch über Gebührenpflicht allgemein.

Thermen [73], Privathäusern usw. In einzelnen Fällen werden für die Statuen besondere Anlagen gebaut. Im lykischen Patara wurde ein Torbogen mit drei Durchgängen errichtet. Auf beiden Seiten ragten je sechs Konsolen aus dem Bau, auf jedem stand eine Statue. Auf der Südseite sind die Inschriften auf den Konsolen verwittert, nur eine in der Mitte, links vom zentralen Durchgang, ist erhalten. Aus dieser erfahren wir, daß hier ein Standbild des Statthalter von Lykien Mettius Modestus stand [74]. Der von Norden kommende sah von rechts nach links den Vater, die Mutter und einen Onkel des Mettius Modestus; die vierte Inschrift fehlt, dann folgt wieder der Onkel und der Vater [75]. Es ist anzunehmen, daß auch Modestus mindestens zweimal dargestellt war, und zwar in symmetrischer Anordnung. Dies ist nicht einmalig. Symmetrische Aufstellung von Statuen auf Bauten, insbesondere in Exedren, scheint dem Geschmack der römischen Kaiserzeit entsprochen zu haben. Ein schönes Beispiel haben wir dafür in Side [76]; in Hadrians Villa in Tivoli fand man u.a. je zwei Kopien von Myrons Diskobolos, von der Amazone des Pheidias, von der Menelaos-Gruppe, offenbar waren die auch symmetrisch aufgestellt. Ja, man ging sogar so weit, der Symmetrie zuliebe seitenverkehrte Kopien von Statuen herzustellen. Einiges interessante Material wurde zu diesem Thema von C. Vermeule zusammengestellt [77]; doch bin ich nicht sicher, ob er darin recht hat, daß das Vorbild späterer rechteckiger Exedra-Bauten für Statuen das Kaisereion in Alexandrien gewesen ist [78]. Denn wir kennen eine ähnliche Π-förmige Exedra mit Statuen der Familie des Ptolemaios

---

[73] Über dieses Thema wird in Köln eine Dissertation von stud. phil. Manderscheid vorbereitet.

[74] um 99/100 n. Chr., vgl. Eck, *op. cit.* (Anm. 24) 154ff. und 188.

[75] *TAM* II 2, 421 mit den früheren Veröffentlichungen und mit Fotoaufnahme.

[76] A. M. Mansel, *Die Ruinen von Side*, Berlin 1963, 109ff.

[77] C. C. Vermeule, *Graeco-Roman Statues: Purpose and Setting*, The Burlington Magazine 110 (1968) 545-558 und 607-613.

[78] Vermeule, *op. cit.* 545: ,,The Kaisareion at Alexandria, a complex honouring Julius Caesar and later on the entire house of Augustus, became a model of this class of structures, and under the first emperor these rectangular enclosures became a feature of the city of Rome", mit Hinweis auf E. Sjöquist, ,,*Kaisareion*", OpRom. 1 (1954) 86-108.

III Euergetes, in strenger protokollarischer Anordnung, aus Thermos in Aitolien [79].

Solche Exedren — der Ausdruck wird eigentlich für solche Anlagen etwas zu unrecht verwendet — gab es mehrere in Kleinasien. Eine der interessantesten wurde im pamphylischen Perge ausgegraben. Es ist ein Hof mit Säulenwand und Nischen, in denen Statuen standen: zwischen Göttern und mythischen Stadtgründern die Familie des M. Plancius Varus, Wohltäter der Stadt im 2. Jh. n. Chr. Die Anlage ließ die Tochter des Plancius errichten und stellte noch Statuen des divus Traianus, des Hadrian, der Marciana, Plotina und der Diana Pergensis auf [80]. Etwas ähnliches ließ Herodes Atticus in Olympia für sich, seine Familie und die Kaiserfamilie erbauen [81]. Eine Exedra mit Statuen des Cicero und seiner Familie ist aus Samos bekannt [82]. Auch Inschriften erwähnen den Bau solcher Anlagen. In einigen Fällen läßt der Stifter sich und seine Familie verewigen: so z.B. im lykischen Choma und im kilikischen Hamaxia [83].

IX

Mit der Aufstellung endet die Geschichte einer Statue nicht. Viele unter ihnen — und nicht nur Götter- und Herrscherstatuen, sondern auch solche von Wohltätern und von Verstorbenen —werden in mehr oder minder regelmäßigen Abständen gereinigt, gewaschen, mit Öl gesalbt, an Festtagen bekränzt, mit teils wertvollen Kleidern versehen, in Prozessionen mitgeführt und dann etwa im Theater aufgestellt. Solche Handlungen gehen teilweise auf uralte Bräuche zurück, man denke etwa an das rituelle Bad der Athena in Athen

---

[79] *IG* IX I², 56; A. N. Oikonomidis, Τὶς διεδέχθη τὸν Πτολεμαίον, Polemon 6 (1956-57) 7ff.

[80] Vgl. die vorläufigen Berichte, z.B. M. Mellink, *Archaeology in Asia Minor*, AJA 59 (1955) 237; A. M. Mansel, *Bericht über Ausgrabungen und Untersuchungen in Pamphylien in den Jahren 1946-1955*, AA 1956, 104ff.

[81] Vgl. z.B. Vermeule, *op. cit.* (Anm. 77) 611; W. Zietschmann, *Das Philippeion. Die Baugeschichte*, in: OlForsch. I, Berlin 1944, 52ff.

[82] F. K. Dörner - G. Gruben, *Die Exedra der Ciceronen*, AM 68 (1953) 63-76.

[83] Choma: G. E. Bean - R. M. Harrison, *Choma in Lycia*, JRS 57 (1967) 42 Nr. 7; Hamaxia: G. E. Bean — T. B. Mitford, *Journeys in Rough Cilicia 1964-68*, DenkschrWien 102 (1970) 84 Nr. 55.

und an ihre Bekleidung mit einem Peplos an einem anderen Feiertag. Über die Reinigung und insbesondere die Bekleidung von Götter-statuen hat A. W. Persson reiches Material zusammengetragen [84]. Es gibt auch aus Kleinasien Belege, so aus Magnesia am Mäander, wo an einem Feiertage die Xoana der 12 Götter in feinste Gewänder gekleidet an einer Prozession mitgeführt wurden [85]. Das Salben von Statuen wird von zahlreichen antiken Schriftstellern erwähnt, wie etwa von Theophrast, Lukian, Minucius Felix, Arnobius [86]. Auf-schlußreich ist ein Papyrus des Jahres 215 n. Chr. Im Tempel des Jupiter Capitolinus in Arsinoe wurden nicht näher bezeichnete Statuen — wohl solche von Göttern und Kaisern — an verschiedenen Feiertagen mit Olivenöl gesalbt und bekränzt, in einzelnen Fällen auch in einer Prozession mitgeführt. Der Papyrus ist zwar frag-mentarisch, aber man kann berechnen, daß innerhalb von etwa 4 Monaten (Ende Dez. bis gegen Ende April) insgesamt mindestens 3 Salbungen, etwa 20 Bekränzungen und mindestens 3 Mitfüh-rungen bei Prozessionen stattgefunden haben. Als Anlässe dienten in seltenen Fällen einheimische oder römische Götterfeste, wie z.B. Roms Gründungstag am 21. April; häufiger Feiertage für Caracalla, wie Geburtstag, Jahrestag eines Sieges, oder einfach „für das Wohl", für Iulia Domna und dem verstorbenen Severus [87]. Daß Kaiserstatuen nicht nur gesalbt und bekränzt, sondern beleuchtet, bei Mysterien durch dazu ausgesehene Personen, die σεβαστοφάντες und σεβαστοφόροι vorgezeigt oder in Prozessionen mitgeführt

---

[84] A. W. Persson, *Staat und Manufaktur im römischen Reiche*, Lund 1923, Exkurs S. 117ff.: Angezogene Götterstatuen.

[85] *IMagnesia* 98, Z. 41ff.

[86] Thphr. *Char.* 16, 5; Lucianus, *Alex.* 30; Min. Felix, *Oct.* 3, 1; die Stellen gesammelt bei J. Martin, in der Minucius Felix-Ausgabe 1930 [= Florilegium Patristicum 8] 13 zur Stelle. Vgl. ferner z.B. Athenagoras, *Leg.* 26. Zum Einwachsen der Knie von Götterstatuen: Ch. Gnilka, *Das Einwachsen der Götterbilder. Ein Mißverständnis heidnischer Kultübung bei Prudentius*, JbA-Chr. 7 (1964) 52-57.

[87] U. Wilcken, *Arsinoitische Tempelrechnungen aus dem J. 215 n. Chr.*, Hermes 20 (1885) 430-476 mit ausführlichem Kommentar; *BGU* II 362; A. S. Hunt - C. C. Edgar, *Select Papyri* II, London/Cambridge, Mass. 1963³, 527ff. Nr. 404; A. Ch. Johnson, *Roman Egypt* (in T. Frank, *An Economic Survey of Ancient Rome* II) Baltimore 1936, 662ff. Nr. 404. John-son übersetzt die Stellen über Prozession ohne Begründung anders als Wilcken.

wurden, dafür gibt es auch aus Kleinasien Belege [88]. Selbst unter den christlichen Kaisern ändert sich wenig an diesen kultischen Handlungen, wie wir es etwa aus einer Stelle des Severianus von Gabala um 400 n. Chr. wissen [89].

Selbstverständlich wurden nicht nur heidnische Götterstatuen und Herrscherbilder bekränzt und religiös verehrt. Über die Karpokratianer wird berichtet, daß sie dasselbe mit Statuen Christi, des Pythagoras, Platon und Aristoteles getan haben [90]. Aber auch Ehrenstatuen für verdiente Bürger konnten bekränzt oder sonst in anderen Formen geehrt werden, wie es z.B. ein Beschluß für einen Ulpius Aelius Pompeianus aus Ankyra beweist: er bekommt drei Statuen, eines soll im Theater stehen, und die Agonisten sollen beim Auftritt zum mystischen Agon diese bekränzen. Wer es versäumt, soll vom Agon ausgeschlossen werden [91]. Auch hier ließen sich weitere Belege anführen. Zahllose Inschriften aus dem ganzen römischen Reich erwähnen schließlich, daß Grabstatuen Verstorbener an gewissen Feiertagen bekränzt und mit Blumen und Lämpchen geschmückt werden; oft werden testamentarisch Summen hinterlassen, aus deren Zinsen diese Handlungen ausgeführt werden sollen. Belege für diese allbekante Tatsache brauche ich wohl hier nicht anzuführen [92]. Auch Schriftsteller erwähnen die Sitte, wie etwa Lukian, der von Ölung und Bekränzung spricht [93].

---

[88] L. Robert, öfters, bes. *Recherches Épigraphiques*, REA 62 (1960) 316-324 und H. W. Pleket, *An Aspect of the Emperor Cult: Imperial Mysteries*, Harv TheolRev. 58 (1965) 331-347. Vgl. auch A. Alföldi, *Die monarchische Repräsentation im römischen Kaiserreiche*, Darmstadt 1970, 113f.

[89] *PG* 94, 1409 A, nach K. M. Setton, *Christian Attitude towards the Emperor in the fourth Century*, New York 1941, 200. Severianus: B. Altaner - A. Stuiber, *Patrologie*, Freiburg 1966⁷, 332.

[90] Die Texte bei E. Dobschütz, *Christusbilder* [= TU 3], Leipzig 1899, 98ff.; J. Straub, *Heidnische Geschichtsapologetik in der christlichen Spätantike. Beiträge zur Historia Augusta-Forschung* I [= Antiquitas Reihe 4, 1], Bonn 1963, 169 Anm. 129; vgl. auch L. W. Barnard, *The Graeco-Roman and Oriental Background of the Iconoclastic Controversy*, Leiden 1974, 52.

[91] *IGR* III 209; *SEG* VI 59; E. Bosch, *Quellen zur Geschichte der Stadt Ankara im Altertum* [= TTK 7, 46], Ankara 1967, 155ff. Nr. 128.

[92] Vgl. z.B. B. Laum, *Stiftungen in der griechischen und römischen Antike*, Leipzig/Berlin 1914, passim. bes. 41ff. und 68ff.

[93] Lucianus, *Merc. Cond.* 28.

X

Oben wurde bereits die Statue eines Neryllinus erwähnt, der Orakel geben und Kranken heilen konnte [94]. Solche wundertätige Statuen gab es offenbar in sehr großer Zahl; O. Weinreich hat ein reiches Material zusammengestellt [95]. Lukian macht sich natürlich lustig darüber: die Statuen müssen Dummheiten ihrer Verehrer anhören, Kranken heilen, Diebe bestrafen, Orakel erteilen [96]. Damit die Statuen wundertätig werden, mußten schon bei der Verfertigung und dann natürlich bei der Einweihung astrologische, hermetische und theurgische Vorschriften und Riten genau beobachtet werden [97]. Statuen von Göttern oder von besonders verehrten Männern konnten freilich auch ohne diese Vorbereitung Wunder wirken; von diesen führt kein allzulanger Weg zu den heilenden Bildern der Heiligen im frühen Christentum.

---

[94] S. 731 mit Anm. 23 und 24.

[95] O. Weinreich, *Antike Heilungswunder* [= RGVV 8, 1], Giessen 1909, 137ff. Vgl. auch E. R. Dodds, *Theurgy and its Relationship to Neoplatonism*, JRS 37 (1947) 63 = idem, *The Greeks and the Irrational*, Berkeley/Los Angeles 1964⁴, 293f.; Th. Pekáry, *Der römische Bilderstreit*, Frühmittelalterliche Studien 3 (1969) 13ff., bes. 17f.

[96] Luc. *Deor. Conc.* 12; *Cont.* 22; *Alex.* 30; *Luct.* 19. Die Stellen zusammengestellt bei Clerc, *op. cit.* (Anm. 1) 115f.

[97] Dodds - Pekáry, *op. cit.* (Anm. 95); H. Lewy, *Chaldaean Oracles and Theurgy* [= Inst. Franc. Arch. Or. 13], Kairo 1956, 247f. und 495f.

GEORG PETZL

VIER INSCHRIFTEN AUS LYDIEN

(Taf. CLXXVII-CLXXXI, Abb. 1-10)

Drei Inschriften aus Ayazviran (Ayazören) [1]

Während eines Aufenthaltes in der Türkei im Sommer 1975 [2] unternahm ich einen Tagesausflug in das ,,verbrannte Lydien". Ziel meiner Fahrt war ein kleines Dorf, Ayazviran, ca. 12 km nordwestlich der Stadt Kula gelegen. Dieser Ort, in unmittelbarer Nachbarschaft [3] und vielleicht auf der Stelle einer antiken Siedlung [4], ist als Fundstätte zahlreicher Inschriften bekannt. Vor einigen Jahren veröffentlichte E. N. Lane drei neue Inschriften, die ihm in dem Dorf gezeigt wurden [5]; die von ihm als Nr. 1 gegebene Stele ist im Hof des Anwesens eines Mustafa Koyuncu als Bodenplatte verlegt. Bei ebendiesem Mustafa Koyuncu wurden mir drei weitere Inschriften gezeigt, die im folgenden gegeben werden (Nr. 1-3); sie sind auf seinem Anwesen gefunden worden, Nr. 1 und 2 im Jahre 1974 (s. Abb. 1-3).

---

[1] Ayazören ist die in der älteren Literatur am häufigsten anzutreffende Namensform; offiziell heißt der Ort heute Ayazviran.

[2] Der Aufenthalt diente der Nachprüfung smyrnäischer Inschriften in den Museen zu Izmir und wurde von der Deutschen Forschungsgemeinschaft finanziert.

[3] J. Keil - A. v. Premerstein, *Bericht über eine zweite Reise in Lydien*, DenkschrWien 54 (1911) 93: ,,Die Δόρου κώμη aber wird man . . . mit Rücksicht auf die ziemlich zahlreichen Inschriftensteine und sonstigen Reste des Altertums in Ajas Ören in der Nähe dieses Dorfes ansetzen dürfen". Vgl. P. Herrmann, *Ergebnisse einer Reise in Nordostlydien*, DenkschrWien 80 (1962) 22 mit Anm. 75.

[4] So nennt ein in Ayazviran gefundenes Grabepigramm für einen Trophimos als Begräbnisstätte ἐν ᾿Ιαζοις: P. Herrmann - K. Z. Polatkan, *Das Testament des Epikrates und andere neue Inschriften aus dem Museum von Manisa*, SBWien 265, 1 (1969) 41f. Nr. 4 (vgl. J. u. L. Robert, *BullÉp.* 1970, 523). Dieses Toponym erscheint auch in der hier veröffentlichten Inschrift Nr. 3, die in demselben Dorf gefunden wurde (s.u. S. 755f.).

[5] *Three New Inscriptions from Ayasören*, AnSt. 20 (1970) 51-53 mit Plate IV; ich habe eine Korrektur zu seiner Nr. 3 gegeben (Eine Weihung an die Μήτηρ ᾿Ανᾴτιδος, ZPE 20 [1976] 223f.).

Nr. 1

Stele aus weißem Marmor (H. max.: 1,51; B.: 0,52-0,61; T.: 0,125-0,165; Bst.-h.: 0,02 m), oben schräg gebrochen. Am Eingang des Anwesens von M. Koyuncu aufgestellt. Abb. 1.

```
    Α[                              ]
    συνπαθῶν ΕΙ[        ca. 15      ]
    τῆς πατρίδος ΤΙΙ [  ca.  8 χροι]-
 4  σοῖς στεφάνοις· Γλ[ύκων]α Ἀπ[ολ]-
    λωνίου Μᾶρκον ὁ ἱερὸς δοῦμος
    ἐτείμησεν χροισῷ στεφάνῳ· καὶ
    Ἀμμιὰς ἡ μήτηρ αὐτοῦ καὶ Ἀμμιὰς
 8  ἡ σύμβιος αὐτοῦ καὶ Ἀσκληπιάδης
    καὶ Μηνόφιλος καὶ Λεύκιος οἱ υἱοὶ
    αὐτοῦ ἐτείμησαν χροισοῖς στεφά-
    νοις· καὶ Ἀπολλώνιος καὶ Ἀσκληπιά-
12  δης οἱ ἀδελφοὶ αὐτοῦ καὶ Διοδότη
    καὶ Ἀπφίας τὸν ἑαυτῶν δαίρα καὶ
    Μᾶρκος τὸν πάτρως ἐτείμησα[ν]
    χροισοῖς στεφάνοις· καὶ Γλύκων [ὁ ἱε]-
16  ρεὺς τὸν συνιερόδουλον ἐτείμη-
    σεν χροισῷ στεφάνῳ· καὶ Γλύκω[ν ?]
    Τερικωμήτου ἐτείμησε τὸν φί-
    λον χροισῷ στεφάνῳ· καὶ Φιλόξε-
20  νος Δημαινέτου καὶ Γάιος ὁ ἀδελ-
    φὸς αὐτοῦ ἐτείμησαν τὸν συνβ[ι]-
    ωτὴν χροισῷ στεφάνῳ· Τρόφιμος
    Μητρᾶ ἐτείμησεν τὸν συνγενῆ
24  χροισῷ στεφάνῳ· καὶ Γραπτὴ καὶ
    Τρόφιμος τὸν θρέψαντα ἐτεί-
    μησαν χροισῷ στεφάνῳ.
```

Es handelt sich bei diesem Text um eine Ehreninschrift für einen gewissen Glykon; ab Z. 4 folgt eine Aufzählung all derer, die ihn mit goldenen Kränzen ehren: eine Kultvereinigung (5f.), die engere Familie (7-15), ein Kollege (15-17), ein Freund (17-19), zwei Vereinsbrüder (19-22), ein nicht näher definierter Verwandter (22-24) und noch zwei Zöglinge (24-26). Der vorangehende Text, von dem nur noch vier stark beschädigte Zeilen vorhanden sind, ist durch das Spatium einer Buchstabenbreite von dieser Aufzählung abgesetzt. Die letzten Worte dieses Passus, [χροι]σοῖς στεφάνοις, lassen den Schluß zu, daß auch dort von der Ehrung (doch wohl derselben Person) die Rede war. Dabei lassen die Reste der dritten Zeile, τῆς πατρίδος, vermuten, daß es die Gemeinde war, die dem Betreffenden auf Grund seiner Verdienste um die Vaterstadt ([ὑπὲρ ?] | τῆς πατρίδος) [6] die goldenen Kränze zuerkannte. Damit reiht sich die Inschrift in eine Serie von Ehrungen ein, die einerseits vom δῆμος, andererseits aber von der Familie und näheren Angehörigen ausgesprochen werden [7].

Daß es sich—wie auch bei Nr. 2—um postume Ehrungen handelt, wird durch die in dieser Gegend übliche Verwendung von τιμᾶν in Grabschriften, hier noch verbunden mit der Stiftung von goldenen Kränzen für den Toten, deutlich [8]. Diese (oder eher stellvertretend nur einer; s. Nr. 2) mögen im verlorenen Oberteil der Stele dargestellt gewesen sein. Die große Anzahl der dem Verstorbenen gewidmeten Kränze ist bemerkenswert.

In denselben Kontext gehört das einzige erhaltene Wort der zweiten Zeile: συμπαθών [9]; für die Worte συμπάθεια, συμπάσχειν, συμπαθής in diesem Zusammenhang hat L. Robert das Material zusammengestellt [10]: die Gemeinde drückt den Angehörigen ihr Mitgefühl aus. Freilich ist auch nicht auszuschliessen, daß συμπαθών hier lobende Hervorhebung der freundlichen Einstellung des Geehrten gegenüber seiner Vaterstadt ist; auch hierfür ist das Wort ein Terminus [11].

---

[6] Denkbar etwa auch [ὑπὸ] | τῆς πατρίδος τετ [μηθέντα χροι] | σοῖς στεφάνοις.

[7] S. Keil-Premerstein, *Erste Reise*, DenkschrWien 53, 2 (1908) 70-71 zu Nr. 149; J. u. L. Robert, *Hellenica* VI, Paris 1948, 92-93 zu Nr. 35.

[8] Über die Ehrung von Toten mit goldenen Kränzen vgl. besonders für Lydien Keil-Premerstein, *Erste Reise* 71; s. auch W. Günther, *Ein Ehrendekret post mortem aus Aizanoi*, IstMitt. 25 (1975) 351-356 mit Taf. 65, besonders 354f. Für die Formel ἐτίμησεν (-σαν) in Grabschriften Lydiens und Phrygiens: L. Robert, *Op. Min.* II, Amsterdam 1974, 1344-1346 (= RevPhil. 1939, 191-193); Hellenica VI 92; CRAcInscr. 1974, 525, 62.

[9] Es ist auch der Gen. Plural von συμπαθής: συμπαθῶν möglich.

[10] AntCl. 37 (1968) 411f.

[11] L. Robert, REA 62 (1960) 326 (= *Op. Min.* II 842), 3; P. Hermann, *Ehrendekret von Iulia Gordos*, AnzWien 111 (1974) 442 mit Anm. 13.

4-5 Γλ [ύκων]α 'Απ[ολ]|λωνίου Μᾶρκον: der Geehrte, Sohn eines Apollonios, trug zwei Namen. Die Ergänzung des ersten, Γλ[ύκων]α, kann kaum zweifelhaft sein; hinzu tritt als zweiter Name ein lateinisches Praenomen: Γλύκων Μᾶρκος; vgl. dafür I. Pergamon 485, 23: 'Απολλώνιος 'Απολλωνίου Πόπλιος [12].

5-6 ὁ ἱερὸς δοῦμος | ἐτείμησεν χροισῷ στεφάνῳ: Glykon Markos wird von einem Kultverein geehrt, der den Namen ἱερὸς δοῦμος [13] trägt. Die Bezeugungen dieser Kultgenossenschaft sind nicht sehr zahlreich [14], sodaß unsere Inschrift—ebenso wie die folgende Nr. 2 — durch die Erwähnung des δοῦμος besonderes Interesse gewinnt.

K. Buresch hat in dem ἱερὸς δοῦμος einen Verein erkannt, der dem Kult der Göttermutter zugeordnet war. Er ging von der Inschrift [15] auf einem Altar aus, der vom Berg Toma, unweit nord-westlich von Ayazviran gelegen, stammt: ein δοῦμος besorgte die Errichtung dieses Altars. Aus den antiken Resten schloß Buresch auf ein Heiligtum für die lydische Göttermutter (Artemis bzw. Meter Anaitis), welches sich auf diesem Berg befunden hat [16].

Aus unserer Inschrift ist nicht mit Sicherheit festzustellen — ebensowenig wie aus der folgenden Nr. 2 —, zu welchem Kult der hier erwähnte ἱερὸς δοῦμος gehörte. P. Herrmann hat eine in Ayaz-

---

[12] M. Fränkel in seinem Kommentar zur Stelle (Bd. VIII 2, 325): ,,ebenso ist, wie Herr Mommsen mir bemerkt, in Z. 23 Πόπλιος Doppelname des Apollonios, wie die Griechen nicht selten die römischen Praenomina als Eigennamen verwenden''; vgl. L. Robert, *Noms Indigènes dans l'Asie Mineure Gréco-Romaine*, Paris 1963, 278 mit Anm. 1 (Hinweis R. Merkel-bach).

[13] Die Etymologie des Wortes ist unsicher: O. Masson, *Les fragments du poète Hipponax*, Paris 1962, 123; s. auch Herrmann, *Nordostlydien* 38, 146.

[14] Die letzte Zusammenstellung des Materials bei L. Robert, Anatolia 3 (1958) 127 (= *Op. Min.* I, Amsterdam 1974, 426), 100. Seitdem ist eine weitere Inschrift aus Ayazviran hinzugekommen: Herrmann, *Nordostlydien* 37 Nr. 25; s. Anm. 17.

[15] *Aus Lydien* (hrsg. von O. Ribbeck, Leipzig 1898) 58-72; 58: 'Έτους σνζ', μη(νὸς) 'Αρτεμεισί[ου] | γι' · ἀνεστάθη ὁ βωμὸς προνο[ήσαν]|τος τοῦ δούμου ἐκ τῶν ἰδίων [διὰ] | τῆς ναυκόρου. E. N. Lane, *Corpus monumentorum religionis Dei Menis* III [= EPRO 19], Leiden 1976, 35 gibt die Inschrift ohne das von W. M. Ramsay, *Some Recent Works on Asia Minor*, ClRev. 13 (1899) 143 (vgl. L. Robert, *Op. Min.* I 426, 100) am Ende von Z. 3 mit Recht ergänzte [διὰ], das die Annahme der Finanzierung durch die ναυκόρος (so noch Lane, *CMRDM* III 38) hinfällig macht.

[16] *Aus Lydien* 71. Vgl. Keil-Premerstein, *Zweite Reise* 77; Robert, *Op. Min.* I 426, 98.

viran gefundene Inschrift veröffentlicht, in der ein ἱερὸς δοῦμος einen Priester der Artemis Anaitis ehrt, zusammen mit seinem Sohn und Enkel, wegen dessen frommer Verehrung der Götter und Wohltaten gegenüber dem δοῦμος [17]. Wie der Herausgeber mit Recht betont, ist es ganz ungewiß, ob der δοῦμος nur aus der Anhängerschar der Artemis Anaitis besteht. Vielmehr ist es denkbar, daß der Verein „einen weiteren kultischen Rahmen" gehabt habe, der die Verehrung auch anderer Gottheiten einschloß. Diese Annahme wird gestützt durch eine Inschrift, die angeblich aus Menye (Maionia), ca. 10 km südwestlich von Ayazviran, stammt [18]: dort richtet ein ἱερὸς δοῦμος eine Weihung(?) an Zeus Masphalatenos, Men Tiamu und Men Tyrannos. — Auch ehrt der ἱερὸς δοῦμος der in Anm. 17 gegebenen Inschrift den Anaitis-Priester διὰ τὴν ἰς τοὺς θεοὺς θρησκείαν.

7-14 Die Inschrift nennt nach dem ἱερὸς δοῦμος die Familienangehörigen des Glykon, die ihn mit goldenen Kränzen ehren. Danach läßt sich folgendes Stemma aufstellen:

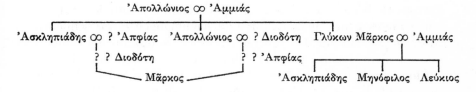

[17] Herrmann, *Nordostlydien* 37, Nr. 25: Ἔτους τη′ (308 sull. = 223/224), μη(νὸς) Πανήμου ιη′. | Ὁ ἱερὸς δοῦμος ἐτείμησαν Αὐρ. | Γλύκωνα Διονυσίου τὸν ἐκ προ|γόνων ἱερέων πρῶτον Ἀρτέμι|δος Ἀναείτις τῆς συγγενικῆς | θεοῦ σὺν καὶ Διονυσίῳ τῷ υἱῷ αὐτοῦ | κ(αὶ) Χαμάσωνι τῷ ἐκγόνῳ αὐτοῦ διὰ | τὴν ἰς τοὺς θεοὺς θρησκείαν καὶ | τὰς ἰς τὸν δοῦμον πολλὰς εὐερ|γεσίας καὶ τετελεκότα κ(αὶ) τελοῦντα.

[18] LeBas-Waddington 668 (F. Sokolowski, *Lois sacrées de l'Asie Mineure* [= École française d'Athènes 9], Paris 1955, 51 Nr. 19; Lane, *CMRDM* I 35f. Nr. 53: Κατὰ τὴν τῶν θεῶν ἐπιταγὴν ἱερὸς δοῦμος εὐχὴν Διὶ Μασφαλατηνῷ καὶ Μηνὶ Τιάμου καὶ Μηνὶ Τυράννῳ ἐκέλευσεν usw. Waddington (Sokolowski; Lane, *CMRDM* III 23; 34f.) verstand die Inschrift in dem Sinne, daß der δοῦμος eine neuntägige Andacht vorschreibt; diese Interpretation stößt indes auf sprachliche Schwierigkeiten und bleibt zweifelhaft. — Die hier und Anm. 28 genannten Inschriften stammen aus dem Jahr 171/172, die Anm. 17 zitierten δοῦμος-Inschrift von 223/224. Lane, *CMRDM* III 34 vermutet daher, daß dieser Kultverein rund fünfzig Jahre bestanden hat. Bei dem geringen Material ist Vorsicht geboten: die hier als Nr. 2 veröffentlichte

9 Λεύκιος = Lucius: ein Sohn und ein Neffe (Μᾶρκος) des Geehrten tragen lateinische Praenomina als Namen; s. oben Anm. 12.

11-14 Welcher von beiden Brüdern Apollonios und Asklepiades mit welcher von beiden Frauen Diodote und Apphias verheiratet war, läßt sich nicht sagen; ebensowenig, aus welcher der beiden Ehen der Neffe Marcus stammt.

14 πάτρως: statt des regelmäßigen Akkusativs πάτρωα bzw. πάτρων [19] erscheint in den lydischen Inschriften des 1.-3. Jhs. n. Chr. häufig die Vulgärform πάτρως, für die Buresch Belege zusammengestellt hat [20]; vgl. Keil-Premerstein, *Erste Reise*, zu Nr. 137; 166; P. Herrmann, *Testament des Epikrates* 54, 116.

15-17 Ein Priester namens Glykon beteiligt sich mit einem goldenen Kranz an der Ehrung seines „Mit-Hierodulen" - συνιερόδουλος. Es zeigt sich, daß der Geehrte — zumindest für einige Zeit — im Stand eines heiligen Sklaven war [21]. Ob er diesen Stand ebenso wie der ihn ehrende Glykon mit dem eines ἱερεύς vertauschte, ist nicht sicher, nach dem Ausmaß der ihm zugedachten Ehrungen indes nicht unwahrscheinlich. Bemerkenswert ist das Fehlen des Patronyms bei Γλύκων [ὁ ἱε]ρεύς, woraus man auf unfreie Abstammung dieses früheren ἱερόδουλος und nachmaligen ἱερεύς schließen wird. Dieser will mit den Worten τὸν συνιερόδουλον auf die gemeinsam mit dem Geehrten als Hierodule verbrachte Zeit hinweisen.

Einen ἱερόδουλος der Meter Hipta und des Zeus Sabazios nennt eine ebenfalls aus Ayazviran stammende Sühninschrift [22].

17-19 Auch ein Freund schließt sich den Ehrungen für Glykon Markos an: Γλύκω[ν ?] | Τερικωμήτου ἐτείμησε τὸν φίλον χροισῷ στεφάνῳ. Das Wort φίλος mag ein Hinweis darauf sein, daß gemeinsame Mitgliedschaft in einem Verein vorliegt; s. P. Herrmann, *Nordostlydien* 17 mit Anm. 58. Ob es sich dabei um den ἱερὸς

Inschrift, die auch den δοῦμος nennt, stammt aus dem Jahr 96/97; damit gibt es in dieser Gegend bereits Belege aus einem Zeitraum von 130 Jahren.

[19] Siehe R. Kühner - F. Blass, *Ausführliche Grammatik der griechischen Sprache* I 1, Hannover 1890[3], 455f.

[20] *Aus Lydien* 45.

[21] Zu ἱεροί und ἱερόδουλοι in Kleinasien: F. Bömer, *Untersuchungen über die Religion der Sklaven in Griechenland und Rom* II, Wiesbaden 1960, 159-177.

[22] Herrmann, *Nordostlydien* 50 (mit Anm. 200) Nr. 45; J. u. L. Robert, *BullÉp.* 1963, 228.

δοῦμος oder eine andere Vereinigung handelt, muß offen bleiben (s. auch unten zu Z. 19-22).

Nach meiner Kopie und der Photographie zu urteilen, ist das letzte Ny von Γλύκων nicht weggebrochen, sondern wurde nicht geschrieben. Da zwei Zeilen vorher korrekt Γλύκων steht; und für die Schreibung Γλύκω gute Parallelen fehlen [23], wird man am ehesten einen Lesefehler oder Verschreibung annehmen.

Schwierigkeiten bereitet das Patronym — denn darum wird es sich wohl handeln — Τερικωμητου. Man geht gewiß nicht fehl, in ihm einen Personennamen auf - κωμήτης zu sehen [24]. Möglicherweise ist in dem ersten Bestandteil Τερι- eine — unter Umständen vulgär entstellte [25] — einheimische Wortwurzel zu erkennen; Τερικωμήτης wäre dann zu einem Ortsnamen Τερικώμη zu stellen. Andererseits mag man vielleicht eher an das Toponym Τρικωμία denken und den Namen als davon abgeleitet verstehen: Τρικωμήτης mit anaptyktischem ε zwischen Τ und ρ. Für eine vergleichbare Form der Anaptyxe ist auf die von E. Schwyzer [26] hervorgehobenen Bildungen τεροπῇ statt τροπῇ bzw. ἄστερου statt ἄστρου zu verweisen.

19-22 Zwei Brüder, Philoxenos und Caius, ehren den Glykon Markos in seiner Eigenschaft als Vereinsgenosse: τὸν συνβ[ι]ωτήν. Von συμβιώσεις, Vereinen, und deren Mitgliedern, συμβιωταί, geben viele lydische Inschriften Zeugnis [27]. Eine vom selben Ort und aus demselben Jahr stammende Inschrift wie die Anm. 18 gegebene spricht ebenfalls von einer Weihung auf göttliches Geheiß hin [28]; nur geht diese nicht vom ἱερὸς δοῦμος, sondern von einer

---

[23] *SEG* XVII 520 (Smyrna) wird die Abschrift einer verschollenen Inschrift Γυκω Ἀπολλωνίου Εἰνουδεύς korrigiert: „fortasse Γ‹λ›ύκω‹ν›." Lateinisch steht Glyco neben Glycon.

[24] Aus den Lexika stelle ich zusammen Ψεριοκωμήτης, Θρᾳκοκωμήτης, Μεγαλοκωμήτης, Ἱεροκωμήτης, Διοσκουροκωμήτης.

[25] Itazismen unseres Texts: ἐτείμησεν etc., χροισῷ etc.; für den Vulgarismus δαίρα (13) statt δαέρα vgl. Buresch, *Aus Lydien* 116.

[26] *Griechische Grammatik* [= HAW 2, 1. 1], München 1934, 278 Nr. 3.

[27] Zusammenstellung des Materials: L. Robert, *Études Anatoliennes* [= Études orientales 5], Paris 1937, 63, 2; vgl. *Hellenica* IX, Paris 1950, 37 mit Anm. 1; P. Herrmann - K. Z. Polatkan, *Grab- und Votivstelen aus dem nordöstlichen Lydien im Museum von Manisa*, AnzWien 98 (1961) 121.

[28] LeBas-Waddington 667 (Lane, *CMRDM* I 37f. Nr. 54) Ἱερὰ συμβίωσις καὶ νεωτέρα κατ' ἐπι|ταγὴν τοῦ κοιρίου τυράννου Διὸς Μασ|φαλατηνοῦ καὶ Μηνὶ Τιάμου εὐχήν usw. Man verstand allgemein, daß die von den Göttern befohlene

ἱερὰ συμβίωσις aus. K. Buresch schloß daher, „daß hier δοῦμος soviel wie συμβίωσις bedeutet"[29]. Für unsere Inschrift ergibt sich daraus, daß Philoxenos und Caius Vereinsgenossen (συμβιωταί) des Glykon Markos in dem Z. 5 genannten ἱερὸς δοῦμος gewesen sein können; über die von diesem in cumulo erbrachte Ehrung hinaus fügen sie — wohl auf Grund besonderer Beziehungen — eine persönliche Ehrung hinzu. Natürlich ist auch die gemeinsame Mitgliedschaft in einer anderen συμβίωσις — wie etwa die des Apollonios in Nr. 2 in einer φράτρα (s. dort zu Z. 8-9) — nicht auszuschließen

22-26 Den Abschluß der Inschrift bilden die Ehrungen durch einen Verwandten namens Τρόφιμος und zwei Zöglinge Γραπτή und Τρόφιμος.

Nr. 2

Giebelstele aus weißem Marmor (H.: 1,31; B.: 0,56-0,535; T.: 0,09; Bst.-h.: 0,02 m), rechts oben bestoßen. Unter dem Giebel Darstellung eines Kranzes, darunter Inschrift. Am Eingang des Hofes von M. Koyuncu aufgestellt. Abb. 2-4.

Weihung (vgl. oben Anm. 18) an Zeus Masphalatenos und Men Tiamu gerichtet sei (z.B. Waddington; J. Keil, *Die Kulte Lydiens*, in: *Anatolian Studies pres. to Sir W. M. Ramsay*, Manchester 1923, 257, XXVII 9 mit Anm. 25; XXVII 10; 260, XLII 14 mit Anm. 17; Herrmann, *Nordostlydien* 43; Lane, *CMRDM* III 23: „Men Tyrannos as a separate entity has been forgotten, giving his title to Zeus, who is here called Κοίριος Τύραννος"; vgl. 76; 88 f.). Die Konstruktion ist dabei nicht korrekt. Waddington verstand: κατ᾽ ἐπιταγὴν Διός, <αὐτῷ> καὶ Μηνὶ Τιάμου εὐχήν. Ich glaube indes, daß der Parallelismus zu der oben Anm. 18 gegebenen Inschrift noch weiter geht, d.h. daß dieselbe Götter-Trias wie dort genannt wird, und daß man annehmen muß, daß nicht nur einer von ihnen, sondern alle drei die Weihung anordneten. Anders als bei den Herausgebern wird man wohl schreiben . . . κατ᾽ ἐπιταγὴν τοῦ κοιρίου Τυράννου, Διὸς Μασφαλατηνοῦ καὶ Μηνὶ Τιάμου εὐχήν usw.; d.h. κύριος (κοιρίου lapis) Τύραννος ist gleichbedeutend mit Μὴν Τύραννος der Parallelinschrift; die Apostrophierung eines Gottes als κύριος ist üblich (H. Usener, *Götternamen*, Frankfurt 1948³, 221 mit Anm. 6), und ein vergleichbarer Fall zu unserem ist die Inschrift *SEG* IV 647 (= Lane, *CMRDM* I 27 Nr. 43), wo es statt Μηνὸς Τιάμου heißt τοῦ κυρίου τοῦ Τιάμου (s. Robert, *Noms Indig.* 317, o); vgl. auch Lane, *CMRDM* II 173 A 6; III 59 zu Nr. 242: Κυρίῳ Μηνί. — Eine sichere Erklärung für die Eigenart der Konstruktion kann man wohl nicht geben; sachlich dürfte dasselbe gemeint sein wie am Anfang der Parallelinschrift (Anm. 18): Κατὰ τὴν τῶν θεῶν ἐπιταγὴν ἱερὸς δοῦμος εὐχὴν Διὶ Μασφαλατηνῷ καὶ Μηνὶ Τιάμου καὶ Μηνὶ Τυράννῳ . . .

[29] *Aus Lydien* 59; so auch S. Wikander, *Feuerpriester in Kleinasien und Iran*, Lund 1946, 2.

Ἔτους ρπα΄, μη(νὸς) Ἀπελλαίου ιβ΄ · Ἀπφῦς
Μενάνδρου καὶ Μελτίνη Ἀπολλώ-
νιον τὸν υἱὸν ἐτίμησαν. *vacat*

4 Χάρμος καὶ Ἄπφιον καὶ Ἀσκληπιάδη[ς]
οἱ ἀδελφοὶ καὶ Ἀπολλώνιος ὁ γαμβρὸς καὶ ἡ γυνὴ αὐτοῦ καὶ ἡ πενθε-
ρὰ καὶ ἡ σύντροφος Τρυφῶσα κ[αὶ]

8 ὁ ἀνὴρ αὐτῆς Θεόφιλος καὶ ὁ δρ[ῦ]-
μος ὁ ἱερὸς καὶ ἡ φράτρα αὐτοῦ *vac. 1 Bst.*
στεφάνοις χρυσέοις ἐτείμησαν.

Für den sepulcralen Charakter dieser Ehreninschrift s. oben S.
747; sie gibt als Datierung das Jahr 181, was bei Zugrundelegung
der sullanischen Ära 96/97 n. Chr. entspricht.

Die verschiedenen Gruppen, die den Apollonios (2/3) ehren, sind
durch Spatium bzw. Distinktionszeichen (-) voneinander getrennt:
1. die Eltern (1-3; zwischen Μελτίνη und Ἀπολλώνιον Distinktionszeichen; ebenso zwischen υἱόν und ἐτίμησαν; am Ende von Z. 3:
vacat); 2. die Geschwister (4-5); im folgenden stehen Distinktionszeichen vor: 3. καὶ Ἀπολλώνιος ὁ γαμβρός mit seiner Familie (5-8);
4. καὶ ὁ δρ[ῦ]μος ὁ ἱερός (8-9) und 5. καὶ ἡ φράτρα αὐτοῦ (9; danach: 1
Buchstabe *vacat*).

1-8 Aus den Angaben dieser Zeilen läßt sich das folgende Familienstemma aufstellen:

2 Für den Namen Μελτίνη und seine Familie s. L. Robert,
Noms Indig. 230-232.

5-7 καὶ Ἀπολλώνιος ὁ γαμβρὸς κτλ. Welche Stellung der γαμβρός
im Familienstemma innehat, ist nicht klar. Am ehesten wird man
daran denken, daß der geehrte Apollonios eine kinderlos verstorbene
Frau hatte, deren Bruder sich nebst seiner Frau und Mutter, die
ja des Geehrten Schwiegermutter war (5-7 Ἀπολλώνιος ὁ γαμβρὸς
καὶ ἡ γυνὴ αὐτοῦ καὶ ἡ πενθερά), der Ehrung anschließt. Weniger

wahrscheinlich ist die Annahme, daß Ἀπολλώνιος ὁ γαμβρός ein
Mann der Schwester Ἄπφιον ist, da in diesem Falle ἡ γυνὴ αὐτοῦ
καὶ ἡ πενθερά — aus anderer Perspektive bezeichnet — zwei bereits
vorher genannte Personen wären: Ἄπφιον und Μελτίνη. — Es
schließen sich noch eine Ziehschwester Tryphosa und ihr Mann der
Ehrung an.

8-9 Auch der ἱερὸς δοῦμος beteiligt sich an der Ehrung des
Apollonios; vgl. dafür oben zu Nr. 1, 5-6.

In den beiden Inschriften Nr. 1 und 2, die offenbar nahe beiein-
ander gefunden wurden (wie auch in der von Lane in demselben
Gehöft aufgenommenen [30]), kommen eine Reihe gemeinsamer
Namen [31] in den Familien vor. Es handelt sich aber durchweg um
sehr häufige Namen, sodaß Rückschlüsse auf familiäre Verbindungen nicht zu ziehen sind. Bemerkenswert ist freilich, daß auf diesen
beiden Inschriften der ἱερὸς δοῦμος erscheint.

Hier schließt sich eine weitere Vereinigung an, die sich als
ἡ φράτρα αὐτοῦ (sc. Ἀπολλωνίου) bezeichnet. Daß φράτρα, φρατρία in
Lydien/Phrygien vielfach mit Kultvereinen, συμβιώσεις (s. oben zu
Nr. 1, 19-22), identisch sind, hat bereits K. Buresch [32] gezeigt,
und es sind seither neue Belege hinzugekommen [33]. Für Ayazviran
hat P. Herrmann eine Inschrift bekannt gemacht, die eine φράτρα
τοῦ Ἀσκληπιοῦ nennt [34]. Hier dagegen gibt die Inschrift als Attribut zu φράτρα nicht den Namen eines Gottes, sondern pronominal
den des Geehrten: ἡ φράτρα αὐτοῦ, d.h. es handelt sich um des
Apollonios Bruderschaft. Diese attributiven Genitive von Personennamen geben den Gründer oder Leiter einer φράτρα an [35]. Man
darf also vielleicht annehmen, daß der geehrte Apollonios sowohl
Mitglied des ἱερὸς δοῦμος als auch einer φράτρα war, die er leitete
oder gar gegründet hatte.

---

[30] Siehe o. S. 745 mit Anm. 5; sie datiert aus dem Jahre 169/170 n. Chr.
[31] Lane *l. l.* Nr. 1, 2-5: Μελτίνη Διονυσίου Γλύκωνα Γλύκωνος τὸν ἑαυτῆς
ἄνδρα (s. auch oben Anm. 17: Αὐρ. Γλύκωνα Διονυσίου). Vgl. oben Nr. 1, 4f.
Γλ[ύκων]α Ἀπολλωνίου; 8 Ἀσκληπιάδης; 11-12 Ἀπολλώνιος καὶ Ἀσκληπιάδης.
[32] *Aus Lydien* 129-132.
[33] Siehe Herrmann, *Nordostlydien* 42, 157.
[34] *Ibid.* 42f. Nr. 35.
[35] F. Poland, *Geschichte des griechischen Vereinswesens*, Leipzig 1909, 52f.;
Herrmann, *Nordostlydien* 43 mit Anm. 158; es heißt auch ἡ φράτρα ἡ περὶ
δεῖνα.

Auszuschließen ist freilich auch nicht, daß die φράτρα eine Unter-
gruppierung der Bürgerschaft [36] ist, der Apollonios angehörte. Diese
„seine φράτρα" hätte ihn dann mit der Ehrung bedacht.

Nr. 3

Zwei Fragmente aus grauem Kalkstein, gefunden in der Nähe
von Ayazviran (Abb. 5-6):
(a) H.: ca. 1,07; B.: (u.) 0,55; (o.) 0,62; T.: max. 0,13; Bst.-h.:
ca. 0,085 m. Die Platte ist an der oberen rechten Ecke in zwei Teile
zerbrochen. — Auf dem Anwesen des Mustafa Koyuncu.
(b) Maximale nachmeßbare Breite: 0,36 m; die übrigen Maße
entsprechen (a). In einem Brunnen in der Nähe des Weges Ayazvi-
ran-Hamidiye vermauert; der linke Rand der Inschrift steckt im
Boden.

	(b)	(a)
	]ΔΕΤ[	]ΙΣΠΟΣΑ
	]ΟΥΤ[	]ΩΤΩΜ
	]ΩΝΕΝ[	]ΙΑΖΟΙΣ
4	]ΑΞΙΟΤ[	]ΤΟΙΣΘΕ
	]vacat[	]ΝΩΝ vac.
	]ΜΕ vac.[	]vacat

Beide Platten passen zusammen (es sollen noch weitere *in situ*
liegen). Die Inschrift enthielt wohl die Verfluchung von — wie es
scheint — Grabschändern: [Εἰ] δέ τις ποσα‖[μάρτῃ [37] τ]ούτῳ τῷ
μ‖[νημείῳ, τ]ῶν ἐν Ιάζοις | [καὶ τῶν ἐν] Ἀξιόττοις θε‖[ῶν κεχολω]μένων |
[τεύξεται].

Für προσαμαρτάνω + Dat. in Grabflüchen s. Herrmann, *Nord-*
ostlydien 58f., Nr. 53; in derselben Inschrift wird auch τυγχάνω in
der hier ergänzten Weise benützt; s. auch Anm. 37.

3 ἐν Ιάζοις: Die Inschrift gibt den zweiten Beleg für dieses
Toponym: in einem von P. Herrmann veröffentlichten Grabgedicht,
das ebenfalls in Ayazviran gefunden wurde, berichtet der Ver-

---

[36] P. Herrmann, *Zur Geschichte der Stadt Iulia Gordos in Lydien*, AnzWien
107 (1970) 103 zu Nr. 4 erwägt eine solche für Julia Gordos.

[37] Für die Orthographie von προσαμαρτάνω und das Formular verdanke
ich P. Herrmann den Hinweis auf einen unpublizierten Text vom selben Ort:
Εἰ δέ τις ποσαμάρτῃ τῇ στήλλῃ, τεύξεται κεχολωμένου τοῦ Ἀξιοττηνοῦ.

storbene, daß er aus dem ἄστυ Γολοιδων (= Gölde?) stamme; nach des Schicksals Beschluß liege er nun hier (d.h. an der Stelle des heutigen Ayazviran) begraben: κἀμὲ κάλυψε γῆ ὡς μοῖρ' ἐπέκλωσ' ΕΝΙΑΖΟΙΣ [38]. In dem Gedicht konnte man schwanken zwischen der Worttrennung ἐν Ἰάζοις bzw. ἐνὶ Αζοις [39]. Durch die neue Inschrift wird nun sicher, daß ἐν Ἰάζοις richtig ist. Ayazviran liegt also auf der Stelle eines antiken Orts, der den Namen Ιαζα oder Ιαζοι trug [40].

4 Ἀξιόττοις: Dies ist der zweite Beleg für den Ortsnamen Ἀξιόττα; s. oben P. Herrmann in seinem Beitrag *Men, Herr von Axiotta* (S. 416f.); für die mögliche Lokalisierung des Ortes s. S. 422, 27.

5-6 Die erhaltenen Buchstaben passen zur Ergänzung θε[ῶν κεχολω]μένων, doch steht ΜΕ auf Platte (b) eine Zeile tiefer als ΝΩΝ auf (a); s. Majuskel-Umschrift und Abb. 6. In Z. 5 weist (b) nur rohe Oberfläche auf. Bei der gegenwärtigen Erhaltung des Monuments läßt sich der Grund hierfür nicht angeben.

Eine Weihung an das Θεῖον Ὅσιον καὶ Δίκαιον

Nr. 4

Das im folgenden mitgeteilte Monument befindet sich im Museum zu Adana; der dortige Direktor, Dr. O. Aytuğ Taşyürek [41], erwarb 1975 dieses, wie sich zeigen wird, sehr bedeutsame Stück für seine Museumssammlung. Es stammt angeblich aus Sardes. Abb. 7-10.

Die Gesamthöhe der aus Marmor gefertigten Skulptur beträgt ca. 60 cm. Auf einem Sockel, der auf seiner Stirnseite eine vierzeilige Inschrift trägt, steht eine männliche Figur, deren Kopf und rechter Unterarm verloren sind. Bekleidet ist sie mit einem kurzärmeligen

---

[38] Herrmann - Polatkan, *Testament des Epikrates* 41f. Nr. 4. Die Inschrift datiert aus dem Jahr 232/233 n. Chr.

[39] Herrmann-Polatkan, *l.l.*; vgl. J. u. L. Robert, *BullÉp.* 1970, 523. ἐπέκλωσεν Ἰάζοις scheidet aus, da es keinen Sinn gibt.

[40] Mit aller gebotenen Vorsicht sei die Möglichkeit in Betracht gezogen, daß in der türkischen Ortsbezeichnung Ayazviran das antike Toponym Ιαζα (-οι) seinen Anklang findet. — Über die benachbarte Δόρου κώμη vgl. oben S. 745 mit Anm. 3.

[41] Dr. O. A. Taşyürek danke ich an dieser Stelle sehr herzlich dafür, daß er mir die Erstveröffentlichung seiner Neuerwerbung übertragen hat.

Hemd, das hochgeschürzt ist und knapp oberhalb der Knie endet.
Darüber ist ein Umhang gelegt, der auf der rechten Schulter mit
einer Spange gehalten wird [42]. Er bedeckt die linke Schulter und
Arm (mit Ausnahme der Hand), fällt — mit Darstellung einiger
Schrägfalten — über den Rücken herab und ist hinter der rechten
Schulter in einer schmalen, senkrechten Faltung zusammengerafft.
Die Gestalt ist barfuß; das linke Bein ist als Spielbein leicht ange-
winkelt. Hinter den Beinen befindet sich zur Erhöhung der Stand-
festigkeit ein Stumpf, der oberhalb der Knie endet.

Die linke Hand hält ein geflügeltes Kerykeion; es besteht aus
zwei sich um einen Stab ringelnden Schlangen, die oberhalb des
Flügelpaares einen kleineren und einen größeren Kreis bilden.
Zwischen beiden Kreisen verknoten sich die Schlangenleiber; der
größere Kreis scheint oben geschlossen zu sein, doch wird man in
den Verdickungen in der Mitte die sich gegenüberliegenden Schlan-
genköpfe zu erkennen haben.

Es folgt der Text der Inschrift, die in sorgfältigen Buchstaben
der Kaiserzeit ausgeführt ist.

Θείῳ Ὁσίῳ καὶ Δικαίῳ
Γ(άιος) Ἰ(ούλιος) Ἀνείκητος εὐχήν,
προνοήσαντος Ἀμ-
φιλόχου β̄ ἱερέος (sic).

,,Der Heiligen und Gerechten Göttlichkeit (hat) C. Iulius Aniketos
(dieses) als Weihung (dargebracht); Sorge (für die Aufstellung)
trug Amphilochos in seiner zweiten Amtsperiode als Priester.''

1 Adressat der Weihung ist das Θεῖον Ὅσιον καὶ Δίκαιον, eine
Gottheit, die besonders im nordöstlichen Lydien und angrenzenden
Phrygien beheimatet ist [43]. Ihre Namensform und bildliche Typo-

---

[42] Ich habe das Original nicht gesehen; mir lagen die hier Abb. 7-10 abgebildeten Photographien vor, die J. Warnke (Münster) 1975 in Adana an-
fertigte; Prof. F. K. Dörner hat sie mir freundlicherweise für meine Ausarbeitung überlassen. Beiden Genannten sei dafür gedankt.
[43] Eine Übersicht über das Material findet man in den im folgenden noch
mehrfach herangezogenen Aufsätzen von L. Robert, *Op. Min.* II 1355-1360
(= RevPhil. 1939, 202-207) und *Op. Min.* I 411-428 (= Anatolia 3 [1958]
112-129). Für Ὅσιος καὶ Δίκαιος auf einer Weihung aus der Gegend von
Germe (Mysien) s. L. Robert, *Villes d'Asie Mineure*, Paris 1962², 387, 2.

logie weisen Unterschiede auf. Neben dem Neutrum Θεῖον "Οσιον καὶ Δίκαιον [44] oder bloß "Οσιον (καὶ) Δίκαιον erscheint auch das Maskulinum Θεὸς "Οσιος καὶ Δίκαιος bzw. "Οσιος (καὶ) Δίκαιος. Auch können mehrere Gottheiten als Θεοὶ "Οσιοι καὶ Δίκαιοι apostrophiert werden [45]; daneben wird ebenfalls eine Göttin 'Οσία [46] verehrt (ebenso auch bloß "Οσιος), und aus Mäonien stammt eine Weihung, die auch eine 'Οσία καὶ Δικαία nennt [47].

Besonders häufig sind die Darstellungen des "Οσιος καὶ Δίκαιος als Reitergott, der nicht selten die Doppelaxt mit sich führt; seine Affinität zu Helios wird darin sichtbar, daß er zusammen mit diesem dargestellt wird, oder auch ein Strahlenkranz auf manchen Reliefs sein Haupt umgibt. "Οσιος καὶ Δίκαιος verhilft ebenso wie Helios, ὃς πάντ' ἐφορᾷ καὶ πάντ' ἐπακούει, dem Recht zu seiner Geltung; die Angleichung beider Götter liegt nahe [48]. Hinzu gesellen sich mitunter weibliche Gottheiten, den griechischen Δίκη und Νέμεσις vergleichbar, die mit Waage bzw. Elle ausgestattet sind [49].

Der Typus unserer Statuette dagegen ist im Zusammenhang mit dem Kult des Θεῖον "Οσιον καὶ Δίκαιον sonst noch nicht bezeugt. L. Robert hat hervorgehoben, daß diese Gottheit in verschiedenen Erscheinungsformen begegnet [50]; die Annahme erscheint also nicht abwegig, daß es sich bei unserer Gestalt um eine Darstellung des Θεῖον "Οσιον καὶ Δίκαιον handelt. Mit dem κηρυκεῖον würde dann auf seine Funktion als Bote hingewiesen — als Vermittler zwischen göttlicher und menschlicher Welt. Es hätte Ähnlichkeit mit dem

---

Für neue Funde in Phrygien vgl. E. C. Haspels, *The Highlands of Phrygia*, Princeton 1971, Nr. 145; 152 (J. u. L. Robert, *BullÉp.* 1972, 468) und P. Lambrechts, *Documents inédits de Cybele au Musée d'Eskişehir*, in: *Hommages à M. Delcourt* [= Coll. Latomus 114], Brüssel 1970, 211-218 (J. u. L. Robert, *BullÉp.* 1972, 475). Neue Inschriften aus Kula im Museum zu Manisa geben Herrmann-Polatkan, *Testament des Epikrates* 49-53 Nr. 7-9.

[44] Vgl. L. Robert, *Op. Min.* I 415f.
[45] G. Mendel, *Musées impériaux ottomans. Catalogue des sculptures grecques, romaines et byzantines* III, Constantinople 1914, Nr. 846; L. Robert, *Op. Min.* II 1358-1360.
[46] *MAMA* V 183; L. Robert, *Op. Min.* II 1359.
[47] Herrmann-Polatkan, *Testament des Epikrates* 50f. Nr. 8.
[48] L. Robert, *Op. Min.* II 1359f.; idem, *Op. Min.* I 420.
[49] Idem, *Op. Min.* II 1358f.
[50] Idem, *Op. Min.* I 420.

Gott Hermes [51], wenn dieser Gott in der Inschrift auch nicht namentlich genannt ist.

Dazu ließe sich eine Weihinschrift stellen, die aus Temrek bei Borlu, auf dem Territorium der lydischen Stadt Saittai, stammt [52]. Sie ist neben einem anderen Gott, dessen Name weggebrochen ist, an einen Ἄγγελος Ὅσιος Δίκαιος gerichtet; hier erhält ein Mittlergott, ein Götterbote, die Attribute Ὅσιος und Δίκαιος, was damit zum einzigen Mal belegt wird [53]. Möglicherweise ist das Anathem im Museum zu Adana ein weiteres Zeugnis für den „Heiligen und Gerechten Boten": wenn die Figur mit dem Heroldsstab wirklich der Adressat der Weihung, das Θεῖον Ὅσιον καὶ Δίκαιον ist.

Gerade dieser Punkt wird aber durch eine bisher unveröffentlichte Skulptur in Frage gestellt, die sich im Museum zu Manisa befindet und von der mich P. Herrmann in Kenntnis gesetzt hat [54]. Im Äußeren besteht große Ähnlichkeit zu unserem Weihgeschenk: eine fast gleichartig gekleidete männliche Gestalt, der ebenfalls Kopf und rechter Unterarm fehlen, steht auf einem Sockel mit Inschrift. In ihrer Linken hält sie ebenfalls ein geflügeltes Kerykeion; freilich ist sie nicht barfuß, sondern trägt über die Knöchel reichende Schuhe. Datiert ist das Stück in das Jahr 254, was bei Zugrundelegung der sullanischen Ära 169/170 n. Chr. entspricht.

Auch die Skulptur in Manisa ist ein Weihgeschenk, das ein Asklas auf göttliches Geheiß hin einer Muttergottheit — Μητρὶ Νοτηνῇ — stiftete. Hier ist offenbar, daß der Adressat der Weihung und die Statue nicht miteinander identisch sind. Damit wird diese Identität auch für die Dedikation an das Θεῖον Ὅσιον καὶ Δίκαιον zu Adana fraglich. Eine sichere Deutung der Gestalt mit dem

---

[51] Hermes figuriert mit Kerykeion und Geldsack auf einem Weihrelief aus Dorylaion, das auch die Heiligen und Gerechten Götter darstellt: L. Robert, *Op. Min.* II 1355-1360 Pl. XXVII.

[52] L. Robert, *Op. Min.* I 419-428; der Ort Temrek ist auf R. Kieperts *Karte von Kleinasien*, Blatt C II Afiun Karahisar, Berlin 1912², ca. 4 km westlich von Borlu verzeichnet.

[53] L. Robert, *Op. Min.* I 420: „Ce qui est nouveau ici et ce qu'il importe de signaler sans plus attendre, c'est le terme ‚Ange'. Jusqu'ici cette notion n'apparaissait pas dans le culte du Saint et Juste . . .".

[54] Die im folgenden gegebenen Überlegungen hat P. Herrmann teilweise brieflich geäußert; auch die Angaben über die Herkunft des Stücks aus Manisa gehen auf ihn zurück. Es sei ihm hier dafür gedankt!

Kerykeion wird schwerlich zu geben sein, solange nur die beiden Weihungen an das Θεῖον Ὅσιον καὶ Δίκαιον und die Μήτηρ Νοτηνή vorliegen.

Man könnte daran denken, daß es sich um eine Weihung des Hermes an die beiden Gottheiten handelt, sähe diesen aber dann doch gerne namentlich genannt (τὸν θεὸν Ἑρμῆ ἀνέθηκεν o.ä.).

Vielleicht drückt sich in den Gestalten ein übergreifendes Kultelement aus, das freilich durch die Inschriften nicht weiter zum Ausdruck gebracht wird. — Letztlich ist auch eine Beziehung zwischen den Stiftern der Weihung und den Figuren mit dem Kerykeion nicht auszuschließen.

Die Ähnlichkeit der Weihgeschenke legt die Vermutung nahe, daß beide in demselben Heiligtum gefunden wurden. Laut Inventar stammt das Stück in Manisa aus Gürcü, ca. 12 km ostsüdöstlich von Demirci, was vielleicht noch zum Territorium von Saittai gehörte; daß das andere aus Sardes stammen soll, wurde bereits oben gesagt. Diese Angabe braucht freilich nicht exakt zu sein, sondern nur den weiteren Fundraum anzugeben; mithin ist eine gemeinsame Provenienz beider Statuetten durchaus wahrscheinlich.

2 Der Dedikant, C. Iulius Aniketos, ist vermutlich identisch mit dem einer Weihung an Men Axiottenos [55] aus Kula, die sich im Museum zu Manisa befindet. Dort werden noch seine Frau Iulia Tyche und Sohn [ ]ήθης genannt.

3-4 Der Priester des Θεῖον Ὅσιον καὶ Δίκαιον sorgt für die Aufstellung des Weihgeschenks [56]: προνοήσαντος Ἀμφιλόχου β ἱερέος.

Der Genitiv in -έος statt -έως ist für lydische Inschriften seit der frühen Kaiserzeit gut bezeugt [57].

Ob die Abkürzung bei Ἀμφιλόχου β ἱερέος für Ἀμφιλόχου (τοῦ Ἀμφιλόχου) steht oder als Angabe der Amtsiteration zu verstehen ist — (τὸ δεύτερον) ἱερέος —, läßt sich mit voller Sicherheit nicht sagen.

---

[55] Herrmann-Polatkan, *Testament des Epikrates* 57 Nr. 13 (Lane, *CMRDM* I 164 Nr. A 2).

[56] Bei der Weihung aus Temrek tut dies ein προφητής: [ἀν]έστησαν διὰ προφητο[ῦ].

[57] z.B. Herrmann, *op. cit.* (Anm. 11) 440 Z. 6 γραμματέος (75/76 n. Chr.); J. Keil-A. v. Premerstein, *Dritte Reise*, Denkschr Wien 57 (1914) 22 Nr. 20, 2; 4 ἱερέος, πόλεος (85/86 n. Chr.); Herrmann-Polatkan, *Testament des Epikrates* 50 Nr. 8, 4 ἱερέος (257/8 n. Chr.).

R. Koerner [58] hat indes gezeigt, daß die Kürzel zwischen Namen und Amt im allgemeinen zum Ausdruck wiederholter Amtswahrnehmung dient. Der Priester Amphilochos führte in diesem Falle kein Patronym, was ein Hinweis auf unfreien Status sein mag (vgl. oben zu Nr. 1, 15-17).

[58] R. Koerner, *Die Abkürzung der Homonymität in griechischen Inschriften*, SBBerlin (Sprache, Lit., Kunst) 1961, Nr. 2, 71.

Photonachweis

Abb. 1-6. Photo Verfasser.
Abb. 7-10. Photo Warnke, Münster.

WOLFGANG RÖLLIG

ZALPA

Heinrich Otten hat kürzlich ,,Eine althethitische Erzählung um die Stadt Zalpa'' rekonstruiert [1], aus der mit hinreichender Klarheit hervorgeht, daß die darin zentrale Stadt und das sie umgebende Königreich an der Mündung des Kızıl Irmak ins Schwarze Meer lag. Er wies dabei auch auf die schon bekannten Umstände hin, daß der Ort bereits in altassyrischen Texten Erwähnung findet, und daß es einen zweiten gleichen Namens in Nordsyrien gab. Diesem letzteren gilt hier unser Interesse, da seine Bedeutung offenbar nicht gering war, seine Lage im Gebiet des oberen Euphrat aber noch recht umstritten ist.

Die Quellenlage ist nicht ungünstig. Die Stadt ist — merkwürdig genug — nur in altbabylonischen bzw. altassyrischen und hethitischen Texten aus dem Alten Reich erwähnt, d.h. sie ist uns unter diesem Namen nur in der 1. Hälfte des 2. Jahrtausends v. Chr. bekannt.

Auszugehen ist von dem bekannten altbabylonischen Itinerar: *UIOM* 2134 III 6 nennt auf dem Rückweg (von Emar ?) zunächst die Städte Tultul und Aḫunâ, danach [ ] UD 1-KAM *Za-al-pa-a*[*ḫ*] und führt dann über Apqum ša ᵈBalīḫa weiter nach Ḫarrān [2]. Goetze schlägt in seiner Bearbeitung des Itinerars zunächst keine Identifizierung vor, stellt aber die Lage des Ortes östlich des Euphrat — auch aufgrund altassyrischer Texte — fest [3]. *YBC* 4499 Z. 35 zählt auf dem Wege nach Emar (Eski Meskene) von Ḫarrān aus die Orte Apqu ša Balīḫa, Saḫlala, *Za-al-pá-aḫ*, Šerki mit je einer Tagesreise Entfernung auf. Von dort erreicht man nach 2 Tagen Tultul und nach einem weiteren Tage das Euphratufer [4]. Hallo gibt in seiner Bearbeitung des Itinerars gleichfalls keinen Lokali-

---

[1] H. Otten, *Eine althethitische Erzählung um die Stadt Zalpa* [= StBoT 17], Wiesbaden 1973 (im folgenden: Otten).

[2] A. Goetze, *An Old Babylonian Itinerary*, JCS 7 (1953) 53 III 6, s. S. 54 (im folgenden: Goetze).

[3] *Ibid.* 68a.

[4] W. W. Hallo, *The Road to Emar*, JCS 18 (1964) 60, 35, s. S. 64.

sierungsvorschlag, will aber eine Ansetzung südwestl. von Ḫarrān gemäß Goetzes Karte [5] akzeptieren. Goetze selbst spricht sich wenig später für eine Lage im Westen von Ḫarrān, konkret für eine Gleichsetzung mit Bender Ḫān (daneben Bender Tepe, antik Auladis) an der ‚assyrischen Straße' aus [6].

Hinzu treten einige Belege aus Mari: Jaḫdun-Lim hatte offenbar mehrfach Auseinandersetzungen mit der Stadt, denn eines seiner Daten gibt an, daß er Zalpaḫ eroberte und seine Ernte verbrannte [7], ein weiteres, daß er seine Befestigungsanlage schleifte [8]. Die Stadt muß also in seinem Einzugsbereich gelegen haben. Da auch Zalmaqum dazu gehörte [9], das nordwestl. von Ḫarrān gesucht wird [10], ist das ohne weiteres möglich. Ob Mari unter der Oberherrschaft des Šamšī-Adad sich territorial noch so weit nach Norden erstreckte, bleibt unklar. Ein Brief Jasmaḫ-Adads, bei dem es um Rinder aus dem Bereich von Šubat-Šamaš geht, gibt immerhin einige Anhaltspunkte. Diese Tiere, 1200 an der Zahl, sterben langsam dahin, da unter dem Regiment des Gouverneurs Ikšud-appašu zu wenig Hirten zur Verfügung stehen. Offenbar sind — der Kontext ist stark zerstört — auch je 5 Bürger von Zalpaḫ und Aḫunâ am Hüten beteiligt. Beide Orte müssen benachbart gewesen sein — was ja *UIOM* 2134 gleichfalls bezeugt. Da die Kühe nach Rs. Z. 21f. den Palästen Šamšī-Adads in Šubat-Šamaš und Tuttul gehören, erhalten wir den nützlichen und gleichfalls das Itinerar bestätigenden Hinweis, daß Zalpaḫ und Aḫunâ offenbar im Bereich der beiden Residenzen zu suchen sind [11].

---

[5] *Ibid.* 78: Nr. 58, s. Goetze 72, Karte.

[6] A. Goetze, *Remarks on the Old Babylonian Itinerary*, JCS 18 (1964) 116f. 119. Unklar bleibt die Stellungnahme von M. Falkner, *Studien zur Geographie des alten Mesopotamien*, AfO 18 (1957/58) 33f., die vor allem Goetzes Argumente aufgrund der altassyrischen Quellen — vergeblich — zu entkräften suchte.

[7] MU *Ja-aḫ-du-Li-im Za-al-pa-aḫ^{ki} iṣ-ba-tu ù e-bu-u[r?-šu] ú-qa-lu-ú ARM* 7, 1, 4-8; identisch mit *Studia Mariana* [= Documenta et Monumenta Orientis Antiqui VI], Leiden 1950, 51 Nr. 2?

[8] MU *Ja-aḫ-du-Li-im dūr^{ki} Za-al-pa-aḫ^{ki} i-qú-ru-ú, Studia Mariana* 52 Nr. 3.

[9] Siehe Datum 2 in *Studia Mariana* 52 mit Belegen.

[10] G. Dossin, *Aplaḫanda, Roi de Carkémiš*, RAssyr. 35 (1938) 117; Goetze, *op. cit.* (Anm. 6), vgl. Falkner, *op. cit.* (Anm. 6) 33.

[11] *ARM* 1, 118 bes. Rs. 8-24.

Das findet seine Bestätigung auch für die folgende Zeit des
Zimrī-Lim, denn ein Brief des Beamten Jasmaḫ-Adad [12] meldet
diesem, daß sich die Scheichs der Mārū-Jamīna in Zalpaḫ trafen
und von dort nach Aḫunâ zogen, wo sie einen gewissen Ṣura-
ḫammu aufgriffen, mit dem sie jetzt auf dem Wege nach Mari
sind. Auch aus anderen Dokumenten ist bekannt, daß Tuttul
am Baliḫ bevorzugtes Einzugsgebiet der Mārū-Jamīna war [13].
Somit sind die drei Fixpunkte des Itinerars auch hier wieder
zusammenhängend bestätigt.

Auch altassyrisch gibt es — wie gesagt — Zeugnisse für Zalpa.
Hier ist allerdings die Schwierigkeit zu überwinden, die darin
liegt, daß sicher zwei Orte dieses Namens mit gleicher Schreibung
anzusetzen sind [14]. Die Texte lassen eine klare Zuordnung oft
nicht zu, allerdings kann aus Erwähnung anderer Orte im gleichen
Zusammenhang gelegentlich rückgeschlossen werden.

Zunächst ist zu registrieren, daß weder Aḫunâ noch die zur Zeit
Šamšī-Adads mit einem Palast ausgestatteten und folglich besonders wichtigen Städte Tuttul und Šubat-Šamaš in altassyrischen
Texten genannt werden. Das ist leicht zu erklären dadurch, daß
im Wesentlichen der inneranatolische Bereich Erwähnung findet,
Nordsyrien nur insoweit, als es Durchgangsraum für den Transit-
verkehr war. Hier hat nun offenbar auch Zalpa seinen Platz.
Dabei fällt auf, daß der Ort wahrscheinlich eine größere Bedeutung
für die Kaufleute der Periode von *kārum* Kaniš II hatte als für
die späteren Könige von Mari und Assur. Das wird auch dadurch
augenfällig, daß Zalpa Sitz eines *kārum* war. Die Texte, die ein
kārum Zalpa nennen, sind leider sehr fragmentarisch [15]. Trotzdem

---

[12] *ARM* 2, 53, 12ff.

[13] G. Dossin, *Benjaminites dans les Textes de Mari*, in: *Mélanges Dussaud*
II, Paris 1939, 987; *ARM* 1, 43, 5-12; 2, 137, 27-32.

[14] Schreibung immer *Za-al-pá*. Deshalb ist angebliches *a Za-al-pì KTK*
51, x + 4 hier auszuscheiden. Einen Deutungsvorschlag für die stark
zerstörte Stelle vermag ich aber auch nicht zu geben.

[15] E. Chantre, *Mission en Cappadoce 1893-1894*, Paris 1898, Nr. 11 Z. 3
und x + 5, s. J. Lewy, *On Some Institutions of the Old Assyrian Empire*,
HUCA 27 (1956) 20; H. Lewy, *Notes on the Political Organization of Asia
Minor at the Time of the Old Assyrian Texts*, OrNS 33 (1964) 197; M. T.
Larsen, *The Old Assyrian City-State and its Colonies*, [= Mesopotamia.
Copenhagen Studies in Assyriology 4], Kopenhagen 1976, 249, ferner *BIN* 6,
167, 8f.

hat K. R. Veenhof[16] gegen C. Orlin[17] sicher Recht, wenn er aus zwei Gründen das Zalpa in Nordsyrien als Sitz des *kārum* bestimmt: Der Brief Chantre Nr. 11 kündigt ein Schreiben aus Assur nach Kaniš an, was beim nordanatolischen Zalpa kaum wahrscheinlich wäre, da Kaniš am Wege des Boten gelegen hätte, und der Text *BIN* 6, 167 spricht von einer großen Menge Stoff, die über Zalpa nach Burušḫanda gehen soll[18]. Als drittes Argument läßt sich hinzufügen, daß das Zalpa in Anatolien nach *EL* 267[19] die Institution einer *wabartum* beherbergte, dort sogar vor dem Dolch des Assur geschworen werden konnte. Da aber *kārum* neben *wabartum* an einem Orte offenbar nicht vertreten war, auch das Absteigen eines *kārum* zu einer *wabartum*[20] nirgends nachweisbar ist, ist eine Identität ausgeschlossen. Allerdings besaß das nordanatolische Zalpa einen Palast[21], doch gab es wahrscheinlich auch in der nordsyrischen Stadt gleichen Namens einen solchen, wenn auch der grammatische Bezug in dem einzigen Beleg *TC* 3, 166 nicht ganz eindeutig ist[22]. Selbst wenn hier in Z. 22 vom Palast in Kaniš die Rede sein sollte, so erfordert doch der Fürst in Z. 13, der leider nicht namentlich genannt ist, einen Repräsentativbau. Ob das einmal erwähnte *ma-at Za-al-pá* in Nordsyrien oder Anatolien lag, läßt sich heute noch nicht entscheiden[23].

---

[16] K. R. Veenhof, *Aspects of Old Assyrian Trade and its Terminology*, Leiden 1972, 292 Anm. 423.

[17] L. L. Orlin, *Assyrian Colonies in Cappadocia* [=Studies in Ancient History 1], Le Hague/Paris 1970, 88.

[18] Allerdings ist nicht vom *bīt kārim* die Rede, sondern Z. 8f. lautet: *10* TÚG *i Za-al-pá a-na*[?] *ka-ri-im i*-BU-[   ].

[19] Entspr. *TMH* 1, 20c/21a.

[20] So H. Lewy, *op. cit.* (Anm. 15) 197.

[21] *EL* 267, 8.

[22] *TC* 3, 166, 9ff.: ... *1* ᵗᵘᵍ*ku-ta-nam* (10) *Da-da-na-i-um* (11) *el-qé 1* TÚG *ra-di-ú* (12) *el-qi-ú 1¹/₂* GÍN KÙ.[GI] (13) *pá-ša-lim a-na ru-b*[*a-i*]*m* (14) *1¹/₂ ma-na ni-ga-li* (15) *a-na kà-ší-im* (16) *i-na Za-al-pá* (17) *2¹/₂šiqil kaspam a-šar* (18) TÚGʰⁱ·ᵃ *e-zi-bu 4 šiqil* (19) *kaspam a-na ra-di-im* (20) *Kà-ni-ši-im ša aš-pu-ru* (21) *4 šiqil ni-is-ḫa-su-nu* (22) *ša e-kal-lim* [Rasur   ] "1 kutānu-Gewand nahm der (Mann) von Dadania, 1 Gewand nahmen die (Krawanen) begleiter, 1¹/₂ Sekel Blaßgold für den Fürsten, 1¹/₂ Minen ,,Sicheln'' für den *kaššum*-Beamten in Zalpa. 2¹/₂ Sekel Silber wo sie die Stoffe zurückließen. 4 Sekel Silber für den kanisischen Begleiter, den ich schickte. 4 Sekel ist ihre *nisḫatum*-Steuer des Palastes''. Vgl. auch *BIN* 6, 265, 9: *2/3 ma-na 5 šiqil* (10) *annikim ni-is-ḫa-tum ša Za-al-pá.*

[23] Der Text kt c/k 91, 13f. ist unpubliziert. Das Zitat folgt J. Lewy, *Amurritica*, HUCA 32 (1961) 54 Anm. 135.

Zalpa war eine oftmals angelaufene Station auf einem der Wege von Assur nach Kaniš. Hierher wurden Botschaften geschickt [24], hier konnte man sich vor dem Marsch ins rauhe Gebirgsland einkleiden [25], hier wurden vor allem Stoffe gelagert oder umgeladen [26]. Diese und andere Bezeugungen sind allerdings nur dann auf das nordsyrische Zalpa zu beziehen, wenn durch die Nennung anderer Orte, deren Lage in diesem Gebiet sehr wahrscheinlich ist, Hinweise erfolgen. Das geschieht z.B. mit Tegarama [27], das oft mit Gürün identifiziert wird [28], und mit Dadania [29], das evtl. einen Euphratübergang beherrschte [30].

Daß Zalpa am Wege von Assur nach Kaniš lag, geht indirekt auch aus einem Memorandum hervor, das den Verbleib von 84 Stoffen registriert [31]: 29 verbleiben in Zalpa, einen erhält eine Dienerin, 6 Stück sind Verpackung, die restlichen 48 gehen an den Palast (in Kaniš), wo die üblichen Steuern abgezogen werden. Auch das *bīt kārim* erhält einen Anteil, woraus sich ableiten läßt, daß die Endstation Kaniš war, das ein *bīt kārim* im Gegensatz zum *bīt*

---

[24] *a pá-ni-a a Za-al-pá ṭé-er-tum li-li-kam-ma ATHE* 41, 23; vgl. *CCT* 3, 40a 7; *ki-ma ṭé-er-ta-kà a-na Za-al-pá i-li-kà-ni um-ma* . . . *CCT* 5, 3b, 4.

[25] Vgl. *ICK* 1, 15, 10-19; *TC* 3, 164, 9ff., s. J. Lewy, *Studies in the Historic Geography of the Ancient Near East*, OrNS 21 (1952) 277 Anm. 1.

[26] *TC* 3, 118, 9; 166, 6; *BIN* 6,167, 8; 180, 14; *ICK* 1, 64, 3-9 (*abarnium*-Stoffe); *CCT* 5, 44a, 10-17; *RA* 60, 109, 11-16; *TMH* I Tf. 27: 386, 4; 26: 393, 6. Ob die besondere Art Schleier (*šitrum*), die man in Z. erhalten konnte (*CCT* 1, 50 = *EL* 296, 6; *BIN* 6, 184, 19), aus dem anatolischen oder syrischen Ort kamen, läßt sich nicht klären.

[27] Drei Flüchtlinge soll ein Ṣillī-Adad fangen *lu a Za-al-pá lu a Té-ga-ra-ma lá i-bi-a-at* Adana 237 ö 17 nach K. Balkan, *Letter of King Anum-Hirbi of Mama to King Warshama of Kanish* [= TTK VII 31 a], Ankara 1957, 33; *ṣuḫāram ša* PN . . . *i-na Za-al-pá e ta-zi-ba-am CCT* 5, 3b, 15 vgl. *Té-ga-r[a-m]a* Z. 9; *2 šiqlēn kaspam a-na A-sá-nim i Za-al-p[á] CCT* 1, 29, 11, vgl. *Té!-ga!-ra-ma* Z. 10 und *i Ba-ra-di-im* Z. 15, *i Ḫa-ra-na* Z. 23, alles Ortslagen in Nordsyrien (s. P. Garelli, *Les Assyriens en Cappadoce*, Paris 1963, 118 Anm. 2).

[28] E. Bilgiç, *Die Ortsnamen der „kappadokischen" Urkunden im Rahmen der alten Sprachen Anatoliens*, AfO 15 (1945/51) 12 Anm. 92, 29; A. Goetze, *Kulturgeschichte des Alten Orients. Kleinasien* [= HAW III 1, 3, 3. 1], München 1957², 68; Goetze 69 Anm. 140; J. Lewy, *op. cit.* (Anm. 15) 22 Anm. 95; F. Cornelius, *Geographie des Hethiterreiches*, OrNS 27 (1958) 240.

[29] Z.B. *TC* 3, 166, 5-10; *BIN* 6, 180, 13-16.

[30] So Goetze 68a, vgl. auch Veenhof, *op. cit.* (Anm. 16) 293-295.

[31] C. B. F. Walker, *Texts and Fragments 85-90*, JCS 26 (1974) 68f. Nr. 89.

ālim in Assur besaß [32]. Veenhof hat unter prozentualer Berücksichtigung der *dātum*-Taxe den Versuch unternommen, die Distanzen von Assur zu einzelnen Orten näherungsweise zu bestimmen [33]. Demnach erreichte man Zalpa etwa nach 3/4 der gesamten Wegdistanz zwischen Assur und Kaniš, nur 1/4 des — allerdings schwierigen, wohl nur sehr dünn besiedelten — Gebietes waren noch zu durchmessen. Natürlich sind diese Zahlen nicht absolut zu nehmen, eine exakte Lokalisierung erlauben sie nicht — aber sie geben doch eine Bestätigung dafür, daß der Bereich oberer Baliḫ bis Euphrat auch nach den altassyrischen Bezeugungen in Betracht kommt [34].

Die dritte Gruppe von Belegen kommt aus Boğazköy. Sie ist umfangreich und zählt ohne Berücksichtigung von Duplikaten 45 Textzitate [35]. Der größte Teil davon bezieht sich aber auf Stadt und Land Zalpa am Schwarzen Meer in der Gegend von Bafra, die durch die eingangs erwähnte althethitische Erzählung für uns überraschend lebendig geworden ist. Zwei verschiedene Schreibungen tauchen auf, ᵁᴿᵁ*Za-al-pa* und KUR ᵁᴿᵁ*Za-al-pu-wa* (und Varianten), die aber nicht die beiden Ortslagen trennen, sondern von denen Zalpa wohl ursprünglich für die Stadt, Zalpuwa für das Land verwendet wurde. Für erstere finden sich aber auch zahlreiche Schreibungen in der Form Zalpuwa, die wohl auf eine jüngere Vermischung beider Formen zurückgeht [36].

Hatten wir gesehen, daß Zalpa für den Karawanenhandel der Kaufleute altassyrischer Zeit eine recht bedeutende Stadt war, den Königen von Mari aber offenbar nur noch von minderer Bedeutung, so ist die Sicht des althethitischen Reiches und seiner Vorgänger wieder etwas verschieden — und diese Unterschiede sind es, die

---

[32] Vgl. den lehrreichen Aufsatz von E. Heinrich, *„Kaufmannshaus" und Bīt Kārim*, in: *Festschrift Heinrich Otten*, Wiesbaden 1973, 89-98.

[33] Veenhof, *op. cit.* (Anm. 16) 229ff., bes. Tabelle S. 238.

[34] Wegen Unsicherheit der Zuordnung wurden folgende Belege für eines der beiden Zalpa nicht berücksichtigt: *ATHE* 48, 27; *BIN* 6, 84, 4; 184, 6.25; *CCT* 1, 38, 8.11; 3, 34b, 5; 4, 9a, 16; 6, 7c, 8; 12b, 9; 14, 6.31; *KTK* 19, 19; *OIP* 27, 5, 3; 6, 3; *RA* 58, 64, 5; *TC* 1, 61, 9; 2, 44, 5; 3, 269, 27; *TMH* 1, Tf. 26: 393.6.

[35] Nachweise demnächst in G. F. del Monte - J. Tischler, *Répertoire géographique des textes cunéiformes* VI (1977) 490ff. Vgl. vorläufig H. Ertem, *Boğazköy metinlerinde geçen coğrafya adları dizini*, Ankara 1973, 161f. Diskussion bereits bei Otten 2of.; 58ff.

[36] Otten 2of.

eine fast gleichzeitige Betrachtung aus drei Blickwinkeln so interessant macht. Die Stadt ist auch nach diesen Quellen nicht
unbedeutend, hat aber keinen engen wirtschaftlichen oder politischen Konnex mit dem Hatti-Reich, sondern tritt lediglich in
einer Reihe von nordsyrischen Gegnern auf, allerdings in unbe-
stimmter Form und ohne Hinweise auf seine politische Bedeutung.
Schon der bekannte König Anum-ḫerwa (Anum-ḫirbe) von Mama
soll — nach „einer sagenhaften Erzählung" — gegen Zalpa Truppen geführt haben [37]. Daß es das nordsyrische Zalpa war, das er mit
Krieg überzog, ist sehr viel wahrscheinlicher als die Annahme, daß
er zum Schwarzen Meer marschierte. Seine Residenz lag zwischen
Uršu in Kommagene und Kaniš in Kappadokien, wahrscheinlich
in der Region von Göksün [38], so daß ein Ausgreifen nach Süden
naheliegt.

Ein sehr bruchstückhafter Text, den H. Otten aus jüngst publizierten Texten teilweise rekonstruieren konnte [39], nennt Streit-
wagen, die gegen die Stadt *Za-al-pa* geführt werden, erwähnt 3
Zeilen später den ‚Mann' von Emar namens Jarim-Lim [40], so daß
eine Zuordnung dieser Erwähnung zu unserem Ort nicht zweifelhaft sein kann. Leider enthält er außer dem vorläufig wertlosen
Synchronismus keine verwertbaren Angaben.

Anders ist es bei den Nennungen im Zusammenhang mit Hattušili I. Die berühmte Bilingue [41] nennt einen Feldzug gegen URU*Za-*

---

[37] *KBo.* XII 3 Vs. II 7.11.17 = E. Laroche, *Catalogue des Textes hittites*
II, Paris 1971, 1, s. Otten, 59, 65.

[38] J. Lewy, *EL* 317d; idem, *op. cit.* (Anm. 25) 289 Anm. 2; idem, *Ḫatta,
Ḫattu, Ḫattuša, and „Old Assyrian" Ḫattum*, ArOr. 18,3 (1950) 367 Anm. 7;
Bilgiç, *op. cit.* (Anm. 28) 12 Anm. 92; Goetze 70; Balkan, *op. cit.* (Anm. 27)
31-33; P. Garelli, *Un nouveau prince anatolien?*, RHA 66 (1960) 42; idem,
op. cit. (Anm. 27) 105f., 108; Larsen, *op. cit.* (Anm. 15) 240, 279.

[39] *KUB* 40, 5 + *KBo.* 22, 4 mit Dupl. *KBo.* 12, 13, s. Otten 17, 60. Eine
Übersetzung der jeweils allein erhaltenen Zeilenanfänge ist leider nicht
möglich.

[40] Der Fürst taucht in dem kürzlich ausgegrabenen Archiv von Emar/
Meskene nicht auf, s. vorläufig D. Arnaud, *Qadime Ouest. Catalogue des
textes cuneiformes trouves au cours des trois premieres campagnes a Meskene*,
AAS 25 (1975) 87-93; ders., Syria 52 (1975) 87-92.

[41] *KBo.* 10, 1-3, s. H. Otten, *Keilschrifttexte*, MDOG 91 (1958) 75-84;
F. Imparati - C. Saporetti, *L'Autobiografia di Ḫattušili*, SCO 14 (1965)
40-85.

al-pa (akkad. ^{URU}Za-al-ba-ar) nach einem solchen gegen Šaḫuitta, das nach H. Otten im östlichen Taurus zu lokalisieren wäre. Hattušili unternahm also hier seinen ersten Vorstoß nach Südosten und drang bis Zalpa vor. Er führte aus der Stadt ihre Götter und 3 majāltu-Wagen weg und brachte sie nach Arinna. Im nächsten Jahr führte ihn dann ein Feldzug bis nach Alalaḫ im Süden und Uršu im Osten, so daß bereits ein viel größeres Gebiet westlich und östlich von Aleppo gebrandschatzt wurde — ein deutliches Mahnzeichen für die Metropole. Der entscheidende Schlag gegen Jamḫad folgte allerdings doch erst mit einigen Jahren Verzögerung.

Es ist wohl kein Zufall, daß das Bruchstück eines Erlasses in seinen Ermahnungen auf die gleiche Reihenfolge der Ereignisse Bezug nimmt, wo es heißt [42]: ,,Der Zalpäer verwarf des Vaters Wort; hier ist jenes Zalpa! Der Ḫaššuäer verwarf des Vaters Wort; hier ist jenes Ḫaššuwa! Oder auch der Ḫalpäer verwarf des Vaters Wort; auch Ḫalpa wird zugrunde gehen!'' Ist hier auch Ḫaššu(wa) an die Stelle von Uršu getreten — wir bewegen uns doch im gleichen Raum, nämlich östlich des Euphrat [43]. Daß Ḫaššu anstelle von Uršu treten konnte wird darauf zurückgehen, daß beide Städte bei dem zweiten Feldzug in Mitleidenschaft gezogen wurden. Zalpa jedoch erlag bereits beim ersten Ansturm seinen Angreifern — und ging offenbar endgültig unter.

Wenn nach allem die Lage der Stadt nochmals erwogen wird, so ist der Angelpunkt wie bereits bei W. W. Hallo Apqu ša Baliḫa, genannt nach dem Quell-Bach des Baliḫ, heute 'Ain Arūṣ. Dieses liegt eine Tagesreise südlich von Ḫarrān. Da letztlich der Euphrat erreicht werden soll, ist aufgrund der Geländebeschaffenheit eine Fortsetzung des Weges nur westnordwestlich möglich — tatsächlich im Verlauf des assyrischen ḫarrān šarri, der Königsstraße. Man erreicht nach einer Distanz von einem Tagesmarsch, d.h. rund 25 km den schon von Goetze für die Lage von Zalpa vorge-

---

[42] KBo. 3, 27 = 2 BoTU 10, 28ff., s. A. Goetze, Die historische Einleitung des Aleppo-Vertrages, MAOG 4 (1928) 64; H. G. Güterbock, Die historische Tradition und ihre literarische Gestaltung bei Babyloniern und Hethitern bis 1200, ZA 44 (1938) 99; Otten 59.

[43] H. G. Güterbock, Sargon of Akkad Mentioned by Ḫattušili I of Ḫatti, JCS 18 (1964) 1-4; RlA IV (1972-1975) 137 s.v. Ḫaššum/Ḫaššu(wa) (Güterbock).

schlagenen Tell Bandar Hān, der zwar auf der Karte Syrien
1:200 000 Blatt Jerablous mit den Koordinaten 72 800:64 200
verzeichnet ist, über dessen genaue Lage, Größe und Alter mir
aber keine Angaben bekannt sind. Eine Erforschung des oberen
Euphratgebietes, wie sie der Jubilar mit seinen Untersuchungen in
Kommagene so energisch betrieben hat, sollte nun in ähnlicher
Weise auch auf die südlich angrenzenden Gebiete, und damit
auch auf das Territorium von Zalpa ausgedehnt werden und vielleicht auch für dessen Lokalisierung die nötige Klarheit bringen.

SENCER ŞAHIN

ZEUS BENNIOS

(Taf. CLXXXIV-CLXXXV, Abb. 1-2a-d)

In einigen Weihinschriften aus dem phrygischen Kulturbereich wird Zeus mit dem Beinamen Bennios angerufen. Die Bedeutung dieses Beinamens wird schon seit mehr als einem Jahrhundert diskutiert. Die bisherigen Untersuchungen haben zu keinem sicheren Resultat geführt. Eine neue Weihinschrift an diese Gottheit aus dem phrygisch-bithynischen Grenzgebiet gibt Veranlassung zu einer erneuten Bearbeitung des Themas. Es soll der Versuch gemacht werden, die genaue Bedeutung dieser Gottheit zu erfassen, deren Verehrung wir, zusammen mit der des phrygischen Gewittergottes [1] Zeus Bronton, insbesondere im Tal des Tembris-Flusses (h. Porsuk Çayı) und seiner näheren Umgebung feststellen können (s. Übersichtskarte).

Topographische Bemerkungen zum Fundort

Der neue Altar mit der Weihinschrift an Zeus Bennios wurde im Jahre 1970 im Dorf Ahmetler, wenige Kilometer nordöstlich der

---

[1] Dieser Zeus, dessen Hauptkultorte Dorylaion (heute Eskişehir) und Nakoleia (heute Seyitgazi) in Phrygien waren (vgl. *MAMA* V, XXXVff. und Appendix 172ff.; F. K. Dörner, *Außerbithynische Inschriften im Museum von Bursa und neue Funde aus Eskişehir* (*Dorylaion*) ÖJh. 32 (1940) 110ff. Nr. 1-3; RE X A (1972) 293, 38ff. s.v. *Zeus* (Schwabl) und RE III (1897) 891, 12ff. s.v. *Bronton* (Cumont), wird in mehreren phrygischen Inschriften als „schützender Wettergott" angerufen (vgl. W. Dressler, *Buchbesprechungen*, Die Sprache 14 [1968] 41 und die Inschriften in *MAMA* V Nr. 125. 126. 218. 220). Seine Epiklesen, wie z.B. Διὶ Βροντῶντι καὶ Ἀστραπτοῦντι (Belege in Phrygien bei Cumont, *op. cit.* 891, 27ff.) oder Διὸς Βροντῶντος καὶ Ἀστράπτοντος (vgl. *IG* XII 3 Suppl. 1359 aus Thera) sind am besten durch sein Wesen als Gewittergott zu erklären. Die ältesten Erscheinungsformen des Zeus sind ja ebenfalls naturgebunden (vgl. M. P. Nilsson, *Geschichte der griechischen Religion I* [HAW 5.2.1], München 1967³, 391f. im folgenden: Nilsson, *Griech. Religion*). Daß er in „irgendeiner Beziehung zum Sonnengott" stand (vgl. Cumont, *op. cit.* 891, 51f.), ist wohl dadurch zu erklären, daß er als Wettergott himmlischen und chtonischen Charakter in sich trug. Dieses scheint auch bei Zeus Bennios der Fall gewesen zu sein (vgl. dazu die Ausführungen S. 786ff.).

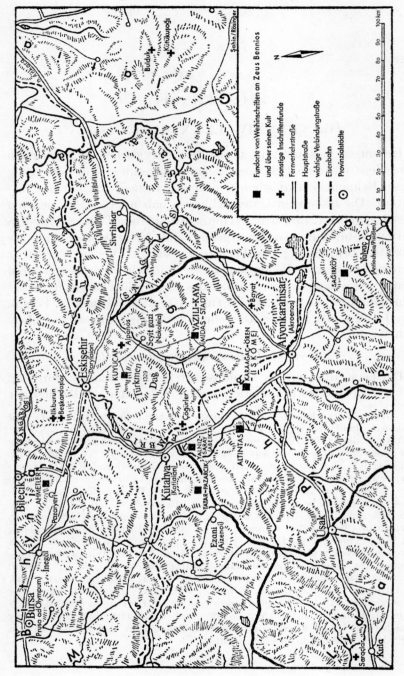

Textabb. 1

Kreisstadt Pazaryeri im Verwaltungsgebiet Bilecik Ili gefunden.
Die Landschaft in der Umgebung des Fundortes ist gebirgig, teilweise bewaldet und reich an Wasser. Da aber das Gebiet an der
Grenze zwischen der west- und zentralanatolischen Klimazone
liegt, wird das niederschlagsarme Wetter häufig zum Problem (ca.
430 mm Niederschlag jährlich). Die Hauptproduktion des Landes
besteht aus Getreide und Viehzucht.

Der Fundort der Inschrift liegt also im bithynisch-phrygischen
Grenzgebiet. Überall im Dorf sind Reste von antikem Baumaterial
und beschriftete Steine anzutreffen. Den Berichten der Dorfbewohner zufolge stammen die Fundstücke aus zwei Orten in der
Umgebung des Dorfes. Einer davon führt heute den Namen Cin
yerleri (Orte der bösen Geister) und liegt auf einem Hügel ca. 5
km südöstlich des Dorfes. Aus dem anderen Ort mit dem Namen
Armutlu, der ca. 3 km westlich des Dorfes liegt, soll nach Aussage
der Dorfbewohner auch unser Altar stammen [2]. Hier wurde ein
weiterer Altar mit einer Weihung an Artemis Chryse gefunden,
den ich im Sommer 1976 im Dorf bei einem Brunnen sah und aufgenommen habe.

Interessant ist eine Ehreninschrift auf einer Marmorplatte, die
ungefähr in das Jahr 264 n. Chr. datiert werden kann. Sie stammt
aus demselben Ort und ist heute in einem Brunnen des Dorfes verbaut. In der Inschrift werden zwei antike Orte genannt: Δαβληνοὶ
κὲ Προνναειταί, die zusammen eine politische Einheit ὁ δῆμος τῆς
δικωμίας bildeten. Die antike Bezeichnung für die Bewohner Pron-
naetai erscheint auch in unserer neuen Weihinschrift in der Form
Προννοειταί (s. unten). Diese beiden antiken Ortschaften dürften
also in unmittelbarer Nachbarschaft gelegen haben. Ich untersuchte
deshalb einen nahegelegenen Ort mit dem Namen Sırasöğütler; er
liegt ca. 3 km südwestlich vom Dorf an einem nach Süden fließenden
Bach, also unweit von Armutlu. Dort fällt sofort eine kleine
hüyükartige Erhebung ins Auge, die die Dorfbewohner auf der
Suche nach Schätzen an verschiedenen Stellen ausgegraben haben.
Mehrere Quadersteine sind in der Umgebung des Hügels noch
sichtbar. Ich konnte die Fundamente eines antiken Bauwerkes von

---

[2] Die Museumsassistentin Oya Kozaman, die den Stein vom Fundort in
das Museum gebracht hat, bestätigte diese Angabe.

diesem Hügel aus bis zum Bach hinab verfolgen. Gegenüber des
Hügels, auf der anderen Seite des Baches, entdeckte ich in einem
Feld einen Altar mit einer Weihinschrift an Zeus Bronton, den
berühmten phrygischen Wettergott. Der Stein war kürzlich vom
Besitzer des Fledes freigelegt worden. Ein weiterer Altar mit einer
Weihung an Zeus Bronton aus demselben Ort befindet sich heute
im Museum von Bursa [3].

Zusammenfassend kann man feststellen, daß die antiken Bewohner dieses Gebietes vor allem die Kulte der phrygischen Wettergott-
heiten wie Zeus Bronton und Zeus Bennios ausübten. Diese sicher
auch durch die klimatischen Verhältnisse bedingte Anhängerschaft
ausführlicher zu untersuchen, ist die Aufgabe dieser Arbeit.

Die Inschrift

Die neue Weihinschrift befindet sich auf der Vorderseite eines
oben und unten profilierten Altars aus weißlichem Marmor. Er wurde
im Jahre 1971 ins Museum nach Bursa gebracht und dort im Garten
aufgestellt (Inv. 2550). Das obere Profil des Altars ist mit umlaufenden Akroteren versehen. Auf dem Altar befindet sich ein leicht
profilierter Aufsatz [4], dessen Vorderseite in der Mitte mit einer
Rosette verziert ist. Das Standbild, das nach der Inschrift (Z. 12)
auf dem Altar stand, ist nicht erhalten.

H. 1,52 m; Br. (Prof.) 0,55 m; (Schaft) 0,43 m;
T. 0,28 m; Bh. 0,02 (Z. 1)-0,027 m. Abb. 1

Die Inschrift ist sorgfältig geschrieben und weißt zahlreiche
Ligaturen auf. Iota adscriptum kommt nur in der ersten Zeile vor

---

[3] Inv. 2806; diese und andere erwähnte, aber noch unpublizierte Inschriften werde ich demnächst mit dem gesamten epigraphischen Material
aus diesem Gebiet veröffentlichen. Außerdem teilten mir die Bewohner des
Dorfes Ahmetler mit, daß vor einigen Jahren mehrere Büsten, anscheinend
Bilder des Zeus Bronton, in das Museum von Eskişehir gebracht worden
sind.
[4] Für diese Art von Basen in Phrygien vgl. z.B. *MAMA* V 97 (1-2) Pl.
32-33 aus Beşkardaşlar-Ilkburun bei Eskişehir, also unweit des Fundortes
unseres Altars. Auf den Basen standen offenbar die Statuen der genannten
Götter: vgl. *MAMA* V S. XIX. Der dem Zeus Bennios geweihte Rundaltar
aus Karaağaç-Ören (s. Text a und Abb. 2 a-d) hat ebenfalls einen gleichen,
aber runden Aufsatz.

und ist einmal (Z. 1) in die Mitte der Zeile gesetzt. Der Name Getas
in der 6. Zeile ist eradiert, die 7. Zeile durch eine tiefe Spalte stark
beschädigt.

'Αγαθῆ   ι   τύχηι·
2 Διὶ Βεννίῳ ὑπὲρ σωτηρίας
τῶν αὐτοκρατόρων, ἔτους
4 ιη' τῶν κυρίων αὐτοκρα-
[τ]όρων Σεουήρου κὲ 'Αντωνεί-
6 [[νου κὲ Γέτα]] Σεβαστῶν, μη-
[ν]ὸς 'Αρήου [ὑπὲρ σωτηρί]-
8 ας κὲ καρπῶν τῆς Προννοει-
τῶ[ν] κώμης Χρῆστος Γλύ-
10 κωνος, γένους Χρήστου
Δαγι, τὸν βωμὸν κὲ τὸ ἐπ' αὐ-
12 τῷ ἄγαλμα ἀπεϊέρωσε,
τῇ κώμῃ δοὺς βουθυσίαν κὲ
14 τὰ πρὸς αὐτὰ κὲ μύρα κὲ στεφάνους, κὲ οἴνου μετρητὰς ε'
16 χαρισάμενος κὲ χάλκωμα
ἐκ τῶν ἰδίων τῇ κώμῃ μετρητοῦ
18 ἑνὸς χοῶν δύο· ἔσται μέντυ ἀνε-
ξοδίαστον κὲ ἀνυπόθηκον
20 τὸ χάλκωμα· κωμαρχοῦντος
Κυντιανοῦ κὲ Μάρκου.

Zum guten Glück! Dem Zeus Bennios hat den Altar mit darauf
stehendem Standbild (des Gottes) Chrestos, Sohn des Glykon, aus
dem Geschlecht des Chrestos, Sohnes des Dagi, im 18. Regierungsjahr der Herren Augusti Imperatores Severus und Antoninus und
Geta, im Monat Areios, für das Wohlbehaltensein der Imperatoren
und für das Heil und die Ernte des Dorfes der Pronnoeten geweiht,
nachdem er dem Dorf ein Ochsenopfer und die dazu gehörigen
Dinge und Duftöl und Kränze gab, und 5 metretai Wein und ein

Kupfergerät (in der Größe) eines metretes und zwei choes aus seinen eigenen Mitteln schenkte. Allerdings soll das Kupfergefäß unverkäuflich sein und nicht als Pfand gegeben werden dürfen; Quintianos und Markos waren Komarchen.

Kommentar

Der Fundort der Inschrift liegt im bithynisch-phrygischen Grenzgebiet. Die verehrte Gottheit Zeus Bennios ist rein Phrygisch. Der Monatsname Areios kommt nur in der Provinz Bithynien vor. Z. 4 gibt eine ziemlich genaue Datierung der Weihung. Sie ist im 18. Regierungsjahr des römischen Kaisers Septimius Severus und im 10. Monat Areios des bithynischen Kalenders verfaßt worden. Danach muß der Altar Ende Juni bzw. im Juli des Jahres 210 aufgestellt worden sein, also 6-7 Monate vor dem Tode des Kaisers am 4. Februar 211. Der Tag ist wohl in der Lücke ausgefallen. Die Schreibung -ηος statt -ειος kommt in der Kaiserzeit häufig vor [5].

Z. 8-9. In der zweiten Hälfte der Zeile 8 sind die oberen Teile der Buchstaben leicht beschädigt. Vor P steht ein senkrechter Strich mit einem größeren Abstand, so daß man sich eher für ein Π in Ligatur mit Rho (P) entscheiden soll, statt eines I. Die Bewohner des Dorfes heißen dann Προννοειταί bzw. Προνναειταί (s. oben). Sie bildeten vielleicht ursprünglich einen sakralen Verband, aus dem sich später eine Gemeinde-Organisation entwickelte. Diese Art der Entstehung von Dörfern (κῶμαι) ist in hellenistischer Zeit und auch in der römischen Kaiserzeit in Kleinasien, besonders im Phrygischen Raum häufig [6]. In Kleinasien waren solche kleinen bürger-

---

[5] Vgl. K. Meisterhans - E. Schwyzer, *Grammatik der attischen Inschriften*, Berlin 1900[3] (Repr. 1971), 47, 21.

[6] Vgl. M. Rostowzew, *Die Domäne von Pogla*, ÖJh. 4 (1901) Bbl. 37ff.; W. M. Ramsay, *Studies in the History and Art of the Eastern Provinces of the Roman Empire*, Aberdeen 1906 (im folgenden: Ramsay, *Studies*) 308ff.; RE Suppl. IV (1924) 963, 43ff. u. 968, 59ff. s.v. Κώμη (Swoboda); W. M. Ramsay, *Historical Geography of Asia Minor*, London 1890 (Repr. 1962), 84f. und 137, 31 (im folgenden: Ramsay, *Historical Geography*); vgl. auch 144, 84f. (Soa) und 146, 88f. (Aizanoi); K. Buresch, *Aus Lydien*, Leipzig 1898, Nr. 23 (aus Arpalı), in der vermerkt wird, daß die Kosten eines Festes „aus den Einkünften der κώμη bestritten werden"; dazu F. Poland, *Geschichte des griechischen Vereinswesens*, Leipzig 1909, 85 (im folgenden: Poland, *Vereinswesen*), der in der Inschrift „die deutlichsten Berührungspunkte mit rhodischen Eranistenverein" findet.

lichen Einheiten häufig als Kultverein organisiert [7], was auch hier
der Fall zu sein scheint. Da wir aus anderen Texten erschliessen
können, daß der Kult des Zeus Bennios durch Kultvereine gepflegt
wurde, deren Mitglieder βεννεῖται und deren Vorsitzender βεννάρχης
hießen (s. unten), so können wir auch in unserer Inschrift auf das
Vorhandensein eines Vereins schließen. Die von Chrestos der Kome
gespendeten Gegenstände sind typische Geschenke, wie man sie allgemein einem Kultverein zum Feiern eines Festes zu machen
pflegte [8]. Darunter wird der βωμός und das darauf gesetzte ἄγαλμα
hervorgehoben, weil sie direkt der Gottheit geweiht sind. Sie gehören offenbar nicht dem Dorf bzw. dem Verein (vgl. Z. 16: das
χάλκωμα wird dagegen dem Dorf geschenkt), sondern bleiben im
Besitz der Gottheit bzw. eines Heiligtums. Während der Stifter den
Verkauf und die Verpfändung des χάλκωμα in Z. 19f. verbietet,
äußert er gegen den Mißbrauch der der Gottheit geweihten Gegenstände wohl deswegen kein Verbot, weil ihr Empfänger die Gottheit selber ist, und die dadurch als ,,ipso iure ἱερός" religiös gesichert sind [9]. Neben dem Opfer gehören auch Wohlgerüche und

---

[7] Vgl. zu diesem Thema ausführlich Poland, *Vereinswesen* 84ff. und 537,
85 (s. Nr. B. 407 A), wo die an Zeus Chalazios Sozon geweihte Inschrift
(F. W. Hasluck, *Inscription from the Cyzicus neighbourhood*, JHS 24 [1904]
21, 4) aus Bandırma nachgetragen wird, die gewisse Ähnlichkeiten mit
unserer Inschrift hat:

Ζεὺς Χαλάζιος Σώζω[ν].
Ἐπὶ Διον[υσί]ου
Θρακιοκωμῆται τῷ θεῷ τὴν στήλλην καθι-
έρωσαν ὑπὲρ εὐκαρπίας καὶ ἀβλαβίας τῶν καρπῶν
5   καὶ ὑπὲρ ὑγιείας καὶ σωτηρίας τῶν γεοκτειτῶν καὶ
τῶν συνερχομένων ἐπὶ τὸν θεὸν καὶ κατοικούντων
Θρακίαν κώμην.
Μειδίας Στράτωνος τῷ θεῷ καὶ τοῖ[ς κω]μήταις
διοικήσας πρῶτος τὴν στήλην ἐκ τῶν ἰδίων ἐπαν-
10   γειλάμενος ἀποκατέστησεν.

Die Votivstele befindet sich heute im Archäologischen Museum in Istanbul,
Inv. 1503.
[8] Vgl. Poland, *Vereinswesen* 262ff.
[9] Vgl. B. Laum, *Stiftungen in der griechischen und römischen Antike*,
Berlin 1914, 168 (im folgenden: Laum, *Stiftungen*). In manchen Fällen
wird ein Verbot trotzdem ausgesprochen, wie z.B. *IG* XII 3, 330 = I. v
Prott — L. Ziehen, *Leges Graecorum sacrae e titulis collectae*, Leipzig 1896-
1906, 129 = E. Schwyzer, *Dialectorum Graecarum exempla epigraphica*

Kränze zu einem von einem Kultverein veranstalteten Fest [10].
Wein wird in größeren Mengen gespendet. 5 metretai Wein würden
nach attischem Hohlmaß ca. 197 l entsprechen [11]. Außerdem gehört
zu den Geschenken ein Weingefäß aus Kupfer in der Größe von ca.
46 l, das im Besitz des Dorfes bleibt. Jedoch werden Verkauf und
die Verpfändung dieses Gegenstandes durch den Spender verboten.
Um die mißbräuchliche Verwendung des Vereinsvermögens zu ver-
hindern, wurden solche Verbote oft gemacht [12]. Soweit es sich feststellen läßt, ist aber der Ausdruck ἀνυπόθηκον für ein solches Verbot
zum ersten Mal belegt [13]. Das Wort wird nur einmal in einer Inschrift aus Kos in metaphorischem Sinn gebraucht (A. Maiuri,
Nouva Silloge Epigrafica di Rodi e Cos, Firenze 1925, 443; s. Liddell-
Scott, Add.): τὴν τοῦ βίου προαίρεσιν πεποιημένος ἀνυπόθηκον καὶ
ἀναντι[---.

Zum Gebrauch des Wortes ἀνεξοδίαστος vgl. L. Robert, *Hell*. I
61ff. und II 147f.

Der Sinn des Wortes Βέννιος

Weil die bisher bekannt gewordenen Dedikationen an Zeus Bennios keine klaren Angaben für den Charakter der Gottheit enthalten,
hat man das Wort βέννιος bzw. βέννος mehrfach etymologisch zu
deuten versucht. Cavedoni verweist auf das galatische Wort

---

potiora, Leipzig 1923, 227 = F. Sokolowski, *Lois sacrées de cités grecque*.
Supplement [= Ecole française d'Athènes 11], Paris 1962, Nr. 135 (aus Thera),
in der Epikteta den Verkauf und Vertausch und den Platzwechsel der
Heiligtümer und der darin befindlichen Götterbilder verbietet, nachdem
sie diese den Musen und Heroen ihrer Tochter vermacht hat; dazu und für
weitere Belege vgl. Poland, *Vereinswesen* 485.

[10] Vgl. Poland, *Vereinswesen* 265.
[11] F. Hultsch, *Griechische und römische Metrologie*, Berlin 1862, 80.81.82:
1 Metretes, der in 12 Choes zerfiel, entspricht 39, 4 l.; vgl. dort die Tabelle
auf S. 305.
[12] Vgl. Poland, *Vereinswesen* 484f. mit den dort angegebenen Belegstellen.
[13] Für ähnliche Verbotsformeln gegen Verkauf oder Verpfändung des
Vereins- bzw. Stiftungsvermögens, vgl. z.B. Dittenberger, *Sylloge*[3] 1106
Z. 44ff.: μὴ ἐξῆμεν δὲ μηθενὶ τὰ οἰκήματα τὰ ποτὶ τῶι τεμένει μηδὲ τὸ
τέμενος ἐξιδιάζεσθαι μηδὲ πωλεῖν μηδὲ ὑποτιθέμεν oder *IG* XII 2, 529: μηδὲ
ὑποθέμεναι μηδὲ ἐγγυᾶσθαι μηδενὶ μηδὲ ὑπόθεσθαι; dazu Laum, *Stiftungen* 187
Nr. 45 u. 64.

,Benna' bei Festus 32, 14 (= *Gloss. Lat.* IV 132): *Benna lingua Gallica genus vehiculi apellatur, unde vocantur combennones eadem benna sedentes*. Le Bas nennt diesen Vorschlag ,,plus ingénieux que juste'' [14]. Deecke nimmt an, daß das Wort βέννιος ,,die griechische Umschreibung'' des illyrischen Familiennamens Bennius ist, dessen Stamm er in den oben von Festus als galatisch bezeichneten Wort, ,benna-Wagen' wieder findet [15]. Davon ausgehend bezeichnet Ramsay den Zeus Bennios als Gott ,,who stand on a car'' bzw. als Jupiter Stator [16]. Diese Behauptung wollen Calder und Cox [17] durch eine Stele in Çöğürler (ihr eigentlicher Fundort ist unbekannt) unterstützen, die aber weder in der Darstellung deutlich genug ist noch in der Inschrift einen Hinweis gibt. Sie sahen auf der Stele andeutungsweise eine durch einen Adler (?) gekennzeichnete Person, auf einem Wagen stehend, den ,,probably horses rather than oxen'' ziehen. Sie nehmen also mit Ramsay an, daß ,,the god in the car'' dargestellt ist und begründen dies mit dem ,,Gallic-Thracian'' (?) [18] Wort ,benna'. All dies bleibt jedoch sehr zweifelhaft und stützt sich nur auf Vermutungen. Auch Weisgerber geht davon aus, kommt aber ebenfalls zu keinem Ergebnis [19]. Zuletzt wird dieselbe Deutung von K. H. Schmidt verfochten [20].: ,,Die Wagen-

---

[14] Le Bas III 774; vgl. A. Walde - J. B. Hoffmann, *Lateinisches etymologisches Wörterbuch* I, Heidelberg 1938³, 852.

[15] W. Deecke, *Entzifferung der messapischen Inschriften*, RhM 37 (1882) 385.

[16] W. M. Ramsay, *The Cities and Bishoprics of Phrygia*, JHS 8 (1887) 511f.; er wiederholt dieselbe Meinung in *A Study of Phrygian Art*, JHS 9 (1888) 367 und in *Studies* 127, 9.

[17] W. H. Buckler - W. Calder - C. W. M. Cox, *Monuments from the Upper Tembris Valley*, JRS 18 (1928) 36f. Nr. 253 aus Chukurler; auf dem *Codex Kultur-Atlas Türkei*, Blatt 39/30 Çekürler bzw. Çegürler.

[18] Buckler-Calder-Cox, *op. cit.* 37; eine Begründung für die Bezeichnung des Wortes als gallo-thrakisch ist nicht gegeben; dazu L. Weisgerber, *Galatische Sprachreste*, in: Natalicium J. Geffcken, Heidelberg 1931, 157 Anm. 2. Jedoch geht diese Bezeichnung wohl ebenfalls auf Ramsays Bemerkung (*op. cit.* [Anm. 16] 511ff.) ,,The Gallic, Messapian, and Thraco-Illyrian word *Benna*'' zurück, die er auf die Interpretation Deeckes, *op. cit.* (Anm. 15), bezieht.

[19] Weisgerber, *op. cit.* (Anm. 18). 157.

[20] K. H. Schmidt, *Keltisches Wortgut im Lateinischen*, Glotta 44 (1967) 157f.

bezeichnung ‚benna' wird sowohl durch ihre Etymologie [21] als auch durch den galat. Ζεὺς Βέννιος [22] als keltisch erwiesen" [23].

Obwohl das Wort ‚benna' als galatische Wagenbezeichnung nicht bezweifelt werden kann, bleibt der Versuch, das Wort mit dem phrygischen Gott Zeus Bennios in Verbindung zu setzen, eine schwer akzeptable Vermutung. Denn man hat ja weder einen inschriftlichen Anhaltspunkt, der auf die Darstellung des Gottes auf dem Wagen hinweisen könnte, noch einen anderen sprachlichen Nachweis darüber, daß ein ähnlich lautendes Wort wie βέννιος im Phrygischen dieselbe Bedeutung hatte, wie ‚benna' im Galatischen. Eine solche Behauptung würde dann dazu führen, daß gleich lautende Worte mit unterschiedlicher Verwendung in verschiedenen Sprachen wie die ephesische Phyle Βέννα oder die thrakische Stadt Βέννα u.a. ebenfalls mit diesem galatischen Wort ‚benna' zu erklären wären. Eine Annahme solcher Art ist willkürlich. In unserem Fall sollte man also die etymologische Bedeutung des Wortes βέννιος eher im Phrygischen suchen.

Ein solcher Versuch wurde bereits von Otto Haas, dem Erforscher der phrygischen Sprachdenkmäler, gemacht [24]. Er geht von dem Wort βέννος aus, das in einer Inschrift aus Sağırköy im pisidisch-phrygischen Grenzgebiet belegt ist:

W. M. Ramsay, *Studies* (s. Anm. 6) 345 Nr. 25 (unten Text d):

Ὁ αὐτὸς Σκύ|μνος καὶ ἔτι | ἐπικαταλεί|πω
τῇ κώμῃ | ρ' ἐκ τόκου || γείνεσθαι βέν|νος
Δεὶ Καλα|καγαθίῳ ὑ|πὲρ καρπῶν.

Aus den Zinsen der dem Dorf gespendeten Gelder soll also für Zeus Kalakagatios ein βέννος -- ὑπὲρ καρπῶν dargebracht werden. Das

---

[21] Dabei bezieht er sich auf Walde-Hoffmann, *op. cit.* (Anm. 14) I 101.

[22] Dabei bezieht er sich auf Weisgerber, *op. cit.* (Anm. 18) 157 und Walde-Hoffmann, *op. cit.* (Anm. 14).

[23] Er bemerkt *op. cit.* 159: „Gallisch *benna*, eine Art zweirädriger Wagen mit geflochtenem Korb, geht auf *bhendh-na* zurück und hat seine Korrespondenz in dem cymrischen *benn*, das zur Bezeichnung eines Fuhrwerks dient"; vgl. dazu auch W. Brandenstein, Ogam XII (1960) 473ff. und E. Campanile, *Rapporti linguistici fra il mondo celtico e il mondo latino e neolatino*, Neapel 1965, 35.

[24] O. Haas, *Die phrygischen Sprachdenkmäler* [= Linguistique balkanique 10], Sofia 1966, 150 und 160.

Wort βέννος bezeichnet offensichtlich ein Fest; Haas denkt an ein ‚Fruchtbarkeitsopfer' [25]; ,,davon ist der Name Zeus Bennios hergeleitet". In einer Inschrift aus Midasstadt kommt ein Verbum βεννεύω ‚blühen, gedeihen' vor; *MAMA* I 390 (unten Text e):

Χαῖρε μάκαρ πολ[ύο]λβε | θεῶν ῾Υπερείονε λάνπων, |
πάντων γάρ φίλος ἐσθλὸς | πάτρης πρόμος ἐνθάδε νήει·|
πατρὶς ἐμὴ βέννευε [26] κὴ λάνβα|νε πλησία καρπούς.

In diesen Inschriften und auch in unserer neuen Weihung an Zeus Bennios stehen sowohl die Gottheit als auch das Opferfest βέννος als auch das Verbum βεννεύειν unmittelbar in Verbindung mit den Feldfrüchten (καρποί); ihre Bedeutung ist also sicher in diesem Zusammenhang zu suchen, wie dies auch O. Haas vorschlägt. Diese Deutung für Bennos wird allerdings von Dressler mit einem Fragezeichen versehen [27]. Dieser verzeichnet in seiner Rezension einige Deutungsversuche, unter denen mir einer besonders interessant erscheint: Er bezeichnet Zeus Bennios ,,als schützender Wettergott" und fügt hinzu: ,,daher war er wohl kein richtiger Fruchtbarkeits-, sondern Blitzgott".

Diese Interpretationen schliessen sich nicht aus. Ein schützender Wettergott ist auch ein Gott, der Gedeihen und reiche Ernte gibt. Daß Zeus Bennios wirklich auch ein Wettergott war, sieht man deutlich an seinem mit Strahlen umkränzten Haupt auf dem Altar aus Karaağaç-Ören (Inschr. a, Abb. 2 a-d). Damit steht er offensichtlich in Beziehung zum Sonnengott. Interessant ist aber, daß der Sonnengott πολύολβος θεῶν ῾Υπερίων λάνπων in der oben wiedergegebenen Inschrift aus Midas-Stadt ebenfalls für reiche Feldfrüchte angerufen wird und das Verbum βεννεύειν in derselben Inschrift in diesem Zusammenhang gebraucht wird. Deswegen darf

---

[25] Haas, *op. cit.* (Anm. 24) 160; vgl. auch S. 125 (83): die 1. Zeile einer ,,in typisch phrygischen Griechisch" gefaßten Inschrift lautet: υος ανηρ βεννεν. Haas bemerkt: ,,βεννεν ‚gedeihe' (sonst χαῖρε!)".

[26] A. Wilhelm, *Griechische Grabinschriften aus Kleinasien* [= Akademieschriften zur griechischen Inschriftenkunde (1895-1937) II, 352], SBBerlin 37 (1932) 808f. schrieb: ,,. . . in dem vermeintlichen βεννευε, das durch κή, kurz gemessen wird wie sooft . . . mit dem zweiten Imperativ λάνβανε verbunden ist, steckt offenbar ἔννευε"; auf dem Stein steht aber BENNEYE; dazu auch W. M. Calder, *Two Phrygian Epitaphs*, ClRev. 50 (1936) 214f.

[27] W. Dressler, *op. cit.* (Anm. 1) 41.

man wohl annehmen, daß der Beiname Bennios doch einen Fruchtbarkeitsgott bezeichnet, der die Feldfrüchte bald durch seinen
Regen, bald durch seinen Sonnenschein zur vollen Reife bringt.
Das βέννος wäre dann das Erntefest, bei dem das Dorf sich in einer
βουθυσία vereint. Daß zu Ehren des Zeus Bennios ein Ochse ge-
schlachtet wurde, ergibt sich aus den Reliefs der Steine von Kuyucak (unten Text f) und Karaağaç-Ören (unten Text a); dort sind
Ochsenköpfe und Weintrauben abgebildet, sicher zur Erinnerung
an ein frohes gemeinsames Festmahl nach einer fruchtbaren
Ernte.

Die bisher bekannt gewordenen Dedikationen an Zeus Bennios

(a) W. M. Ramsay, *Sepulchral customs in ancient Phrygia*, JHS
5 (1884) 259 Nr. 11 aus Karaağaç-Ören.

Sehr sorgfältig bearbeiteter Rundaltar aus weißem Marmor, heute
im Garten des Museums von Kütahya (Inv. 31), wo ich ihn auf-
nahm. Den oberen Abschluß des Altars bildet ein angearbeiteter
Aufsatz mit leichtem Profil. Das obere Profil des Altars ist um-
laufend mit Zahnschnitten und Perlschnüren geschmückt. Auf dem
oberen Teil des Sockels weist der Altar wechselweise Girlanden und
Bukranien auf. Auf der Windung der Girlande über der Inschrift
ein Adler. Die Rückseite zeigt Trauben und das mit Strahlen um-
kränzte Haupt des Sonnengottes. Hier ist der Stein schräg abgebrochen. Die Inschrift befindet sich auf einer tabula ansata, die
letzte Zeile auf dem unteren Profil. H. 1,18 m; Dm. 0,46 m; Bh.
0,02 m. Abb. 2 a-d.

Διὶ Βεννίῳ
Διογένης ὑπὲρ
Διογένους πάππου
καὶ Κλ. Χρυσίου
5 μάμμης καὶ τῶν
κατοικούντων
ἐν Ἰσκόμῃ καθιέρω-
σεν.
Ἀπολλώνιος Ἰσγερεανὸς ἐποίει.

(b) W. M. Ramsay, *The Cities and Bishoprics of Phrygia*, JHS 8 (1887) 513f. Nr. 95 aus Yalnız Saray (dem antiken Abeikta) = Cagnat *IGR* IV 535:

> Μηνᾶς Μηνᾶδος
> Ἀβεικτηνὸς ὑπὲ-
> ρ τῆς Τρικωμί-
> ας σωτηρίας κα-
> 5 ὶ τῶν ἰδίων πάν-
> των ἀνέθηκεν
> Δεὶ Βεννίῳ εὐ-
> χήν.

(c) W. H. Buckler - M. W. Calder - C. W. M. Cox, *Monuments from the Upper Tembris Valley*, JRS 18 (1928) 27 Nr. 241 aus Altıntaş = *CIG* add. 3857, 1 = Le Bas III 774 = Cagnat *IGR* IV 603.

Rundaltar aus Marmor mit einer Rosette in der Girlande über der Inschrift:

> Ὑπὲρ τῆς αὐτοκράτορος
> Νέρουα Τραϊανοῦ Καίσαρος
> Σεβαστοῦ Γερμανικοῦ
> Δακικοῦ νείκης Διὶ Βεννίῳ
> 5 Μηνοφάνης Τειμολάου
> τὸν βωμὸν ἀνέστησεν
> βεννει Σοηνῶν. [28]

(d) W. M. Ramsay, *Studies* (s. Anm. 6) 345 Nr. 25 = *SEG* 6 (1932) 550; vgl. idem, *The Tekmoreian Guest-friends*, JHS 32 (1912) 162 und J. Zingerle, AnzWien 1923, 61-3 Nr. 2.

Die Inschrift wurde in Sağırköy nordöstlich von Antiocheia in Pisidien gefunden:

> Ὁ αὐτὸς Σκύ-
> μνος καὶ ἔτι
> ἐπικαταλεί-

---

[28] Im *CIG* add. 3857, 1; Le Bas III 774 und Cagnat, *IGR* IV 603 liest man die Form Βεννεισοηνῶν, die Ramsay, *Historical Geography* 144 als Βεννεῖ Σοηνῶν verbessert.

πω τῇ κώμῃ
5 ρ' ἐκ τόκου
γείνεσθαι βέν-
νος Δεὶ Καλα-
καγαθίῳ ὑ-
πὲρ καρπῶν.

(e) *MAMA* I 390 und 389; Nr. 390 = Ramsay, *Studies* 127 Nr.
9 = W. M. Calder, RevPhil. 46 (1922) 117; vgl. A. Wilhelm, *op.
cit.* (Anm. 26) und Calder, *op. cit.* (Anm. 26) 214f. (ich folge seiner
Wiederherstellung des Textes).

Der Fundort der Inschriften heißt heute Yazılıkaya (beschrif-
teter Fels), eine volkstümliche Benennung der sogenannten
Midasstadt. Die erste Inschrift ist in eine Felswand eingemeißelt,
rechts von einer Tür, die zu einer kleinen Grabkammer führt.
Gegenüber der Tür befindet sich an der Wand der Kammer eine
Nische. Eine zweite war in der linken Wand, doch hat man sie inzwischen durchgebrochen, um einen Durchgang zur benachbarten
Grabkammer zu schaffen. Beide Kammern dienen heute als Ab-
stellräume eines Hauses, das vor den Grabkammern errichtet wurde
und damit nur 50 m westlich des sogenannten Midas-Grabes liegt,
bei dem phrygische Inschriften entdeckt wurden.

Die erste Inschrift habe ich im Jahre 1976 überprüft. Die zweite
nahm Calder auf einem Blockstein im Dorf auf, den ich aber nicht
wieder auffinden konnte:

1.   Χαῖρε μάκαρ πολ [ὑο]λβε   2.   κρήγυα φθενγόμεν [. .] [29]
     θεῶν Ὑπερείονε λάνπων·   χρησμηγόρου ἐξ
     πάντων γὰρ φίλος ἐσθλός,   ἀδύτοιο· ἐνθάδ' ἐμοὶ
     πάτρης πρόμος ἐνθάδε νήει·   νήουσι γονεῖς ὑψώρο-
5   πατρὶς ἐμὴ βέννευε κὴ λάνβα-   5   φον ἔνδον κείονά τ'
     νε πλησία καρπούς.   ἀητόν τε μνήμης χά-
                                           ριν οἷσιν ἔτευξα.

(f) W. M. Ramsay, *Sepulchral Customs in ancient Phrygia*, JHS
5 (1884) 258 Nr. 10 = *MAMA* V 176 Taf. 43.

---

[29] Für Ergänzungsversuche vgl. Calder, *op. cit.* (Anm. 26) 214; z.B.
φθενγόμεν[οι] oder φθενγόμεν[ε].

Giebelstele mit Akroteren aus Marmor; gefunden in Kuyucak nordwestlich von Nakoleia (h. Seyitgazi). Auf dem Giebelfeld befindet sich ein Ochsenkopf; über der Inschrift ist ein Adler auf dem Blitz stehend dargestellt; darunter eine Girlande:

Μᾶρκος
Μάρκου
Διὶ Βροντῶν-
τι καὶ βεννει
5 Σερεανῷ στ-
έφανον.

(g) *CIG* 3857; Säule mit einem Kranz aus Efeublättern; gefunden in Tatar-Pazarcık zwischen Aizenoi und Kütahya:

Τρύφων Μενίσκου Διὶ
καὶ τοῖς βεννείταις.

In der letzten Zeile der Inschrift (c) wird neben Διὶ Βεννίῳ noch eine zweite Dativform βέννει Σοηνῶν (Anm. 28) erwähnt. Dieselbe Form kommt auch in der Weihinschrift (f) an Zeus Bronton vor: βέννει Σερεανῷ.

Weil man βεννει meist als die Dativform von Ζεὺς Βεννεύς hielt, blieb die letzte Zeile der Inschrift (c) unklar. Ramsay vermutete deswegen ,,The inscription is badly engraved, and is the work of an unpractised engraver and an uneducated composer. The last two words must not be joined into a single word; they are added in a final line, apart from and unnecessary to the rest of the inscription, possibly even by a different hand. They are simply intended to bring into special prominence the god to whom the dedication is made, Benneus of the Soenoi. The forms Benneus and Zeus Bennios are both used in other inscriptions, though not side by side as here. The construction is awkward, -- [30].

Zu derselben Inschrift meint O. Haas ,,eine zweite Hand (?) hat die phrygische Form des Dativs βεννει noch einmal daruntergesetzt'' [31]. Dagegen nimmt H. Schwabl Stellung, indem er die Trans-

---

[30] Ramsay, *Historical Geography* 144f.; vgl. auch Buckler-Calder-Cox, *op. cit.* (Anm. 17) 37 und RE III (1897) 276, 67ff. s.v. *Bennios* (Cumont).
[31] Haas, *op. cit.* (Anm. 24) 150.

scription zu „βέννει (wie wohl zu schreiben ist) Σοηνῶν" ändert und hinzufügt: „Es gibt also keinen Z.Βεννεὺς (-- bzw. nicht βεννει als die phrygische Entsprechung zu Διὶ Βεννίῳ) [32]. Jedoch begründet er seine Änderung nicht, so daß die Bedeutung des Wortes unklar bleibt.

Wie soll man nun βέννει Σερεανῷ bzw. βέννει Σοηνῶν verstehen? Es gibt, scheint mir, zwei Deutungsmöglichkeiten: (a) Entweder man muß annehmen, daß es in Phrygien Kultvereine gaben, welche den Namen βέννις führten und den Kult des Zeus Bennios pflegten; (b) oder man legt das Wort βέννος „Fest, Opfer, Erntedank" zugrunde (es ist in einer weiteren Inschrift bezeugt, s. oben (d); das βέννος wurde von einem Kultverein gefeiert. Jedenfalls ist für Zeus Bennios ein Kultverein im phrygischen Raum nachgewiesen; seine Mitglieder hiessen βεννεῖται (s. oben c) [33]. Nach einer Bemerkung von L. Robert (Hell. XIII 28 und 238; vgl. auch BullÉp 1970, 305) nennt eine anscheinend unveröffentlichte Inschrift den Vorsitzenden eines solchen Kollegiums bzw. seines Festes βεννάρχης.

Zeus Bennios als Fruchtbarkeits- und Wettergott

Wie es aus dem Inhalt unserer Inschrift und den anderen Texten hervorgeht (vgl. oben), ist Zeus Bennios ein Fruchtbarkeitsgott. Bekanntlich ist Zeus seit alters her der Gott des Himmels und des Wetters. Als Gott des Wetters, wie ihn z.B. auch die berühmte homerische Zeus-Epiklese als νεφεληγερέτα ‚Wolkensammler' oder als κελαινεφής ‚Schwarzwolkiger' bezeichnet, und als Gott des Himmels [34] befruchtete er die Erde [35] bald durch seinen Regen — es heißt ja *Il.* 5, 91 und *Hes. erg.* 626 Διὸς ὄμβρος oder bei *Plat. leg.* 6, 761 a τὰ ἐκ Διὸς ὕδατα — bald durch seine Sonnenstrahlen.

Als Wettergott wohnte er auf dem höchsten Gipfel eines in der Nähe liegenden Berges [36] und ließ es von dort aus regnen. Sein

---

[32] RE X A (1972) 288, 48ff. s.v. *Zeus* (Schwabl).
[33] Vgl. Poland, *Vereinswesen* 182 Anm. 3.
[34] Dazu z.B. Nilsson, *Griech. Religion* I 390f.
[35] Vgl. F. G. Welcker, *Griechische Götterlehre* I, Göttingen 1857, 193ff.; Fehrle, *RL* VI 590f.; A. Dieterich, *Mutter Erde. Ein Versuch über Volksreligion*, Leipzig/Berlin 1925³, 16f.; A. B. Cook, *Zeus* III, Cambridge 1940, 1025ff.
[36] Stellensammlung bei Cook, *op. cit.* II:2 S. 868ff.; vgl. M. P. Nilsson, *Griechische Feste*, Leipzig 1906, 1 (im folgenden: Nilsson, *Griech. Feste*); idem, *Griechische Religion* I 393.

Altar stand auf freiem Feld, wie z.B. *Lukian, dial. deor.* 4, 2 von
einem Altar Διὸς -- τοῦ ὕοντος καὶ βροντῶντος καὶ ἀστραπὰς ποιοῦντος
auf dem höchsten Gipfel Gargara des Ida Gebirges spricht, wo sich
auch ein Temenos des Zeus befand. Daher zogen z.B. die Prozessionen bei Regenmangel oder wenn eine akute Dürre herrschte, auf
den höchsten Berg der Umgebung, von dem man glaubte, daß
dort ein Ζεὺς ὑέτιος [37] oder ein Ζεὺς ἰκμαῖος [38] u.ä. wohne [39]. Wir
treffen auf die Spuren dieser alten Vorstellungen noch heute im
ganzen kleinasiatischen Raum in mannigfaltig variierten, aber im
Grunde ziemlich ähnlichen Formen [40]. So ist es leicht zu verstehen,
welche Bedeutung diese Gottheit, sei es ein Zeus Hyetios oder ein
Zeus Bennios, für die Landbevölkerung gehabt hat, deren Existenz
unter den härtesten Naturgegebenheiten des Landes mit den Erd-
früchten eng verbunden war. Der metaphorische Sinn des Wortes
Rahmet ,Gottes Gnade' bzw. ,Regen' bringt noch in der heutigen
Volkssprache Anatoliens diese lebenswichtige Rolle des Regens
zum Ausdruck, und so geht seine Tradition wohl auf den antiken
Volksglauben zurück.

Zeus entwickelte sich also vom ursprünglichen Wettergott zum
Gott des Ackerbaus [41]. Im hesiodischen Ackerbaugedicht trägt er
den Beinamen Chtonios, als den ihn der böotische Landmann zusammen mit Demeter beim Beginn des Pflügens mit der Bitte um
Segen anbetete [42]. Nur in dieser Eigenschaft ordnete man für ihn
zusammen mit Ge Chtonie in dem Opfergesetz von Mykonos Opfer

---

[37] Belegstelle in RE IX (1914) 89, 30ff. s.v. *Hyetios* (Jessen) und RE X A
(1972) 368, 22ff. s.v. *Zeus* (Schwabl).

[38] Literatur in RE IX (1914) 989, 67ff. s.v. *Ikmaios* (Kroll).

[39] Vgl. Nilsson, *Griech. Feste* 1. 3f. und 6f.; U. v. Wilamowitz-Moellendorf,
Glaube der Hellenen, Darmstadt 1959³ (Repr. 1973) 1, 91 mit Anm. 3.

[40] Während meines Aufenthaltes im Dorf Kuyucak, d.h. dem Fundort
der Inschrift (f.), erfuhr ich von den Dorfbewohnern, daß sie bei einer Dürre
auf einen Tekke (Treffpunkt des Derwischordens) genannten Hügel ziehen
und dort Regenzauber betreiben. Der Hügel befindet sich unmittelbar
südöstlich des Dorfes und ist die höchste Erhebung der Umgebung. Es
gehört zur Tradition des Dorfes, daß die Bewohner am 6. Mai jeden Jahres
auf diesen Hügel steigen, um dort das ,,Hıdrellez'' genannten Frühlingsfest
zu feiern.

[41] Vgl. Nilsson, *Griech. Feste* 13.

[42] Hes. *Erg.* 465: εὔχεσθαι δὲ Διὶ Χθονίῳ Δημήτερι θ' ἀγνῇ ἐκτελέα βρίθειν
Δήμητρος ἱερὸν ἀκτήν.

am 12. Lenaion an [43]: - ὑπὲρ καρπῶν Διὶ Χθονίωι, Γῆι Χθονίηι -. Es wird ihm also wegen der Feldfrüchte geopfert, wie auch in unserer Weihung. Er wird in *Orph. Hymn.* 15, 9 als φυτάλιε Ζεῦ angerufen. Methodios nach *Et. magn.* bezeichnet ihn als "Αλδαμος ἢ "Αλδος· ὁ Ζεύς, ὃς ἐν Γάζῃ τῆς Συρίας τιμᾶται· παρὰ τὸ ἀλδαίνω, τὸ αὐξάνω· ὁ ἐπὶ τῆς αὐξήσεως τῶν καρπῶν [44]. Er ist Ἀροτήσιος [45] oder Ἀρότριος [46] „zum Pflügen" oder „zum Ackerbau gehörig". Es waren also καρποί, die er mit seinem Segen spendenden Regen aus der Erde zeugte und danach durch seinen Sonnenschein und Schutz vor schädlichen Einwirkungen des Wetters zur vollen Reife brachte. Daher nennt ihn Max. Tyr. 41, 2 τὸν Δία -- τὸν καρπῶν τροφέα. In analoger Weise erhielt er schließlich in der römischen Kaiserzeit mannigfaltige aber fast gleichbedeutende Epiklesen, wie z.B. Καρποδοτήρ [47], Καρποδότης [48], Καρποφόρος [49], Ἐπικάρπιος [50], Εὔκαρ-

---

[43] Dittenberger, *Sylloge*³ 1024, 26; vgl. Nilsson, *Griech. Feste* 13, 24, 278f.; idem, *Griech. Religion* I 401.

[44] Für andere Belege und zur griechischen Erklärung vgl. zuletzt RE X A (1972) 268, 10ff. s.v. Zeus (Schwabl) mit Literatur.

[45] H. Seyrig, *Antiquités Syriennes* 73. *Temples, cultes et souveniers historiques*, Syria 36 (1959) 70, 77f. (Nr. 18-20).

[46] Euseb. *Praep. Ev.* 1, 25 (48, 14f. Mras): ὁ δὲ Δαγών, ἐπειδὴ εὗρεν σῖτον καὶ ἄροτρον, ἐκλήθη Ζεὺς Ἀρότριος.

[47] In einer Inschrift aus Sidon in Phoinikien: Seyrig, *Antiquités Syriennes. Inscriptions diverses*, Syria 27 (1950) 250 Nr. 13.

[48] Ramsay, *Historical Geography* 235 (aus Bayat):

Διὶ Μεγίστῳ Καρποδότῃ Σ[ω]-
τῆρι Ὀλυνπίῳ Γάϊος Γεμίνι-
ος Οὐάλης εὐξάμενος καθ[ι]-
έρωσεν

Ramsay identifiziert Z. Καρποδότης mit einem lokalen Z. Γαλάκτινος (s. unten Anm. 52) aus derselben Stadt, der ebenfalls ὑπὲρ καρπῶν verehrt wird.

[49] W. Peek, *Griechische Inschriften*, AM 59 (1934) 67f. Nr. 22 = IG XII Suppl. Nr. 265:

Διὸς
Καρποφόρου.

[50] Z.B. *MAMA* VII 476 (aus Kütükuşağı bzw. Kötü Uşak in Ostphrygien:

ὑπὲρ τῆς τοῦ κ[υρί]-
ου μου Φαύστου σ[ω]-
τηρίας Αἴλιος Παίζων Διὶ [Ἐπι]-
καρπίῳ εὐχήν.

Für weitere Belegstellen vgl. RE X A (1972) 307, 4ff. s.v. *Zeus* (Schwabl).

πος [51] usw. In allen diesen Zeus-Epiklesen ist immer derselbe Wetter- und Fruchtbarkeitsgott zu sehen, den man, wie die Athener ὗσον, ὗσον, ὦ φίλε Ζεῦ, κατὰ τῆς ἀρούρας τῆς ᾽Αθηναίων καὶ τῶν πεδίων (Marc. Anton. V 7), um Regen anflehte und dem man für gute Ernte Opfer und Geschenke darbrachte.

In Phrygien sind die Weihungen an diese Gottheit besonders häufig. Der Grund dafür dürfte in erster Linie wohl der wegen des Kontinentalen Klimas im Lande herrschende Regenmangel und die Dürre gewesen sein. Die Phryger waren ein frommes Volk. Neben dem Zeus Bennios sind in diesem Gebiet noch ein Z. Γαλάκτινος in Bayat [52] und ein Z. Καλακαγάθιος in Sağırköy (s. oben Text d) zu erwähnen, die ebenfalls für gute Ernte geehrt werden und Weihgeschenke bekommen. Die Weihung der Νισυρέων κατοικία [53] im phrygisch-lydischen Grenzgebiet (in der Umgebung des Dorfes Saraçlar bei Kula) an Διὶ Σελευκίῳ καὶ Νύμφαις Καρποδοτείραις bezieht sich auch ὑπὲρ τῆς ἀβλαβείας καὶ τελεσφορίας τῶν καρπῶν. Wir finden in demselben Kultur- und Klimaraum neben schon erwähnten Zeus-Epiklesen noch einen Z. Καρποδότης in Bayat (Anm. 48), einen Z. ᾽Επικάρπιος in Kütükuşağı (Anm. 50) und einen Z. Εὔκαρπος in Bulduk (Anm. 51). Unter allen diesen aber hat anscheinend Zeus Bennios die größte Verbreitung gefunden; wir können seinen Kult heute auf einem Streifen vom bithynischen Grenzgebiet bis zur Midas-Stadt im Osten und von Aizenoi im Westen und im Süden bis nach Antiocheia in Pisidien verfolgen.

---

[51] W. M. Calder, *A Journey round the Proseilemmene*, Klio 10 (1910) 238 Nr. 8 = *MAMA* VII 1956, 453 (aus Bulduk in Ostphrygien):

Πόθος
Διεὶ Εὐκάρπ-
ῳ εὐχή[ν].

[52] Ramsay, *Historical Geography* 235:

᾽Ετσυηνοὶ Δι[ὶ]-
Γαλακτίνῳ κ-
ατὰ ἐπιταγὴν
[᾽Α]πόλλωνος ὑ[π]-
[ὲρ] καρπῶν εὐχήν.

Vgl. oben Anm. 48; für ᾽Ετσυηνοί vgl. L. Robert, *Hellenica* X 239 und *BullÉp*. 1956, 231.

[53] J. Keil - A. v. Premerstein, *Bericht über eine zweite Reise in Lydien*, DenkschrWien 1911, Nr. 200.

In demselben Gebiet wird der Phrygische Gewittergott Zeus
Bronton, der wie Zeus Bennios auch in Beziehung zum Sonnengott [54]
stand und als Wettergott einen ,,chthonischen Charakter'' [55] hatte,
ebenfalls häufig als Gott der guten Ernte verehrt. So lautet z.B.
eine Weihung aus Alpanos [56]: -- περὶ τῶν τέκνων -- περὶ πατρίδος
πολυθενίας, περὶ καρπῶν τελεσφορίας Διὶ Βροντῶντι Ἐπιμαμυρῳ [57]
εὐχήν. Die Weihungen ὑπὲρ καρπῶν an Zeus Bronton sind in Phrygien
mehrfach belegt [58]. Daher war sein Kult wohl dem des Zeus Bennios
sehr ähnlich. Die Weihung des Markos aus Serea (Kuyucak; oben
Text d) geht an Zeus Bronton und an das sereanische Bennos; dieses
bezeichnet wahrscheinlich ein Opferfest (s. oben), bei denen sich
eine Gemeinschaft wie z.B. die Pronnoetai in unserer Inschrift in
einer βουθυσία vereinte, um den Kult des Zeus Bennios, vielleicht
auch den des Zeus Bronton zu pflegen [59] und ihre Feste zu feiern.

Abschliessend dürfen wir wohl vermuten, daß Zeus Bennios ein
Schutzgott der Fluren und der Früchte, ein gnädiger Wettergott
und ein Gott des Erntefestes war [60].

---

[54] Vgl. RE III (1897) 891, 51f. s.v. *Bronton* (Cumont).

[55] Vgl. *ibid.* 891, 6of. und oben Anm. 1.

[56] I. W. Macpherson, *Inscriptions from Eskişehir and District*, BSA 49
(1954) 15 Nr. 9.

[57] Zur Interpretation dieser Zeus-Epiklese siehe zuletzt J. und L. Robert,
BullÉp. 1956, 294.

[58] Vgl. z.B. *MAMA* V 125, 126, 218, 220.

[59] Man darf vielleicht auch zwei andere an Zeus Bronton geweihte, jedoch
noch nicht publizierte Altäre und einige Büsten derselben Gottheit aus dem
Dorf Ahmetler, woher auch unser Altar stammt, als einen Beweis dafür
sehen (s. oben Anm. 3).

[60] Nachtrag: Nach Drucklegung wurde durch Thomas Drew-Bear
noch eine neue Dedikation für Zeus Bennios aus Akçaköy, etwas westlich
von Altıntaş bekannt, publiziert in seinem Artikel *Local Cults in Graeco-
Roman Phrygia*, GRBS 17 (1976) 254 nr. 11 mit Abb. Taf. 8 fig. 3: [ ]ης
ὑπὲ[ρ ἑαυτ]|ῶν καὶ τέκνων καὶ συν|βίου καὶ Πριάμου καὶ | συνβίου αὐτοῦ καὶ |
Μοσσυνέων Διὶ Βεν|νίῳ εὐχήν. | Ζηλᾶς καὶ Ἐπιτύν|χανος λατύποι. Analog den
bisher bekannten Inschriften ist Z. 1/2 ὑπὲ[ρ καρπ]|ῶν zu ergänzen. Die
obige Inschrift aus Karaağaç-Ören (Text a) hat Drew-Bear *op. cit.* 255/6
nr. 12 veröffentlicht. In Anm. 28 kündigt er die Publikation einer Weihinschrift für Zeus Bronton an, in der es heißt: ἐστεφάνωσαν τὸ Βέννος Διὸς
Βροντῶντος, ein weiterer wichtiger Beweis für die Interpretation des Wortes
βέννος ,,Fest, Opfer, Erntedank'' (s. oben S. 786).

Photonachweis

Alle Photos vom Verfasser.

ELMAR SCHWERTHEIM

DENKMÄLER ZUR METERVEREHRUNG IN BITHYNIEN UND MYSIEN *

(Taf. CLXXXVI-CXCVIII, Abb. 1-41)

In diesem Beitrag soll der Versuch unternommen werden, die Ergebnisse einer Sammelarbeit sowohl in der Türkei als auch zuhause am Schreibtisch zusammenzustellen und zu interpretieren. Es war mir ein Anliegen, in dem oben genannten Raum möglichst alle Inschriften und Darstellungen, die im Zusammenhang mit der Meterverehrung stehen, zu erfassen. Nun aber bereitet die Frage, wer die Meter ist, ganz besondere Schwierigkeiten, da sie in so vielen kleinasiatischen Inschriften mit den verschiedensten Beinamen benannt und auf Reliefs oder als Skulptur mit den unterschiedlichsten Attributen versehen ist. Die Antwort wird umso schwieriger, sucht man sie, gemessen am ganzen kleinasiatischen Raum, in dem verhältnismäßig geringem Umfang des Materials, das von Bithynien und Mysien hier vorgelegt wird.

Da ich mit meinem Freund und Kollegen Sencer Şahin vor allem in Bithynien gearbeitet habe, versuchte ich, alle Belege aus dieser Landschaft zu sammeln. Dazu förderten die Arbeiten in den Museen von Istanbul und Bursa eine Reihe von Denkmälern aus dem an Bithynien angrenzenden mysischen Raum, vor allem aus

* Vielfach wurde schon auf das Wirken F. K. Dörners, der durch diese Festgabe geehrt wird, eingegangen. Auch dieser Beitrag wäre ohne seine Verdienste um die Epigraphik Bithyniens nicht möglich gewesen, da ich nicht nur auf die meist von ihm zuerst veröffentlichten Inschriften zurückgreifen, sondern auch sein gesamtes auf verschiedenen Surveys gefundenes und oft noch nicht ausgewertetes Material benutzen durfte. Dafür schulde ich ihm an dieser Stelle besonderen Dank.

Der türkischen Antikenverwaltung verdanke ich die Erlaubnis in den Museen arbeiten zu dürfen. Darüberhinaus wurde die Arbeit sehr gefördert durch die freundschaftliche Unterstützung der Museumsdirektoren Necati Dolunay und seiner Mitarbeiter Nuşin Asgari und Nezih Fıratlı in Istanbul, Altan Akat und seiner Mitarbeiter Oya Kozaman und Bedri Yalman in Bursa, sowie Gürel Öğüt in Izmit. Ihnen allen möchte ich an dieser Stelle für ihre Unterstützung danken.

der Region des antiken Kyzikos zutage, so daß ich mich entschlossen habe, auch das mir aus diesem Gebiet bekannt gewordene Material vorzulegen (zu den Fundorten vgl. die beigefügte Karte). Doch all dies ist nur ein Bruchteil dessen, was Kleinasien an Zeugnissen zur Verehrung der Meter oder zur Ausübung der Meterkulte noch birgt. Somit kann und will diese Studie nur ein Anfang oder Anstoß zu weiteren Einzeluntersuchungen im gesamten Kleinasien sein.

Zuerst sollen hier nun die mir bekannt gewordenen Denkmäler kurz beschrieben werden. Auf den meisten von ihnen ist mit der Meter sicher Kybele gemeint; das muß allerdings nicht immer richtig sein. Erst wenn einmal eine Gesamtaufnahme der Meterdenkmäler in Kleinasien erfolgt ist, wird man die verschiedenen Meteres mit einzelnen kleinasiatischen, griechischen oder römischen Göttinnen identifizieren können.

I. *Zeugnisse aus Bithynien*

A. Denkmäler mit Inschrift

1. HIMMETLI KÖYÜ

Statuettenfragment aus Kalkstein (H. 0,43 m; Br. 0,29 m; T. 0,20 m; Bh. 0,02 m) mit einer Darstellung der thronenden Kybele und einer Inschrift auf dem Sockel.

Die Göttin, deren aufgesetzter Kopf ganz fehlt, sitzt auf einem breiten Sessel, so daß neben ihr noch ein kleiner Löwe hocken kann. In der auf den Sessel gelegten rechten Hand hält Kybele eine Patera; ihr linker Arm fehlt, war aber möglicherweise auf den Löwen aufgestützt. Auf dem Sockel ist die Inschrift erhalten:

Μητρ[ὶ] θεῶν
Εἶα Δαμᾶ κατ' ἐ-
πιταγήν.

Z. 1 Δαμᾶς ist auch einer der Stifter der Weihung an Preietos und die Μήτηρ θεῶν des folgenden Denkmals aus Deli Mahmutlar. Zu Εἶα vgl. auch die Inschriften aus Bursa *CIG* 3722ᵇ und aus Iznik: *CIG* 3762; dazu auch Mordtmann, *Inschriften aus Kleinasien.*

AEM 8 (1884) 196. Vgl. auch Zgusta, *Kleinasiatische Personen-namen*, Prag 1964, § 319-1 (Εια) und § 250 (Δάμας).

Lit.: S. Şahin, *Neufunde von antiken Inschriften in Nikomedeia (Izmit) und in der Umgebung der Stadt*, Diss. Münster 1974, 127f., Nr. 70 mit Taf. 14 (im folgenden: Şahin, *Nikomedeia*); L. Robert, BullÉp. 1974, 301, Nr. 579.

Museum Izmit, Inv. Nr. 166.
Abb. 1.

2. DELI MAHMUTLAR

Profilierte Basis aus Marmor (H. 1,01 m; Br. 0,46 m; T. 0,33 m; Bh. 0,015-0,03 m), in der Nähe des Dorfes gefunden. Ein großes Stück der Basis ist weggebrochen, so daß die Darstellungen und die Inschrift auf den Seitenflächen und an der Rückseite stark beschädigt sind. Nur die Vorderseite ist ganz erhalten, wenn auch die Inschrift verrieben und Teile der Darstellung ganz abgeblättert sind.

Auf der Vorderseite (Abb. 2a) steht im Relief der Gott Preietos. Bekleidet ist er mit Panzerhemd und Helm. In der erhobenen Rechten hält er die Lanze. Die Inschrift steht sowohl auf der Bekrönung als auch auf der Relieffläche:

'Αγαθῆι τύχηι.
Θεῷ Πρειέτῳ εὐχαριστῆριν κατ 'ἐ-
πιταγὴν ὑπὲρ τῶν ζῴων
Βιαντίων καὶ Δάμας
5 καὶ Βιαντίων καὶ Μουκιανὸς
καὶ Σώ<σ>τρατος καὶ Θεόφιλος
καὶ Σω- σίπα-   ἡ συνγέ-
τρος   νεια.

Das Relief auf der rechten Seite (Abb. 2b) zeigt Kybele auf einem Thron sitzend, im langen Gewand, mit Schleier und Polos. Sie hält eine Patera in der Rechten, die sie auf eine neben ihr stehende Basis (Altar?) gelegt hat. Den linken Arm stützt sie auf einen an ihrer Seite auf einem kleinen Sockel stehenden Löwen. In der Hand, die sie zum Kopf führt, scheint sie nichts gehalten zu haben.

Auf der Profilleiste der Basis über ihr steht die Inschrift:

<E>ὐχαριστοῦμεν τῇ [Μητρί].

Auf der linken Seite der Basis (Abb. 2c) scheint Zeus dargestellt
gewesen zu sein. Trotz der starken Verwitterung kann man eine
männliche Gestalt mit Schultermantel erkennen, die in der erhobenen Rechten einen Stab trägt. Zu ihren Füßen sitzt ein Adler.
Von der Inschrift sind nur noch Buchstabenreste zu erkennen, die
vielleicht folgendermaßen gelesen und ergänzt werden können:

$$\text{κατ 'ἐπιταγὴν} \; \text{ΤΟΕΙ}$$
$$\text{ΛΙΕΙ εὐχαριστ[οῦμεν].}$$

Die Darstellung auf der Rückseite ist durch die Zerstörung des
Steines nur noch zur Hälfte erhalten und zeigt einen kleinen Widder
auf einem Sockel, über den ein halbmondförmiger Bogen gespannt
war. Darüber ist noch eine Girlande zu erkennen.

> Lit.: F. K. Dörner, *Inschriften und Denkmäler aus Bithynien* [= Ist
> Forsch. 14] 1941, 65f. Nr. 39 mit Taf. 23 (im folgenden: Dörner, *In-
> schriften*); L. Robert, *Voyages épigraphiques en Asie Mineure*, RevPhil
> 17 (1943) 196.

Verschollen.
Abb. 2a-c.

3. AKPINAR CAMII

1971 fanden wir im Besitz eines Bauern in Çavuşlu Köyü einen
Altar aus Kalkstein (H. 0,52 m; Br. 0,32 m; T. 0,29 m; Bh. 0,02 m),
der nach seinen Angaben aus Akpınar Camıı stammt. Das stark
beschädigte Relief auf der Vorderseite läßt noch eine weibliche
Gottheit erkennen, die auf einem Thron mit Armlehnen und hoch-
gezogenem Rückenteil sitzt. Von ihren Gesichtszügen ist nichts
mehr zu erkennen, ebenso von ihrem Haaransatz. Ein Schleier
fällt ihr bis auf die Schultern herab. Das unter der Brust gegürtete
Gewand läßt den Faltenwurf noch leicht erkennen. In der Linken
hält sie ein Szepter, der rechte Arm ist weggebrochen. Wahrscheinlich hatte sie die Hand auf dem neben ihr in Umrissen noch erkennbaren hockenden Löwen gelegt.

Oberhalb des Reliefs und unten auf den Profilleisten ist eine
flüchtig und sehr unregelmäßig eingehauene Inschrift erhalten:

$$\text{['Αγα]θῇ τύχῃ. Θε[ᾷ] 'Ρυσ[ι]-}$$
$$\text{ανῇ Μοκάζις Δη-}$$
Relief

[μητ]ρίου καὶ ʿΡωξάνη Στράτωνο[ς]
[ὑ]πὲρ ἑατῶν {τι} (καὶ) τέκνων ἀνέθ[εν]-
5 το τὸν [βωμ]ό[ν ------]

Z. 1/2: Durch die Darstellung des Löwen zu ihrer Rechten ist die Θεά ʿΡυσιανή als Kybele zu identifizieren. Der Beiname der Göttin kommt auf dem folgenden Altar aus Bağırganlı ebenfalls vor. Zur Bedeutung vgl. ebd.

Z. 3: L. Robert, BullÉp. 1974, 301f., Nr. 579 liest für Στράτω-νο[ς] irrtümlich ᾿Αρίστωνος.

Z. 4/5: Şahin, *Nikomedeia*: ἀνέθ[εσαν] το<ῦ>τον; unsere Lesung nach Şahin, *Neue Inschriften von der bithynischen Halbinsel*, ZPE 18 (1975) 48 und Robert, BullÉp. 1974, Nr. 579.

Lit.: Şahin, *Nikomedeia* 128 Nr. 71 Taf. 14; Robert, BullÉp. 1974, 301f. Nr. 579.

Museum Izmit.
Abb. 3.

4. BAĞIRGANLI

Schon Pogodin und Wulff veröffentlichten 1897 einen Altar aus Sandstein (H. 0,83 m; Br. 0,34 m; T. 0,25 m; Bh. 0,025-0,03 m) aus diesem Ort. Şahin fand 1971 den Altar dort wieder.

Der Altar ist wie Nr. 3 der Θεᾷ ʿΡυσιανῇ geweiht:

Ζώϊλος καὶ ʿΕρ-
μογένης οἱ ʿΡού-
φου τὸν βωμὸν
καὶ Πωλλίων
5 Μάρκου ἀνέθ-
οντο θεᾷ ʿΡυ-
σιανῇ δῶρον
δόντες οἶνο<π>-
όσιν κὲ γυμνα-
10 σιαρχίαν κώμ-
ῃ Τενβῶν.

Z. 6/7: Sollte die Vermutung von Robert, *Et. anat.* 240, Anm. 4, der sich auch Şahin, *Nikomedeia* anschließt, richtig sein, daß es sich bei dem Beinamen der Göttin um eine topographische Bezeichnung handelt, so ist diese Gottheit sicher auf der bithynischen Halbinsel sehr bekannt gewesen; denn die beiden Fundorte der Inschriften liegen etwa 40 km auseinander. Man sollte vielleicht aber auch einmal daran denken, den Beinamen 'Ρυσιανή von dem Wort ῥύσιος herzuleiten. Dieses Epitheton würde ebenfalls sehr gut zu Kybele passen.

> Lit.: Pogodin und Wulff, Izvestija 2 (1897) 139; Ramsay, *Anatolica Quaedam*, JHS 50 (1930) 282; Zingerle, Οἰνοποσιάρχης, ÖJh. 6 (1903) 122; Dörner, *Inschriften* 60; Şahin, *Nikomedeia* 144ff. mit Taf. 16; L. Robert, *Et. anat.* 240, Anm. 4.

Im Hause von Galip Yılmaz in Bağırganlı (?).
Abb. 4.

5. HOCAKÖY

1962 fand Dörner auf dem mohammedanischen Friedhof des Ortes einen Altar aus Kalkstein (H. 0,615 m; Br. 0,32 m; T. 0,32 m; Bh. 0,021-0,023 m).

Die Inschrift lautet:

> 'Αγαθῇ τύχῃ.
> Αἴτους ηι'
> 'Αντωνίνου
> Καίσαρος 'Ροῦ-
> 5 φος Μουκιανοῦ
> ἀναιθόμην τὸν
> βωμὸν θεᾷ Μα-
> νετηνῇ ὑπὲρ
> αἱαυτοῦ κατ' ὅ-
> 10 ναρ.

Z. 7/8: Wahrscheinlich handelt es sich auch bei dieser Göttin um Kybele mit einem lokalen Beinamen.

Zeit: 155/56 n. Chr.

> Lit.: F. K. Dörner, *Vorbericht über eine Reise in Bithynien und im bithy-nisch-paphlagonischen Grenzgebiet 1962*, AnzWien 100 (1963) 135f.

Hocaköy (?).
Abb. 5.

6. SOLAKLAR

Runde Basis aus Marmor (H. 0,69 m; Dm. 0,19 m), die Pogodin und Wulff schon 1897 veröffentlichten; allerdings gaben sie als Fundort Taş Köprü an. Şahin konnte jedoch als eigentlichen Fundort Solaklar feststellen.

Auf der Basis steht in schönen, sauber eingehauenen Buchstaben die Inschrift:

'Αγαθῇ τύχῃ.
Θεᾷ Καλασυρτηνῇ
εὐχαριστοῦμεν
Χρῆστος Χρήστου
5 καὶ Σώστρατος Σεκούν-
δου καὶ Μένανδρος
Ἡδύος.

Z. 2: Zur unterschiedlichen Lesung des Beinamens vgl. Robert, *Et. anat.* 240.

Lit.: Pogodin und Wulff, Izvestija 2 (1897) 111; J. Oehler, *Österreichische Forschungen in Kleinasien*, Progr. Wien 1904, 21; L. Robert, *Ét. anat.* 240; L. Robert, Hellenica 10 (1955) 57, Anm. 12; Şahin, *Nikomedeia* 90f. mit Taf. 16.

Museum Izmit.
Abb. 6.

7. KANDIRA

Votivrelief aus Kalkstein (H. 0,64 m; Br. 0,49 m; T. 0,25 m; Bh. 0,01-0,02 m). Darstellung der Kybele in einer ädiculaförmigen Nische.

Sie sitzt auf einem Thron, zu ihrer Rechten ein Löwe, über dessen Kopf sie eine Patera hält. Ihren linken Arm hat sie auf die Sessellehne gestützt, mit der ausgestreckten Rechten berührt sie ihr Haupt.

Über ihr die Inschrift:

Φροῦγις Φρουγίου Μητρὶ θεῶν εὐχὴν ἀνέθετο ὑπὲρ ἑαυτοῦ   καὶ
τῶν   Relief   ἰδί-
ων.

Lit.: E. Schwertheim - S. Şahin, *Neue Inschriften aus Nikomedeia und Umgebung*, ZPE 24 (1977) Nr. 2.

Museum Istanbul, Inv. Nr. 5297.

Abb. 7.

8. KANDIRA

Altar, dessen rechte Seite weggebrochen ist (H. 0,70 m; Br. 0,30 m). Die Inschrift ist sicher zu ergänzen und lautet:

> Ἔτους η' [ἐπὶ Ἀν]-
> τωνείνο[υ Καίσαρος]
> Π. Αἴλιος Μ[αρ]-
> κιανὸς θε[ᾷ]
> 5 Ἀνγίστῃ ὑ[πὲρ]
> τῆς συνόδ[ου]
> εὐχαριστή[ρι]-
> ον.

Z. 4/5: Über die Bedeutung des Beinamens der Göttin gibt es verschiedene Ansichten. So leitet ihn Mendel, *op. cit.* von Ἀγδίστις her und gibt dafür verschiedene Belege. Graillot, *op. cit.* versucht, Ἀνγίστη mit ἁγιστεία in Verbindung zu bringen und bezieht den Begriff irrtümlich auf Reinigungsriten.

Z. 6: Zu ἡ σύνοδος vgl. F. Poland, *Geschichte des griechischen Vereinswesens*, Leipzig 1909, 158ff., bes. 162.

Zeit: 145/146 n. Chr.

Lit.: Mendel, *Inscriptions de Bithynie*, BCH 25 (1901) 58 Nr. 203; H. Graillot, *Le culte de Cybèle. Mère des dieux à Rome et dans L'Empire romain*, Paris 1912, 119, 284 und 379; L. Robert, *Inscriptions de Bithynie*, REA 42 (1940) 318.

Verschollen.

9. ÇARMIKLAR

Im Museum Izmit befindet sich eine Marmorstatuette der Kybele (H. 0,27 m; Br. 0,19 m; T. 0,12 m; Bh. 0,01-0,015 m). Bei der Sitzstatuette handelt es sich in der Darstellung der Person um eine ähnliche wie bei der vorigen Nr. Der Kopf der Göttin fehlt.

Die Inschrift steht auf dem Sockel der Statuette an der Front-, wie auch an der Schmalseite:

Frontseite Schmalseite

Θεᾷ 'Αγγίστει
Πάπης καὶ Λούκιος οἱ Περ-
[κ]ατ' ἐπιταγὴν εὐχα- δίκου
ριστήριον.

Z. 1: Der Name der Gottheit ist leider sehr stark verstümmelt, doch mit Sicherheit handelt es sich um eine Kybele, wie die Darstellung beweist. Die vorgeschlagene Möglichkeit der Lesung lehnt sich an den Beinamen der Göttin aus KANDIRA (Nr. 7) an.

Lit.: E. Schwertheim - S. Şahin, *op. cit.* Nr. 1.

Museum Izmit, Inv. Nr. 913.
Abb. 8a/b.

10. GEMLIK

Aus Kios stammt eine Inschrift, deren Lesung und Deutung auf einer Ergänzung im *CIG* beruht:

oἱ σ[υναγ]όμενοι [εἰς]
τὸν μητρ[ῳακ]ὸν [θία]σο[ν]
[ἐλ]α[ία] στεφανο[ῦ]σιμ
Μάρκον Καικίλιον Τυρα[--]
(5) εὐχάριστον γενομένον
τὰ πάντα τῷ θιάσῳ.

Z. 1: Poland, *op. cit.*: [σ]υ[ναγ]όμενοι.

Z. 2: Ist die Ergänzung im *CIG* richtig, so haben wir es hier mit einem Kultverein zu tun, der seine Aufgaben speziell in der Meter/ Kybele-Verehrung gesehen hat.

Lit.: CIG 3727; Poland, *op. cit.* 23, 25 und B 415.

Verschollen.

11. TAHTALI KÖYÜ

Seit 1975 befindet sich im Archäologischen Museum von Bursa ein Votivrelief für Kybele mit Inschrift (H. 0,84 m; Br. 0,30 m; T. 0,16 m; Bh. 0,02 m).

Von der Stele sind die Basis und Teile der oberen Ecken weggebrochen. Der Kopf der Göttin, wie der des Löwen und der linke Unterarm von Kybele sind stark beschädigt.

Die Darstellung des Reliefs zeigt links die thronende Kybele. Ihr faltenreiches Gewand ist unter der Brust gegürtet. Ihr rechter Arm liegt auf dem rechten Knie; der linke Arm ist erhoben. Sie scheint die Hand an den Kopf zu legen. Da ihr Kopf stark beschädigt ist, lassen sich nur noch Reste des Polos und des Schleiers erkennen, der auf die Schultern herabfällt. Rechts von ihr ist ein Altar dargestellt, auf dessen Vorderseite im Relief ein zusammengebrochenes Tier (Widder?) zu erkennen ist. Auf dem Altar hockt, der Göttin zugewandt, ein Löwe.

Unter dem Relief steht die Inschrift:

Ἐπικράτης Ἀσσκλη-
πι<α>δοῦ τὴν ἐπανγελί-
αν τῇ γειτοσύνῃ.

Epikrates, der Sohn des Asklepiades, erfüllt hier ein Versprechen der γειτοσύνη, indem er das Bild der Göttermutter aufstellt. Bei dieser ‚Nachbarschaft' handelt es sich sicher um einen Verein, wie Poland, *op. cit.* 85 nachweist. Bisher sind Vereine dieser Art besonders in Phrygien bekannt (vgl. Poland, *ibid.* und Ramsay, *Cities* I 562ff. Nr. 455-57). Dieses Denkmal stammt ebenfalls aus einem Ort im phrygisch-bithynischen Grenzgebiet. Auch daß sich diese Vereine von politischen Gemeinschaften zu kultischen entwickeln, scheint sich hier zu bestätigen; denn die Göttermutter ist hier wohl die Schutzpatronin des Vereins.

Möglicherweise gehört auch die von F. K. Dörner, *Bericht über eine Reise in Bithynien*, DenkschrWien 75 (1952) Nr. 16 aus Prusias ad Hypium veröffentlichte Inschrift hierher. Eine γειτνία ehrt Zeus Soter. Vgl. auch L. Robert, *Inscriptions de Bithynie*, REA 42 (1940) 318, Anm. 2.

Lit.: unveröffentlicht.

Archäologisches Museum Bursa, Inv. Nr. 6811.
Abb. 9.

12. MUDANYA

Die stark verriebene Giebelstele aus Marmor (H. 0,215 m; Br. 0,14 m; T. 0,045 m; Bh. 0,006-0,009 m) kam 1962 aus Mudanya in das Museum Bursa. Aufgrund der Darstellung ist es allerdings zweifelhaft, ob sie aus Mudanya selbst stammt und nicht aus dem mysischen Teil der Propontisküste.

Auf dem Relief ist rechts noch die sitzende Kybele zu erken-kennen. mit dem Tympanon in der Linken. Ein Löwe scheint zu ih-rer Rechten zu hocken. Die linke Bildfläche nimmt ein offenbar stark stilisierter Baum ein, vor dem die Umrisse eines Altares noch zu erkennen sind; daneben ein kleiner Opferdiener.

Von der Inschrift unter dem Relief ist zu lesen:

$$\text{Νουμή[νιος]}$$
$$\text{Μητρὶ εὐχήν.}$$

Lit.: unveröffentlicht.

Archäologisches Museum Bursa, Inv. Nr. 3244 (alte Nr. 3712). Abb. 10.

13. IHSANIYE

In den Bereich der Meter-Verehrung scheint auch diese aus Ihsaniye stammende Stele zu gehören. Die zweiseitig beschrie-bene Stele aus Sandstein (H. 0,65 m; Br. 0,50 m; T. 0,06 m; Bh. 0,015-0,02 m) enthält auf der Vorderseite eine Spendenliste und eine Stiftung zu Ehren des Volkes und der Göttin (τῇ θεῷ):

[’Αγαθῇ τ]ύχῃ. Ἔτους ϛ′

[αὐτοκράτορος Τ]ραϊανοῦ ‘Αδριανοῦ Καίσαρος
[Σεβαστοῦ - ca. 5 B. -]ος Τερτιανοῦ συνήγαγε τὸν δῆμ[ον]
[εἰς τὸ ἱερὸν (?) καὶ] ἔδωκε λυχναψίαν γραμματεύοντος
5 [---ca. 14 B.---]ους, Χρῆστος Χρήστου τῇ θεῷ καὶ τῷ δή-
[μῳ θοίνην (?) ἐποί]ησε καὶ ἀπὸ ἱερῶν αὐτὴν ἔδωκε, ...
[---ca. 14 B.---]οἰνοπόσιον, Μόσχος Διλιπόρεος
[---ca. 15 B.---]ωρος Ζωΐλου στεφάνους β′. υ
[---ca. 16 B.---]οἰνοπόσιον, Γαυριανοὶ μετὰ
10 [--ca. 12 B.--. Ἔτους η′] αὐτοκράτορος Τραϊανοῦ
[‘Αδριανοῦ Καίσαρος Σεβ]αστοῦ ἐπιμελητεύοντος
[-----ca. 19 B.-----]· Οἱ φιλοδοξήσαντες·
[Ζβαληνοὶ οἰνοπόσιον, Λακ]κηνοὶ ✳ ν′, Βαιτηνοὶ ✳ κε′,
[Γαυριανοὶ ✳ κε′, Τροιαλην]οἱ συ<μ>φωνίαν, Αὐρ. Τρόφιμ[ος]
15 [-----ca. 21 B.-----]αν, Κ. Φάβιος Μάξιμος

[λυχναψίαν---ca. 9 B.---Δ]ημῆτρις ᾽Απολλωνίου
[✳ ... ῎Ετους ι᾽ αὐτοκράτορ]ος Τραϊανοῦ ῾Αδριανοῦ
[Καίσαρος Σεβαστοῦ ὁ δῆμος σ]τεφανοῖ Βειτᾶλιν Σούσου
[------ca. 23 B.------]οτα, ὁ δῆμος στεφανοῖ
20 [------ca. 24 B.-------] καὶ δόντα μετρη(τὰς) π′
[------ca. 24 B.-------]ιανω στε[φανοῖ . .]
[------ca. 24B.-------]αβαν[--- ca. 10 B.---]
[------ca. 25 B.--------]ν[---- ca. 12 B.----]

Zur Rückseite vgl. Dörner, *Inschriften* 6of. Nr. 33.

Z. 5: einige Parallelen zu ἡ θεός als Muttergöttin bzw. als Kybele
bei Marinus, *Vita Procli* 33; Mordtmann, *Inschriften aus Kleinasien*, AEM 8 (1964) 97; Roscher, *ML* s.v. *Meter* 2850; L. Robert,
Ét. anat. 287, Anm. 1; Ramsay, *Cities* I 115; F. Eichler, *Die österreichischen Ausgrabungen in Ephesos im Jahre 1961*, AnzWien.
99 (1962) 51; vgl. auch das folgende Denkmal.

Zeit: 122/123 n. Chr.

Lit.: Dörner, *Inschriften* 41ff. und 57f. Nr. 31 mit Taf. 20.

Museum Istanbul.

14. MUDURNU

Aus dem Skizzenbuch von F. K. Dörner gebe ich hier einen
Kalksteinaltar (H. 0,85 m; Br. 0,44 m; T. 0,39 m; Bh. 0,02-0,025 m)
mit Inschrift wieder, den er im Vorbericht über seine Reise nach
Bithynien 1948 erwähnt hat:

᾽Αγαθῇ τύχῃ.
Στρατίσος (?) Οἰκο-
νόμος καὶ Κλαύ-
δια Χρηστείνα
5 Ζήσαντες μετὰ
τῶν ἰδίων εὐ-
χὴν τῇ θεῷ.

Z. 7: Zu ἡ θεός vgl. die vorige Nr. Dörner vermutete einen Zusammenhang zwischen der ganz in der Nähe, in Karamanlar,
gefundenen Sitzstatuette der Kybele und diesem Denkmal. Viel-

leicht hat es hier in der Nähe ein kleines Heiligtum der Göttermutter gegeben.

Lit.: Dörner, *Vorbericht über eine Reise in Bithynien,* AnzWien 12 (1949)
230.

Mudurnu (?).

B. Denkmäler ohne Inschrift

1. IZMIT

In der Tepecik mahallesi wurde die Statue einer Kybele aus
Marmor (H. 0,47 m; Br. 0,34 m; T. 0,39 m) gefunden. Das Denkmal
ist stark verrieben, der Kopf der Göttin ist abgeschlagen.

Kybele sitzt auf einem Thron, der zu beiden Seiten von einem
Löwen flankiert ist. Über ihre Schultern sieht man noch die Enden
des Schleiers herabfallen, den sie um den Kopf trug. Ihre Rechte
ruht auf dem Kopf des Löwen, die Linke hielt wohl das Tympanon,
von dem noch Reste zu erkennen sind.

Lit.: unveröffentlicht.

Museum Izmit, Inv. Nr. 849.
Abb. 11.

2. IZMIT

1939 wurde während des Baues der Papierfabrik die Sitzstatuette
einer Kybele aus Sandstein (H. 0,71 m; Br. 0,33 m) gefunden. Sie
war in eine Mauer verbaut. Der offenbar aufgesetzte Kopf der
Göttin ist verloren. Vom linken Arm sind nur noch schwache
Reste zu erkennen, die rechte Hand fehlt.

Kybele sitzt in einem Sessel mit Armlehnen. Ihr faltenreiches
Gewand ist unter der Brust gegürtet. Auf der linken Lehne hockt
neben ihr ein Löwe, auf den die Göttin offenbar ihren linken Arm
gestützt hatte. Ob der rechte Arm mit der Hand auf einem rechts
zu ihren Füßen hockenden Löwen gelegen hat, ist nicht zu erkennen.

Lit.: F. K. Dörner, *Archäologische Funde in der Türkei,* AA (1939)
166 mit Abb. 34/35; idem, *Inschriften* 49f. mit Taf. 15.

Museum Istanbul (?).

3. IZMIT

Aus Izmit oder der nächsten Umgebung stammt sicher auch das im Museum von Izmit aufbewahrte Relief der Kybele aus Kalkstein (H. 0,30 m; Br. 0,19 m; T. 0,10 m). Es ist teilweise beschädigt, vor allem Kopf und Arme sind stark bestoßen. Die Göttin sitzt auf dem Rücken eines nach rechts gewandten Löwen, der seinen Kopf dem Betrachter zugewendet hat. Von ihrem Polos sind nur noch Reste erkennbar. Ihr linker Arm ist auf den Kopf des Löwen gestützt, der rechte liegt im Schoß. Die Füße hat sie auf einen in der Standplatte angedeuteten Schemel gesetzt.

Lit.: unveröffentlicht.

Museum Izmit, Inv. Nr. 90.
Abb. 12.

4. IZMIT (?)

Aus Nikomedeia, wahrscheinlich sogar aus der Umgebung der modernen Papierfabrik, soll ein Altar aus Kalkstein (H. 0,96 m; Br. 0,37 m; T. 0,29 m) stammen, der auf der Vorderseite und auf der linken Schmalseite mit einem Relief verziert ist. Der Altar-Körper und mit ihm die Reliefdarstellungen sind stark bestoßen, so daß eine eindeutige Identifizierung der menschlichen Personen schwerfällt. Von einer Inschrift gibt es keine Spuren.

Auf der Vorderseite sind auf einer Standplatte im Relief zwei stehende Personen dargestellt. Anhand der Kleidung ist die linke als weiblich, die rechte als männlich zu identifizieren. Gerade die oberen Partien der Körper sind stark verrieben, so daß von den Köpfen nur noch die Umrisse zu erkennen sind. Durch das Szepter, das beide in der Hand halten, möchte ich beide als Gottheiten ansprechen. Die weibliche würde sich durch das Szepter als Muttergöttin ausweisen. Sie scheint auch einen Schleier um den Kopf gelegt zu haben, der Polos ist zu erahnen, läßt sich aber bei dem schlechten Erhaltungszustand nicht sicher identifizieren. In der rechten, am Körper herabhängenden Hand trug sie vielleicht eine Patera, Spuren von ihr sind noch zu erkennen. Die rechts stehende männliche Gottheit ist gekennzeichnet durch das Szepter (vielleicht auch Lanze) in der linken Hand. Das Gewand läßt den Oberkörper frei. Der rechte Arm scheint leicht angewinkelt gewesen zu sein. Vermutlich handelt es sich um Zeus, worauf auch der auf der linken Schmalseite des Altares dargestellte Adler hinweist.

Lit.: unveröffentlicht.

Museum Izmit, Inv. Nr. 14.
Abb. 13

5. TURGUTLARKÖY

Sitzstatuette der Kybele aus Kalkstein (H. 0,30 m), 1939 von Dörner im Dorf im Hause des Ismael Topol aufgenommen. Der Kopf der Göttin und der obere Teil des Sessels fehlten schon damals; heute ist auch der Kopf des Löwen weggebrochen. Kybele sitzt auf einem Sessel, ihre Arme und Hände sind verloren. Der rechte Arm scheint auf den rechts zu ihren Füßen stehenden Löwen gelegt gewesen zu sein. Der linke, neben ihr auf dem Sessel hockende Löwe ist noch in Umrissen zu erkennen.

Lit.: Dörner, *Inschriften* 50 Nr. 14 mit Taf. 16.

Museum Izmit, Inv. Nr. 749.
Abb. 14.

6. YAĞCILAR

Im Museum von Izmit befindet sich ein Altarfragment aus Kalkstein (erhaltene H. 1,07 m; Br. 0,55 m; T. 0,55 m), dessen unterer Teil weggebrochen ist. Auf drei Seiten sind noch die schwachen Reste von Reliefs zu erkennen, auf der vierten stand vielleicht eine Inschrift, von der aber nichts erhalten ist.

Wenn die „Inschriftseite" die Vorderseite des Altares war, so sind die Darstellungen auf der rechten und linken Seite noch sicher zu identifizieren. Links sind noch die Reste einer sitzenden Kybele zu erkennen (Abb. 15a); auf die Köpfe der beiden Löwen an ihrer Seite hatte sie wohl ihre Hände gelegt. Reste des Polos sind ebenfalls erkennbar. Die rechte Seite zeigt noch Hermes mit Kerykeion (Abb. 15b). In der rechten Hand scheint er einen Beutel getragen zu haben. Spuren des Schultermantels sind ebenfalls auszumachen. Einzig die Darstellung auf der Rückseite ist nicht näher zu identifizieren (Abb. 15c). Eine männliche Gestalt, offenbar nackt, wendet sich nach links. Die Reste der Darstellung neben ihr kann ich nicht deuten.

Lit.: unveröffentlicht.

Museum Izmit, Inv. Nr. 732.
Abb. 15a-c.

7. ÇARMIKLAR

Eine Sitzstatuette der Kybele aus Kalkstein (H. 0,20 m; Br. 0,19 m; T. 0,17 m) wurde 1975 von S. Şahin entdeckt. Die stellenweise stark abgeriebene Darstellung zeigt Kybele. Ihr Kopf und der linke Arm sind nicht erhalten. Erkennbar ist noch das Tympanon, auf das sie ihren linken Arm gestützt zu haben scheint. Sie wurde offenbar ohne die Löwen an ihrer Seite dargestellt.

Lit.: unveröffentlicht.

Museum Izmit, Inv. Nr. 914.
Abb. 16.

8. KARAMÜRSEL

An einem Sarkophag, der an der Straße von Izmit nach Karamürsel steht und dort 1967 freigelegt wurde, fand sich die Sitzstatuette einer Kybele aus weißem Marmor (H. 0,33 m; Br. 0,14 m; T. 0,11 m).

Die Göttin sitzt auf einem Thron, dessen Rückenlehne nur von ihrem Polos überragt wird. Rechts hockt zu ihren Füßen ein Löwe, auf dessen Kopf Kybele ihre rechte Hand mit einer Patera gelegt hat. Links auf dem Sessel sitzt neben ihr ein weiterer kleiner Löwe, auf dessen Körper die Göttin ihren linken Arm aufstützt, wobei sie die linke Hand an den Kopf gelegt hat.

Lit.: N. Fıratlı, *Finds in Izmit and its neighbourhood*, AnSt. 18 (1968) 41.

Museum Izmit, Inv. Nr. 119.
Abb. 17.

9. KARAMANLAR

1948 fand Dörner hier eine kleine Reliefstatuette aus Kalkstein (H. 0,79 m; Br. 0,50 m), die, vielfach beschädigt, Kybele darstellt. Die Göttin sitzt auf einem Thron, dessen Rückenlehne wohl ursprünglich bis über ihren Kopf ragte. In provinzieller Arbeit ist ihr faltenreiches Gewand unter der Brust gegürtet. Der Polos ist abgeschlagen, nur vom Schleier sind noch Reste zu erkennen. Da beide Arme weggebrochen sind, läßt sich nicht mehr sagen, welche Attribute sie in den Händen hielt, wahrscheinlich Tympanon und Patera. Einzigartig ist die Darstellung der beiden Löwen an ihrer Seite. Sie scheinen nach unten aus dem Reliefgrund herauszuspringen.

Lit.: Dörner, *Ein neues Kultbild der Kybele*, Jahrbuch für kleinasiatische Forschungen 2 (1951) 94ff. mit Taf. II; idem, *Reisen* 36.

Museum Istanbul.
Abb. 18.

10. YÜRÜKLER

F. K. Dörner machte auf das Unterteil einer Statuette der Kybele aufmerksam, die er in Yürükler Köyü 1961 sah. Es handelt sich um das Kalksteinfragment einer Sitzstatuette der Muttergöttin (gr. H. 0,40 m; gr. Br. 0,36 m; T. 0,17 m). Der Oberkörper mit dem Kopf der Göttin ist verloren. Als Kybele zu erkennen ist sie noch an den beiden Löwen, von denen der rechte neben ihrem Thron hockt, der linke auf einem erhöhten Podest neben ihr dargestellt war. Von beiden fehlen Körperteile und der Kopf.

Lit.: erwähnt von F. K. Dörner, *Vorbericht über eine im Herbst 1966 ausgeführte Reise in Bythinien*, AnzWien 99 (1962) 31.

Yürükler (?).
Abb. 19.

11. IZNIK

Im Archäologischen Museum von Istanbul befindet sich seit 1897 eine Marmorstatuette der Kybele (H. 0,53 m) aus Iznik. Die thronende Göttin ist mit den beiden Löwen an ihrer Seite in der üblichen Haltung dargestellt. Ihre rechte Hand fehlt ganz; leichte Beschädigungen sind auch an den anderen Körperteilen festzustellen.

Zeit: 2. Jh. n. Chr.

Lit.: G. Mendel, *Catalogue des sculptures grecques, romains et byzantines des Musées Imperiaux Ottomans*, Constantinople 1914, II 311 (im folgenden: Mendel, *Cat.*).

Archäologisches Museum Istanbul, Inv. Nr. 787.
Abb. 20.

12. IZNIK ODER UMGEBUNG

Eine Marmorstatuette der Kybele befindet sich im Museum von Iznik und soll entweder von dort selbst oder aus der nächsten Umgebung stammen.

Die Statuette ist stark bestoßen; das Oberteil mit dem Kopf der Göttin und Teile des Sockels fehlen. Zu erkennen ist Kybele im faltenreichen Gewand, neben der auf dem Sessel ein kleiner Löwe hockt, auf den sie offenbar ihren nicht erhaltenen linken Arm gestützt hatte. Der andere Löwe steht an der rechten Seite des Thrones. Auf seinen Kopf hatte Kybele offenbar ihre andere Hand mit der Patera gelegt.

Lit.: unveröffentlicht.

Museum Iznik, Inv. Nr. 25.
Abb. 21.

13. DIŞKAYA KÖYÜ

Sitzstatuette der Kybele aus Marmor (H. 0,31 m; Br. 0,20 m; T. 0,16 m). Sie kam 1955 in das Museum von Bursa. Von der stark bestoßenen Darstellung fehlt der Kopf der Göttin sowie ihr linker Arm. Auch der Kopf eines Löwen ist vollständig zerstört. Kybele ist sonst in der üblichen Haltung mit den Löwen an ihren Seiten dargestellt.

Lit.: unveröffentlicht.

Archäologisches Museum Bursa, Inv. Nr. 2102 (alte Nr. 3237).
Abb. 22.

14. DERE KÖY/PAZARYERI

Seit 1951 befindet sich im Museum von Bursa eine Sitzstatuette der Kybele aus Marmor (H. 0,65 m; Br. 0,50 m; T. 0,35 m). Die thronende Göttin hat auf ihrem Haupt einen verhältnismäßig kleinen Polos; in der Rechten hält sie die Patera, die Linke stützt sie auf das Tympanon. Zu beiden Seiten ihres Thrones hockt wie üblich ein Löwe. Der zu ihrer Rechten setzt seine Vorderpranken jedoch unüblicherweise auf den Kopf eines am Boden liegenden anderen Tieres (Hund?).

Der Fundort befindet sich im bithynisch-phrygischen Grenzgebiet. Die Darstellungsweise der Göttin scheint daher auch stark phrygisch beeinflußt zu sein. Eine ähnliche Darstellung ist aus Kütahya bekannt: vgl. Mendel, *Cat.* II Nr. 312.

Lit.: unveröffentlicht.

Archäologisches Museum Bursa, Inv. Nr. 2100.

II. *Zeugnisse aus Mysien*

A. Denkmäler mit Inschrift

1. KYZIKOS

Marmorplatte, die in Erdek gefunden wurde, aber mit großer Wahrscheinlichkeit aus Kyzikos selbst stammt.

Die Inschrift enthält ein Dekret, das die Aufstellung einer Statue zu Ehren einer Priesterin der Μήτηρ Πλακιανή erlaubt:

Ἐπὶ Ἡγησίου· Ἀρτεμισιῶνος τετράδι φθίνοντος. Ἔδοξεν τῇ
βουλῇ καὶ τῷ δήμῳ. | Ἀσκληπιάδης Διοδώρου Αἰγικορεὺς μέσης
ἐπὶ Μενεσθέως εἶπεν· Ἐπεὶ Ἀρίστανδρος | ὁ Ἀπολλοφάνου
φησὶν τὰς συντελούσας τοὺς κόσμους παρὰ τῇ Μητρὶ τῇ Πλα-
κιανῇ | καὶ τὰς ἱεροποιοὺς τὰς προσαγορευομένας θαλασσίας
5 καὶ τὰς συνούσας μετ' αὐτῶν || ἱερείας βουλομένας ἀναθεῖναι
εἰκόνα χαλκῆν Κλειδίκης τῆς Ἀσκληπιάδου ἀξιοῦν | συνχωρηθῆ-
ναι ἑαυταῖς τόπον ἐν τῇ ἀνδρήᾳ ἀγορᾷ ἐπὶ τοῦ προγονικοῦ αὐτῆς
συνε|δρίου τὸν ἀπὸ δύσεως τοῦ ἀνδριάντος τοῦ ἀδελφοῦ αὐτῆς
Διονυσίου τοῦ Ἀσκληπι|άδου· δεδόχθαι τῷ δήμῳ· δεδοκιμάσθαι
τε τὴν εἰκόνα καὶ ἐξεῖναι αὐταῖς ἀνα|θεῖναι καθάπερ ἀξιοῦσιν,
10 ἐξεῖναι δὲ αὐταῖς καὶ ἐπιγράψαι ἐπὶ τὴν βάσιν· Αἱ συντελοῦ|σαι
τοὺς κόσμους παρὰ τῇ Μητρὶ τῇ Πλακιανῇ καὶ ἱεροποιοὶ αἱ προ-
σαγορευόμεναι θα|λάσσιαι καὶ συνοῦσαι μετ' αὐτῶν ἱέρειαι Κλει-
δίκην Ἀσκληπιάδου ἱερωμένην Μητρὸς | τῆς ἐκ Πλακίας καὶ
προιερωμένην Ἀρτέμιδος Μουνυχίας ἐπαγγειλαμένην καὶ ἐπιδοῦ|-
σαν ἑαυταῖς δωρεὰν εἰς τὰ συντελούμενα ὑπ' αὐτῶν ἱερὰ ἐν τῇ
συνόδῳ τοῦ Ταυρεῶνος | τῇ πέμπτῃ στατῆρας ἑπτακοσίους,
15 εὐσεβείας ἕνεκεν τῆς πρὸς τοὺς θεοὺς καὶ φιλοστορ||γίας καὶ
εὐνοίας τῆς εἰς ἑαυτὰς θεοῖς πᾶσι καὶ πάσαις.

Zeit: Ende des 1. Jh. v. Chr. (nach Hasluck, JHS 23 (1903) 98ff.)

Lit.: J. Marquardt, *Cyzicus und sein Gebiet*, Berlin 1836, 99f.; *CIG* 3657; H. G. Lolling, *Mittheilungen aus Kleinasien*, AM 7 (1882) 151ff.; S. Reinach, *L'inscription de Cyzique en l'honneur d'Antonia Tryphaina et de sa famille*, BCH 6 (1882) 614f.; Ch. Michel, *Recueil d'inscriptions grecques*, Brüssel 1900, Nr. 537; F. W. Hasluck, *Inscriptions from Cyzicus*, JHS 23 (1903) 89ff.; idem, *Cyzicus* Cambridge 1910, 264, I 8.

Cabinet des medailles, Paris.

2. KYZIKOS

Marmorplatte, in zwei Teile zerbrochen, in Ermeni Köy gefunden. Sie wurde aus dem gleichen Anlaß wie die vorige errichtet.

Die Inschrift lautet:

'Επὶ Πεισ[ιδήμου. ---- τετ]ράδι φ[θ]ίνοντος. | Ἔδ[οξε]ν [τῇ
βουλῇ καὶ τῷ δήμῳ. Ἀπολλώνιος Θε]οφίλου εἶπεν· | Ἐπεὶ ['Απολ-
λώνιος Ἀπολλοφάνου φησὶν κα]τεσκευασμένου | πίνακος [εἰκο-
5 νικοῦ Κλειδίκης τῆς Ἀσκληπ]ιάδου ἀξιοῦν δοθῆ||να[ι τ]όπον εἰς
ἀ[νάστασιν αὐτοῦ] ἐν τῷ ἱερῷ [τ]ῆς Μητρὸς τῆς Πλακι|ανῆς ἐν
τῷ παρθενῶνι· δεδόχθαι τῷ δ[ή]μῳ· δεδοκιμάσθαι τε τὸν | πίνακα
καὶ συνκεχωρῆσθαι αὐτῷ τὸν τόπο[ν] καθάπερ ἀξιοῖ, ἐξεῖναι δὲ |
αὐτῷ καὶ ἐπιγράψαι τῶν ἀνατιθέντων τὰ ὀν[ό]ματα πατρόθεν |
καὶ ὅτι κοσμοφυλακήσαντες ἀνέθηκαν Ἀπολ[λ]ώνιος Ἀπολλοφά-
10 νου, || Πραξίας Εὐθυκράτου, Ἀρτεμίδωρος Ἡρώδου, ['Α]πολλο-
φάνης Ἀπολλοφάνου | τοῦ Μενεκλείο[υς], Μενέλαος Ἀπολλωνίου,
Νικάνω[ρ] Ἀριστολόχου, Μώ[ρ]υχος | Ἀγαθάρχου, Γεροντ[ί]δης
Ἀντιόχου, Νουμήνιος Μενί[σκ]ο[υ], Ἀλέξανδρος Ἀσκλ[ηπ]ιάδου |
τοῦ Στρατίππου Κλειδίκην Ἀσκληπιάδου ἱερωμένην Μητρὸς
Πλακιανῆς | καὶ Κόρης καὶ Μητρὸς καὶ Ἀρτέμιδος Μουνυχίας
15 [ἀ]ρετῆς ἕνεκεν καὶ εὐσεβείας || — θεοῖς πᾶσι καὶ θεαῖς.

Zeit: Ende des 1. Jh. v. Chr. (s. Nr. II A I).

Lit.: Zusammen veröffentlicht erst von H. G. Lolling, *Mittheilungen aus Kleinasien*, AM 7 (1882) 154ff.; *ibid.* 251 (Mordtmann); Michel, *Recueil* Nr. 538; Hasluck, *Cyzicus* 264, I 9.

Museum Istanbul, Inv. Nr. 3049.

3. KYZIKOS

Votivrelief aus Marmor (H. 0,66 m; Br. 0,50 m). Es bestand ursprünglich aus zwei bildlichen Darstellungen, zwischen denen

auf einer Leiste die erste Zeile der Inschrift eingemeißelt ist. Die
obere Darstellung ist jedoch abgebrochen, nur die Füße von offenbar mehreren Personen sowie zwei Löwentatzen sind noch zu
erkennen. Auch die untere rechte Ecke der Stele mit einem Teil
der Inschrift ist verloren.

Das erhaltene Relief zeigt eine Opferszene. Rechts ein Altar,
hinter dem der Oberkörper einer Frau sichtbar wird, die auf
ihrem Kopf mit einer Hand ein flaches Gefäß oder eine Platte
festhält. Neben dem Altar ein Baum; von ihm hängen an einem
Band zwei Glöckchen herab. Ein kleiner Diener führt einen Widder
auf den Altar zu. Von links kommt eine opfernde Frau im langen
Gewand. Sie trägt in der linken Hand einen mit einem Tuch be-
deckten Gegenstand (Pyxis?). Ihr folgt ein Flötenspieler, der sein
Instrument in der Hand hält. Die Inschrift darunter lautet:

Ἱππαρχοῦντος Βουλείδου τοῦ Μητροδώρου,

Relief

Σωτηρίδης γάλλος, εὐξάμενος Μητρὶ Κοτ[υανᾷ]
ὑπὲρ τοῦ ἰδίου συμβίου Μάρκου Στλακκίου Μάρ[κου]
υ[ἱο]ῦ, τοῦ στρατευσαμένου ἐν τῇ ἐξαποστ[αλείσῃ]
[συ]νμαχίᾳ εἰς Λιβύην ἐπὶ Θεογνήτου τοῦ [᾽Απολλω-]
γίου ἱππάρχεῳ τῷ αὐτοκράτορι Γαΐῳ[᾽Ιουλίῳ, Γαΐ-]
ου υεἱῷ Καίσαρι ἐν νηΐ τετρήρει Σωτ[είρα, ὃν αἰχμα-]
λωτισθέντα ἐκ Λιβύης καὶ ἀπαχθέν [τα εἰς δουλεί-]
αν καὶ τῆς θεᾶς εἰπάσης μοι κατ᾽ [ἐνύπνιον],
[ὅ]τι ἠχμαλώτισται Μᾶρκος, ἀλ[λὰ σωθήσεται ἐκ]
[τῶν] με[γάλω]ν [κι]νδύνων ἐπικα[λεσάμενος αὐτήν,--]

Z. 2: der Begriff γάλλος kennzeichnet Σωτηρίδης als Priester der
Kybele. Der Beiname der Göttin ist allerdings nicht sicher. Froehner, *op. cit.* vermutet Κοι[ράνῳ]; Boeckh im *CIG* [Λ]ο[βρίνη]; Dittenberger, *Sylloge*[2] 348 Κοι[λανῇ] nach einem Stadtnamen in der
Chersonesos. Wahrscheinlich ist die von Hasluck, *op. cit.* vorgeschlagene Ergänzung Κοτ[υανᾷ] die richtige, da sie zumindest auf
einem weiteren Denkmal aus der Umgebung von Kyzikos, nämlich
aus Edincik (Nr. 8) vorkommt.

Z. 5: Die συμμαχία εἰς Λιβύην fällt in das Jahr 46 v. Chr.

Z. 7: Hier stand wohl der Name des Schiffes Σωτ[είρα] oder
Σωτ[ηρία] Vgl. dazu und zu den älteren Ergänzungsversuchen
Wilhelm, AEM 20 (1897) 74.

Zeit: um 46 v. Chr.

Lit.: *CIG* 3668; Dittenberger, *Sylloge*² 348 und S. 817f.; *Sylloge*³ 763;
IGR IV 135; Hasluck, *Cyzicus* 218 und 270, IV 3; *Cat. somm. des mar-
bres antiques*, Paris 1922, 156 Nr. 2850; M. Froehner, *Inscriptions
greques du Louvre* Nr. 10; Charbonneaux, *La sculpture grecque et romaine aux Musée du Louvre* (1963) 76.

Louvre, Paris.
Abb. 23.

4. KYZIKOS

Relief aus Marmor (H. ca. 0,27 m; Br. ca. 0,25 m). Es wurde
während einer Ausgrabung in Kyzikos im Jahre 1901 in einer
Mauer verbaut gefunden. Das Relief, dessen unterer Teil fehlt,
stellt zwei Gottheiten dar. Links steht, unschwer zu erkennen,
Hermes im kurzen Chiton, mit Heroldstab und Flügelhut. Ein
Mantel fällt von seiner linken Schulter. Besonders das Gesicht des
Gottes ist stark bestoßen.

Neben ihm ist eine weibliche Gottheit mit Mauerkrone zu erkennen. Durch die Zerstörung des Steines — der Bruch geht von der
linken Schulter bis zum rechten Unterarm — läßt sich über die
möglichen Attribute, die sie sicher in den Händen trug, nichts
sagen. Da jedoch der Kopf des Hermes über den ihren hinausragt,
war sie wohl sitzend dargestellt. Der Name der Göttin ergibt sich
aus der Inschrift, die über beiden im Reliefgrund zu erkennen ist:

---λον θεῷ ’Ανδειρίδι
Πέργαμου

Z. 1: Der Name des Dedikanten könnte auf -λον geendet haben.
Smith und Rustafjaell, *op. cit.* 191 erinnern an den weiblichen
Namen Εὔκολον. Hasluck, *Cyzicus* 271, Anm. 1, schlägt als Ergänzung [τὸ ὅπ]λον vor und glaubt, daß der Name des Dedikanten
in der darüberliegenden Zeile gestanden hat.

Auffallend ist zudem der maskuline Gebrauch von θεῷ für eine
weibliche Gottheit. Vergleichen kann man vielleicht die Benennung
ἡ θεός für eine Göttin mit der Inschrift aus Ihsaniye (Nr. I A 13).

Der Name der Göttin ῎Ανδειρις ist offenbar abgeleitet aus ihrem in Mysien vorkommenden Namen Μήτηρ θεῶν ᾿Ανδειρηνή. Sie wird schon bei Strabo 614 und bei Steph. Byz. s.v. ῎Ανδειρα als Schutzgöttin in der Troas genannt. Ein weiteres im Louvre aufbewahrtes Relief, das mit großer Wahrscheinlichkeit ebenfalls aus der Umgebung von Kyzikos stammt, zeigt eine Büste der Göttin (vgl. Nr. 6).

Z. 2: Schwierigkeiten bereitet auch die Deutung der Buchstaben. Während Smith und Rustafjaell, *op. cit.* 193 der Deutung Πέργαμου im Sinne von ἐκ Πέργαμου als Kennzeichnung der Herkunft der Göttin den Vorzug geben, schlägt Hasluck, *Cyzicus* 271, Anm. 1 ὑπὲρ γάμου vor. Die erste Deutung scheint wahrscheinlicher, da es in einer ähnlichen Inschrift Μήτηρ θεῶν Περγαμηνή (*CIG* 6835) heißt.

Lit.: C. Smith - R. de Rustafjaell, *Inscriptions from Cyzicus*, JHS 22 (1902) 190ff. Nr. 1 mit Taf. 1; Hasluck, *Cyzicus* 271, IV 5.

Verschollen.

5. KYZIKOS

Marmorstele (H. 0,57 m; Br. 0,36 m). Sie ist stark abgerieben, und der obere Teil des Reliefs fehlt.

Rechts ist die thronende Kybele zu erkennen. In der Rechten hält sie das Tympanon, in der ausgestreckten Linken die Patera. Neben ihr je ein Löwe, von denen sich der rechte ihr zuwendet. Die Gestalt zu ihrer Linken ist nicht mehr sicher zu identifizieren. Sie trägt ein langes Gewand und scheint sich auf eine Säule zu stützen. Ihr Oberkörper mit Kopf und den Attributen in den Händen fehlt. Sicher war, wie auf dem Relief Nr. II A 13 Apollon dargestellt. Neben den beiden Gottheiten war die häufig wiederkehrende Szene des Opfers dargestellt: ein Altar, ein Diener, der einen Widder (?) heranführt und ein opfernder Priester oder eine Priesterin. Die Inschrift lautet:

῾Ιππαρχοῦντος Μενεσθέως τοῦ Πολυίδου
ἀρχώνης σκοπιᾶς Ο . . . ρου (oder Θ . . . ρου) ᾿Αγάθαρχος
Νικίο[υ] (?)
ἐπὶ τοῦ χρηματισμοῦ Μειδίας ᾿Απολλωνίου
τοῦ Μειδίου Μένανδρος Μενάνδρου
5 καί μέτοιχοι Δημήτριος Θεογένου

'Αριστίων 'Αριστίωνος
Διονύσιος 'Αριστίωνος
'Αρτεμίδωρος Κλειμάνδρου
Μενεσθεὺς 'Ηρακλείτου
10 Μηνόδωρος Μητροφάνου
Θεόκριτος Θεοκρίτου
'Αρχέβιος 'Αρχεβίου τοῦ Διονυσίου
'Αρτέμων 'Αρτέμωνος
'Αγίας Δημητρίου
15 Διονύσιος Διονυσίου
καὶ ἐπαγωγοί· Διονύσιος Σωτῆρος
Διονύσιος Σωκράτου
Ποσειδῶνι καὶ 'Αφροδείτῃ Ποντίᾳ
χαριστήριον.

Z. 2: nach Robert, Hellenica IX, 94ff. und BullEp. 1951 [=
REG 64, 1951] 186; Mordtmann liest: ἀρχώνης· Σκοπίας Θίθρου (?),
'Αγάθαρχος Ν[εικί]ο[υ]· Mendel: ἀρχώνης Σκοπίας OIPPOY (?)
'Αγάθαρχος . . .
Z. 18: Schon Mordtmann machte auf den Widerspruch zwischen
Relief und Inschrift aufmerksam. Die Inschrift nennt Poseidon und
Aphrodite Pontia, das Relief zeigt Apollon und Kybele. Vielleicht
ist es so gewesen, daß der Typ der Stele unbeschriftet beim Stein-
metzen lag und dieser dann die Inschrift ohne Rücksicht auf den
Inhalt und die unterschiedliche Bestimmung eingehauen hat.
Zeit: 1. Jh. v. Chr. (Mendel).

Lit.: J. H. Mordtmann, *Zur Epigraphik von Kyzikos*, AM 10 (1885)
204ff. Nr. 30; Hasluck, *Cyzicus* 275, IV 70; Mendel, *Cat.* 58ff. Nr. 849;
Robert, Hellenica IX 94ff. und REG 64 (1951) 186.

Museum Istanbul, Inv. Nr. 2758.
Abb. 24.

6. KYZIKOS ODER UMGEBUNG

Im Louvre befindet sich ein Relief aus Marmor (H. 0,33 m; Br.
0,23 m), das aus der Sammlung Choiseul stammt und mit großer
Wahrscheinlichkeit in Kyzikos oder der näheren Umgebung gefunden wurde.

Die Darstellung läßt die Büste einer Muttergöttin in einem Naiskos erkennen. Sie trägt die Mauerkrone auf dem Haupt; die Haare fallen lang bis auf die Schultern herab. In den Händen hält sie zwei nicht sicher zu identifizierende Gegenstände, in der Linken vielleicht einen Granatapfel, in der Rechten einen Vogel. Die Inschrift über und unter ihr kennzeichnet diese Göttin als

ʼΑνδιρηνή

Relief

Γλυκίννα Μηνοφώντος Θεῷ
ἁγνῇ εὐχήν.

Z. 2/3: Zum Gebrauch der maskulinen Form für eine weibliche Gottheit vgl. Nr. I A 13 und II A 4.

Lit.: CIG 6836; C. Smith - R. de Rustafjaell, *Inscriptions from Cyzicus* JHS 22 (1902) 191f. mit Fig. 2; Hasluck, *Cyzicus* 271, IV 5; C. Clarac, *Musée de Sculpture* 44 Nr. 3 (ed. Reinach); Duboise, *Catalogue* Nr. 143; *Catalogue sommaire de sculpture du Louvre* Nr. 2871.

Louvre, Paris.
Abb. 25.

7. ERDEK

Giebelstele, 1885 im Hause des Dr. Limnios gefunden.
Die Inschrift lautet:

Διὶ καὶ Μητρὶ
Δυνδυμέ[νη]
[ἐ]πι ʻΕστιαίου τοῦ Ποσειδω[νίου]
ἱππάρχ[ε]ω.

Lit.: J. H. Mordtmann, *Zur Epigraphik von Kyzikos*, AM 10 (1885) 202 (nur Name des Hipparchen); H. Lechat - G. Radet, *Inscriptions d'Asie Mineure*, BCH 12 (1888) 187f. Nr. 1; Hasluck, *Cyzicus* 270, IV 1.

Archäologisches Museum, Istanbul (?).

8. EDINCIK

Vor 1893 wurde in einem armenischen Haus in Edincik folgende Inschrift gefunden:

'Αρτεμισία 'Αρ[τ]έμωνος
ὑπὲρ [τοῦ] ἀνδρὸς Μητρὶ
Κοτυανᾶ εὐχήν.

Lit.: H. Lechat - G. Radet, *Inscriptions de Mysie*, BCH 17 (1893) 531f. Nr. 33; Hasluck, *Cyzicus* 218 und 270, IV 2.

Verschollen.

9. EDINCIK

Reliefstele aus Marmor (H. 0,65 m; Br. 0,43 m; T. 0,085 m; Bh. 0,015 m), seit 1915 im Museum von Bursa.

Im Relieffeld sind rechts Kybele und Attis dargestellt. Die Göttin mit Polos und Schleier sitzt auf einem Thron, neben ihr die beiden Löwen. In der Linken trägt sie das Tympanon, in der Rechten eine Patera. Mit einem Arm auf dem Tympanon lehnt neben ihr Attis im kurzen Chiton, Beinkleidern und phrygischer Mütze. In der herabhängenden Linken hält er einen Gegenstand, wohl die Syrinx. Das linke Relieffeld wird überragt von einem Baum, vor dem ein Altar steht. Von zwei kleinen Dienern wird ein Tier (Schaf?) an den Altar herangeführt. Hinter dieser Gruppe steht eine weitere Person mit Schleier und — wie es scheint — betend aneinandergelegten Händen, wohl ein Priester.

Unter dem Relief die Inschrift, die leider am Ende der zweiten Zeile verdorben ist:

'Αρτεμίδωρος Μενίππου
Μητρὶ ΚΟΠΑΙΑΙ εὐ[χήν].

Lit.: unveröffentlicht.

Archäologisches Museum Bursa, Inv. Nr. 3190.
Abb. 26.

10. EDINCIK

Reliefstele (H. 0,32 m; Br. 0,23 m) mit der Darstellung einer thronenden Kybele. Von der Inschrift sollen noch folgende Buchstaben erhalten gewesen sein:

---ΣΙΤΕΙ---

Lit.: Hasluck, *Inscriptions from Cyzicus*, JHS 23 (1903) 82 Nr. 28; idem, *Cyzicus* 271, IV 7.

Verschollen.

11. DEBLE KÖY/BANDIRMA

Marmorstele (H. 1,41 m; Br. 0,59 m), seit 1885 bekannt. Die Stele zeigt oben ein schön ausgearbeitetes Relief der Kybele. Ihr Kopf, wie überhaupt der obere Rand der Stele, ist weggebrochen. Sie ist bekleidet mit einem langen Chiton und hält in der Linken das Tympanon, in der Rechten eine Patera. Zu beiden Seiten ihres Thrones hockt ein Löwe. Ein zweites, darunterliegenden Relief zeigt acht Männer, die mit betend erhobenen Händen auf einen Altar zugehen, auf dem ein Feuer brennt. Ein Diener führt zwei Widder als Opfertiere an den Altar.

Die Inschrift darunter lautet:

Ἱππαρχοῦντος Ἀριστα{γο}γόρου
τοῦ Ἀριγνώτου
διοικ(η)τής
Μένιππος Ἀσκληπιάδου
γραμματεύς
5 Ἀσκληπιάδης Ἀρτεμιδώρου
διάκονοι
Ἀπολλοφάνης Θαύμωνος
Ἀρτεμίδωρος Φιλονίκου
Μένιππος Μειδίου
10 Μειδίας Ἀθηνίωνος
Μενεκράτης Μήνιδος
οἰνοφύλαξ
Γόρδων Μέμνονος
Μητρὶ Τολυπιανῇ χαριστήριον.

Zeit: 1. Jh. v. Chr. (Mendel).

Lit.: Mordtmann, *Zur Epigraphik von Kyzikos*, AM 10 (1885) 203f. Nr. 29; Michel, *Recueil* Nr. 1226; Hasluck, *Cyzicus* 218f. mit Fig. 19 und 270, IV 4; Mendel, *Cat.* 6of. Nr. 850; E. Kalinka, *Aus Bithynien und Umgebung*, ÖJh 28 (1933) Bbl. 103f.

Archäologisches Museum Istanbul, Inv. Nr. 676.
Abb. 27.

12. BOĞAZ KÖY/KARA DERE

Fragment einer schmalen Stele mit der Darstellung einer Büste. Von der Inschrift ist erhalten:

[Μητρὶ 'Ανδει?] ρηνῇ
Μητρόδω[ρος]
[ἀ]νέθ[η]καν
[χα]ρισ[τήριον]

Z. 1. Die vorgeschlagene Ergänzung bietet sich durch die Denkmäler Nr. II A 4 und 6 an.

Lit.: Hasluck, *Inscriptions from the Cyzicene District*, JHS 25 (1905) 60 Nr. 20; idem, *Cyzicus* 271, IV 6.

Verschollen.

13. KYZIKOS ODER UMGEBUNG

Reliefstele aus Marmor (H. 0,83 m; Br. 0,39 m; T. 0,09 m), deren Herkunft nicht eindeutig gesichert ist, die aber mit großer Wahrscheinlichkeit aus der Umgebung von Kyzikos stammt (vgl. dazu bes. Conze, *op. cit.* 61 und Perdrizet, *op. cit.* 592ff.). Das Relief ist geteilt in zwei übereinanderliegende Bildfriese und die darunter eingehauene Inschrift.

Das obere Relief zeigt Kybele auf einem Thron sitzend, mit einem Löwen zu ihrer Rechten. Sie trägt den Polos auf dem Kopf, in der Rechten die Patera und in der Linken das Tympanon. Links der Göttin ist Apollon dargestellt, mit der Kithara in der Linken und einer Patera in der ausgestreckten Rechten. Neben den beiden Gottheiten wird eine Opferszene wiedergegeben, in der die in der Inschrift genannte Stratonike auf einem Altar, hinter dem ein Baum steht, das Opfer darbringt. Ein Knabe führt das Opfertier heran und ein Mädchen (?) bläst zu dieser Handlung die Flöte.

Auf dem darunterliegenden Relief sind in der oberen Hälfte zehn Männer zu erkennen, die sich zum Mahl niedergelassen haben. Der lange Streifen vor ihnen könnte einen Tisch andeuten. Die Handlung, die sich während der Mahlzeit offenbar vor diesem Tisch abspielt, läßt auf dem Relief noch rechts an die Wand gelehnt zwei Bratspieße erkennen. Daneben stehen zwei große Kratere; aus einem von ihnen schöpft ein Diener gerade einen Trank. Dasselbe tut ein anderer Diener gerade aus einem dritten, aber höher gestellten und anders geformten Krater. Zwischen dieser Szene und zwei an der linken Seite sitzenden Flötenspielern scheint ein Tänzer vor den Speisenden seine Kunst auszuüben.

Unter den beiden Reliefs steht die Inschrift:

Οἱ θιασῖται καὶ θιασίτιδες
[ἐ]στεφάνωσαν Στρατονίκην Μενεκ[ράτ]-
ου ἱερωτεύσασαν ἐν τῷ η' καὶ ο' καὶ ρ' [ἔ]-
τει μητρὶ Κυβέλῃ καὶ Ἀπόλλωνι στεφά[ν]-
5 ῳ γραπτῷ ἐν στήλλῃ καὶ κηρυκτῷ σὺν τα[νί]-
ᾳ καὶ ἄλλῳ στεφάνῳ κηρυκτῷ σὺν ται[νί]-
ᾳ ἐν τῇ τοῦ Διὸς συναγωγῇ φ[ι]λ[α]γαθήσασ[αν].

Z. 3: Schwierigkeiten bereitet die angegebene Jahreszahl 178.
Conze, *op. cit.* nimmt eine Zählung nach der bithynischen Königsära an, die im Jahr 297 v. Chr. beginnt und datiert das Denkmal
so in das Jahr 119 v. Chr. Das erscheint verwunderlich, denn im
mysischen Bereich ist kaum eine Datierung nach der bithynischen
Königsära zu erwarten. Perdrizet, *op. cit.* führt den Nachweis, daß
dieses Denkmal von der Propontisküste, vielleicht aus Triglia
(heute Zeytinbağı), dem bithynisch-mysischen Grenzgebiet stammt,
und dort ist durchaus solche eine Datierung möglich. Robert, *op.
cit.* vermag nicht zu entscheiden, ob die genannte oder die sullanische Ära bei der Datierung anzuwenden ist.

Lit.: A. Conze, *Reise auf der Insel Lesbos* (1865) 61ff. und Taf. 19 (mit
der älteren Literatur); M. Perdrizet, *Reliefs mysiennes*, BCH 23 (1899)
593ff. (mit Literatur); M. P. Nilsson, *Griechische Religion* II 693 mit
Taf. 14, 4; zuletzt L. Robert, Hellenica VII (1949) 41ff.

Nationalmuseum Athen.

14. KARACABEY ODER UMGEBUNG

Giebelstele aus Marmor (H. 0,64 m; Br. 0,27 m; T. 0,15 m;
Bh. 0,01 m) mit einer Rosette im Giebelfeld. Die gesamte Stele ist
stark verrieben, so daß auch die Inschrift nur schwer leserlich ist.

Auf dem vertieft eingelassenen Relief ist rechts die thronende
Kybele zu erkennen, mit dem Polos auf dem Kopf und zwei Löwen
an ihrer Seite. In der Linken hält sie das Tympanon, in der Rechten
die Patera über einen neben ihr stehenden Altar. Hinter diesem
ragt ein Baum hervor. Von links wird von einem kleinen Diener
ein Tier an den Altar herangeführt.

Unter der folgenden Inschrift zeichnet sich der Umriß eines
Stieres in flachem Relief ab:

Μάτρων Ἡρωίδου ὑπὲρ ἑαυ-
[τ]οῦ καὶ τῆς γυναικὸς καὶ τ-
ῶν τέ[κνων] ( ) Μητρὶ
ΜΑ.ΝΕΙΑ εὐχή[ν].

Z. 1: Der Name Μάτρων kommt in den beiden folgenden Inschriften aus Alpağut Köy ebenfalls vor.

Z. 4: Der Beiname der Göttin ist leider sehr verdorben und kann nicht sicher ergänzt werden.

Lit.: unveröffentlicht.

Archäologisches Museum Bursa, Inv. Nr. 3143.
Abb. 28.

15. ALPAĞUT KÖY/MUSTAFA KEMALPAŞA

Seit 1976 befinden sich im Museum von Bursa zwei Votivreliefs aus Marmor. Die Darstellung zeigt jeweils eine thronende Meter mit Polos und Schleier. Sie hält eine Patera in der Rechten über einen Altar.

a) H. 0,26 m; Br. 0,155-0,17 m; T. 0,06 m; Bh. 0,007-0,01 m. Unter dem Relief die Inschrift:

Μάτρων Μητρὶ εὐ-
χήν.

b) H. 0,27 m; Br. 0,175-0,205 m; T. 0,055 m; Bh. 0,009-0,01 m. Unter dem Relief die Inschrift:

Μάτρων Μητρὶ Πατρ-
ώια Μενάνδρου εὐχήν.

Beide Denkmäler sind offenbar von einem gewissen Μάτρων der Muttergöttin gestiftet. In Inschrift b ist jedoch die Stellung der Namen und Beinamen merkwürdig. Sollte Μενάνδρου das Patronymikon zu Μάτρων sein? Ebenso kann Μενάνδρου von εὐχήν abhängig sein. Im Gegensatz zu Inschrift a wird wohl in b ein Beiname der Meter genannt. Die Bezeichnung Πατρώια ist für eine Meter ein seltener Beiname. Häufiger ist dieses Epitheton für eine männliche

Gottheit, sei es Zeus oder Apollon (vgl. Nilsson, *Griechische Religion*
II 524ff. und L. Robert, *BullÉp.* 1962, 110; 1965, 144 und bes. 341).
Zur Μήτηρ Πατρώιη und zum Ζεὺς Πατρῶιος in Ephesos zuletzt auch
D. Knibbe, oben S. 490ff.

Lit.: unveröffentlicht.

Archäologisches Museum Bursa, ohne Inv. Nr.
Abb. 29/30.

16. UMGEBUNG VON KYZIKOS (?)

Die in zwei anpassende Stücke zerbrochene Stele aus Marmor
(H. 0,66 m; Br. 0,30 m; T. 0,07 m; Bh. 0,015-0,035 m) kam aus
einem Depot in Mudanya in das Museum von Bursa.

Das Relief zeigt Kybele thronend, den Polos auf dem Kopf und
die Löwen an den Seiten des Sessels. Links hält sie das Tympanon,
rechts die Patera. In der Mitte des Bildes steht ein Altar, hinter
dem ein Baum aufragt. An den Altar wird ein Opfertier von einem
Diener herangeführt, dem zwei weitere Personen folgen.

Unter dem Relief steht die Inschrift:

> Μηνοθέα
> Μενίσκου
> Μητρὶ Διν-
> δυμήνη
> 5 εὐχήν.

Z. 3/4: zum Beinamen der Meter vgl. die Inschrift aus Erdek
Nr. II A 7. Durch den Beinamen und den Stil des Reliefs wird es
wahrscheinlich, daß dieses Denkmal aus Mysien, wenn nicht sogar
aus der unmittelbaren Umgebung von Kyzikos stammt.

Lit.: unveröffentlicht.

Archäologisches Museum Bursa, Inv. Nr. 3265.
Abb. 31.

17. APOLYONT

In Appollonia ad Rhyndacum sah Munro 1894 eine runde Mar-
morsäule, die unten abgebrochen ist und folgende Inschrift enthielt:

'Αγαθῇ τύχῃ·
ταῖς ἀκοαῖς τῆς
θεοῦ
'Ε[ρ]μιανὸς ΟΚΙ--
ζήσας ἀπέδωκεν
εὐχαριστήριον
τὰ ὦτα καὶ τὸν βω-
μὸν ἐπὶ ἱερείας
ΠΡΟ ...... ΥΤΗΣ.

Sinn und Inhalt der gesamten Inschrift sind noch nicht sicher
geklärt. Meine Wiedergabe schließt sich an die Kopie von Mendel
im BCH an.

Hier scheint mir wichtig zu sein, daß wiederum eine weibliche
Gottheit in Z. 2/3 ohne ihren Namen genannt ist. Entgegen den
Vermutungen von Mendel (Isis) und Hasluck (Artemis) schließe ich
mich der Annahme von Zingerle an, daß die ungenannte Gottheit
nur die große Göttermutter gewesen sein kann.

Lit.: J. A. R. Munro, *Inscriptions from Mysia*, JHS 17 (1897) 270
Nr. 8; Mendel, *Inscriptions d'Asie Mineure*, BCH 25 (1901) 325, 4;
Hasluck, *Cyzicus* 233 und 274 Nr. 36; B. Keil, *AKOAI*, Hermes 45
(1910) 474f.; O. Weinreich, *Noch einmal AKOAI*, AM 37 (1912) 53;
P. Wolters, *AKOAI*, Hermes 49 (1914) 149ff.; J. Zingerle, *AKOAI*,
ARW 27 (1929) 53ff.; H. Kasten, Bursian 279 (1942) 96f.

B. Denkmäler ohne Inschrift

1. KYZIKOS

Marmorrelief, das aus Kyzikos stammen soll und dem Britischen
Museum von dem Sammler van Branteghem geschenkt wurde.

Kybele sitzt im langen Gewand und mit der Mauerkrone auf
einem Thron; in der Linken hält sie das Tympanon, mit der Rechten
eine Patera über einen Altar. Zu ihrer Linken sitzt ein Löwe. Auf
den Altar neben ihr geht eine opfernde Frau zu.

Lit.: A. H. Smith, *A catalogue of archaic greek sculpture in the British
Museum*, London 1892, Nr. 782.

British Museum, London.

2. KYZIKOS (?)

Relieffragment aus Marmor (H. 0,45 m; Br. 0,56 m). Der linke und der untere Teil des Reliefs sind weggebrochen. Es kam um 1890 aus der Sammlung van Branteghem in das Britische Museum und soll aus Kyzikos stammen.

Die dargestellte Szenerie zeigt drei Gottheiten. Rechts Kybele thronend, mit langem Chiton bekleidet und mit dem Polos auf dem Kopf. Zu ihrer Rechten hockt ein Löwe. In ihren Händen hält sie Szepter und Patera. Links neben ihr ist der bärtige Zeus mit Szepter und Patera in den Händen zu erkennen. Neben ihm Hermes-Kadmilos im kurzen Chiton und mit Flügelhut. In seinen Händen hält er Heroldstab und Patera. Durch ihre ausgestreckte Rechte mit der Patera scheinen alle Götter anzudeuten, daß sie ein Opfer entgegennehmen.

Hinter Kybele sind zwei kleine Korybanten abgebildet, die auf einem fiktiven Boden stehen, der durch eine Linie angedeutet ist. Beide haben ein Schallbecken in den Händen und haben den Schlagstock wie zum Spiel erhoben. Die linke obere Hälfte des Reliefs gibt interessante Aufschlüsse über den Aufstellungsort der Dedikation. Zu erkennen ist ein Felsen, auf dem eine kleine Figur sitzt. Während Conze sie nicht näher bestimmen konnte, glaubt Perdrizet in ihr eine topische Gottheit zu erkennen, vielleicht eine Nymphe, die das Schiff begrüßt, dessen Vorderteil hinter dem Felsen hervorschaut. Vielleicht war es tatsächlich ein Kriegsschiff, wie Perdrizet annimmt. Der Aufstellungsort des Denkmals lag also möglicherweise nahe am Meer. Das Schiff, vor allem wenn es ein Kriegsschiff ist, könnte auf einen größeren Hafen, vielleicht Kyzikos, hinweisen.

Ein weiterer Hinweis auf Kyzikos als Herkunftsort liegt in der Tatsache, daß der Sammler van Branteghem dem Britischen Museum eine Reihe von Denkmälern übergeben hat, die aus Kyzikos oder der näheren Umgebung stammen. Perdrizet glaubt das Relief einem Heiligtum des Zeus Hypsistos zuweisen zu können, welches er in der Nähe von Triglia vermutet. Diese Zuweisung bezweifelt aber schon L. Robert, *op. cit.* zu Recht.

Zeit: Conze spricht allgemein von hellenistischer Zeit, während Perdrizet es auf das Ende des 2. Jh. v. Chr. datiert.

Lit.: Conze, *Hermes Kadmilos*, AM 16 (1891) 191ff.; Perdrizet, *Reliefs mysiennes*, BCH 23 (1899) 597f. mit Pl. VII; Robert, Hellenica VII (1949) 41 Anm. 3.

British Museum, London.

3. GÖNEN

Fragment einer Giebelstele aus Marmor (H. 0,25 m; Br. 0,39 m; T. 0,095 m). Erhalten ist nur das Giebeldreieck mit einer Darstellung der thronenden Kybele in der Mitte. Sie ist in der üblichen Weise mit Polos, Patera und Tympanon sowie den beiden Löwen an ihrer Seite dargestellt.

Lit.: unveröffentlicht.

Museum Gönen, Inv. Nr. 64.
Abb. 32.

III. *Denkmäler aus dem Bereich der Kybele-Verehrung*

A. Bithynien

1. IZMIT ODER UMGEBUNG

Im Museum von Izmit befindet sich die Terrakotte eines geflügelten Attis, die aus Izmit selbst oder der näheren Umgebung stammen soll (H. 0,13 m; Br. 0,085 m; T. 0,045 m). Die Figur ist stark abgerieben, und die Extremitäten sind nur noch schwach erkennbar. Attis trägt die phrygische Mütze und hockt auf einem runden Podest. Mit beiden Händen hielt er einen heute nicht mehr näher zu identifizierenden Gegenstand.

Lit.: unveröffentlicht.

Museum Izmit, Inv. Nr. 433.
Abb. 33.

2. IZMIT

Beim Neubau der Papierfabrik wurde eine große Anzahl von Bronzegegenständen gefunden, die auf eine Werkstatt in der Nähe schließen lassen. Unter den Funden waren auch zwei Appliken mit der Büste des Attis (H. 0,185 m; Br. 0,21 m), die offenbar von einem Wagen stammen oder für einen Wagen gearbeitet waren.

Auf einer mit einem Akanthusblatt verzierten, hohlen Basis ist die Büste des Attis mit phrygischer Mütze angebracht. Die Henkel reichen vom unteren Teil der Basis bis in die Schulterhöhe des Gottes und enden in Löwenköpfen.

Vielleicht stammen die beiden Appliken von einem Kult- oder Sepulkralwagen.

Zeit: römisch.

> Lit.: Ö. Koyunoğlu, IAMY 6 (1953) 85ff. mit Taf. 29/30.

Museum Istanbul, Inv. Nr. 5943 und 5944 (?)
Abb. 34.

B. Mysien

1. KYZIKOS

Zum ersten Mal im Zusammenhang veröffentlichten Th. Macridy Bey und Ch. Picard vier verschiedene Darstellungen des Attis, die sie einem Heiligtum der Kybele in Kyzikos zuordnen möchten.

a) Darstellung eines Attis aus Marmor, der an einen Pfeiler gelehnt steht. Er ist in der üblichen Kleidung dargestellt, die den Leib bis zu den Genitalien freiläßt. Seine Hände sind hinter seinem Rücken verborgen.

> Lit.: Th. Macridy Bey - Ch. Picard, *Attis d'un mêtrôon* (?) *de Cyzique*, BCH 45 (1921) 436ff.; Ch. Picard, *Revue de l'art ancienne et moderne* 40 (1921) 246f. mit Fig. 12; P. Devambez, *Deux piliers décorés trouvés a Cyzique*, RA Sér. 6, 9 (1937) 176ff.; zuletzt M. J. Vermaseren, *The legend of Attis in Greek and Roman art*, Leiden 1966, 46 mit Pl. 25, 2.

Archäologisches Museum Istanbul, Inv. Nr. 3302.
Abb. 35.

b) Fragment einer ebensolchen Attisstatue (H. 0,69 m). Kopf und Beine sind weggebrochen.

> Lit.: Mendel, *Catalogue des monuments Grecques, Romains et Byzantins du Musée Impérial Ottoman de Brousse*, BCH 33 (1909) 259ff. Nr. 8; Th. Macridy Bey - Ch. Picard, *op. cit.* 458ff.; Mendel, *Cat.* II 228f.; Graillot, *op. cit.* 377 Nr. 3; zuletzt Vermaseren, *op. cit.* 46, Anm. 3.

Archäologisches Museum Bursa, Inv. Nr. 2071.
Abb. 36.

c) Fragment einer Statue des Attis aus Marmor (H. 1,43 m), das in der ehemaligen Residenz des russischen Botschafters in Istanbul/Büyük Dere aufgestellt war. Es fehlen die Beine des Gottes. Die Darstellungsweise ist wie bei a und b.

> Lit.: P. Arndt - W. Amelung, *Photographische Einzelaufnahmen antiker Skulpturen* III (1897) 30; Mendel, *op. cit.* 260; Th. Macridy Bey - Ch. Picard, *op. cit.* 460ff.; zuletzt Vermaseren, *op. cit.* 46, Anm. 3.

Verschollen?

d) Fragment eines Attis, der ebenfalls an einer Säule lehnend dargestellt ist. Von den vorangegangenen unterscheidet er sich durch die geänderte Bekleidung. Er ist vollständig bekleidet und hat eine andere Armhaltung — die Linke ist vor dem Leib angewinkelt und die Rechte liegt vor der Brust. Seine Beine sind weggebrochen und Teile des oberen Säulenschaftes fehlen.

> Lit.: Mendel, *op. cit.* 261; Th. Macridy Bey - Ch. Picard, *op. cit.* 462ff.; zuletzt Vermaseren, *op. cit.* 46 Anm. 2.

Ny-Carlsberg-Glyptothek, Kopenhagen.

Th. Macridy Bey und Ch. Picard widmen diesen Denkmälern eine eingehende Untersuchung und vermuten, daß diese vier Stücke aus einem Heiligtum, vielleicht der Kybele, stammen und der Zeit des Kaisers Hadrian angehören.

2. APOLYONT

Nach Angaben des Antikenhändlers Süleiman Sür, der das folgende Denkmal dem Museum Bursa verkaufte, stammt die Marmorstele (H. 0,85 m; Br. 0,19 m; T. 0,17 m), mit der Darstellung einer Attisherme aus Apolyont.

Reliefartig ist ein Attiskopf auf einem Sockel dargestellt. Der jugendliche Kopf ist mit einer phrygischen Mütze bedeckt, deren Laschen bis auf die Schultern herabfallen.

> Lit.: unveröffentlicht.

Archäologisches Museum Bursa, Inv. Nr. 2078.
Abb. 37.

3. KARACABEY/MIHALIÇ

Votivstele aus Marmor (H. 0,845 m; Br. 0,45 m; T. 0,08 m), die ein Relief mit Inschrift darunter zeigt.

Im Relief ist rechts der in der Inschrift genannte Gott Dionysos dargestellt, der ein Opfer entgegennimmt, das ihm 4 Adoranten in betender Haltung darbringen. Vor dem Altar steht, wie üblich, ein kleiner Diener, der einen Widder heranführt.

Unter dem Relief die Inschrift:

Δημήτριος 'Ορέστου μετὰ τῆς μητρὸς
καὶ τῶν ἀδελφῶν Διονύσωι "Αττου
['Η]λίου εὐχήν.

Z. 2/3: Die Lesung "Αττου 'Ηλίου ist nicht ganz sicher. Hasluck, *Cyzicus* 234, bezeichnet den Gott als „Dionysus Attoudenus (?)". Mendel, *Cat.* II 856, erinnert bei dem Genitiv an die verschiedenen Benennungen für Men, wie Men Tiamou, Men Askaenou, Men Pharnakou. Eher ist jedoch anzunehmen, daß hier Abhängigkeitsverhältnisse der Götter zueinander, wenn nicht gar Verwandtschaftsverhältnisse angedeutet werden sollen.

Zeit: 2. Jh. v. Chr. (nach Mendel).

Lit.: Hasluck, *Cyzicus* 234 und 275, IV 64; Mendel, *Cat.* II 856 mit der älteren Literatur.

Archäologisches Museum Istanbul, Inv. Nr. 270. Abb. 38.

IV. *Incerta*

Hierunter verstehe ich Denkmäler, bei denen der Fundort nicht sicher ist, oder Denkmäler, bei denen der Zusammenhang mit der Meter-Verehrung nicht völlig geklärt ist.

1. MUSTAFA KEMALPAŞA

Marmorstele (H. 0,89 m; Br. 0,59 m; T. 0,11 m), nach oben geradlinig abgeschlossen, die linke obere Ecke fehlt. Über dem Relief zwei mit leichtem Verschluß geschlossene Ringe. Die Darstellung im vertieften Relieffeld zeigt eine Opferszene. In der Mitte des Bildes ist ein Widder vor dem unter einem Baum stehenden Altar zusammengebrochen. Von links trägt eine kleine Dienerin, bekleidet mit einem Peplos, einen Korb mit Früchten auf dem Kopf, an den Altar heran. Zwei Männer (Priester?) nähern sich mit erhobenen Händen ebenfalls von links dem Altar. Rechts vom

Altar steht Hermes mit Flügelhut und Kerykeion. Er hält eine
Patera über den Altar. Die neben ihm stehende weibliche Gottheit,
die ihre Rechte auf die Schulter des Hermes gelegt hat, ist nicht
sicher zu benennen. Der angedeutete Polos mag auf Kybele hinweisen; ebenso die mütterliche Gebärde, mit der sie Hermes die
Hand auf die Schulter legt. Sie erinnert an die Verbindung Attis-
Hermes.

Hermes ist im Zusammenhang mit Kybele ebenfalls auf dem
Relief Nr. II A 4 und IV 2 dargestellt.

Lit.: unveröffentlicht.

Archäologisches Museum Bursa, Inv. Nr. 1684.
Abb. 39.

2. IM MUSEUM BURSA

Stele aus Marmor (H. 0,55 m; Br. 0,40 m; T. 0,06 m), die ursprünglich wohl mit einem Giebel bekrönt war. Wenn auch die
Darstellung sehr verrieben ist, besteht doch kein Zweifel, daß auf
der linken Seite Kybele auf einem Thron sitzend dargestellt ist,
den Polos auf dem Kopf und eine Patera in der Rechten. In ihrem
Schoß liegt ein Löwe. Zur Linken der Göttin steht Hermes, der an
seinem Flügelhut zu erkennen ist. Die Gegenstände, die er in den
Händen trug, sind nicht mehr deutbar. Der dritte Gott neben
Hermes hält in der erhobenen Linken einen Stab. Der Gegenstand
in der Rechten ist nicht sicher zu identifizieren. Wahrscheinlich
handelt es sich aber um eine Darstellung des Zeus.

Von der Inschrift unter dem Relief sind nur noch einzelne
Buchstaben zu erkennen.

Lit.: unveröffentlicht.

Archäologisches Museum Bursa, Inv. Nr. 3231.
Abb. 40.

3. IM MUSEUM BURSA

Stark bestoßene Marmorstele (H. 0,39 m; Br. 0,22 m; T. 0,05 m).
Ein provinzielles, primitiv gearbeitetes Relief zeigt Kybele mit
Polos, Tympanon und Patera. Letztere hält sie über einen Altar,
neben dem noch ein kleiner Diener steht. Die Darstellung, wie sie

eine Patera über den Altar hält, erinnert stark an die ähnlichen
Denkmäler aus Mysien. Dieses kleine Relief könnte also durchaus
von dort stammen.

Lit.: unveröffentlicht.

Archäologisches Museum Bursa, Inv. Nr. 5692.
Abb. 41.

4. VON DER PROPONTISKÜSTE (?)

J. H. Mordtmann veröffentlichte 2 Reliefs mit Inschrift, die er
in einer Privatsammlung in Bursa sah, und von denen er behaup-
tete, daß sie von der „kleinasiatischen Küste" kämen.

a) Relief, das Mordtmann von links nach rechts folgendermaßen
beschreibt: a. zwei Figuren, Altar; b. männliche Gestalt en face,
aufrecht, den rechten Arm erhoben, den linken an die Brust
gelegt; c. Kybele mit Tympanon und Opferschale; d. männliche
Gestalt, aufrecht wie b; e. sitzende weibliche Figur.
Darunter die Inschrift:

$$\text{Μητρὶ 'Αγγδίστει Μητ[ρόδωρος κτλ]}$$

b) Relief, in dem die Mittelgruppe b, c, d genau wiederkehrt.
Darunter die Inschrift:

$$\text{'Αγά[θ]ων Διονυσίου Διοσκόροις κατ' εὐχήν.}$$

Lit.: Mordtmann, *Inschriften aus Kleinasien*, AEM 8 (1884) 197f.

Verschollen.

5. KALCHEDON

Aus Kalchedon machte F. Sokolowski eine fragmentarische Inschrift bekannt, die E. Latyschew im *Jurnal Ministerstva Narod-
navo Prosveschtschenija* (1885) 299 (mir nicht zugänglich) zuerst
edierte. Genauere Angaben und der Verbleib des Steines sind
unbekannt.

Ohne hier die Gesamtinschrift wiederzugeben, handelt sie von
dem Verkauf eines Priestertums der Muttergöttin, wie sich aus
Z. 8 ergibt:

$$\text{[ἀποτεισάτω ἱ]ερὰς τᾶς Ματ[ρὸς --]}$$

Ob dabei Kybele gemeint ist, wie Sokolowski nach Z. 12:

--ΟΡΕΑ τὰς καθ'[ἑκάσταν ἑορτὰν]

glaubt, wo er den Beinamen der Μήτηρ 'Ορεία ergänzen möchte,
vermag ich nicht sicher zu entscheiden.

Lit.: F. Sokolowski, *Lois sacrées d'Asie Mineure* (1955) Nr. 4.

6. PROKONNESOS

Aufmerksam machen möchte ich noch auf eine Inschrift oder
Teile einer Inschrift, die zuerst von H. J. Gedeon, *Proconnesos*,
Constantinopel 1895, 90 veröffentlicht wurden und die Hasluck,
Notes on an inscription from Marmara, JHS 26 (1906) 29f. und
IGR IV 117 in einen Zusammenhang zu bringen versucht haben.
Die Wiederherstellungsversuche und Ergänzungen erscheinen
allerdings zweifelhaft, und so möchte ich auch die Hinweise auf die
Muttergöttin in Zweifel ziehen.

V. *Münzen und literarische Erwähnungen von Monumenten*

Zu diesen steinernen Denkmälern der Verehrung treten noch
eine große Anzahl von numismatischen Belegen und Hinweisen
antiker Schriftsteller.

Gerade letztere geben die Möglichkeit, das Bild der Verbreitung
der Meterverehrung noch zu erweitern. Wissen wir von den Münzbildern daß vor allem in der römischen Kaiserzeit fast jede bithy-
nische und mysische Stadt die Kybele oder ihren Sohn auf den
Rückseiten geprägt hat [1], so berichten die literarischen Zeugnisse
auch von weiteren Stätten der Verehrung, vor allem Tempeln,
deren Reste heute verloren, oder noch nicht wiedergefunden sind.

In Bithynien sind uns so zwei Tempel des Altertums für die
Mater Magna bekannt geworden. Zum einen der von Plinius dem
Jüngeren in einem Brief an den Kaiser Trajan erwähnte Tempel in

---

[1] H. Graillot, *Le culte de Cybèle. Mère des dieux à Rome et dans l'Empire
Romain*, Paris 1906, besonders 372-80; H. von Fritze, *Der Attiskult in Ky-
zikos*, Nomisma IV (1909) 33ff.; Roscher, *ML* 2848ff. s.v. *Meter*, besonders
2855f. (Verbreitung in Bithynien) und 2856ff. (Verbreitung in Mysien);
RE 22, 225off. s.v. *Kybele* (Schwenn), bes. 2283ff.; Cl. E. Bosch, *Klein-
asiatische Münzen der Römerzeit*, AA 1931, 447ff. mit Abb. 9 und 10; idem,
Die kleinasiatischen Münzen der römischen Kaiserzeit, Teil II 1 Bithynien,
Stuttgart 1935, 100ff.

Nikomedeia [2], und zum anderen ein Metroon, welches Arrian als eine Wegstation, 80 Stadien von Herakleia Pontike entfernt angibt [3]. Diese Angabe wird von dem anonymen Schreiber des Periplous des Pontos Euxeinos übernommen [4]. Ob es sich tatsächlich um ein Heiligtum handelte oder um einen nach einer alten Verehrungsstätte der Mater Magna benannten Ort, der nach dem anonymen Schreiber dann später Aulia hieß, kann man wohl kaum noch entscheiden.

Die genannten Schriftquellen sind bedauerlicherweise die einzigen direkten Zeugnisse von Tempeln in Bithynien. Monumentale Zeugnisse fehlen bis heute völlig. Natürlich geben die Münzen und auch die Inschriften und Skulpturen einen Hinweis auf Tempel, aber leider erfahren wir über deren Standort oder ähnliches nichts näheres.

Auch im Bereich des westlichen Mysien lassen sich aus den literarischen Quellen nur wenig weitere Denkmäler der Verehrung erschliessen. So erfahren wir von der Verehrung der Meter auf der kyzikenischen Halbinsel, daß sie dort schon von den Argonauten verehrt worden sein soll, die einen Tempel der Idäischen Mutter dort gründeten [5]. Herodot berichtet von dem Skythen Anacharsis, der in Kyzikos einem prächtigen Feste zu Ehren der Göttermutter beiwohnte und gelobte, dieses Fest nach glücklicher Heimkehr auch im Skythenlande einzuführen [6]. Endlich berichtet Pausanias noch von einem goldenen Kultbild der Meter Dindymene in Prokonnesos, das die Kyzikener stahlen [7]. Es war vielleicht dieses Bild, welches nach Zosimos von Konstantin d. Gr. nach Byzanz gebracht wurde, wo er die Löwen an ihrer Seite entfernte und die Stellung

---

[2] Plin. *Ep.* 10, 49/50: *Ante adventum meum, domine, Nicomedenses priori foro novum adicere coeperunt, cuius in angulo est aedes vetustissima Matris Magnae aut reficienda aut transferenda ob hoc praecipue, quod est multo depressior opere eo, quod nunc maxime surgit.*

[3] Arr. *per. p. E.* 19 (= *GGM* 1, 384): ’Απὸ δὲ ‘Ηρακλείας ἐπὶ μὲν τὸ Μητρῷον καλούμενον στάδιοι ὀγδοήκοντα·

[4] An. *per. p. E.* 12 (= *GGM* 1, 404): ’Απὸ δὲ ‘Ηρακλείας πόλεως ἐπὶ τὸ Μητρῷον καλούμενον, τὸ νῦν Αὐλία, . . .

[5] Strabo, *geogr.* I 2, 38.

[6] Hdt. *hist.* 4, 76.

[7] Paus. VIII 46: Κυζικηνοί τε ἀναγκάσαντας πολέμῳ Προκοννησίους γενέσθαι σφίσι συνοίκους Μητρὸς Διδυμήνης ἄγαλμα ἔλαβον ἐκ Προκοννήσου· τὸ δὲ ἄγαλμά ἐστι χρυσοῦ, ...

der Arme so veränderte, daß sie einer Betenden ähnlich sah [8].
Überhaupt scheint die Meter Dindymene, bzw. ihr Heiligtum in der
Antike sehr berühmt gewesen zu sein. So besingt Properz diesen
Berg bei Kyzikos noch als *Dindymus et sacrae fabricata inventa
Cybellae* [9].

Neben diesen literarischen Zeugnissen der dindymenischen
Mutter findet auch die Meter Plakiane unserer Inschriften Nr. II
A 1, 2 noch Erwähnung bei Pausanias, der von ihrem Heiligtum
spricht [10]. Die Lage geht aber aus diesem Text auch nicht hervor.

Den Beinamen Lobrine, der inschriftlich bisher noch nicht
belegt ist, gibt uns Nikander, der ihn von einem Berg herleitet, den
er als eine Verehrungsstätte der Rhea erwähnt [11]. Sein Scholiast
erwähnt diesen Berg als zweiten neben dem Dindymos in der
Nähe von Kyzikos [12].

Nikander ist auch bisher die einzige literarischen Quelle, die uns
von der Verehrung des Attis in Mysien berichtet. Neben den spär-
lichen epigraphischen und ikonographischen Zeugnissen ist vielleicht der Ortsname ,Attou Kome' in einer Grabinschrift aus
Kebsud noch ein Hinweis [13]. Dort in der Nähe, in Hadrianutherai,
erwähnt auch Aristides einen Hügel des Attis [14].

---

[8] Zos. II 31, 2: Οὔσης δὲ ἐν τῷ Βυζαντίῳ μεγίστης ἀγορᾶς τετραστόου, κατὰ
τὰς τῆς μιᾶς στοᾶς ἄκρας, εἰς ἣν ἀνάγουσιν οὐκ ὀλίγοι βαθμοί, ναοὺς ᾠκοδομήσατο
δύο, ἐγκαθιδρύσας ἀγάλματα, θατέρῳ μὲν μητρὸς θεῶν 'Ρέας, ὅπερ ἔτυχον οἱ σὺν
'Ιάσονι πλεύσαντες ἱδρυσάμενοι κατὰ τὸ Δίνδυμον ὄρος τὸ Κυζίκου τῆς πόλεως
ὑπερκείμενον· φασὶν δὲ ὡς καὶ τοῦτο διὰ τὴν περὶ τὸ θεῖον ἐλωβήσατο ῥαθυμίαν,
τούς τε παρ' ἑκάτερα λέοντας περιελὼν καὶ τὸ σχῆμα τῶν χειρῶν ἐναλλάξας.

[9] Prop. IV 22, 3.

[10] Paus. V 13, 4: Πέλοπος δὲ καὶ Ταντάλου τῆς παρ' ἡμῖν ἐνοικήσεως σημεῖα
ἔτι καὶ ἐς τόδε λείπεται, Ταντάλου μὲν λίμνη τε ἀπ' αὐτοῦ καλουμένη καὶ οὐκ
ἀφανὴς τάφος, Πέλοπος δὲ ἐν Σιπύλῳ μὲν θρόνος ἐν κορυφῇ τοῦ ὄρους ἐστὶν ὑπὲρ
τῆς Πλακιανῆς μητρὸς τὸ ἱερόν, διαβάντι δὲ Ἕρμον ποταμὸν Ἀφροδίτης ἄγαλμα
ἐν Τήμνῳ πεποιημένον ἐκ μυρσίνης τεθηλυίας·

[11] Nik. Alex. 6ff.: ἢ γὰρ δὴ σὺ μὲν ἄγχι πολυστροίβοιο θαλάσσης ἄρκτον ὑπ'
ὀμφαλόεσσαν ἐνάσσαο, ἧχί τε 'Ρείης Λοβρίνης θαλάμαι τε καὶ ὀργαστήριον Ἄττεω,
αὐτὰρ ἐγώ, τόθι παῖδες ἐυήλοιο Κρεούσης πιοτάτην ἐδάσαντο γεωμορίην ἠπείρου,
ἑζόμενος τριπόδεσσι παρὰ Κλαρίοις Ἑκάτοιο. —

[12] Scholia in Nik. *Alex.* 8: Λοβρίνης θαλάμαι· τόποι ἱεροί, ὑπόγειοι, ἀνακεί-
μενοι τῇ 'Ρέᾳ, ὅπου ἐκτεμνόμενοι τὰ μήδεα κατετίθεντο οἱ τῷ Ἄττει καὶ τῇ 'Ρέᾳ
λατρεύοντες, εἰσὶ δὲ τὰ Λόβρινα ὄρη Φρυγίας ἢ τόπος Κυζίκου· δύο γὰρ ὄρη εἰσὶν
ἐν Κυζίκῳ, Δίνδυμον καὶ Λόβρινον.

[13] Le Bas-Waddington 1769.

[14] Aristeid. III 41 (ed. Keil); vgl. dazu L. Robert, Er. anat. 207ff.

VI. *Die Bedeutung der Verehrung in Bithynien und Mysien*

Im Sinne der in der Einleitung angegebenen Begrenzung kann hier nur versucht werden einige Aussagen zu machen oder Überlegungen anzustellen, welche die Bedeutung der Meterverehrung in oder für die beiden Landschaften erhellen sollen.

1. *Beginn und Dauer der Verehrung*

In Mysien bzw. Kyzikos wird die Verehrung der Meter schon in mythischer Zeit bestätigt [15]. Denkmäler sind erst aus dem 5. und 4. Jh. v. Chr. bekannt. Dabei handelt es sich um Münzen mit dem Kopf des Attis [16]. Nachvollziehen können wir diese Verehrung aber erst durch Reliefs und Inschriften. Diese wiederum stammen aus späterer Zeit. Das früheste könnte das Denkmal Nr. II A 13 aus dem Jahre 119 v. Chr. sein. Eine große Anzahl der Denkmäler stammt aus dem 1. Jh. v. Chr. (Nrn. II A 1, 2, 3, 5, 11) [17]. Viele Inschriften deuten durch das Fehlen römischer Namen ebenfalls eher auf eine frühe Datierung hin. Kaiserzeitlich und zwar aus hadrianischer Zeit ist allerdings sicher der Tempel in Kyzikos gewesen, aus dem die verschiedenen Darstellungen des Attis stammen sollen [18]. Die Münzen geben zudem einen deutlichen Spiegel der kontinuierlichen Verehrung in der Kaiserzeit wieder [19]. Ein Ende der Verehrung ist nicht zu fixieren. Doch wenn Konstantin d. Gr. das berühmte Kultbild aus Prokonnesos nach Byzanz schaffen ließ, können wir daraus entnehmen, daß zumindest bis zu diesem Zeitpunkt die große Göttin dort noch verehrt wurde [20]. Auch in Bithynien ist ein früher Beginn der Kybele/Meter-Verehrung anzunehmen, obwohl die Zeugnisse nicht sehr eindeutig sind.

---

[15] Vgl Anm. 5.

[16] Vgl. bes, H. von Fritze, *op. cit.* (Anm. 1), 35; idem, *Die Elektronprägung von Kyzikos*, Nomisma 7 (1912) 11; hier nennt v. Fritze auch eine Münze mit der Darstellung der Kybele (15, Nr. 206), die er schon in das 4. Jh. v. Chr. datiert.

[17] Dabei habe ich die Datierungen der im Katalog angegebenen Publikationen übernommen. Daß noch eine Reihe weiterer Denkmäler, deren Datierung nicht gegeben ist, in diese Zeit gehören, ist sicher.

[18] Nr. III B 1. Die Datierung nach Th. Macridy Bey und Ch. Picard in BCH 45 (1921) 436ff.

[19] H. von Fritze, *op. cit.* (Anm. 1), 33ff.

[20] Vgl. Anm. 8.

Der Sangarios wie auch die Stadt Nikaia stehen der Sage nach mit
Kybele in Verbindung [21]. Hellenistische Zeugnisse fehlen fast
völlig, wenn man nicht die Einführung des Monatsnamens Μητρῷος
in dieselbe Zeit verlegt, wie etwa den Monat Βενδίδιος, in die Zeit
Nikomedes I [22]. Die Hauptmasse der Denkmäler stammt zweifellos
aus der römischen Kaiserzeit (datierte Denkmäler Nrn. I A 5, 8, 13).
Doch Plinius der Jüngere spricht von einem *aedes vetustissima* in
Nikomedeia, für den keine Stiftungsurkunde vorhanden gewesen
sein soll [23]. Daraus kann man zumindest für Nikomedeia auf ein
sehr hohes Alter der Verehrung der Kybele schließen [24].

2. *Unterschiede der Denkmäler Bithyniens und Mysiens*

Bei einer Durchsicht der Denkmäler ist augenfällig, daß fast
sämtliche ikonographischen Belege Bithyniens Statuetten sind.
Selbst Reliefs sind immer nur reliefartige Statuetten, wie etwa das
Denkmal aus Kandıra (Nr. I a 7). Ganz im Gegensatz dazu sind die
meisten Denkmäler aus dem mysischen Bereich Reliefs. Der Typ
der Darstellung der Meter unterscheidet sich allerdings kaum: sie ist
meist sitzend mit Polos, langem Chiton und den Löwen in unterschiedlichen Positionen neben ihr wiedergegeben. Doch während
sich die bithynischen Belege darin meist erschöpfen, stellen die
mysischen Reliefs die so dargestellte Göttin oft in einen Rahmen.
Zum einen ist sie häufig innerhalb einer Opferhandlung allein
(z.B. Nr. II A 11) oder mit anderen Gottheiten (z.B. Nr. II A 9
mit Attis oder II A 5 mit Apollon) dargestellt oder nur mit einer
oder mehreren Gottheiten (z.B. Nr. II A 4 und II B 2). Letztere
Art der Verehrung ist sicher auch in Bithynien gemeint, wo Kybele
im Verein mit anderen Gottheiten wiedergegeben ist. Doch schon
die räumliche Trennung auf verschiedene Altarseiten deuten eher

---

[21] Vgl. FGrH 434, 41 (Memnon von Herakleia); dazu auch H. Hepding,
Attis, seine Mythen und sein Kult, Giessen 1909 (= RGVV 1).

[22] Grundlegend für die Monatsnamen immer noch die Hemerologien von
W. Kubitschek, Denkschr. Wien 57 (1915); zum Μητρῷος in Bithynien
vgl. bes, Cl. E. Bosch, *op. cit.* (Anm. 1) 132ff.; behandelt wurde dieses Thema
auch eingehend von F. K. Dörner in seiner unveröffentlichten Antritts-
vorlesung an der Universität Münster.

[23] Vgl. Anm. 2.

[24] Bosch, *op. cit.* (Anm. 1) 252 schließt daraus auf ein Alter von „einigen Jahrhunderten".

auf ein Nebeneinander als ein Miteinander der Verehrung hin (Nr. I A 2 und I B 6). Der dritte Altar (Nr. I B 4) ist in der Benennung der Gottheiten zu unsicher um in die Betrachtung eingezogen zu werden. Zwar handelt es sich bei der Göttin sicher um eine Muttergottheit, aber ist es auch, wie die anderen Kybele? Entscheidend scheint mir zu sein, daß in Bithynien die überwiegende Zahl der Denkmäler Devotionalien sind, die von den Dedikanten aus Dankbarkeit oder zur ‚Anbetung' aufgestellt sind, während die Denkmäler aus dem mysischen Bereich die Wiedergabe einer Handlung sind, in welche die Göttin einbezogen ist oder in deren Rahmen sie verehrt wurde. Sollten auch die sicher in den nächsten Jahren noch zu findenden Denkmäler die Form der Darstellung weiterhin in dieser Unterschiedlichkeit dokumentieren, so ließe sich daraus sicherlich für die Verehrung ein wichtiger Schluß ziehen: in Bithynien ist die kultische Verehrung erstarrt, ihr werden nach Ausweis der ikonographischen Belege keine Impulse mehr gegeben. Die meisten mysischen Zeugnisse zeigen diese Erstarrung noch nicht. Das ist ein Ansatz zur Datierung, der auch schon im vorigen Kapitel angesprochen worden ist: die Denkmäler Mysiens sind zumeist vorchristlich, während kein Denkmal aus Bithynien sich sicher schon in diese Zeit datieren lässt.

Ähnlich differieren die Zeugnisse, wenn man einmal von den Inschriften ausgeht. Während in Bithynien fast alle Denkmäler von Einzelpersonen oder kleineren Personengruppen entweder κατ᾽ ἐπιταγήν (Nr. I A 1, 2, 9) oder κατ᾽ ὄναρ (Nr. I A 5) für das eigenen oder anderer Wohl aufgestellt wurden, sind die epigraphischen Belege vor allem aus Kyzikos und Umgebung viel beredter und auch offizieller Natur. Da ist von Ehrungen für Priesterinnen die Rede (Nr. II A 1, 2, 13) oder eine Gruppe von Beamten verehrt die Meter (Nr. II A 5.11) [25].

Ein weiterer Unterschied der Weihungen in den beiden Landschaften verdient noch Aufmerksamkeit. In den mysischen Inschriften wird die Muttergöttin weithin Μήτηρ genannt und be-

---

[25] Hier wäre vielleicht auch die Inschrift aus Kalchedon (Nr. IV 5) einzubeziehen, wenn es um den Verkauf eines Priestertums der Kybele geht. Sie stammt im Gegensatz zu den anderen Inschriften Bithyniens sicher aus vorchristlicher Zeit und steht damit vielleicht auf einer Zeitstufe wie die mysischen Belege.

kommt dann verschiedene Beinamen (vgl. Nr. II A 1, 2, 3, 7, 8, 9, 11, 12, 13, 14, 15, 16, IV 4), während sie in den bithynischen Inschriften meist Θεά tituliert wird, entweder mit oder ohne Beinamen (vgl. Nr. I A 3, 4, 5, 6, 7, 9, 13, 14). Augenfällig ist dieser Unterschied bei den Denkmäler aus Kandıra (Nr. I A 8) und Çarmıklar (Nr. I A 9), wo die Göttin Θεά 'Ανγίστη heißt, während sie an der Propontisküste (Nr. IV 4) Μήτηρ 'Αγγδίστις genannt wird. Das könnte bei aller Vorsicht der Interpretation daraufhindeuten, daß die Benennung als Μήτηρ in Mysien die ursprünglichere Form ist, während die Benennung als Θεά schon eine Assimilierung mit anderen (römischen?) Muttergottheiten voraussetzt.

Die Unterschiedlichkeit der Darstellungsweise und Benennung der Göttin gibt uns vielleicht auch die Möglichkeit, Denkmäler, deren Zuweisung zu einem Ort nicht gesichert ist, doch einer bestimmten Region oder einem Einflußbereich zuzuweisen. So wurde festgestellt, daß die mysische Art der Darstellung die der Göttermutter im Rahmen einer Opferhandlung ist. Dabei kehrt fast immer folgende Szene wieder: ein Altar, hinter oder neben dem ein Baum aufragt, ein kleiner Diener führt ein Opfertier an den Altar, auf dessen einer Seite dann Adoranten in unterschiedlicher Zahl stehen und ihnen gegenüber die das Opfer annehmende(n) Gottheit(en) [26]. Auf der bithynischen Halbinsel ist diese Art der Darstellung bis heute nicht belegt. Man darf also mit an Sicherheit grenzender Wahrscheinlichkeit annehmen, daß Denkmäler dieses Typs aus Mysien oder zumindest dem kulturellen Einflußbereich dieser Landschaft stammen. Beispiele dafür sind die beiden Dedikationen aus Mudanya (Nr. I A 12) und Tahtalı Köy (Nr. I A 11). Sollte das erstgenannte Relief tatsächlich aus Mudanya

---

[26] Die Art der Darstellung ist nicht auf die Göttermutter beschränkt, sondern sehr viele andere Götter werden in Mysien ähnlich dargestellt. Vgl. dazu die verschiedenen Darstellungen bei F. W. Hasluck, *Inscriptions from Cyzicus*, JHS 23 (1903) 80 Nr. 16 mit Anm. 2; G. Mendel, *Catalogue des monuments grecs, romains et byzantines du Musée imperial ottoman de Brousse*, BCH 33 (1909) 277, Nr. 35 mit einer Reihe von weiteren Denkmälern und älteren Literaturangaben; idem, *Cat.* Nr. 836, 837, 852; wichtig auch L. Robert, *Dédicaces et Reliefs votifs*, Hellenica 10 (1955) 1ff. mit Pl. XV 2; XIX 2, 3; XXIII 1, 4, 6; XXV; XXVI; XXX 4. Eine Reihe von bisher unveröffentlichten Denkmälern sind vor allem auch noch in den Museen von Istanbul und Bursa gesammelt.

stammen, so hat die Nähe des mysischen Raumes zweifellos den Typ der Darstellung beeinflußt. Nicht so eindeutig, aber doch spürbar ist die Nähe Mysiens bei der Stele aus Tahtalı Köy. Es fehlt auf der Darstellung der typische Baum und die Adoranten, aber das Opfer wird durch den kleinen zusammengebrochenen Widder angedeutet, der auf dem Altar dargestellt ist. Ebenso dürfte auch noch die Marmorstele Nr. IV 3 aus dem mysischen Bereich stammen. Der Typ entspricht einer primitiven Wiedergabe der bekannten Opferszene.

3. *Unterschiede in der Verehrung*

Ob es Unterschiede in der Verehrungsform oder im Ritual für die Meter gegeben hat, läßt sich aus den vorhandenen Denkmälern nicht erschließen. Die Abweichungen, die sich aus der Andersartigkeit der Darstellung oder Benennung ergeben, mögen zeitbedingt sein. Vielleicht wurde in vorchristlicher Zeit die Göttin in Bithynien genauso verehrt wie es uns die Denkmäler für Mysien zeigen oder in späterer Zeit verflachte die Verehrung in Mysien ebenso wie die vorwiegend kaiserzeitlichen Zeugnisse Bithyniens es andeuten. Die einfache Darstellung der Göttin im Giebeltympanon einer sonst verlorenen Stele aus Gönen (Nr. II B 3) mag ein Beispiel dafür sein.

Die Unterschiedlichkeit der Denkmäler ist also weniger landschaftsgebunden als vielmehr zeitgebunden. In vorchristlicher Zeit gab es, wie die Denkmäler Mysiens vor allem zeigen, noch große öffentliche Feiern zu Ehren der Meter, in der Kaiserzeit, so die Zeugnisse Bithyniens, wurde die Göttin besonders im privaten Bereich verehrt. Auffallend ist dabei auch, daß die späteren Denkmäler vor allem aus den ländlichen Gegenden und nicht aus den großen Städten wie Prusa ad Olympum, Prusa ad Hypium, Herakleia Pontike, Nikomedeia oder Nikaia stammen.

Abbildungsnachweis

Abb. 1, 2a-c, 4, 5, 11, 18, 19, 26, 40 Photo Dörner
Abb. 6, 15a-c, 31 Photo Şahin
Abb. 20, 24, 27, 35, 38 Photo Archäologisches Museum Istanbul
Abb. 23, 25 Photo Louvre, Paris
Abb. 34 nach Koyunoğlu, *op. cit.* Taf. 29
Alle übrigen Aufnahmen vom Verfasser

KLAUS STÄHLER

ÜBERLEGUNGEN ZUR ARCHITEKTONISCHEN GESTALT DES PERGAMONALTARES

(Taf. CXCIX, Abb. 1/2)

Daß jenes Ensemble aus Architektur und plastischem Schmuck, welches wir abgekürzt Pergamonaltar nennen, nicht im strengen Sinne ein Altar ist, daß es vielmehr nur den Sockel- und Rahmenbau für die eigentliche Opferstelle bildet, ist geläufig. Inmitten einer eigens geschaffenen Terrasse erhebt sich dieser Bau in klarer Gliederung seiner Bestandteile [1]: Oberhalb eines Stufenkranzes ruht der nahezu quadratische Sockel, in seinem Aufriß zweigeteilt in einen unteren Bereich nach Art einer Orthostatenreihe und einen zurückgenommenen Wandteil darüber, den Bildträger des Gigantomachiefrieses. An einer Seite schneidet eine breite Freitreppe in diesen Sockel ein und führt auf seine Oberseite, eine aus dem Sockelquadrat verkleinerte rechteckige Plattform. Sie ist als Platz verstanden und demzufolge ringsum mit einer Säulenhalle umgeben, die auch über die Treppenseite hinweggezogen ist, wobei hier die Hallenmauer zu Pfeilern mit Halbsäulenabschluß verknappt ist. Die Rückwand der nach innen geöffneten Halle trägt — ganz nach dem Muster von Prachthallen — Bildschmuck, nämlich die kontinuierende Bildfolge aus dem Leben des Telephos. Daß die Säulenstellung dieser Halle dann nicht ausgeführt wurde, besagt etwas für die Geschichte des gesamten Projekts, nicht für seine Konzeption. Die Position auf dem Sockel ergibt, daß die Säulenhalle eine zusätzliche Schauseite nach außen hat; ihr wird auf einfache Weise Rechnung getragen durch eine weitere Säulenstellung außen vor der Hallenmauer. Zugleich wird diese Ausge-

---

[1] J. Schrammen, *Der große Altar. Der obere Markt* [= *AvP* III 1], Berlin 1906, (im folgenden: *AvP* III 1); H. Kähler, *Der große Fries von Pergamon*, Berlin 1948 (im folgenden: Kähler); A. v. Gerkan, *Überlegungen zum Aufbau des Zeusaltars* [= *PF* I], Pergamon 1972, 64ff.; A. Bammer, *Zu den Kapitellen des Altars von Pergamon*, FuB 16 (1974) 183ff.

staltung für die Restteile des Sockels beiderseits der Treppe, für die Risalite übernommen. Hallen im herkömmlichen Sinne sind diese Außenhallen allerdings nicht, fehlt doch das Zusammenspiel mit einem vorgelagerten Platz; eher wären sie als überdachte Gänge anzusprechen. Doch die Verengung durch das nachträglich eingefügte Bathron macht deutlich, daß an ein Begehen dieser Bauteile kaum gedacht war. Die äußere Säulenstellung folgt eben nicht aus einer bestimmten Funktion, sondern findet ihre Begründung im Formalen oder Inhaltlichen.

Die Hallen waren flach eingedeckt. Die vorgesehenen Löwenköpfe der Sima blieben wohl nicht zuletzt mangels Funktion bossiert; zugleich aber ermöglichte das Flachdach die wirkungsvolle Aufstellung einer Skulpturenreihe auf dem Gesims, welche den Abschluß des gesamten architektonischen Aufbaus anzeigt. Daß diese dekorativen Bildwerke — Pferde, Tritonen, Sphingen, vielleicht Löwen [2] — nicht nur nach Art von Akroteren die Gebäudeecken einnahmen, hob seinerseits in dieser Zone den Hallencharakter auf. Im Innenhof dann standen Ziel und Zentrum der Anlage, der eigentliche Opferaltar. Das ihn oben abschließende Gesims ist bekannt, die gesamte Gestalt des Altares ist unklar [3].

Seit den Tagen der Aufdeckung galt das Hauptaugenmerk weniger der Architektur als den Figurenfriesen, insbesondere dem Gigantomachiefries [4]. Grund- und Aufriß der Architektur sind zwar hinlänglich bekannt, die naheliegende Frage nach dem Bautypus, damit nach dem Sinnzusammenhang von Rahmenbau und eigentlicher Opferstelle aber hat bislang nur wenige Ansätze zur Erklärung gezeitigt. Auch die religionsgeschichtliche Interpretation pergamenischer Kultbauten hat den Altar bezeichnenderweise ausgeschlossen.

---

[2] *AvP* III 1, 76ff.

[3] *AvP* III 1, 67ff.; C. G. Yavis, *Greek Altars*, Saint Louis 1949, 198.

[4] Zuweisungen vermehrten vor Kurzem den Bestand beider Friese: H. Luschey, *Funde zu dem großen Fries von Pergamon*, 116/117. BWPr. (1962); D. E. L. Haynes, *The Worksop Relief*, JBerlMus. 5 (1963) 1ff. sowie idem, *Alte Funde neu entdeckt*, AA 1972, 737ff.; E. Rohde, *Funde zur sogenannten Beißergruppe am Pergamon-Nordfries*, AA 1964, 91ff.; H. Heres-von Littrow, *Fragmente vom Telephosfries*, FuB 16 (1974) 191ff. Jüngster Deutungsversuch des großen Frieses: E. Simon, *Pergamon und Hesiod*, Mainz 1975.

Kürzliche Ausgrabungen in Ephesos nun haben die Frage nach
der Herkunft der architektonischen Gestalt des Pergamonaltares
neu belebt. Seine Konzeption ist als Weiterbildung der spätklassi-
schen Altaranlage des Artemision in Ephesos bezeichnet worden [5].
Die Ausgrabungen ergaben in Ephesos eine hufeisenförmige Umfassung der eigentlichen Opferstelle. Diese Umfassung bestand aus
einer festen Wand mit einer innen vorgelegten Halle und — nach
dem Zeugnis eines Eckarchitraves [6] — einer vorgeblendeten
Säulenreihe außen [7]; die Anhaltspunkte für diese Wiedergewinnung
der aufgehenden Architektur sind allerdings sehr fragmentarisch.
Dieser Typ des hufeisenförmig umfaßten Altares scheint im jonisch-
kleinasiatischen Bereich eine Tradition seit archaischer Zeit zu
haben [8].

Dieselbe Form scheint noch in den monumentalen Altarbauten
von Magnesia am Mäander, Priene oder des Asklepieion von Kos
gegenwärtig [9], reicht mit den Anlagen von Kionia auf Tenos oder
im Buleuterionhof von Milet in die frühe Kaiserzeit [10], Pergamon
allerdings fällt aus dieser Reihe heraus: Die architektonische
Rahmung ist geschlossen zu einem echten Hof, die Außenhallen
sind von betretbarer Tiefe, haben gegenüber der inneren Hallenge-
staltung einen höheren Eigenwert erhalten. Der Innenhof dann ist
nach dem Zeugnis der (geplanten) Halle Platz von eigener Art,
ein Temenos gar nicht so sehr verschieden von dem Athenatemenos
auf der darüberliegenden Terrasse. Mit dem formalen wird sich auch
der kultische Charakter dieser Opferstelle von demjenigen der
dreiseitig umfaßten Altarstellen unterschieden haben. Die Anlage
auf dem Sockelbau fände ihre Analogien eher in allseitig geschlossenen Hofheiligtümern nach Art des Delphinion in Milet oder der

---

[5] A. Bammer, *Neue Forschungen am Altar des Artemisions von Ephesos*,
AA 1972, 722.

[6] A. Bammer, *Der Altar des jüngeren Artemisions von Ephesos. Vorläufiger
Bericht*, AA 1968, 416.

[7] Grundriß: Bammer, *op. cit.* (Anm. 5) 716 Abb. 2; Schaubild: A. Bammer,
Architektur und Gesellschaft in der Antike, Wien 1974, 68 Abb. 13.

[8] M. C. Şahin, *Die Entwicklung der griechischen Monumentalaltäre*, Bonn
1972, 91f.

[9] I. Δ. Κόντη, Αἱ Ἑλληνιστικαί Διαμορφώσεις τοῦ Ἀσκληπιειοῦ τῆς Κῶ,
Ῥόδος 1956, 31.

[10] K. Tuchelt, *Buleuterion und Ara Augusti. Bemerkungen zur Rathausanlage von Milet*, IstMitt. 25 (1975) 130.

Altarhöfe in Samothrake und Kos [11]. Völlig abweichend ist dann die Einführung des Podestes. Für den Altarbereich bildet es ein Plateau, nicht nur einen Sockel, wie es die Monumentalaltäre seit dem Poseidonaltar von Kap Monodendri zeigen [12]. Die Außengestaltung dieses Sockels ist von hohem Anspruch; die dienende Funktion ist durch die architektonische Gliederung, insbesondere durch die Anbringung des großen Friesbandes zurückgedrängt zugunsten des Eindrucks von Eigenwert: Unterbau und Hallenhof sind gleichgeordnete Bestandteile des Gesamtwerkes. Die nachfolgenden, unter dem Einfluß des Pergamonaltares stehenden Altarbauten reduzieren die Höhe dieser Sockelzone eindeutig zugunsten des Hallenteils und geben damit etwas auf, was in Pergamon sicherlich nicht nur formalen, sondern auch inhaltlichen Wert besaß. Sockel- und Hallenteil sind — sichtbar in der Freitreppe — funktionell aufeinander bezogen. Ihre Außengestaltung insbesondere durch Figurenfries und Außenhalle folgert nicht aus beider Funktion, sondern zielt auf die Wirkung des Baus nach außen, verleiht ihm über das für eine Funktionsarchitektur übliche Maß hinaus monumentalen, Denkmalscharakter.

Der angeführte Ableitungsvorschlag vermag also nicht zu überzeugen, verhilft jedoch dazu, die Eigenart des pergamenischen Altarbaus, insbesondere der Sockelzone deutlicher zu sehen. Dieser Sockelbau war für G. Rodenwaldt der Ausgangspunkt des Versuches, den Bautypus des gesamten Monumentes einzuordnen und seine kultgeschichtliche Rolle zu bestimmen. Er leitete die Gestalt des Altarbaus von den Hochtempeln Mesopotamiens her [13]. In Pergamon sei die mesopotamische Vorstellung, ein Unterbau müsse das Heiligtum tragen, übernommen und nach griechischem Verständnis umgestaltet; an die Stelle des Turmes sei in Pergamon das Podium, an die Stelle des Tempels der heilige Bezirk des Altarhofes getreten. Derselbe orientalische Baugedanke sei bereits

---

[11] K. Lehmann - D. Spittle, *The Altar Court* [= *Samothrace* IV 2], New York 1964, 63f.

[12] A. v. Gerkan, *Der Poseidonaltar bei Kap Monodendri* [= *Milet* I 4], Berlin 1915.

[13] G. Rodenwaldt, *Das Relief bei den Griechen*, Berlin 1923, 89. Übernommen von E. Rohde, *Pergamon. Burgberg und Altar*, Berlin 1972[6], 42.

von kleinasiatischen Fürsten, den Bauherrn etwa des Nereiden-
monumentes von Xanthos und des Maussolleion, für Grabbauten
abgewandelt.

Einer solchen Ableitung wird man schon für die angeführten
Grabbauten schwerlich folgen können, da nicht einsichtig ist, wie
der mesopotamische Hochtempel dem Selbstverständnis und der
Selbstdarstellung westkleinasiatischer Herrscher hätte förderlich
sein können. Fraglich bleibt diese These zudem wegen der Ver-
lagerung der Funktion, vom Göttertempel auf der einen zum
Grabbau auf der anderen Seite. Das in Südwestkleinasien häufigere
Hochgrab läßt sich einfacher aus einer einheimischen Bestattungs-
sitte, der Deponierung des Leichnams oberhalb des Erdbodens,
ableiten. In der Tat sind ja die Vorstufen in den Pfeilergräbern
Lykiens erhalten. Die Ausgestaltung in Grabsockel und tempelartige Kultstätte erfolgt unter dem Einfluß griechischer Sakralar-
chitektur, als für bedeutende Tote ein besonders aufwendiger
Totenkult, eine Heroisierung angestrebt wird. Eine unmittelbare
Einwirkung des mesopotamischen Hochtempels auf den Altarbau
in Pergamon ist ebenfalls unwahrscheinlich. Beim Hauptvertreter
dieses Bautypus, dem Hochtempel in Babylon, wurde zwar auf
Geheiß Alexanders mit der Wiederherstellung begonnen, sie kam
jedoch nicht zum Abschluß, und im vorgerückten 3. Jh. v. Chr.
ist der Bau nurmehr eine große Ruine [14], damit sicher kein Monument, das die Bedeutung des pergamenischen Altarbaus hätte
steigern helfen.

Richtig gesehen ist beim Erklärungsversuch Rodenwaldts die
wechselseitige Bedingtheit im Aufriß des pergamenischen Altarbaues. Eine Ableitung allein des Sockelbaues aus dem Ägyptischen [15]
oder die Herleitung der Aufgangsfassade, die hier als hufeisenförmige Säulenhalle in Erscheinung tritt, von einer Propylonfront [16]
zerteilen das Gebilde und können daher nicht ausreichen.

---

[14] R. Koldewey, *Der babylonische Turm nach der Tontafel des Anubelschuru*,
MDOG 59 (1918) 1ff.: Babylonische Tontafel mit den Maßangaben der
durch Alexanders Abtragungen verringerten Bausubstanz, datiert ins Jahr
229 v. Chr.

[15] H. Hoffmann, *Foreign Influence and Native Invention in Archaic Greek
Altars*, AJA 57 (1953) 189ff.

[16] A. v. Salis, *Der Altar von Pergamon*, Berlin 1912, 16f.

Um den Altarbau aus sich selbst erklären zu können, fehlen Ansatzpunkte. Darum muß der Versuch, die Eigenart der Altararchitektur verstehen zu wollen, weiter ausgreifen und das Bauwerk auch in Bezug zur großen Terrasse setzen, die eigens für dieses Projekt angelegt wurde. Aus der Orientierung des Altarbaues, aus seinem Verhältnis zur Altarterrasse und zu deren Begrenzung wie möglicherweise zu anderen Bauten mag sich ein Rückschluß auf den Sinn des Altarbaues ergeben, der wiederum das Verständnis der architektonischen Gestalt zu fördern vermag. Zugleich sind dies aktuelle Fragen:

So sind vor kurzem aus dem Kreis der Ausgräber in Pergamon Überlegungen laut geworden, ob nicht der Altaraufbau auf seinem Fundament um 180° zu drehen und so eine Achse Terrassenpropylon - Stufenaufgang - Opferaltar herzustellen sei, ganz im Sinne prospektartig angelegter hellenistischer Gesamtanlagen [17]. Eine Anbringung der Freitreppe im Osten des Altarunterbaus ist aber durch den hier hoch anstehenden Felskern ausgeschlossen, die Fundlage der Treppenbauglieder verweist zum anderen auf eine Position der Treppe im Westen. Auch gehören die Götterfiguren der Risalitfriese inhaltlich an die Westseite, in Richtung des Theaters mit dem Dionysosheiligtum und des Meeres.

Diese Umorientierung scheitert folglich an den Gegebenheiten; man wird aber wohl auch sagen können, daß eine Reihung der Bauteile auf einen Weg, eine Achse in der Altararchitektur nicht angelegt ist, weist diese doch an allen Seiten eine im Prinzip gleiche Gestaltung auf und bliebe andernfalls die Abschließung des Opferplatzes von der Treppe, das Besondere seines Hofcharakters unerklärt. Ein Blick auf den Grundriß der gesamten Altarterrasse kann diese Auffassung von der Altararchitektur nur bestätigen (Abb. 1): Da der Altar nicht am Rande einer offenen Fläche steht, da architektonische Begrenzungen des Platzes fehlen, welche diese Fläche zu einem Raum erschließen könnten und da kein weiteres Bauwerk zumindest die Wirkung des Altarbaues steigert, hat der Altarbau den Charakter eines Einzelmonumentes. Besonders deutlich wird diese autarke Stellung noch daran, daß der Altarbau

---

[17] W.-D. Albert (1972) unter Berufung auf O. Ziegenaus.

zwar rechtwinklig zum Nord-, West- und Südrand der Terrasse steht, gerade bei der als Eingangsseite besonders wichtigen Ostseite von dieser Einbindung aber abweicht. Von hier aus wirkte er nicht als flächige Front, sondern als plastischer Kubus. Es ist kein stichhaltiges Gegenargument, die Führung der östlichen Terrassengrenze, die hier dem alten Burgweg folgt, als situationsbedingte Abweichung erklären zu wollen. War nämlich eine rechtwinklige Zuordnung von Ostseite und Altar beabsichtigt, so hätte sich das zwanglos bewerkstelligen lassen, indem etwa der Altarbau sich nach der vorgegebenen Ostseite richtete (ganz so wie es die voreumenischen Bauten an dieser Stelle taten) oder indem die Terrassenbegrenzung eben von der Wegrichtung verlegt worden wäre. Eine achsiale Abstimmung zwischen Altarbau und Terrassenostseite war also nicht beabsichtigt. — In diesem Zusammenhang bedürfen noch zwei Punkte der Klärung, nämlich die Frage des genauen Zugangs zur Altarterrasse wie diejenige nach der kultischen Bindung des Altarbaues [18].

Zumeist wird in der Ostseite der Begrenzungsmauer ein architektonisch gestalteter schmaler Eingangspunkt angenommen. Die unergiebigen Bemerkungen Schrammens [19] hinderten nicht daran, hier ein großes Propylon zu ergänzen [20]. Auf Grund der alten Grabungsunterlagen konnte jedoch H. Kähler eindeutig nachweisen, daß zwar die Ostmauer in einem — nicht zentral angeordneten — Teil weiter nach Osten verschoben war, daß aber mit Sicherheit diese Spuren nicht die Rekonstruktion eines Eingangsbaues zulassen [21].

Kähler selbst nahm als Eingang eine einfache Maueröffnung in der Mitte des vorgeschobenen Mauerteiles an und setzte diesen

---

[18] *AvP* III 1, 32.

[19] *AvP* III 1, 8.

[20] J. L. Ussing, *Pergamos*, Berlin/Stuttgart 1899, 86; H. Schleif in seinem Modell und Plan, zuerst in W.v. Massow, *Führer durch das Pergamonmuseum*, Berlin 1932, 42 Abb. 31 und Faltabb. 56, die für die Folgezeit auch in diesem Punkte verbindlich geworden sind, trotz Kählers 1948 publizierten Beweises, daß kein Propylon existierte. Schleifs falsche Ergänzung fand noch Aufnahme in die neue *Topographische Karte von Pergamon*, Bonn 1973, und in W. Radt, *Pergamon-Führer*, Istanbul 1973, 90, hier sogar unter Berufung auf Kähler.

[21] Kähler 16f. Taf. 66.

Eingang in achsialen Bezug zur Zeusgruppe des Ostfrieses und zur
NO-Ecke des Athenatempels[22]. Er versuchte also, den Altarbau
dem Athenatempel auf der oberen Terrasse zuzuordnen und zugleich die vornehmlichen Kultempfänger am Altar nachzuweisen.
Diese Verbindung läßt sich allerdings archäologisch nicht absichern.
Seine Wahl des Eingangspunktes ist nämlich nicht durch Ge-
ländebeobachtungen gesichert, insbesondere bietet sie keine
Erklärung für die Verschiebung des mittleren Mauerabschnittes.
Diese läßt sich am zwanglosesten noch immer mit der Anlage einer
terrassenparallel ansteigenden Rampe erklären[23]. Das Gelände
fällt nämlich von der Nordecke der Ostmauer aus nach Süden ab,
so daß der Durchmesser der Begrenzungsmauer im südlichen
Drittel zur Abstützung der Terrasse erheblich verstärkt werden
mußte. Hätte man einen Zugang vom Burgweg aus senkrecht auf
die Mitte der Terrassen-Ostseite führen wollen, so wäre bereits
eine Rampe notwendig gewesen[24]. Eine solche Rampenführung
aber hätte den relativ schmalen Raum des Weges erheblich einge-
schränkt. Eine Rampe, die dagegen längs an die Hofbegrenzung
angeschoben war, war aus Raumgründen praktischer. Der vorge-
schobene Mauerteil ließe sich folglich am einfachsten als Stütz-
mauer einer solchen Rampe erklären; seine nördliche Schmalseite
bezeichnete wohl zugleich die Schwelle, über welcher der Zugang
zum Altarplatz geschlossen werden konnte, vor der südlichen
Schmalseite wäre der Zugang auf den Altarhof anzusetzen. Eine
solche Zugangsgestaltung vermied überdies eine zusätzliche Sen-
kung und Hebung des Weges, den von der Burg herab ja nicht nur
Einzelbesucher, sondern auch Prozessionen und Züge von Op-
fertieren zurückgelegt haben werden.

Die Blickpunkte, die Kähler vom angenommenen Eingang aus
zum Fries und zum Athenatempel zieht, entbehren damit des
Anfangspunktes, sind aber auch aus weiteren Gründen unrichtig;
sie überinterpretieren nämlich Abstimmungen, die sich so nur im
Plan, nicht im Aufriß von Gelände und Bauten ergaben[25]: Der

---

[22] Kähler Taf. 65.
[23] K. Stähler, *Das Unklassische im Telephosfries*, Münster 1966, 159.
[24] Vgl. *AvP* III 1 Taf. 4 unten.
[25] Stähler, *op. cit.* (Anm. 23) 159.

erste unverstellte Blick auf den Altarbau bot sich aus einer Entfernung von etwa 30 m, aus diesem Abstand wirkte der Große
Fries als Schmuckband, eine unmittelbare Identifizierung der
Zeusgruppe wie Kähler sie postuliert, war sicher unmöglich. Nicht
nachvollziehen läßt sich auch, daß die NO-Ecke des Athenatempels
den bevorzugten anderen Augenpunkt darstellen sollte, welcher die
kultische Zusammengehörigkeit von Tempel und Altar hätte sinnfällig machen können. Obzwar ein exakter Schnitt durch die
Terrassen der Oberburg fehlt, ergibt nämlich die Vermessung [26]
einen Höhenunterschied von 25 m zwischen Tempel- und Altarterrasse. Fügt man in ein solches Profil den Athenatempel mit
seinem Firstmaß von etwa 8,80 m ein, so ergibt sich — ohne
Berücksichtigung einer Brüstung an der Bruchkante oben und des
Augenpunktes des Altarbesuchers unten —, daß aus der Mitte der
Altarterrasse gerade noch der südliche Firstabschluß des Tempels
zu sehen war. Auch vom Südrand des Altarbezirkes aus konnte
man höchstens die Hälfte des Tempelfirstes sehen. Aus der Mitte
der Ostbegrenzung der Altarterrasse die NO-Ecke des Tempels
wahrzunehmen, war folglich optisch unmöglich.

Kähler suchte seine Verbindung von Altar und Tempel durch die
Ausdeutung der Tatsache zu untermauern, daß die Südhalle des
Athenabezirkes nicht bis zum Platzrand durchgezogen ist, sowie mit
der Beobachtung, daß die Westseiten von Tempel und Altar in
derselben Flucht liegen. Aber ließe sich ersteres nicht auch mit der
Wahrung des ursprünglichen Altarplatzes vor dem Tempelein-
gang und der Berücksichtigung eines für Kultzwecke hier not-
wendigen Raumes erklären? Der Altarbau stand zum anderen in
der Tat rechtwinklig zum Tempel, er hat jedoch eine andere
kultische Ausrichtung, d.h. er ist natürlich nicht, auch nur als
Ersatz eines älteren Altares auf der Tempelterrasse, die Opfer-
stätte des Tempels, sondern ein eigenständiges Gebilde. Die identische Westfluchtung wurde überdies für die Altarbesucher optisch
wiederum nicht sinnfällig, da ja günstigenfalls nur die obere
Hälfte des Tempelaufrisses von der Altarterrasse aus sichtbar war,

---

[26] Veranschaulicht im Schnitt A. Conze u.a., *Stadt und Landschaft* [=
AvP I 1], Berlin 1912, 39; nachgezeichnet bei R. Martin, *L'Urbanisme dans
la Grèce Antique*, Paris 1956, 129 Abb. 16.

sicher zu wenig, als daß eine inhaltliche Beziehung beider Bauten aufeinander bewußt geworden wäre. Möglicherweise ist die Orientierung der Altarterrasse überhaupt aus der Linienführung des Geländeabfalls an der Nordseite abgeleitet und aus räumlichen Gründen dann für den Altarbau übernommen worden [27].

Der Altarbau ist damit weder von Betrachterstandpunkten noch von anderen Kulteinrichtungen abhängig; dies vertieft den Eindruck von der Selbständigkeit des Bauwerkes, wie er sich bei der Beschreibung des architektonischen Aufbaus ergeben hatte. Die Betrachtung der topographischen Situation braucht bei dieser negativen Feststellung allerdings nicht zu verharren, denn sie erbringt auch Hinweise, die bei einer positiven Bestimmung des Altarbaues hinzugezogen werden sollten. Nachdem deutlich geworden ist, daß der Bau nicht der Raumerschließung dient, sondern ein Monument auf einer freien Fläche ist, wäre die eindeutige Position für seine Errichtung die Mitte des Platzes gewesen; der Altarbau steht jedoch nicht zentrisch. Er ist soweit nach Norden verschoben, daß der Abstand zwischen unterster Altarstufe und Südgrenze des Platzes nahezu ein Drittel größer ist als zwischen unterster Altarstufe und Nordmauer. Da eine nachträgliche Erweiterung der Terrasse ausscheidet, könnte der größere Freiraum für kultische Aufführungen geschaffen worden sein; eher würde man solche Begehungen allerdings vor der Freitreppe oder im Osten des Altarbaues erwarten. Darum spricht vieles für die andere Erklärungsmöglichkeit, nämlich eine inhaltliche Verbindung zwischen dem Altarbau und den Bauresten innerhalb des Altarrostes (Abb. 2). Im Nordostteil des Rostes befindet sich ein apsidialer Gebäudeabschluß, dessen Seitenwände allerdings nicht mit den Außenbegrenzungen des Altarbaues fluchten, sondern — ähnlich wie die anderen älteren Baureste unter dem Niveau der Altarterrasse — etwa rechtwinklig zur voreumenischen Stadtmauer stehen [28]. Der Ostabschluß dieses früheren Baues fällt allerdings mit der Außenwand des Altarsockels zusammen. Wird seine nördliche Seitenwand, deren Erstreckung nicht bis zum Ende

---

[27] Nach R. Bohn, *Das Heiligtum der Athena Polias Nikephoros* [= *AvP* II], Berlin 1885, Taf. 12.

[28] *AvP* III 1, 83ff. und Taf. 2 links.

verfolgt ist, verlängert, träfe sie auf die Nordwest-Ecke des Altarfundamentes.

Ein weiteres Argument, das die Bezogenheit von Apsisbau und
Altarbau zu stützen vermöchte, ist im außerarchitektonischen
Bereich angesiedelt, es betrifft eine Kompositionseigentümlichkeit
des Gigantomachiefrieses. Eine genauere Analyse dieses Frieses
zeigt, daß die rechte Hälfte des Ostfrieses im Verhältnis zum
Friesganzen besonders gestaltet ist. Hier ist nicht nur in den
Streitern Zeus, Athena und Herakles die ‚natürliche Mitte' des
gesamten Vorganges [29], sondern es läßt sich auch eine Komposi-
tionsform dieses Abschnittes zwischen den nach innen gewandten
Gespannen von Hera und Ares feststellen, die zentral — auf
Porphyrion — ausgerichtet ist und die Gruppen in symmetrischen
Bezug zueinander setzt. Dieses unterscheidet sie von der Reihen-
kompositionsform des übrigen Frieses, von der engen Folge an-
tithetischer Diagonalrichtungen [30]. Offenkundig handelt es sich
beim rechten Ostfries um eine erste Konzeption, die dann eine
Planerweiterung erfuhr [31]. Würde man nun von diesem kürzeren
Fries auf einen Altarbau geringeren Ausmaßes schließen und die
Nordkante des Altares beibehalten, so läge der apsidiale Bau genau
innerhalb des so verkürzten Altares. Bei der Erweiterung des
Projektes hätte diese Friespartie dann den ursprünglich vorgesehenen Platz innebehalten — eine inhaltliche Erklärungsmöglichkeit der ungelösten Frage, warum die Hauptgruppen nicht die
Friesmitte einnehmen. — Ein schlüssiger Beweis für eine absichts-
volle Verbindung von Apsisbau und Altar ist diese Erwägung
nicht, aber sie ist ein zusätzliches Argument dafür, in einer bestimmten Richtung weiterzufragen.

Es berühren sich damit die Überlegungen mit einem Erklärungsversuch von G. Bruns. Zum Apsisbau zog sie ein weiteres Faktum
im Altarfundament heran, einen direkt anschließenden unge-
fügen Felsklotz in der NO-Ecke des Rostes und vermutete in

---

[29] Kähler 112.

[30] Dieser besonders komponierte Teil des Ostfrieses ist zudem der stilistisch früheste Abschnitt des Frieses und die Partie, in der sich insbesondere
der Einfluß parthenonischer Figurentypen und Kompositionsformen nachweisen läßt: Kähler 112f.; Stähler, *op. cit.* (Anm. 23) 150ff.

[31] Stähler, *op. cit.* (Anm. 23) 157f.

diesem Ausläufer des Felsabhanges der Athenaterrasse einen umbauten Götterfelsen [32]. Steinmalummantelung und Apsisbau ergaben in Samothrake allerdings zwei getrennte Monumente. In Pergamon ist das Mal zudem stark exzentrisch im Fundamentraster, es befindet sich unmittelbar unter der aufgehenden Außenwand des Sockelbaues, nicht in irgendeiner Form mit der späteren Opferstelle im Inneren des Hofes verbunden; eine Kulttradition läßt sich damit schwerlich begründen. Weiter ist zu bedenken, daß zwar alte Steinaltäre ummantelt und ihre Temenosgrenzen als architektonische Einfriedung ausgestaltet werden [33], sie aber auf demselben Höhenniveau liegen. Beim Altaraufbau in Pergamon kommt zur vergleichbaren Temenosbegrenzung im Hallenhof zusätzlich der Sockel, der die Opferstelle nicht nur emporhebt, sondern in der Vorstellung vom gewachsenen Boden und damit vom Mal ablöst. Für die horizontale Komponente des Altarbaues bleibt also eine Deutungsmöglichkeit am Rande, die vertikale dagegen ist ungeklärt. Damit bleibt es doch höchst fraglich, ob der Fels im Altarfundament ein „Götterfelsen" war und eine ursächliche Begründung für den späteren Altaraufbau abgegeben hat [34].

Man wird zusammenfassend sagen können, daß der Pergamonaltar eine Temenosgestaltung um die eigentliche Opferstelle darstellt, die über die gewöhnliche Höhe des Erdbodens emporgehoben ist. Die exzentrische Anlage des Ganzen in der Terrassenanlage, eine möglicherweise planvolle Überbauung des vorangegangenen Gebäudes, vielleicht eine kleinere Erstkonzeption des Baues lassen eine ursächliche Verbindung des Aufbaus mit dem Apsidenhaus im Fundament durchaus als möglich erscheinen. Argumente für eine solche Beziehung zusammenzutragen, fällt gleichwohl schwer, da die Gestalt des Apsisbaues bisher nicht vollständig bekannt,

---

[32] G. Bruns, *Umbaute Götterfelsen als kultische Zentren in Kulträumen und Altären*, JdI 75 (1960) 100ff.

[33] Lehmann-Spittle, *op. cit.* (Anm. 11) 62f.

[34] Zur positiven Bestimmung des Felsklotzes wäre eine Untersuchung nach Bearbeitungsspuren förderlich. Ist er vielleicht nur ein Teil des Felsplateaus, das nach Errichtung des Apsisbaus noch nicht eingeebnet, dann nach dem Übergreifen der Altarbebauung nur noch nördlich außerhalb des Fundamentes abgearbeitet wurde? Zu einer anderen Erklärungsmöglichkeit vgl. weiter unten.

über seine Zweckbestimmung damit nichts Konkretes ausgesagt werden kann [35]. Dennoch soll versucht werden, Deutungsmöglichkeiten des Apsisbaues aufzustellen und zu fragen, ob sich hieraus Konsequenzen für die Gestaltung des Altarbaues ergeben mochten.

Der Apsisbau im Altarfundament stammt nach seiner Mauertechnik und seiner rechtwinkligen Lage zur frühhellenistischen Mauer aus hellenistischer Zeit, hat also höchstens 100 Jahre gestanden. Bisher ist allein der östliche Teil bekannt [36], ein innen halbkreisförmig gebildeter Bauteil mit ansetzenden Längswänden, die Fensteröffnungen zeigen. Es handelt sich folglich nicht um eine freistehende Exedra etwa als Rahmenmonument für Statuengruppen oder eine Wasseranlage [37] noch um eine Exedra mit Vorhalle und vorgelegter Säulenstellung [38], sondern um einen geschlossenen Bau. Es ist ein sog. durchlaufender Apsisbau, dessen eine Seite halbkreisförmig geschlossen ist [39]; die Apsis ist damit in höherem Maße in den Bau integriert als bei einem eingezogenen Apsisbau, bei welchem das Halbrund einer Seite eines Rechteckbaues vorgelegt ist. Eine Bestimmung etwa als Gymnasiumteil, wo dieser Bautypus häufiger begegnet [40], scheidet damit aus. In der Außen-

---

[35] Bislang fehlen ausreichende Informationen über Befunde in diesem Bereich: vgl. *AvP* III 1, 12; J. Schäfer, *Hellenistische Keramik aus Pergamon* [= *PF* II], Berlin 1968, 26. 153. Eine Absichtserklärung zur Aufnahme neuer Untersuchungen bei E. Boehringer, *Pergamon*, in: *Neue Deutsche Ausgrabungen im Mittelmeergebiet und im Vorderen Orient*, Berlin 1959, 122 Nr. 10.

[36] *AvP* III 1, 83ff.

[37] S. Settis, ,*Esedra*' *e* ,*ninfeo*' *nella terminologia architettonica del mondo romano. Dall'età repubblicana alla tarda antichità*, in: *ANRW* I 4, Berlin/New York 1973, 661ff.; vgl. die tönernen Nachbildungen solcher Brunnenhausanlagen aus Lokroi: H. Fuhrmann, *Archäologische Grabungen und Funde in Italien und Libyen*, AA 1941, 131-133.

[38] H. H. Büsing, *Die griechische Halbsäule*, Wiesbaden 1970, Abb. 14; Tuchelt, *op. cit.* (Anm. 10) 103, 106.

[39] E. Overhoff, *Vorchristliche Apsidenbauten in Griechenland und Italien*, ungedr. Diss. Frankfurt 1951. Die Möglichkeit zur Einsicht in das Maschinenmanuskript verdanke ich der freundlichen Hilfsbereitschaft von J. Kleine.

[40] Delos, Agora der Italiker: Ph. Bruneau - J. Ducat, *Guide de Délos*, Paris 1965, 109f. Nr. 52 (im folgenden: Bruneau-Ducat, *Guide de Délos*); Seepalaistra: *ibid.* 122f. Nr. 67. — Als Rechteckapsis: Delos, Gymnasium: *ibid.* 127f. Nr. 76; Epidauros, Gymnasium: J. Delorme, *Gymnasion*, Paris 1960, 95ff. Taf. 10 Fig. 19; Pergamon, Oberes Gymnasium: P. Schazmann, *Das Gymnasium* [= *AvP* VI], Berlin/Leipzig 1923, 58ff.

ansicht tritt die Apsis des pergamenischen Baues verschleiert auf, da die Schmalwand außen in Form zweier gerader, in stumpfem Winkel einander treffender Mauerzüge gebildet ist. Die dabei entstehenden dicken Wandteile zwischen innerem Halbkreis und äußeren Eckkanten sind innen durch die Einfügung von halbrunden Nischen reduziert. Der Scheitelpunkt der Apsis ist im Grundriß nicht besonders gestaltet; die seitlichen Nischen, die an der Außenseite bogenförmig abgeschlossen waren, können nur eine zusätzliche Funktion gehabt haben, sei es als Nischen für Statuen [41] oder zum Deponieren von Gegenständen.

Die Außengestaltung des Baues verleitet zu der Ansicht, es handele sich bei dem Apsisbau nicht um einen neuentwickelten Bautypus, sondern um eine überkommene Form, die in der Außenansicht dem gewohnten Quaderbau mit seinen geraden Linienführungen angeglichen sei. Eine Außenwandgliederung fehlt; das Gebäude war nicht auf allseitige Ansicht angelegt, denn an der Nordseite ist eine zweite Mauer an den hier anstehenden Felsen vorgelegt. — Die Längsausdehnung des Gebäudes mit dem westlichen Abschluß müßte sich noch nachträglich feststellen lassen; nach dem Zeugnis der Fenster muß sie so ansehnlich gewesen sein, daß die Beleuchtung durch die Tür nicht ausreichte. Die schräge Führung der Fensterlaibungen diente ebenfalls einer verbesserten Raumausleuchtung [42]. Da Fenster in der Regel zu Breiträumen gehören [43], könnte der Eingang in den Bau auch in der Südwand gelegen haben [44]. Für die Westseite ist eine gerade Führung anzu-

---

[41] Nicht für Kultbilder. Waagerecht oben abgeschlossene Nischen etwa zeigt das Propylon des Athenatemenos beidseitig des Tordurchganges. Eine Rekonstruktion als Beleuchtungsanlagen, wie sie J. Schrammen erwägt, (*AvP* III 1, 85) scheint so zweifelhaft wie die Interpretation des gesamten Baues als Zisterne und der Nischen als Schöpföffnungen (Overhoff, *op. cit.* [Anm. 39] 127 Nr. 44), weil letzterer schon die Fenster widersprechen.

[42] Die Abschrägung der unteren Fensterbank ist sonst für Fenster in Untergeschossen üblich, etwa im Marktbau von Alinda: C. Schuchardt - R. Bohn, *Altertümer von Aegae*, JdI 2 Erg.-H. (1889) 29 (Hinweis W. Real). Mauerstärke und Nischen scheinen beim pergamenischen Bau eine Mehrgeschossigkeit aber wohl auszuschließen.

[43] R. Herbig, *Fenster an Tempeln und monumentalen Profanbauten*, JdI 44 (1929) 224ff.

[44] Dies vermutete auch E. Ohlemutz, *Die Kulte und Heiligtümer der Götter in Pergamon*, Würzburg 1940, 196 Anm. 13.

nehmen, da Ovalbauten in dieser Zeit ohne Belege sind. Unser Wissen um den Apsisbau ist also in der Tat höchst unvollkommen. In Anbetracht des langen Zeitraumes, der seit der ersten Aufdeckung des Altarfundamentes vergangen ist, ohne daß bisher Nachgrabungen eine abschließende Klärung der Situation gebracht haben, scheint es gleichwohl weder voreilig noch müßig, vorab verschiedene Zweckbestimmungen des Apsisbaues zu durchdenken und auf den Altarbau rückzuschließen. Ohne weitere Grabungen läßt sich das Problem nicht lösen, vielleicht aber doch einkreisen.

Drei Bedeutungsbereiche bieten sich für den Apsisbau an: Profanbau, Tempel, Grab.

Bauten mit gekurvten Außenwänden, Apsiden- und Ovalbauten [45], sind alte Hausformen, die seit dem Ausgang der geometrischen Epoche zu Wohnzwecken kaum mehr verwandt werden [46]. Das Ovalhaus schwindet ganz, das Apsishaus ist als Versammlungsgebäude allerdings noch in archaischer und klassischer Zeit belegt [47].

Nachzuleben scheint es noch in den klassischen Androngebäuden von Labraunda, die an der einen Schmalwand eine kleinere rechteckige Erweiterung zeigen; diese Art rechteckiger Apsis ist beim kaiserzeitlichen Bau abgelegt [48]. Hellenistische Buleuterien dann besitzen nurmehr rechteckig gestaltete Grundrisse. Der rechteckige Anbau am Buleuterion von Priene [49], nur in der Zone der Orthostaten ausgebildet, ist aber wohl eine Reminiszenz an einen alten apsidialen Buleuteriontyp ebenso wie die im frühen 2. Jh. v.

---

[45] Zusammenstellungen von Apsisbauten: C. Weickert, *Typen der archaischen Architektur in Griechenland und Kleinasien*, Augsburg 1929, 7ff. 18ff. 8off. 125f.; E. Dyggve, *Das Laphrion*, Kopenhagen 1948, 247f. Anm. 2; Overhoff, *op. cit.* (Anm. 39); Ph. W. Lehmann, *The Hieron* I [= *Samothrace* III 1], Princeton 1969, 154ff.; E. Langlotz, *Der architekturgeschichtliche Ursprung der christlichen Basilika*, Rhein.-Westf. Akad. Wiss. Vorträge G 172 (1972) 38ff.

[46] H. Drerup, *Griechische Baukunst in geometrischer Zeit* [= Archeologia Homerica II Kap. O], Göttingen 1969, 25ff. 92f.; im nichtgriechischen Bereich Kleinasiens leben Ovalhäuser weiter: W. Radt, *Siedlungen und Bauten auf der Halbinsel von Halikarnassos*, IstMitt. Beih. 3 (1970) 200ff.

[47] A. Mallwitz, *Olympia und seine Bauten*, München 1972, 235ff.

[48] A. Westholm, *The Architecture of the Hieron* [= *Labraunda* I 2], Lund 1963, 107f.; 110.

[49] Tuchelt, *op. cit.* (Anm. 10) 104 Abb. 3.

Chr. an einen Bau des 3. Jh., das Ekklesiasterion auf Delos, angebaute halbrunde Nische [50]. Wesentlicher, gestaltender Bestandteil des Bautyps sind beide Nischen nicht mehr [51]. — Nur Varianten
der Exedra sind die apsidialen Ansätze an den Enden der großen
Stoa in Kalydon (3./2. Jh. v. Chr.), die innen rund, außen rechteckig
angelegt sind [52], sowie in Apollonia [53], eine Bauidee, die in der
Kaiserzeit insbesondere begegnet, wenn ein Platz für die Aufstellung von Herrscherbildern gesucht wird. Fraglich ist die hellenistische Entstehung einer Gruppe von Apsidenbauten bei
Thermon, auch ihre Zweckbestimmung ist ungeklärt [54].

Eine profane Verwendung des pergamenischen Apsidenbaues [55]
hat damit wenig Wahrscheinlichkeit. Das südlich des Altarfundamentes aufgedeckte Rechteckhaus belegt zudem die gewöhnliche Hausform dieser Zeit. Die Wiederbelebung eines alten Bautyps
ist eigentlich auch nur als Dokumentation einer geistigen, insbesondere religiösen Tradition verständlich.

Unterstellt man dennoch eine profane Zweckbestimmung, so
würde die Anlage des Altares die Negation des voraufgegangenen
Baues bedeuten: Um den profanen Charakter dieses Geländes
auszuschließen, wird das Altartemenos auf einen hohen Sockel
gestellt, d.h. vom Boden abgelöst. Daß dieser Sockel allerdings
so hoch wurde, seinen geschilderten Eigenwert im architektonischen
Gesamtgefüge erhielt, läßt sich hieraus nicht verständlich machen.
Die praktischere Lösung unter diesen Voraussetzungen wäre es
gewesen, die älteren Baureste bis zum gewachsenen Boden abzu-
tragen. Haben Apsis- und Altarbau nichts miteinander zu tun, so

---

[50] Bruneau-Ducat, *Guide de Délos*, 101f. Nr. 47.
[51] Der Versammlungsraum mit Rundapsis läßt sich bis in die Kaiserzeit
verfolgen, so im Senatshaus an der Südstoa in Korinth und den Amtsge-
bäuden an der Südseite des Forums in Pompeji. Das Interesse an der Rundapsis erwacht im italischen Raum zu sullanischer Zeit. Begünstigt wird es
technisch durch das Zurücktreten des Quaderbaus zugunsten des Gußmauer-
werkes.
[52] Dyggve, *op. cit.* (Anm. 45) 281ff.
[53] BCH 59 (1935) 268f. (L. Rey).
[54] G. Karo, *Archäologische Funde vom Mai 1932 bis Juli 1933. Griechenland und Dodekanes*, AA 1933, 234.
[55] Daran dachte G. Leroux, *Les origines de l'édifice hypostyle*, Paris 1913,
208f.

bleiben auch die Verrückung des Altares aus der Terrassenmitte wie die Komposition des Ostfrieses unerklärt.

Gerade die Beobachtung der exzentrischen Lage des Altares läßt sich zwangloser mit der Vermutung in Einklang bringen, daß das Apsishaus nicht soweit als nötig beseitigt, sondern soweit als möglich erhalten bleiben sollte. Dann liegt es nahe, die Kontinuität beider Bauwerke in der kultischen Funktion zu suchen. Das Apsisgebäude als Haus der Gottheit hat eine Tradition, die bis in die geometrische Zeit zurückreicht [56] und in archaischer Zeit ebenfalls reich belegt ist [57], in klassischer Zeit aber höchst selten wird [58]. Renovierungen älterer Apsisbauten lassen sich auch in spätklassisch-frühhellenistischer Zeit nachweisen [59]; auch der große Apsisbau, das Hieron, in Samothrake ist ein Neubau in traditionsgebundenem Typ. Schon sein spätklassischer Grundriß zeigt als Neuerung die Einbeziehung der Apsis in einen Rechteckbau, wie sie annähernd auch in Pergamon vorliegt, sowie beim Zeustempel von Lebadeia anzunehmen ist [60]. Ob auch das pergamenische Apsisgebäude Glied einer weit zurückreichenden Bautradition ist, wurde bei den Ausgrabungen nicht nachgeprüft. Verbindungen zwischen ihm und dem Hieron von Samothrake sind gleichwohl

---

[56] Drerup, *op. cit.* (Anm. 46) 26.28.29.

[57] Beispiele in: Aigina; Arne; Athen, Agora und Akropolis (2); Delos; Delphi; Eleusis; Emporio; Eretria; Kalydon; Korinth; Larisa am Hermos; Milet; Ptoon; Samothrake; Theben; Thermos; Thespiai. Nicht alle Bauten sind eindeutig als Kultbauten erwiesen.

[58] 5. Jh.: Emporio: J. Boardman, *Excavations in Chios 1952-55*, London 1967, 68ff.; Delos: Bruneau-Ducat, *Guide de Délos* 96. Beresan: A. Waşowicz, *Olbia Pontique et son Territoire*, Paris 1975, 214 Abb. 61. 4. Jh.: Kolophon: K. Lehmann, *Samothrace: Fourth Preliminary Report*, Hesperia 20 (1951) 23 Anm. 80; vielleicht Paros: RE XVIII (1949) 1864 s.v. *Paros* (Rubensohn). — Klassische Reparatur eines Apsisbaues: Lehmann, *op. cit.* (Anm. 45) 36. Als Reflexe älterer Apsisbauten sind wohl die halbkreisförmigen Kultbildbasen des Tempels der Athener in Delos und in Nymphaia auf der Krim zu verstehen (Lehmann 156f. Anm. 7).

[59] Gonnoi: Weickert, *op. cit.* (Anm. 45) 18f.

[60] Lehmann, *op. cit.* (Anm. 45) 37ff.; G. Roux, *Le devis de Livadie et le temple de Zeus Basileus*, MusHelv. 17 (1960) 175ff. — Dieselbe Apsislösung zeigt der Apollontempel von Frangissa auf Zypern — ein archaischer Bau oder ein Wiederaufbau späterer Zeit? E. Gjerstad, *The Cypro-Geometric, Cypro-Archaic and Cypro-Classical Periods* [= SCE IV 2], Stockholm 1948, 9. 18 Fig. 1, 4. Eine Spätdatierung vermutete auch G. Leroux, *op. cit.* (Anm. 55) 208.

schon gezogen worden [61]. Daß diese Ähnlichkeiten nicht die Benennung des pergamenischen Baues als Kabirion bedingen, hat schon Ohlemutz betont [62]; die Lage des pergamenischen Kabirenheiligtums ist zudem ungewiß [63]. Der Zeustempel in Lebadeia, beschlossen vom Boiotischen Bund und gestiftet von Antiochos IV. Epiphanes (bald nach 175 v. Chr.), ist von einem Herrscher dem Zeus geweiht, eine Bestimmung, die in ähnlicher Weise dann für das pergamenische Altarprojekt angenommen wird. Er ist jedoch als Peripteraltempel konzipiert, während dem pergamenischen Apsisgebäude gerade alles Tempelartige, nämlich eine Gestaltung der Außenansicht, der Verzicht auf Fenster wie eine Heraushebung der Position des Kultbildes abgeht, ihm insbesondere der repräsentative Charakter fehlt. Eher wird man aus der so verschiedenen Art der beiden Apsisbauten auf eine unterschiedliche Zweckbestimmung beider schließen dürfen.

Die Verwendungsmöglichkeit des Apsisgebäudes nicht zu eng zu fassen, lehren schon der Versammlungsraum in Samothrake und das Kultbildhaus in Lebadeia. Bedenkt man zudem die reiche Folge der Inhaber archaischer Apsidentempel, so scheint auch für die Spätzeit zu gelten, daß eine Einschränkung der Apsidenbauten auf den Kult chthonischer oder nichtolympischer Gottheiten zu eng ist [64]. So bleibt als Ergebnis, daß der altertümliche Bautypus des pergamenischen Apsidenhauses eigentlich nur im Verwendungsbereich des Kultisch-Religiösen verständlich war, daß aber keine bestimmte kultische Funktion, keine hier verehrte Gottheit aufgezeigt werden kann. Es drängt sich damit die Frage auf, ob dieses Bauwerk wirklich ein Götterheiligtum gewesen sein kann. Die Richtung der Apsis nach Osten, zugleich gegen die natürliche Zugangsrichtung des Geländes, deutet nicht unbe-

---

[61] A. B. Cook, *Zeus*, Cambridge 1914, I 120; II (1925) 953f. Anm. 3; Bruns, *op. cit.* (Anm. 32) 101ff.

[62] Ohlemutz, *op. cit.* (Anm. 44) 196f. Anm. 13.

[63] Altarfund auf der Akropolis: Ohlemutz, *op. cit.* (Anm. 44) 194 — außerhalb der Stadt in der Nähe des Nikephorion: E. Boehringer - F. Kraus, *Das Temenos für den Herrscherkult* [= AvP IX], Berlin 1937, 84 (im folgenden: *AvP* IX).

[64] So Overhoff, *op. cit.* (Anm. 39) bzw. Langlotz, *op. cit.* (Anm. 45) 38; allgemeiner Dyggve, *op. cit.* (Anm. 45) 331ff.

dingt darauf hin. Dann spricht gerade auch der Vergleich mit dem
Hieron von Samothrake gegen ein Götterheiligtum in Pergamon,
denn dort wird bei der Umgestaltung des 2. Jh. v. Chr. der alte
Bautypus unverändert beibehalten und erfährt nur durch die
Neugestaltung der Eingangsseite eine Anpassung an den Geschmack
der Zeit [65]. In Pergamon aber wäre an die Stelle eines Hauses ein
hausloses Temenos getreten, eine auf den Innenraum zielende
Gestaltung wäre abgelöst durch eine denkmalartig auch nach
außen wirkende Anlage; der Zusammenhang zwischen der alten
Kultstelle und dem neugeschaffenen Kultplatz wäre zudem durch
den hohen Sockel des Altarbezirkes zerschnitten. Dies hätte nicht
die Erneuerung eines Kultes, sondern geradezu den Bruch mit
der Tradition bedeutet [66] — Apsishaus und Altar können nicht
Verehrungsstätten derselben Gottheit gewesen sein. Die Altararchitektur selbst erführe hinsichtlich der topographischen Situation und ihres Aufbaus keine Erklärung.

Hatte schließlich der Apsisbau unter dem Altar einen Grab-
charakter? Wohl nicht von ungefähr hat E. Boehringer diesen
Gedanken bereits einmal anklingen lassen [67]. Er fand damit bei
E. Ohlemutz keinen Widerspruch, wohl aber hinsichtlich der
Folgerungen, die sich ihm daraus für den Altarbau ergaben [68].
Einen konventionellen Grabtyp stellt dieses Apsisgebäude in der
Tat nicht dar. Seine altertümliche Hausform wäre zumal einem
Jüngstverstorbenen sicher nicht angemessen gewesen, sondern
nur einem längerverstorbenen Toten, dessen Wirkungsmacht
gleichwohl ungebrochen erfahren wurde — als Kenotaphion, als
Kultstätte eines mit der Frühzeit Pergamons verbundenen Heroen
wäre die Apsisform, aus dem Bedürfnis nach Abgeschlossenheit
des Heroenkultes wären das Gebäude sowie aus dem Kult an Ort
und Stelle die Betretbarkeit, die Fensteranlage und die seitlichen
Nischen, auch für hellenistische Zeit verständlich [69].

---

[65] Lehmann, *op. cit.* (Anm. 45) 93ff.
[66] Wie sie in dem kurzen Zeitraum zwischen der Errichtung von Apsishaus
und Altarbau eigentlich nur infolge gravierender politischer und sozialer
Umschichtungen denkbar gewesen wäre.
[67] *AvP* IX 3f. Anm. 4.
[68] Ohlemutz, *op. cit.* (Anm. 44) 197 Anm. 13.
[69] vgl. RE VIII (1912) 1123 s.v. *Heros* (Eitrem).

Einen apsidialen Abschluß zeigt ein als Heroon bezeichneter Bau mit prostyler Säulenstellung in Termessos [70], der allerdings erst der 1. Hälfte des 2. Jh. n. Chr. angehören mag. In ihm scheint jedoch etwas zu einem klaren Steinhaus ausgereift, was in der Ausgestaltung gekurvter, höhlenartiger Innenräume wurzelt. Das spätklassische Endymionheiligtum — die richtige Identifizierung vorausgesetzt —, das sich in Herakleia am Latmos befindet [71], ist ein solches aus einer halbrunden Grotte entwickeltes Grab-Heiligtum, in welchem laut Strabo (XIV 636) das Grab des Endymion gezeigt wurde [72]. Das möglicherweise dem Herakles geweihte hellenistische Höhlenheiligtum in Delos steht wohl in derselben Tradition eines Heroenheiligtums, die dann in Pergamon bereits eindeutig das Haus, nicht mehr die Höhle meint [73]. Daß die apsidiale Form sehr alte Grabkultbezüge evoziert, lehrt ebenfalls in Delos eine Umfassung dieser Art für ein altes Grab [74].

In dieser Traditionsgebundenheit beruht es wohl auch, daß die apsidiale Form für Privatgräber der Zeit so ungewöhnlich ist. Unter der Vielzahl der Gräber in Kyrene begegnet nur ein Vertreter dieses Typs [75], und eine Angleichung liegt vielleicht auch bei der mittleren Grabkammer unter dem Heroon bei der Kirche Evangeliasmos auf Thera vor [76]. Würde die Umschau auf die verwandten anderen gekurvten Grundrißtypen ausgedehnt, so würde sich die Belegzahl erheblich vermehren lassen [77].

---

[70] R. Heberdey - W. Wilberg, *Grabbauten von Termessos in Pisidien,* ÖJh. 3 (1900) 205ff.

[71] G. E. Bean, *Aegean Turkey,* London 1966, 256f.

[72] Bruneau-Ducat, *Guide de Délos* 148 Nr. 104. Möglicherweise klingt auch beim pergamenischen Apsisgebäude der alte Ovaltypus karischer Grabanlagen an: P. Hommel in: G. Kleiner u.a., *Panionien und Melie,* JdI 23. Erg.-H., 1967, 167f.

[73] Zum Grab als Haus des Toten: J. Wiesner, *Grab und Jenseits. Untersuchungen im Ägäischen Raum zur Bronzezeit und frühen Eisenzeit,* RGVV 26 (1938) 314ff.

[74] Bruneau-Ducat, *Guide de Délos* 94 Nr. 32.

[75] J. Cassels, *The Cemeteries of Cyrene,* BSR 23 (1955) 14.

[76] H. Dragendorff, *Theräische Gräber* [= *Thera* II], Berlin 1903, 240ff.

[77] Häufig begegnet bei hellenistischen Heroa eine gekurvte Linienführung in der Decke, als Überwölbung; in Pergamon ist sie für kleinere Gräber ebenfalls belegt: *AvP* I 2, 234f.; R. Horn - E. Boehringer, *Die Ausgrabungen zu Pergamon im Jahre 1965,* AA 1966, 477ff. Da eine Überwölbung der Grabkammer etwa auch bei den makedonischen Gräbern begegnet, die eindeutig Grabhäuser sind, andererseits der profanen Hausarchitektur

Wie bei den Profan- und Kultbauten zeigt sich wiederum, daß die rechteckige Grundrißgestaltung dominiert und die Apsis sich vielfach in Form eines vorgeschobenen rechteckigen Baukörpers anpassen muß. Ihre proportional geringere Größe verdeutlicht überdies die nicht mehr tragende, sondern zusätzliche Rolle dieses Baugedankens. Eine rechteckige Apsis besitzt der Grabtempel von Gerga in Karien [78]; Rechtecknischen zeigen an der Stirn des Grabraumes zwei späthellenistische Anlagen in Budrasc bei Kyrene, deren zweite laut Inschrift ein Heroon war [79]. Ein gleicher Typ liegt in erweiterter Form im Heroon von Kalydon vor [80], als älterer Vertreter gilt das Herrscherkulttemenos in Pergamon. Diesem Temenos fehlt ein Grab unter dem Kultraum [81], er ist eine eingeschossige Anlage wie etwa die Gräber bei Kyrene. Es hat daher den Anschein, als sei die vertikale Zuordnung von Grab und Kultstätte erst allmählich in diesen Heroontyp aufgenommen. Im südwestkleinasiatischen Bereich selbst war diese Verbindung durch das Nereidenmonument, die Mausoleen von Limyra und Halikarnass oder das Charmyleion auf Kos bereits vorgeprägt [82].

Ob das pergamenische Apsisgebäude unter seinem Bodenhorizont schon eine eigene Anlage bewahrte, ist unbekannt. Jedenfalls bleibt ihm in diesem Umfeld der eigene Charakter. Welchen eindeutigen Rückgriff die Rundapsidenlösung, der durchlaufende Apsisbau in dieser Zeit darstellen, ist immer deutlicher geworden. Dieser Verweis auf die Frühzeit, damit auf die Zeit der Lokalheroen mag sogar zu Spekulationen anreizen, ob unter der Apsis sich ein Naturmal befindet, das in Verbindung steht mit dem Felsklotz un-

---

nicht entspricht, ist sie Träger einer Aussage, die sich wohl aus derselben Wurzel herleitet wie die Kurvung der Seitenmauern.

[78] A. Laumonier, *Archéologie Carienne*, BCH 60 (1936) 293ff.

[79] S. Ferri, *Il Santuario di Budrasc*, NotArch. 3 (1922) 95ff.

[80] E. Dyggve - F. Poulsen - K. Rhomaios. *Das Heroon von Kalydon*, Kopenhagen 1934, 121f.: weitere mit Zusatzbauten versehene Heroa. Kulträume in Gymnasien entstehen aus der Exedraform allein, bilden nicht ein architektonisches Gefüge von Exedra und Hauptraum, sie dürfen daher mit einem Heroon wie in Kalydon nicht auf eine Stufe gestellt werden. So J. Delorme, *Recherches au gymnase d'Épidaure*, BCH 70 (1946) 108ff.

[81] Möglicherweise existierte eine Opfergrube: *AvP* IX 55.

[82] Die Bettung der verstorbenen Grabinhaber — ob im Tempel oder im Sockel — ist für die lykischen Monumente bisher nicht endgültig geklärt; für die griechischen Bauten bis hin zu den Mausoleen von Belevi und Mylasa erfolgte sie im Sockel.

mittelbar neben dem Gebäude. Der Boden innerhalb der Apsis sollte jedenfalls gründlich untersucht werden [83].

Trifft die Bestimmung als Heroon zu, so ist dies nicht Ungewöhnliches, sind doch Grabanlagen Heroisierter innerhalb griechischer Städte häufig [84]. Auch in Pergamon sind sie vorhanden gewesen, Pergamos und Andromache hatten Bauten, von Auge zeigte man das Grab, Telephos erfuhr Heroenkult, Philetairos und Mithradates wurden als Gründungsheroen verehrt [85]. Diese ansehnliche Zahl erklärt sich vielleicht aus dem Streben eines jungen Reichszentrums nach historischer Legitimation, wobei schwerlich an Alexander und seine Nachfolger, dafür aber an die ältere griechische Geschichte angeknüpft werden konnte.

[83] Die Behauptung, daß die kaiserzeitlichen Apsidentempel vorwiegend nicht für die großen Nationalgötter, sondern für intime und familiäre Kulte wie Personenkult bestimmt waren (A. van Buren, *L'Abside nel tempio romano*, Atti 4. CStR 2 [1938] 134ff.), erlaubt vielleicht einen Rückschluß auf einen ähnlich weniger offiziellen Charakter dieser Bauform in der vorangegangenen Zeit; die Interpretation des Apsisgebäudes als eines Heroon wäre hierdurch bestärkt. Vgl. auch den neugefundenen kaiserzeitlichen Apsisraum in Pergamon, für den ein Repräsentationscharakter erschlossen wurde: W. Radt, *Pergamon. Vorbericht Herbstkampagne 1974*, AA 1975, 360ff.

[84] Das Grab schützt die Stadt: Oid. Kol. v. 1524f.; Polyb. 8, 30. — F. Pfister, *Der Reliquienkult im Altertum* II [= RGVV 5, 2], Gießen 1912, 445ff. Allgemeine Übersicht *op. cit.* 627ff. L. Cerfaux - J. Tondriau, *Le culte des souverains dans la civilisation gréco-romaine*, Tournai 1957, 457ff. (nach Erscheinungsformen und Leistungen der Heroen und Heroisierten aufgeschlüsselt). — Zu Heroonbauten jüngst: H. A. Thompson - R. E. Wycherley, *The Agora of Athens* [= *The Athenian Agora* 14], Princeton 1972, 119ff. — Zum Problem einer Verbindung zur christlichen Märtyrerverehrung: Th. Klauser, *Gesammelte Arbeiten zur Liturgiegeschichte, Kirchengeschichte und christlichen Archäologie*, JbAChr. Erg.-Bd. 3 (1974) 275ff. und 221ff., mit Nachsätzen versehene Wiederabdrucke der Einzelschriften *Vom Heroon zur Märtyrerbasilika*, Bonn 1942, und *Christlicher Märtyrerkult, heidnischer Heroenkult und spätjüdische Heiligenverehrung. Neue Einsichten und Probleme*, Köln 1960.

[85] M. Fränkel u.a., *Die Inschriften von Pergamon* II [= *IvP* II], Berlin 1890, 219f. Nr. 289 und Paus. 1, 11, 2; 8, 4, 9; 5, 13, 3; H. Hepding, *Mithradates von Pergamon*, AM 34 (1909) 329ff. Die auch auf Paus. 3, 26, 9 fußende Behauptung, der Telephoskult sei im Asklepieion zu lokalisieren (Ch. Bauchhenss-Thüriedl, *Der Mythos von Telephos in der antiken Bildkunst*, Würzburg 1971, 69f.), beruht auf einer irrigen Interpretation der Pausaniasstellen. Beachtenswert sind in diesem Zusammenhange auch die Berichte über den Tempel bzw. den Grabbau für die verstorbenen Königinnen Apollonis und Stratonike (Anth. Graec., ed. H. Beckby [1957] 197ff. bzw. Justin. 36, 4, 1ff.)

Wird die Deutung des Apsisbaues als gegeben hingenommen, wie fügt sich dann der Altarbau ein? Seine architektonische Gestalt erfährt eine schlüssige Erklärung, deren thesenhafter Charakter gleichwohl berücksichtigt bleiben muß. Es ist das Charakteristikum des Heroenkultes im Gegensatz zum Götterkult, daß er ortsgebunden, an die Stelle des Grabes oder Grabersatzes gekoppelt ist. Eine solche Kultstelle kann durch eine Überbauung, falls sie nicht in zu weiten Zeitabstand erfolgt, nicht aufgehoben, sondern nur neuen Erfordernissen angepaßt werden. Die kurze Dauer, in welcher das Apsisgebäude bestand, erweist, daß eine Kulteinrichtung hier noch nicht aussterben konnte; es muß der Altar folglich ebenfalls dem Heroenkult gedient haben. In dem Übereinander von altem Bau und Opferstelle sind die Kultbedingungen exakt erfüllt; darum ähnelt die Konzeption im Prinzip den Heroa auf Thera und in Kalydon [86]. Aus dieser Sicht läßt sich auch die Verschiebung des Altarfundamentes aus der Terrassenmitte nach Norden ebenso einfach erklären wie die Einbindung des Apsidenhauses in einen möglicherweise kleineren Altargrundriß, wie ihn als erste Planungsphase die Komposition der rechten Ostfrieshälfte des Gigantomachiefrieses nahelegte.

Unter dem Gesichtspunkt der Heroenverehrungsstätte kann sich auch das Verständnis für den Aufriß des Altarbaues öffnen — er hat nicht nur zufällig formale Bezüge zum Maussolleion von Halikarnaß, er ist vielmehr das Ergebnis unmittelbarer Auseinandersetzung mit dem berühmtesten aller Heroa. Vom Maussolleion leitet sich zunächst die platzbeherrschende Lage und die denkmalartige Wirkung des Altarmonumentes her. Von der Dreistufigkeit des Maussolleionaufrisses, von Sockel, tempelartiger Verehrungsstätte und Stufenpyramide, zeigt der Pergamonaltar sodann die beiden unteren; da die Verehrungsstätte abweichend als offener Hof gestaltet ist, entfällt die Pyramidenbedeckung. Die Höhen beider Zonen haben sich in Pergamon einander mehr angenähert, sie entsprechen dem gleichmäßigeren, schnelleren Rhythmus des Hellenismus. Gleiches gilt auch für die Gliederung der Sockelzone, die Bestandteile von Quadermauer und plastischem

---

[86] Ein weiteres Monument dieser zweigeschoßigen Art auf Thera: Dragendorff, *op. cit.* (Anm. 76) 251f.

Fries aber sind vorgegeben. Warum der Sockel selbständiger
Bestandteil des Ganzen geblieben ist und daher auch in seinem
Quaderteil sichtbar sein mußte, erklärt sich jetzt aus seiner Funktion, der Ummantelung der Grabkammer dort und des alten Heroon
hier. Der Fries ist ein Schmuckband, das um diese Architektur
gelegt ist, und zugleich ein Hinweis auf den Rang des Umbauten.
Auf diesem Sockelgeschoß steht beim Maussolleion die tempelartige, von Säulengängen umgebene Kultstätte; die vorgelagerte
Säulenhalle in Pergamon gleicht sich an dieses Erscheinungsbild
an. Die Analogie umgreift noch den oberen flachen Abschluß der
Säulenreihen mit ihrer Reihe an Skulpturen, Löwen in Halikarnaß
wie vielleicht in Pergamon, hier zusätzlich so alte Bildmotive wie
Sphingen, dann Pferde, die auf den Herooncharakter der Architektur verweisen.

Die Opferstelle selbst ist in Pergamon kein Haus, sondern ein
umschlossenes Temenos. Einen Bruch mit den Kultvorstellungen,
die an das Apsishaus geknüpft waren, muß dies nicht bedeuten,
denn einmal war durch die vertikale Anordnung nur unmittelbar
aufeinander bezogen, was zuvor in einem horizontalen Nebeneinander bestand; zudem ist der abgegrenzte, ummauerte Bezirk eine
andere Form des Heroon, und zwar die älteste [87].

An den Begrenzungswänden dieses Heroontyps, und zwar am
Eingang oder auf den Innenseiten konnten Darstellungen den
Heros in seinen Taten zeigen [88]. Waren diese Darstellungen gemalt,
so war die Mauer zur Halle auszugestalten; vieles spricht dafür,
sich das kimonische Theseion in einer solchen Form vorzustellen [89].
In Pergamon ist es die Darstellung der Geschicke des Telephos,
welche die Opferstelle in der Hofmitte umgibt; sie legt es nahe, den
Altarbau mitsamt seinem Vorhängerbau als Heroon und Kultstätte des Telephos zu deuten.

Eine solche Deutung löst zugleich die Schwierigkeit, welche die
bisherige Interpretation auf einen Götteraltar mit sich brachte,

---

[87] Pfister, *op. cit.* (Anm. 84) 412ff.; Dyggve-Poulsen-Rhomaios, *op. cit.*
(Anm. 80) 119.
[88] Aiakostemenos in Aigina laut Paus. 2, 29, 8; F. Eichler, *Die Reliefs
des Heroon von Gjölbaschi-Trysa*, Wien 1950, 8. 36ff.
[89] Paus. 1, 17, 2-6; Thompson-Wycherley, *op. cit.* (Anm. 84) 124ff.

daß nämlich das religiös gewichtigere Thema der Gigantomachie nur am Sockel, das scheinbar zufällige Heroenthema aber rings um die Opferstelle angebracht war. Es bietet sich überdies die Möglichkeit, die große Verschiedenheit beider Friese nicht nur zu beschreiben [90], sondern auch aus ihrer jeweiligen Position im Architekturzusammenhang zu verstehen. Der Große Fries steht nach seinem Thema, im Wesentlichen nach seiner Kompositionsform und nach den motivischen Vorbildern insbesondere der frühen Friespartien in enger Verbindung zu klassischen Werken, und zwar aus dem Phidiasumkreis. Jetzt ist deutlich, daß diese Rückwendung zur Klassik insgesamt nicht allein steht, sondern den Träger des Frieses, den Sockelbau mitbetrifft. Man wird folgern dürfen, das Wiedereinsetzen des Reliefs nach dem langen Fehlen dieser Gattung im Früh- und Hochhellenismus sei dadurch angeregt und gefördert worden, daß der Relieffries eben den integrierten Bestandteil des zum Vorbild dienenden klassischen Maussolleionbaues bildete. Die Themen- und Typenwahl am Fries aber werden durch das Maussolleion nicht erklärt, sie weisen auf Athen zurück.

Der Telephosfries dagegen ist von der Themagestaltung und der Kompositionsform her — Überblick über eine Zeitspanne, additive Kontinuität — ohne grundlegende Vorbilder klassischer Zeit, er ist von hellenistischer Eigenart. Bezeichnenderweise begegnet er in dem Teil der Architektur, der vom Maussolleion-Vorbild abweicht, im eingefriedeten Heroentemenos.

Völlig zufällig taucht dieses Heroentemenos in solch' altertümlicher, wenngleich monumentaler Form wohl nicht wieder auf. Die beobachtete Tendenz zur vertikalen Anordnung von Grab und Kultort war allein wohl nicht ausschlaggebend. Hinter dieser starken Akzentuierung eines Kultes und der Vergegenwärtigung einer alten Mythengestalt steht wohl auch ein Akt bewußter Aussage. Nachdem sich im Gigantomachiefries deutliche Bezüge zur Kunst des Parthenon aufzeigen ließen, liegt es nahe, zunächst den für ein hellenistisches Großprojekt ungewöhnlichen kultisch-religiösen Charakter des Altarmonumentes als Analogie zur perikleischen Gestaltung des Burgheiligtumes aufzufassen, dann

---

[90] Stähler, *op. cit.* (Anm. 23) 161ff.

auch den Bogen zurückzuschlagen vom Telephostemenos zum Theseustemenos in Athen: Wie Theseus so Telephos. Eine weitere Gleichung liegt nahe: Wie Kimon so Eumenes, Ausschließlich kultische Gründe sind es wohl nicht, welche den Altarbau in dieser monumentalen, vielleicht über die kultisch erforderliche Ausdehnung hinaus erweiterten Größe hervorbrachten. In der Gestalt des Stadtheros kristallisierte sich stets das Selbstverständnis eines Gemeinwesens und seiner Lenker aus. In besonderem Maße gilt, daß diese Schilderung des Telephoslebens das Geschick des einzelnen Betrachters einzuordnen verhilft, daß Lebensabschnitte des einzelnen wie einer Gemeinschaft im Bezug auf das Telephosleben wie in einem größeren Rahmen gesehen werden, daß Telephos die Parallele und der Spiegel der eigenen Zeit und des Selbstverständnisses ist. Dann kann der Kult des Telephos nicht Selbstzweck gewesen sein, er muß alle Pergamener, die Telephidai, angegangen, muß insbesondere den Herrscherkult der Attaliden miteinbegriffen haben.

Auch dies ist ja im Altarbau unmittelbar angelegt: Die monumentale, auf Außenwirkung zielende Gestaltung folgert ja nicht aus dem Heroenkult, der gerade Abgeschlossenheit erfordert und sich im Temenosbesuch wie Opfer äußert. Stufenkranz und äußere Säulenhalle erweisen die Ambivalenz des Baues, der auch die außerhalb Bleibenden beeindrucken will. Dieser doppelte Charakter, die Verbindung von Grab und Heroenkultstätte mit einem Denkmal dynastischer Repräsentation war schon im Maussolleion angelegt, ist an seine bauliche Erscheinungsform gebunden. Die Anlehnung in der Form erfolgt, weildieser Doppelcharakter auch in Pergamon zum Ausdruck gebracht werden sollte.

Erst die verstorbenen Herrscher erhielten in Pergamon eindeutig göttliche Ehren [91]; die Angliederung der Herrscherfamilie an den Heroenkult des Telephos jedoch — Heraklesabkömmling wie die Attaliden selbst (Nikandros von Kolophon Fr. 104) — mochte

---

[91] M. P. Nilsson, *Geschichte der griechischen Religion* II [= HAW 5, 2. 2], München 1967³, 171ff.; *AvP* IX 85ff.; F. Taeger, *Charisma. Studien zur Geschichte des antiken Herrscherkultes*, Stuttgart 1957, 338ff.; Cerfaux-Tondriau, *op. cit.* (Anm. 84) 247ff.; E. V. Hansen, *The Attalids of Pergamon*, London 1971², 453ff.

schon für die Lebenden des Hauses als ein erster Schritt zu einer späteren Vergöttlichung gelten. Eine solche Kultverbindung des Telephos mit einem noch lebenden Attaliden ist für hellenistische Zeit nicht abwegig, denn der Kult der Heroen, seinem ursprünglichen Charakter zufolge ein Totenkult, hat jetzt von seiner Eigenheit eingebüßt und ist auf den Kult Lebender übertragbar. Zum anderen wird in der hellenistischen Opferpraxis eine scharfe Trennungslinie zwischen Gott und Heros nicht mehr beachtet, so daß auch eine eindeutig göttliche Verehrung eines Attalidenvorfahren durch die Verbindung mit einem Heroenkult nicht ausgeschlossen werden konnte [92]. Vielleicht kam eine solche Herrscher- und Heroenkultstätte der Vorstellungswelt der Bewohner alten griechischen Bodens noch besonders entgegen. — Die andere erschlossene Herrscherkultstätte in Pergamon mag dadurch vielleicht herabgestuft, kaum aufgehoben worden sein [93].

Es wäre wünschenswert gewesen, wenn diese Interpretation durch die Bauinschrift zweifelsohne vorgegeben gewesen wäre. Die überkommenen geringen Reste der Weihinschrift scheinen sie gleichwohl nicht auszuschließen. [Βασιλεὺς Εὐμένης βασιλέως Ἀττάλου καὶ βα]σι[λ]ίσσ[ης Ἀπολλωνίδος ἐπὶ τοῖς γεγενημένοι]ς ἀγαθ[οῖς Διὶ καὶ Ἀθηνᾶι Νικηφόρωι] lautet die Ergänzung der Aus-

---

[92] Ch. Habicht, *Gottmenschentum und griechische Städte* [= Zetemata 14], München 1956, 200ff.

[93] *AvP* IX. Zweifel an der Schlüssigkeit dieser Identifizierung: Nilsson, *op. cit.* (Anm. 91) 171 Anm. 2.

W. Fuchs macht mündlich den Vorbehalt, daß eine zusätzliche Interpretation des Altarbaues als Herrscherkultstätte überzeugender wäre, wenn späterhin auch der Kult der römischen Herrscher hier angesiedelt worden wäre. In der Tat liegt hier ein Problem, das sich ähnlich bereits bei Boehringers Deutung seines Grabungsbefundes als Temenos für den Herrscherkult stellte (*AvP* IX 93). Andererseits liegt ein längerer Zeitraum zwischen dem Erlöschen der Attalidendynastie und dem Beginn des Prinzipates; ein Teil der Kultfunktionen kann währenddessen in seiner Bedeutung zurückgetreten sein. Zum anderen entfiel bei den römischen Herrschern gerade die Verwandtschaft zu Telephos und damit die Voraussetzung für eine Parallelisierung von mythischer Frühzeit und historischer jüngster Vergangenheit wie Gegenwart. Es scheint daher begreiflich, daß Pergamon — übrigens als erste Stadt und sichtlich in der Nachfolge jener Intentionen, die sich im Testament Attalos' III. niedergeschlagen hatten — dem Augustus einen eigenen Tempel weihte und damit eine eigenständige Herrscherverehrung installierte.

gräber [94]. Abweichende Vorschläge betrafen die Namen des Weihenden oder der Adressaten, der Götter [95]. Daß als Weihender nur Eumenes II. zeitlich in Frage kommen kann, hat die Stilforschung inzwischen deutlich zu machen gewußt. Bei den Adressaten sodann scheint es durchaus überlegenswert, ob tatsächlich Götter gemeint sind. Die Anführung der ἀγαθά nämlich, auf welche die Weihung antwortet, bestimmt das Monument als χαριστήριον, eine Formulierung, die in anderen pergamenischen Weihinschriften vorliegt [96]. Dort fehlt dann allerdings eine Erwähnung der ἀγαθά, es begegnet eine solche Formulierung dagegen in einem Dekret der Stadt Elaia, und zwar als Begründung für aufwendige Ehrungen Attalos' III [97]. Hier im Bereich der Herrscherverehrung scheint ein wechselseitiges Aufrechnen von Wohltaten eher am Platz als beim Umgang mit Göttern. Ist diese Beobachtung tragfähig, so wandte sich die Weihinschrift des Altarmonumentes ebenfalls nicht an Götter, sondern an einen den Menschen näherstehenden Adressaten, einen hilfreichen Stadtheroen oder Herrscher; die Anführung einer Königin müßte dann nicht zwingend eine der Attalidenköniginnen meinen, sondern könnte auch eine mythische Königin, etwa Auge, ansprechen [98].

Das andere antike Schriftzeugnis über den Altarbau, jenes

---

[94] *AvP* VIII 1, 54f. Nr. 69.

[95] Vgl. E. Simon, *Pergamon und Hesiod*, Mainz 1975, 46ff.

[96] *AvP* VIII 1, 22ff. Nr. 20; 25 Nr. 21; 29f. Nr. 29; 52f. Nr. 66; 124f. Nr. 214-215.

[97] *AvP* VIII 1, 153ff. Nr. 246 Z. 3.

[98] Auf die Frage, ob epigraphische Analogien helfen, den Adressaten der Weihinschrift näher zu qualifizieren, antwortet liebenswürdigerweise Chr. Habicht brieflich, eine solche Eingrenzung, sei es auf eine Gottheit, einen Heroen oder einen heroisierten Herrscher, sei angesichts des fragmentarischen Erhaltungszustandes nicht möglich. Als weitere Beispiele für den König als Urheber von ἀγαθά führt er neben *AvP* VIII 2 Nr. 246, 3 (,,Der Stein ist sicher aus Pergamon verschleppt: M. Holleaux, *Recherches sur les inscriptions grecques de l'Asie Mineure* [= *Ét. èpigr.* I], Paris 1938, 373. A. Wilhelm, *Papyrus Tebtunis 33*, JRS 1937, 146. L. Robert, *Études anatoliennes*, Amsterdam 1970, 17 Anm. 1'') die Königsbriefe C. B. Welles, *Royal Correspondence in the Hellenistic Period*, Rom 1966, 14, 5 (Ptolemaios II. an Milet, 262/1 v. Chr.) und 64, 14 (Königsbrief an Nysa, 2. Jh. v. Chr.) an. Aber auch Götter könnten als Urheber von ἀγαθά genannt werden. — Es bleibt die Feststellung, daß die Weihinschriftreste eine bestimmte Ergänzung nicht erfordern bzw. ausschließen.

Zitat des Ampelius, ist ebenfalls kein Beweis gegen die Heroondeutung [99]. Seine Charakterisierung des Bauwerkes könnte sich
daraus ergeben haben, daß die Vorstellung vom Heroon, die mit
dem Erlöschen des Attalidenhauses letztlich ohne Bezugspunkt
war, im Laufe der Zeit in den Hintergrund getreten wäre. Ja es
ließe sich sogar argumentieren, die Notiz des Ampelius gebe ab-
sichtlich nicht die volle Sinngebung wieder, erinnert man sich der
Beschreibung des Aiakostemenos durch Pausanias (2, 29, 6):
,,Daß dieser Altar auch das Grabmal des Aiakos ist, wird im Ge-
heimen gesagt''. Zur einfachsten Lösung führt der Nebenklang, der
im lateinischen ara wie im griechischen βωμός mitschwingt und auf
einen Grabzusammenhang zielt. Insbesondere kann βωμός nicht
nur einen Grabaltar, sondern sogar den Grabsockel selbst bezeichnen, wiederum eine Teilbezeichnung, die aber dem Eindruck dieses
Monumentes in höherem Maße gerecht wird [100].

Keinen Gegenbeweis gegen die Heroondeutung bietet auch die
Wiederaufnahme der Altararchitektur bei nunmehr eindeutigen
Götteraltären, so in Magnesia am Mäander und in Priene. Bezeichnenderweise sind hier gerade die auf ein Heroon weisenden Merkmale ausgelassen bzw. zurückgedrängt: Der ringsum eingefaßte
Hof, das selbständige Temenos, ist zu einer hufeisenförmig umfaßten Opferstelle abgeändert, ein Heroenfries entfällt; dem Sockel
geht die frühere Funktion ab, weshalb er seine Höhe und sein
Friesband eingebüßt hat [101]. Es ist ein Weiterleben der pergamenischen Formen, aber ein Abweichen von ihrer Aussage.

Der Pergamonaltar eine Heroen- und Herrscherkultstätte? Jeder
andere Erklärungsversuch kann, so scheint es, angesichts der
Divergenz zwischen kleiner Opferstelle, d.h. Funktion des Baues,
und der Großzügigkeit der Gesamtarchitektur seine Zuflucht
allein zu einem besonderen Repräsentationsstreben des Bauherrn
nehmen. Indem er so die Architektur der politischen Geschichte
und ihren Trägern unterordnet, bleibt er allerdings vordergründig.

---

[99] Ohlemutz, *op. cit.* (Anm. 44) 197 Anm. 13.
[100] J. Kubińska, *Les monuments funéraires dans l' inscriptions grecques
de l'Asie Mineure*, Warszawa 1968, 68f. 73ff.
[101] Zum Problem der Anbringung der Priener Reliefplatten: RE Suppl. IX
(1962) 1195f. s.v. *Priene* (Kleiner).

Dadurch daß das Altarmonument vornehmlich als Spiegel der Machtstrukturen begriffen wird, wird seine spezifische architektonische Ausprägung nämlich im Grunde zu einem Zufallsprodukt herabgestuft. Jenseits des Repräsentationsanspruches aber scheinen bei einer Interpretation als Heroon die einzelnen Bauteile sinnvoll, ja im Zusammenspiel notwendig. Diese architektonische Gestalt ist nicht austauschbar, ist sie doch die komplexe Gestaltung einer unverwechselbaren Aussage.

Es bleibt diese Interpretation gleichwohl Vermutung, bis eine Nachprüfung durch eine Grabung erfolgt ist. Auf dem Gebiete architektonisch-topographischer Fragen können die Schreibtischarbeit und die Feldarbeit an Ort und Stelle sich wechselseitig nicht überflüssig machen. Die erstere kann der zweiten nur zeitlich voraufgehen, indem sie noch offene Fragen aufzeigt und anzudeuten versucht, auf welche Weise sie einer Lösung näher gebracht werden können.

Photonachweis

Abb. 1/2. nach AvP 3, 1, Taf. 2.

MARIA BARBARA VON STRITZKY

DAS THEODIZEEPROBLEM IN DER SICHT DES BASILIUS VON CAESAREA

Bei der Anwendung des Terminus Theodizee ist davon auszugehen, daß man sich eines Begriffs bedient, der erst in der Aufklärung geprägt wurde und den Leibniz in seinen „Essais de théodicée sur la bonté de Dieu, la liberté de l'homme et l'origine du mal" in die philosophische Fachsprache einführte [1]. Das große Interesse an diesem Problem spiegelt die Fülle von Schriften wider, die sich in jener Zeit dazu äußerten. Bei den Autoren spannt sich der Bogen von Pierre Bayle bis zu Immanuel Kant [2]. Die Theodizee beinhaltet einmal die Rechtfertigung Gottes aufgrund einer Anklage und zum anderen die Frage nach dem Übel in der Welt.

Im Hinblick auf antike Philosophie wie auch die Theologie der Alten Kirche muß man den Bedeutungsinhalt insofern modifizieren, als hier im wesentlichen auf den skizzierten zweiten Aspekt wertgelegt und nach dem Wesen des Bösen sowie seiner Herkunft gefragt wird [3]. Dieses Problem stellte sich den antiken philosophischen Systemen zu verschiedenen Zeiten mit unterschiedlicher Dringlichkeit, und sie versuchten, es gemäß ihrer Einstellung einer möglichen Beantwortung, wenn auch nicht einer Lösung, zuzuführen [4].

Im Gegensatz zum griechischen Denken liegt die Frage nach dem Wesen des Bösen im NT außerhalb des Gesichtskreises. Das Böse bildet dort nur den Hintergrund für das Heilsgeschehen, das sich in und durch Christus vollzieht [5]. Durch sein Leben und Sterben

---

[1] Diese Aufsätze erschienen Amsterdam 1710 (C. J. Gerhardt [Hrsg.], *Die phil. Schriften von G. W. Leibniz* VI, Berlin 1885, 25-460).

[2] Über das Mißlingen aller philosophischen Versuche in der Theodizee 1791 (Akad.-Ausgabe VIII, 255ff.).

[3] Plotin, *Enn.* I, 8 περὶ τοῦ τίνα καὶ πόθεν τὰ κακά. Tertullian, *praescr.* 7: *unde malum et quare?*

[4] F. Billicsich, *Das Problem des Übels und die Philosophie des Abendlandes*, Wien 1952², 15-105.

[5] W. Grundmann, Art. κακός in *ThWNT* 3, 480.

überwindet er das Böse, er richtet die Gottesherrschaft auf, die sich jedoch erst am Ende der Zeiten voll verwirklichen wird.

Als das Christentum in die Auseinandersetzung mit den vielfältigen geistigen Strömungen der Kaiserzeit eintrat, war es notwendig, diese Problematik in die Diskussion miteinzubeziehen, besonders im Hinblick auf die Gnosis und den Manichäismus. Diese Systeme forderten geradezu eine Stellungnahme heraus, denn in beiden Bewegungen, die eine große Anziehungskraft ausübten, hatte es aufgrund ihres dualistischen Ansatzes den Anschein, als sei die Frage gelöst. Doch wurde auch dort keine befriedigende Antwort gefunden.

Die Apologeten[6] und Klemens von Alexandreia[7] hatten tastende Versuche in Richtung auf dieses Problem unternommen, erst Origenes[8] und Tertullian[9] beschäftigten sich eingehend damit, wenn sie auch keine diesem Thema ausschließlich gewidmete Schrift verfaßten.

Bei Basilius treffen wir zum ersten Mal auf eine Homilie, die sich zum Ziel ihrer Erörterung setzt, aufzuzeigen: ὅτι οὐκ ἔστιν αἴτιος τῶν κακῶν ὁ θεός[10]. Das Bestreben des Basilius geht in dieser Predigt nicht dahin, eine philosophische Abhandlung zu bieten, sondern er möchte für seine Zuhörer, die sich aus den verschiedenen Schichten der Bevölkerung rekrutieren, verständlich bleiben und auf diese Weise im paulinischen Sinn[11] der Erbauung der Gemeinde dienen, worauf er auch in den Homilien zum Hexaemeron großen Wert legt[12]. Dennoch bemerkt man deutlich, daß Basilius in Athen die ἐγκύκλιος παιδεία genossen hat, da er seine Argumentation auf Elementen sowohl platonischer wie auch stoischer Philosophie aufbaut[13]. Gern greift er auf Origenes zurück, dessen Werke er genau

---

[6] Justin, *1. Apol.* 26, 54, 57ff., 62.
[7] *Strom.* I 17, 81-87; IV 12, 86ff.; *Paed.* I 13.
[8] Besonders *De princ.* II u. III, *C. Cels.* VI, 53-59.
[9] In den ersten beiden Büchern *adv. Marc.*
[10] Thema der 9. Homilie (*PG* 31, 329A-353A).
[11] *1. Kor* 14, 4-5.
[12] *In Hex. hom.* VII, 6 (*PG* 29, 160D): εἴς μοι σκοπός, πανταχόθεν οἰκοδομεῖσθαι τὴν ἐκκλησίαν. Vgl. M. A. Orphanos, *Creation and Salvation according to St. Basil of Caesarea*, Athen 1975, 41.
[13] Die Arbeiten von E. Fialon, *Etude historique et littéraire sur Saint Basile*, Paris 1869², K. Gronau, *Poseidonios und die jüdisch-christliche*

kannte. Im Jahr 360 hatte er in gemeinsamer Arbeit mit Gregor von Nazianz eine Florilegiensammlung aus den Schriften des Origenes, die Philokalie, zusammengestellt, um ein Fundament für die Exegese der Hl. Schrift zu haben. Der Kirchenhistoriker Sokrates, der Fortsetzer des Eusebius, betont in diesem Zusammenhang die große Bedeutung, die Origenes zu jener Zeit auf diesem Gebiet besaß [14]. Die Philokalie, die in der Hauptsache Auszüge aus den Schriften contra Celsum und de principiis enthält, wurde wohl häufig benutzt, da Gregor von Nazianz sie zum Osterfest 382, drei Jahre nach dem Tod des Basilius, an Theodor von Tyana sendet mit der Bitte um eingehendes Studium [15].

Der Anlaß für die Homilie des Basilius war wahrscheinlich die Beendigung der Trockenheit und der damit verbundenen Hungersnot, die im Jahr 368 die Provinz Kappadokien heimgesucht hatte, und auf die Basilius in einem Brief an den Bischof Eusebius von Samosata eingegangen war [16]. In diesem Zusammenhang steht sicher auch seine Homilie, gehalten zur Zeit einer Hungersnot und Dürre [17]. Außerdem hat man bei der Erwähnung der Katastrophen, die verschiedentlich hervorgehoben werden, an die Zerstörung von Nikaia durch ein Erdbeben am 11. Oktober 368 zu denken [18]. Da Basilius in seiner Predigt ständig auf die Vorsehung Gottes und das durchtragende Moment seines Heilswillens verweist, ist anzunehmen, daß er sie kurz nach diesen unheilvollen Geschehnissen gehalten hat, und sie somit auf Ende 368 bzw. Anfang 369 zu datieren ist.

Um einen Einstieg in sein Thema zu gewinnen und darzustellen, daß das zu erörternde Problem stets die Menschen bewegt, beginnt Basilius mit der Exegese ausgewählter Psalmentexte. Schon dort

---

Genesisexegese, Leipzig-Berlin 1914, Y. Courtonne, *Saint Basile et l'hellénisme*, Paris 1934, S. Giet, Einleitung zu: *Basile de Césarée, Homélies sur l'hexaémeron*, [= Sources chrétiennes 26] Paris 1949, haben einiges davon aufgezeigt, was Basilius seiner philosophischen Bildung verdankt.

[14] *Hist. eccl.* 4, 26 (*PG* 67, 529A): μέγα γὰρ κλέος τὸ Ὠριγένους καθ' ὅλης πότε τῆς οἰκουμένης ἐφήπλωτο.

[15] *Ep.* 115 (*PG* 37, 212C).

[16] *Ep.* 31 (*PG* 32, 313C).

[17] *Hom. dicta in temp. famis et siccitatis* (*PG* 31, 304D-328C).

[18] Gregor von Nazianz, *Ep.* 20 (*PG* 37, 53C-56B); Basilius, *Ep.* 26 (*PG* 32, 301B-D).

werden Übel und Leiden geschildert und die Frage gestellt, warum
der Herr sein Antlitz abgewendet und des Gerechten vergessen
habe [19]. Obwohl die nächsten Verse keinen direkten Anlaß dazu
bieten, führt Basilius den traditionellen Gedanken ein, ob es angesichts des Unheils, das die Menschen betrifft, überhaupt einen Gott
geben könne, der sich um die Verhältnisse in dieser Welt kümmere:
εἰ ἔστι θεὸς ἐπιμελούμενος τῶν τῇδε, εἰ ἐφορᾷ τὰ καθ' ἕκαστον, εἰ διανέμει
ἑκάστῳ τὰ πρὸς ἀξίαν [20].

Mit dieser Problematik hatte sich schon Platon in den Nomoi [21]
auseinandergesetzt, als er gegen den Zweifel an der ἐπιμέλεια der
Götter für die Menschen einwandte, die Götter besäßen sowohl ἀρετή
als auch δύναμις, um die ihnen durch Vernunft nahestehenden Menschen nicht wegen ihrer Kleinheit zu vernachlässigen. Dieses Motiv
bestimmte ebenfalls die Auseinandersetzung der Stoa, die die
πρόνοια, die weise Lenkung der Welt durch die Götter lehrte [22], mit
den Epikureern, die diese ablehnten [23].

Hier kann auf eine Nahtstelle zwischen antikem und christlichem
Denken hingewiesen werden. Die Frage, die am Beginn der philosophischen Diskussion zu diesem Thema stand, baut Basilius fast
unmerklich in die Erklärung der Schrift ein. Sie bedeutet für ihn
die notwendige Voraussetzung, um seinen weiteren Ausführungen
eine Basis zu geben.

Nachdem er auf diese Weise den Angelpunkt des Theodizee-
problems geschickt ins Spiel gebracht hat, lenkt er auf die Psalmen-
exegese zurück: εἶπεν ἄφρων ἐν καρδίᾳ αὐτοῦ: οὐκ ἔστι θεός [24]. Wer
Gott leugnet, ist in Wirklichkeit ἐστερημένος νοῦ καὶ φρονήσεως [25].
Wer jedoch behauptet, Gott sei der Ursprung des Bösen—Basilius
wendet sich hier eindeutig gegen die Manichäer —, ist dem Gottes-
leugner gleichzusetzen. Beide Haltungen werden zueinander in Parallele gesetzt, denn mit der Güte Gottes wird zugleich sein Wesen

---

[19] *Ps* 13, 2.
[20] *Hom. quod Deus non auct. mal.* 1 (*PG* 31, 329C), vgl. *Hom. dicta in temp.
famis et siccitatis* 2 (*PG* 31, 309A).
[21] 900c-905d.
[22] *SVF* 1015, 1018, 1021, vgl. Cicero, *N.D.* II 76 u. 79.
[23] Lucr. 5, 165ff.; Diog. Laert. 10, 81ff.; Philodem, *D.* 3, 7, 30.
[24] *Ps* 14, 1.
[25] *Hom. quod Deus non auct. mal.* 2 (*PG* 31, 331A).

aufgehoben. Hier weiß sich Basilius sowohl mit philosophischer als auch christlicher Tradition verbunden.

Den Ausgangs- und Endpunkt der Erörterung des Basilius bildet die Aussage der Güte Gottes, die nicht weiter hinterfragbar ist [26] und sich in der Schöpfung und ihrer Erhaltung manifestiert: ἐν μὲν δὴ τοῦτο ἔχειν δεῖ προειλημμένον ἐν ταῖς διανοίαις ἡμῶν, ὅτι ποίημα ὄντες τοῦ ἀγαθοῦ θεοῦ, καὶ ὑπ' αὐτοῦ συγκροτούμενοι....[27]. Gott lenkt alle unsere Angelegenheiten, kleine wie große, nichts läßt er außer acht [28]. Diese ursprünglich stoische Auffassung [29], die jedoch nicht in erster Linie den einzelnen Menschen anging [30], war für die Kirchenväter zu einem beliebten Motiv geworden, das sich bis zum Hirten des Hermas zurückverfolgen lässt [31].

Die Allursächlichkeit Gottes, die auch den Tod einschließt, besagt keineswegs, daß Gott der Urheber des Übels für die Menschen ist. Nach stoischem Vorbild [32] wird der Tod unter die ἀδιάφορα eingeordnet, den niemand zu fürchten hat, es sei denn der Sünder. Basilius führt gemäß der stoischen Einteilung der Werte [33] eine Trennung zwischen κακὰ πρὸς τὴν ἡμετέραν αἴσθησιν und κακὰ πρὸς τὴν

---

[26] Späterhin wird Augustinus in *nat. bon.* 1 denselben Ausgangspunkt wählen: *summum bonum, quo superius non est, Deus est; ac per hoc incommutabile bonum est, ideo vere aeternum et vere immortale..... omnis autem natura in quantum natura est, bonum est, omnis natura non potest esse nisi a summo et vero Deo...*

[27] *Hom. quod Deus non auct. mal.* 3 (*PG* 31, 332C), vgl. ibid. 7 (*PG* 31, 345C); dazuzuhalten ist: *In Hex. hom.* I, 2. *PG* 29, 9A: ἡ μακαρία φύσις, ἡ ἄφθονος ἀγαθότης, τὸ ἀγαπητὸν πᾶσι τοῖς λόγου μετειληφόσι, τὸ πολυπόθητον κάλλος, ἡ ἀρχὴ τῶν ὄντων, ἡ πηγὴ τῆς ζωῆς, τὸ νοερὸν φῶς, ἡ ἀπρόσιτος σοφία, οὗτος ἐποίησεν ἐν ἀρχῇ τὸν οὐρανὸν καὶ τὴν γῆν. Diese Stelle ist beeinflusst durch Plat. Tim. 29e: ἀγαθὸς ἦν, ἀγαθῷ δὲ οὐδεὶς περὶ οὐδενὸς οὐδέποτε ἐγγίγνεται φθόνος. Die Güte Gottes als Grund für die Schöpfung betont auch Origenes, *De princ.* II 9, 6 V 169, 22-30: *Hic cum ,,in principio crearet" ea, quae creare voluit, id est rationabiles naturas, nullam habuit aliam creandi causam nisi se ipsum, id est bonitatem suam...*

[28] *In Hex. hom.* VII 5 (*PG* 29, 160B): οὐδὲν ἀπρονόητον, οὐδὲν ἠμελημένον παρὰ θεοῦ.

[29] *SVF* 1021: θεὸν εἶναι ζῷον ἀθάνατον λογικὸν ἢ νοερόν, τέλειον ἐν εὐδαιμονίᾳ, κακοῦ παντὸς ἀνεπίδεκτον, προνοητικὸν κόσμου τε καὶ ἐν κόσμῳ.

[30] M. Pohlenz, *Die Stoa* I, Göttingen 1964³, 98.

[31] *Mand.* IX, 14, 5; weitere Belege bei M. A. Orphanos, *op. cit.* (Anm. 12) 51, Anm. 2.

[32] *Diog. Laert.* 7, 101, 104.

[33] Vgl. Anm. 32.

ἑαυτοῦ φύσιν durch [34]. Zu den κακὰ πρὸς αἴσθησιν zählen die ἀδιάφορα wie Krankheit, Armut und Mangel an Ansehen, die κακὰ πρὸς φύσιν sind Ungerechtigkeit, Unzucht, Furcht und Neid [35]. Sie stellen im Gegensatz zu den Tugenden die wirklichen Übel dar. Für all das haben wir jedoch nicht die Ursache in Gott zu suchen, sondern in uns selbst. Der Ausgangspunkt für die Sünde, die allein das Böse repräsentiert, liegt nämlich im ἐφ' ἡμῖν und im αὐτεξούσιον [36]. Diese beiden Begriffe, die sowohl in der stoischen Philosophie wie auch in ihrer Einschmelzung in christliches Gedankengut bei den Kirchenvätern vor Basilius, insbesondere bei Origenes, eine entscheidende Rolle spielten, zieht er zur Klärung der Frage nach der Herkunft des Bösen heran. Gegen die Gnostiker, die im bösen Schöpfergott des AT das Übel begründet sahen und gegen die Manichäer, die den Prinzipiendualismus lehrten, bot sich Basilius hier die Möglichkeit für einen Lösungsansatz.

Origenes lehrte, daß von Anfang an der freie Wille der rationabiles naturae wesentlich zur Schöpfungstat Gottes gehörte und aufgrund der Güte Gottes, der nichts Schlechtes schaffen konnte, zu den wichtigsten Gütern zählt [37]. Wegen der Geschöpflichkeit ist der freie Wille jedoch nicht vollkommen, somit besteht die Möglichkeit des Abfalls von Gott: quod sunt ergo, non est proprium nec sempiternum, sed a Deo datum. Non enim semper fuit, et omne quod datum est, etiam auferri et recedere potest. Recedendi causa in eo erit, si non recte et probabiliter dirigatur motus animorum [38]. Für den schlechten Gebrauch des freien Willens ist aber nicht Gott

---

[34] *Hom. quod Deus non auct. mal.* 3 (*PG* 31, 333A).

[35] Fast wörtliche Anklänge in: *In Hex. hom.* II 5 (*PG* 29, 40B): νόσον γὰρ καὶ πενίαν καὶ ἀδοξίαν καὶ θάνατον, καὶ ὅσα λυπηρὰ τοῖς ἀνθρώποις, οὔπω καὶ ἐν τῇ μοίρᾳ τῶν κακῶν καταλογίζεσθαι ἄξιον, διὰ τὸ μηδὲ τὰ ἀντικείμενα τούτοις, ἐν τοῖς μεγίστοις ἡμᾶς τῶν ἀγαθῶν ἀριθμεῖν. Vgl. Y. Courtonne, *op. cit.* (Anm. 13) 142.

[36] *Hom. quod Deus non auct. mal.* 3 (*PG* 31, 331C/D). ἀρχὴ γὰρ καὶ ῥίζα τῆς ἁμαρτίας τὸ ἐφ' ἡμῖν καὶ τὸ αὐτεξούσιον. Vgl. *In Hex. hom.* II 5 (*PG* 29, 40A/B): ὧν τοίνυν αὐτὸς εἶ κύριος, τούτων τὰς ἀρχὰς μὴ ζητήσῃς ἑτέρωθεν, ἀλλὰ γνωρίξε τὸ κυρίως κακὸν ἐκ τῶν προαιρετικῶν ἀποπτωμάτων τὴν ἀρχὴν εἰληφός.

[37] *De or.* 6, 3 (II 313, 1-5); vgl. Anm. 27 *De princ.* II 9, 6 u. *Hom. in Ez.* I 3 (VIII 326, 18ff.).

[38] *De princ.* II 9, 2 (V 165, 17-166, 11).

verantwortlich zu machen, die Verantwortung trägt allein das Geschöpf [39].

Nachdem Origenes diese Aspekte aufgewiesen hatte, war der Weg frei für die Erklärung, daß die Übel, die die Menschen betreffen, zur παιδεία Gottes gehören, denn durch seine Vorsehung will Gott den Menschen wie ein Vater sein Kind auf ein bestimmtes Ziel hin erziehen [40].

Basilius schließt sich der Argumentation des Origenes an, wenn er erklärt, daß Gott demjenigen den Reichtum nimmt, der ihn schlecht gebraucht, und einigen Menschen Krankheit schickt, um sie an der Sünde zu hindern. Katastrophen und Hungersnöte dienen als Strafe für zu große Bosheit [41]. Die Güte Gottes bleibt bestehen, wenn auch das Schicksal eines einzelnen schwer verständlich ist, denn durch Bestrafung eines Teils sorgt er für das Heil aller. Mit diesen Gedanken bewegt sich Basilius ebenfalls in einem Rahmen, den die stoische Philosophie abgesteckt hatte [42]. Man wird dabei auch an das Vorbild Plotins zu denken haben, mit dessen Schriften Basilius vertraut war und der in der ersten Abhandlung ,,Über die Vorsehung'' die Übel nicht als gänzlich unnütz für das Ganzheitsgefüge des Alls darstellte [43].

Auch der Vergleich Gottes mit dem Arzt, der dem Kranken Schmerzen zufügt, um sein Leiden zu lindern und deswegen keine Vorwürfe zu hören bekommt, gehört in eine stoische Argumentationsreihe, die Basilius benutzt, da er bei seinen Zuhörern die Kenntnis und das Verständnis einer solchen Metapher voraussetzen kann [44]. Wir lesen diesen Vergleich bei Seneca [45]; bei Origenes [46]

---

[39] *De princ.* III 1, 20 (V 235, 5-8); vgl. G. Teichtweier, *Die Sündenlehre des Origenes*, Regensburg 1958, 78. Auch der Gedanke vom guten oder schlechten Gebrauch ist stoisch, Epiktet, *Diss.* II 5, 8: ὅπου κωλυτὸς καὶ ἀναγκαστός εἰμι, ἐκείνων ἡ μὲν τεῦξις οὐκ ἐπ' ἐμοὶ οὐδ' ἀγαθὸν ἢ κακόν, ἡ χρῆσις δ' ἢ κακὸν ἢ ἀγαθόν, ἀλλ' ἐπ' ἐμοί, zur Verantwortlichkeit vgl. Plat., *Rep.* 617e: αἰτία ἑλομένου, θεὸς ἀναίτιος.

[40] *Com. in Ep. ad Rom.* IX 2 (PG 14, 1212); *Hom. in Jer.* XIX 15 (III 173, 34-36 u. 174, 1-9): πάντες ἐσμὲν παιδία τῷ θεῷ καὶ δεόμεθα ἀγωγῆς παιδίων.

[41] *Hom. quod Deus non auct. mal.* 3 (PG 31, 333B).

[42] Vgl. *SVF* 1178, 1181-1184.

[43] *Enn.* III 2, 5, 7-23.

[44] *Hom. quod Deus non auct. mal.* 3, 333C.

[45] *Prov.* III 2.

[46] *C. Cels.* VI, 56 (II 127, 1-10).

klingt er kurz an und wird an anderer Stelle dahingehend in die
Heilsgeschichte einbezogen, als die Propheten des AT versuchen,
das Volk Israel von seinen Sünden zu heilen bis zur Ankunft des
ἀρχιατρός in der Gestalt Jesu Christi [47].

Gemäß stoischem und origenischem Denken versucht Basilius
im ersten Teil seiner Predigt den Sinn der Übel aufzudecken. Nachdem er vom schöpfungstheologischen Gesichtspunkt aus die Herkunft des Bösen im freien Willen des Menschen erblicken kann und
durch die Vorsehung Gottes die Heilsökonomie gewahrt sieht, wendet er sich im folgenden den Stellen der Hl. Schrift zu, die dem zuvor
Ausgeführten zu widersprechen scheinen. Es sind offensichtlich die
Schrifttexte, die von den Gnostikern oder auch von den Manichäern
für die Rechtfertigung des eigenen Systems in Anspruch genommen
wurden. Das Bestreben des Basilius geht dahin, seine Zuhörer
wappnen zu wollen, wenn solcherlei Fragen an sie herantreten, denn
hier geht es im wesentlichen um das richtige Schriftverständnis.

Gerade im Bereich der Schriftexegese hatte Origenes Bedeutendes
geleistet, und es läßt sich zeigen, daß Basilius auf Origenes zurück-
greift, auf dessen Vorarbeit er aufbauen konnte, weil er wußte, daß
er sich dort auf gesichertem Boden befand.

Obwohl das Kapitel der Schrift Contra Celsum [48] nicht in der
Philokalie enthalten ist, scheint Basilius es doch bei der Formulierung seiner Argumente vor Augen gehabt zu haben.

Ausgehend von Is 45, 7: ἐγὼ ὁ κατασκευάσας φῶς καὶ ποιήσας σκότος,
ποιῶν εἰρήνην καὶ κτίζων κακά und Mich 1, 12: κατέβη κακὰ παρὰ
κυρίου ἐπὶ πύλας Ἱερουσαλήμ [49] — dieselben Zitate führte auch Origenes an —, begibt sich Basilius daran, aufzuzeigen, mit welchem
Schriftverständnis diese Worte zu verstehen seien; denn wer den
Sinn der Schrift nicht kenne, formuliere daraus einen Vorwurf gegen Gott, als sei er der Urheber und Schöpfer der Übel. Das Un-
verständnis dieser Schrifttexte hatte auch Origenes seinen Gegnern
zum Vorwurf gemacht: μὴ δυναμένους καθορᾶν τὰ κατ' αὐτὴν περὶ
ἀγαθῶν καὶ κακῶν σημαινόμενα [50]. Origenes mußte einräumen, daß

---

[47] *Hom. in Jer.* XVIII 5 (III 156, 8-17); vgl. J. Daniélou, *Origène*, Paris
1948, 271.

[48] *C. Cels.* VI, 55 (II 125, 30-126, 31).

[49] *Hom. quod Deus non auct. mal.* 4 (*PG* 31, 336A).

[50] *C. Cels.* VI, 55 (II 126, 10).

die Schrift in diesem Punkt keine eindeutigen Aussagen bot. Er ist sich der Schwierigkeit seiner Lage bewußt gewesen und half sich mit einer gewissen Ausflucht, seine Gegner könnten ihm zu diesem Aspekt keine durchgängige Linie, die in der Schrift gewahrt würde, nachweisen [51].

Das Wort des Jesaias vom Bereiten des Lichtes und vom Schaffen der Finsternis wird von Basilius so interpretiert, daß jeder Prinzipiendualismus ausgeschlossen ist. Gott ist Schöpfer des Lichtes und der Finsternis, ohne daß beiden Begriffen metaphorische Bedeutung zugemessen werden müßte [52].

Im zweiten Falle, bei dem es um ποιῶν εἰρήνην καὶ κτίζων κακά geht, biegt Basilius das Verb κτίζειν geschickt in die Bedeutung um: μεταποιεῖν καὶ εἰς βελτίωσιν ἄγειν [53]. Wenn Gott Frieden gibt, so dadurch, daß er das Böse schafft, d.h. es umwandelt. Auf diese Weise sind auch die Leiden und Bedrängnisse des Krieges zu verstehen. Ähnlich steht es um das Wort Deut 32, 39: ἐγὼ ἀποκτενῶ καὶ ζῆν ποιήσω, denn damit ist der Tod für die Sünde und nach Paulus 2. Kor 4,16 die Erneuerung des inneren Menschen gemeint [54]. Die Bedrängnisse der Stadt Jerusalem sind wiederum als παιδεία Gottes aufzufassen, der die Sünder bessern will [55].

In dieser Schrifterklärung ist erneut deutlich geworden, daß die Übel lediglich der Zügelung der Sünde dienen und ihren Platz in der Heilsökonomie Gottes haben. In diesem Zusammenhang spricht Basilius nochmals von der Trockenheit der Luft und der damit verbundenen Unfruchtbarkeit der Erde und spielt sicher auf die vorangegangenen Ereignisse in Kappadokien an [56].

---

[51] C. Cels. VI, 55 (II 126, 17): οἱ καὶ ταῦτα βουλόμενοι τολμᾶν φάσκειν ἀπὸ θεοῦ γεγονέναι (scil. τὸ κακόν), μὴ δυνάμενοι ἐν ὕφος ἀποδεῖξαι τῆς γραφῆς . . .

[52] Diesen Gedanken weist Basilius auch im Kommentar zum Hexaemeron ab: In Hex. hom. II, 4 (PG 29, 36B-37A).

[53] Hom. quod Deus non auct. mal. 4 (PG 31, 336C). Möglicherweise liegt hier eine Reminiszenz aus Plotin, Enn. III 2, 5, 24 vor: τοῦτο δὲ δυνάμεως μεγίστης, καλῶς καὶ τοῖς κακοῖς χρῆσθαι δύνασθαι. Vgl. Origenes C. Cels. IV, 70 (I 339, 25): ὅτι σῳζομένου τοῦ ἐφ᾽ ἡμῖν ἑκάστῳ κἂν συγχρήσηται τῇ κακίᾳ τῶν φαύλων εἰς τὴν διάταξιν τοῦ παντὸς ὁ θεός. Vgl. Hom. in Jer. XII, 5 (III 92, 25-30).

[54] Vgl. Origenes, Com. in Ep. ad Rom. VI 6 (PG 14, 1068ff.) mit derselben Zusammenstellung der Schriftzitate.

[55] Katastrophen sind Warnzeichen gegen das Überhandnehmen des Bösen: vgl. Origenes C. Cels. IV 63 (I 334, 5-30) u. IV 69 (I 338, 19-29 u. 339, 1-6) u. G. Teichtweier, op. cit. (Anm. 39) 41.

[56] Hom. quod Deus non auct. mal. 5 (PG 31, 337C).

Der Ring der Argumentation schließt sich: wenn Gott das Übel umwandelt und so hinwegnimmt, kann es in ihm nicht seinen Ursprung haben [57]. Basilius ist an demselben Punkt angekommen, von dem er im 3. Kapitel ausgegangen war [58]: das eigentliche Übel, das moralische Böse, ist die Sünde, und diese hängt von unserem freien Willen ab [59]. Basilius bewegt sich im Kreis, denn noch hat er die Frage nach dem Wesen des Bösen nicht beantwortet.

In einem erneuten Ansatz, um seinen Zuhörern die Wichtigkeit des eben Gesagten eindringlicher vor Augen zu führen, wählt er das Beispiel aus, das Origenes schon erörtert hatte [60], um die Langmut Gottes und die Gerechtigkeit des göttlichen Strafgerichtes zu zeigen: Gott verhärtet das Herz des Pharao [61], aber nur damit er anderen durch sein Unglück nützlich würde. Diese Stelle ist nach Basilius ebenfalls metaphorisch zu verstehen und kann nicht von den Gegnern als Aufhebung der Willensfreiheit interpretiert werden.

Hier ist eindeutig der Einfluß des Origenes zu spüren, denn den gesamten Abschnitt über das αὐτεξούσιον in De principiis III 1-22 haben Basilius und Gregor von Nazianz in die Philokalie übernommen. Basilius verfährt bei der Interpretation des Exoduszitats genau wie Origenes, auch die Exegese 2. Tim 2, 20 geht in derselben Anordnung voran [62].

Nach einer letzten Zusammenfassung, in der die Sünde als ὄντως κακόν hervorgehoben wird und alle anderen Übel wiederum der παιδεία Gottes zugewiesen werden, erfolgt die Definition des Bösen, die die lange Digression über die Heilsökonomie erst sinnvoll erscheinen läßt.

In einem dreifachen Schritt wird die Substanzlosigkeit und damit die Hinfälligkeit des Bösen dargelegt. Gott ist nicht der Urheber der ὕπαρξις τοῦ κακοῦ. Nach der durch die Stoa geprägten

---

[57] *Hom. quod Deus non auct. mal.* 5 (*PG* 31, 337C/D): ἀναιρεῖ τοίνυν τὸ κακὸν ὁ θεός· οὐχὶ δὲ τὸ κακὸν ἐκ τοῦ θεοῦ.

[58] Vgl. Anm. 26.

[59] *Hom. quod Deus non auct. mal.* 5 (*PG* 31, 337D-340A): τὸ μὲν οὖν κυρίως κακὸν ἡ ἁμαρτία, ὅπερ μάλιστά ἐστι τῆς τοῦ κακοῦ προσηγορίας ἄξιον, ἐκ τῆς ἡμετέρας προαιρέσεως ἤρτηται, ἐφ᾽ ἡμῖν ὄντος . . . .

[60] *De princ.* III 8-10 (V 206, 10-210, 7) = *Philokalie* cp. 27; vgl. *Hom. quod Deus non auct. mal.* 5 (*PG* 31, 341A) u. *In Hex. hom.* II, 5 (*PG* 29, 40B).

[61] *Ex* 10, 1.

[62] *De princ.* III 7 (V 206, 4-9).

Terminologie bedeutet ὕπαρξις Realität, der jedoch keine Substanz zukommt. Die Realität der Übel in der Welt wird auch von Basilius nicht angezweifelt, aber sie werden auch auf dieser Stufe nicht von Gott hervorgerufen. Die zweite Definition besagt, dass das κακόν keine ἰδία ὑπόστασις, keine eigene Substanz besitzt, wodurch es auf irgendeine Weise zu charakterisieren wäre. Beide Aspekte werden zusammengefaßt in der Erklärung, daß dem κακόν erst recht keine ἐνυπόστατος οὐσία zukommt.

ὕπαρξις und ὑπόστασις sind zwei Momente der Realität, die sich zur οὐσία ergänzen [63]. Alle diese Bestimmungen treffen auf das κακόν nicht zu. Es ist ein Nichts [64], das gar nicht definiert werden kann, es sei denn an seinem Gegenbild: στέρησις γὰρ ἀγαθοῦ ἐστι τὸ κακόν [65].

Schon Origenes lehrte in Anlehnung an philosophisches Gedankengut, daß das Böse οὐκ ὄν d.h. οὐδέν sei. Die Definition des Bösen hat Basilius offensichtlich von Plotin übernommen, der den Begriff von der στέρησις τοῦ ἀγαθοῦ geprägt und das κακόν als völligen Mangel charakterisiert hatte [66].

Merkwürdig mutet an, daß Basilius im Anschluß an die dreigestufte Erklärung des Bösen nochmals darauf hinweist, daß das κακόν auch nicht in der ἰδία ὕπαρξις, sondern in der Schädigung der Seele bestehe [67]. Nachdem vorher die Begriffe ὕπαρξις und ὑπόστασις genau unterschieden wurden, scheint jetzt eine Gleichordnung beider Termini vorzuliegen, die möglicherweise dadurch bedingt ist, daß Basilius sich wiederum gegen die Manichäer wendet und jeglichen Angelpunkt für die Annahme von zwei Prinzipien eliminieren möchte. Er betont nochmals, daß die Welt gut geschaffen sei mit Heranziehung von Gn 1, 31: πάντα καλά, καὶ καλὰ λίαν. Weder in der νοητή κτίσις befindet sich irgendetwas Schlechtes, noch wurde es in den körperlichen Wesen zugleich mitgeschaffen [68].

---

[63] Vgl. H. Dörrie, Ὑπόστασις, *Wort- und Bedeutungsgeschichte*, NGG, Phil.-hist. Kl. 1955, 58 Anm. 44.

[64] *Com. in Jo.* II 13, 92-93 (IV 68, 22-31 u. 69, 15): ἐναντίον δὲ τῷ ἀγαθῷ τὸ κακὸν ἢ τὸ πονηρόν, καὶ ἐναντίον τῷ ὄντι οὐκ ὄν. οὗς ἀκολουθεῖ ὅτι τὸ πονηρὸν καὶ ‹τὸ› κακὸν οὐκ ὄν.

[65] *Hom. quod Deus non auct. mal.* 5 (*PG* 31, 341B).

[66] Vgl. *Enn.* I 8, 1, 19; I 8, 11, 1-4; III 2, 5, 25-26.

[67] *Hom. quod Deus non auct. mal.* 5 (*PG* 31, 341C).

[68] *Hom. quod Deus non auct. mal.* 5 (*PG* 31, 341D).

Die Frage nach der Herkunft der Übel kann nur mit der Willensfreiheit beantwortet werden. Gott hat die Seele geschaffen, nicht
aber die Sünde. Die Seele besitzt den freien Willen gemäß ihrer
Schöpfung κατ' εἰκόνα θεοῦ, sie vermag im Guten zu verharren, aber
auch vom Guten abzuweichen [69]. Diese Ansicht hatte schon Origenes vertreten [70], denn das Geschöpf als Nachgeordnetes besitzt nicht
die gleiche Vollkommenheit wie sein Schöpfer. Das Abweichen vom
Guten besteht für die Seele in der Sättigung an den ihr gebotenen
geistigen Gütern und ihrer Hinwendung zur σάρξ.

Nicht anders war es um Adam, den ersten Menschen bestellt,
der, sobald er beseelt war, der höchsten Güter gewürdigt wurde.
Ausgestattet mit dem ewigen Leben führte er in der Nähe Gottes
ein glückseliges Leben. Bald wurde er gleichsam durch den Genuß
der geistigen Güter gesättigt und wandte sich mit seinen fleisch-
lichen Augen nicht mehr dem νοητόν zu, sondern der σάρξ [71]. Sofort
verlor er das Paradies, denn er sündigte nicht aus Zwang, sondern
durch seine eigene προαίρεσις. Die Trennung von Gott, dem Prinzip
des Lebens, brachte dem Menschen den Tod. In Abwandlung der
Definition des κακόν schildert Basilius den Tod als στέρησις τῆς
ζωῆς. Somit ist Gott auch nicht der Schöpfer des Todes, sondern
der Mensch hat ihn sich selbst zugezogen.

Basilius kann sich mit diesen Aussagen auf eine christliche Tradition stützen, die ihren Ausgangspunkt in Justin [72] und Theophilus
von Antiochien [73] hat.

---

[69] *Hom. quod Deus non auct. mal.* 5, (*PG* 31, 341C-344A); vgl. *In Hex. hom.*
II 4 (*PG* 29, 37D). Möglicherweise liegt auch an dieser Stelle eine Beeinflus-
sung durch Plotin vor: *Enn.* III 2, 8, 9: der Mensch steht so wenig wie die
Seele immer auf derselben Stufe.

[70] *De princ.* II 9, 6 (V 170, 1ff.): *libertas unumquemque voluntatis suae vel
ad profectum per imitationem dei provocavit vel ad defectum per neglegentiam
traxit.* Vgl. *De princ.* I 5, 5 (V 78, 1-5).

[71] *Hom. quod Deus non auct. mal.* 7 (*PG* 31, 344D). Das Motiv des κόρος
spielt bei Origenes aufgrund seines Gottesbegriffs eine entscheidende Rolle;
vgl. *De princ.* II 9, 2 (V 166, 9) u. *C. Cels.* VI, 44 (II 115, 18-20).

[72] 1. *Apol.* 43.

[73] *Ad Autolyc.* 2, 27: εἰ δ' αὖ τραπῇ ἐπὶ τὰ τοῦ θανάτου πράγματα παρακούσας
τοῦ θεοῦ αὐτὸς ἑαυτῷ αἴτιος ᾖ τοῦ θανάτου, ἐλεύθερον γὰρ καὶ αὐτεξούσιον ἐποίησεν
ὁ θεὸς τὸν ἄνθρωπον. Vgl. Origenes, *Hom. in Lev.* IX 11 (VI 439, 23-440, 4):
Tod bedeutet nicht Substanzverlust der Seele, sondern die Gottesferne
schafft den Tod.

Nachdem Basilius abermals auf die Freiwilligkeit der ἀρετή [74] hingewiesen hat, beendet er den zweiten Zyklus seiner Erörterung, indem er seine Zuhörer auffordert: παυσώμεθα τὸ βέλτιον τῶν παρ' αὐτοῦ γινομένων ἐπιζητοῦντες . . . ., ἀλλ' ἔν γε ἐκεῖνο δόγμα ταῖς ψυχαῖς ἡμῶν ἐνυπαρχέτω, τό, μηδὲν κακὸν παρὰ τοῦ ἀγαθοῦ γίνεσθαι [75] und gibt damit zu erkennen, daß er um die Schwierigkeit weiß, das Theodizeeproblem einer Lösung zuzuführen.

Nach dem zweimaligen Versuch, die Frage nach der Herkunft des Bösen und seinem Wesen zu beantworten, muß sich Basilius dem Problem „Teufel" zuwenden, denn gerade hier bestand ein Ansatzpunkt seiner Gegner, die den Prinzipiendualismus vertraten.

Der Teufel ist aufgrund seines freien Willens — so interpretiert Basilius im Gefolge des Origenes [76] — von Gott abgefallen und wurde durch die Trennung von Gott böse: τοῦτό ἐστι τὸ κακόν, ἡ τοῦ θεοῦ ἀλλοτρίωσις. Er besitzt keineswegs eine Substanz, die schon immer dem Guten widerstreitet. Der Teufel ist keine φύσις ἀντικειμένη τῷ ἀγαθῷ [77], ebenso wie er nicht als unser Feind geschaffen wurde, sondern er wurde es aus Neid. Er verführte den Menschen im Paradies, weil er ihm seinen hohen Rang mißgönnte. Dennoch besitzt er keine unumschränkte Macht, Gott bedient sich seiner, um unsere Seelen zu üben — hier tritt wieder das Motiv der παιδεία in den Vordergrund — wie ein Arzt, der das Natterngift zur Bereitung heilsamer Arzneien verwendet [78]. Zwar heißt der Teufel der Fürst der Welt [79], jedoch ist durch Christus seine Tyrannei gestürzt [80], und mit dem Ausblick auf die Eschatologie kann Basilius von der vollendeten Niederlage des Feindes sprechen. Die Lehre des Origenes von der ἀποκατάστασις deutet sich an, wenn Basilius betont,

---

[74] Ein Topos, der in Plat., *Rep.* 617e seine Wurzel hat: ἀρετὴ δὲ ἀδέσπο-τον.

[75] *Hom. quod Deus non auct. mal.* 7 (*PG* 31, 345C).

[76] *De princ.* I 5, 5 (V 76, 21-77, 26); I 8, 4 (V 101, 19-24); *C. Cels.* VI, 44 (II 115, 18-20).

[77] *Hom. quod Deus non auct. mal.* 8 (*PG* 31, 348A).

[78] *Hom. quod Deus non auct. mal.* 9 (*PG* 31, 349C-D). Vgl. Origenes, *C. Cels.* VI, 44 (II 115, 1-7).

[79] *Jo* 13, 13; 14, 20.

[80] *Hom. quod Deus non auct. mal.* 10 (*PG* 31, 352C). Vgl. Origenes, *C. Cels.* VII, 17 (II 169, 3-4): ἀλλὰ γὰρ καὶ εἰργάσθαι ἀρχὴν καὶ προκοπὴν τῆς κατα-λύσεως τοῦ πονηροῦ καὶ διαβόλου, πᾶσαν τὴν γῆν νενεμημένου.

daß wir dann stets vom Baum des Lebens genießen werden, denn nur die List des Teufels hinderte uns, von Anfang an daran teilzuhaben [81]. Der gottnahe Zustand, den der Mensch vor dem Abfall in die Sünde besaß, wird am Ende der Zeiten wieder eintreten, wenn das Böse völlig besiegt sein wird.

Das Theodizeeproblem, das Basilius von verschiedenen Seiten aus anvisierte, kann er nur beantworten, wenn er den Weg beschreitet, den Origenes gegangen ist, den der Lehre von der ἀποκατάστασις. In der Definition des Bösen kündigt sich diese Lösungsmöglichkeit an, denn etwas, das keine Substanz besitzt, kann nicht von Dauer sein. Auch die bedeutende Rolle, die die Heilsökonomie in der Argumentation des Basilius spielt, kann dahingehend erklärt werden, daß er im Anschluß an platonisches und überhaupt antikes philosophisches Denken das Böse als Abwesenheit des Guten und ledigliches Durchgangsstadium betrachtet [82]. In seinen Gedanken, in denen sich philosophische und christliche Tradition miteinander verbinden, klingt das an, dem Origenes in folgender Weise Ausdruck verlieh: Siehe Herr, Du weißt alles: das Letzte und das Erste. Das Mittlere wird mit Schweigen übergangen, weil es das Böse ist, das den Zwischenraum einnimmt; denn es war am Anfang nicht und wird am Ende nicht mehr sein [83].

---

[81] *Hom. quod Deus non auct. mal.* 10 (*PG* 31, 353A).

[82] Auch Gregor von Nyssa betont in den Homilien zum Hohenlied stets von neuem die εἰς τὸ ἀρχαῖον ἀποκατάστασις.

[83] *Select. in Ps.* 138, 5 (*PG* 12, 1660C/D). Vgl. *Com. in Jo.* II 13 (IV 68, 25): ⟨ἡ κακία⟩ οὔτε γὰρ ἦν ἀπ' ἀρχῆς οὔτε εἰς τὸν αἰῶνα ἔσται.

VOLKER MICHAEL STROCKA

DIE FRÜHESTEN GIRLANDENSARKOPHAGE

Zur Kontinuität der Reliefsarkophage in Kleinasien während des Hellenismus und der frühen Kaiserzeit

(Taf. CC-CCXV, Abb. 1-34)

In seinem berühmten Aufsatz über „Sarkophagprobleme" schrieb Gerhard Rodenwaldt 1943: „Während in Rom nur vereinzelte Sarkophage im ersten Jahrhundert entstanden, müssen wir annehmen, was allerdings erst durch Forschungen an Ort und Stelle bewiesen werden kann, daß in Kleinasien, namentlich im Südwesten, eine nie unterbrochene Tradition durch die Zeit des Hellenismus und das erste Jahrhundert der Kaiserzeit führte" [1]. Pessimistischer urteilte 1965 Hans Wiegartz: In klassischen und postulierten hellenistischen Sarkophagen „wird man schwerlich die Vorbilder für die kleinasiatischen Säulensarkophage sehen können, da in der antiken Sarkophagproduktion keine durchgehende Tradition bestand, die Sarkophagbestattung in der Kaiserzeit etwa zu Beginn des zweiten Jahrhunderts nach Chr. erst langsam wieder aufkam und die oben genannten Sarkophage in dieser Zeit sicher verborgen und unbekannt in Grabkammern standen" [2]. Dieselbe Skepsis klingt 1973 auch bei Hanns Gabelmann durch: „Es ist in der Sarkophagforschung ein häufig wiederholter Topos, daß im Osten sich die Sarkophagbestattung durch die hellenistische Zeit bis in die römische gehalten habe. Doch sind die Belege hierfür noch spärlich. Der früheste Girlandensarkophag ist auch in Kleinasien erst ins Jahr 69/70 n. Chr. datiert. Es bleibt abzuwarten, ob neue Materialaufnahmen hier weiterhelfen werden" [3].

---

[1] G. Rodenwaldt, *Sarkophagprobleme*, RM 58 (1943) 10.

[2] H. Wiegartz, *Kleinasiatische Säulensarkophage* [= IstForsch. 26], Berlin 1965, 23 (im folgenden: Wiegartz).

[3] H. Gabelmann, *Die Werkstattgruppen der oberitalischen Sarkophage*, BJb. Beih. 34 (1973) 9.

Ich möchte versuchen weiterzuhelfen: Einige unbekannte oder für diese Frage unbeachtet gebliebene Funde scheinen mir wenigstens punktuell die Fortdauer der Sarkophagbestattung in Kleinasien vom 4. Jh. v. Chr. bis ins 2. Jh. n. Chr. besser zu belegen als bisher [4] und besonders die schon hellenistische Tradition der Girlandensarkophage zu beweisen. Die Kontinuität der Bestattung in Sarkophagen während des Hellenismus und des ersten Jahrhunderts der Kaiserzeit nimmt für Kleinasien eigentlich nicht wunder, da noch am Ende des 4. Jh. Erdbestattung und selbst kostbare Reliefsarkophage aus Stein oder Holz an der Nordküste des Schwarzen Meeres, in Lykien, Zypern, Phönizien und Ägypten nachweisbar sind. Der — e silentio — postulierte Abbruch dieser alten Tradition müßte erst bewiesen werden. Außerdem wurde in den letzten Jahren eine beträchtliche Zahl hellenistischer Steinkisten- oder Klinenbestattungen in Griechenland [5] sowie republikanischer und augusteischer Sarkophage in Italien [6] entdeckt, so daß die dort bisher bekannten Einzelstücke nicht mehr für Ausnahmen zu halten sind. Tatsächlich kennt man bereits eine Anzahl von Befunden, welche die Bestattung in einfachen Behältern aus Holz, Ton oder Stein auch für das hellenistische Kleinasien belegen.

---

[4] G. Kleiner versuchte als erster, dieses Thema zu behandeln (*Hellenistische Sarkophage in Kleinasien*, IstMitt. 7 [1957] 1ff.), doch sind nur seine typologischen Bemerkungen zu den lykischen Sarkophagen überzeugend.

[5] Z.B. Rheneia: M.-T. Couilloud, *Délos* XXX (1974) 83f. Nr. 58; 225ff. — Euboia: A. Choremis, AAA 7 (1974) 27ff. — Leukas: A. Kostoglou, AAA 3 (1970) 70f. — Ambrakia: E. Tsirivakos, Deltion 20 (1965) B'2, 355ff. — Thessalien: T. Papazafiri, Thessalika 4 (1962) 28ff.; G. Churmuziadis, Deltion 23 (1968) B'2, 265; C. Vermeulen Windsant, in: *Festschrift A. N. Zadoks-Josephus Jitta ,,Festoen''*, [= Scripta Archaeologica Groningana 6], Groningen 1975, 393ff. — Makedonien: Ch. Makaronas, Deltion 18 (1963) B'2, 193ff.; idem, Praktika 1955, 151ff.; Ch. Koukouli, AAA 1 (1968) 248f.; idem, Deltion 23 (1968) B'2, 358. — Amphipolis: Ergon 1960, 67ff. — Philippi: D. Lazaridis, Deltion 19 (1964) B'3, 372ff.

[6] H. Blanck, *Zwei Corneliersarkophage*, RM 73/74 (1966/67) 72ff.; H. Gabelmann, *Der Sarkophag der Peducaea Hilara in Modena*, MarbWPr. 1966, 37ff.; V. Santa Maria Scrinari, *Tombe a camera sotto via S. Stefano Rotondo presso l'Ospedale di S. Giovanni in Laterano*, BullCom. 81 (1972) 17ff.; C. Gasparri, *Il sarcofago romano del Museo di Villa Giulia*, RendLinc. 27 (1972) 95f., bes. 127ff.; H. Wrede, AA 1977, 395ff.; H. Brandenburg, JdI 93 (1978), im Druck.

Holzsarkophage sind zwar in diesem Bereich nicht erhalten,
jedoch gibt es eindeutige Indizien für ihre Verwendung während
des Hellenismus auf den Kleinasien vorgelagerten Inseln. Das um
300 v. Chr. datierte Charmyleion auf Kos [7], Heroon und Familiengrab eines Charmylos, weist in der Krypta jederseits des Ganges
sechs Loculi auf, die für Holzsarkophage vorgesehen waren; denn
auf mehreren erhaltenen Verschlußplatten aus Marmor [8] ist die
Schmalseite einer der üblichen Holztheken mit dachähnlichem
Deckel in Relief wiedergegeben. Hellenistische Loculigräber ähnlicher Anlage, wenn auch ohne erhaltene Verschlußplatten, befinden sich in Milet [9]. In Lindos auf Rhodos zeigt das gegen Ende
des 3. Jh. v. Chr. errichtete Archokrateion (Kampana) [10] in den
Felsen getriebene Loculi-Öffnungen nicht mit flacher, sondern
spitzgiebliger Decke, was auf entsprechende Holztheken schließen
läßt, für die man das gerade eben notwendige Volumen aushöhlte.
Wie allgemein die Verwendung von Holzsarkophagen gewesen
sein muß, erweist ein hellenistischer Steinsarkophag aus der
Nekropole von Marion auf Zypern [11], der mit Scharnier am Deckel,
Füllbrett und vier Füßen die Holzform deutlich nachahmt (Abb.
1) [12].

Tönerne Sarkophage in Kasten- oder Faßform, die in Kleinasien
eine lange, in Klazomenai sogar glänzende Vorgeschichte haben,
sind für den Hellenismus noch nicht systematisch gesammelt worden. K. Bittel wies kürzlich mehrere Exemplare in Kemallı bei
Sungurlu nach [13] und zitierte weitere in Boğazköy, Alişar, Ala-

---

[7] P. Schazmann, *Das Charmyleion*, JdI 49 (1934) 110ff.

[8] Schazmann, *op. cit.* 111 Abb. 10.

[9] Heroon am Theaterabhang: G. Kleiner, *Die Ruinen von Milet*, Berlin
1968, 129f. Abb. 97, 98. In der Nekropole: *op. cit.* 125 Abb. 90.

[10] E. Dyggve, *Fouilles de L'Acropole 1902-1914 et 1952. III. Le Sanctuaire
d'Athana Lindia et l'Architecture Lindienne* [= *Lindos* III 2], Berlin 1960,
491ff. Plan XIII B und C, Abb. XIII 17.

[11] Ktima, Museum MII 1722. K. Nikolaou danke ich sehr für die Publikationserlaubnis. Wie er mir freundlicherweise mitteilt, stammt der Sarkophag
als Nr. 200 aus dem hellenistischen Grab 104 von Marion (Polis tis Chrysochu):
L. 1,80 m; Br. 0, 50 m.

[12] P. Herrmann, *Das Gräberfeld von Marion auf Cypern*, BWPr. 48 (1888)
10f. zitiert eine Beschreibung Ohnefalsch-Richters, wonach sich Reste
vieler Holzsärge noch in römischen Gräbern von Marion fanden.

[13] K. Bittel, *Bemerkungen zur sogenannten Galatischen Keramik*, in:
Mélanges Mansel I, Ankara 1974, 230 Anm. 16 Taf. 90 b.

çahüyük, Kalınkaya, Pazarlı, Samsun und Gordion. Unpublizierte Stücke befinden sich noch in den Museen von Afyon, Aydın und Tire. Hier besteht offenbar eine ungebrochene Tradition bis in byzantinische Zeit.

Einfache Steinkisten aus zusammengesetzten Platten oder regelrechte Steinsarkophage, freilich ohne jedes Relief, werden auch im Hellenismus wie bisher [14] entweder in den Boden gesenkt [15] oder innerhalb von Grabkammern aufgestellt [16]. Die geringe Zahl bis heute bekannter schmuckloser Steinsarkophage, die sicher hellenistisch datiert werden können, erklärt sich leicht daraus, daß sie, einmal von ihren Beigaben oder dem Zusammenhang getrennt, was wegen ihrer vielseitigen Verwendbarkeit oft genug vorkam, kaum ein datierbares Kennzeichen haben [17]. Außerdem sind die hellenistischen Nekropolen in der Türkei wenig erforscht und selten publiziert. Es handelt sich bei den einfachen Steinsarkophagen keineswegs nur um bescheidene Bestattungen, was die im Hellenismus aufkommenden reich skulpierten Ostotheken ver-

---

[14] Vgl. für das 6. und 5. Jh. v. Chr. die Nekropolen von Samos (J. Boehlau, *Aus ionischen und italischen Nekropolen*, Leipzig 1898, 1off.) und Ephesos (G. Langmann, *Eine spätarchaische Nekropole unter dem Staatsmarkt zu Ephesos*, in: *Festschrift F. Eichler*, ÖJh. Beih. 1 [1967] 103ff.).

[15] ,,Un assez grand nombre'' in Myrina und Kyme (E. Pottier - S. Reinach, *La nécropole de Myrina*, Paris 1887, 69f., 79f., 91, 506); vier hellenistische Bestattungen in Pergamon (N. Kunisch, *Grabfunde aus dem Stadtgebiet von Bergama*, in: *PF* I [1972] 94ff.); ein grober Steintrog aus Tralleis (unpubliziert im Museum von Aydın).

[16] Grabkammern in Mylasa (A. Akarca, *Mylasa'da Hellenistik bir Mezar* (Une tombe de l'époque héllénistique à Mylasa), Belleten 16 [1952] 367ff.), bei Beçin (idem, *Beçin*, Belleten 35 [1971] 34f.) und in Myrina (Pottier-Reinach, *op. cit.* 66). Die Bestattungskontinuität wird natürlich auch durch hellenistische Arkosolgräber oder Grabkammern mit Steinklinen belegt: z.B. Grabkammer bei Dardanos (R. Duyuran, *Découverte d'un tumulus près de l'ancienne Dardanos*, Anatolia 5 [1960] 9ff.) und Tumuli bei Aphrodisias (S. Atasoy, *Aphrodisias Yöresindeki Tümülüsler* (Les Tumuli de la région d'Aphrodisias), Belleten 38 [1974] 351ff.).

[17] Ein deswegen undatierbarer, vielleicht hellenistischer Steintrog am Westfuß des Ayasoluk in Ephesos bei der Isa-bey-Moschee: L. 2,19 m, H. 0,63 m (oberer Rand angewetzt), Br. 0,81 m, D. der Wandung 0,09-0,095 m. Sicher ein Sarkophag, möglicherweise aus hellenistischer Zeit, ist der Steintrog in dem ursprünglich als Prothesis dienenden Raum der iustinianischen Johanneskirche: L. 2,07 m, H. 0,735 m, B. 0,72 m, D. der Wandung 0,105-0,11 m, Falz, 0,035 m breit, 0,015 m hoch. Die Rückseite ist rauh belassen, an den Nebenseiten befinden sich Klammerlöcher für den jetzt verlorenen Deckel.

muten lassen könnten. Außer den in Anm. 16 genannten Fällen gibt es Beispiele, daß gerade in hervorragenden Mausoleen schlichte Steinsärge aufgestellt wurden. Dies gilt für das Frauengrab im sogenannten Oktogon am Embolos in Ephesos, das wohl kurz nach der Mitte des 1. Jh. v. Chr. errichtet wurde [18], ferner für ein wahrscheinlich spätaugusteisches überkuppeltes Rundgrab in Ephesos [19], in dem nurmehr die Böden von vier Steinsarkophagen erhalten sind, deren Außenseiten einen unprofilierten Sockelstreifen aufweisen (Abb. 2) [20]. Es könnte sich durchaus um reliefierte Marmorsarkophage gehandelt haben, umsomehr als das Rundgrab im Unterschied zum Oktogon durch eine Tür zugänglich war.

Ist aber das mehr als vereinzelte Vorkommen reliefgeschmückter Marmorsarkophage in hellenistischer, ja selbst vortrajanischer Zeit überhaupt wahrscheinlich zu machen? Der Verweis auf den Klinensarkophag von Belevi [21] wird nicht als stichhaltig gelten können, da er in Kleinasien eine Ausnahme darzustellen scheint, selbst wenn man ihn wegen seines späteren Deckels [22] als besonderen Fall von Kontinuität der Bestattungsform ansieht. Nur an der Vorderseite ist der im übrigen eingebaute Kasten mit einem Kli-

---

[18] J. Keil, *XV. Vorläufiger Bericht über die Ausgrabungen in Ephesos*, ÖJh. 26 (1930) Bbl. 41ff.; W. Alzinger, *Augusteische Architektur in Ephesos* [= Sonderschriften des ÖAI, Bd. 16], Wien 1974, 40ff., 84ff., Abb. 27.

[19] F. Miltner, *XXI. Vorläufiger Bericht über die Ausgrabungen in Ephesos*, ÖJh. 43 (1956-58) Bbl. 49ff.; Alzinger, *op. cit.* 57f. Abb. 50.

[20] Die Maße der beiden derzeit freiliegenden Sarkophagböden sind gleich: der nördliche ist 2,65 m lang, 1,10 m breit, seine Wandungsdicke 0,115-0,17 m; der westliche 2,63 m lang, 1,10 m breit, seine Wandung 0,115-0,165 m dick, was einem Standardmaß von etwa 9:4:1/2 Fuß zu entsprechen scheint. Große ephesische Sarkophage des 2. Jh. n. Chr. wiederholen diese Maße, etwa derjenige des Tiberios Klaudios Flavianos Dionysios (L. 2,68 m, B. 1,12 m, H. 1,10 m, D. 0,17 m), das Sarkophagfragment im Sockelbau oberhalb des Theaters (L. 2,70 m, B. 1,12 m) oder der Celsus-Sarkophag (L. 2,68 m, B. 1,15 m, H. 1,13 m). Das unten zu besprechende augusteische Deckelfragment in Ephesos gehört mit einer ursprünglichen Breite von 1,13 m wohl zu einem etwa 1, 10 m breiten Kasten. Das augusteischeische Datum der Sarkophagböden ist damit aber noch nicht bestätigt. Eine Nachbelegung im 2. Jh. n. Chr. läßt sich nicht ausschließen.

[21] J. Keil, *XVIII. Vorläufiger Bericht über die Ausgrabungen in Ephesos*, ÖJh. 29 (1935) Bbl. 132ff.; G. Kleiner, *Diadochengräber* Wiesbaden 1963, 71, 8off.

[22] B. Schmaltz, *Zum Sarkophag des Mausoleums bei Belevi*, ÖJh. 49 (1968-71) 63ff.

nen-Relief versehen, was zu unterscheiden ist vom Reliefschmuck freistehender Sarkophage. Doch gibt es auch für diese bereits Belege: Ihre typologische Herkunft vom schmucklosen Steinkasten zeigen zwei Sarkophage in Side, die nur an der Schmalseite ein Relief tragen: der eine [23] eine Grabtür, wie sie von hellenistischen Ostotheken bekannt ist [24], neben welcher links ein kleines Mädchen, wohl die Dienerin, rechts ein Wollkorb und zwei Fläschlein (oder Spindeln?), Attribute der Verstorbenen, stehen. Der andere (Abb. 3) [25] trägt zwei Ehrenkränze, dazu einen Adler, der auffliegend eine Schlange gepackt hält, im Giebel des vorkragenden Dachdeckels [26]. Motivisch und stilistisch werden sie verbunden durch eine Ostothek in Side [27], die sowohl eine Grabtür als auch zwei Kränze an der Schmalseite des sonst ebenfalls glatten Kastens aufweist. Die drei Särge dürften ins frühere 2. Jh. v. Chr. gehören, wobei der Sarkophag mit Deckel vorangeht.

Daß es sich bei diesem inzwischen bekannten, in der Tat wenig zahlreichen Material nur um Sonderfälle und Ausnahmen handeln sollte, wird durch weitere, bislang unbeachtete ‚Einzelstücke' vollends unwahrscheinlich:

1. Der älteste Girlandensarkophag (Abb. 4, 5) steht, bisher unerkannt, im Museum von Burdur [28]. Der Kasten ist bis auf gering-

---

[23] A. M. Mansel - G. Bean - J. Inan, *Die Agora von Side und die benachbarten Bauten*, [TTK 5, 15], Ankara 1956, 68 Abb. 128 (L. 1,85 m, B. 0,79 m, H. 0,88 m). Nur der Kasten ist erhalten.

[24] Schon am Alketasgrab von Termessos (Ende des 4. Jh.): K. Lanckoronski - G. Niemann - E. Petersen, *Städte Pamphyliens und Pisidiens* II, Wien 1892, 67 Abb. 16; G. Kleiner, *op. cit.* (Anm. 21) 79 (19) Abb. 12. Zu den Ostotheken ist die Arbeit von N. Asgari abzuwarten, vorläufig: N. Himmelmann, Μία ὀστοθήκη ἀπὸ τὴν Κιλικία στὴ Λευκωσία, RDAC 1970, 147 Abb. 25, 2; 26, 1-3. Zum Motiv der Grabtür noch auf kaiserzeitlichen Sarkophagen vgl. Wiegartz, 70f., 121ff.; N. Himmelmann, *Ein kleinasiatischer Sarkophag in Rom*, in: *Mélanges Mansel I*, Ankara 1974, 50ff.

[25] N. Himmelmann, *op. cit.* 147; idem, *Sarkophage in Antakya und Bericht über eine Reise nach Kleinasien*, AA 1971, 92 Abb. 2. L. 2,14 m, H. des Kastens 0,98 m, B. 0,795 m, D. der Wandung 0,115-0,135 m, H. des Deckels 0,405 m.

[26] Vgl. den Adler des Alketasgrabes, Kleiner, *op. cit.* (Anm. 21) 78 (18) Abb. 8.

[27] Side, Mus. Inv. 169. Mansel-Bean-Inan, *op. cit.* (Anm. 23) 68, 75f. Abb. 127; Himmelmann, *op. cit.* (Anm. 24) 147 Taf. 26, 3.

[28] Inv. 6927. L. 1,85 m, H. 0,67 m, B. 0,73 m. Dem Direktor des Museums

fügige Bestossungen und mehrere Sprünge wohlerhalten, während
der Deckel, den ein innen umlaufender Falz und Klammerlöcher an
den Schmalseiten fordern, gänzlich fehlt. Das Material ist Marmor.
Der Sarkophag stammt aus Bubon [29], einer Stadt der Kibyratis, die
in der nach Buchstabenform und Strafsumme mittelkaiserzeitlichen
sekundären Grabinschrift [30] als πόλις bezeichnet wird [31]. Der
langgestreckte Sarkophag hat als an drei Seiten umlaufendes
Fußprofil ein glattes Kyma. Darüber erhebt sich der unverjüngte
Kasten, dessen unterstes und oberstes Fünftel auf den beiden
Reliefseiten als glattes Band eine leicht vertiefte Frieszone ein-
fassen. Die zweite Nebenseite ist glatt, die Rückseite nur grob
bearbeitet. Im Friesrelief ragen an der Langseite vier Alabastra
auf, über die sich in drei Schwüngen eine pralle Lorbeergirlande
legt, deren Enden an den Sarkophagecken abgerundet sind. Breite,
gedoppelte Bänder halten wie Manschetten die Girlande jeweils
über den Auflagern und in der Mitte des Schwunges zusammen.
An der einen Schmalseite befindet sich in feinem Relief eine zwei-
flügelige Scheintür. Die Gliederung des Kastens ist ungewöhnlich.
Dem Sockelprofil entspricht oben nur an der Vorderseite ein
leicht vorspringender, jetzt bestoßener Randstreifen. Die glatten
Bänder kann man nicht als Rahmen einer Truhe ansehen, da es

---

von Burdur, Kayhan Dörtlük, und Frau Dr. Nuşin Asgari danke ich sehr
herzlich für die Publikationserlaubnis, der letzteren auch für das Photo
Abb. 5.

[29] Bubon: D. Magie, *Roman Rule in Asia Minor* I, Princeton 1950, 521f.;
G. E. Bean, *Notes and Inscriptions from the Cibyratis and Caralitis*, BSA 51
(1956) 140.

[30] Ἡρακλέων ἑαυτῷ καὶ γυναίκι αὐτοῦ Ἐπιχαρίδι καὶ τέκνοις αὐ/τῶν. ἑτέρῳ
δὲ οὐδενὶ ἔξον εἶναι θάψαι τινά ἐν τῇ σόρῳ ταύτῃ ἐπὶ ἀποδώσει τῇ πόλει Ϫ ,α.
Zum Typus der Inschrift vgl. H. Stemler, *Die griechischen Grabinschriften
Kleinasiens*, Diss. Halle 1909, 29f. 52f.; RE VII A (1948) 1735ff. s.v.
Tymborychia (Gerner).

[31] Bubon bildete im 1. Jh. v. Chr. mit Kibyra, Balbura und Oinoanda
eine Tetrapolis, wurde aber 84 v. Chr. lykisch (Magie, *op. cit.* [Anm. 29] I
241, II 1391). Noch in der Kaiserzeit war es Vollmitglied des Lykischen
Bundes und damit πόλις. Als solche erscheint es in mehreren kaiserzeitlichen
Inschriften (*IGR* III Nr. 463, 464, 739, hier: Cap. 59, S. 287, 35 und Cap. 63,
S. 290, 30; Loewy in: E. Petersen - F. von Luschan [Hrsg.], *Reisen im
südwestlichen Kleinasien II*, Wien 1889, 113 (XVII C 6); 114 (XIX C 1);
A. H. M. Jones, *The Cities of the Eastern Roman Provinces*, Oxford 1971²,
106f.

keine senkrechte Verbindung gibt. Die Grundform bleibt also der einfache Kasten mit unterem Profil, dem das vorspringende Deckelgesims geantwortet haben wird [32].

Weil der Friesstreifen nur an zwei Seiten ausgeführt und mit Reliefs versehen ist, darf man mit Sicherheit annehmen, daß der Sarkophag ursprünglich in einer Grabkammer an der Wand, ja in der Ecke des Raumes stand und auf eine Ansicht wie in Abb. 4 berechnet war. Die Vernachlässigung einer oder zweier Seiten ist bei Reliefsarkophagen des 5. und 4. Jh. v. Chr. noch nicht anzutreffen. Sie ergibt sich aus praktischen Gründen, sobald die Wirkung auf den Betrachter wichtiger genommen wird als die Vollständigkeit des Werkes. Wie der Sarkophag aus Bubon und der von Tralleis (s. u. S. 894) zeigen, wird diese Auffassung selbst im griechischen Osten seit dem Hellenismus möglich, ein Phänomen, das man bisher zu einseitig der ‚römischen' Struktur zugeschrieben hat [33]. Einzelformen legen eine Datierung des Sarkophags ins 3.

---

[32] Der Sarkophag gehört also nicht in die Reihe der Holztruhen nachahmenden Sarkophage (z.B. Marmorsarkophag aus S. Giuliano bei Viterbo in Heidelberg: G. Hafner, *Ein bemalter Marmorsarkophag in Heidelberg*, AA 1939, 449ff.; M. Martelli, Prospettiva 3 [1975] 9ff.; Sarkophag aus Marion, s.o. S. 884, Abb. 1), sondern in die Tradition der einfachen Kästen, die entweder unprofiliert bleiben (vgl. die erwähnten Beispiele aus Side und alle einfachen Steintröge) oder sowohl unten wie oben ein Profil haben (vgl. die sogenannten Theken 72-74 der Königsnekropole von Sidon in Istanbul: V. v. Graeve, *Der Alexandersarkophag und seine Werkstatt* [= Ist Forsch. 28], Berlin 1970, Taf. 19-21, und die spätklassisch-frühhellenistischen einfachen Sarkophage von Karthago: A. L. Delattre, *Le plus grand sarcophage trouvé dans les nécropoles punique de Carthage*, CRAcInsc. 1906, 10ff. m. Abb.; idem, *Musée Lavigerie* I, Paris 1900, 75ff. Taf. 10, 3.4). Ich sehe keinen zwingenden Grund, mit H. Gabelmann, *op. cit.* (Anm. 3) 16f., die oben und unten profilierten Kästen von Altären, gar noch mit deren Bedeutung abzuleiten. Einen unten profilierten, oben nur mit Perlstab versehenen Kasten hat der frühhellenistische Marmorsarkophag aus Taman in Moskau (E. Belin de Ballu, *Sur une nouvelle cave funéraire de Taman et les sarcophages de la Russie Méridionale*, RA 39 [1952] 89ff.; v. Graeve, *op. cit.* 21, Taf. 22), der möglicherweise aus Kleinasien importiert wurde. In der Kaiserzeit ist an kleinasiatischen Sarkophagen das obere Gesims regelmäßig dem Deckel angearbeitet.

[33] Z.B. G. Rodenwaldt, *Säulensarkophage*, RM 38/39 (1923/24) 2f.; Wiegartz 22, 43 Anm. 54; N. Himmelmann, *Sarcofagi romani a relievo. Problemi di cronologia e iconografia*, Annali della Scuola Normale Superiore di Pisa, Classe di lettere e filosofia, ser. 3, vol. 4, 1 (1974) 143f.; Gabelmann, *op. cit.* (Anm. 3) 19.

Jh. v. Chr. nahe: Die schlichte Form der Tür ohne überstehenden Sturz und Akrotere rückt beträchtlich ab von der Gestaltung des Türrahmens auf der Ostothek und dem Sarkophag von Side (s. o. S. 887). Ähnlicher ist die schmale Profilierung der Ostothekentür am Alketasgrab von Termessos (s. Anm. 24), doch fehlt hier die obere Hälfte, so daß der Vergleich nicht ausreicht. Bemerkenswert ist, daß die Tür ohne Bezug zur Dekoration der Langseite als ein Symbol an der Schmalseite angebracht ist, wie es die Ostotheken und die späteren Sarkophage zeigen. Obwohl mir keine Sarkophage mit Türdarstellung aus dem 4. Jh. v. Chr. bekannt sind, scheint bei diesem bisher frühesten Exemplar schon eine selbstverständliche Tradition vorzuliegen.

Das Alabastron, ägyptischer Herkunft und ursprünglich aus Alabaster, fand als Behälter parfümierter Öle schon frühzeitig Verwendung auch im Totenkult und wurde sepulkrales Motiv bereits in der griechischen Kunst des 5. und 4. Jh. v. Chr.[34]. Die symbolische Bedeutung als Totengabe ist also geläufig, einmalig dagegen die Darstellung als Girlandenträger. Tönerne Alabastren des früheren 5. Jh. v. Chr., die damals eine Modeform attischer Töpfer und Maler waren, sind kürzer und gedrungener als die Exemplare des Sarkophagreliefs und haben im Vergleich zur weitauskragenden flachen Lippe einen ganz kurzen Hals [35]. Steinalabastra des 5. Jh. v. Chr. können zwar länglicher und unten abgestumpfter als die tönernen Stücke gleicher Zeit sein, besitzen aber ebenfalls einen sehr kurzen Hals im Verhältnis zur besonders breiten Lippe [36]. Beispiele des 4. Jh. v. Chr. weisen noch kaum einen längeren Hals auf, jedoch eine besonders weit vorkragende Lippe [37]. Die unteritalischen Fußalabastra längen zwar ihren Hals bis zu manierierter Form, jedoch nicht den Körper, der sich sackförmig

---

[34] D. A. Amyx, *The Attic Stelai* III, Hesperia 27 (1958) 213ff.; K. Schauenburg, *Unteritalische Alabastra*, JdI 87 (1972) 258ff., 283, 289.

[35] Z.B. S. Karouzou, *Scènes de palèstre*, BCH 86 (1962) 430ff.; U. Knigge, *Ein rotfiguriges Alabastron aus dem Kerameikos*, AM 79 (1964) 105ff. Beil. 57, 59.

[36] Karouzou, *op. cit.* 442, Abb. 10; Ph. Zaphiropoulou, *Vases et autres objets du marbre de Rhénée*, in: *Études Deliennes*, BCH Suppl. I (1973) 614f., 633f. Abb. 18, 19.

[37] E. Varoucha, Ἑλληνικὸς τάφος τῆς Πάρου, Arch. Eph. 1925, 114ff. Abb. 1.

bläht, wobei der tiefliegende größte Durchmesser von der Ausdehnung der Lippe noch übertroffen wird.[38] Die Alabastra des
Sarkophags in Burdur entsprechen den weiter gebräuchlichen
Steinalabastra in der Form des gelängten, nur wenig nach oben
verjüngten Körpers mit hohem konischen Hals und flacher, über
den größten Durchmesser hinausreichender Lippe. Die formal
nächsten Parallelen wurden im frühhellenistischen Friedhof von
Schatbi bei Alexandrien gefunden [39].

Die Girlande besteht aus gleichmäßig gereihten, schuppenartig
sich überlagernden Lorbeerblättern, deren Spitzen jeweils von den
glatten Manschetten in der Mitte des Schwungs nach außen weisen.
In der linken Hälfte des mittleren Girlandenbogens wurden die
ersten sieben Blätterreihen gerippt, was bei den übrigen unterblieb.
Das älteste datierte Beispiel einer geschuppten Lorbeergirlande
bietet der Marmorfries des philetairischen Demetertempels von
Pergamon (zwischen 283 und 263 v. Chr. [40]) (Abb. 6). Die über
Bukranien gelegte Girlande ist schlanker — in einer Reihe stehen
nur vier Blätter statt fünf am Sarkophag —, die Blätter sind
durchwegs gerippt und an den Spitzen leicht aufgebogen. Eine
weitere Bereicherung bedeutet die flache, querlaufende Schuppung
der breiten Manschetten, deren je eine sich über den Stierschädeln,
je zwei in den langgestreckten Schwüngen befinden. Anders als
am Sarkophag richten sich die Blätter der Pergamener Girlande
einheitlich von links nach rechts. Schließlich stehen einfache
Schalen im Girlandenschwung des Tempelfrieses, während am
Sarkophag die Flächen leer bleiben. Aus diesen Unterschieden an
Qualität und Erfindung ergibt sich noch kein sicheres zeitliches
Verhältnis, ebensowenig aus dem verschieden langgestreckten
Girlandenbogen, da Friesfragmente des ersten jonischen Tempels
im Asklepieion von Pergamon, die in allem übrigen dem Demeter-
tempel-Fries entsprechen und darum gleicher Zeit entstammen

---

[38] Schauenburg, *op. cit.* (Anm. 34) 258ff. Abb. 1-3, 13-30.
[39] E. Breccia, *La necropoli di Sciatbi*, Le Caire 1912, 92, Taf. 6of., bes.
Abb. 139, 141.
[40] W. Dörpfeld, *Die Arbeiten zu Pergamon 1908-1909.* I. *Die Bauwerke*,
AM 35 (1910) 36of., 382 Taf. 20; H. Hepding, *Die Arbeiten zu Pergamon
1908-1909.* II. *Die Inschriften, ibid.* 437; E. Ohlemutz, *Die Kulte und Heiligtümer der Götter in Pergamon*, Würzburg 1940, 206.

müssen, eine viel stärkere Schwingung haben, offenbar wegen engerer Stellung der Bukranien [41]. Nur wenige Exemplare datierbarer Lorbeergirlanden dieses Typs sind mir noch bekannt: Ein runder Grabaltar vom schon erwähnten Archokrateion in Lindos [42], das gegen 200 v. Chr. errichtet wurde, zeigt eine pralle Girlande, deren Blattspitzen von der Manschette des Schwungs nach außen gerichtet sind. Sie scheinen glatt und von Bohrrillen umrissen zu sein. Zwischen den Blattspitzen schauen flache Beeren heraus. Gegen 180 v. Chr. ist der Pfeiler des Prusias in Delphi datiert [43]. Hier sind in der stark geschwungenen, eng um die eingestellten Schalen geführten Friesgirlande die Blattspitzen auf die Manschette gerichtet. Wiederum entgegengesetzt laufen die Blätter am Torus der Anten- und Wandsockel im Ostteil des Apollontempels von Didyma, aufgrund einer Inschrift um 175 v. Chr. ausgeführt [44]. Hier ist aber das Relief der Lorbeerschuppen sehr verändert: Die Blattränder heben sich stark ab, und aus der Mittelrippe sind drei konvergierende Stege geworden. Noch um die Mitte des 2. Jh. v. Chr. gibt es diesen neben den inzwischen aufgekommenen Fruchgirlanden [45] altertümlich gewordenen Girlandentyp auf einem Rundaltar in Iasos [46]. Die grob gefurchten Blätter sind dick, ihre Reihen stufenförmig voneinander abgesetzt. Zwischen die Blattspitzen treten runde Beeren. Überblickt man diese Reihe, so wird deutlich, daß der Sarkophag von Bubon nicht an ihrem Ende stehen kann. Gewiß stellt er nur die schlichte Wiederholung einer zu seiner Zeit geläufigen Dekorationsform dar; der aufwendige Demetertempel-Fries setzt freilich einen einfacheren Prototypen

---

[41] O. Ziegenaus - G. de Luca, *Das Asklepieion. I. Der südliche Temenosbezirk in hellenistischer und frührömischer Zeit.* [= *AvP* XI 1], Berlin 1968, 79 Taf. 34 b.c. (steht auf dem Kopf); 81.

[42] C. Blinkenberg, *Ville de Lindos et ses Abords* [= *Lindos* II 2], Berlin 1941, 950f. Nr. 623 m. Abb.; Dyggve, *op. cit.* (Anm. 10) 499ff. Abb. XIII 16.

[43] G. Colin, *Inscriptions de la Terrasse du Temple et de la région nord du sanctuaire* [= *FdD* III 4] Paris 1930, 118f.; F. Courby, *La Terrasse du Temple* [= *FdD* II 1], Paris 1927, 262ff. Abb. 206, 207, 209.

[44] F. Krauss, *Milet und Didyma* in: *Mélanges Mansel* I, Ankara 1974, 185ff. Taf. 69, 71, 73; W. Voigtländer, *Der jüngste Apollontempel von Didyma*, IstMitt. Beih. 14 (1975) 103f. Taf. 12, 1.

[45] M. Stephan, *Die griechische Girlande*, Diss. Berlin 1931, 25ff.. 35ff.

[46] D. Levi, *Le due prime campagne di scavo a Iasos (1960-1961)*, ASAtene 23/24 (1961/62) 547f. Abb. 70, 71; 587 Abb. 16.

voraus, dem die Sarkophaggirlanden jedenfalls näher stehen. Auch der Verzicht auf eine Füllung des Girlandenschwunges, noch an Grabaltären des 2. Jh. v. Chr., aber an keinem der späteren Girlandensarkophage festzustellen, spricht für ein frühes Datum. Die Ausbildung der Alabastra und der Grabtür befürwortete ebenfalls einen Ansatz in der 1. Hälfte des 3. Jh. v. Chr.

Daß die festliche Blattgirlande als sakraler Schmuck im Frühhellenismus auf Tempel- und Altarfriesen in Stein gehauen wurde, entspricht dem Realismus wie dem Steigerungsbedürfnis der Epoche. Die weitere Ausdehnung auf den sepulkralen Bereich, auf Grabaltäre, Sarkophage wie hier, Grabmalereien [47], kommt dem Bestreben nach Heroisierung der Toten entgegen. Durch immer allgemeineren Gebrauch des Motivs, auch im profanen Bereich, nimmt seine Würde und Bedeutung ab, wird es ein konventioneller Schmuck, an dem man in den verschiedensten Gattungen durch Jahrhunderte zäh und gedankenlos festhält. Dieser älteste bekannte Girlandensarkophag zeichnet sich nicht nur durch die schlichte Form des Gehänges, sondern auch dessen sonst nicht wiederholte Verbindung mit den sepulkralen Alabastra aus. Die symbolische Beziehung wird dadurch betont, daß die Gefäße, anders als etwa Bukranien an Tempelwänden, zum Tragen von Girlanden ganz ungeeignet sind, ja ungestützt nicht einmal stehen können. Im 3. und 2. Jh. v. Chr. werden gelegentlich noch andere Geräte als Träger von Girlanden dargestellt wie Dreifüße [48] oder Opferschalen [49]. Die Variationen in den Girlandenträgern nehmen

---

[47] H. Thiersch, *Zwei antike Grabanlagen bei Alexandria*, Berlin 1904, Taf. 1-3; F. Tiné Bertocchi, *La pittura funeraria apula* [= Monumenti antichi della Magna Grecia 1], Napoli 1964, 71ff. Abb. 48-57; 80ff. Abb. 60-63; 84f. Abb. 66; 88ff. Abb. 68-71; 98f. Abb. 77; 140 Taf. 5.

[48] In Pergamon: F. Winter, *Die Skulpturen mit Ausnahme der Altarreliefs* [= AvP VII, 2], Berlin 1908, 312f. Nr. 402; in Notion: Th. Macridy, *Antiquités de Notion*, ÖJh. 15 (1912) 57ff. Abb. 28.

[49] In Pergamon: J. Schrammen, *Architektur-Fragmente*, in: Winter, *op. cit.* (Anm. 48) 383 Nr. 33 (wechselnd mit Stierkopf); in Klaros mit anscheinend leerem Girlandenschwung (unpubliziert, nächstverwandt dem Demetertempel-Fries von Pergamon); in Messene bei dem Fries der Hofhallen des Asklepiosheiligtums, wo seltsamerweise die Stierköpfe im Schwung sitzen: A. K. Orlandou, Ergon 1971, 150 Abb. 181, 183; idem, Ergon 1973, 81, Abb. 72 mit fehlerhafter Zeichnung.

aber im Späthellenismus eher ab. Bei weitem am häufigsten treten Bukranien und Bukephalien [50] auf, dann auch Widder- und Pansköpfe, Masken, Eroten und Niken, gelegentlich Adler. Die Frische frühhellenistischer Erfindung weicht allmählich einer eleganten Routine.

2. Zu einem späteren Girlandensarkophag (Abb. 7, 8) müssen zwei Langseitenfragmente gehören, die zusammen in einer Nekropole von Tralleis gefunden wurden [51]. Leider fehlen die Ecken und Nebenseiten, die es ersparen würden, die Deutung zu begründen. Es fehlt auch der Deckel, der ohne Falz aufgelegen haben muß. Daß es sich wirklich um Vorder- und Rückseite eines Sarkophages handelt und nicht um Teile eines monumentalen Schmuckfrieses, geht aus mehreren Beobachtungen hervor: 1. Die Fragmente weisen an ihrer Oberseite keinerlei Klammerlöcher auf, die zur Befestigung im architektonischen Verband unumgänglich wären. 2. Als Friesplatten hätten sei bei ca. 1 m Höhe jeweils mehr als die doppelte Länge haben müssen und hätten nicht weniger als drei Girlandenbögen getragen, was beides äußerst unwahrscheinlich ist [52]. 3. Die Ehrenkränze in den Girlandenschwüngen passen gut zu einem Sarkophag (vgl. den Sarkophag in Side, Abb. 3), keinesfalls aber zu einem dekorativen Fries. 4. Schließlich ergeben die Fragmente bei einer Ergänzung auf drei Girlandenbögen mit

---

[50] Zur terminologischen Unterscheidung Ch. Börker, *Bukranion und Bukephalion*, AA 1975, 244ff.

[51] Aydın, Mus. Inv. 97 und 98. Aus Kalfa köy (in Aydın), unmittelbar östlich des antiken Tralleis. Grobkörniger weißer Marmor. Nr. 98 ist, weil ganz ausgearbeitet, die Vorderseite: L. noch 1,84 m, H. noch 88 cm, Plattendicke 0,09 m, Reliefhöhe 0,065 m; Nr. 97 ist die unausgeführte Rückseite: L. noch 2,05 m, H. noch 0,91 m, Plattendicke 0,06-0,08 m, unten 0,10 m (Ablauf), Reliefhöhe 0,065-0,07 m. Für die Erlaubnis zur Publikation danke ich der Direktorin des Museums Aydın, Frau Şahire Erhanli.

[52] Die Girlandenplatten des sogenannten Oktogons in Ephesos (s. Anm. 18; H. 1,04 m, L. 1,56 bzw. 1,70 m) tragen je zwei Girlandenbögen, nur einen Bogen die Platten vom sogenannten Ehrengrab oder eher Altar im Hof des Rathauses von Milet (H. 1,13 m, L. 1,90 m; H. Knackfuß, *Milet* I 2, Berlin/Leipzig 1908, 74 Taf. 13, 6; K. Tuchelt, *Buleuterion und Ara Augusti. Bemerkungen zur Rathausanlage von Milet*, IstMitt. 25 [1975] 120ff. Taf. 23). Die Girlandenplatten, die höchstwahrscheinlich zum antoninischen Partherdenkmal von Ephesos gehören, weisen nur ein Bukephalion und zwei halbe Girlandenbögen auf (H. 1,18 m, L. 1,50 m; F. Eichler, *Zum Partherdenkmal von Ephesos*, ÖJh. 49, Beih. 2 [1972] 134f.).

Tierköpfen an den Ecken eine Länge von ca. 2,40 m, was für
einen Sarkophag durchaus passend erscheint.

An der Vorderseite des Sarkophages sind die beiden mittleren
Stierköpfe vollständig erhalten, über die in einem eher flachen
Bogen die gleichmäßig dicke Fruchtgirlande gelegt ist. Trotz
sorgfältiger Angabe von Haaren, sogar Adern in flachem Relief
ist ein gewisser Schematismus in den Stierköpfen unverkennbar.
Dasselbe gilt für die beiden Ehrenkränze, deren Blätter und Binden
fast gleiche Form angenommen haben, sowie die massigen Traubenhenkel, die vom tiefsten Punkt der Girlande herabhängen. Die
Fruchtgirlande selbst ist am plastischsten durchgearbeitet, wobei,
einem auch sonst [53] vorkommenden Brauch folgend, gleich neben
den Stierhörnern Trauben stehen. Die übrigen Früchte, darunter
Pinienzapfen, einzelne Blüten und übergroße Mohnkapseln sind
in sauberer Meißelarbeit voneinander abgehoben, aber nicht stark
kontrastiert. Über dem linken Stierkopf sitzt eine apfelähnliche
Frucht zwischen Blättern, dagegen ist mir das Gebilde über dem
rechten Stierkopf nicht recht erklärlich. Vielleicht wurde hier nicht
fertig ausgemeißelt. Die Tänien, welche die Girlande in der Mitte
des Bogens zusammenhalten und den Treffpunkt der jeweils zur
Mitte gerichteten Früchte verstecken, sind erst oberhalb der Stierköpfe wieder zu sehen, wo sie je einen breiten Knoten bilden, von
dem zwei kurze Zipfel auf die Girlande herabfallen. Zum Überfluß
treten hinter den Bukephalien noch je zwei lange Zipfel hervor,
die annähernd symmetrisch schräg nach unten hängen. Vom Wind
gebläht, ist das linke Paar von außen, das rechte von innen gesehen. Etwas schräger fällt die Tänie vom verlorenen linken
Eckauflager. Der Typus dieser Girlande begegnet vollausgebildet
auf ostgriechischen Rundaltären, von denen etliche, besonders
auf Delos, durch ihre Inschriften ins späte 2. und frühe 1. Jh. v.
Chr. datiert werden können [54]. Die Girlande läuft in etwa gleicher
Breite über die Stierköpfe hinweg. Ihre Früchte richten sich zur

---

[53] Z.B. in Ephesos beim Girlanden-Rundfries vom Domitiansplatz (Alzinger, *op. cit.* [Anm. 18] 43f. Abb. 34).
[54] W. Déonna, *Le mobilier délien*, Delos 18 (1938) 380 Taf. 106, 107;
M. - T. Couilloud, *Les Monuments Funéraires de Rhénée* [Délos (1974)] 219ff.
Taf. 86-88.

Mitte des Schwungs, von wo eine Traube herabhängt. Sehr breite Tänien umwinden die Girlanden oberhalb der Stierköpfe und fallen hinter den Gehängen beiderseits der Bukephalien senkrecht oder ein wenig gebläht hinab. Die gerundeten Zipfel enden in einem oder zwei kurzen Fäden. Freilich sind Unterschiede zu vermerken: Es lösen sich bei der Sarkophagplatte von Tralleis keine Blätter oder Früchte aus dem Girlandenwulst wie bei einigen der Rundaltäre des 2. Jh. v. Chr.[55], vielmehr bleibt der Umriß trotz der starken Plastizität der Früchte gleichmäßig. Auffällig sind die Schlaufen mit kurzen Enden über den Stierköpfen, zu denen die langen Tänien in Widerspruch stehen. Wenig logisch ist auch das Tänienstück in der Mitte der Schwünge, das auf den Rundaltären wegbleibt, aber sowohl am Girlandenrundfries (s. Anm. 52) als auch dem Oktogonfries (s. Anm. 18) von Ephesos sowie einem Altar aus Kyme [56] vorkommt. Es findet sich noch am augusteischen Girlandenfries des sogenannten Ehrengrabes oder eher Altars im Rathaus von Milet (s. Anm. 52). Hier gibt es auch stärker bewegte und in sich gedrehte Tänienenden, die besonders ähnlich sind, wobei aber zu bemerken ist, daß die Bewegung der Tänien nicht erst in der Kaiserzeit aufkommt [57]. Es gibt dafür schon späthellenistische Beispiele [58]. Aus diesen Parallelen gewinnt man einen ersten Anhalt für eine Datierung in die 2. Hälfte des 1. Jh. v. Chr. Die Formel des Stierkopfes läßt sich nur ungefähr einordnen. Die flache trapezoide Form mit dem stark geschwungenen Kontur, den mehrfachen Wülsten um die Augen und dem ebenen, gekräuselten Stirnhaar steht Formeln der Zeit um 100 v.

---

[55] Déonna, *op. cit.* Taf. 106 Abb. 938, 939. Taf. 107 Abb. 945, 946; Rundaltar Athen, Dionysostheater (J. Travlos, *Pictorial Dictionary of Ancient Athens*, New York 1971, Abb. 690).

[56] E. Pfuhl, *Das Beiwerk auf den ostgriechischen Grabreliefs*, JdI 20 (1905) 88 Abb. 18; G. Mendel, *Musées impériaux ottoman. Catalogue des sculptures grecques, romaines et byzantines* III, Constantinople 1914, Nr. 1084 (im folgenden: Mendel).

[57] Tuchelt, *op. cit.* (Anm. 52) 124.

[58] Außer den bei Stephan, *op. cit.* (Anm. 45) 68f. gegebenen Beispielen wären etwa ein Rundaltar in London (*Brit. Mus. Cat.*, Smith, *Sculpture* 3 Nr. 2285 Abb. 40) oder unpublizierte Rundaltäre in Rhodos zu nennen.

Chr.[59] sehr viel näher als einem Gegenstück aus Samos, das zwischen 12 und 16 n. Chr. datiert werden kann [60].

Der erschlossene Ansatz in späthellenistischer-frühaugusteischer Zeit ist so wichtig, weil damit feststeht, daß uns hier ein Prototyp der Girlandensarkophage vorliegt, die ab trajanischer Zeit scheinbar unvermittelt in ausgebildeter Typik auftreten. Aufschlußreich ist in diesem Zusammenhang die unausgearbeitete Rückseite des Sarkophags von Tralleis. Ausgehend von den ,Girlandenrohlingen' oder ,Halbfabrikaten' der prokonnesischen Steinbrüche [61] hat soeben N. Asgari [62] sowohl deren stets gleichbleibenden Typus als Exportartikel festgestellt wie auch die charakteristisch verschiedenen Typen der Girlandenrohlinge anderer Produktionszentren. So hat ihr ,karischer Typus' wie der ,ephesische' nur ein unteres Kastenprofil, aber im Unterschied zu diesem an den Girlandenbossen Pendants und tiefhinabreichende rechteckige Bossen für die Girlandenträger und Tänien. Bezeichnend für unser Stück, das typologisch und geographisch dem , karischen Typ' zuzurechnen ist, erscheint nun, daß die Bossenform noch nicht das rationalisierte Schema der Stücke des 2. Jh. n. Chr. hat, sondern kürzere, zudem von den Girlanden leicht abgesetzte Bossen der Girlandenträger und sogar eigene, flachere Bossen für die flatternden Girlanden. Außerdem bilden die Girlandenbossen noch keine regelmäßigen Kreissegmente, und es fehlen Bossen für Embleme im Girlandenschwung, weshalb an der Vorderseite die Kränze so flach ausfielen. Ob der Sarkophag, dessen Rückseite wegen seiner Aufstellung unausgearbeitet blieb, schon am Herstellungsort Aphrodisias oder Stratonikeia vollendet wurde oder erst in Tralleis, läßt sich wegen

---

[59] Déonna, *op. cit.* (Anm. 54) Taf. 107, Abb. 945, 946.

[60] G. Horn, *Hellenistische Bildwerke auf Samos* [= *Samos* XII], Bonn 1972, Nr. 180 Taf. 94.

[61] J. B. Ward Perkins, *The Hippolytus Sarcophagus from Trinquetaille*, JRS 46 (1956) 10ff.; idem, Smithsonian Report for 1957 (1958) 455ff.; idem, *Four Roman Gardland Sarcophagi in America*, Archaeology 11 (1958) 98ff.; idem, *The Imported Sarcophagi of Roman Tyre*, BMusBeyr. 22 (1969) 109ff. Vgl. die überzeugende Widerlegung seiner Thesen durch H. Wiegartz, *Marmorhandel, Sarkophagherstellung und die Lokalisierung der kleinasiatischen Säulensarkophage*, in: *Mélanges Mansel I*, Ankara 1974, 345ff., bes. 369ff.

[62] *Die Halbfabrikate kleinasiatischer Girlandensarkophage und ihre Herkunft*, AA 1977, 329-380, unser Stück, Aydın B, ebd. 347, 363 Abb. 36, 37.

unserer dürftigen Kenntnis des lokalen Stils während des erschlossenen Zeitraums nicht entscheiden. Jedenfalls ist durch die Anbindung an einen später geläufigen Typus aus dem Einzelgänger ein Vorläufer geworden.

3. Sicherlich wird der Girlandensarkophag von Tralleis einen Dachdeckel besessen haben, der ja fester Bestandteil dieses Typs werden sollte. Zwei reliefierte marmorne Dachdeckel, die ich in Ephesos entdeckte, mögen, da sie zeitlich anschließen, auch für den verlorenen einstehen. Selbst mit Reliefs versehen, setzen sie zwei nicht ganz schmucklose Kastensarkophage voraus, von denen sich bisher nichts gefunden hat.

Der erste Deckel (Abb. 9, 10) ist kürzlich von W. Alzinger als verschollen behandelt und aufgrund eines alten Photos für eine Stelenbekrönung gehalten worden [63]. Er stammt auch nicht, nach einer irrtümlichen Photoaufschrift, vom ‚Claudiustempel', dem Serapeion von Ephesos, sondern liegt noch heute neben dem zweiten Exemplar im obersten Schutt der Südwest-Ecke der Palastanlage ‚oberhalb des Theaters' [64], wenig nördlich des Sockels eines Heroons. Daß die beiden Sarkophage ursprünglich darin gestanden hätten, ist jedoch nicht beweisbar. Vielmehr befindet sich in den Trümmern des Sockels der Rest eines abbozzierten Girlandensarkophages wohl des 2. Jh. n. Chr. (vgl. Anm. 20). Das erste Fragment erweist sich als Sarkophagdeckel nicht nur durch die zu zwei Dritteln erhaltene Gesamtform [65], sondern auch durch die 2,5 cm breiten Falze an der grob gespitzten, geraden Unterseite und die Bosse in der Mitte der Schmalseite mit dem Klammerloch zur Befestigung am Kasten. An der Stelle des Horizontalgesimses befindet sich eine 9,5 cm hohe Schräge, die nur mit dem Zahneisen geglättet ist. Dessen Spuren weist auch die 2,5 cm hohe Leiste auf, die das Geison vertritt. Die entsprechenden Leisten an den Giebelschrägen sind

---

[63] Alzinger, *op. cit.* (Anm. 18) 111f. Abb. 164.

[64] J. Keil, *XV. Vorläufiger Bericht über die Ausgrabungen in Ephesos,* ÖJh. 26 (1930) Bbl. 31ff.; idem, *XVI. Vorläufiger Bericht über die Ausgrabungen in Ephesos,* ÖJh. 27 (1932) Bbl. 8ff.; RE Suppl. XII (1970) 1639f. Nachträge: *Ephesos* B. II 1, Paläste und Wohnhäuser (Alzinger) Nr. 21 in Plan I.

[65] B. ursprünglich 1,13 m, davon erhalten 0,80 m, H. 0,34 m, erhaltene Firstlänge 1,27 m, L. der linken Seite 1 m, der rechten Seite 1,58 m.

fast ganz abgebrochen, ebenso das linke Akroter. Vom rechten hat sich ein Rest (mit zwei antiken Stiftlöchern) erhalten. Die Dachflächen tragen keinerlei Relief. Den Giebel füllt aber ein Akanthusbüschel aus, das zwei spiegelsymmetrische dreiteilige Caulisranken in die Giebelecken entsendet, wo sie mit sichelförmigen Halbpalmetten endigen. Über dem in der Achse aufwachsenden Akanthusblatt ist ein Blüten- oder Palmettenmotif anzunehmen, das durch Bestoßung völlig zerstört ist. Schon Alzinger hat nächste Verwandtschaft zur Rankenornamentik an Fries und Pfeilerkapitellen des Südtores der Agora von Ephesos (geweiht 4/3 v. Chr.) festgestellt [66] und damit den Sarkophagdeckel in die gleiche Zeit datiert. Dem ist nichts hinzuzufügen.

Der zweite Deckel (Abb. 9, 11) [67] ist zwar schlechter erhalten als der erste, gleicht ihm aber in den allgemeinen Zügen und der Oberflächenbehandlung so sehr, daß der Fundort nicht zufällig gemeinsam sein kann. Verschieden proportioniert ist das Auflager, das unter der Schräge keinen schmalen Falz hat, sondern als 6 cm hoher und ebenso breiter Ansatz ohne Falz der Sarkophagwandung aufsaß. Vorhanden ist fast unbeschädigt das linke Akroter, das an der Schmalseite des Deckels von einer Volute eingenommen wird, gegen die sich an der Längseite eine Spirale stemmt. Die Füllung des mit seinen Randleisten bis auf die rechte Ecke erhaltenen Giebels hat sehr flaches Relief. In der Mitte steht eine Omphalosschale, unter der spiegelbildlich zwei Stengelranken mit je zwei Einrollungen zu den Ecken wachsen. Je ein kleines Hüllblatt und ein breiteres Zwickelblatt sind die einzige Kennzeichnung des Pflanzlichen an dieser zierlich-spröden Dekoration. Eine Gleichzeitigkeit mit dem mittelaugusteischen Deckel scheint deswegen schwer vorstellbar. Vergleicht man wieder ephesische Bauornamentik, so stehen am nächsten die glatte Rundstäbe bildenden Voluten und Ranken der Kämpferkapitelle und Konsolen des schon nachaugusteischen Hafentors [68]. Der zweite Sarkophagdeckel in Ephesos

---

[66] Alzinger, *op. cit.* (Anm. 18) 112 Abb. 4. 128-130 und W. Wilberg, *FiE* III, Wien 1923, 40ff. Abb. 101, 111-114.

[67] B. ursprünglich 0,95 m, davon erhalten 0,68 m, H. 0,34 m, erhaltene Firstlänge 1,40 m, L. der linken Seite 1,15 m, der rechten Seite 1,06 m.

[68] G. Niemann - W. Wilberg, *FiE* III, Wien 1923, 189ff. Abb. 187, 188. 203, bes. 205; Alzinger, *op. cit.* (Anm. 18) 60f. 80. 99 Abb. 140a.

wird demnach etwa in tiberische Zeit gehören. Belegen diese beiden Fragmente zwar zum erstenmal Reliefsarkophage in Ephesos während der frühen Kaiserzeit, so bleibt dort doch noch eine offenbar zufällige Lücke der Überlieferung von fast drei Generationen bis zum trajanischen Sarkophag des Celsus [69] (Abb. 34).

4. Dafür setzt in Hierapolis in Phrygien (Pamukkale) ein Monument die Reihe fort, dessen Bedeutung bisher nicht recht gewürdigt worden ist (Abb. 12-18). 1960 legte P. Verzone vor dem byzantinischen Nordwest-Tor und außerhalb der hellenistischen Stadt einen großen Grabbau frei [70], der durch die domitianische Stadterweiterung ins Wohngebiet einbezogen, aber von den daraufhin errichteten Häusern berücksichtigt wurde [71]. Der ohne die verlorene Marmorverblendung 7,19 m lange und 5,51 m breite Bau aus Kalkquadern steht auf zwei Stufen und öffnet sich an der Südost-Seite mit zwei Säulen in antis. Die Vorhalle hat ohne die verlorenen Marmoranten eine Tiefe von 3,30 m. Das dahinter zu erwartende ὑποσόριον [72] ist massiv durchgeschichtet (wie ein Raubschacht ins Fundament auf der Nordost-Seite bestätigt) und besitzt nur

---

[69] Der Sarkophag des Celsus ist gleichzeitig mit dem Bau der Bibliothek um 115 n. Chr. entstanden: V. M. Strocka, Akten des 10. Internationalen Kongresses für klassische Archäologie, Ankara-Izmir 1973 (im Druck); F. Hueber - V. M. Strocka, *Die Bibliothek des Celsus. Eine Prachtfassade in Ephesos und das Problem ihrer Wiedererrichtung*, AW 4 (1975) 3ff.

[70] P. Verzone, *Le campagne 1960 et 1961 a Hierapolis di Frigia*, ASAtene 23/24 (1961/62) 640 Abb. 11, 12. Für die Abb. 16-18 und die Erlaubnis, sie abbilden zu dürfen, bin ich P. Verzone zu großem Dank verpflichtet. — Zwei bisher unpublizierte Sarkophage in Hierapolis, die in der Nähe des hier behandelten, nämlich beim Grabbau des Flavius Zeuxis gefunden wurden, könnten ebenfalls noch dem 1. Jh. n. Chr. angehören. Einer ist ein glatter, oben und unten profilierter Kasten mit Dachdeckel, der andere ist kanneliert (P. Verzone, *Le campagne 1962-1964 a Hierapolis di Frigia*, ASAtene 25/26 [1963/64] 378 Abb. 19, 20). Kanneliert ist auch ein unpublizierter Sarkophagkasten in Aphrodisias, der in einem der Gewölbe des Odeions steht. Wegen des Profils der Tabula ansata sowie dem Eierstab am oberen Rand wird man ihn ins 1. Jh. n. Chr. datieren müssen.

[71] D. de Bernardi, *L'architettura monumentale della porta d'onore e della cosidetta Via Colonnata a Hierapolis di Frigia*, ASAtene 25/26 (1963/64) 391f.; P. Verzone, *L'urbanistica di Hierapolis die Frigia*, Atti del XVI Congresso di Storia dell'Architettura (1969) Estratto S. 6.

[72] Vgl. J. Kubińska, *Les monuments funeraires dans les inscriptions grecques de l'Asie mineure*, Warszawa 1968, 81f.; E. Schneider-Equini, *La Necropoli di Hierapolis di Frigia*, MonAnt. 48 (ser. misc. 1, 2) (1972) 107ff.

eine Scheintür. Die Höhe dieses Unterbaus und das Aussehen seiner Plattform sind ohne eine Aufmessung sämtlicher Reste nicht anzugeben. Jedenfalls stand darüber der riesige Sarkophag, dessen Fragmente noch auf der Ruine des Unterbaus liegen. Erhalten haben sich von ihm beträchtliche Teile des Sockels (Abb. 12, 13), Fragmente der reliefierten Kastenwände (Abb. 16, 17) und ein Stück des Deckels (Abb. 14, 15). Vom 64 cm hohen Sockel sind noch drei Eckstücke erhalten. Das Fußprofil besteht aus Plinthe, senkrecht geschupptem Torus und mit hängenden Blättern belegtem Kyma, das von einem streng korrespondierenden Perlstab abgeschlossen wird. Oberhalb einer glatten Leiste mit Ablauf folgt ein Friesband zwischen lesbischen Kymatien. Im Fries laufen streng symmetrische Caulisranken nach innen, deren von Blättern gefaßte Schößlinge mit Blüten in spiraliger Gegendrehung den Grund weithin bedecken. In der Achse verschlingen sich die Ranken zu einer Doppelvolute. Sie gehen von den Ecken aus, wo gewaltige Akanthus-Garben aufwachsen, deren Spitzen jeweils abgeschlagen sind. Vom Sarkophagkasten wurden zahlreiche, noch immer nicht zusammengesetzte Bruchstücke geborgen (Abb. 14, 15). Die Wandung ist (ohne Relief) 8,5-9,5 cm dick. Wenigstens vier, wahrscheinlich mehr Figuren unter Lebensgröße standen fast vollplastisch frontal vor den Sarkophagwänden. Neben einer Figur scheint ein Eckpilasterfragment erhalten. Dicht über den Figuren zog sich eine flach hängende Fruchtgirlande hin, die mit großen Schlaufen über Bukranien befestigt ist. Im segmentförmigen Girlandenschwung sitzt je eine kräftige Rosette. Gleich darüber liegt ein entsprechend der Relieftiefe weit vorspringendes glattes Profil mit dem Falz zum Einrasten des Deckels. Von diesem (Abb. 14, 15) ist noch etwa ein Drittel vorhanden, glücklicherweise mit der einen, recht gut erhaltenen Schmalseite. Es ist ein Dachdeckel, am First noch 1,50 m, an einer Langseite noch 1,77 m lang, dessen Scheitelhöhe vom Auflager gemessen 58 cm und dessen Breite 1,66 m beträgt. Daraus kann man auf eine Gesamtlänge von ca. 3,80 m schließen [73]. Innen ist der Deckel in Form einer flachen Spitztonne

---

[73] Vgl. Anm. 20. Der um die Mitte des 3. Jh. n. Chr. geschaffene Sarkophag aus Sidamaria in Istanbul (Inv. 1179) hat 3,81 m Länge zu 1,93 m Breite (Mendel I Nr. 112; Wiegartz 156: Istanbul B).

ausgehöhlt. Unter dem waagrechten Deckelprofil zieht sich ein glatter, abwechselnd mit vier- und achtblättrigen Rosetten besetzter Fries hin. Das über einem Ablauf folgende Profil ist mit enggestellten, sich aber noch nicht berührenden siebenblättrigen Palmetten über einem streng korrespondierenden Perlstab besetzt. Zwischen Palmetten mit einwärts gedrehten Blättern stehen je zwei mit auswärts gebogenen, einmal spitzen, einmal runden Blättern. 60 cm von den Ecken befindet sich an beiden Langseiten ein Schein-Wasserspeier als Löwenkopf, der in den Rosettenfries hineinragt. Vielleicht sind die Hebebossen nach der Aufstellung des Sarkophages zu Wasserspeiern umgestaltet worden. An einer Langseite (Abb. 15) ist eine erhebliche Reparatur festzustellen. Darüber liegt das glatt profilierte Geison. Die Palmettenreihe wiederholt sich unter dem Schräggeison mit senkrechten Achsen. Eine ähnlich, einfachere Abfolge von Rosetten, Perlstab, Palmetten, dazu noch Eierstab, kehrt bei einem zum Heroon gehörigen Werkstück wieder (Abb. 18). Von den vegetabilen Seitenakroteren des Giebels sind nur die Ansätze vorhanden. Das Mittelakroter war aufgedübelt. Das Giebeldach ist ohne Relief. Im First befindet sich, 40 cm von der Front, ein 12 cm langes, 2 cm breites Hebeloch, was ein weiteres Hebeloch beim Gegengiebel bedingt. Aus dem glatten Giebelfeld tritt in kräftigem Relief, Schräggeisa überschneidend, ein rundlicher Kopf mit dichtem Lockenhaar heraus. Obwohl Schlangen fehlen, wird man ihn auf eine Medusa deuten können.

Vergleicht man die Palmettenreihe mit den Anthemienbändern am mittelaugusteischen Südtor der Agora von Ephesos[74], so fällt auf, daß dort in klassizistischer Weise ein regelmäßiger Wechsel beabsichtigt ist: Die Einzelelemente unterscheiden sich abwechselnd in Form und Plastizität und auch darin, wieweit der Reliefgrund bedeckt oder freigelegt ist. Hier dagegen wird eine weitgehende Angleichung der vom Typ her noch verschiedenartigen Einzelpalmetten angestrebt sowie eine gleichmäßige Überspinnung des Grundes. Diese Tendenz verstärkt sich bereits im Laufe des 1. Jh. n. Chr., wie das Sima-Palmettenband des 92 n. Chr. errich-

---

[74] W. Wilberg, *op. cit.* (Anm. 66) 71f. Abb. 121-123; Alzinger, *op. cit.* (Anm. 18) 116f. Abb. 166-168.

teten ephesischen Domitiansbrunnens (Abb. 19) beweist [75]. In der Auszehrung der Plastizität des einzelnen Elements fortgeschrittener sind die Simapalmetten des freilich qualitativ geringeren Vespasiansmonumentes von Side (Abb. 20) [76]. Kräftige Plastizität bei ziemlich gleichmäßiger Füllung und darum Ablösbarkeit vom Grunde läßt sich am Rankenfries des Sockels in Hierapolis (Abb. 12, 13) feststellen [77]. Eine Datierung gegen die Mitte des 1. Jh. n. Chr. bestätigen die Frisuren der beiden erhaltenen Köpfe der Relieffiguren (Abb. 16, 17), die jedenfalls in tiberisch-claudische Zeit gehören [78].

Der Figurenfries stellt offenbar die Ehrung des Grabherrn (und seiner Gattin?) durch allegorische Figuren dar, sicher seine Bekränzung durch eine rechts von ihm anzunehmende Nike oder Τιμή wie auf dem augusteischen Zoilos-Relief von Aphrodisias [79]. Dieses monumentale, von wenigstens acht lebensgroßen Figuren gefüllte Relief, offizielle Ehrung eines reichen und freigebigen Bürgers, gehört gewiß zu den Vorläufern und Anregern des Sarkophages von Hierapolis, wo eine entsprechende Darstellung auf die Sarkophagwände übertragen wird. Nach Mitteilung P. Verzones ist der Kopf der Hauptfigur zweimal vorhanden, woraus vielleicht zu schliessen ist, daß sich die Darstellung auf beiden Langseiten wiederholte. Der monumentale Figurenfries am Sarkophag ist zwar nach unserer Kenntnis durchaus ungewöhnlich. Er löst aber einen kleinasiatischen Einzelgänger aus seiner Isolation: den gegen

---

[75] F. Miltner, *XXIV. Vorläufiger Bericht über die Ausgrabungen in Ephesos*, ÖJh. 45 (1960) Bbl. 31ff.; idem, *Die österreichischen Ausgrabungen in Ephesos im Jahre 1958*, AnzWien 96 (1959) 37ff.; Alzinger, *op. cit.* (Anm. 18) 118 Abb. 169; A. Bammer, *Grabungen in Ephesos von 1960-1969 bzw. 70. Architektur*, ÖJh. 50 (1972-75) Bbl. 385f.

[76] A. M. Mansel, *Das ,,Vespasiansmonument" in Side*, Belleten 28 (1964) 198ff. Abb. 20-23.

[77] Vgl. W.-D. Heilmeyer, *Korinthische Normalkapitelle* RM Erg.-H. 16 Heidelberg 1970, 84 Taf. 21, 5.6.: claudisch.

[78] Heilmeyer, *op. cit.* (Anm. 77) 84 sah hier unverständlicherweise ,,Darstellung des Augustus, der Livia und unter anderem auch des Alexander".

[79] A. Giuliano, *Rilievo da Aphrodisias in onore di ΖΩΙΛΟΣ*, ASAtene 21/22 (1959/60) 389ff., bes. Abb. 5 und 12. Das bisher angenommene hadrianische Datum muß nun, nach dem vom selben Zoilos gestifteten frühaugusteischen Proskenion des Theaters von Aphrodisias, revidiert werden: K. Erim, in: D. de Bernardi Ferrero, *Teatri classici di Asia Minore* IV, Rom 1974, 165.

die Mitte des 2. Jh. n. Chr. datierbaren ephesischen Unterwelts-
sarkophag [80], wo die Girlande in den Sockel verdrängt ist. Ebenso
dürfte der Sarkophag aus Hierapolis, zumal seine Ecken anscheinend durch Pilaster betont waren, einen Vorläufer anderer kleinasiatischer Friessarkophage darstellen, besonders der Torre-Nova-
Gruppe [81], deren Typus man bisher aus Athen ableitete [82]. Gibt
es also schon im 1. Jh. n. Chr. Friessarkophage in Kleinasien, so
scheint sowohl Athen wie Rom gegenüber die Priorität hier zu
liegen.

Die Bukraniengirlande (Abb. 16, 17) vertritt wohl den von den
Figuren an den oberen Rand verdrängten normalen Schmuck
eines zeitgenössischen Sarkophages, worauf nicht verzichtet werden
sollte. Dem engen Raum zum Trotz hat sie an Volumen zugenommen. Prall runden sich die Früchte zwischen den schräggestellten,
schattenerzeugenden Blättern. Die plastische, kontrastreiche Wirkung wird dadurch erreicht, daß die Einzelteile der Girlande verhältnismäßig groß gebildet und durch die sorgfältige Meißelarbeit
kräftig, aber auch gleichmäßig voneinander abgesetzt sind. Die
trockene, flache Aufreihung der Teile an der Sarkophaggirlande
von Tralleis (Abb. 7) liegt weit zurück. Entsprechend hat die
Schlaufe über den Bukranien an Größe beträchtlich zugenommen.
Demgegenüber wurde auf das Tänienstück in der Mitte des Gir-
landenschwungs verzichtet. Die hier herabhängenden Traubenhenkel fehlen wohl, um nicht den Figurenfries zu stören. Der
Zunahme der Relieftiefe entsprechend ragen die Rosetten im
Girlandenschwung weit hervor.

Bisher war nur ein Girlandensarkophag in Kleinasien bekannt,
der mit Sicherheit ins 1. Jh. n. Chr. gehört, der vielzitierte Sarkophag von Alaşehir [83], dessen inschriftlich festgelegtes Datum

---

[80] J. Keil, *Grabbau mit Unterweltsarkophag aus Ephesos*, ÖJh. 17 (1914)
133ff. Abb. 18ff. mit Taf. 2; Wiegartz 40f., 44, 64, 179 Nr. 36 (mit Lit.)
Taf. 8 b, 14 b.
[81] G. Rodenwaldt, *Sarcophagi from Xanthos*, JHS 53 (1933) 202ff.;
Wiegartz 17, 34, 42, 58ff., 64, 168 (Rom B).
[82] G. Rodenwaldt, *Sarkophagprobleme*, RM 58 (1943) 11f.; Wiegartz 43f.
[83] J. Keil - A. v. Premerstein, *2. Bericht über eine Reise in Lydien*, DenkschrWien 53 (1910) 39f. Abb. 34; G. Rodenwaldt, *op. cit.* (Anm. 81) 212;
idem, *op. cit.* (Anm. 82) 5. 10; A. W. Byvanck, *Le problèm des sarcophages*

69/70 n. Chr. [84], wohl wegen der minderen Qualität des Reliefs und nachdem das Stück inzwischen verschollen ist, zu Unrecht bisweilen angezweifelt wird. Schwebende Eroten tragen hier die Girlanden, die an den Ecken von Widderköpfen gehalten werden. Die Rückseite des Kastens ist roh belassen, was wie bei den Stücken von Bubon und Tralleis gegen die kleinasiatische ‚Regel' verstößt (s. Anm. 33). Im Girlandenschwung sitzen kleine ‚Frauenköpfe'. Die an Sarkophagen erstmalig nachweisbaren Girlandenträger sind keineswegs hierfür erfunden worden. Daß girlandentragende Eroten aus dem Hellenismus stammen, hat F. Matz ausführlich belegt [85]. Gleichfalls sind Widderkopfe schon an späthellenistischen Altären geläufig [86]. Wenn im Girlandenschwung statt Phialen bereits Rosetten, Kränze oder, wie an der milesischen Altargirlande, Löwenhäupter vorkommen können, sind die Köpfe keine Überraschung mehr, zumal bereits am Girlandenfries des ephesischen Oktogons (s. Anm. 18) ein kleines Medusenhaupt in einer Rosette sitzt. So wird man auch frühere und bessere Girlandensarkophage dieses Typs erwarten dürfen.

5. Zumindest ein weiterer sicher flavischer Girlandensarkophag scheint mir nachweisbar [87]. Es handelt sich um den hervorragenden, mit Deckel erhaltenen Sarkophag vor dem Kültürpark Müzesi in

---

romains, BABesch 31 (1956) 32 Anm. 15; F. Matz, *Ein römisches Meisterwerk*, JdI Erg. - H. 19 Berlin 1958, 49; Wiegartz 44; Gabelmann, *op. cit.* (Anm. 3) 9; Himmelmann, *op. cit.* (Anm. 33) 143f.; F. Işik, *Zur Datierung des verschollenen Girlandensarkophags aus Alaşehir*, AA 1977, 38off.

[84] Ἔτους ε' nach der hier einzig in Frage kommenden Aktischen Ära.

[85] Matz, *op. cit.* (Anm. 83) 48ff. Weitere Beispiele in der hellenistischen Reliefkeramik bei J. Schäfer, *Hellenistische Keramik aus Pergamon* [= PF II], Berlin 1969, 83f. Taf. 37f. Dazu kommen die girlandentragenden Eroten im Fries des augusteischen Aphroditetempels von Aphrodisias (L. Crema, *I Monumenti architettonici afrodisiensi*, MonAnt. 38 [1939] 259 Taf. 49, 2).

[86] R. Horn, *Hellenistische Bildwerke auf Samos* [= Samos XII], Bonn 1972, 46, 48, 215 Nr. 178 Taf. 93 und Beil. 27; B. Schweitzer, *Dea Nemesis Regina*, JdI 46 (1931) 210 mit Abb. 10.

[87] Ein nur in sehr schlechter Aufnahme bekannter Sarkophag aus Üskübü (Prusias ad Hypium) in Bithynien wird als ‚vorflavisch' (K. Bittel, *Fund- und Forschungsbericht Türkei 1943*. AA 1944/45, 64 Taf. 23, 1) oder ‚flavisch' bezeichnet (Himmelmann, *op. cit.* [Anm. 33] 144). Zurecht datiert H. Wiegartz den großen Girlandensarkophag mit Athleten in Milet flavisch (Akten des 10. Internationalen Kongresses für klassische Archäologie, Ankara-Izmir 1973 [im Druck]); s. auch N. Asgari, *op. cit.* (Anm. 62) 342 Abb. 29.

Izmir [88] (Abb. 23-33), der nicht aus Aydın [89], sondern Germencik [90], einem modernen Ort östlich von Magnesia am Mäander stammt. Der Deckel gehört mit Sicherheit dazu, weil er in den Maßen der Aufsetzkante auf Millimeter genau dem Kasten entspricht und auch die gleiche Meißeltechnik wie die glatten Teile des Kastens aufweist. Der Sarkophag besitzt einen Sockel aus mehreren Marmorblöcken, die Plinthe und attische Basis darstellen. Darauf steht der Kasten, dessen glatte Wände unten einen etwas unregelmäßigen Ablauf haben und oben ohne Profil in den Deckel übergehen. Dessen Gesims trägt Ornamente in der Abfolge Perlstab, Eierstab, Kyma mit Palmettenreihe. Je zwei rechteckige Hebebossen an den Langseiten, je eine in der Mitte der Schmalseiten unterbrechen das Gesims. Die Giebelfelder schmückt auf sonst glattem Grund je ein kleiner Schild. Die Eckakrotere zeigen jederseits eine geschlossene Halbpalmette, die Mittelakrotere sind beide bestoßen, scheinen aber gleichfalls Palmetten getragen zu haben. Die Dachschrägen sind ohne Relief und ungeglättet. Der Girlandenschmuck des Kastens zieht sich um alle vier Seiten herum, Drei Girlandenbögen befinden sich auf den Langseiten (Abb. 24, 25), je zwei auf den Schmalseiten [91] (Abb. 26, 27). An den Ecken werden die schweren Fruchtgirlanden von geflügelten Niken unterstützt, sonst von nackten Putten in bewegtem Schrittstand. Alle Figuren haben Standstreifen, die bei den Eroten der einen Langseite, der Fußstellung entsprechend, sogar geteilt sind, bei einem Eros der andern Seite nur als kleine Bossen erscheinen (Abb. 33). Die beiden Langseiten sind weder in der Qualität der Ausarbeitung noch in den Motiven verschieden, so daß man keinen Vorrang einer Seite feststellen kann. Freilich wird nicht schematisch wiederholt. Jeder der üppigen Girlandenbögen mit den üblichen Ähren, Pinienzapfen, Granatäpfeln, Trauben, Birnen, Blättern und dem

---

[88] Izmir, Mus. Inv. 3557. Kasten: L. (unten) 2,465 m; B. (unten) 1,28 m; H. 1,215 m; D. der Wandung 0,08-0,09 m. Decke: B. 1,315 m an der jetzt nördlichen Schmalseite, 1,33 m an der südlichen; H. 0,495 m im Norden, 0,515 m im Süden. Zuletzt: N. Asgari, *op. cit.* (Anm. 62) 347f. Abb. 39.

[89] So bei Wiegartz 41. 178 Nr. 39 Taf. 14a.

[90] Nach freundlicher Auskunft von N. Asgari.

[91] Nach N. Asgari ist dies ein Kennzeichen ihres Aphrodisias zugewiesenen Sarkophagtyps.

herabhängenden Traubenhenkel weicht in der Abfolge von den andern ab. Selbst die Tänienschlaufen mit den kurzen Zipfeln über den Figuren und die hinter der Girlande lang herabfallenden, verschieden stark bewegten langen Enden sind jedesmal anders gestaltet. Dasselbe gilt von den nur ungefähr als Gegenstücke aufgefaßten Niken und Eroten. Von gleichem Typ, aber verschiedener Ausführung sind die gewaltigen Medusenhäupter im Schwung der mittleren Girlande (Abb. 30, 31), ebenso die darunter herabhängenden tragischen Masken. Die in den seitlichen Schwüngen der Längsseiten auf Bodenstreifen hockenden weiblichen Flügeldämonen, die mit Trauergebärde eine auf ein Postament gestellt Urne bewachen, sind zwar spiegelbildlich wiederholt; aber selbst hier lassen sich zumindest zwischen den beiden Seiten Varianten beobachten (Abb. 24, 25, 28, 29). Auch an den beiden Schmalseiten (Abb. 26, 27) bemerkt man keine schematische Wiederholung in Girlanden und Tänien. Die Putten unterscheiden sich durch den Schrittstand. In den Schwüngen der Girlande sitzen vier verschiedene Masken: An der in der gegenwärtigen Aufstellung nach Norden gewandten Seite sind es zwei weibliche Komödienmasken mit verschiedener Frisur, an der Südseite links die Maske eines Satyrs mit Spitzohren und zwei Stirnhörnchen, rechts der Kopf wohl einer Mänade mit flatternden Locken und pathetischem Blick (Abb. 32).

Unser Sarkophag ist von H. Wiegartz [92] in einem flüchtigen Vergleich mit dem angeblich etwas früheren Sarkophag aus Iasos in Istanbul [93] um 140 n. Chr. datiert worden. Schon in den Proportionen sowohl des Kastens als auch des Deckels gibt es erhebliche Unterschiede zum Vergleichsstück. Am Sarkophag von Iasos fällt auf, wie gleichförmig die Girlanden und ihre Träger sowie die mehrfach wiederholten Medusenhäupter gegeben sind. Das flachere, umrißbetonte Relief und die durchgängige Furchung von Haarsträhnen oder Blattgraten mittels des laufenden Bohrers datieren den Sarkophag aus Iasos eher in antoninische als hadrianische

---

[92] Wiegartz 41. 179 Nr. 39 Taf. 14a.
[93] Wiegartz 41. 179 Nr. 38 Taf. 15a-c; Mendel III Nr. 1158.

Zeit. Den Ausschlag gibt die Ornamentik des Gesimses [94], die man mit datierter Architekturornamentik vergleichen muß, von der sie herkommt. Alle drei Ornamente — Perlstab, lesbisches Kyma und Palmettenreihe — sind am Sarkophag von Iasos so stark ausgebohrt, daß die konturierenden oder trennenden Furchen durch ihre starke Schattengebung ebenso den Eindruck bestimmen wie die plastischen Teile. Die Tendenz zu einer unplastischen, filigranen Wirkung der Ornamentik ist seit nachaugusteischer Zeit in der kleinasiatischen Bauornamentik zu spüren, wie oben bereits am Sarkophagdeckel aus Hierapolis bemerkt wurde. Der Prozeß verläuft jedoch langsam und wird erst ganz deutlich, nachdem der neue Einfluß klassizistischer Elemente und Auffassungen unter Trajan und Hadrian verebbt ist. Am bezeichnendsten dafür erscheint das konsequent sich wandelnde empfindliche Motiv der Palmettenreihe. Daß die durch tiefe Furchen aufgetrennten Palmettenblätter soweit ausladen und ohne Abstand und Zwischenblatt die Nachbarpalmetten mit den Spitzen berühren, was den netzartigen Eindruck ausmacht, diese Erscheinung tritt in Kleinasien erst an späthadrianischen Bauten auf, wie dem nach 129 n. Chr. erbauten Hadrianstor von Antalya (Attaleia) [95] oder der 135 n. Chr. datierten Halle von Iasos [96]. Die absichtliche Nichtkorrespondenz der Ornamentachsen, wodurch die Überschaubarkeit verunklärt, größerer Reichtum vorgetäuscht wird, ist typisch für viele antoninische Beispiele [97]. Man wird dem Sarkophag von Iasos also seine Stellung um die Mitte des 2. Jh. n. Chr., frühestens um 140, lassen; den Sarkophag aus Germencik in Izmir muß man aber gerade darum weit abrücken. Schon seine schlichten Ornamente am Deckelgesims (Abb. 23) sind bezeichnend verschieden. Die säuberlich getrennten dickblättrigen Palmetten kommen von den früheren, differenzierteren Gegenstücken am Sarkophag in

---

[94] Wiegartz Taf. 15b.

[95] K. Lanckoronski - G. Niemann - E. Petersen, *Städte Pamphyliens und Pisidiens I*, Wien 1890, 12, 20ff., 154f. Abb. 11 Taf. 6, 7.

[96] G. Pugliese Caratelli, *Nuovo supplemento epigrafici di Iasos*, ASAtene 31/32 (1969/70) 394ff. Nr. 18; Levi, *op. cit.* (Anm. 46) 481ff. Abb. 40.

[97] Etwa am Gesims des Kaisersaals im ephesischen Vedius-Gymnasium, das 147 n. Chr. eingeweiht wurde (J. Keil, *XIII. Vorläufiger Bericht über die Ausgrabungen in Ephesos*, ÖJh. 24 [1929] Bbl. 34ff. Abb. 18).

Hierapolis (Abb. 14, 15, 18) und deren schon genannten Verwandten her. Nicht einmal die kleinen Volutenranken der abwechselnd drei- und fünfblättrigen offenen Palmetten berühren sich. Abgesehen von je einem Bohrpunkt in diesen Voluten und von Vorbohrungen am Perlstab ist das Gesimsornament mit dem Meißel ausgeführt. Ein stilistisch nahestehendes Beispiel aus der großen Architektur bietet das Gesims des inschriftlich in neronische Zeit datierten Sockelbaus am Domitiansplatz in Ephesos (Abb. 21) [98]. Die zugespitzten Eier des Sarkophaggesimses mit sehr dünner Schale würde man für noch augusteisch halten, wären nicht die zarten Zwischenblätter bereits pfeilförmig ausgebildet, was vor flavischer Zeit nicht nachweisbar ist. Der mit dem Eierstab korrespondierende Perlstab hat kreisrunde Perlen und sehr schmale Scheibchen wie bei dem Altar des Vespasianstempels in Ephesos [99] und bei einem Gebälkblock des flavischen Nymphäums von Milet (Abb. 22) [100], wo auch der Eierstab ziemlich ähnlich ist. Die schlichten Akroterpalmetten mit den Randstegen der Blätter gleichen denjenigen des Vespasiansmonumentes von Side (Abb. 20, Anm. 76). Ist der Deckel somit nicht später als flavisch zu datieren, gilt dasselbe für den Kasten, was sich durch weitere Beobachtungen erhärten läßt. Die bereits aufgezeigten Unterschiede zum Reliefschmuck des zwei Generationen jüngeren Sarkophages von Iasos sind nicht Kennzeichen verschiedener Qualität, sondern eines grundlegend anderen Zeitgeschmacks. Die Mannigfaltigkeit der Erfindung und die virtuose Ausführung im einzelnen, die barocke Fülle der Girlanden oder des Medusengelocks und ihre zitternde

---

[98] A. Bammer, *Die politische Symbolik des Memmiusbaues*, ÖJh. 50 (1972-75) 222; *ibid.* Bbl. 385.

[99] J. Keil, *XVI. Vorläufiger Bericht über die Ausgrabungen in Ephesos*, ÖJh. 27 (1932) Bbl. 54ff. Abb. 38 (der Perlstab am oberen Profil ist kaum zu erkennen).

[100] J. Hülsen, *Das Nymphaeum*] = *Milet* I 5], Berlin/Leipzig 1919, passim. Der Block Abb. 22 war zur Zeit der Publikation anscheinend noch unbekannt. Er liegt heute beim Nymphäum. B. Kreiler, *Die Statthalter Kleinasiens unter den Flaviern*, Diss. München 1975, 34ff. hat mit überzeugenden Gründen die bisher für traianisch gehaltene Bauinschrift neu gelesen und in das Prokonsulat des M. Ulpius Traianus (79/80) datiert. Da nicht anzunehmen ist, daß der recht große Bau in einem Jahr vollendet wurde, könnte sich das griechische Inschriftfragment mit der Eradierung Domitians auf die Fertigstellung nach 81 beziehen.

Beweglichkeit durch ein feines Helldunkel der mit dem Bohrer
getrennten Früchte, Haare oder Schlaufen: Dies sind Eigenschaften, die man den soviel besser bekannten flavischen Dekorationen
in Rom, vornehmlich den Grabaltären, seit langem mit Recht
zuschreibt. Im griechischen Osten wurden die entsprechenden,
natürlich einheimisch geprägten Züge neronisch-flavischer Archi-
tektur-Ornamentik und dekorativer Reliefs bisher kaum bemerkt,
weil der Großteil des vorhandenen Materials noch nicht einmal
aufgenommen ist. Die beobachtete Verwendung von Bohrgängen
in Girlanden und Haaren ist zurückhaltender als zu flavischer
Zeit in Rom, und erst recht zu unterscheiden von den harten
Konturen der antoninischen und noch späteren Zeit. Das stellenweise starke Helldunkel am Izmirer Sarkophag rührt von seiner
argen Verschmutzung her. Am Sarkophag von Iasos sind Gesicht,
Haarkappe und Schlangenknoten der Gorgoneia klar gesondert
und voneinander sowie vom Reliefgrund abgesetzt. An dem flavischen Sarkophag dagegen flattern die Haare der Medusen in
mehreren Reliefebenen durcheinander und schmiegen sich mit ihren
feinsten Spitzen sowohl den Wangen wie dem Reliefgrund an.
Dazu kommt die Asymmetrie der Frisur und die leichte Schrägstel-
lung des Kopfes (Abb. 30, 31). Als unmittelbarer Vorläufer, noch
prall und weniger aufgelockert, erweist sich das Medusenhaupt im
Sarkophaggiebel von Hierapolis (Abb. 14). Ebensowenig würde
man die Masken der Nebenseiten im 2. Jh. n. Chr. stilistisch unter-
bringen (Abb. 26, 27, 32). In stark plastischer Auffassung sind die
Köpfe herausgemeißelt, ohne daß stehengebliebene Bohrrillen die
Wirkung bestimmten. Es wird ausdrücklich vermieden, Konturen
durch Bohrlinien zu umreißen; vielmehr werden die Umrisse
besonders bei den Medusen und Girlanden durch zarte Blattspitzen
oder Haarlocken umspielt, ja atmosphärisch aufgelöst. Der Kopf
der Mänade (Abb. 32) mit seinen dicken, vom Meißel gestrählten
Locken, aber auch die starreren Masken erinnern in verblüffender
Weise an die Köpfe des Frieses der Portikus des Tiberius in Aphrodisias [101]. Zwar sind die girlandenhaltenden Köpfe dort entspre-

---

[101] G. Jacopi, *Gli scavi della Missione Archeologica Italiana ad Afrodisiade
nel 1937* (*XV-XVI*), MonAnt. 33 (1939) 81ff. Abb. 4-16 und Taf. 1-39, 42-46;
L. Crema, *I monumenti architettonici afrodisiensi, ibid.* 282ff. Abb. 49-60.

chend ihrer Anbringung viel größer (Frieshöhe 38 cm) und haben durch die Ausbohrung der Iris überstark betonte Augen; sehr verwandt ist jedoch der kräftige Vorsprung der halslosen Protomen und die Charakterisierung der Frisuren [102], selbst die leichte Augenbohrung der Sarkophagköpfe scheint sich von den älteren Vorbildern herzuleiten. Gegenüber deren stark plastischen, aber scharf begrenzten und klassizistisch erstarrten Formen heben sich die Gegenstücke am Sarkophag durch weichere Modulation und bewegliche Details wie die Augenstellung der Mänade oder die Stirnfalten des Satyrs deutlich als flavisch ab.

Dürfte somit die Datierung des Sarkophags in das letzte Drittel des 1. Jh. n. Chr. gesichert sein, bleibt noch die Frage seiner Herkunft offen. N. Asgari hat schon die Doppelgirlande der Schmalseiten als aphrodisiadische Konvention bestimmt und seinen Marmor ebendort lokalisiert. Nichts liegt dann näher als die Ausarbeitung der Reliefs in Aphrodisias selbst anzunehmen, dessen berühmten Werkstätten die hohe Qualität der Arbeit sehr wohl Ehre machen würde. Durch den Vergleich der Köpfe an den Schmalseiten mit dem Fries von Aphrodisias hat sich diese Beziehung überraschend konkretisiert. Mehr als ein Zufall muß es ferner sein, daß die so originell wirkenden Reliefs der eine Urne bewachenden und betrauernden Sphingen oder Harpyien in Aphrodisias gleich zweimal und ebenfalls spiegelverkehrt vorkommen. Die beiden Reliefs wurden im 4. Jh. n. Chr. als Spolien in die Stadtmauer verbaut und stammen wohl von Grabbauten nahebei [103]. Gehörte dieses Motiv zum Repertoire der Bildhauer von Aphrodisias? Man wird die späthellenistisch datierte unvollendete Statuette von Rheneia in Athen [104], die eben diesen Typus mit nach links gewandter Figur in allen Einzelheiten wiederholt, vielleicht in einen

---

[102] Vgl. mit dem Mänadenkopf: Jacopi, op. cit. Taf. 2 Nr. 62; 7 Nr. 9; 26 Nr. 90; mit den weiblichen Masken: ibid. Taf. 5 Nr. 3; 7 Nr. 10; 11 Nr. 28; 24 Nr. 80; mit dem Satyr: ibid. Taf. 3 Nr. 70; 7 Nr. 8; 13 Nr. 35; 24 Nr. 79; 39 Nr. 142.

[103] Ibid. Taf. 42 e.g. Es gelang mir nicht, die Stücke an Ort und Stelle wiederzufinden.

[104] Athen NM 1661: C. Blümel, Griechische Bildhauerarbeit, JdI, Erg.-H. 11 Berlin 1927, 62 Nr. 26 mit Lit. Taf. 32 (,trauernde Sphinx'); S. Karouzou, National Archaeological Museum. Collection of Sculpture, Athen 1968, 182f. Nr. 1661 (,Harpy').

unmittelbaren Zusammenhang bringen können [105]. Alles scheint dafür zu sprechen, daß der Sarkophag von Germencik in dem nicht allzuweit entfernten Aphrodisias gearbeitet wurde.

Die ikonographischen Bestandteile des Sarkophagreliefs gewinnen durch das ermittelte frühere Datum natürlich ein besonderes Interesse. Haben sie hier noch prägnante Bedeutung oder sind sie bereits Konvention? Für die Girlandenhalter, sowohl die Eroten als auch die Niken, wird man eine spezifisch sepulkrale Bedeutung verneinen, da sie mindestens seit dem späteren Hellenismus als obligate Girlandenträger auftreten [106]. In jedem Falle geben sie zusammen mit der Girlande dem Sarkophag eine gewisse Sakralität. Sicherlich sepulkral zu verstehen ist das Medusenhaupt als Symbol des Todes. Auch das Motiv der trauernden Sphinx an der Urne kann nicht mißverstanden werden. Die vierfache und dabei spiegelbildliche Verwendung zeigt freilich, wie sehr die genrehafte Erfindung zum Emblem geworden ist. Medusa und Sphinx, die beiden Motive in den Girlandenschwüngen sprechen von Schrecken und Trauer des Todes. Daß die konventionellen Girlanden mit ihren Trägern demgegenüber die Fülle des jenseitigen Lebens verkörpern würden, scheint doch sehr fraglich. Selbst die herabhängenden Girlandentrauben, die man schon dionysisch gedeutet hat [107], werden als herkömmliches Motiv keine spezifische Bedeutung haben, zumal sie außerhalb Kleinasiens in dieser Form nicht vorkommen und selbst hier fehlen können. Sicher dionysisch und nicht einfach dekorativ ist jedoch die tragische Maske unter dem Gorgoneion in der Mitte der Langseiten zu verstehen. Hier wird, gewiß mit Absicht, der in den Girlandenbögen angeschlagene Ton aufgenommen. Nur die Nebenseiten sind dionysisch

---

[105] Für die weitläufigen Beziehungen oder Wanderungen schon der späthellenistischen Bildhauer von Aphrodisias spricht z.B. der Koblanos-Athlet in Neapel (M. Squarciapino, *La scuola di Afrodisia*, Rom 1943, 16, 24ff. Taf. 1; P. Zanker, *Klassizistische Statuen*, Zabern 1974, 79 Anm. 86.

[106] S.o. Anm. 85. Eine Nike als Girlandenträger findet sich bereits an zwei 1,17 m hohen, 0,35 m dicken Kalksteinplatten im Museum von Side (Inv. 1.6.73 und 1.7.73), die wohl ins 2. Jh. v. Chr. gehören. Die Girlande liegt an der Ecke einem Panskopf auf und trägt in einem Schwung einen auf die Girlande gestellten Kantharos, im anderen ebenso eine Cista mit Schlange. In der rechten Girlande erkennt man kleine Eroten auf der Jagd.

[107] G. Rodenwaldt, *Sarkophag-Miscellen*, AA 1938, 400.

beherrscht, freilich in zurückhaltender Form. Die Theatermasken und die Köpfe von Satyr und Mänade drücken nur mittelbar die dionysische Verheißung aus. Mögen sie in anderm Zusammenhang anderes bedeuten, am Sarkophag wird ihr sepulkraler Bezug unbestreitbar sein. Sowenig der Besteller dieses Programms von den Heilssymbolen überzeugt gewesen zu sein scheint, man kann nicht umhin, den Sarkophag aus Germencik als frühesten bisher bekannten „dionysischen" Sarkophag anzusehen [108].

Der Sarkophag des Tiberius Julius Celsus Polemaeanus (s. Anm. 69) gibt sich, der Vornehmheit seines Eigentümers entsprechend, bescheiden und religiös neutral. Der Apparat der Girlanden und ihrer Träger ist derselbe, nur dem ephesischen Sarkophagtypus gemäß reduziert; anstelle der Sphingen und Protomen aber sind große Blüten getreten, während das Todessymbol der Medusa auf den Giebel beschränkt wurde. Im Vergleich zum flavischen Sarkophag in Izmir tritt die klassizistische Bestimmtheit und Absonderung der Teile, die Überschaubarkeit des Ganzen klar hervor. Der spättrajanische Klassizismus hat auch in Kleinasien den flavischen Barock abgelöst. Der Sarkophag des Celsus steht nicht mehr nur am Anfang einer langen Reihe der verschiedenartigsten Girlandensarkophage des 2. und 3. Jh. in Kleinasien, sondern ist selbst schon Antwort auf eine nicht minder lange, aber noch sehr lückenhafte Sequenz einheimischer Vorbilder.

---

[108] F. Matz, *Die dionysischen Sarkophage* [= ASR IV 1-4], Berlin 1968-74, passim. „Der einzige kleinasiatische Sarkophag unter den dionysischen", bei Matz, *op. cit.* 194 Nr. 78 Taf. 94, 1. 95, 1.2, ist freilich ein Fries-Sarkophag oder eher eine Ostothek (L. 1,18 m) mit Dionysos und Ariadne auf dem Wagen samt Thiasos. Die frühesten dionysischen Sarkophage aus Rom haben gleichfalls von Eroten getragene Girlanden mit Masken bzw. dionysischen Reliefgruppen im Girlandenschwung (Matz, *op. cit.* 121ff. Nr. 26-30, 32-34; Himmelmann, *op. cit.* [Anm. 33] 141ff.).

Photonachweis

5 (N. Asgari), 16-18 (P. Verzone), 34 (J. Roewer). Alle übrigen vom Verfasser.

RICHARD D. SULLIVAN

PRIESTHOODS OF THE EASTERN DYNASTIC ARISTOCRACY *

I. *Introduction*

Study of the Eastern dynastic aristocracy in the first and second centuries reveals remarkable circumstances: continued popular loyalty toward the traditional leaders; outstanding military and political achievements; social benefactions; architectural innovations; increased diffusion of the elements of Roman and Hellenic city-civilization [1]. Not least among the facets of the aristocracy's work stands religious activity. Virtually all of the members of one interrelated group of dynasts and aristocrats demonstrably held priestly office either in local or in Roman cults. A full study of this phenomenon would probably reveal that religious service constituted a normal extension of the widespread practice of holding multiple military and political offices. In the case of at least one dynastic family, that of the kings of Commagene, religious activity strongly affected its entire history, ranging, over a span of 275 years, from apotheosis to priesthoods to international religious benefactions [2]. The religious work carried on by the members of this small but representative group probably ranked in their own minds equally with their comprehensive programs of national development and consoli-

---

* It has been an honor and a pleasure to compose this article in tribute to Professor Dr. Friedrich Karl Dörner, who, sustained by the company of his lovely wife, has done so much to advance the study of ancient Anatolia.

[1] The present discussion concentrates on a limited group: Eastern kings, dynasts, and aristocrats interrelated either by descent or by marriage.

Their architectural monuments include the library dedicated to Celsus Polemaeanus at Ephesus and the dynastic commemoration of Antiochus Philopappus in Athens, as well as anomalies like the pyramid of Izates and Helen in Jerusalem. On these, see below. For all, the spreading of cities constituted a strong priority, but probably most so for Antiochus IV of Commagene.

[2] See AW 6 (1975) Sondernummer *Kommagene* for the most recent treatment of all aspects of Commagenian history. On the persistence of its religious activity, see J. Gagé, *"Basiléia". Les Césars, les Rois d'Orient, et les "Mages"*, Paris 1968, *passim*.

dation. As one of many beneficial devices [3], the cultivation of religious loyalty among the populace accorded both with Eastern tradition and with sound national policy.

Among the relatively limited, interrelated group selected for discussion here, numerous examples remain of such multifaceted careers. The Galatian noble C. Julius Severus, an ἀπόγονος of kings and an ἀνεψιός of several others to be examined, can list an impressive sequence of secular and religious offices as well as an extraordinary service: ἀποδεξάμεν[ον] . . . στρατεύματα τὰ παραχειμάσα[ν]τα ἐν τῇ πόλει during Trajan's Parthian campaign in 114 [4]. This blending of duties to one's countrymen, to Greek society (Severus is πρῶτος ῾Ελλήνων), to the Roman state and army, and to the gods or cults of Greeks and Romans alike flows from a unified ideal of service. Not for this society a class of idle rich.

The tradition of higher direction and example, which arose centuries earlier, remained undiminished in the first two centuries after Christ. From the monumental structures at one end of Asia Minor in Commagene [5] to those at the other in Pergamum [6], an example set long before was followed early in the second century by such nobles as the son of Ti. Julius Celsus Polemaeanus, in dedicating the library to his father at Ephesus, and by the last major figure from the Commagenian royal house, C. Julius Antiochus Epiphanes Philopappus, whose monument still stands on the Hill of the Muses in Athens [7]. In Commagene itself modifications to the

---

[3] Some of the others are treated in two studies by R. D. Sullivan (*Dynastic Propaganda in Commagene*, in: Proc. of the Tenth Intern. Congr. of Class. Arch., 1973; *Diadochic Coinage in Commagene after Tigranes the Great*, NumChron. Ser. 7, 13 [1973] 18-39 with Pl. 14).

[4] *IGRR* III 173 = *OGIS* 544 = E. Bosch, *Quellen zur Geschichte der Stadt Ankara im Altertum* [= TTK 7, 46], Ankara 1967, 122ff. no. 105.

[5] F. K. Dörner - Th. Goell, *Arsameia am Nymphaios. Die Ausgrabungen im Hierothesion des Mithradates Kallinikos von 1953-1965* [= Ist Forsch. 23], Berlin 1963; a study of Nemrud Dağ by F. K. Dörner - Th. Goell - J. H. Young is in preparation.

[6] The spirit which had created the great structures under the Attalids remained alive in the time of the Quadrati there: see below, Section IV.

[7] M. Santangelo, *Il monumento di C. Julius Antiochos Philopappos in Atene*, ASAtene N.S. 3/5 (1941/43) 153-253; J. Travlos, *Pictorial Dictionary of Ancient Athens*, New York 1971, 462ff. On Direk Kale: W. Hoepfner, *Direk Kale. Ein unbekanntes Heiligtum in Kommagene*, IstMitt. 16 (1966) 157-177.

temple of Apollo at Direk Kale show a continued religious and architectural vitality.

II. *Commagene*

In Commagene, piety was always a concomitant of political endeavour. The royal house associated itself with local and international cults almost from the beginning, to judge not only from coins, regnal titles, and inscriptions, but also from iconography, dynastic tradition, and surviving traces of religious architecture [8]. By the time of Mithradates I, whose sobriquet *Kallinikos* echoed that applied to Heracles in the East, some religious syncretism may have been attempted [9]. However, the major impetus for this work came in the reign of Antiochus I, who adopted the unabashed cognomen *Theos* [10]. To administer the cults which he ordained in perpetuity for the holy places of Commagene, Antiochus created a priesthood with strong prerogatives and protections. Its work apparently continued unchecked for several centuries [11].

The descendants of Antiochus I continued the dynasty's religious work. In part this involved benefactions or offices elsewhere and in part the preservation of his domestic accomplishments. His successor, Mithradates II, constructed an impressive *Hierothesion* in full view of the larger one on Nemrud Dagh; in it he buried his mother with her daughter and grand-daughter [12]. Abroad, Antio-

---

[8] See the bibliography and treatment of these questions by the various contributers to the AW 16 (1975) Sondernummer *Kommagene*.

[9] H. Waldmann, *Die kommagenischen Kultreformen unter König Mithradates I. Kallinikos und seinem Sohne Antiochos I.* [= EPRO 34], Leiden 1973, 36, with 83 line 33 for heroic labors like those of Heracles, and *passim* on the work of Mithradates.

[10] See the new text published by J. Wagner - G. Petzl, *Eine neue Temenos-Stele des Königs Antiochos I. von Kommagene*, ZPE 20 (1976) 201ff. On the historical aspects of the adoption by Antiochus of this cognomen, see R. Sullivan, *Die Stellung der kommagenischen Königsdynastie in den Herrscherfamilien der hellenistischen Staatenwelt*, AW 6 (1975) Sondernummer *Kommagene* 35.

[11] L. Robert, *Géographie et philologie, ou la terre et le papier*, in: Actes du VIIIe Congrès Association G. Budé, Paris 1968, 79.

[12] *IGLSyr.* 50 = *OGIS* 403 = Waldmann, *op. cit.* (note 9) 56f. no. K. I have recently argued elsewhere the identification of this king as Mithradates II, largely on the basis of his epithet *Philorhomaios* and a joint coinage

chus I had been honored at Ephesus εὐσεβῶς διακείμενον πρὸς τὴν θεὸν διὰ προγόνων. Antiochus III won the regard of the δῆμος at Athens [ἀρ]ετῆς ἕνεκα [13].

Antiochus IV and his sister-wife Iotape would receive ample honors in Chios as holders of the stephanephorate, with further honors on the coinage there [14]. The last full monarch of Commagene, Antiochus IV, bore among his titles the former Seleucid *Epiphanes*. Whether this and related usages, as on his coins, still carried firm religious connotations is difficult to say, but the division between piety and patriotism had never been strong in Commagene. Probably the case was similar with his eponymous status at Chios, to which he had presented dedications of considerable apparent value [15]. Finally, one of the sons of Antiochus also used the name *Epiphanes*. His brother revived the name borne by Mithradates I: *Kallinikos*, apparently stemming from the Eastern titles of Heracles, with whom Mithradates was shown on the sculpture of Commagene [16]. The joint coinage of the two brothers carries a few details of religious significance, by local usage, especially the *dexiosis* long favoured in Commagenian statuary. The legend, ΠΙΣΤΙΣ, would

---

with Antiochus. See E. Babelon, *Inventaire sommaire de la Collection Waddington*, RevNum. Sér. 4, 2 (1898) 617 no. 7243 and Pl. 18.3, with his *Les Rois de Syrie, d'Armenie, et de Commagene*, Paris 1890, Repr. Bologna 1971, CCXIIIf.; D. Sestini, *Descriptio numorum veterum ex museis Ainslie, etc.*, Leipzig 1796, 506; Th. Reinach, *L'histoire par les monnaies*, Paris 1902, 245; T. Mionnet, *Description de medailles*, Suppl. VII, Paris 1835, 725 no. 5. The King Mithradates *Philhellēn* and *Philorhomaios* whom Antiochus honors in *OGIS* 395 = *IGLSyr.* 22 would then be identical with his successor, Mithradates II, necessitating an adjustment in my stemma (Sullivan, *op. cit.* [note 10] 35). Support for this view lies in the new inscription of Wagner-Petzl, *op. cit.*(note 10) 212 with notes 35-36. The epithet *megas* for Mithradates matches that of his mother if a suggested reading of *IGLSyr.* 7c is correct.

[13] *OGIS* 405, which Wagner-Petzl (*op. cit.* [note 10] 209 note 24, cf. 210 note 28) date early in his reign on the basis of titulature. *OGIS* 406.

[14] *SEG* XVI 490; XVII 381 D; *IGRR* IV 940 and 945f. with L. Robert, *Études épigraphique et philologique*, Paris 1938, 128-142 and *BullÉp.* 1958, 296f. no. 382; J. Keil, *Aus Chios und Klazomenai*, ÖJh. 14 (1911) Bbl. 49-58; W. G. Forrest, *Some Inscriptions of Chios*, BSA 61 (1966) 198; D. Magie, *Roman Rule in Asia Minor* II, Princeton 1950, 1367 note 49 (cit.: Magie, *Roman Rule*).

[15] *Ibid.*, with *PIR²* J 149.

[16] On the sons: *PIR²* J 150 and 228.

take on a certain irony after Roman absorption of the kingdom in
72 [17].

A text dedicated by Antiochus Epiphanes at Eleusis reads now
only: ['E]πιφάνο[υς] [β]ασιλέω[ς] [18]. But we find that Epiphanes knew
his own mind at an early age in regard to religious matters: he
rejected marriage to a Jewish princess μὴ βουληθεὶς τὰ 'Ιουδαίων
ἔθη μεταλαβεῖν [19]. He may have married instead the daughter of
the astrologer Ti. Claudius Balbillus, who has been identified with
the noted prefect of Egypt, and who had himself married an Eastern princess [20]. The daughter of Epiphanes speaks of her maternal
grandfather as Βάλβιλλος γενέταις μᾶτρος βασιλήϊδος ἄμμας.

The career of his brother, Kallinikos (Callinicus), lies now in
obscurity, but the children of Antiochus Epiphanes both exhibit
the high social position of the dynasty. There seems reason to be-
lieve that this daughter, Julia Balbilla, was a priestess and served
Hadrian in this capacity in 130; she may have retained a link with
the cult of her ancestor, Antiochus I of Commagene [21]. One of her
epigrams speaks of both grandparents as pious:

Εὐσέβεες γὰρ ἔμοι γένεται πάπποι τ' ἐγένοντο
Βάλβιλλός τ' ὁ σοφὸς κ' 'Αντίοχος βασιλεύς.

Finally, Ti. Julius Antiochus Epiphanes Philopappus. He used
both titles, *basileus* and *Epiphanes*, neither presumably accurate [22].
Among his religious services are dedications to Asclepius, the office
of ἀγονοθέτης Διονυσίων and membership in the *Fratres Arvales* [23].

---

[17] *BMC. Galatia, Cappadocia, and Syria* 110ff. with Pl. XV.

[18] *IG* II/III² 3450.

[19] Ios. *Ant. Iud.* 20, 139. This was Drusilla, *PIR*² D 195, daughter of
Agrippa I. She later married King Azizus of Emesa (A 1693), a cousin of
Epiphanes.

[20] Gagé, *op. cit.* (note 2) 75-85, who suggests that this princess might have
been a Commagenian.

[21] *PIR*² J 650. Her epigrams are collected in A. and E. Bernard, *Les
inscriptions grecques et latines du Colosse de Memnon*, Paris 1960, 80-98, nos.
28-31. *CIG* 4725-4730.

[22] *OGIS* 410, with its note 1.

[23] *IG* II/III² 4511; Plut. *Quaest. Conviv.* 1, 10,1 (628 A); *ILS* 845 = *OGIS*
409; *SEG* XXI 735. For a suggestion of relationship to a priestess at Laodicea-
ad-mare, see *IGLSyr.* 1264 = *OGIS* 263. For the date of this office, see C. P.
Jones, *Plutarch and Rome*, Oxford 1971, 27 note 52.

Closely related to the last dynasts of Commagene were a number of kings and several consulars: King Alexander of Judaea and his children; Polemo II of Pontus; five kings or princesses from Emesa, with two royal Judaeans numbered among their spouses. Finally came a series of senators related less closely, as ἀνεψιοί to King Alexander. And descendants of the Emesene cousins would move from the priesthood of Sol Invictus there to the imperial throne. Now to look at these [24].

III. *Cappadocia*

A neighbor of Commagene, giant Cappadocia, produced a first-century royal family drawn from the holders of a Pontic priesthood. Among his arrangements in the East, Pompey Ἀρχέλαον ἐπέστησεν ἱερέα [25]. Appian concurs: Pompey ἀπέφηνε . . . τῆς ἐν Κομάνοις θεᾶς Ἀρχέλαον ἱερέα [26]. In 47 B.C., Caesar confirmed the arrangements of Pompey in the East πλὴν τῆς ἐν Κομάνοις ἱερωσύνης, ἣν ἐς Λυκομήδην μετήνεγκεν ἀπὸ Ἀρχελάου [27]. Both Strabo and the *Bell. Alex.* note the power and the proximity to the throne of Cappadocian priests. The priest is δεύτερος κατὰ τιμὴν ἐν τῇ Καππαδοκίᾳ μετὰ τὸν βασιλέα· ὡς δ' ἐπὶ τὸ πολὺ τοῦ αὐτοῦ γένους ἦσαν οἱ ἱερεῖς τοῖς βασιλεῦσι [28]. The sanctuary is *vetustissimum et sanctissimum in Cappadocia Bellonae templum, quod tanta religione colitur ut sacerdos eius deae maiestate, imperio, potentia secundus a rege consensu gentis illius habeatur* [29].

---

[24] The nomenclature of Ti. Julius Balbillus, called *sac(erdos) Solis Elagabali* in inscriptions, would fit a descendant of the last Commagenians, as Gagé, *op. cit.* (note 2) 163, 324f. points out. But it would also fit descendants of the Judaean house in Emesa, where the priesthood constituted the main one. See Section V. The inscriptions are *CIL* VI 2129f., 2269f., 708; *ILS* 4329-4331, 1346.

[25] Strab. 12, 3, 34 (558); cf. 17, 1, 11 (796). This man was the second of five bearers of the name. He and his son served as priests but not kings; Archelaus IV became the first of them to rule Cappadocia, for which reason he is often enumerated Archelaus I. His son followed him as ruler of a part of Cilicia. *OGIS* 362 refers to the last Archelaus, 357-360 to his father, 361 to his grandmother, and 363 to his sister. See below.

[26] App. *Mithr.* 114 (560).

[27] App. *Mithr.* 121 (597).

[28] Strab. 12, 2, 3 (535).

[29] *Bell. Alex.* 66, 3. Caesar may have instead visited the Pontic Comana, since the Cappadocian one would have involved a detour. But the account given by the author of the *Bell. Alex.* may nevertheless be based on an accu-

(Appian calls the Pontic priesthood a δυναστεία βασιλική [30].) The priest at Comana also had forces of his own: *magnum bellum in Cappadocia concitaretur, si sacerdos armis se, quod facturus putabatur, defenderet, adulescens et equitatu et peditatu et pecunia paratus* [31]. The dividing line between the priestly and the royal family had not been sharp: ἐπὶ τὸ πολὺ τοῦ αὐτοῦ γένους ἦσαν οἱ ἱερεῖς τοῖς βασιλεῦσι, with the populace ἄλλως μὲν ὑπὸ τῷ βασιλεῖ τεταγμένοι, τοῦ δὲ ἱερέως ὑπακούοντες τὸ πλέον [32]. Comana had already achieved the status of a πόλις in the days of Archelaus, and *OGIS* 358 speaks of a δῆμος there.

This priesthood remained active for centuries. One text even reveals a μητέρα ἀρχιερέων πέντε [33].

The 'temple states' of Pontus, Cappadocia, Cilicia, and elsewhere exhibit fully as cohesive and comprehensive a pattern of rule by priests as do the 'national' states by kings. Perhaps only the scale differs. Besides the examples of Comana in Pontus and Comana in Cappadocia, Cabeira and Zela in Pontus had displayed this characteristic before Pythodoris, widow of Polemo I and of Archelaus, took control of them [34].

When Romans encountered this phenomenon their instinct was to insure a measure of state control over the priests, even if that meant appointment of a dynast to a portion of the priestly territory [35]. Conversely, the progress of a priestly family to the Cappadocian throne itself would have struck no Easterners as anomalous. From Rome to Commagene, coalescence of ruler and priest had much to recommend it.

The independence Archelaus showed throughout his reign, the substitution of *Philopatris* for the *Philorhomaios* of his royal pre-

---

rate account of the Cappadocian cult-site. See R. Harper, *Tituli Comanorum Cappadociae*, AnSt. 18 (1968) 98ff.

[30] App. *Mithr*. 114 (560).

[31] Cic. *Ad Fam*. 15, 4, 6.

[32] Strab. 12, 2, 3 (535).

[33] Harper, *op. cit.* (note 29) 101-104 nos. 2,02-2,07.

[34] Strab. 12, 3, 31 (557) and 12, 3, 37 (559). Discussion by H. Buchheim, *Die Orientpolitik des Triumvirn M. Antonius*, Heidelberg 1960, 50.

[35] Thus Lycomedes receives the priesthood at Comana as *regio Cappadocum genere ortus iure minime dubio*: *Bell. Alex*. 66, 4; Strab. 12, 3, 35 (558).

decessors, the apparent religious connotation of his epithet *Ktistes*, and the creation of a vast state by his marriage to Pythodoris all point to a strength in his position which derived not from Roman recognition but from his local origins and ties [36]. To win full royal acceptance in the East, local credentials were prerequisite, as the fate of Archelaus's own grandson and great-grandson, Tigranes V and VI [37], demonstrated when they tried to rule Armenia without the close ties and careful preparation that his stepson Zeno-Artaxias had utilized for his successful reign there [38].

These two aspects of the origins of Archelaus—his religious connections and his dynastic ties—remained prominent during his reign. A text from Comana in Cappadocia calls Archelaus τὸν κτίστην καὶ σωτῆρα [39]. At Olympia he receives honor ἀρετῆς ἔνεκεν κ[αὶ εὐνοίας . . .] [40]. At Athens the commemoration is εὐεργεσίας ἕνεκα and his mother wins praise ἐπί τε τῆι . . . ἀρετῆι τε καὶ δόξηι κα[ὶ τῆι] . . . εὐ[νοίαι] [41]. Perhaps mere conventional pieties, but they bespeak a standard consonant with the family's full priesthoods as well.

Under Archelaus, Cappadocia achieved perhaps its highest position among the dynasts of the Near East. As great-grandson of Archelaus the Pontic general [42], Archelaus the king of Cappadocia could offer appropriate credentials in his marriage to Queen Pythodoris of Pontus, the strong-minded widow of Polemo I. This mother of the successful Armenian King Zeno-Artaxias and of Antonia Tryphaena, wife of Cotys of Thrace, welcomed Cappadocians to a dynasty whose eventual ramifications also reached into Cilicia through Polemo II and Armenia Minor through her grand-

---

[36] M. Pani, *Roma e i re d'oriente da Augusto a Tiberio*, Bari 1972, 103ff., rightly stresses his determination—fatal to himself but no less real for that —to steer an independent course for Cappadocia even to the point of "polemica . . . contro il servilismo filoromano dei suoi predecessori" (since Ariobarzanes I). Nor had he been "una creatura di Antonio". On the local significance of *Ktistes*: Pani 162; cf. 152.

[37] *PIR* T 149-150.

[38] Bibliography and discussion: Pani, *op. cit.* (note 36), section V.

[39] *OGIS* 358, republished with discussion by Harper, *op. cit.* (note 29) 99-101 no. 2, 01. On his parents and rule under Antony: Cass. Dio 49, 32, 3.

[40] *OGIS* 359.

[41] *OGIS* 360-361.

[42] Bibliography: Pani, *op. cit.* (note 36) 94.

son Cotys [43]. Among the remaining grandchildren of this powerful
queen were King Rhoemetalces of Thrace, Pythodoris II, Queen of
Thrace, and Gepaepyris, Queen of Bosporus. The claim of Zeno-
Artaxias to Armenia may have derived in some measure from ties
forged when the dynasty of Pontus had boasted a queen of Tigranes
the Great. Whatever the legal position, his acceptance by the
populace may have rested in part on religious usages too: *favor
nationis inclinabat in Zenonem . . . quod is prima ab infantia instituta
et cultum Armeniorum aemulatus* [44].

Glaphyra, daughter of Archelaus, was to number among her husbands Juba of Mauretania, himself considered a god by his sub-
jects [45]. More substantially for her future and that of the family,
Glaphyra married a son of Herod the Great named Alexander. By
him she bore two sons, Tigranes V and Alexander, who in turn
sired a second Tigranes, father of that King Alexander who would
one day marry the daughter of Commagene's last king [46].

Archelaus himself ruled in two regions, besides Cappadocia,
where the remaining dynasts of the East considered important in-
terests to lie: Armenia Minor and Rough Cilicia. The first of these
was held by a succession of related kings for over a century during
which the 'Armenian question' evolved toward its solution under
Nero [47]. The second, once ruled in part by Polemo I, first husband

---

[43] Respectively, *PIR*² A 1168, A 900, C 1554, J 472, C 1555. For the remaining grandchildren: *PIR* R 52 and *PIR*² G 168; Pythodoris II, wife
of Rhoemetalces II (J 517) was not listed in *PIR*.

[44] The bride of Tigranes had been Cleopatra, daughter of Mithradates
VI Eupator. On Zeno: Tac. *Ann.* 2, 56.

[45] Min. Felix 21-23: *Iuba Mauris volentibus deus est. OGIS* 362. *PIR*²
J 65.

[46] See Section VII. Glaphyra is *PIR*² G 176. On the assumption that the
father of Tigranes the Great ruled, the enumeration of these kings has
advanced by one, making these now Tigranes V and VI in recent works.

[47] From Pharnaces of Pontus, son of Mithradates Eupator and father-in-
law of Polemo I, Armenia Minor passed to Deiotarus of Galatia, who betrothed
a son into the main Artaxiad dynasty: Deiotarus, *cuius filio pacta est
Artavasdis* [son of Tigranes the Great] *filia* (Cic. *Att.* 5, 21, 2). Its next ruler,
Ariobarzanes III of Cappadocia, was the son of Athenais Philostorgos of
Pontus, daughter of Mithradates Eupator and sister of Ariarathes IX of
Cappadocia. Polemo I took control of it by one of Antony's arrangements
in the East. By about 30 B.C. it was in the hands of Artavasdes of Atropa-
tene, whose son and grandson later ruled Armenia and whose daughter

of Pythodoris, who later married Archelaus, came under his control probably in order to check the rough tribesmen of the mountains south and west of Elaeussa: τῷ . . . ’Αρχελάῳ καὶ ἡ τραχεῖα περὶ ’Ελαιοῦσσαν Κιλικία καὶ πᾶσα ἡ τὰ πειρατήρια συστησαμένη [48]. His son was to follow him in the region, probably to control the Cietae [49]. His step-daughter's son Polemo II would rule nearby, probably in the ancestral domains at Olba and west as far as Laertes [50]. Antiochus IV of Commagene took control of the region under Caligula and Claudius as *rex eius orae*, at least once coming into conflict with a local tribe [51]. Finally, the daughter of Antiochus married the great-great-grandson of Archelaus for a period of rule in Cilicia, possibly including Elaeussa itself, but more likely the territory of the Cietae [52].

The priests at Comana could hardly have foreseen the ultimate ramifications of the family.

IV. *Pontus*

Another dynasty closely linked with that of Commagene was the royal house of Pontus in the early first century and later. Polemo II, King of Pontus and Bosporus, was a nephew of the same Zeno-

---

married Mithradates III of Commagene. In 20 B.C. it went to Archelaus of Cappadocia (Cass. Dio 54, 9, 2), who married Polemo's widow; his descendants would include two kings of Cilicia (his son Archelaus and King Alexander of Judaea) and two of Armenia (the two named Tigranes from the Judaean house, where Glaphyra had gone). Ultimately Polemo II, his brother Cotys, and his relatives Aristoboulos of Judaea (A 1052), Antiochus IV of Commagene, and Sohaemus of Emesa (J 582) gained Armenia Minor or parts of Armenia itself. For more detail on this remarkable dynastic manoeuvring, see R. Sullivan, *Papyri Reflecting the Eastern Dynastic Network*, ANRW II 8, 921-22 with notes 53-60.

[48] Strab. 12, 1, 4 (535). Archelaus took the task seriously, fortifying Elaeussa and administering from there: Strab. 12, 2, 7 (537); cf. 14, 5, 6 (671) and Cass. Dio 54, 9, 2. OGIS 357 mentions his two kingdoms.

[49] Tac. *Ann.* 6, 41, 1. *PIR²* A 1024. OGIS 362. Magie collects the bibliography on the two kings' coinage: *Roman Rule* 1368 note 49 and 1354 note 11.

[50] See below. For Laertes: G. Bean - T. Mitford, *Journeys in Rough Cilicia 1964-68* [= TAM Erg.-Bd. 3], DenkschrWien 102 (1970) 95 no. 71 and Map B. For what it is worth, the name Polemo also turns up nearby at Hamaxia: iidem, *Sites Old and New in Rough Cilicia*, AnSt. 12 (1962) 188 no. 1.

[51] Tac. *Ann.* 12, 55, 1-2.

[52] See below, note 124.

Artaxias whose rule over Armenia in the early years of the first century gave that troubled country its last period of stability until after the settlement with Parthia under Nero [53]. Like his relatives (by marriage) Agrippa I of Judaea and Antiochus IV of Commagene, both close enough to Caligula to win the alarmed sobriquet of *tyrannodidaskaloi* to him, Polemo and his brothers are termed συντρόφους καὶ ἑταίρους ἑαυτῶι [Caligula] [54]. Polemo and his brother Rhoemetalces III of Thrace took care to honor Roman cults, however ephemeral; we find them συνιερουργήσοντες καὶ συνεορτάσοντες τῆι μητρὶ ἐπιτελούσῃ τοὺς τῆς θεᾶς νέας 'Αφροδείτης Δρουσίλλης ἀγῶνας [55]. Their mother, Antonia Tryphaena, receives approving mention for religious activities in a series of inscriptions from Cyzicus [56].

A sister of Polemo, Gepaepyris, was the wife of Aspurgus, King of Bosporus [57]. Some descendants of Gepaepyris bore the title ἀρχιερεὺς τῶν Σεβαστῶν διὰ βίου, as for instance her grandson Ti. Julius Rhescuporis II, King of Bosporus, his son Ti. Julius Sauromates I, and his descendant Ti. Julius Rhescuporis III. Several members of the dynasty used the title Εὐσεβής, as Polemo I had [58]. This may mean little, but does show continuance of the sentiment in favor of a religious aspect to royal rule in this part of the East.

In his own dynastic activity, Polemo travelled the same routes as more than one Eastern dynast had: to Judaea in search of a mate. He was desired by the Jewish princess Berenice, at least for a time. The religious issue which frustrated the nuptials planned between Berenice's sister and a son of Antiochus IV of Commagene

---

[53] On his grandfather, Polemo I, see W. Hoben, *Untersuchungen zur Stellung kleinasiatischer Dynasten in den Machtkämpfen der ausgehenden römischen Republik*, Diss. Mainz 1969, 39-53 and Buchheim, *op. cit.* (note 34) 50ff. For the dynastic activity of Polemo II, see Sullivan, *op. cit.* (note 47).

[54] Cass. Dio 59, 24, 1. *IGRR* IV 145 = *Sylloge³* 798. Cass. Dio 59, 12, 2.

[55] *Ibid.*

[56] *IGRR* IV 144-148. Th. Reinach (*Some Pontic Eras*, NumChron. Ser. 4, 2 [1902] 1-7) suggested that Tryphaena did not at once accede to the kingdom of Pontus on the death of Pythodoris, but rather lived for a time at Cyzicus. Cf. Magie, *Roman Rule* 513.

[57] *PIR²* G 168; A 1265.

[58] Descendants of Gepaepyris: *PIR²* J 512, 550, 513, respectively. The title *Eusebēs* was borne by royalty studied in *PIR²* J 276-277, 300, 512-514, 516, 550-551, 602.

proved no impediment for Polemo. Berenice πείθει Πολέμωνα . . . περιτεμόμενον ἀγαγέσθαι πρὸς γάμον αὐτήν [59]. Polemo's motives may not have been the best—ἐπείσθη μάλιστα διὰ τὸν πλοῦτον αὐτῆς— and neither were hers, but the marriage is of interest in illustrating the participation of Judaea in the growing network of royal marriages despite its own religious requirements [60].

This marriage may have occurred late, if Josephus is right in calling him already Κιλικίας . . . βασιλεύς [61]. Whatever the case, he seems to have pursued his dynastic ambitions with determination by acquiring a princess from the house of Emesa, already related to both the Judaean and the Commagenian families [62]. Polemo had probably by this time retired to the region where one of his ancestors had exercised power, and the presence of a queen from the nearby dynasty of Emesa had clear advantages in bringing him into contact with the wider families in Judaea and Commagene, both represented in Cilicia. It is tempting to see in Polemo's final period of rule, apparently around Olba in Cilicia, a recognition of his family's longstanding connection with the area and its religious activity. His grandfather, Polemo I, had ruled Iconium in the days of Antony, who ἵστη . . . πῃ καὶ βασιλέας, οὕς δοκιμάσειεν . . . καὶ Πολέμωνα μέρους Κιλικίας, καὶ ἑτέρους ἐς ἕτερα ἔθνη [63]. The Parthian incursions of 40 B.C., during which Polemo's father distinguished himself, demonstrated the advisability of establishing dynastic control of this part of Lycaonia and the adjoining Lalassis and Cennatis. Hence this appointment by Antony the following year.

What local feeling Antony may have been recognizing in this cannot be detected. In any case, he had no hesitation about disturbing the rule of ancient dynasties, which he did in 37/36 by his appointments in Pontus, Cappadocia, and Galatia [64]. For Olba,

---

[59] Ios. *Ant.Iud.* 20, 145. The Commagenian betrothal: Ios. *Ant.Iud.* 20, 139.

[60] *PIR*² J 651 and below, note 134.

[61] Ios. *Ant. Iud.* 20, 145.

[62] H. Seyrig, *Monnaies hellenistiques*, RevNum. Sér. 6, 11 (1969) 45-47.

[63] App. *bell. civ.* 5, 75 (319); Strab. 12, 6, 1 (568), cf. 12, 8, 16 (578) and 14, 2, 24 (660). Bibliography: Hoben, *op. cit.* (note 53) 39-42 with notes 140-151.

[64] Respectively: Polemo I, Archelaus, and Amyntas. See the discussion by Buchheim, *op. cit.* (note 34) 93-94 with 122 note 220.

Antony recognized a local tyrant's daughter, presumably after Polemo's departure for Pontus. It had already happened at Olba that ὁ ἱερεὺς δυνάστης ἐγίνετο τῆς Τραχειώτιδος. Perhaps Polemo had briefly served here as an imported ruler to bring order in a region once characterized by τύραννοι πολλοί, καὶ . . . τὰ λῃστήρια [65]. The problem would remain. Minor dynasts continued to rule in Rough Cilicia long after Polemo I, some related to him; most, probably not [66]. He could but hope his period of work there had been fruitful and his title, Εὐσεβής, well deserved [67].

Two coins exist of a King M. Antonius Polemo, one in fact speaking of him as ΒΑΣΙΛΕΩΣ ΜΕΓ(άλου). Several others mention a M. Antonius Polemo, ΑΡΧΙΕΡΕΥΣ [68]. He is spoken of on the reverse as ΔΥΝΑΣΤΟΥ ΟΛΒΕΩΝ ΤΗΣ ΙΕΡΑΣ ΚΑΙ ΚΕΝΝΑΤΩΝ ΚΑΙ ΛΑΛΑΣΣΕΩΝ. This large area adjoined Cetis, which Archelaus had controlled [69]. We know that Polemo II later ruled approximately the region that M. Antonius Polemo did; he even struck coins for the κοινὸν Λαλασέων καὶ Κεννατῶν, apparently late in his reign [70].

Can the King M. Antonius Polemo be the same man as the dynast and high-priest? Where was Polemo while his grandmother Pythodoris ruled Pontus? Strabo, speaking of her daughter Tryphaena's children, may provide the answer: δυναστεύει . . . ὁ πρεσβύτατος

---

[65] Strab. 14, 5, 10 (672).

[66] For example, the dynasts at Olba. See also the coinage at Seleucia-on-the Calycadnus in the mid-first century A.D.: H. Nicolet, *Monnaies de bronze de Cilicie* (*Séleucie du Kalycadnos*), RevNum. Sér. 6, 13 (1971) 26-37. Both Polemo's grandson, Polemo II, and Antiochus IV of Commagene were to have mints there.

[67] B. V. Head, *Historia numorum*, Oxford 1911², 502; *IPE* 704.

[68] The two: E. Babelon, *Inventaire sommaire de la Collection Waddington*, Paris 1898, 248 no. 4427; H. Seyrig, *op. cit.* (note 62) 45-47. Coins of the dynast of Olba: *BMC. Lycaonia* LIV; G. F. Hill, *Olba, Cennatis, Lalassis*, RevNum. Sér. 3, 19 (1899) 181-207, esp. 187, with Babelon, *op. cit.* 247 no. 4411, which he attributes to Polemo I. Evidence developed since Babelon wrote points toward a later ruler.

[69] Hill, *op. cit.* 183-185 with Ptol. *Geogr.* 5, 8, 3; A. H. M. Jones, *The Cities of the Eastern Roman Provinces*, Oxford 1971², 208f. with 438-440 notes 30-34.

[70] Hill, *op. cit.* (note 68) 206; *BMC. Lycaonia* 119-124 with XXIXf. and IIIff. These coins continue usages dating back to the high priests of Olba under Augustus.

αὐτῶν [71]. Now, δυναστεύειν seems a reasonable verb for a δυνάστης. The passage cannot refer to the King of Thrace at the time: Cotys had died violently in 19 and had been succeeded by his nephew Rhoemetalces II [72]. The sons of Cotys and Tryphaena are *nondum adulti* for sharing the rule of Thrace, yet Strabo soon after, as a well-informed contemporary, knows that the eldest of these δυναστεύει. Olba might have seemed a good assignment for him: both husbands (Polemo I and Archelaus) of his grandmother Pythodoris, still Queen of Pontus, had ruled in the vicinity.

From his mother, Antonia Tryphaena, and her maternal ancestors Polemo would derive the name Antonius, which his later coins show he did use [73]. The coinage at Olba for the high-priest Polemo closely resembles that of Ajax, high-priest there in, apparently, the first year of Tiberius. The similarity is "so minute" that both the same mint and a short interval between the two high-priests seem likely [74]. Therefore, rather than emending the text of Strabo or wrenching from his homeland Polemo's uncle, the ἰδιώτης helping mother in Pontus, we may see the young Polemo beginning his career at Olba, where a living representative of the Pontic house could serve to calm the turbulence. Not yet king, he can be dynast and high-priest.

In due course Polemo joined his mother, Queen Tryphaena, on a royal coinage of Pontus; now he was ΒΑΣΙΛΕΥΣ ΠΟΛΕΜΩΝ [75].

---

[71] Strab. 12, 3, 29 (556). The passage was written after the death of Archelaus in 17 but before that of Pythodoris. The date of her death cannot be accurately fixed; estimates vary from that of Reinach, *op. cit.* (note 56) 7, who favors 22/23, to that of Magie, *Roman Rule* 1368 note 50 followed in RE XXIV (1963) 581ff. s.v. *Pythodoris* (Hanslik), who sees the possibility of her living to about A.D. 33. When Strabo wrote, Pythodoris had been sharing the rule with one of her sons, Polemo's uncle, who as ἰδιώτης . . . συνδιῴκει τῇ μητρὶ τὴν ἀρχήν.

[72] Tac. *Ann.* 2, 66-67.

[73] See note 68. For discussion of the reasons for attributing the coinage of King M. Antonius Polemo to Polemo II, see R. Sullivan in the *Proceedings of the XIV. International Congress of Papyrologists, Oxford 1974*, London 1975, 285ff. note 16.

[74] Hill, *op. cit.* (note 68) 196-197.

[75] *BMC Pontus* 47. He may have remained at Olba for over a decade; his known coins there reach to Year 11 of the era he used. Interestingly, his known coinage in Pontus begins with Year 12. His reign in Pontus had begun by A.D. 38: *IGRR* IV 145 = *Sylloge*³ 798; Cass. Dio 59, 12, 2.

By 36, the son of Archelaus had moved to Cetis, for the same work
of pacification as conducted by the two Polemos, by Archelaus I,
and soon by Antiochus IV of Commagene [76]. By 38, Polemo succeeded to the throne of Pontus and perhaps Bosporus, both of
which he would have lost or resigned by about 64, after a vigorous
dynastic career. As an old man, he retired to Cilicia, part of which
had been under his control since 41. His activity there as early as
the reign of Claudius appears in the offering of joint games with
Antiochus IV [77].

V. *Emesa*

Three important dynastic families, in Commagene, Cappadocia,
and Pontus, thus demonstrated a strongly religious aspect among
their multifarious activities. All three joined themselves in some
way to the house of Emesa. King Mithradates III of Commagene
produced a daughter, Iotape III, whom he married to King Samsigeramus III of Emesa. King Alexander of Judaea, great-great-
grandson of Archelaus, the last Cappadocian monarch, was to marry
Iotape VII, whose grandmother was a sister of Iotape III, Queen
of Emesa. Not the closest of ties, but Alexander had seen two of his
close relatives also marry into the house of Emesa [78]. Finally,
Polemo II of Pontus recovered from his brief marriage to King
Alexander's Judaean aunt, Berenice, and led Julia Mamaea of
Emesa home as his queen [79].

---

[76] Above, note 49.

[77] P. Lond. III 1178. Discussion by R. Sullivan, *op. cit.* (note 47). In
this and in the new text from Laertes, if for him (above, note 50), he receives
the name *Julius*. Presumably the family, favored by Antony but active
under the Julio-Claudians, could use either *Julius* or *Antonius* in the East,
which would soon produce polyonymous wonders.

[78] This name Iotape carried religious significance. See Gagé, *op. cit.*
(note 2) 150-155, 161. The relatives of Alexander were his aunt, Drusilla
(D 195), and his great-uncle, Aristoboulos (A 1051).

[79] By this time Polemo had probably reached one of the most adventurous
points in his reign, when he joined his fellow-dynasts in a partition of Armenia: Tac. *Ann.* 14, 26, 2. His use of *megas* along with the royal title, a practice he avoids otherwise in Pontus and Cilicia, suggested to Seyrig that the
coinage mentioning the apparently Emesene wife, Julia Mamaea, was issued
during his tenure of part of Armenia.

King Samsigeramus II of Emesa and Iotape III of Commagene produced important children. C. Julius Sohaemus was a Great King like his father: *regi magno C. Iulio Sohaemo, regis magni Samsigerami f . . . . patrono coloniae, IIviro quinquenn* [80]. This inscription, from Heliopolis (Baalbek), might tempt one to see in his position as *patronus* a recognition of the community of religious interest between two cities noteworthy for possession of strong sun-worship cults. But that goes beyond the evidence, as the existence of a similar dedication to the Judaean King Agrippa reminds us [81]. The well-attested career of Sohaemus allowed him sufficient stature to assume a noteworthy part in events of mixed political and religious character, such as the elevation of Vespasian as viewed in the East [82].

The older brother of Sohaemus, Azizus, preceded him in the kingship. Azizus accepted the conditions for marriage to a Jewish princess, Drusilla. She had previously been betrothed to a son of Antiochus IV of Commagene, but he rejected the marriage despite having agreed to it with her father, Agrippa I. So in due course Agrippa II ἐκδίδωσι πρὸς γάμον 'Αζίζῳ . . . περιτέμνεσθαι θελήσαντι Δρούσιλλαν τὴν ἀδελφήν [83]. If this disparity of religious feeling between the two related and neighboring dynasts betokens anything more than personal sentiment, it may lie in the differences of the respective religious structures of Commagene (Hellenic-Iranian syncretism) and Emesa (Semitic cults like that of Sol Invictus). But this distinction should probably not be pressed: both were cults of sun-gods, though the pantheon of Commagene included far more than that [84]. A sister of Sohaemus and Azizus, Iotape IV, married Aristoboulos of Judaea [85]. They produced a daughter, Iotape V [86].

---

[80] *ILS* 8958 = *IGLSyr* 2760.

[81] *ILS* 8957 = *IGLSyr* 2759.

[82] *PIR*² J 582. See esp. Tac. *Hist.* 2, 81, 1: *Ante idus Iulias Syria omnis in eodem sacramento fuit. accessere cum regno Sohaemus haud spernendis viribus.* Cf. 5, 1, 2.

[83] Ios. *Ant. Iud.* 20, 139. Above, Section II.

[84] For Sol Invictus, see the study by G. H. Halsberghe, *The Cult of Sol Invictus* [=EPRO 23], Leiden 1972, esp. Ch. IV; cf. H. Seyrig, *Antiquités Syriennes*, 95. *Le culte du soleil en Syrie a l'époque romaine*, Syria 48 (1971) 337-373.

[85] *PIR*² J 45 and A 1051; Ios. *Ant. Iud.* 18, 135.

[86] *PIR*² J 46; Ios. *B. Iud.* 2, 221.

Other members of the family in the first century are known, but their religious activity cannot be traced. By the late second century, presumptive descendants of this royal line would move from the priesthood and local aristocracy at Emesa into high station at Rome and then, in the person of Elagabalus, into the imperial office itself [87].

VI. *Galatia*

Only a single period of the history of the Galatian aristocracy can be dealt with here: the early second century. This is not to say that its religious usages cannot be demonstrated earlier. Among other examples, Amyntas apparently enjoyed a close connection with the priests of Mên in Phrygia Paroreia [88]. The difficulty lies rather in demonstrating relationship at this period between the Galatian house and the other four discussed above. To be sure, relationship is likely. Amyntas had controlled a part of Rough Cilicia near that of Archelaus [89]. A relationship by way of the Armenian dynasty can be postulated as a consequence of the marriage between a son of Deiotarus I and a daughter of Artavasdes II [90]. Archelaus of Cappadocia probably had an Armenian first

---

[87] Kinsmen of Julia Domna served the empire well even before the reign of Elagabalus, taking the cult of *Deus patrius Sol Elagabalus* with them. E.g., C. Julius Avitus Alexianus (J 192), studied by A. Radnóti, *C. Julius Avitus Alexianus*, Germania 39 (1961) 383-412 and by H.-G. Pflaum, *Un nouveau gouverneur de la province de Rhétie, proche parent de l'impératrice Julia Domna, à propos d'une inscription récemment découverte à Augsbourg*, Bayr. Vorgeschichtsblätter 27 (1962) 82-99.

[88] Strab. 12, 8, 14 (577) with 12, 3, 31 (557). See E. Bosch, *op. cit.* (note 4) 35ff. no. 51 for some early dynasts as priests in the cult of Augustus and Roma. On Mên: E. N. Lane, *A Re-Study of the God Mên*, I. *The Epigraphic and Sculptural Evidence*, Berytus 15 (1964) 5-58; idem, *A Re-Study of the God Mên*, II. *The Numismatic and Allied Evidence*, Berytus 17 (1967/68) 13-47 and 81-106.

[89] Strabo's account of this contains a slight contradiction. In 14, 5, 6 (671) with 14, 5, 3 (669), he has Archelaus taking all of Rough Cilicia except Seleuceia καθ' ὃν τρόπον καὶ 'Αμύντας πρότερον εἶχε καὶ ἔτι πρότερον Κλεοπάτρα. But the reference may be to the regions west of here, for the account of Cleopatra's holdings deals rather with the area of Hamaxia. Cf. Head, *op. cit.* (note 67) 747.

[90] Cic. *Att.* 5, 21, 2.

wife [91]. The marriage provided a distant connection to the Pontic house as well; it was to produce the first successful non-Artaxiad ruler of Armenia in the person of Zeno-Artaxias, son of the redoubtable Queen Pythodoris and of Polemo I. But little can be exploited until the second century, long after the kings had given way to aristocrats who used their descent from kings as a passport to high social position and responsibility.

Thus we read with great interest the remarkable inscription of C. Julius Severus at Ancyra [92]. Among remarks delineating his impressive descent from Deiotarus and other kings or tetrarchs of Galatia, as well as from the Attalids of Pergamon, Severus also describes himself as ἀνεψιὸν ὑπατικῶν Ἰουλίου τε Κοδράτου καὶ βασιλέως Ἀλεξάνδρου καὶ Ἰουλίου Ἀκύλου καὶ Κλ(αυδίου) Σεουήρου καὶ συγγενῆ συγκλητικῶν πλείστων.

These men and their careers provide a fascinating cross-section of Anatolian life in the second century. First, that of Severus includes priestly and related functions. We see him described as ἀρχιερασάμενον and as ποντίφικ[α] [93]. Nor was his wife, Claudia Aquillia, ignored: καὶ τὴν γυναῖκα καταστήσαντα ἀρχιέρειαν [94]. Religious office among the women of this aristocracy goes back at least to Julia Severa from Acmonia, honored as ἀρχιέρεια repeatedly, as ἀρχιέρειαν κα[ὶ] ἀγωνοθέτιν τοῦ σύνπαντος τῶν [θ]εῶν Σεβαστῶν [οἴ]κου, and at least once for assisting in the work of two ἀρχισυνάγωγοι and a Jewish πρῶτος ἄρχων [95]. Though considered by some a daughter of Julius Serverus, she is more likely his ancestor, with a coinage from the reign of Nero

---

[91] *Res Gestae* 27 speaks of his grandson as *ex regio genere Armeniorum oriundus*. This man, Tigranes V, and his son, Tigranes VI, were both put forward by Rome as rulers of Armenia, presumably on the grounds of known dynastic connections.

[92] *OGIS* 544 = *IGRR* III 173 = Bosch, *op. cit.* (note 4) no. 105.

[93] Cf. *OGIS* 543 = *IGRR* III 175 = Bosch no. 156. Bosch points out (p. 128 note 16) that the domestic offices of Severus as listed in *OGIS* 544 begin with his priesthood, considered his highest position. Others in priestly office whose ancestry partly matched his: Bosch no. 102.11-12 with no. 75; no. 100.

[94] *OGIS* 544 = Bosch no. 105. She receives honor in her own right, again as high-priestess, in two other texts, Bosch no. 107 (= *OGIS* 545) and 108.

[95] *MAMA* VI 263; *IGRR* IV 655-656.

attributed to her [96]. Her daughter, Servenia Cornuta, may have also been a priestess [97].

A brother of Julius Severus, also mentioned in *OGIS* 544, was Julius Amyntianus; he has been linked with an identically named possible relative who was a priest of Isis [98]. The children of Julius Severus included C. Julius Severus, consul in 155, honored among his other offices as ἱερέ[α] πεντεκαιδέκανδρον ἐπὶ τ[ῶν] ἱεροποιῶν [99]. A daughter has been recognized, with ties to Perge [100]. Plancia Magna Aquillia derived her cognomen from her mother and the others probably from an illustrious citizen of Perge, Plancia Magna [101].

These Pergaeans maintained the same close connections with the civil and religious offices or personnel of their state as the rest of the Eastern aristocracy did. Plancia Magna dedicated inscribed statues to Diana Pergensis and served as [ἱέ]ρειαν τῆς 'Αρτ[έμι]δος καὶ δημιουργὸ[ν] ἱέρειαν μητρὸς θεῶν διὰ βίου. Among her honors is the title [τῆς] πόλεως θυγατήρ [102].

Plancius Varus himself, head of this impressive branch of the Anatolian aristocracy, is the honorand of an acephalous inscription from Pamphylian Attaleia dedicated by an ἀρχιερεὺς καὶ ἀγωνοθέτης who can call him φίλον [103]. This closeness between noble and priest appears the Anatolian norm, rather than the exception. Another text for a member of the extended family in Andeda clearly shows the identification of high social status and the priesthood, as well as the procedures which extended them: Μᾶρκον

---

[96] See S. Mitchell, *JRS* 64 (1974) 35 note 54 on the discrepancy between the accounts of her in *PIR²* J 573 and J 701.

[97] *IGRR* IV 651. The fragmentary nature of the text precludes any certainty in bringing her name into conjunction with the high-priestess mentioned there.

[98] *PIR²* J 147.

[99] *IGRR* III 172.

[100] S. Mitchell, *The Plancii in Asia Minor*, JRS 64 (1974) 27-39.

[101] This cognomen, reminiscent of that of Aquila Polemaeanus in *OGIS* 544, may reflect some connection—whether directly or by way of the Galatian house—between the aristocratic families of Perge and of Ephesus. The new inscription to be published by George Bean (below, note 119) will similarly help to chart the wider relationships of King Alexander to these families.

[102] S. Jameson, *Cornutus Tertullus and the Plancii of Perge*, JRS 55 (1965) 54ff.; cf. *IGRR* III 794.

[103] *SEG* VI 650 with Mitchell, *op. cit.* (note 100) 28f.

Πλάνκιον Κορνηλιανὸν Γαίον ἀρχιε[ρ]ασάμενον τῶν Σεβαστῶν ...
κτίστη[ν γ]ένους τοῦ πρωτεύοντος παρ' ἡμεῖν, ἀρχιερασάμενον δέ καὶ ἐν
τῇ Οὐερβιανῶν πόλει [104].

Other Pergaeans enjoyed remarkable careers combining civil and
religious office [105]. Their priesthoods continued at least into the
third century, as witness the restored inscriptions for Tertullus
Varus which honor him as ἱερασάμενον and ἀρχ[ιερ]έ[α] as well as
ἱερέα διὰ βίου θεο[ῦ σωτῆρος 'Ασ]κληπιοῦ and ἀρχιερέα τοῦ κοιν[οῦ τῶν
Γαλατῶν] [106]. Further examples of the ramifications of these inter-
connected Pergaean and Galatian families abound [107]. Among the
descendants of Severus would be Julia Aquilia Severa, one of the
wives of Elagabalus, himself of priestly descent [108].

Who are the other consulars? Julius Quadratus, the first named,
could be either of two well-known Pergamenes, C. Antius Aulus
Julius Quadratus or C. Julius Quadratus Bassus. Usually the second
of these is thought to be the one mentioned here [109]. In a largely
military career, Quadratus Bassus yet served as Pontifex: Γ. 'Ιούλιον
Κουαδρᾶτον Βάσσον ὕπατον, ποντίφικα. He achieved a consulship in
105. C. A. A. Julius Quadratus, a close relative, and consul for the
first time eleven years earlier, served as *Frater Arvalis*, and is
called τὸ]ν διὰ γέν[ους ἱερέα τοῦ Καθηγεμόνος Διο]νύσου [110]. *IGRR* IV
397 continues: ἀποκα[ταστήσαντα τῶι θεῶι τὸν ναὸν] καὶ τὴν χώρα[ν].
He is also honored in Pergamum as ἀρχιερατεύσαντα ... ναῶν τῶν ἐν
Περγάμῳ [111].

---

[104] *IGRR* III 417.

[105] *IGRR* III 796-798.

[106] *IGRR* III 201 and 205; Bosch, *op. cit.* (note 4) 342ff. nos. 279-280;
Mitchell, *op. cit.* (note 100) 36.

[107] Mitchell, *op. cit.* (note 100) 35-37, and esp. note 62.

[108] *PIR*[2] J 648.

[109] Chr. Habicht, *Die Inschriften des Asklepieions* [= *AvP* VIII 3], Berlin
1969, 43-53, no. 21; Bosch, *op. cit.* (note 4) 122ff.; *PIR*[2] J 507 opts for C. A.
A. Julius Quadratus. But see the arguments of A. v. Premerstein, *C. Iulius
Quadratus Bassus*, SBMünchen 1934, Heft 3, 48-52.

[110] *IGRR* IV 383-379. He was consul for the first time in 94, for the second
in 105. W. Eck, *Senatoren von Vespasian bis Hadrian. Prosopographische
Untersuchungen mit Einschluß der Jahres- und Provinzialfasten der Statthalter* [= Vestigia 13], München 1970, 21ff., provides a listing and discussion of the *Fratres Arvales* and the place of this priesthood in a senatorial
career.

[111] Habicht, *op. cit.* (note 109) 41-43 no. 20.

Other members of the family performed religious duties or offices. The mother of C. A. A. Julius Quadratus was Julia Tyche, whom her daughter honors as ἱέρειαν διὰ βίου τῶν θεσμοφόρων θεῶν [112]. Her daughter, Julia Polla, shows among her titles the impressive βασιλὶς τῶν ἐν θεᾶι 'Ρώμη(ι) ἱερῶν, an Eastern equivalent of the Roman *regina sacrorum* [113]. Polla's sons, C. Julius Fronto and C. Julius Nabus, reached the Roman senate [114].

Two priests of Asclepius appear among the probable descendants of C. A. A. Julius Quadratus, both named Apellas [115].

The second consular listed as ἀνεψιός of C. Julius Severus is King Alexander, on whom see Section VII below.

Next comes Julius Aquila, son of Ti. Julius Celsus Polemaeanus of Sardis and Ephesus. In this considerable family, careers appear to have been largely civil and military. But Celsus did hold offices of at least indirectly religious character, serving as *quindecimvir sacris faciundis* and *curator aedium sacrarum*. Whether or not Polemaeanus came originally from Sardis, he at least remembered it in his benefactions. An ἀρχιερεὺς τῶν Σεβαστῶν and the city there honor him as τὸν [ἑαυτῶ]ν [εὐε]ργέτην καὶ [σωτῆρα] [116].

Last of the consulars whom Julius Severus mentions by name among his ἀνεψιοί is C. Claudius Severus, first governor of Arabia [117]. From Claudius Severus descended a line of consulars who would include a son-in-law of Marcus Aurelius, just as a descendant of C. Julius Severus would marry Elagabalus [118].

---

[112] *IGRR* IV 1687. Further religious work of hers is mentioned in a second text, published with this one by A. Ippel, *Die Arbeiten zu Pergamon 1910-1911*, II. *Die Inschriften*, AM 37 (1912) 298f. nos. 24-25.

[113] *IGRR* IV 1687; cf. *SEG* XIV 648. *PIR*² J 691.

[114] *IGRR* IV 1687. *PIR*² J 326 and 436; cf. 323.

[115] *PIR*² A 905-906. The son of the first Apellas and father of the second was a certain Fronto, *PIR*² F 490; cf. J 156 and 326. Perhaps on the basis of nomenclature, *PIR*² J 156 suggests a connection with Julius Fronto Tlepolemos as a putative descendant of the high-priest C. Julius Tlepolemos in *IGRR* III 705 and 739 cap. 61.

[116] His offices: *FiE* V 1² nos. 2-3, esp. 63-64; *ILS* 8971. The inscription from Sardis is *IGRR* IV 1509.

[117] *PIR*² C 1023.

[118] *PIR*² C 1024, 1025, 1027, 1028; J 648. G. Bowersock, *A Report on Arabia Provincia*, JRS 61 (1971) 235; L. Petersen, *Iulius Iulianus, Statthalter von Arabien*, Klio 48 (1967) 159; R. Syme, *The Ummidii*, Historia 17 (1968) 102-104; RE Suppl. IX (1963) 1829 stemma, s.v. *Ummidius* (Hanslik).

VII. *King Alexander*

The second consular named by C. Julius Severus was a remarkable representative of the interpenetration effected by the late first century among the royal and post-royal families. His ancestors had ruled in Judaea, Cappadocia, and Armenia, with extended rule in Cilicia and Armenia Minor. His wife's ancestors ruled in Media Atropatene, Commagene, Cilicia, and Emesa. Indirect ties to the royalty of Pontus and Galatia are demonstrable as well. As the last kingdoms were dismantled their personnel continued the patterns of intermarriage, with local or Roman military, civil, and religious service. Hence the impressive list of aristocratic relatives of C. Julius Severus.

A new text suggests a further relationship for King Alexander, to an ἀνεψιὰν βασιλέω[ς] Ἀλεξάνδρου in Perge, where the most important family had strong connections to the Galatian aristocracy [119]. From the related aristocracy at Tralles, a queen had long ago been supplied for Polemo I of Pontus: that same Pythodoris who married Archelaus of Cappadocia after Polemo's death. And Archelaus was the great-great-grandfather of King Alexander.

The connections of King Alexander with Armenia included his father and great-uncle, one adventure in the area by his father-in-law Antiochus IV of Commagene, and some ties by marriage to Polemo II and to his uncle Zeno-Artaxias—whose rule fell between that of Alexander's great-uncle and those of his father and of his uncle Aristoboulos [120]. There were indirect links with the Galatian royal house, which had produced a prince, the son of Deiotarus I, for betrothal to a sister of Tigranes III [121]. Since Augustus describes the great-uncle of King Alexander, Tigranes V, as *ex regio genere Armeniorum oriundus*, some intermarriage may have occurred, by way of regular consolidation, between Cappadocians and Armenians, on the one hand, and this Galatian house on the

---

[119] My thanks to Dr. Stephen Mitchell for calling this text to my attention, and to Mr. George Bean for permission to quote from it.

[120] Perhaps Alexander drew also on his descent from Archelaus of Cappadocia, once king of Armenia Minor and husband of an Armenian princess: see note 122. This Aristoboulos: *PIR*[2] A 1052.

[121] Cic. *Att.* 5.21.2.

other [122]. Deiotarus I himself ruled in Armenia Minor, which in
Eastern fashion probably led to some dynastic connections among
the families [123]. In any case, King Alexander probably knew clearly
that Galatians lay among his ancestors, though distant.

That Alexander's ἀνεψιοί lived in Perge and Galatia, with relatives further removed among the aristocracy of Ephesus, Pergamum,
and elsewhere, as well as a host of literal cousins in Judaea
and Emesa, probably contributed to the royal assignment for
which he received the title of βασιλεύς from his contemporaries. A
passage in Josephus records that Vespasian αὐτὸν ἵσταται βασιλέα in
a part of Cilicia which has been restored as either Elaeussa or
Cietis [124]. The second seems preferable: the Cietae required keen
attention. How long Alexander ruled here cannot be certainly determined; the presence of a legate by 74 at Olba-Diocaesarea need
not show him removed from Cietis [125]. In any case, Alexander had
left in time to complete a Roman *cursus*, abbreviated or not, lead-
ing to a consulship shortly before 109 [126].

Though his own priesthoods, if any, have not been recorded, his
relatives by marriage and his children remained active in Eastern
aristocratic society, which included the religious sphere as a matter
of course. By his marriage to Iotape VII of Commagene, Alexander
also gained as relatives both C. Julius Callinicus and C. Julius
Antiochus Epiphanes, her brothers, as well as the sisters known to
have accompanied Antiochus IV into exile, and who had probably
married well at Rome [127]. The marriage also brought King Alexander

---

[122] *Res Gestae* 27. This remark by Augustus apparently necessitates an
Armenian first wife for Archelaus, though dynastic interconnections sup-
porting it might have existed aside from this possible marriage.
[123] See above, note 47.
[124] The text of Ios. *Ant. Iud.* 18, 140 reads HCIOΔOC. Altering this to
νησιάδος might suggest Elaeussa, which Strabo regards as the administrative center of Archelaus in Rough Cilicia. But altering the text to Κιητίδος
would yield less cryptic meaning and better historical sense. This is the
region which the son of Archelaus had ruled (Tac. *Ann.* 6, 41, 1. and *OGIS*
362) and which Alexander's father-in-law, Antiochus IV of Commagene,
had just relinquished in 72. See Magie, *Roman Rule* 1439 note 26.
[125] For the legate, see Th. S. and P. A. Mackay, *Inscriptions from Rough
Cilicia East of the Calycadnus*, AnSt. 19 (1969) 140 and Eck, *op. cit.* (note
110) 4 and 119-120 with note 41a.
[126] R. Syme, JRS 43 (1953) 154.
[127] Ios. *B. Iud.* 7, 234. *PIR*² J 48.

a niece, Julia Balbilla, who accompanied Hadrian to Egypt perhaps as a priestess, and a famous nephew, Antiochus Philopappus [128].

For his own part, Alexander produced sons to assume public careers too. Babrius refers to one of these and other sources provide some names [129]. C. Julius Alexander Berenicianus has taken a cognomen apparently designed to commemorate his great-aunt, the same Berenice who briefly married Polemo II, and who moved on eventually to the future emperor Titus [130]. However, his attributed relationship to Alexander rests mainly on his high station and his nomenclature, though his consulship held some seven years after that of his putative father does fit a pattern of short intervals between father and son for these aristocrats [131]. Another son of King Alexander is better attested. C. Julius Agrippa is honored at Ephesus διά τε τὴν ἄλλην ἀρετὴν καὶ τὴν εἰς τὴν πόλιν εὔνοιαν, and specifically identified as βασιλέως 'Αλεξάνδρου υἱόν [132]. In turn, a son of his may be the honorand of a text from Syrian Apamaea [133].

In this connection, a word about the ramifications of these royal dynasties, especially that of Judaea, into non-royal families.

At first glance the Hellenized Jew Ti. Julius Alexander seems an unlikely member of the wide Anatolian network of relatives, and so he was. But his brother, Marcus Julius Alexander, did achieve a brief marriage to the same Judaean princess Berenice who also married Polemo II of Pontus [134]. Though Marcus died without apparent issue, there could have otherwise been a link through him of the Judaean house with the family of Alexander the Alabarch, his father. Though most of this family chose civil or commercial careers, one possible relative of these brothers, Ti. Julius Alexander Julianus, served as *Frater Arvalis* and in other Roman religious capacities [135].

---

[128] Above, Section II.

[129] Babrius, Prologue to Book Two of the *Fables*. The bare reference to a son of King Alexander shows him both active and well-known in society still: ὦ παῖ Βασιλέως 'Αλεξάνδρου. The absence of another known King Alexander at this time permits this identification.

[130] *PIR²* J 141 and 651.

[131] Eck, *op. cit.* (note 110) 67f. note 73; another example is provided by Celsus Polemaeanus and his son.

[132] *OGIS* 429; *PIR²* J 130.

[133] *IGLSyr.* 1314.

[134] *PIR²* J 138 and 651. See R. Sullivan, "The Dynasty of Judaea", *ANRW* II 8, p. 311 on this marriage.

[135] *ILS* 5028. *PIR²* J 142.

VIII. *Conclusion*

Religious office was demonstrably part of many lives here studied and probably in fact was of all. The "ideal of service" it belonged to partly explains the high success of Eastern society in Roman and Byzantine times. All the persons discussed in this paper came from a group of dynastic houses which had forged extensive inter-relationships by birth and marriage. The fusion of religious and civil functions seen so prominently in Commagene was not in kind, but if anything only in degree anomalous.

The long sequences of kings, dynasts, princes, and aristocrats who held priesthoods or maintained close ties with those who did gives evidence of a strong social attitude. The high position of priests — from Judaea, Emesa, and Commagene to Cilicia, Cappadocia, Galatia, and Pontus — reflects a unanimity throughout Anatolia on the fundamental place of religion in society. Even further east, from Artavasdes I of Atropatene in the days of Antony to Izates of Adiabene in those of Nero, the same strong conviction prevailed: that a monarch should display religious achievement [136]. In Armenia, the success of a foreigner like Zeno-Artaxias stemmed in part from his claims on that throne by virtue of family origins, but also in part by his care to cultivate local ways and beliefs. It is hardly surprising that Romans quickly learned to take advantage of this element of strength in the East. Especially in the more difficult areas like Rough Cilicia, they used such strongly pious and „nationalistic" rulers as Archelaus and then his son, both Polemos, and Antiochus IV of Commagene with his son-in-law King Alexander. It was not only for the kings' military services here that ἐδόκει . . . βασιλεύεσθαι μᾶλλον τοὺς τόπους, ἢ ὑπὸ τοῖς 'Ρωμαίοις ἡγεμόσιν εἶναι [137].

A powerful international network of marriage ties and alliances supported the first Easterners to reach the Roman senate. By the end of the dynastic period in the history of the Near East, a number of related kings, princes, or princesses had taken significant positions in the religious life of their society. As the East assumed greater importance in the Roman empire, it may have seemed only

---

[136] *PIR*² A 1162 and J 891.
[137] Strab. 14, 5, 6 (671).

a matter of time before an aristocrat of priestly descent would move from there to the imperial throne. Elagabalus can be seen as representative of one ancient strand of Eastern thought, prefigured by such ostensibly devout kings as Archelaus *Ktistes* of Cappadocia, Polemo *Eusebes* of Pontus, and Antiochus *Theos* of Commagene.

ORHAN AYTUĞ TAŞYÜREK

DARSTELLUNGEN DES URARTÄISCHEN GOTTES HALDI [1]

(Taf. CCXVI-CCXXII, Abb. 1-19)

Der oberste Gott des urartäischen Pantheon war Haldi, den die Urartäer allen anderen Göttern vorzogen; seine Darstellungen sind häufiger anzutreffen als die der übrigen Götter [2]. Die Inschrift von Van-Kalesi (in der neueren Literatur gewöhnlich ,,Inschrift von Mer-Kapısı" genannt), die 79 urartäische Götternamen verzeichnet, nennt Haldi an erster Stelle. Sie schreibt als Opfer für ihn 17 Stiere und 34 Hammel vor [3]. Mehr als die Hälfte der urartäischen Königsinschriften beginnen mit dem eigentlichen Text erst, nachdem sie Haldi angerufen haben [4]. An dieser Stelle muß auch angemerkt werden, daß der in assyrischen Quellen ,,Ardini" genannte Tempel, im heutigen Muşaşir, das berühmteste Heiligtum des Gottes war. Sargon II. (721-705 v. Chr.) ließ für seinen Palast in Dur-Sharrukin (heute Chorsabad) eine Abbildung dieses Tempels anfertigen [5]. Wichtig ist auch der Tempel des Haldi von Arinberd in Sowjet-Armenien [6]. Schließlich sind hier noch folgende Heiligtümer des Haldi zu nennen: der Tempel von Toprakkale mit einer Inschrift des Königs Menua (810-786 v. Chr.) [7]; der Tempel auf dem Aznavurtepe in der Nähe von Patnos [8] und der

---

[1] An dieser Stelle möchte ich Ferda Baltalı, Studentin im Archäologischen Institut der Universität Ankara, und Shearon Leonards meinen besonderen Dank für die sorgfältige Anfertigung der Zeichnungen abstatten.

[2] Über Haldi siehe allgemein B. Piotrovsky, *Il Regno di Van*, Roma 1966, 317ff.

[3] Vgl. Piotrovsky, *op. cit.* 319.

[4] Vgl. F. W. König, *Handbuch der Chaldischen Inschriften*, Osnabrück 1967, 37-166.

[5] P. E. Botta - E. Flandin, *Monument de Ninive* II, Paris 1849, Taf. 141.

[6] K. L. Ohanesian, *Erebouni (Arinberd)*, Yerevan 1973, 48.

[7] Vgl. R. D. Barnett, *The Excavations of the British Museum at Toprakkale, near Van*, Iraq 16 (1954) Abb. 1. Taf. 1.

[8] Vgl. K. Balkan, *Ein urartäischer Tempel auf Aznavurtepe bei Patnos und hier entdeckte Inschriften*, Anatolia 5 (1960) 99ff.

1   2

3   4

5

6

7

8

9

10

11

12

13

14   15

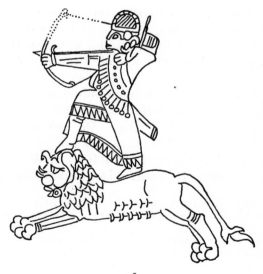

16

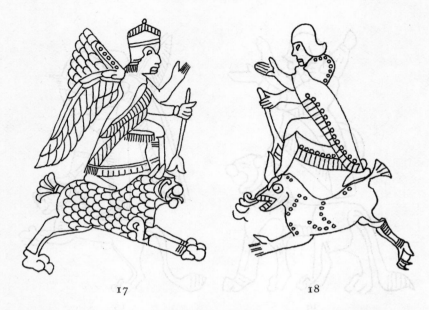

17　　　　　　　　　　18

Tempel von Altıntepe, den T. Özgüç während seiner Ausgrabungen freilegte [9].

Die Inschriften auf den Reliefs von Adilcevaz bestätigen, daß auch Haldi auf dem Rücken eines Löwen stehend dargestellt wird [10]. Der Meinung, daß der Gott auf dem Löwen Haldi ist, haben sich die meisten Forscher, die sich mit Urartu beschäftigen, angeschlossen [11].

Die Anzahl der bisher bekanntgewordenen Darstellungen des Gottes Haldi ist, obwohl er im urartäischen Pantheon die erste Stelle einnimmt, leider recht gering. Die bekannteste Abbildung sehen wir auf einem Gürtelfragment, das bei den Ausgrabungen in Karmir-Blur gefunden wurde (Textabb. 1) [12]. Weitere Fragmente eines Gürtels derselben Herkunft zeigen andere Götterfiguren, von

---

[9] Vgl. T. Özgüç, *Altıntepe* I, Ankara 1966, 3ff., Abb. 1.

[10] Vgl. E. Bilgiç - B. Öğün, *1964 Adilcevaz Kef Kalesi Kazıları*, Anatolia 8 (1964) 90.

[11] Piotrovsky, *op. cit.* (Anm. 3) 322; H. Hofmann, *An Urartian Bronze Strip from Diyarbakır*, in: *Studies presented to G. M. A. Hanfmann*, Mainz 1971, 72, Taf. 27.

[12] Vgl. Piotrovsky, *op. cit.* (Anm. 3) Abb. 68.

denen einige ebenfalls auf dem Rücken eines Löwen stehen; in den Händen halten sie ein Zepter bzw. einen Zweig eines Granatapfelbaumes mit einer Frucht (Textabb. 2). Hierbei handelt es sich offenbar auch um Darstellungen des Gottes Haldi [13].

Auf den Fragmenten desselben Gürtels finden sich ähnlich dargestellte Götterfiguren, die aber auf einem Stier stehen; hierbei handelt es sich offenbar um den urartäischen Wettergott Teišeba [14].

Auch einige Göttergestalten auf einem Basaltblock aus Adilcevaz können zu diesem Typus der Haldi-Darstellungen gezählt werden (Textabb. 3; Abb. 1) [15], wie die Ausgräber der Reliefs bewiesen haben [16]. Ebenso ist wohl auch in dem Gott mit Flügeln auf einem Bronzediskus aus Altıntepe, der auf einem gehörnten und geflügelten Löwen steht, Haldi zu sehen (Textabb. 4) [17]. Die ziemlich schlecht erhaltene Haldi-Figur, die unter den Wandfresken von Ereboŭni zutage kam, soll in den Anfang des 8. Jh. v. Chr. gehören (Textabb. 5) [18].

H. Hofmann sieht auch in der Gestalt auf einem Gürtelfragment, das wahrscheinlich aus dem Fund von Giyimli [19] stammt, den Gott Haldi. Er trägt einen Doppelköcher und steht auf dem Rücken eines Löwen [20]. Eine vergleichbare Darstellung findet sich auf einem Gürtelfragment im Britischen Museum (Textabb. 6; Abb. 2) [21].

---

[13] Vgl. M. N. van Loon, *Urartian Art*, Istanbul 1966, 122ff. Abb. 14.

[14] Vgl. v. Loon, *op. cit.*, und C. A. Burney, *Eastern Anatolia in the Chalcolithic and Early Bronze Age*, AnSt. 8 (1958) 157-211.

[15] Vgl. Bilgiç-Öğün, *op. cit.* (Anm. 10) 71 Abb. 2. An dieser Stelle gebührt mein Dank Herrn R. Temizer, Direktor des Museums für die Zivilisationen Anatoliens in Ankara, der die Güte hatte, mir die Bilder der betreffenden Stücke zu überlassen.

[16] Bilgiç - Öğün, *op. cit.* (Anm. 10).

[17] Vgl. N. Özgüç, *The Decorated Bronze Strip and Plaques from Altıntepe*, in: *Mélanges Mansel*, Ankara 1974, Taf. 303.

[18] Ohanesian, *op. cit.* (Anm. 6) 51; B. Piotrovsky, *Urartu*, Geneva 1969, Taf. 13.

[19] Zu diesen Funden aus Giyimli vgl. Anm. 23.

[20] Vgl. Hofmann, *op. cit.* (Anm. 11) 73.

[21] Vgl. R. D. Barnett - J. E. Curtis, *A Review of Aquisitions 1963-70 of Western Asiatic Antiquities*, BMQ 37 (1937) 133, Taf. 64-2; an dieser Stelle möchte ich Herrn J. E. Curtis für die Übersendung des Bildes herzlich danken.

Eine vom Verfasser vor kurzem veröffentlichte bronzene Weihplatte [22], die in Giyimli gefunden wurde und sich heute im Museum
in Van befindet, zeigt auf der linken Seite den Gott Haldi, in
gewohnter Weise auf einem Löwen stehend. In der linken Hand, die
er in Hüfthöhe nach vorn oben ausstreckt, trägt er eine viereckige Standarte (Abb. 3).

Im Jahre 1971 wurden im Dorf Giyimli (Hırkanıs) im Gebiet der
Kreisstadt Gürpınar, 30 km nordöstlich der Verwaltungshaupt-
stadt Van ili etwa 2000 urartäische Kunstdenkmäler aus Bronze
gefunden, deren Untersuchung, so hofft man, viele Probleme der
Kunst Urartus erhellen wird [23]. Neben zahlreichen Gürtelfragmen-
ten, Halsketten und Teilen von Pferdegeschirr bilden Weihplatten
den größten Teil der Funde, auf denen man häufig Darstellungen
des Gottes Haldi antrifft [24]. Ich habe in meinem Aufsatz über
diese Weihplatten vorgeschlagen, sie in das 7. Jh. v. Chr. zu datieren. Die vorliegende Arbeit hat nun die Aufgabe, die Haldi-
Darstellungen auf den bronzenen Weihplatten von Giyimli einge-
hender zu untersuchen [25].

---

[22] Vgl. O. A. Taşyürek, *Some Inscribed Urartian Bronze Armour*, Iraq
37 (1975) 134, Taf. 36a.
[23] Zu den Ausgrabungen und Schatzfunden in Giyimli vgl. A. Erzen,
Giyimli bronz detineri ve Giyimli Kazısı, Belleten 38 (1974) 1ff.; idem, *Giyimli
(Hırkanıs) Kazısı 1972*, TAD 21, 1 (1974) 13ff.
[24] Wir wissen, daß in den Jahren 1971-73 ca. 500 Fundgegenstände aus
Giyimli in das Ausland geschmuggelt worden sind. Man brachte sie zur Kon-
servierung zur Prähistorischen Staatssammlung in München, wo der Direktor des Museums, Dr. H. J. Kellner, die Funde photographierte und damit
den Grundstock zu einem Archiv für urartäische Kunstgegenstände legte.
Die Stücke wurden dann dem Antikenhändler zurückgegeben. Unter diesen
Funden waren auch einige Weihplatten mit Haldi-Darstellungen, die ich
im Jahre 1975 mit freundlicher Erlaubnis von Herrn Dr. Kellner untersuchen durfte, der auch die Güte hatte, mir die Bilder der betreffenden
Stücke zu überlassen. Dafür möchte ich ihm an dieser Stelle herzlich danken. — Einige der Gegenstände aus Giyimli wurden am 8. Dezember 1975
von der Firma Sotheby, London, zum Verkauf angeboten (s. Sotheby's
Catalogue of Antiquities and Islamic Art, Day of Sale, 8th Dec. 1975, No.
47-88). Ich bin dem stellvertretenden Direktor der Firma Sotheby, Mr. F.
Nicholson, zu Dank verpflichtet, der mir die Bilder der Nr. 50-70 ihres Kata-
loges zur Verfügung gestellt hat.
[25] O. A. Taşyürek, *Some of Giyimli Urartian Bronze Offering plaques*,
Belleten 41 (1977) im Druck — im folgenden: *Offering Plaques*.

1. Privatbesitz (Prähistorische Staatssammlung, München, Neg.-Nr. K 79-73): Bronzeplatte in Form eines zinnenbekrönten Burgturmes. Links auf der Platte ist Haldi dargestellt; er steht im Profil nach rechts auf einem Löwen. Der Gott hat lange Haare und trägt eine Mütze, die mit einer abgerundeten Spitze und mit einem Horn versehen ist (Textabb. 7, Abb. 4). Er hält in seiner rechten Hand einen Bogen, die linke ist ein wenig nach oben ausgestreckt. Auf jeder Schulter trägt er einen Köcher. Seine Kleidung besteht aus einer kurzen Tunika und einem bis zu den Knöcheln reichenden Mantel, die beide reich verziert sind. Haldi steht mit dem linken Fuß auf dem Kopf des Löwen und mit dem rechten auf dessen Kruppe. Der Körper des Tieres wurde mit zahlreichen Verzierungen versehen. Auf der rechten Seite der Platte ist eine weibliche Figur zu sehen, die sich dem Gott zuwendet und ihm eine viereckige Standarte entgegenhält. Ihr Kleid und der Schleier, der bis zum Boden reicht, sind wie das Gewand des Gottes mit Stern- bzw. Blumenmotiven verziert. Sie trägt einen Gürtel.

Die Bearbeitung des Löwen zeigt einige Stilbesonderheiten. Während die Ausarbeitung der Mähne und der Schwanzquaste eine gewisse Ähnlichkeit mit den Löwenfiguren auf dem Schild von Sarduri II. (760-730 v. Chr.) aufweist [26], findet die Darstellung des Mauls Parallelen bei den Löwen auf dem Schild aus Toprakkale [27]. Die Weihplatte kann deshalb wohl in die Kunstepoche datiert werden, die E. Akurgal als „Ringelstil" bezeichnet hat [28], also in die Mitte des 8. Jh. v. Chr.

2. Privatbesitz (Prähistorische Staatssammlung, München, Neg.-Nr. K 281-72): Diese Bronzeplatte ist stark abgenutzt und die Darstellung deshalb nur schwer erkennbar. Links ist wohl wieder der Gott Haldi zu sehen, der auf dem Kopf eines liegenden Löwen steht. Ihm gegenüber scheint der urartäische Wetter-

---

[26] Vgl. B. Piotrovsky, *The Kingdom of Van and its Art*, London 1967, Abb. 5.

[27] Vgl. A. Erzen, *Untersuchungen in Toprakkale 1959-1961*, AA 1962, 410 Abb. 18.

[28] E. Akurgal, *Urartäische und Altiranische Kunstzentren*, Ankara 1968, Abb. 21.

gott Teišeba auf einem liegenden Stier abgebildet zu sein (Textabb. 8, Abb. 5) [29].

Der Gott auf dem Löwen trägt eine Mütze, die aber nicht mit einem Horn verziert ist. In den Händen hält er eine viereckige Standarte. Er hat einen Köcher umgehängt, und trägt ein reich verziertes langes Kleid, das von einem Gürtel gehalten wird. Der Gott auf dem Stier streckt seine rechte Hand Haldi entgegen; in der linken, die in Höhe der Hüften nach vorn ausgestreckt ist, hält er einen kleinen Eimer (Situla). Er hat ebenfalls einen Köcher auf der Schulter und trägt ein langes Kleid.

Die Bearbeitung der Platte ist verhältnismäßig einfach. Die Stilisierung des Löwenmauls erlaubt eine Datierung in das 7. Jh. v. Chr.[30].

3. Privatbesitz (Prähistorische Staatssammlung, München, Neg.-Nr. K 102-72), aus Giyimli (Textabb. 9, Abb. 6): Die Darstellung auf dieser Platte zeigt einige Besonderheiten. Haldi ist auf einem Thron mit hoher Rückenlehne im Profil nach rechts sitzend zu sehen. Seine Mütze ist mit drei Kugelspitzen und einem Horn versehen. Während er die rechte Hand nach vorn oben ausstreckt, hält er in der linken wahrscheinlich einen Tespih (Rosenkranz). Der Gott ist auch hier auf einem liegenden, aber sprungbereiten Löwen dargestellt, dessen Maul weit geöffnet ist (zum Brüllen?). Der Oberkiefer ist rund gearbeitet. Dadurch ist die Platte wohl in die späturartäische Epoche einzuordnen, die E. Akurgal als „Kubischer Stil" (Ende 7. Jh. v. Chr.) bezeichnet hat [31].

Eine weitere Besonderheit dieser Weihplatte ist die Darstellung des Mundes von Haldi durch vier parallele Striche. Damit ist ein weiterer Beweis dafür geliefert, daß die Menschenfiguren auf den Weihplatten aus Giyimli, bei denen der Mund ebenfalls durch Striche angegeben ist, auch in das Ende des 7. Jh. v. Chr. zu datieren sind [32].

---

[29] Zur Gestalt des Teišeba vgl. C. A. Burney - G. R. J. Lawson, *Urartian Reliefs at Adilcevaz, on Lake Van, and a Rock-Relief from the Karasu, near Birecik*, AnSt. 8 (1958) 213 Abb. 2.

[30] Vgl. Anm. 27 und 28.

[31] E. Akurgal, *op. cit.* (Anm. 28) Abb. 31.

[32] Vgl. O. A. Taişyürek, *Adana Bölge Müzesindeki Urartu Kemerleri*, Ankara 1975 — im folgenden: *Urartu Kemerleri*; *idem Offering Plaques*.

4. Museum Adana: Auf einer Platte aus Giyimli ist Haldi wiederum auf einem Löwen stehend dargestellt. (Textabb. 10, Abb. 7) [33]. Rechts von der Figur ist die Platte abgebrochen. Der Gott trägt auf der Schulter einen Doppelköcher; in der linken Hand hält er wohl einen Bogen, während die rechte nach vorn oben ausgestreckt ist. Der in Segensgestus dargestellte Gott [34] trägt eine Tunika, die bis unterhalb der Knie reicht, und darüber einen knöchellangen Mantel. Obwohl der obere Teil des Kopfes abgebrochen ist, darf man wohl annehmen, daß seine Mütze mit einem Horn verziert war.

Der Gott steht mit dem rechten Bein auf der Kruppe und mit dem linken auf dem Kopf eines Löwen. Die Stilisierung des Löwenmaules sowie der anderen Körperteile, die mit den Löwendarstellungen auf dem Schild Rusas III. aus Toprakkale vergleichbar sind, erlauben eine Datierung dieser Weihplatte um 600 v. Chr.[35]. Auch hier ist der Mund des Gottes durch diesmal fünf parallele Striche angegeben.

5. Prähistorische Staatssammlung, Museum für Vor- und Frühgeschichte, München (Inv.-Nr. 1971, 1506), aus Giyimli: Die Weihplatte zeigt wiederum den Gott Haldi auf dem Rücken eines Löwen stehend (Textabb. 11, Abb. 8). Der rechte obere Teil der Platte ist abgebrochen, so daß der Kopf des Gottes fehlt. Haldi trägt einen Doppelköcher, eine kurze Tunika und darüber einen langen Mantel. Da auch die Löwendarstellung mit dem vorher beschriebenen Stück fast identisch ist, kann diese Platte ebenfalls um 600 v. Chr. datiert werden.

Wie oben bereits erwähnt, zeigen zwei aus Giyimli stammende Platten, die im Auftrag des türkischen Kultusministeriums von der Firma Sotheby, London, gekauft wurden, ebenfalls Darstellungen des auf einem Löwen stehenden Gottes Haldi [36]. Diese Weihplatten befinden sich jetzt in der Ausstellung des Anadolu Medeniyetleri Müzesi:

---

[33] Vgl. Taşyürek, *Offering Plaques*.
[34] Vgl. O. A. Taşyürek, *Some New Assyrian Rock-Reliefs in Turkey*, AnSt. 25 (1975) 177 Abb. 9-10.
[35] Vgl. Anm. 31.
[36] Vgl. Anm. 24.

6. Katalog Sotheby, Nr. 50; Anadolu Medeniyetleri Müzesi, Ankara (Inv.-Nr. 8.7.1976): Die Bronzeplatte, deren oberes Ende die Form eines Burgturmes hat und die an der rechten Seite bogenförmig abgeschnitten ist, zeigt eine auf einem Löwen stehende Haldi-Figur. Der Gott trägt eine Mütze mit abgerundeter Spitze und einem Horn (Textabb. 12, Abb. 9). Über der Schulter liegt ein Doppelköcher. Die rechte Hand ist in Segensgestus nach vorn oben ausgestreckt, in der linken hält der Gott wahrscheinlich ein Zepter [37]. Mit dem rechten Fuß steht Haldi auf der Kruppe des Löwen, mit dem linken auf dessen Kopf. Er trägt eine Tunika, die bis zum Knie reicht, und darüber einen langen Mantel. Die Ausarbeitung des Löwenkörpers läßt eine Datierung dieses Stückes um 600 v. Chr. zu [38].

7. Katalog Sotheby Nr. 70; Anadolu Medeniyetleri Müzesi, Ankara (Inv.-Nr. 8.13.1976): Größe: 0,105 × 0,059 m. Die Darstellung dieser Platte unterscheidet sich nicht wesentlich von den bisher aufgeführten Stücken. (Textabb. 13, Abb. 10) [39]. Es fällt auf, daß die Götterfigur kein Horn hat. Der Gott trägt wiederum einen Doppelköcher. Seine rechte Hand ist in Segensgestus nach vorn oben gestreckt, in der linken hält er einen Rosenkranz. Erwähnenswert ist, daß der Schwanz des Löwen in einem Bogen nach vorn geführt ist. Die Stilisierung des Mauls läßt aber vermuten, daß auch diese Platte um 600 v. Chr. gearbeitet wurde [40].

8. Museum Adana: eine Bronzeplatte aus Giyimli, deren beide Seiten unterschiedlich bearbeitet sind. Eine Seite, die ursprünglich als Teil eines Gürtels verwendet worden war, zeigt eine Haldi-Figur, umgeben von einer reich verzierten Bordüre.

---

[37] Sowohl Piotrovsky, *Urartu* 173, Taf. 80, als auch van Loon, *Urartian Art* 122, Abb. 14, bezeichnen den Gegenstand, den die Götter in der Hand halten, als Zepter (Mace). Aber meine Untersuchungen an den Funden aus Giyimli haben gezeigt, daß es sich auch um Granatapfelzweige handeln kann, deren Blüte nach unten gehalten wird. Allerdings symbolisiert der Granatapfel auch heute noch in Anatolien die Fruchtbarkeit; vgl. Taşyürek, *Offering Plaques* und H. J. Kellner, *Ein neuer Medaillen-Typus aus Urartu*, Situla 14-15 (Ljubljana 1974), Taf. 2, Abb. 3.

[38] Vgl. Anm. 31.
[39] Vgl. Anm. 24.
[40] Vgl. Anm. 31.

Der Gott steht auf einem Löwen, seine rechte Hand ist in Segensgestus ausgestreckt und, über der Schulter trägt er einen Doppelköcher. Im Gegensatz zu den bisher beschriebenen Haldi-Darstellungen trägt der Gott hier offenbar keine Mütze (Textabb. 14, Abb. 11) [41], aber die übliche Tunika und den langen Mantel. Mit dem rechten Fuß steht er auf der Kruppe des Löwen, mit dem linken auf dessen Kopf. Stilmerkmale bei der Darstellung des Mauls lassen eine Datierung in das 7. Jh. v. Chr. zu [42].

9. Im Museum Adana befindet sich eine weitere Bronzeplatte aus Giyimli, die ursprünglich zu einem Gürtel gehörte. Die auf dieser Platte sichtbare Haldi-Figur steht auf einem Löwen, der sich auf die Hinterbeine erhoben hat. Der Gott trägt keine Mütze, ist geflügelt und hat einen gespannten Bogen in der Hand. Seine Kleidung besteht aus der bekannten Tunika und dem langen Mantel (Textabb. 15; Abb. 12).

10. Ein Bronzegürtel im Museum in Van zeigt mehrere Haldi-Figuren, die sich nicht wesentlich von den bisher beschriebenen Darstellungen unterscheiden [43]. Die Göttergestalten sind in zwei Reihen übereinander angeordnet. Das erste Figurenpaar zeigt den Gott Haldi auf einem Löwen, der sich auf die Hinterbeine erhoben hat. Haldi hält wiederum einen gespannten Bogen in der Hand (Textabb. 16; Abb. 13). Der Gott trägt Tunika und Mantel, aber keine Mütze.

Die anderen Götterfiguren auf der Platte sind geflügelt und tragen Mützen, was die Verwandtschaft mit dem Relief aus Adilcevaz (Textabb. 17; Abb. 14) deutlich macht [44]. Aber bei dem vorliegenden Stück ist die linke Hand der Gottheit in

---

[41] Zu diesen Platten, die ursprünglich als Gürtel und dann als Weihplatten verwendet wurden, vgl. Taşyürek, *Offering Plaques*. Manchmal wurde die Vorderseite des Gürtels zur Weihplatte gemacht, manchmal die Rückseite. Bei der zweiten Verwendung ist jedoch die Ausführung sehr viel einfacher; die Figuren sind dann nur aus Punkten oder einfachen Strichen gebildet.

[42] Vgl. Anm. 31.

[43] Ein kleines Fragment dieses Gürtels befindet sich im Museum von Adana; vgl. Taşyürek, *Urartu Kemerleri* Nr. 20. Für die Erlaubnis, den Gürtel im Museum von Van photographieren zu dürfen, bin ich meinem Kollegen, Herrn Cevat Bozkurtlar, zu Dank verpflichtet.

[44] Vgl. Anm. 12 und Textabb. 2; Abb. 1.

Segensgestus nach vorn oben ausgestreckt, während sie in der rechten ein Zepter oder einen Granatapfelzweig mit der Blüte nach unten hält. Der Löwe hat sich auf die Hinterbeine erhoben und ist mit einem Vogelschwanz versehen. Wie auf dem Relief aus Adilcevaz ist der Oberkiefer des Löwen in Form einer runden Blase dargestellt. Dadurch ist der Gürtel in die späturartäische Zeit, also Ende des 7. Jhs. v. Chr., zu datieren [45].

Durch philologische Zeugnisse konnte bewiesen werden, daß in dem Gott auf dem Löwen Haldi, der Hauptgott des urartäischen Pantheons, zu sehen ist [46]. Die hier untersuchte Gottheit ist mit diesem identisch. Im folgenden wird versucht, den obersten Gott der Urartäer näher zu charakterisieren.

Die Darstellungsweise des Gottes Haldi, der auf einem Löwen steht, kann wohl als eine Adaption aus dem Mesopotamischen angesehen werden, wo der Kriegsgott Adad, dessen Ursprung in der akkadischen Epoche zu suchen ist [47], in gleicher Weise abgebildet wird. In der urartäischen Kunst ist Haldi gelegentlich geflügelt (Abb. 1, 12, 14), meist mit Doppel- oder Einzelköcher (Abb. 5-12), manchmal auch ohne Köcher und Flügel; oft trägt er Bogen und Pfeil in der Hand (Abb. 12-13) und ein Schwert am Gürtel; in der Hand hält er gelegentlich ein Zepter oder einen Granatapfelzweig, dessen Blüte nach unten zeigt (Abb. 2, 14). Er erscheint manchmal in sehr schmuckvoller (Abb. 1, 4), aber auch in einfacher Bekleidung (Abb. 5, 7, 10). Seine Bewaffnung mit umgegürtetem Schwert, Bogen und Pfeil in der Hand und meist mit Köcher zeigt seinen kriegerischen Charakter, der ihn in die Nähe des mesopotamischen Adad rückt. Daß der urartäische Hauptgott ein Kriegsgott war, ist verständlich, da die assyrischen Keilschriften berichten, daß das Land sich dauernd im Kriegszustand befand.

Daneben sind auf den Bronzeplatten weitere Götterfiguren abgebildet, die ebenfalls Lanze, Schild, Bogen und Pfeil oder Zepter in der Hand tragen und auf mythologischen Fabelwesen stehen

---

[45] Vgl. Anm. 31.

[46] Vgl. Anm. 10.

[47] Vgl. R. M. Boehmer, *Die Entwicklung der Glyptik während der Akkad-Zeit*, Berlin 1965, Taf. 31, 367, 369.

(Abb. 15-18) [48]. Auch diese Gottheiten dürften wohl mit Haldi identisch sein.

Ein Gürtelfragment aus Giyimli zeigt einen Gott auf einem gehörnten Drachen mit Vogelschwanz, aus dessen Maul Flammen kommen. Die Gottheit, die ein Zepter oder einen Granatapfelzweig mit der Blüte nach unten in der linken Hand hält, stellt wohl ebenfalls den Gott Haldi dar (Textabb. 18, Abb. 19) [49].

Die von mir früher vertretene Meinung, daß urartäische Götter auf ihren Mützen immer ein Horn tragen [50], hat sich durch die vorliegenden Untersuchungen teilweise als falsch erwiesen. Denn während einige der hier behandelten Haldi-Figuren mit einem einzelnen Horn dargestellt sind, haben andere kein derartiges Attribut (Abb. 5, 10, 12).

Auf manchen Weihplatten hält Haldi eine Standarte in der Hand (Abb. 3, 5) oder sie wird ihm gereicht (Abb. 4) [51]. Dieses Motiv ist, soweit ich feststellen kann, nur auf den Platten aus Giyimli zu beobachten und steht wohl im Zusammenhang mit religiösen Zeremonien für den Gott.

Wir dürfen mit Recht hoffen, daß künftige Ausgrabungen zur Erhellung zahlreicher noch ungelöster Probleme der urartäischen Kultur beitragen werden.

---

[48] Vgl. Taşyürek, *Urartu Kemerleri* Abb. 4, 6, 8.
[49] *Ibid*. Abb. 22.
[50] Vgl. Taşyürek, *op. cit.* (Anm. 25).
[51] Zahlreiche Figuren auf den Weihplatten aus Giyimli tragen diese Standarte in der Hand; vgl. Taşyürek, *Offering Plaques*.

Photonachweis

Abb. 1. Photo Museum für die Zivilisationen Anatoliens, Ankara.
Abb. 2. Photo Britisches Museum London.
Abb. 3. Photo Verfasser.
Abb. 4, 5, 6, 8. Photo Prähistorische Staatssammlung München.
Abb. 7. Photo Verfasser.
Abb. 9/10. Photo Firma Sotheby, London.
Abb. 11-19. Photo Verfasser.

MAARTEN J. VERMASEREN

KYBELE UND MERKUR

(Taf. CCXXIII, Abb. 1)

Es stellt sich in den letzten Jahren immer mehr heraus, daß die orientalischen Religionen weit mehr verbreitet waren, als man bisher angenommen hat. Das gilt auch für das römische Deutschland: seit dem grundlegenden Aufsatz von H. Lehner [1] im Jahre 1924 hat sich das Material mehr als verdoppelt. Die 'Ausgrabungen' in den Museen zeigen vor allem immer mehr vernachlässigte Kleinfunde, die öfter Zeugnis von der Verehrung der orientalischen Gottheiten ablegen. Das grundlegende Buch von G. Grimm [2] über die Zeugnisse ägyptischer Religion und Kunstelemente im römischen Deutschland beweist uns, daß auch in den Provinzen ägyptische Einflüsse die Bevölkerung überflutet haben. Gleichfalls zeigt das Studium des Dörner-Schülers E. Schwertheim [3] über die Verbreitung der kleinasiatisch-syrischen Kulte, wie erstaunlich umfangreich das Material in Deutschland ist. Selbstverständlich gelten diese neuen Ergebnisse auch für das römische Köln. Schon H. Schoppa [4], O. Doppelfeld [5] und K. Parlasca [6] haben darauf hingewiesen, indem sie sich bemühten, den Wert der neueren Urkunden zu verdeutlichen; neulich hat G. Ristow [7] die Bearbeitung und Auswertung

---

[1] H. Lehner, *Orientalische Mysterienkulte im römischen Rheinland*, BJb. 129 (1924) 36.

[2] G. Grimm, *Die Zeugnisse ägyptischer Religion und Kunstelemente im römischen Deutschland* [= EPRO 12], Leiden 1969.

[3] E. Schwertheim, *Die Denkmäler orientalischer Gottheiten im römischen Deutschland* [= EPRO 40], Leiden 1974.

[4] H. Schoppa, *Römische Götterdenkmäler in Köln* [= Die Denkmäler des römischen Köln XXII] Köln 1959.

[5] O. Doppelfeld, *Von Postumus zu Konstantin*, WRJb. 18 (1956) 7ff.; vgl. *Römer am Rhein*, Köln 1967.

[6] K. Parlasca, *Die Isis- und Serapisverehrung im römischen Köln*, KJb. 1 (1955) 18-23.

[7] G. Ristow, *Zur Eschatologie auf Denkmälern synkretistisch-orientalischer Mysterienkulte in Köln*, KJb. 9 (1967-68) 107-111; idem, *Denkmäler hellenistischer Mysterienkulte in Kölner Museumsbesitz - Ägyptische Kultgruppe*,

jener Zeugen für den gesamten Komplex der orientalischen Mysterien in Köln in Angriff genommen. In seinem ersten Aufsatz hat er
eine vierseitige Stele besprochen [8], die an drei Seiten bearbeitet ist
(Römisch-Germanisches Museum, Inv. Nr. 49.92). Sie wurde in
1949 in der Hohe Straße-Blindgasse gefunden und wird in das 2./3.
Jahrhundert datiert. Um zu der richtigen Interpretation und Auswertung dieses Denkmals zu gelangen, kann man am Besten von
der rechten Seite ausgehen, wo alle, die die Stele publizierten, eindeutig die Gestalt des phrygischen Attis erkannten. In Trauerhal-
tung, in der er so oft auf den Grabdenkmälern erscheint, steht er als
Hirte mit gekreuzten Beinen und stützt mit der Linken sein Haupt.
Wenn dann an der linken Seite des Denkmals das Frontalrelief
„einer weiblichen Büste'' erscheint, kann diese Göttin kaum anders
als eine Kybele erklärt werden, obschon Schoppa meint [9], sie könne
nicht benannt werden. Auf dem in der Mitte gescheitelten Haar,
das von der archaisch-griechischen Periode bis in die Spätzeit fast
immer für Kybele kennzeichnend ist, erkennt man an der rechten
Seite noch einen Teil der Mauerkrone, welche seit der Römerzeit
den früheren Polos vertritt. Weiter kann man vielleicht in der Höhe
des Schoßes der Göttin noch die Umrisse eines kleinen ausgemei-
ßelten Löwen erkennen, der nach links gewendet kauert. In diesem
Falle haben wir es also mit einer ganz geläufigen Darstellung der
thronenden Göttin zu tun, welche sich nicht nur vielfach in den
Rundskulpturen, sondern auch in Terrakotten aus Kleinasien und
Griechenland über Italien und Gallien nach Germanien verbreitet
hat.

Wenn man nun die dritte Seite des Denkmals betrachtet (vgl.
Abb. 1), wird hier die Deutung zweifelhaft. Man sieht einen Jüngling, dessen linke Schulter mit dem Zipfel eines Mantels bedeckt

---

KJb. 10 (1969) 68-75; idem, *Denkmäler hellenistischer Mysterienkulte in
Kölner Museumbesitz - Kult der Göttermutter und des Attis*, KJb. 13 (1972-
73) 116-119; idem, *Mithras im römischen Köln* [= EPRO 42], Leiden 1974;
idem, *Religionen und ihre Denkmäler im antiken Köln*, Köln 1975.

[8] Ristow, *Zur Eschatologie auf Denkmälern synkretistisch-orientalischer
Mysterienkulte in Köln*, KJb. 9 (1967-68) 107ff. mit Taf. 31, 1-2; vgl. idem,
*Denkmäler hellenistischer Mysterienkulte in Kölner Museumsbesitz - Kult der
Göttermutter und des Attis*, KJb. 13 (1972-73) 118 Nr. 13 mit Taf. 52, 2.
Aus Kalkstein, H. 0,39 m, Br. 0,16 m, T. 0,21 m.

[9] Schoppa, *op. cit.* (Anm. 4) 55 Nr. 40 mit Taf. 38.

ist, der über den Rücken herabhängt. Sämtliche Bearbeiter erklären diese Gestalt als Dionysus, nur H. Schoppa [10] hat für diese
'zentrale Figur' auch Merkur in Betracht gezogen. Daß man sich
schließlich doch für Dionysus ausgesprochen hat, kommt vor allem
daher, weil man meinte, im Haarkranz ein Blattgewinde entdecken
zu können. Der Jüngling stützt sich links auf einen Stab, der leider
gerade an der Oberseite so sehr abgeschliffen ist, daß man nicht
mehr sehen kann, ob es sich um einen *thyrsus* oder einen *caduceus*
handelt. Weiter ist es von Bedeutung, wie man das Tier an der
rechten Seite des Gottes deutet. Schoppa [11] war der Meinung, es sei
entweder ein Widder oder eine Eule; Doppelfeld [12] glaubte beim
Dionysus das Tier als dessen Begleiter, also als einen Panther deuten zu können, und auch Ristow [13] spricht sich in diesem Sinne aus:
,,die Deutung bleibt bei einem Vergleich mit einheimischen Dio-
nysusstatuetten in Typus und Haltung durchaus einleuchtend und
macht keine Korrektur zwingend.'' Jedoch kann man aus dem
ganzen Kontext des Denkmals die Deutung als Merkur herauslesen,
und neulich hat Elmar Schwertheim [14] sich ebenfalls dieser Auffassung angeschlossen. Der jugendliche Gott hält in seiner Rechten
eine unbeholfen dargestellte *patera* mit Knopf (*umbilicus*) über dem
Kopf eines großen, auf dem Boden liegende Widders, dessen Hörner
noch deutlich zu erkennen sind. Die vorgestreckte Schnauze mit
den Nasenlöchern ist in primitiver Weise gearbeitet; weiter kann
man etwas höher die Augen und die beiden kleinen Hörner unterscheiden. Dieser Typus des Merkurs ist in Gallien und Germanien
ganz geläufig. Außerdem ist zu bemerken, daß Dionysus in den
Kybele-Denkmälern nur im Kreise der Zwölf-Götter-Darstellungen
auftritt.

Die vierte Seite dieser pfeilerartigen Stele ist unbearbeitet; der
Künstler hat also drei zusammengehörige Gottheiten darstellen wol-

---

[10-11] Schoppa, *op. cit.* (Anm. 4) 55 Nr. 40 mit Taf. 38.

[12] Doppelfeld, *op. cit.* (Anm. 5) 9.

[13] Vgl. *Römer am Rhein* 167f., Nr. A 116: ,,Hercules oder Dionysus-
Bacchus ?''; Ristow, *Denkmäler hellenistischer Mysterienkulte in Kölner
Museumsbesitz - Kult der Göttermutter und des Attis*, KJb. 13 (1972-73) 118:
,,wahrscheinlich Dionysos''.

[14] Schwertheim, *op. cit.* (Anm. 3) 25f. Nr. 24 mit Taf. 68 datiert: ,,Mitte
des 2. Jh. n. Chr.''.

len. Diese Dreiheit, bestehend aus Kybele als zentrale Figur mit
Attis und Merkur an den Seiten, kommt sonst in den römischen
Provinzen nicht vor. Das Denkmal aus Köln, wie primitiv es auch
sein mag, ist in dieser Hinsicht einzigartig in der provinzialen
Kunst. Jedoch finden wir an der Westküste Kleinasiens zahlreiche
Reliefdarstellungen, auf die bereits Conze [15] aufmerksam gemacht
hat. Aus einer Werkstatt in Smyrna stammen vielleicht die Votivreliefs, die Kybele meistens stehend abbilden, zwischen einem
jugendlichen Hermes-Kadmilos, der als Weinspender mit einer Kan-
ne (*urceus*) zur Rechten der Göttin steht und einem bärtigen Gott
zu ihrer Linken, der aber nicht mit Sicherheit durch Inschriften
oder Attribute mit Zeus oder Zeus Sabazius zu identifizieren ist.
Wahrscheinlich können jedoch einige Darstellungen aus Italien
diese Unklarheit beseitigen. An der Via dell'Abbondanza hat etwa im Jahre 70 M. Vecilius Verecundus seine Taberna an der Außenseite mit Wandmalereien ausschmücken lassen [16]. Auf der linken
Seite des Einganges befindet sich die Venus pompeiana, siegreich in
einem Elephantenwagen. Auf der anderen Seite ist eine Prozession
der Megalensia im April dargestellt. Die Teilnehmer an der Feier
haben sich in dem Augenblick vom Maler porträtieren lassen, in
dem sie das *ferculum* mit der Kultstatue der zwischen zwei Löwen
thronenden Kybele auf die Erde gestellt haben, um etwas auszu-
ruhen. Etwas weiter befindet sich auf der Erde eine kleine *aedicula*,
in der der Kopf eines bärtigen Gottes sichtbar ist. Dieser ist durch
einen Efeukranz deutlich als Dionysus charakterisiert. Die Verbindung mit den kleinasiatischen Reliefs finden wir aber im Abschnitt über der Tür, wo vier Büsten und Köpfe gemalt sind. Hier
befinden sich zwischen Sol (links) und Luna (rechts) — deutlich gekennzeichnet durch ihre Attribute — die Büsten von Merkur (Börse)

---

[15] A. Conze, *Hermes-Kadmilos*, AZ 38 (1880) 1-10; idem, *Hermes-Kadmilos*, AM 13 (1888) 202-206; idem, *Hermes-Kadmilos*, AM 16 (1891) 191-
193. Vgl. B. Hemberg, *Die Kabiren*, Uppsala 1950, 95f.; im allgemeinen:
K. Kerényi, *Hermes der Seelenführer*, Zürich 1944; H. S. Versnel, *Mercurius
amongst the Magni Dei*, Mnemosyne 27 (1974) 144-151. Die Denkmäler werden demnächst publiziert im *Corpus Cultus Cybelae Attidisque* I-IX [= EPRO
50], Leiden 1977 (= *CCCA*).
[16] V. Spinazzola, *Pompei alla luce degli Scavi nuovi di Via dell'Abbondanza* I, Roma 1953, 213ff.; *CCCA* IV mit Bibliographie und Tafeln.

und Jupiter (Blitz). Merkur war also in dieser reichen Villenstadt, wo wohlhabende Händler täglich die wunderbare Aussicht auf das tiefblaue Meer genossen, der Gott des Handels. So kommt er auch auf einen Relief aus dem Handelszentrum Ostia vor, wo er allein mit der Börse in der Rechten und dem *caduceus* in der Linken neben der thronenden Kybele steht [17].

Eine zweite Darstellung, wo Merkur und Jupiter in Verbindung mit Kybele deutlich durch ihre Attribute gekennzeichnet sind, stammt aus Rom. Die wichtige Statue des Archigallus, die längere Zeit in der Sammlung von Lord Pembroke in England war und neulich wieder an Ort und Stelle zurückgekehrt ist [18], trägt eine dreiteilige Halskette. Zwei kleinere Rundmedallions an den Seiten, die mit einer in Relief wiedergegebenen Attisbüste verziert sind, schmücken das eigentliche zentrale Bruststück (*prosthetidion*), das tempelartig ausgebildet ist. Im Giebelfeld liegt Attis ausgestreckt nach seiner Entmannung, wodurch er sich für immer der Kybele geweiht hat. Im Tempel sieht man in der Mitte die thronende Göttin selbst mit einem Tympanum in der Linken. Rechts neben ihr steht Merkur mit *petasus* und *caduceus* und links steht Jupiter, kenntlich an Blitzbündel und Szepter. So greift diese Darstellung des römischen Archigallus im 2. Jahrhundert auf kleinasiatische, klassische Reliefs als Vorbilder zurück, die somit noch in der römischen Kaiserzeit gut bekannt waren.

In Kleinasien und Griechenland gibt es noch eine zweite Gruppe [19] von Reliefdarstellungen der stehenden oder thronenden Kybele zwischen zwei Personen, bei denen es sich um einen Mundschenk und eine Frau mit zwei großen Fackeln handelt, die ebenfalls inschriftlich nicht klar bezeugt sind. Aber auch hier haben wir es mit Merkur zu tun, wie zwei Denkmäler aus Thasos [20] und Ägypten [21]

---

[17] G. Calza, in: NSc. 1914, 289f. mit Fig. 6; *CCCA* III Nr. 424.

[18] C. Pietrangeli, *La statua di un gallus nei Musei Capitolini*, BullCom. 78 (1961-62) 1964, 9-15 mit Taf. 1-3; Helbig⁴, II Nr. 1183; *CCCA* III Nr. 249 mit Bibliographie.

[19] Vgl. M. J. Vermaseren, *Cybele and Attis*, London 1977; ich werde mich weiter mit dem Thema befassen in *Metroaca*.

[20] *Guide de Thasos*, Paris 1968, 137 Nr. 40 mit Abb. 79-80; *CCCA* II mit Bibliographie.

[21] K. Schauenburg, *Helios, archäologisch-mythologische Studien über den antiken Sonnengott*, Berlin 1955, 21f. und Taf. 8; *CCCA* 1.

deutlich zeigen. Merkur steht rechts neben der Göttin und ist durch *petasus* und *caduceus* gekennzeichnet; das Mädchen mit den Fackeln wird allgemein mit Hekate identifiziert. Diese beiden jugendlichen Gottheiten kommen vielfach in Verbindung mit Kybele vor; sie bilden aber nicht eine Triade, sondern sind vielmehr Diener der großen Göttin und deswegen zumeist auf den Anten eines Naiskos dargestellt. Auf dem Opfertisch in Thasos, wo wie in Lebadea [22] und auf einem Rundaltar in Ostia [23] die Zwölfgötter mit Kybele vereint sind, stehen Merkur und Hekate nahe am Löwenthron, auf dem die mächtige Göttin als Meter Theoon oder Mater deum sitzt. Die Anwesenheit von Hekate und Merkur scheint darauf hinzuweisen, daß sich die Macht der großen Göttin ebenfalls bis in die Unterwelt erstreckt.

Zusammenfassend können wir also innerhalb der Kybele-Ikonographie drei Gruppen unterscheiden, wie die Göttin zwischen zwei anderen Gottheiten dargestellt wird. Die Gruppe aus Köln, wo Kybele mit Merkur und Attis verbunden ist, ist die seltsamste und ist uns bis jetzt im Gegensatz zu den zwei anderen Gruppen weder aus Kleinasien noch aus Griechenland bekannt. Wir besitzen eigentlich nur zwei Vergleichstücke. Das erste ist ein Bronzerelief [24] (vermutlich aus Rom), das in zwei Repliken auf uns gekommen ist, von denen heute aber leider nur noch Zeichnungen bekannt sind. Wahrscheinlich gehört es zum Schmuck eines Kybelepriesters. Das Reliefband besteht aus zwei Teilen, die beide einen Tempel darstellen. Das eine Teil ist dem Sabazius, das andere der Kybele gewidmet. Das Kybelestück soll sehr künstlerisch gewesen sein. Im Giebelfeld sieht man wie auf dem Relief aus Ägypten (siehe oben S. 960) das Viergespann des Helios; im Tempel selbst ist die Kultstatue der Göttermutter dargestellt, die in der Mitte auf einem

---

[22] O. Walter, ΚΟΥΡΗΤΙΚΗ ΤΡΙΑΣ, ÖJh. 31 (1939) 59ff. mit Abb. 23-24.

[23] G. Becatti, *Un dodekatheon ostiense e l'arte di Prassitele*, ASAtene 22 (1939-40) 1942, 85-137; Helbig⁴, IV Nr. 3025 mit Bibliographie; *CCCA* III Nr. 381.

[24] Ch. Picard, *Sur un ,,naiskos" inédit de Cybèle au Musée du Caire*, MonPiot 49 (1957) 59 und Abb. 7; *CCCA* III Nr. 304; eine Kopie, ebenfalls aus Rom, war in Bonn: L. Urlichs, *Archäologische Aehrenlese*. a) *Attis auf römischen Grabsteinen*, BJb. 23 (1856) 52 und Taf. III.

Thron sitzt und einen Löwen auf dem Schoß hält. Der Thron ist an der Oberseite mit zwei Figuren geschmückt, die einen Kranz über dem Kopf der Kybele halten. Links von der Göttin steht Attis mit einer Blume in der erhobenen rechten Hand; rechts oben sieht man eine gekreuzte Doppelflöte im Feld. Rechts neben Kybele steht Merkur mit dem geflügelten *petasus* auf dem Kopf; er hält eine Börse in der Rechten und den *caduceus* in der Linken.

Das zweite Stück bildet eine Lampe, die ebenfalls höchstwahrscheinlich aus Rom stammt und jetzt in den Musei Capitolini aufbewahrt wird [25]. Auf dieser schönen Lampe, die leider keinen Stempel trägt, sitzt Kybele auf einem Sessel, flankiert von zwei Löwen. Auf ihrer linken Seite steht Attis mit einer Blume in der erhobenen Rechten und mit dem *pedum* in der anderen Hand. Merkur steht rechts von der Göttin; er trägt einen *petasus* und einen Schultermantel; in den Händen hält er eine Börse und den *caduceus*. Vielleicht gibt uns diese Lampe aus dem 1. Jh. eine Lösung für ein Detail des berühmten liegenden Archigallus auf dem Deckel eines Sarkophages aus dem 3. Jh. in der Nekropole vom Portus bei Ostia [26]. Der Archigallus liegt ausgestreckt im vollen Ornat seiner Würde und stützt mit der Linken sein Haupt. In der rechten Hand hält er einen Pinienzweig und um den Arm trägt er einen *occabus*. Dieses Armband ist verziert mit einer Darstellung der thronenden Kybele zwischen zwei männlichen Personen, die orientalische Kleidung zu tragen scheinen. Die rechte Person hält wahrscheinlich, wie die Göttin selbst, einen Korb mit Obst. Diese könnte Attis darstellen, weil jener auch sonst gern mit Obst dargestellt wird [27]; die zweite Person könnte vielleicht Merkur mit Schultermantel und *petasus* sein.

Derselbe Archigallus wird noch auf zwei anderen Reliefs dargestellt; einmal wie er dem Attis [28] und einmal wie er der Kybele [29] opfert. In beiden Fällen trägt er wieder einen *occabus*, der mit

---

[25] L. Mercando, in: Capitolium 57 (1962) 214; *CCCA* III Nr. 316.
[26] Helbig⁴, IV Nr. 3003 mit Bibliographie; *CCCA* III Nr. 446.
[27] M. J. Vermaseren, *The Legend of Attis in Greek and Roman Art* [= EPRO 9], Leiden 1966, 16 Nr. 8.
[28] Maria Floriani-Squarciapino, *I culti orientali ad Ostia* [= EPRO 3], Leiden 1962, 14; *CCCA* III Nr. 447.
[29] *CCCA* III Nr. 448.

Reliefdarstellungen der thronenden Göttin und Attis an ihrer linken oder rechten Seite verziert ist. Wo der Archigallus aber der Kybele opfert, sieht man vor der Kultstatue der thronenden Göttin Merkur mit Börse und *caduceus* in den Händen stehen. In diesem letzten Falle scheint also die einheitliche Gruppe der Kybele mit Attis und Merkur in zwei gesonderte — Kybele mit Attis oder mit Merkur allein — aufgeteilt zu sein. Auffallend ist jedenfalls, daß auf diesen Denkmälern in Italien im Gegensatz zu dem Kölner Stück der Merkur mit der Börse vorkommt, also vor allem mit der Wirtschaft in Verbindung steht. Der Merkur in Köln schließt eher an einheimische, gallische Darstellungen an [30].

Es gibt schließlich noch eine vierte Gruppe von Kunstdenkmälern, wo Merkur im Zusammenhang mit Kybele erscheint. Ein silbernes Medaillon aus Olynthus [31], das jetzt verloren sein dürfte und das ins 5. oder eher ins 4. Jhdt v. Chr. zu datieren ist, zeigt Kybele stehend auf ihrem von zwei Löwen gezogenen Gespann; Viktoria fliegt heran, um die Göttin zu bekränzen; vor dem Gesicht der Kybele sieht man einen Halbmond und eine Rosette, also Sonne und Mond, welche der Darstellung einen kosmischen Effekt verleihen. Die Göttin, erkennbar auch an ihrer verzierten *Polos*, wird vom Künstler gerade in dem Augenblick dargestellt, wo sie in die Unterwelt hinabfährt. Gerade deswegen wird sie ja von Nike bekränzt, weil sie auch die Herrin über die Mächte der Finsternis und des Todes ist; deshalb begleitet sie auch Hekate, das Mädchen mit den zwei erhobenen Fackeln, und Merkur, der einen *petasus* und einen *caduceus* trägt und ein Thymiaterion in den Händen hält. Hier finden wir somit die beiden jugendlichen Gottheiten wieder, denen wir sonst auf den Reliefs neben Kybele begegneten. Das Mädchen mag vielleicht, wie bereits vorgeschlagen wurde, mit Persephone zu identifizieren sein; auf dem Relief aus Thasos steht sie jedenfalls dicht neben ihrer Mutter Demeter. Wie schon Hans

---

[30] E. Espérandieu, *Recueil général des bas-reliefs, statues et bustes de la Gaule romaine* I, Paris 1901, 501, 503, 513 und viele andere Beispiele.
[31] D. M. Robinson, *The Terracottas of Olynthus* [= *Olynthus* IV], Baltimore 1931, 58, 94; idem, *Metal and Miscellaneous Finds* [= *Olynthus* X], Baltimore 1941, 16off. mit Abb. 17, a-b; K. Schauenburg, *Zu Darstellungen aus der Sage des Admet und des Kadmos*, Gymnasium 64 (1957) 221f.; *CCCA* II.

Möbius erkannt hat [32], gehört das schöne Stück aus Olynthus zu
einer ganzen Serie gleichartiger Darstellungen, deren letztlicher
Ursprung in Kleinasien zu suchen ist. Ein Goldmedaillon aus der
Sammlung Stathatos im Nationalmuseum von Athen aus der Zeit
um 400 v. Chr. zeigt Merkur als Führer des hier nur von einem
Löwen gezogenen Wagen. Der Gott trägt den *petasus*; in der Linken
hält er den *caduceus* und mit der Rechten eine Schnur, die um den
Hals des Löwen gebunden ist. Ein weiterer Unterschied ist, daß
der Sonnenstern vor und der Halbmond hinter Hekate abgebildet
ist. Schon Rudolf Pagenstecher [33] hat auf eine Serie von Medaillons
hingewiesen, die im 3. Jh. v. Chr. die calenischen Gutti verziert
haben. Auch diese zeigen öfters fast dieselbe Darstellung: Kybele
in einem Wagen mit einem Löwen; die Bekränzung durch Nike;
Hekate mit einem Zweig in der Linken und einem Thymiaterion in
der Rechten; Hermes-Merkur mit dem *caduceus* in der Linken und
eine Fackel in der Rechten. Die beiden Begleiter haben also jetzt
ein Attribut getauscht; vor ihren Gesichtern befindet sich nun
auch ein Stern. Unter der friedlichen Szene sieht man zwei kämp-
fende Hähne. Auffallend ist, daß diese Motivgruppe in römischer
Zeit nicht mehr belegt ist.

Wenn man nach literarischen Zeugnissen für die Verbindung von
Kybele und Merkur sucht, der wir doch, wie wir gerade gesehen
haben, öfters auf archäologischen Denkmälern begegnen, muß man
leider feststellen, daß diese nicht gerade reichlich vorhanden sind.
Eine stadtrömische Inschrift [34] aus dem 4. Jh., die zum Inventar
des Phrygianums im Vatikan gehört, wo die Taurobolien stattfanden, hat die Widmung *Matri deum magnae Idaee summae parenti,
Hermae et Attidi menotyranno invicto*. Eine zweite römische Inschrift [35], ebenfalls aus dem 4. Jh., ist die Grabschrift des Aurelius
Antonius,

---

[32] H. Möbius, *Die Göttin mit dem Löwen*, in: *Festschrift W. Eilers*, Wiesbaden 1967, 449-468. Das Goldmedaillon der Sammlung Stathatos, *ibid.*
457 und Abb. 4.
[33] R. Pagenstecher, *Die Calenische Reliefkeramik* = JdI 8. Erg.-H.
(1909) 95.
[34] *CIL* VI 499; *CCCA* III Nr. 228.
[35] *CIG* 6206; Kaibel, *Epigrammata Graeca ex lapidibus conlecta*, Berlin
1878, 238f. Nr. 588; *IG* XIV 1449; *IGRR* I 84f. Nr. 212.

ἱερεὺς τῶν τε θεῶν πάντων πρῶτον Βονα δίης
εἶτα Μητρὸς θεῶν καὶ Διονύσου καὶ Ἡγεμόνος.

Diesen Ἡγεμών betrachtet man durchweg [36] als Iacchus, der ἀρχηγέτης τῶν Μυστηρίων τῆς Δήμητρος genannt wird. Schon Hugo Hepding [37] hat sich aber gefragt, ob er vielleicht nicht mit Hermes zu identifizieren wäre. Da wir gerade Hermes als Begleiter und Führer des Löwengespann der Kybele gesehen haben, ist diese Frage wahrscheinlich positiv zu beantworten. Auch Hippolyt [38] meldet, daß die Naassener, die an den phrygischen Mysterien teilnahmen, den Hermes als ψυχαγωγός, ψυχοπομπὸς καὶ ψυχῶν αἴτιος verehrten. Kaiser Julian [39] nennt ebenfalls Merkur in den Attis-Mysterien: προσήκει ὑμνῆσαι καὶ τὸν ἐπαφρόδιτον Ἑρμῆν· καλεῖται γὰρ οὕτως ὑπὸ τῶν μυστῶν ὁ θεὸς οὗτος, ὅσοι λαμπάδας φασὶν ἀνάπτειν Ἄττιδι τῷ σοφῷ. Das Wort ἐπαφρόδιτος ist als Epitheton bei Hermes nicht eindeutig belegt [40]; es kommt nochmal vor im Papyrus Paris IV, 2430, aber nicht mit Hermes verbunden [41]. Rochefort [42] erklärt es in seiner Julian-Ausgabe als „der Favorit der Aphrodite", ein Beiname, den Hermes durch seine Rolle beim Parisurteil bekommen hat und weshalb Julian ihm einen Platz in den phrygischen Mysterien einräumte.

Der wichtigste Text ist aber Pausanias II, 3, 4, der uns wieder zu dem Denkmal aus Köln zurückführt, auf dem Merkur mit dem Widder dargestellt ist. So war es auch in Korinth, wo sich eine Sitzstatue aus Bronze befand: χαλκοῦς καθήμενος ἐστιν Ἑρμῆς,

---

[36] *IGRR* I 84f. Nr. 212, der verweist auf Roscher, *ML*, 1876 Nr. 7 s.v. *Hegemon* (Drexler), wo auch unsere Inschrift besprochen wird. Für Hermes Hegemonius aber vgl. L. Robert, *Études épigraphiques*, 2e série, BCH 60 (1936) 206f.; *Mélanges Bidez*, Brüssel 1934, 802f.

[37] H. Hepding, *Attis, seine Mythen und sein Kult* [= RGVV 1], Gießen 1903, 203, Anm. 4.

[38] Hippolytos V 7; A. Dieterich, *Abraxas*, Leipzig 1905 (2. Auflage Aalen 1973), 66.

[39] Iulian, *Or.* VIII [V] 179b (p. 129 ed. G. Rochefort).

[40] Hepding, *op. cit.* (Anm. 37) 202: „diesen Beinamen kann ich nicht erklären".

[41] *Papyri Graecae Magicae* IV, 2430 (I, p. 148, ed. K. Preisendanz, A. Henrichs, Stuttgart 1973²), wo er als Eigenname vorkommt.

[42] G. Rochefort, *L'Empereur Julian, œuvres complètes* II (1), Paris 1963, 185.

παρέστηκε δέ οἱ κριός, ὅτι Ἑρμῆς μάλιστα δοκεῖ θεῶν ἐφορᾶν καὶ αὔξειν ποίμνας, καθὰ δὴ καὶ Ὅμηρος ἐν Ἰλιάδι ἐποίησεν. Nachdem er dann Ilias Ξ, 490f. zitiert hat, fährt er fort τὸν δὲ ἐν τελετῇ Μητρὸς ἐπὶ Ἑρμῇ λεγόμενον καὶ τῷ κριῷ λόγον ἐπιστάμενος οὐ λέγω. Obgleich Pausanias also die Rolle des Hermes und des Widders in den korinthischen Mysterien der Mutter kennt, darf er diese nicht erzählen. Aber seine Mitteilung macht das Kölner Denkmal noch bedeutungsvoller, weil es das einzige ist, das Merkur mit einem Widder neben Kybele zeigt. Man darf sich also nicht wundern, wenn der Widder nicht nur beim Kriobolium eine Rolle gespielt hat, sondern auch in Köln, wo der Kybele-Kult weit verbreitet war, auch sonst zusammen mit Merkur in die Mysterien aufgenommen ist. Die nüchterne Frage aber bleibt, ob man aus einem so einfachen Denkmal derart weitgehende Schlüsse ziehen darf [43].

---

[43] Für Kybele und Merkur in Kleinasien möchte ich auch verweisen auf den Aufsatz von E. Schwertheim, in Diesem Bd. S. 791ff.

HERMANN VETTERS

DER SCHLANGENGOTT

(Taf. CCXXIV-CCXXVII, Abb. 1-6)

Anläßlich der Freilegungsarbeiten im Hanghaus 2 von Ephesos gelang es bereits 1962 [1], in das Stiegenhaus und Prothyron der Wohneinheit 4 vorzudringen [2]. Dabei mußten zuerst die späten Baustraten, die nach dem großen Erdbeben zu Beginn des 7. Jh. n. Chr. entstanden sind, freigelegt werden [3]. Erst nachdem sie aufgenommen waren, konnte in die Tiefe gegangen werden.

Um Wesentliches tiefer, in der Höhenkotenlage von + 30 m, trafen wir dann auf die oben genannten Baureste der Großwohnung 4. Den Grundriß des Befundes, wie er 1962 und 1963 von mir aufgenommen wurde, bringt Textabb. 2. Er zeigt im Osten die Stiegengasse und das angebaute Stiegenhaus H2/2. Der Einbau desselben und die Verkleinerung der Stiegengasse (1 auf dem Plane) um fast 2 1/2 m sind, wie der Befund in der Wohneinheit 1 erkennen ließ, in der ersten Hälfte des 2. Jh. n. Chr. erfolgt. Die alte Ostbegrenzung des Hanghauses 2 bildet die aus Bruchsteinquadern aufgeführte, starke Ostmauer der Räume H2/14, 4-6. Wie ein Blick auf den Grundplan 1:400 (im Original 1:100), Textabb. 1 zeigt, ist sowohl im Norden als auch im Süden die ursprüngliche Breite der Gasse gewahrt [4].

Durch diesen Umbau wurden die alten Räume ihrem ursprünglichen Zweck entfremdet. Vorher bildete eine 1,75 m breite Türe den

---

[1] F. Eichler, *Die österreichischen Ausgrabungen in Ephesos im Jahre 1962*, AnzWien 100 (1963) 54.

[2] H. Vetters, *Ephesos. Vorläufiger Grabungsbericht 1970*, AnzWien 108 (1971) 97ff.; idem, *Ephesos. Vorläufiger Grabungsbericht 1971*, AnzWien 109 (1972) 95ff. Abb. 8, 9. Zu den Wohneinheiten *ibid.* 97 Abb. 11.

[3] Eichler, *op. cit.* (Anm. 1) Abb. 3; Vetters, *Ephesos 1971*, Abb. 10. Zum Erdbeben: H. Vetters, *Ephesos. Vorläufiger Grabungsbericht 1969*, AnzWien 107 (1970) 116.

[4] H. Vetters, *Die Hanghäuser an der Kuretenstraße*, ÖJh. 50 (1972-1975) Bbl. 331ff.; idem, *FiE* VIII 1, Wien 1977, 20ff., bes. 25; idem, *Zum Stockwerkbau in Ephesos*, in: *Mélanges Mansel* I, Ankara 1974, 81ff.

Textabb. 1. Hanghaus 2.

Haupteingang in die Wohnung 4. Sie führte direkt in den östlichen Umgang eines Pfeilerperistyles, der von den späteren Räumen H2/4-6 gebildet wurde. Nach dem Einbau des Stiegenhauses H2/2 erfolgte der Zugang in die Wohnung über den Vorraum H2/4, nachdem man das Prothyron H2/3 passiert hatte. Ob noch im 2. Jh. n. Chr. ein Zugang von H2/4 nach H2/5 bestanden hat, wissen wir nicht. Auf alle Fälle erhielt H2/5, vermutlich erst im frühen 3. Jh. n. Chr., eine neue Funktion (Textabb. 2).

Doch zunächst der Baubefund, der auch für die relative Chronologie verbindlich ist. Im Süden ist nur der 1,8 m breite und 0,7 m dicke Pfeiler 1 aus Bruchsteinquadern alter Bestand. Im Osten setzte man über Eck und mit Fuge an die Ostwand eine sehr dünne Ziegelmauer, 0,3 m, die z.T. aus Altmaterial aufgeführt wurde. Diese Mauer schloß den Raum H2/5 von H2/4 ab. Wie Textabb. 2, der Schnitt 46/62, zeigt, sind zwei Bodenniveaus erhalten, der oberste Boden 1 liegt um 0,6 m tiefer als die neue Schwelle der Wohnung 4. Die Wand und der Pfeiler weisen nur eine Malschichte auf. Betreten wurde H2/5 jetzt von Westen her aus dem Raum H2/19. Der ursprünglich 1,8 m breite Durchgang wurde in severischer Zeit anläßlich des Umbaues der Nordmauer von H2/21 (= Südmauer des Raumes H2/7) auf 1,38 m verkleinert. Dieser Umbau erfolgte im Zuge der Erhöhung der großen basilica privata H2/8 im Westen der Wohnung 4, vgl. Textabb. 1 [5]. Im Norden wurde ebenfalls die Verbindung nach H2/6 beiderseits des dort befindlichen Quaderpfeilers 2 durch die Aufführung von schmalen Ziegelmauern unterbunden. Pfeiler 2 ist ebenfalls Altbestand.

So schuf man einen recht unregelmäßigen Raum, dessen Grundriß ungefähr an ein Quadrat von 2,9 × 3,1 m (größte Maße) erinnert, Textabb. 1-3. Im Süden ragt der oben erwähnte Pfeiler 1 in den Raum, im Norden Pfeiler 2 weit in das Zimmer. Der etwa 1,8 m lange und 0,7 m starke und noch 2,3 m hohe Pfeiler 1 im Süden — also rechterhand vom Eintretenden — war mit 3 Nischen versehen, in denen ursprünglich 3 Totenmahldarstellungen aus Marmor ein-

---

[5] Vgl. Vetters, *Ephesos 1970*, 98; idem, *Ephesos. Vorläufiger Grabungsbericht 1973*, AnzWien 111 (1974) 220 Abb. 12. Noch später erfolgte der Einbau von zwei Ziegelmäuerchen, so daß die Türbreite auf 1,10 m reduziert wurde.

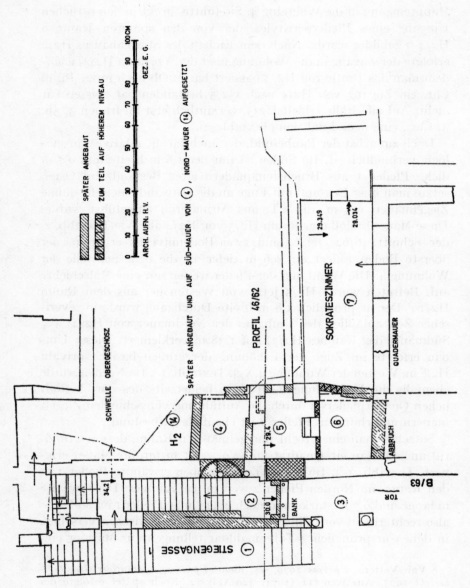

Textabb. 2. Hanghaus 2 Eingang 3. Stock.

gesetzt waren. Soweit der Befund erkennen läßt, wurden diese Nischen sekundär in den Pfeiler gehauen. Profil 46/62 = Textabb. 3 zeigt die Situation bei der Auffindung, Abb. 1 bringt ein Lichtbild. Im Westen sieht man noch Reste der 6 m hohen Überschüttung [6]. Mit Kote + 34,5 m ist das Fundament einer später in den Schutt gesetzten Mauer zu sehen [7].

Fast gleich hoch erhalten (Kote 34,04 m) ist die Südmauer von H2/4. Es handelt sich um eine 0,4 m starke Ziegelmauer. In der Mitte zeigt sie einen breiten Sprung, der von den Erdbeben der Jahre 612-614 n. Chr. herrühren könnte. Die Mauer ist auch mit Fuge an die starke, alte Ostwand des Hanghauses 2 angebaut, dann sieht man das im 2. Jh. n. Chr. angebaute Stiegenhaus und die Stiegengasse 1. Die Südwand von H2/5 zeigt nur eine Malschichte. Die Ecken sind durch rote (bis zu 9 cm breite) Streifen hervorgehoben. Dies ist die späteste Ausstattung des Raumes. Der 0,6 m in den Raum vorspringende Pfeiler 1 zeigt ebenfalls rote Streifeneinfassung, wobei die untere Bordüre 0,6 m über dem obersten Boden (1) lag. In der Mitte des Pfeilers, 1 m oberhalb von Boden 1, symmetrisch von Steingewänden eingefaßt und von roten Streifen begleitet [8], befand sich bei der Freilegung noch in situ ein Totenmahlrelief (1). Zwei weitere, die wir in der 0,5 m hoch angelagerten Kohle- und Ascheschichte auf dem Boden fanden, waren ursprünglich darüber eingelassen, wie auf Textabb. 3 deutlich zu sehen ist. Unterhalb von Totenmahlrelief 1 waren auf der Malschichte noch undeutlich Reste einer Büste sichtbar.

An der Ostwand und in der NW-Ecke sowie an der Nordwand sind Reste von insgesamt 3 Malschichten festzustellen. In der NW-Ecke hinter dem vorgesetzten Ziegelpfeiler und im Türgewände nach H2/6 sind auch noch weißer Putz und ein rund 0,6 m über dem Boden verlaufender, 5,5 cm breiter, roter Sockelstreifen zu erkennen. Zwei Schichten sind auch an der Ostwand (ebenfalls über der vermauerten Türe) erhalten. Die Ziegelpfeiler und der große nörd-

---

[6] Ursprünglich war diese ab Kote + 30.0 m fünfmal so hoch.

[7] Eichler, *op. cit.* (Anm. 1) Abb. 3; Vetters, *Ephesos 1972*. Abb. 10.

[8] Im Westen ist der rote Streifen auf das Steingewände der Fassung gemalt gewesen, um, wie *Textabb.* 3 erkennen läßt, das Relief in die Mitte des Pfeilers — der Ausbruch war nicht richtig erfolgt — zu bekommen.

liche Pfeiler 2 haben gleichfalls zwei Putzschichten, wobei bei
Pfeiler 2 deutlich zu erkennen war, daß die zweite Malschichte im
Konzept der Sockelstreifen mit der älteren übereinstimmte; auf
dem älteren, jetzt abgenommenen Putz ist auf gelb getöntem
Grunde eine rote Schlange mit acht Windungen dargestellt [9]. In der
letzten Phase war sie übermalt.

V. M. Strocka datiert die älteste Malschichte (Gewände der Türe -
Ostwand) noch in das 1. Jh. n. Chr., wohl auf Grund des Baubefundes. Malschichte 2 gehört in severische Zeit, da sie die Umgestaltung von H2/21 (erste Bauphase) zur Voraussetzung hat [10]. Die
dritte Schicht ist vermutlich in das 5. Jh. zu datieren.

Das ist der Befund des Raumes. Nun zur Deutung. Die drei
Reliefplatten befinden sich jetzt unter den Inventarnummern 1590-
1592 im Museum von Selçuk-Ephesos. R. Fleischer hat sie im
Führer durch dieses Museum eingehend behandelt [11], sodaß wir
uns hier kurz fassen können. Relief 1, Inv. Nr. 1590, das noch in
situ gefunden wurde, Abb. 2, mißt 0,651 × 0,485 × 0,125 m. Mit
Chiton und Mantel bekleidet, liegt der heroisierte Tote auf einer
Kline, in der hoch erhobenen Rechten das Trinkgefäß, ein Rhyton.
Am Ende des Bettes sitzt wohl seine Frau, die Füße auf einem
Schemel ruhend. In der linken Hand hält sie eine Trinkschale, die
rechte faßt nach dem aus der Schale trinkenden Kopf einer Schlange,
die aus dem Hintergrund auftaucht. Ein klein gebildeter Knabe —
der Mundschenk — steht hinter einem mächtigen Mischkrug am
Fußende der Kline. Dahinter ragt das von einer Vase gekrönte
Grab des Heros. Vor der Kline steht der dreibeinige Tisch mit der
Totenspeise. Rechts vom Toten befindet sich eine weitere sitzende
Trauernde, deren Füße ebenfalls auf einem Schemel ruhen. Dann
folgt, wesentlich kleiner dargestellt, ein nach rechts zum Toten
blickendes Mädchen, das ein Kästchen in der Hand hält. An dem

---

[9] V. M. Strocka, *Die Wandmalereien der Hanghäuser in Ephesos*, = *FiE*
VIII 1, Wien 1977, H2/5 (alter Eingang) 91ff.

[10] Vetters, *Ephesos 1970*, 98ff.; idem, ÖJh. 50 (1972-75) *Grabungen 1971/72*,
52. Die Datierung nach dem Mosaikboden oberhalb der Basilika nach W.
Jobst, [*FiE* VIII 2 - im Druck], vgl. dazu Eichler, *op. cit.* (Anm. 1) 54f.
Taf. I. Vgl. Strocka, *op. cit.* 92f.

[11] A. Bammer - R. Fleischer - D. Knibbe, *Führer durch das Museum von
Selçuk-Ephesos*, Wien 1974, 149ff. Taf. 24.

als Wand gedachten Hintergrund des imaginären Raumes hängen die Waffen, durch ein Fenster schaut links das Streitroß. Fleischer datiert das Relief in die 2. Hälfte des 2. Jh. v. Chr.

Das unter Inventarnummer 1591 aufbewahrte Relief 2, Abb. 3, ist das kleinste. Die Maße sind 0,395 × 0,28 × 0,085 m. Hier ruht der Tote in der durch einen Baum mit Schlange symbolisierten freien Natur, auf seine Linke gestützt. Die Rechte hält der Schlange eine Schale zum Trinken hin. Zu Füßen des toten Helden sitzt auf einem Sessel, die Füße auf einem Schemel, eine zum Toten blickende Frau, die das Kinn auf ihre Linke stützt. Dahinter steht im eng anliegenden Mantel ein Mann, die Rechte anbetend vor die Brust gelegt, vor dem Toten der übliche Tisch mit dem Totenmahl, beiderseits von diesem befinden sich ein Knabe und ein Mädchen — wohl Diener und Dienerin des Ehepaares. So einfach die Arbeit ist, so sehr wirkt sie dennoch auf den Betrachter. Fleischer setzt das Relief in späthellenistischer Zeit an.

Relief 3, Inventarnummer 1592, Abb. 4, ist wieder reicher an Personen, aber flauer gearbeitet. Das mit oben und unten abgetreppten Leisten eingefaßte Relief bringt wieder den toten Heros auf der Kline, in der Rechten das Rhyton, in der Linken eine Trinkschale, aus welcher eine auf der rechten Randleiste sich emporringelnde Schlange trinkt. Am Fußende sieht man wieder die Gattin des Toten — capite velato —, den rechten Arm betend vor die Brust gelegt, vor dem Bett den üblichen Tisch mit Speisen, hinter der Frau den Mundschenk, darüber blickt wieder das Pferd in den Raum. Links — mit Blick zum Toten — stehen sieben kleiner dargestellte anbetende Männer. Nach Fleischer gehört das Relief der späthellenistischen Zeit an [12].

Nun zur gegenüberliegenden Malerei auf Pfeiler 2. Wie der andere gehört auch dieser zum Altbestand von Hanghaus 2, also in das frühe 1. Jh. n. Chr. Der Pfeiler ist 0,85 bis 0,9 m breit und noch 2,15 m hoch, Abb. 5 und Textabb. 3. Festzustellen sind zwei Malschichten, die obere besaß ein weißes Feld, von grünen und roten Streifen eingefaßt. Die untere Malschicht zeigt auf leicht getöntem Grunde eine frei im Raum sich mit acht Windungen nach oben empor-

---

[12] Eichler, *op. cit.* (Anm. 1) 55, hält auch die frühe römische Kaiserzeit für möglich.

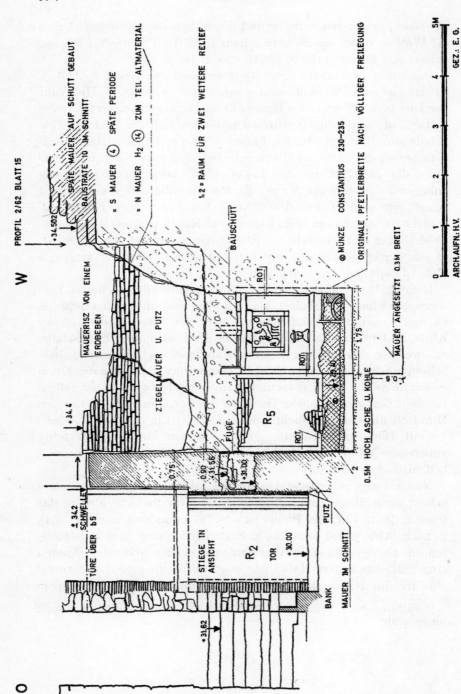

Textabb. 3. Schnitt 46/62.

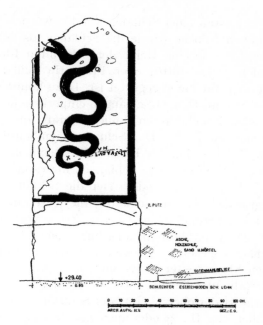

Textabb. 4. Zeichnung Pfeiler mit Schlangengott.

reckende rote Schlange. Der nach links bleckende Rachen zeigt die Zunge und die Zähne. Die Schlange hatte wohl Kamm und Bart, doch ist der Kopf ziemlich stark verbrannt. Die Länge der Schlange beträgt 1,10 m, die Breite der größten Windung 0,36 m. Das Schwanzende ab der dritten Windung von unten ist blaugrün verfärbt, wohl von einem Brand! Bei Windung 3 sind neun fast unleserliche Buchstaben eingeritzt, siehe Textabb. 4. Ohne Zweifel ist die ornamental wirkende Schlange kultisch aufzufassen, auch die drei gegenüber angebrachten Totenmahlreliefs müssen einen religiösen Sinn besessen haben.

Schlangendarstellungen als Bilder chthonischer, religiöser Gottesvorstellung sind uns für den griechischen Bereich schon aus der Frühzeit bekannt. Vermutlich reichen diese religiösen Vorstellungen in die Zeit vor der großen griechischen Wanderung zurück, wie uns eine Reihe von Funden nahelegt. Es handelt sich hier wohl um die Darstellung chthonischer, Fruchtbarkeit spendender Mächte, die mitunter in Gestalt einer Schlange verehrt wurden [13]. Vor allem in der minoischen Epoche wurde die Schlange als Schützerin des Hauses gedacht [14], wie eine Reihe der bekannten Idole erkennen läßt, bei welchen die Göttin oder Priesterin Schlangen in den Händen hält oder mit ihnen gegürtet ist. Dazu kommen minoische Gefäße, bei denen am Henkel Schlangen emporkriechen [15]. Auch in der geometrischen Epoche treten ähnliche Gefäße auf, die im Totenkult verwendet wurden [16]. Die Schlange symbolisiert hier das Seelentier, die Inkarnation des Toten[17]. Es scheint nach Nilsson so zu sein, daß die minoische, von Schlangen umwundene Haus- und Palastgöttin, deren Gestalt oder Tier die Schlange war, in der klassischen griechischen Hausschlange, die jetzt mit dem Namen des obersten indogermanischen Gottes, Zeus, verbunden wurde, weiterlebt [18]. Daneben besteht allerdings auch die ursprünglich ebenfalls schlangengestaltige Göttin Athene als Burgherrin der gleichnamigen Stadt weiter [19]. Es sind die Epiklesen des Göttervaters Zeus [20], die uns die chthonische Seite des Gottes verkünden. In dieser Form ist der oberste Gott der Schirmherr des Hausvaters und heißt daher Ζεὺς Πατήρ oder auch Ζεὺς Ἑρκεῖος, also der Gott, der die Umzäunung des Hofes bewahrt [21].

Noch viel altertümlicher ist Ζεὺς Κτήσιος, tritt er uns doch in Schlangengestalt entgegen. Er bringt, wie die Epiklese zeigt, den Reichtum [22], ist der Erwerber, eigentlich der zum Eigentum, zum Vermögen gehörige Zeus, der das Eigentum schützt [23]. Daneben

---

[13] E. Küster, *Die Schlange in der griechischen Kunst und Religion* [= RGVV 13, 2], Gießen 1913; M. P. Nilsson, *Geschichte der griechischen Religion* I [= HAW 5, 2.1], München 1967³, 198.

[14] Nilsson, *Griech. Religion* I 288.

[15] *Ibid.* I 289f.

[16] Küster, *op. cit.* (Anm. 13) 63ff.; Nilsson, *Griech. Religion* I 177.

[17] Nilsson, *Griech. Religion* I 198f.

[18] *Ibid.* I 404.

[19] *Ibid.* I 347ff. bzw. 433ff.

[20] RE X A (1972) 253ff. s.v. *Zeus* (Schwabl).

[21] Nilsson, *Griech. Religion* I 403 unter Bezug auf H. Sjövall, *Zeus im altgriechischen Haushalt*, Diss. Lund 1931 (mir nicht zugänglich). Zu den verschiedenen Formen des Zeus vgl. V. Grønbech, *Hellas. Griechische Geistesgeschichte.* II. *Götter und Menschen* [= Rowohlts Deutsche Enzyklopädie 274/275], Hamburg-Reinbeck 1967, 221ff.

[22] Nilsson, *Griech. Religion* I 403.

[23] Aesch. *Hic.* 445.

tritt der auch in Ephesos (Abb. 6) verehrte [24] Ζεὺς Μειλίχιος, dessen Name eigentlich „der Gnädige, Gütige" bedeutet. Ob wie bei Κτήσιος auch bei ihm ein älterer Gott mit Zeus verbunden worden ist [25], erscheint fraglich, ist er doch der friedliche Widerpart des sturmbringenden Ζεὺς Μαιμάκτης — diese Seite gehört dem alten indogermanischen Himmels- und Wettergott an. Da aber der Gott schlangengestaltig dargestellt und als Reichtumspender angesehen wurde [26], so hat er Funktionen des Ktesios übernommen oder wurde mit ihm kontaminiert, wobei die fast unübersetzbare Namensform Δαίμονες Μειλίχιοι oder die Epiklese Μελλίχιος bzw. θεός allein als Zwischenglied angesehen werden können [27]. Jedenfalls zeigen die Darstellungen den Gott als große, sich im luftleeren Raum aufbäumende, meist männliche Schlange, wobei zwischen Ζεὺς Κτήσιος und Μειλίχιος kein Unterschied festzustellen ist. Gerade diese Darstellungen erinnern in ihrer einfachen Monumentalität an unser Schlangenbild in Ephesos [28]. Daneben ist der Gott auch als thronender Zeus mit Szepter oder Füllhorn dargestellt worden, doch ist die Tiergestalt wohl als die ältere Form anzusehen. Inschriften in Selinus bringen neben dem Gottes- stets einen Personennamen im Genetiv, daraus schließt Nilson, daß der Gott ursprünglich der Totengeist selbst gewesen sei [29]. Jedenfalls hat der Schlangengott — oder besser gesagt, die heilige Schlange — einen vielschillernden Aufgabenbereich. Wurden doch auch Ζεὺς Φίλιος und vielleicht Ἀγαθὸς Δαίμων, der Hausgeist, im Schlangenbild verehrt [30]. Der Name tritt erst verhältnismäßig spät in Erscheinung, die ersten

---

[24] J. Keil, *Vorläufiger Bericht über die Ausgrabungen in Ephesos*, ÖJh. 25 (1929) Bbl. 45 Abb. 10.

[25] Nilsson, *Griech. Religion* I 411ff.

[26] *Ibid.* I 413, bzw. 405. Taf. 27, 1-2.

[27] *Ibid.* I 411ff.; *IG* IX 2, 1329; A. Wilhelm, *Beiträge zur griechischen Inschriftenkunde* [= Sonderschriften des ÖAI 7], Wien 1909, 136. Μελλίχιος = *SEG* III 329. Zu Daimon vgl. Grønbech, *op. cit.* (Anm. 21) 214, der die Vielgestaltigkeit des Ausdruckes behandelt.

[28] Man vgl. Taf. 27, 1. 2. bei Nilsson, *Griech. Religion*.

[29] *Ibid.* 414. Allerdings ist diese Form auf Selinus beschränkt; sollte hier, und nur hier, die tote Seele so bezeichnet worden sein, oder ist μειλίχιος der alte Geschlechtsgott der Griechen?

[30] Zeus Philios: Nilsson, *Griech. Religion* I 414f.; Agathos Daimon: Nilsson, *Griech. Religion* II 213ff.; RE Suppl. III (1918) 48ff. s.v. *Agathodaimon* (Ganschinietz).

Nennungen finden wir bei Aristophanes [31]. Ihm spendete man am Ende des Mahles etwas Wein. Dargestellt wird im griechischen Bereich der Agathos Daimon als Zeus, wie uns eine Reihe von Reliefs zeigt. Ein direktes Zeugnis, daß der Hausgeist als Schlange dargestellt wurde, fehlt bis jetzt, doch ist die Möglichkeit durchaus gegeben [32].

Anders liegen die Dinge im hellenistischen Alexandrien, wo die Ἀγαθοὶ Δαίμονες als die Stadtgötter, eigentlich die Hausgeister Alexandriens, verehrt wurden. Ihr Kult fand in einem Heiligtum statt, das noch 363 n. Chr. bei Ammian als speciosum Genii templum bezeichnet wird [33]. Die Gründungsgeschichte desselben und über den dort geübten Kult lesen wir im Alexanderroman [34]. Es ist nun bezeichnend, daß der Agathos Daimon mit der Ἀγαθὴ Τύχη, jener launenhaften Göttin des Zufalls oder des Geschicks verbunden wurde und in der Zauberliteratur bis zum Untergang der Antike eine ungeahnte Rolle gespielt hat [35]. Im Hafen Delos, bezeichnenderweise im Serapeion, sind Inschriften der beiden Gottheiten gefunden worden. Hier wurde auch das Relief einer Schlange, die von Isis und Serapis flankiert ist, geborgen [36]. Es handelt sich sicher nicht um eines der römischen Lararien, sondern hier ist entweder Ζεὺς Κτήσιος oder der Ἀγαθὸς Δαίμων (von Alexandrien?) gemeint. Nun ist es sicher richtig, daß der italische Genius, dem für die Frau die Juno entsprach, als die spezifische Manneskraft anzusehen ist und mitunter auch in Schlangenform dargestellt wurde [37], wie uns die

---

[31] Nilsson, *Griech. Religion* II 213.

[32] *Ibid.* II 215.

[33] Amm. Marc. 22, 11, 7-8. Wie sehr das Volk von Alexandreia an diesen Hausgöttern hing, erhärtet die Tatsache, daß wegen einer abfälligen Bemerkung über diesen Kult der Bischof Georgios erschlagen wurde. J. Geffcken, *Der Ausgang des griechisch-römischen Heidentums*, Heidelberg 1929², 119ff.

[34] Ps. Kallisth. 1, 32, 6-10. Nilsson, *Griech. Religion* II 216; Ganschinietz, *op. cit.* (Anm. 30) 48ff.

[35] Nilsson, *Griech. Religion* II 200ff., bes. 503f. (Literatur). Ganschinietz, *op. cit.* (Anm. 30) 53ff.

[36] M. Bulard, *Bas-relief se rapportant au culte d'Agathodaimon* (4), BCH 31 (1907) 525ff.; idem, *Description des revêtements peints à sujets religieux*, in: *Délos* IX, Paris 1926, 104 Taf. 13, 2. Nilsson, *Griech. Religion* II 215f.; idem, *Schlangenstele des Zeus Ktesios*, AM 33 (1908) 279ff.

[37] A. Kunkel, *Der römische Genius*, RM Erg.-H. 20 (1974) 18f.; K. Latte, *Römische Religionsgeschichte* [= HAW 5.4] München 1967², 103ff.; anders RE VII (1912) 1155-1170 s.v. *Genius* (Otto).

zahlreichen Lararien von Pompeii nahebringen [38]. Primär aber ist
dafür die bildlose Verehrung [39]. Dazu kommt noch der Glaube an
die ursprünglich an der Grenzmark beheimateten Laren und die
Penaten, die ebenfalls als Schlangen dargestellt werden konnten [40].
Diese Darstellungen sind aber bereits vom Hellenismus beeinflußt.

Auf Grund des Baubefundes ist unsere Schlange am Anfang des
3. Jh. n. Chr. entstanden. Wie wir sahen, ist der alexandrinische
Agathos Daimon als Segenspender in Schlangengestalt verehrt
worden. Ephesos hat engste Handelsbeziehungen mit Ägypten und
Alexandrien besessen, das beweisen die zahlreichen Homonoiamünzen beider Städte [41] und eine Reliefplatte mit der Darstellung
der Artemis Ephesia und des Serapis [42]. So scheint mir, daß der
Agathos Daimon aus Ägypten gemeint war, als er hier ein kleines
Privatheiligtum erhielt. Zur Illustration oder als weitere Kult-
darstellung der segenspendenden Schlangen, sei es als Zeus Ktesios
oder Μειλίχιος, wurden die schon lange nicht mehr üblichen, hellenistischen Totenmahlreliefs angebracht, die uns den Verstorbenen
als Heros zeigen, als höheres, besseres Wesen [43]. Der Vorgang ist im
italischen Westen ungefähr ähnlich, auch hier wächst die Sehnsucht
nach dem ewigen Leben als „Heros" [44]. Da auf den Reliefs stets die
segenspendende Schlange aufscheint, wurden diese auch noch in
christlicher Zeit weiterverwendet, nachdem man das große Schlangenbild übertüncht hatte. Wann dies erfolgte, entzieht sich unserer
Kenntnis. Es handelt sich kaum um eine fiktive Ahnengalerie, die
man sich aus aufgekauften Totenmahlbildern als Parvenu auf-
stellte.

---

[38] G. K. Boyce, *Corpus of the Lararia of Pompeii*, MemAmAc. 14 (1937)
17 - Tafeln passim.

[39] Kunkel, *op. cit.* (Anm. 37) 12ff., bes. 29, vgl. Taf. 37, 2-3.

[40] M. Borda, *Lares. La vita familiare Romana*, Rom 1947, 116ff.; Latte,
op. cit. (Anm. 37) 89ff.

[41] RE Suppl. XII (1970) 362 s.v. *Ephesos* (Karwiese). Im übrigen war
ja Ephesos rund 50 Jahre ptolemäisch.

[42] J. Keil, *Denkmäler des Serapiskultes in Ephesos*, AnzWien 91 (1954)
226f.; R. Fleischer, *Artemis von Ephesos und verwandte Kultstatuen aus Anatolien und Syrien* [= EPRO 35], Leiden 1973, 23 Taf. 41.

[43] E. Rohde, *Psyche. Seelencult und Unsterblichkeitsglaube der Griechen*,
Tübingen 1925[10], 241f.; Nilsson, *Griech. Religion* I 184ff., bes. 187.

[44] Kunkel, *op. cit.* (Anm. 37) 53.

NACHTRÄGE

NUŞIN ASGARI UND NEZIH FIRATLI,
DIE NEKROPOLE VON KALCHEDON
(s. S. 60ff.)

S. 17 (77.12) Giebelstele mit Totenmahl.

FO: Söğütlüçeşme, Elmalıçeşme sokak, 1977.

Prokonnesischer Marmor. Oberfläche stark verwittert; linke untere Ecke abgebrochen. Inschrift unlesbar.

H: 43 cm   Br: 23 cm   Di: 7 cm.

Flacher, einfacher Giebel. Im vertieften Bildfeld: rechts, Gelagerter mit Kranz und Gefäß. Links, Frau auf massivem Sessel; davor, Spuren einer kleinen Dienerin. In der rechten Ecke, kleiner Diener. Vor der Kline, Speisetisch. Spuren einer Zapfenbearbeitung an der rechten unteren Ecke.

Für die Stelen aus Kalchedon siehe jetzt auch E. Pfuhl, H. Möbius, *Die ostgriechischen Grabreliefs*, I Mainz 1977, Nr. 1 (S. 1), Nr. 89 (S. 2), Nr. 507 (S. 3), Nr. 841 (S. 5), Nr. 211 (S. 9), Bd. II (im Druck), Nr. 1548 (S. 10). — Die fünf weiteren Stelen (Nr. 210, 216, 305, 734, 844) basieren auf Auskünften, die Pfuhl Anfang des 20. Jh. von Miliopoulos bekommen hatte. Manche dieser Stelen sind verschollen, für Nr. 216 und 305 hingegen, die sich im Istanbuler Antikenmuseum befinden, wird im Inventarbuch als Herkunft nur die Huguenin-Sammlung angegeben.

ERNST KIRSTEN

ARTEMIS VON EPHESOS UND ELEUTHERA VON MYRA
(s. S. 457ff.)

Zu Anm. 2 und 10:
   Gestaltung und weite Verbreitung des Kultes der Artemis Ephesia und ihre Bewertung bei den Christen behandelt nur für die ersten Jahrhunderte R. Oster, *The Ephesian Artemis as an Opponent of Early Christianity*, Jahrb. Antike u. Christentum 19, 1976, 24ff.

Zu Anm. 4, 5, 35 und 60:
   Kritik an den Mythen- und Ritendeutungen E. Buschors und seiner Schüler übt K. Kerenyi, *Zeus und Hera*, Leiden 1972, 117ff. und, auch

gegen diesen sich richtend, mit rationalistischem Scharfsinn und erkenntnis-
theoretischen Postulaten G. Kipp, *Zum Hera-Kult auf Samos* in: Kritische
und vergleichende Studien zur Alten Geschichte und Universalgeschichte,
hrsg. v. F. Hampl u. I. Weiler (= Innsbrucker Beiträge zur Kulturwissen-
schaft 18), Innsbruck 1974, 157ff. Dieser tut (ibid. 205 Anm. 109) allzu
rasch die Herleitung der samischen Hera von den vorgriechischen Pelasgern
(bei Herodot 2, 50) ab. Im Banne früherer Kombinationen der Deutung von
Tonaia und Heraia vernachlässigt er den Widerspruch zwischen Hieros
Gamos-Vorstellung und dem Ritus der Göttin am und im Lygos-Strauch,
der sich zur Artemis Lygodesma von Sparta stellt (die wie die dortige Sitte
der Knabengeißelung in den Zusammenhang der Männerweihe = Mannbar-
keitseinleitung gehört). Nur dieser Ritus der Rückkehr des Xoanon (Baum-
holzes, Sanis) in die ursprüngliche Erscheinungsform der Göttin, den Lygos-
baum (nicht Zeus-Baum!) stellt sich zur Eleuthera-Vorstellung als Baum
und Göttin im Baum. Die ältere Literatur zum Baumkult verzeichnet
Kipp ibid. 205 Anm. 101 (ohne Merkelbach, o. Anm. 35), zieht aber nur
kursorisch die Daidala von Plataiai (ibid. 184. 189. 195f. 205. 207) heran,
ohne die hier in Anm. 5 zitierte Behandlung zu kennen. Zu der Problematik
der 'Gestaltsynthese' (Anm. 60), d.h.m.E. der Interpretatio graeca vorgriechischer Gottheiten unter verschiedenen Götternamen der poetischen,
homerischen Religion nur Andeutungen ibid. 200 Anm. 94.

Zu Anm. 16:
   Trebendai wird von Borchhardt, *Myra* 82 mit den Ruinen von Gürses
über einer größeren Anbaufläche (Polisgebiet) gleichgesetzt (vgl. Karte bei
W. Wurster, *Antike Siedlungen in Lykien*, AA 1976, 38 Abb. 11).

Zu Anm. 38:
   In seiner Kurzdarstellung der Geschichte der Nicolauskirche gibt U.
Peschlow, *Die Kirche des hl. Nikolaos in Myra*, Antike Welt VI 4 (1975)
15ff. in Abb. 21f. zwei weitere Fragmente desselben Sarkophagdeckels
(Borchhardt, *Myra* 206 Abb. 36 ohne diese) wieder, enthält sich aber — ebenso wie H. Wiegartz bei Borchhardt ibid. 207ff. 220, 244f. — einer zeitlichen
Bestimmung der Einarbeitungen für das Eingießen von Öl, das die Reliquien
dann in Myron verwandeln sollten. Diese Löcher könnten also auch erst
beim justinianischen Kirchenneubau angebracht sein. Zu diesem dürfte
auch die Schrankenplatte bei Peschlow ibid. 24 Abb. 19 gehören; denn die
dort verglichene Frontplatte eines Sarkophags in Bari (mit dortiger Wieder-
verwendungsinschrift von 1076) gehört in eine Reihe spätantiker Stücke
in Apulien (L. Pani Ermini, *Il sarcofago di S. Maria di Siponto*, Vetera
Christianorum 11, 1974, 359ff.).

N.B.   Da die Redaktion von Fasciculus IV der Tituli Asiae minoris
(*TAM*) II noch nicht abgeschlossen ist, müssen die angegebenen Inschriften-
nummern als vorläufig betrachtet werden.

INDICES

I. EPIGRAPHISCHES REGISTER

Die Angaben hinter den Seitenzahlen ergeben sich aus dem dort ausgeführten Text.

Abkürzungen: V.d. = Vater des (der); A. = Anmerkung; s. = siehe;
andere Siglen ergeben sich aus dem jeweiligen Text.

1. PERSONENNAMEN

Διονύσιος, V.d. Ἀπολλᾶς 66 S. 8
Διονύσιος Ἀριστίωνος 814, 5
Διονύσιος, s. Ἀρχέβιος Ἀρχεβίου 814, 5
Διονύσιος Ἀσκληπιάδου 809, 1
Διονύσιος, V.d. Αὐρ. Γλύκων 749 A. 17
Διονύσιος Διονυσίου 814, 5
Διονύσιος, V.d. Θεόπομπος 53 (76. 28)
Διονύσιος, V.d. Μελτίνη 754 A. 31
Διονύσιος Σωκράτου 814, 5
Διονύσιος Σωτῆρος 814, 5
Διοσκουροκωμήτης 751 A. 24
Διόφαντος, V.d. Δέσκυλος 417 A. 13
Δυσκόλιον 74 SR. 5

Εἶα Δαμᾶ 792, 1
Εἰμέριος, Αὐρ. 74 SR. 5
Εἰνουδεύς, Γυκω (= Γ<λ> ὐκω<ν> ?) Ἀπολλωνίου 751 A. 23
Ἑκαταῖος Ἑκαταίου 63 S. 4
Ἑλίκιον 68 S. 11
Ἐπιγένης 703 (10)
Ἐπικράτης Ἀσσκληπι<ά>δου 800, 11
Ἐπιτύγχανος 790 A. 60
Ἐπίχαρις 888 A. 30
Ἔραστος, Μέμμιος 75 SR. 8
Ἑρμιανὸς Ὀκι[ ] 822, 17
Ἑρμογένης Ῥούφου 795, 4
Ἑστιαῖος Ποσειδω[νίου] 815, 7
Εὔδαμος, V.d. Θεοκλῆς 370 A. 27
[Εὔ]δ[η]μος 369 A. 23 D(b)
Εὐθυκράτης, V.d. Πραξίας 810, 2
Εὐτύχης, Φλ. 76 SR. 9
Εὐτυχιανή, Αὐρ. 74 SR. 5
Εὐτυχίς 73 SR. 3

Ζηλᾶς 790 A. 60
Ζῆνις 368
Ζηνόδωρος, V.d. Φάεινος 690 (1)
Ζώϊλος Ῥούφου 795, 4
Ζώϊλος, V.d. [ ]ωρος 801, 13
Ζώτιχος, V.d. Μόσχος 73 SR. 3

Ἡγήσιος 809, 1
Ἡδύς, V.d. Μένανδρος 797, 6
Ἠπιάναξ 692 (2)

Ἡράκλειτος, V.d. Μενεσθεύς 814, 5
Ἡρακλέων 888 A. 30
Ἡρίλαος Ἀνδροκλέος 54 (76.33)
Ἡρώδης, V.d. Ἀρτεμίδωρος 810, 2
Ἡρωΐδης, V.d. Μάτρων 820, 14

Θαύμων, V.d. Ἀπολλοφάνης 817, 11
Θεογένης, V.d. Δημήτριος 813, 5
Θεόγνητος [Ἀπολλω]νίου 811, 3
Θεοκλῆς Εὐδάμου Νικοπολείτης 370 A. 27
Θεοκλίδας Θεοκλίδα 69 S. 11
Θεόκριτος Θεοκρίτου 814, 5
Θέομνις, V.d. Διογένης 369 A. 23 D(b)
Θεόπομπος Διονυσίου 53 (76.28)
Θεόφιλος 753, 2; 793, 2
Θεόφιλος, V.d. Ἀπολλώνιος 810, 2
Θησεὺς Μόσχου 73 SR. 3
Θραικίων 372
Θρᾶιξ 372
Θρακοκωμήτης 751 A. 24

Ἱεροκωμήτης 751 A. 24
Ἰνγένης, V.d. Ἀσίννις 69 S. 12
Ἰουλία Μαρκέλλα Ἰουλίου Βάσσου θυγάτηρ Κομμαγηνή 372 A. 32
[Ἰουλιανό]ς, [Κυρ(είνα)] (γραμματεύς) 369 A. 26
Ἰουλιανός, Τιβ. Κλαύ. (γραμματεύς) 370 A. 26
Ἰ(ούλιος) Ἀνείκητος, Γ(άιος) 757, 4
Ἰούλιος Βάσσος, V.d. Ἰουλία Μαρκέλλα Κομμαγηνή 372 A. 32
Ἵππ[αρχ]ος Νει[κοπολίτης], Κλ. 370 A. 27
Ἰσγερεανός, Ἀπολλώνιος 782 (a)

Καικίλιος Τυρα[ ], Μᾶρκος 799, 10
Καισέλλιος Μαρκιανός, Μᾶρκος 370 A. 26
Καλλίστη, Μεμμία 75 SR. 8
Κάνδιδος 228
Καούιος 373 A. 38
Καρπίων 417 A. 13
Κέρδων Βίωνος 69 S. 11
Κιλικᾶς 372
Κίλιξ 372

2. HERRSCHER / BEAMTE / STAATSWESEN

Antiochos IV. von Kommagene, seine Gemahlin und sein Schwiegersohn
βασιλεὺς μέγας 'Αντίοχος φιλόκαισαρ 369 A. 23 D(b)
['Ι]ωτάπη βασιλέως ['Αντιό]χου γυ[ν]ή 369 A. 23 D(b)
βασιλεὺς 'Αλέξανδρος 931

Caesar
αὐτοκράτωρ Γάϊος ['Ιούλιος, Γαΐ]ου υἱὸς Καῖσαρ 811, 3
imp. Caesar 556 A. 49. 558

Augustus
αὐτοκράτωρ Καῖσαρ, Θεοῦ υἱὸς Σεβαστός 556 A. 50
Divus Augustus 553 A. 37

Tiberius
[Ti. Ca]esar Aug(ustus) 563

Caligula
νεὸς "Ηλιος Γερμ[ανικός] 362

Nero
imp. Nero 564 A. 79
Nero Claudius Caesar Aug. imp. 564 A. 79

Traian
αὐτοκράτωρ Νέρουας Τραϊανὸς Καῖσαρ Σεβαστὸς Γερμανικὸς Δακικός 783 (c)

Hadrian
[αὐτοκράτωρ Τ]ραϊανὸς 'Αδριανὸς Καῖσαρ [Σεβαστός] 801, 13

Antoninus Pius
'Αντωνῖνος Καῖσαρ 796, 5; 798, 8

Commodus
Κόμοδος 91 G. 19 (Münze)

Septimius Severus, Antoninus (Caracalla) und Geta
αὐτοκράτορες Σεούηρος κὲ 'Αντωνεῖνος κὲ Γέτας Σεβαστοί 775

Caracalla
[Μ.] Αὐρή(λιος) 'Αντωνεῖνος 84 SR. 1f. (Münze)

Alexander Severus
'Αλέξανδρος Αὔγ(ουστος) 85 SR. 19 (Münze)

Unbekannte Kaiser
Σεβαστοί 493; 497

Römische Beamte
A. Licinnius Nerva (procos. Bithyniae nach 47/8) 564 A. 79
Αὐρ. Νεῖλος (Epistratege unter Maximinus Thrax) 160 (Münze)
'Ιούλιος 'Ακύλα (Tiberius Iulius Aquila Polemaeanus, cos. suff. 110) 931
'Ιούλιος Κοδρᾶτος (Consul 105) 931
Κλ. Σεουῆρος (Gaius Claudius Severus, Statthalter der Provinz Arabia 110) 931
Μᾶρκος Πλάνκιος Κορνηλιανὸς Γάϊος ἀρχιερασάμενος τῶν Σεβαστῶν(Traianisch-hadrianische Zeit) 932f.
Φλα. Ξενοκράτης (Epistratege unter Caracalla) 84 SR. 1f. (Münze)

Römisches Staatswesen
Senatus 563
Senatus populusque Romanus 556, 49. 558

3. GÖTTER UND HEROEN

'Αγαθὸς Δαίμων 977
"Αγγελος "Οσιος Δίκαιος 759
'Ανγίστη, s. θεά
['Αθηνᾶ Νικηφόρος] 864
'Αθηνᾶ Πάμμουσος 492
'Αΐδας 63 S. 3
"Ανδειρις, s. θεός

'Ανδιρηνὴ θεός (ἡ) 815, 6 und s. [Μήτηρ 'Ανδει]ρηνή
'Απόλλων 789 A. 52; 819, 13
('Απόλλων) Γυπαιεύς 494
('Απόλλων) 'Εμβάσιος 494
('Απόλλων) Θαργήλιος 494
('Απόλλων) 'Ικέσιος 494

Ἀπόλλων Κύννειος   498 Α. 71
Ἀπόλλων, s. μαντεῖος
(Ἀπόλλων) Μεταγείτνιος   494
Ἀπόλλων Πανιώνιος   494
Ἄρης, s. θεὸς μέγας
Ἄρτεμις   932
Ἄρτεμις Ἀναεῖτις   749 Α. 17
Ἄρτεμις Μουνυχία   809, 1; 810, 2
Ἄρτεμις Τιργοσαλλέων   467 Α. 20
ἀρχηγέτις ἐπιφανὴς θεά   466
Ἀσκληπιός   707 (16); 710 (20); 754
[Ἀσ]κληπιός, s. θεὸς σωτήρ
Ἀσκληπιὸς Περγαμηνὸς θεὸς σωτήρ, s.
    θεοὶ σωτῆρες
Ἀσκληπιός, s. Προπάτωρ
Ἄττις ὁ σοφός   965
Αὔγη   706 (14)
Ἀφροδείτη Ποντία   814, 5
Ἀφροδίτη   493
Ἀφροδίτη Δαιτίς   493
Ἀφροδίτη Ἐπίδαιτις   493
Ἀφροδίτη Κύπρις   690 (1)
Ἀχέρων   65 S. 5

Βάκχα   692 (2)
Βρόμιος [θεός]   694 (4)

Δαίμονες Μειλίχιοι   977
Δημήτηρ   965
Δημήτηρ Καρποφόρος καὶ Θεσμοφόρος
    497
Δίκαιος, s. θεῖος
Διοδία, s. Ἐλευθέρα
Διόνυσος   965
Διόνυσος Ἄττου [Ἡ]λίου   827, 3
[Διό]νυσος, s. Καθηγεμών
Διόνυσος Κορήσειτος, s. Προπάτωρ
    θεός
Διόνυσος, s. νέος
Διόνυσος Φλεύς   496
Διόνυσος Φλεὺς Ποιμάντριος   496
Διόσκοροι   829, 4b
Διώνη   707 (16)

Ἐλευθέρα   467 Α. 20
Ἐλευθέρα Διοδία   467 Α. 19
Ἐλευθέρα, s. θεά
Ἐλευθέρα Τρεβενδατική   466
Ἐλπίς   708 (18)

ἐπαφρόδιτος Ἑρμῆς   965
[Ἑρμῆ]ς   704 (11)
Ἑρμῆς, s. ἐπαφρόδιτος
(Ἑστία) Βουλαία   498

Ζεύς   700 (8); 785 (g); 815, 7; 819,
    13; 864
Ζεὺς Βέννιος   775; 782 (a); 783 (b);
    790 Α. 60
Ζεὺς Βρόντων   785 (f); 790 Α. 60
Ζεὺς Βρόντων Ἐπιμαμυρος   790
Ζεὺς Γαλάκτινος   789 Α. 52
Ζεὺς Ἐπικάρπιος   788 Α. 50
Ζεὺς Ἑρκεῖος   976
Ζεὺς Εὔκαρπος   789 Α. 51
Ζεὺς Ἰκμαῖος   787
Ζεὺς Καλακαγάθιος   780
(Ζεύς) Καρποδοτήρ   788
Ζεὺς Καρποφόρος   788 Α. 49
(Ζεύς) Κοίριος (= Κύριος) Τύραννος
    752 Α. 28
Ζεὺς Κτήσιος   976
Ζεὺς Λεψυνός   384
Ζεὺς Μαιμάκτης   491; 977
Ζεὺς Μασφαλατηνός   749 Α. 18; 751
    Α. 28
Ζεὺς Μέγιστος Καρποδότης Σωτήρ
    Ὀλύνπιος   788 Α. 48
Ζεὺς Μειλίχιος   491; 977
Ζεὺς Ὀλύμπιος   492
Ζεὺς Πανελλήνιος   492
Ζεὺς Πατήρ   976
Ζεὺς Πατρώιος   490
Ζεὺς Σελεύκιος   789
Ζεὺς Ὑέτιος   491; 787
Ζεὺς Ὕψιστος   492
Ζεὺς Φίλιος   977
Ζεὺς Χαλάζιος Σῴζων   777 Α. 7

Ἡγεμών   965
Ἡρακλῆς   706 (14)

θεά   811, 3
θεὰ Ἀνγίστη   798, 8 und 9; s. auch
    Μήτηρ Ἀγγδιστις
θεά, s. ἀρχηγέτις ἐπιφανής
θεὰ Ἐλευθέρα   467 Α. 19
θεὰ Καλασυρτηνή   797, 6
θεὰ Μανετηνή   796, 5

θεά Ῥυσιανή 794, 3; 795, 4
θεά Ῥώμη 934
θεά, s. Τριτογένεια
θεαὶ πᾶσαι 810, 2
θεῖος Ὅσιος καὶ Δίκαιος 757, 4
θεοί, s. θεσμοφόροι
θεοὶ πάντες 810, 2; 965
θεοὶ Σεβαστοί 497
θεοὶ σύνναοι 500
θεοὶ σωτῆρες: Ἀσκληπιῷ Περγαμηνῷ
Ὑγιείᾳ Τελεσφορίωνι θεοῖς σωτῆρσι 550 A. 23
θεός (ἡ) 801, 13; 802, 14; 812, 4;
822, 17
θεός: ταῖς ἀκοαῖς τῆς θεοῦ 822, 17
θεὸς Ἄνδειρις Πέργαμου ? 812, 4
θεός, s. Ἀνδιρηνή
[θεός], s. Βρόμιος
θεὸς Κινναιος 498
θεὸς μέγας Ἄρης 466 A. 13
θεὸς Πρείετος 793, 2
θεός, s. Προπάτωρ — Διόνυσος
θεὸ[ς σωτὴρ Ἀσ]κληπιός 933
θεὸς Ὕψιστος 492
θεσμοφόροι θεοί 934

I (upiter) O (ptimus) M (aximus) 556
A. 49; 564 A. 79

[Καθηγεμὼν Διό]νυσος 933
Καλασυρτηνή, s. θεά
Κινναιος, s. θεός
Κοίριος (= Κύριος) Τύραννος, s. Ζεύς
Κόρη 497; 498; 810, 2
Κυβέλη, s. Μήτηρ
Κύπρις 710 und s. Ἀφροδίτη

Λητὼ Κορυδαλλική 469 A. 25

Μανδοῦλις 373 A. 38
Μανετηνή, s. θεά
μαντεῖος Ἀπόλλων 494; 499
Μεὶς Ἀξιοττηνὸς Ταρσι βασιλεύων
422
Μὴν Ἀξιοττηνὸς ἐξ Ἀπολλωνίου 423
Μὴν Ἀξιοττηνὸς ἐξ Ἐπικράτου 423
Μὴν Ἀρτεμιδώρου Ἀξίοττα 417
Μὴν Ἀρτεμιδώρου Ἀξιοττηνὸς Κορεσα
κατέχων 422

Μὶς Ἀρτεμιδώρου Δόρου κώμην βασι-
λεύων 422
Μὴν ἐγ Διοδότου 423
Μὴν Τιάμου 749 A. 18; 751 A. 28
Μὴν Τύραννος 749 A. 18
Μήτηρ 793; 801, 12; 820, 15
Μήτηρ Ἀγγδιστις 829, 4a und s. θεά
Ἀνγίστη
[Μήτηρ Ἀνδει]ρηνή 818, 12 und s.
Ἀνδιρηνὴ θεός
Μήτηρ Δινδυμένη 815, 7
Μήτηρ Δινδυμήνη 821, 16
Μήτηρ θεῶν 792, 1; 797, 7; 932;
965
Μήτηρ θεῶν Περγαμηνή 813
Μήτηρ ΚΟΠΑΙΑ 816, 9
Μήτηρ Κοτυανά 816, 8
Μήτηρ Κοτ[υανά] 811, 3
Μήτηρ Κυβέλη 819, 13
Μήτηρ ΜΑ ΝΕΙΑ 820, 14
Μήτηρ Νοτηνή 759
Μήτηρ Ὀρεία 490; 830 (?)
Μήτηρ Πατρωία 820, 15
(Μήτηρ) Πατρωίη 490
Μήτηρ Πλακιανή 809, 1; 810, 2
Μήτηρ Τολυπιανή 817, 11
(Μήτηρ) Φρυγίη 490
[Μοῖρ]α 710 (20)
νέος Διόνυσος 495
Νηρεύς 699
Νηρηίδες 699
Νύμφαι 699; 704 (11)
Νύμφαι Καρποδότειραι 789

Ὅσιος, s. θεῖος

Παιάν 708 (18)
Παλλάς: Διὸς θύγατερ μεγάλοιο Παλ-
λάς 700 (8)
Πιερίδες 64 S. 4
Πολιά[ς] 701 (9)
Ποσειδῶν 698; 814, 5
Ποσειδῶν Ἑλικώνιος 502
Πρείετος, s. θεός
Πρίητος 693 (3)
Προπάτωρ θεὸς Διόνυσος Κορήσειτος
495
Προπάτωρ Ἀσκληπιός 493
Πῦρ ἄφθαρτον 498

4. GEOGRAPHISCHES UND ETHNISCHES

Περίνθιοι 343
Προνναειταί 773
Προννοειταί 775

Σαμοσατεῖς 373
Σερεανός 785 (f)
Σοηνοί 783 (c)
Σῦροι 372

Τάλμις 373 A. 38
κώμη Τενβῶν 795, 4
Τιργοσαλλεῖς 467 A. 20
Τρεβένδαι 466 A. 16
Τρικωμία 783 (b)
Τροιαληνοί 801, 13
Χαλκηδόνιοι 93

5. CHRONOLOGISCHES

Monatsnamen

μὴ(ν) Ἀπελλαῖος 753, 2
μὴν Ἄρηος 775
μὴν Ἀρτεμείσι[ος] 748 A. 15
Ἀρτεμισιών 809, 1
Δῖος 228
Θαργηλιών 494
Μαιμακτήρ 491
Μεταγειτνιών 494
μὴν Πάνημος 749 A. 17
Ποσιδεών 502
Ταυρεών 809, 1

Amtszeiten der Hipparchen

[ἐ]πὶ Ἑστιαίου τοῦ Ποσειδω[νίου]
ἱππάρχεω 815, 7
ἐπὶ Ἡγησίου (Ende des 1. Jh. v. Chr.)
809, 1
ἐπὶ Θεογνήτου τοῦ [Ἀπολλω]νίου ἱπ-
πάρχεωι (1. Jh. v. Chr.) 811, 3
ἱππαρχοῦντος Βουλείδου τοῦ Μητροδώρου (1. Jh. v. Chr.) 811, 3
ἐπὶ Πεισ[ιδήμου] (1. Jh. v. Chr.)
810, 2

Regierungsjahre der römischen Kaiser

ἔτους ς΄ (= 122/3 n. Chr.) αὐτοκρά-

τορος Τραϊανοῦ Ἀδριανοῦ Καίσαρος
Σεβαστοῦ 801, 13
ἔτους η΄ (= 145/6 n. Chr.) [Ἀν]τω-
νείνο[υ Καίσαρος] 798, 8
αἴτους ηι΄ (= 155/6 n. Chr.) Ἀντωνί-
νου Καίσαρος 796, 5
ἔτους ιη΄ (= 210 n. Chr.) τῶν κυρίων
αὐτοκρατόρων Σεουήρου κὲ Ἀντωνεί-
νου κὲ Γέτα Σεβαστῶν 775

Ären

Aktische Ära:
ἔτους ρ΄ (100 = 69/70 n. Chr.) 905
A. 84
Sullanische Ära:
ἔτους ρπα΄ (181 = 96/7 n. Chr.) 753
ἔτους σνζ΄ (257 = 172/3 n. Chr.) 748
A. 15
ἔτους τη΄ (308 = 223/4 n. Chr.) 749
A. 17
Seleukidische Ära:
ἔτους γμψ΄ (743 = 431 n. Chr.) 231
ἔτους ἐνάτου νψ΄ (759 = 447 n. Chr.)
228
Ungesicherte Ära:
ἐν τῷ η΄ καὶ ο΄ καὶ ρ΄ ἔτει (178 = ?)
819, 13

6. VEREINSWESEN

βεννάρχης 777
βεννεῖται 777. 785 (g)
γειτοσύνη 800, 11
Δημητριασταί 496
οἱ θιασῖται καὶ θιασίτιδες 819, 13

ἱερὸς δοῦμος 746. 748
ὀρειογύαδαι 496
σακηφόροι μύσται 495
Ταυρεασταὶ οἱ Κρεόντεοι 502
τεχνῖται 496

7. CHRISTLICHES

Θεός 71 S. 16
Hyqr (= Hīqār) 217
Κύριος 227

Mrym (= Maria) 217
Σάβινος ἐπίσκοπος 211
Χ(ριστός) 80 SR. 19

8. NOTABILIA VARIA

ἄγαλμα 729f.
ἀγωνοθέτης Διονυσίων 918
[ἀ]πο[β]άσμωσις 500
βέννος 778f.. 790 A. 60
Δηλιακὸς βωμός 134
εἰκών 735
ἔπαρχος αἰραρίου τοῦ Κρόνου 931
θεομορία 144
κεράτινος βωμός 134
μηρία 144

ὀσφύς 144
οὐλαί 144
πλάκωμα 479 A. 43
σπλάγχνα 144
Σωτ[είρα]: ἐν νηῒ τετρήρει Σωτ[είρᾳ]
811, 3
[ὑ]πο[β]άσμωσις 500
φιλόκαισαρ 369f.
φιλοσέβαστος 369f.
χέρνιψ 144

II. GEOGRAPHICA

(siehe auch Epigraphisches Register, Kap. 4)

III. PERSONEN

(nach Möglichkeit sind alle vorkommenden historischen und mythologischen
Personen erfaßt; s. auch Epigraphisches Register, Kap. 1 u. 2)

ʿAbd Allāh ibn Ṭāhir   392
Abednebo   269, 280
Abū Ġālib   397
Achill   302f., 315
Ada von Karien   190, 350
Addai (Apostel)   268
Aelius Aristides   627, 732, 832
Ulpius Aelius Pompeianus   743
M. Aemilius Lepidus   557-563
Aeneas   629
Aeschylus   95, 614f.
Agamemnon   614f.
Agbar von Edessa   268, 277
Agrippa s. Iulius
Agrippa I. von Judäa   918 A. 18,
   924, 929
Agrippa II. von Judäa   929
Agrippina   563
Ahab von Israel   531
Aias   316
Aigeus von Athen   97
Aischines   602
Alarich, König der Westgoten   319
Alexander s. Iulius
Alexander der Große   445, 479
   A. 44, 487, 576, 588, 602-618,
   737f., 842, 859, 903 A. 78
Alexander Berenicianus s. Iulius
Alexander Iulianus c. Iulius
Alexander von Judäa   919, 922f.,
   928
Alexander (Sohn des vorigen)   922
Alexander von Kilikien   932 A. 101,
   934-938
Alkibiades   737
Alketas   887 A. 24, 890
Alkmeon von Athen   442
Alyattes von Lykien   99, 150 A. 141
Amasis von Ägypten   437
Amyntas von Galatien   385, 925
   A. 64, 930

Amyntianus s. Iulius
Anacharsis, König der Skythen   831
Anastasius (Märtyrer)   322
Anastasius I.   206
Ancus s. Marcius
Androkles von Athen   155, 492,
   496
Anitta von Kuššana   179
Antias s. Valerius
Antiochos I. Soter von Syrien   278
Antiochos II. von Syrien   534
Antiochos III. von Syrien   570
   A. 14
Antiochos IV. Epiphanes von Syrien
   519, 855
Antiochos VIII. Grypos von Syrien
   246 A. 3, 570
Antiochos I. von Kommagene
   245ff., 252 A. 20, 253, 255, 259ff.,
   360-363, 368, 373, 485ff., 529f.,
   565-594, 627, 916ff., 939
Antiochos III. von Kommagene
   361, 627, 917
Antiochos IV. von Kommagene
   362ff., 371f., 379, 914 A. 1, 917,
   923, 929, 935f., 938
Antiochos Epiphanes von Kommagene   918, 936
Antiochos Philopappos (Kommagene)   361, 914 A. 1, 915, 918,
   937
Antipater von Makedonien   603
Antonia Tryphaina von Thrakien
   697, 921-927
Antoninus s. Caracalla
   s. Uranius
Antoninus Pius   466 A. 13, 502 A. 94,
   540
M. Antonius (Triumvir)   556-560,
   567f., 583, 620f., 626ff., 922,
   925ff., 938

IV. GÖTTER UND KULTE

(siehe auch Epigraphisches Register, Kap. 3 u. 6)

TAFELN CXXXIX—CCXXVII

1. Bronze-Statuette aus Horoztepe;
H. 20,4 cm; Ankara; Ende der Frühen
Bronzezeit

2. Ton-Statuette aus Ur;
H. 14 cm; Baghdad; Obed-Zeit

5. Terracotta-Relief unbekannter Herkunft; H. 11,5 cm; Paris; altbabylonisch

4. Terracotta-Relief unbekannter Herkunft; H. 6 cm; Leiden; altbabylonisch (?)

3. Bronze-Statuette unbekannter Herkunft; H. 18 cm; Berlin; mittelsyrisch — 2. Hälfte des 2. Jahrt. v. Chr.

7. Terracotta-Relief aus Tello; H. 10,5 cm; Paris; 2. Hälfte des 2. Jahrt. v. Chr. (?)

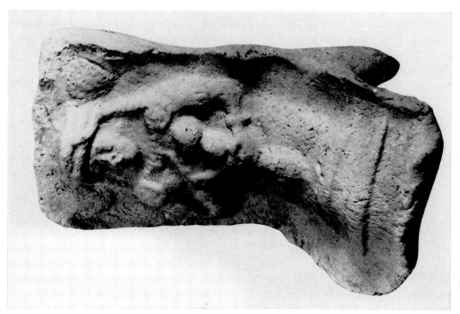

6. Terracotta-Relief aus Susa; H. 7,6 cm; Paris; Anfang des 2. Jahrt. v. Chr.

9. Basalt-Relief aus Karatepe; H. 1,23 m; Karatepe;

8. Terracotta-Relief aus Tello; H. 8,0 cm; Paris; alt-

10. Elfenbein-Relief aus Ras Schamra; H. 0,24 m; Damaskus;
2. Hälfte des 2. Jahrt. v. Chr.

1. Hauptszene der Felsreliefs im Heiligtum von Yazılıkaya. Zeit des hethitischen Großkönigs Tuthhalija IV — zweite Hälfte 13. Jh. v. Chr.

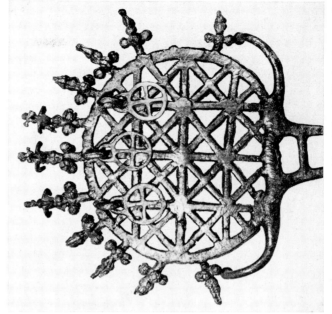

3. Sog. Kultstandarte aus Alaca Höyük, Frühe Bronzezeit, Ende 3. Jtsd. v. Chr.

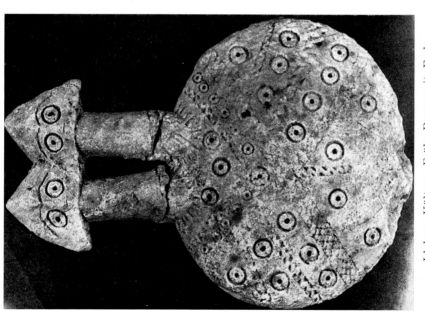

2. Idol aus Kültepe, Frühe Bronzezeit, Ende 3. Jtsd. v. Chr.

4

5

6

7   8

4. Moderner Abdruck einer antiken Gußform aus Ališar, Zeit der „assyrischen Handelskolonien", Anfang 2. Jtsd. v. Chr. — 5. Akkadisches Rollsiegel in Paris, Louvre (A 154) 2. H. 3. Jtsd. v. Chr. — 6. Akkadisches Rollsiegel, Sammlung Pierpont Morgan Library (220), Ende 3. Jtsd. v. Chr. — 7. Syrisches Rollsiegel, Sammlung Pierpont Morgan Library (967) 1. Hälfte 2. Jtsd. v. Chr. — 8. Syrisches Rollsiegel, Sammlung Pierpont Morgan Library, (968) 1. H. 2. Jtsd. v. Chr.

9   10

11

12   13

9.   Syrisches Siegel, Paris, Louvre (A 933) 2. H. 2. Jtsd. — 10.   Akkadisches
Rollsiegel, Paris, Louvre (A 150) 2. H. 3. Jtsd. v. Chr. — 11.   Akkadisches
Rollsiegel, Leningrad, Eremitage, 2. H. 3. Jtsd. v. Chr. — 12.   Akkadisches
Rollsiegel, London, Britisches Museum, 2. H. 3. Jtsd. v. Chr. — 13.   Syri-
sches Rollsiegel, Sammlung Pierpont Morgan Library 1. H. 2. Jtsd. v. Chr.

1.   Sassanidische Silberschale von Kazvin

3. Detail von Abb. 2 (der Fuß des Möbelstücks schwebt in der Luft)

2. Felsrelief von Persepolis (Thronerhebung)

1-3. Denar des Labienus — 4.   Geflügelte Sonnenscheibe über gesatteltem
Pferd auf einem Achämenidischen Rollsiegel — 5.   Gesatteltes Pferd auf
einer Bronzemünze von Mopsos — 6.   Reiter auf einer Silbermünze von
Tarsos — 7.   Reitender Mithras auf einer Bronzemünze von Trapezunt —
8.   Mithras mit Pferdeprotome auf einer Bronzemünze von Trapezunt —
9.   Gesatteltes Kamel auf einer Tetradrachme des Uranius Antoninus —
10.   Konstantin mit Pferdeprotome auf einem Silbermedaillon

1. Das Felsgab von Kale Köyü (Mazgirt)

2. Das Felsgrab von Kale Köyü (Mazgirt) Die Tür
zur Kammer 2

3. Das Gräberfeld von Liç, Kuruçayir Tepesi, von Süd-Westen gesehen

4. Das Kammergrab I von Liç   5. Das Kammergrab II von Liç

6. Das Kammergrab von Dagalan   7. Das Kammergrab von Kamişli

8. Die urartäische Burg Akçaören

9.   Das Kammergrab von Akçaören

10.   Die urartäische Burg Yukarı Göçmez (auf dem Abhang sieht man die
ausgegrabenen Kammergräber)

11.   Die Felsen H vom Gräberfeld Adilcevaz

12.   Der Dromos des Kammergrabes I im Felsen H, Adilcevaz

13. Die Funde in der Kammer des obigen Grabes, Adilcevaz

14. Die Nische des Kammergrabes I in Felsen H, Adilcevaz

15.   Die Urne im Kammergrab I von Dedeli

16.   Das Höhlengrab I im Felsen H, Adilcevaz

17. Die Höhlengräber im Felsen A, Adilcevaz

18. Das Urnengrab I von Liç   19. Die Leichenbestattung 3 von Liç

20.   Urne aus dem Kammergrab I im Felsen H, Adilcevaz — 21.   Urne aus
dem Kammergrab I im Felsen H, Adilcevaz — 22.   Urne aus dem Urnengrab I von Liç — 23.   Urne aus dem Kammergrab I von Dedeli — 24.   Topf
aus dem Höhlengrab I im Felsen D, Adilcevaz — 25.   Topf aus dem Kammergrab I im Felsen H, Adilcevaz

26. Schale aus Ton aus dem Urnengrab 1 von Liç — 27. Schale aus Ton aus dem Kammergrab I von Liç — 28. Oinochoe aus dem Kammergrab I im Felsen H, Adilcevaz — 29. Oinochoe aus dem Kammergrab I im Felsen H, Adilcevaz — 30. Lampe aus dem Kammergrab I im Felsen H, Adilcevaz — 31. Lampe aus dem Kammergrab I im Felsen H, Adilcevaz

32. Lampe aus Eisen aus dem Kammergrab I im Felsen H, Adilcevaz —
33. Schale aus Bronze aus dem Kammergrab I von Dedeli — 34. Schale
aus Bronze aus dem Kammergrab I von Dedeli — 35. Situla aus Bronze
aus dem Kammergrab I von Dedeli — 36. Stuhlbeinbeschlag aus Bronze aus
dem Kammergrab III von Liç — 37. Stuhlbeinbeschlag aus Bronze in
Form eines Rinderhufes aus dem Kammergrab III von Liç

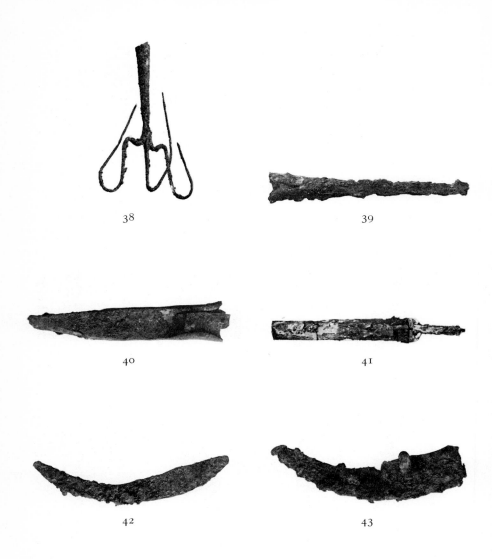

38. Ackerbaugerät aus dem Kammergrab I von Dedeli — 39. Ackerbau-
gerät aus dem Kammergrab I von Dedeli — 40. Ackerbaugerät aus dem
Kammergrab I von Dedeli — 41. Schwert aus Eisen, mit einer Scheide
aus Bronze und Holz aus dem Kammergrab I von Dedeli — 42. Eiserne
Sichel aus dem Kammergrab I von Dedeli — 43. Eiserne Sichel aus dem
Kammergrab I von Dedeli

44. Bronzene Kienholzständer aus dem Höhlengrab ı im Felsen A, Adilcevaz — 45.   Lanzenspitze aus Bronze aus dem Kammergrab I von Dedeli —
46.   Puderdose aus Holz aus dem Kammergrab I von Dedeli — 47.   Tisch
aus Holz aus dem Kammergrab I im Felsen H, Adilcevaz — 48.   Schleifstein
aus dem Höhlengrab I im Felsen A, Adilcevaz — 49.   Bronzenes Armband
aus dem Urnengrab ı von Liç

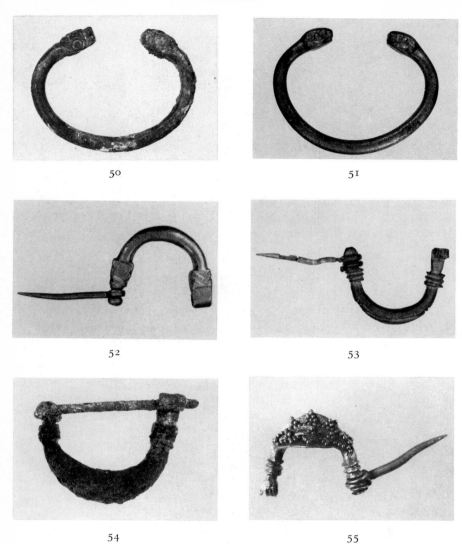

50. Bronzenes Armband aus dem Kammergrab I von Dedeli — 51. Bronzenes Armband aus dem Höhlengrab 1 im Felsen A, Adilcevaz — 52. Bronzene Fibel aus dem Höhlengrab 1 im Felsen A, Adilcevaz — 53. Bronzene Fibel aus dem Kammergrab I von Dedeli — 54. Bronzene Fibel aus dem Höhlengrab 1 im Felsen D, Adilcevaz — 55. Fibula aus Gold aus dem Kammergrab I im Felsen H, Adilcevaz

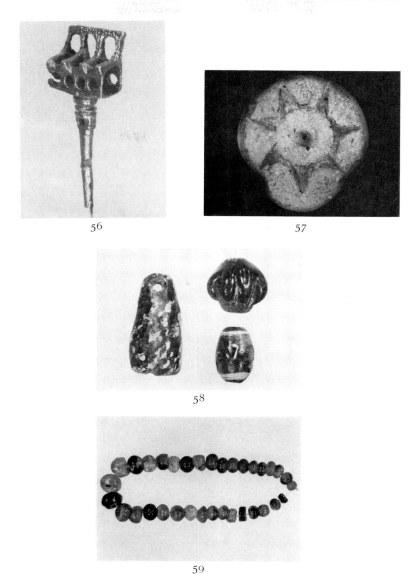

56

57

58

59

56. Schmucknadel aus Silber aus dem Kammergrab I im Felsen H, Adilcevaz — 57. Steinamulett aus Silber aus dem Kammergrab I im Felsen H,
Adilcevaz — 58. Amulett und Perle aus Stein aus dem Kammergrab I
im Felsen H, Adilcevaz — 59. Perlen aus Stein aus dem Kammergrab I
im Felsen H, Adilcevaz

1.   J. Chr. Wohler (?), Sog. Isis. Sandstein, Potsdam, Neuer Garten

2. H. Robert, Sog. Isis. Rötelzeichnung in Leningrad, Eremitage

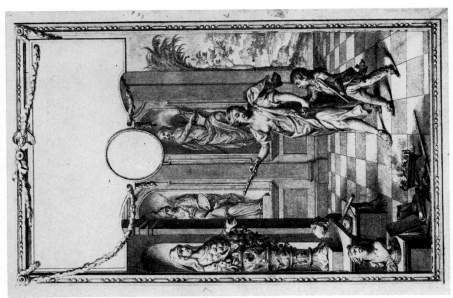

4. Berlin(-West), Kunstbibliothek der Stiftung Preuß. Kulturbesitz, Entwurf für einen Illustrationsstich

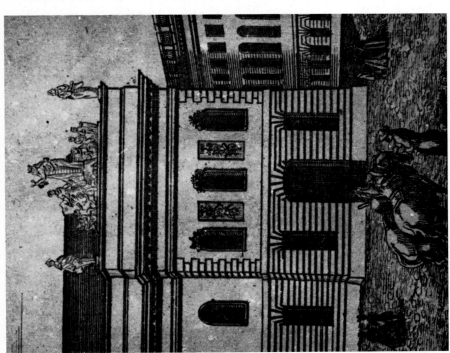

3. Berlin, Unter den Linden, ehem. Akademiegebäude, Attikagruppe mit „Natura", nach Stich von Schleuen

5. W. Wach, Allegorie der Natur, Berlin(-Ost), Kupferstichkabinett und
Sammlung der Zeichnungen

6.   G. Moreau, Salome tanzt vor Herodes, Ölgemälde, ehem. im
Kunsthandel

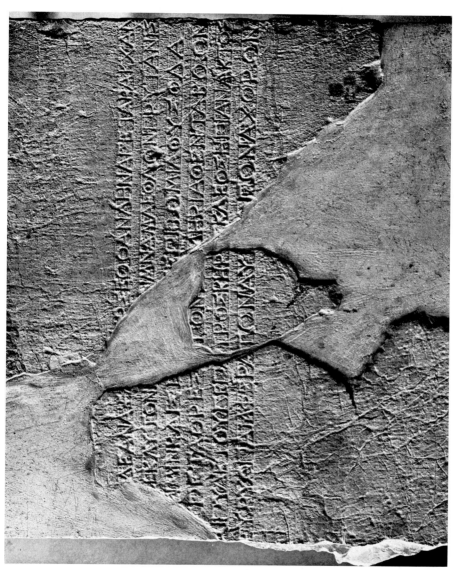

1. Epigramm aus Halikarnassos (Nr. 2)

2. Epigramm aus Halikarnassos (Nr. 3)

3. Epigramm aus Halikarnassos (Nr. 4)

4. Epigramm aus Pergamon (Nr. 20)

1.   Schiffsrelief in Klaudiopolis

2.   Rückseite einer Münze des
Hadrian

3.   Münze des Q. Nasidius

4. Sarkophagrelief in Kopenhagen

5.   Schiffsrelief auf einem Sarkophag in Velletri

1. Inschrift aus Ayazviran für Glykon Markos (Nr. 1)

2

3   4

2-4.   Inschrift aus Ayazviran für Apollonios (Nr. 2)

6.   Nebeneinanderstellung der
Fragmente (a) und (b) der Inschrift
aus Ayazviran (Nr. 3)

5.   Fragment (a) der Inschrift aus Ayazviran
(Nr. 3)

7.   Statuette für das Θεῖον Ὅσιον καὶ Δίκαιον im
Museum zu Adana (Nr. 4)

8.   Statuette für das Θεῖον Ὅσιον καὶ Δίκαιον im
Museum zu Adana (Nr. 4)

9.   Statuette für das Θεῖον Ὅσιον καὶ Δίκαιον im
Museum zu Adana (Nr. 4)

10. Statuette für das Θεῖον Ὅσιον καὶ Δίκαιον im
Museum zu Adana (Nr. 4)

1. Altar für Zeus Bennios aus Ahmetler

a

b

c

d

2. Rundaltar für Zeus Bennios aus Karaağaç-Ören

1. Statuette der Kybele aus
Himetli Köy (Nr. I A 1)

2a

2b

2c

2. Altar aus Deli Mahmutlar mit Darstellungen der Gottheiten Preietos,
Kybele und Zeus (Nr. I A 2)

3. Altar aus Akpinar Camii
(Nr. I A 3)

4. Altar aus Bağırganlı
(Nr. I A 4)

5. Altar aus Hocaköy
(Nr. I A 5)

6. Rundbasis aus Solaklar
(Nr. I A 6)

7. Votivrelief aus Kandıra
(Nr. I A 7)

9. Votivrelief aus Tahtalı Köy
(Nr. I A 11)

8a

8b

8. Statuette aus Carmıklar (Nr. I A 9)

10. Votivrelief aus Mudanya
(Nr. I A 12)

11. Statuette aus Izmit
(Nr. I B 1)

12. Statuette aus Izmit
(Nr. I B 3)

13. Altar aus Izmit oder Umgebung (Nr. I B 4)

14. Statuette aus Turgutlar Köy   15a
        (Nr. I B 5)

15b   15c

15. Altar aus Yağcılar (Nr. I B 6)

16. Statuette aus Carmıklar
(Nr. I B 7)

17. Statuette aus einem Sarkophag bei Karamürsel (Nr. I B 8)

18. Statuette aus Karamanlar
(Nr. I B 9)

19. Statuette aus Yürükler
(Nr. I B 10)

20. Statuette aus Iznik
     (Nr. I B 11)

21. Statuette aus Iznik
     (Nr. I B 12)

22. Statuette aus Dişkaya Köy
     (Nr. I B 12)

23. Relief mit Inschrift aus
     Kyzikos (Nr. II A 3)

25. Relief mit Inschrift aus Kyzikos oder Umgebung
(Nr. II A 6)

24. Relief mit Inschrift aus Kyzikos (Nr. II A 5)

27. Relief mit Inschrift aus Debleköy/Bandırma (Nr. II A 11)

26. Relief mit Inschrift aus Edincik (Nr. II A 9)

28. Votivrelief aus Karacabey
oder Umgebung (Nr. II A 14)

29. Votivrelief aus Alpağut Köy
(Nr. II A 15a)

30. Votivrelief aus Alpağut Köy
(Nr. II A 15b)

31. Votivrelief aus der Umgebung
von Kyzikos (Nr. II A 16)

32. Reliefgiebel mit Darstellung der Kybele aus Gönen (Nr. II B 3)

33. Terracotte eines ge-
flügelten Attis aus Izmit oder
Umgebung (Nr. III A 1)

34. Applike aus Bronze mit Attisbüste aus
Izmit (Nr. III A 2)

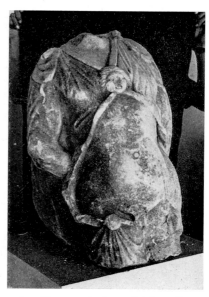

36. Fragment einer gleichen Darstellung wie Abb. 35 (Nr. III B 1b)

35. Attisdarstellung aus einem Heiligtum in Kyzikos (Nr. III B 1a)

37. Marmorstele mit Attiskopf aus Apolyont (Nr. III B 2)

38. Votivrelief aus Karacabey
(Nr. III B 3)

39. Votivrelief aus Mustafa-
kemalpaşa (Nr. IV 1)

40. Votivrelief im Museum Bursa
(Nr. IV 2)

41. Votivrelief im Museum Bursa
(Nr. IV 3)

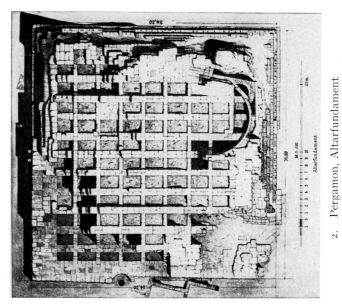

2. Pergamon, Altarfundament

1. Pergamon, Altarterrasse

1.   Ktima (Zypern), Museum, aus Marion

2.   Ephesos, Rundgrab am Bülbül Dağ

3. Side, Museum

4. Burdur, Museum, aus Bubon

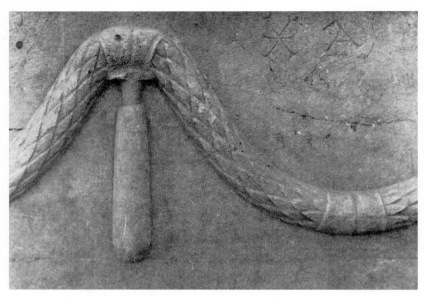

5. Burdur, Museum, aus Bubon (Ausschnitt)

6. Bergama, Museum, vom Demetertempel in Pergamon

7. Aydın, Museum, aus Tralleis

8. Aydın, Museum, aus Tralleis, Rückseite

9. Ephesos, zwei Sarkophagdeckel

10. Ephesos, erster Deckel

11. Ephesos, zweiter Deckel

12. Hierapolis, Sarkophagsockel

13. Hierapolis, Sarkophagsockel

14.   Hierapolis, Sarkophagdeckel

15.   Hierapolis, Sarkophagdeckel

17. Hierapolis, Museumsdepot, Sarkophagfragmente

16. Hierapolis, Museumsdepot, Sarkophagfragmente

18. Hierapolis, Museumsdepot, Gesims

19. Ephesos, Gebälk des Domitiansbrunnens

20. Side, Vespasiansmonument, linke Nebenseite

21. Ephesos, Gesims vom Sockelbau am Domitiansplatz

22. Milet, Nymphäum, Gebälkfragment mit domitiani-
scher Inschrift

23.   Izmir, Museum, aus Germencik

24.   Izmir, Museum, aus Germencik

25.   Ausschnitt aus Abb. 24

27. Izmir, Museum, aus Germencik, Schmalseite

26. Izmir, Museum, aus Germencik, Schmalseite

28.   Ausschnitt aus Abb. 23

29.   Ausschnitt aus Abb. 23

30.   Ausschnitt aus Abb. 23

31.   Ausschnitt aus Abb. 24

32.   Ausschnitt aus Abb. 27

33.   Ausschnitt aus Abb. 24

34.   Ephesos, Sarkophag des Celsus

1. Basaltblock aus Adilcevaz mit Haldi-Darstellung

2.   Bronzefragment mit Haldi-Darstellung

3.   Weiheplatte aus Giyimli

4-7.   Bronzeplatten aus dem Schatzfund von Giyimli

8

9   10

8-10.   Bronzeplatten aus dem Schatzfund von Giyimli

11   12

11-12. Bronzeplatten aus dem Schatzfund von Giyimli

13. Detail aus einem Bronze-   14. Detail mit Haldi-Darstellung
     gürtel im Museum Van   vor einem Relief aus Adilcevaz

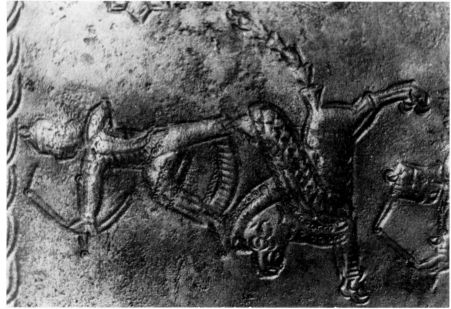

15–16. Götterdarstellungen auf Fabelwesen, wohl ebenfalls Haldi

17. Götterdarstellung auf Fabelwesen, wohl   19.   Gürtelfragment aus Giyimli
    ebenfalls Haldi

18.   Götterdarstellung auf Fabelwesen, wohl ebenfalls Haldi

Kybele-Denkmal aus Köln: Merkur

1.   Pfeiler mit Totenmahlrelief

2.   Totenmahlrelief Inv. Nr. 1590

3.   Totenmahlrelief Inv. Nr. 1591

4.   Totenmahlrelief Inv. Nr. 1592

5. Pfeiler mit Schlangengott   6. Zeus Milichios aus Ephesos